DAFENG

2023

大丰年鉴

盐城市大丰区地方志编纂委员会办公室　编

方志出版社
Publishing House of Local Records

图书在版编目（CIP）数据

大丰年鉴. 2023 / 盐城市大丰区地方志编纂委员会办公室编. -- 北京 : 方志出版社，2023.12
ISBN 978-7-5144-5988-3

Ⅰ. ①大… Ⅱ. ①盐… Ⅲ. ①大丰—2023—年鉴
Ⅳ. ①Z525.34

中国国家版本馆CIP数据核字(2023)第250933号

责任编辑：徐　宏
责任校对：张玉霞
责任印制：梅中英
出 版 者：方志出版社
地　　址：北京市朝阳区潘家园东里 9 号（国家方志馆 4 层）
邮　　编：100021
网　　址：http://www.zgfzcb.cn
发　　行：方志出版社图书营销中心（010-67110500）
印　　刷：南京凯德印刷有限公司
开　　本：889 毫米 ×1194 毫米　1/16
印　　张：24
字　　数：903 千字
版　　次：2023 年 12 月第 1 版
印　　次：2023 年 12 月第 1 次印刷
定　　价：398.00 元

大丰年鉴（2023）编辑委员会

编 辑 部　地 址　江苏省盐城市大丰区飞达东路 100 号

邮 编　224100

电 话　（0515）87033270

电 邮　dsbnjk@163.com

《大丰年鉴（2023）》手机版

大丰年鉴（2023）撰稿人员

（按姓氏笔画为序）

丁 旺	丁虎翼	丁荣喜	于 昀	于令涵	王 宁	王 颖	王云霄
王文江	王军勇	王国生	王明娟	王淑君	尤 勇	仇 勇	仇文倩
卞丹丹	方振宇	尹思雨	印 象	冯嫣羚	吉中旭	吉同敬	吕 阳
朱 坚	朱 峰	朱红军	朱俊方	朱爱凤	朱菲菲	乔晶晶	任 嵘
任婷婷	庄长荣	刘晓生	阮邵明	孙晓晨	杜 鹃	李元祥	李林珅
李信欣	李姝姝	杨 宇	杨 波	杨小杰	杨开轩	杨进东	杨利平
杨雨培	杨怡琴	杨智玉	束冬梅	束秋莲	吴 荣	吴 洋	吴中锋
吴海燕	吴耀庭	何 颖	余飞飞	谷素梅	邹 洁	沈 滢	沈小童
沈金高	沈莉莉	张 丰	张 平	张 冲	张 庆	张 炎	张 晨
张 斌	张 慧	张莉霞	张敏弛	张清儒	陆仁德	陆建丰	陈 迁
陈 杭	陈 钢	陈 浩	陈 萍	陈 晨	陈 超	陈永斌	陈伟琴
陈亦璇	陈志伟	陈志伟	陈征涛	陈金龙	陈春芹	陈俊春	陈桂官
陈晓波	陈晓睿	陈婧雅	陈雯婷	陈鹤飞	陈璐璐	苗婷婷	英 俐
郁筱瑶	季明姝	金小燕	周 军	周 荣	周 霖	周汉明	周剑宇
郑 杏	郑玉元	单 振	郝梦迎	胡 楠	胡 静	胡 榕	相国文
施 勇	宣小芹	姚红玲	骆婷婷	袁康勇	夏 伟	夏晓霞	夏萍萍
顾 丽	顾 蓉	顾龙海	顾鹏贵	钱 澍	徐巳力	徐言林	高 宇
高 峰	高伟伟	郭 璐	郭昊宇	席璐璐	唐 凯	唐佳莉	陶志涛
黄 蕾	黄启明	黄素华	曹 帅	龚 杰	崔丽霞	康东升	葛顺明
蒋志华	鲁丰鸣	谢 杨	谢竹青	蔡卫平	蔡 凌	臧龙生	管慧静
潘 丰	薛 玮	薛丹丹					

编辑说明

一、《大丰年鉴》是由盐城市大丰区人民政府主办，盐城市大丰区地方志编纂委员会办公室负责编纂的地方综合年鉴。2000年创刊，一年一刊，本卷为第24卷。

二、《大丰年鉴（2023）》以马克思列宁主义、毛泽东思想、邓小平理论、“三个代表”重要思想、科学发展观、习近平新时代中国特色社会主义思想为指导，坚持辩证唯物主义和历史唯物主义的立场、观点和方法，旨在全面系统地记述2022年度大丰区自然、政治、经济、文化、社会、生态建设等方面的情况，客观真实地反映全区各行各业所取得的新成就、新经验以及需要解决的新矛盾和新问题，为各级领导科学决策提供参考依据，为社会各界了解大丰、研究大丰提供资料信息，为编修地方史志积累地情史料。

三、《大丰年鉴（2023）》记述起讫时间原则上为2022年1月1日至2022年12月31日。为保证年鉴的完整性、连续性、时效性，部分资料适当上溯或下延。“人物”和“附录”的个别内容选用2021年和2023年的资料。

四、《大丰年鉴（2023）》采用条目式纪事体，分类编撰。基本结构分为类目、分目、条目三个层次，以条目为主要载体，标题用【 】标出。全书设大丰概况、中共盐城市大丰区委员会、盐城市大丰区人民代表大会、盐城市大丰区人民政府、政协盐城市大丰区委员会、中共盐城市大丰区纪律检查委员会·盐城市大丰区监察委员会、群众团体、法治、军事、沿海开发、开放型经济、区园建设、经济管理、农业、工业、建筑业、商贸服务业、信息服务业、金融、城镇建设、乡村振兴、水利、旅游·麋鹿保护、房地产业、交通、生态环境、科学技术、教育、文化、卫生健康、体育、社会生活、人力资源·社会保障、公共安全、镇·街道、驻丰农场、人物共37个类目、247个分目，收录条目1312条、表65个。

五、《大丰年鉴（2023）》采用的文字材料，大部分是由各镇（街道）、区各部门提供，并经单位领导审阅。文中所列数据，由于统计口径不同，少数数据略有差异，请读者注意，并以区统计局提供的年度统计资料为准。

六、《大丰年鉴（2023）》卷首有正文目录；卷末有按汉语拼音音序编排的内容分析索引，以方便读者查考。2012年起，《大丰年鉴》随赠光盘。

区自然资源和规划局集中收看中国共产党第二十次全国代表大会开幕式

镜

2022年10月16日上午，中国共产党第二十次全国代表大会在北京人民大会堂开幕。大丰区社会各界通过电视、广播、网络等多种渠道收听收看开幕式

杨世利　高一丰　周古凯　摄

喜迎二十大 幸福连万家
喜迎二十大 奋进向未来
大丰区百姓星光大舞台“周周演”公益文艺演出
——区锡剧团专场演出

喜迎二十大 奋进向未来
大丰区百姓星光大舞台“周周演”公益文艺演出
——职工文化季·区文化馆专场演出
主办：中共盐城市大丰区委宣传部
盐城市大丰区总工会
盐城市大丰区文化广电和旅游局
承办：大丰区文化馆
大丰区锡剧团
大丰剧院

2022年，大丰区社会各界举行丰富多彩的活动，喜迎中共二十大

陈 颖 周古凯 区图书馆 供图

喜迎二十大 幸福连万家
2022
紫金文化艺术节
ZIJIN CULTURE & ART FESTIVAL
盐风海韵
百姓星光大舞台
暨庆祝 2022 年老年节

2022年9月28日，大丰区在大丰剧院百姓星光大舞台进行公益文艺“喜迎二十大　奋进向未来”老年节专场演出。大合唱《前进吧中国共产党》、舞蹈《火红的乐章》、4个老顽童歌唱家乡《花海仙境》等节目，受到老年观众的欢迎　　　　周古凯　摄

2022年2月14日，大丰区黄海路东延工程竣工通车。工程西起东宁路，东至五一大道，全长2.6千米，总投资1.6亿元

周古凯 摄

2022年6月，大丰区二卯酉河滨河风光带入选江苏省100处“乐享园林”项目名单　　周古凯 摄

2022年9月28日，盐丰快速通道（一期）工程顺利通车　　朱小龙　周古凯 摄

2022年4月8日，江苏博敏电子有限公司“高端印制电路板智能制造示范工厂”入选2022年江苏省智能制造示范工厂名单，为大丰区首家入选企业　　周古凯 摄

41
42
43
44
VEGA

CATARC
中汽中心
中汽股份

2022年3月8日，落户大丰区的中汽研汽车试验场股份有限公司通过“云上市”直播厅，正式在深交所创业板注册上市，成为国内A股市场汽车试验场第一股

董　溪　刘　攀　周古凯　摄

2022年3月，江苏中车电机有限公司入围省发改委发布的第一批省级现代服务业高质量发展领军企业名单，是盐城市唯一一家入围企业　　周古凯 摄

卫华起重

2022年10月，大丰区江苏大洋精锻有限公司和江苏森威精锻有限公司被工信部认定为第四批专精特新“小巨人”企业

周古凯 摄

WENZEL

SCHULER
SCHULER

2022年9月，全国工商联发布“2022中国民营企业500强”榜单，盐城市联鑫钢铁有限公司成为大丰区首个入榜企业

任 嵘　周古凯 摄

2022年7月16日晚，荷兰花海“爱上夜花海 · 盛夏欢乐季”活动正式启动。本次夜游活动持续到8月15日，为游客提供更广阔、更丰富的夜游文化新体验　　周古凯　摄

2022年夏季，大丰区吾悦广场、中交 · 美庐城等商业综合体发挥自身优势，推出夜间消费新模式，丰富市民的“夜生活”

周古凯 摄

7天优品酒店

1号创意市集

美食儿童游戏娱乐城
冰淇淋
铁板羊排烧
大连火爆鱿鱼

2022年9月25日，2022“盐城好秋色”文化旅游季暨荷兰花海百合花文化月正式启动

邱　鹏　周古凯　摄

2022年9月，国家体育总局、文化和旅游部联合发布12条“2022年国庆假期体育旅游精品线路”，大丰区梦幻迷宫景区的“盐城绿野植物迷宫体育旅游线路”成为全省唯一入选线路　　周古凯 摄

2022年12月，大丰区江苏原乡温泉旅游度假村有限公司获评“全国休闲农业与乡村旅游五星级企业” 周古凯 摄

情之所归
故乡
衣锦荣归正当时

2022年，大龙岛度假村基本建成。度假村区域总面积约56万平方米，一期酒店建设占地约30万平方米，建成异域风情酒店建筑37幢

周古凯　何绍丰 摄

2022年1月1日，大丰博物馆新馆开馆　　　　邱　鹏　周古凯 摄

大丰博物馆

记录知青历史 见证沪丰
大丰上海知青纪念馆

激情燃烧的岁月
第一展厅

1950年
1968年

2022年1月13日，大丰 · 上海知青纪念馆成为中国博物馆协会会员

周古凯 摄

2022年12月7日，在大丰区中华暗夜星空保护地野鹿荡，中国东部沿海地区首个地球自转时间（大丰）观测站建成，加入国家授时中心地球自转观测网络

单培泉 摄

BALCNGIAGA
PARA

2022年4月13日，《共青团中央关于表彰全国五四红旗团委(团支部)、全国优秀共青团员、全国优秀共青团干部的决定》印发，江苏大丰农村商业银行团委被表彰为全国五四红旗团委，江苏省盐城市海聆梦家居股份有限公司团支部被表彰为全国五四红旗团支部，江苏省盐城市昕荟传媒有限公司总经理陈仁杰被表彰为全国优秀共青团员，数量在盐城市名列第一　　周古凯 摄

2022年3月，大丰区被确认为江苏省健康促进县（区）　　周古凯 摄

江苏省2022年“全民健身日”盐城市大丰区分会场

江苏丰汇生物科技有限公司

2022年9月6日，“大丰麦仁”获麦仁类全国首个国家地理标志证明商标

周古凯 摄

盐城港
YANCHENG PORT
CIMC WETRAN
中集世联达
盐城港至南美杂货班轮航线

BROMMA 吊具
热烈祝贺
江苏盐城港控股集团自动化集装箱堆场正式启用

ZPMC
tex
热烈庆祝
盐城港至东南亚（越南）国际直达集装箱班轮航线
成功试航

江苏盐城港控股集团有限公司

2022年9月17日，大丰港至南美杂货班轮航线开航。该航线开创盐城港杂货班轮装卸的先河，是盐城港开出的首条远洋航线。10月15日，盐城港自动化集装箱堆场启动仪式举行，标志着江苏沿海地区首个自动化集装箱堆场投入运营。12月20日，盐城港至东南亚（越南）国际直达集装箱班轮航线成功试航

朱加忠　吴　昊 摄

2022年10月11日，省水利厅公布2022年度江苏省水利优质工程名单，大丰区王港闸下移工程名列其中　　周古凯 摄

2022年11月，江苏省农业农村厅印发《关于发布全省首批高标准农田示范项目的通知》，大丰港经济开发区华丰片高标准农田建设项目被列为全省首批38个高标准农田示范项目之一　　周古凯 摄

2022年11月，小海镇国土空间全域综合整治项目通过省级论证。该项目是大丰区申报实施的首个国土空间全域综合整治项目，也是全区首个引入社会资本合作实施、投资规模最大的单个国土空间全域综合整治项目　　周古凯 摄

2022年3月29日中午开始，大丰仓蔬菜供应基地在落实疫情防控措施的前提下，每天安排30车次的货车去大丰各镇及周边地区调运莴苣、土豆、洋葱、萝卜、甘蓝、西红柿、包菜近20个品种，运往上海。截至4月8日凌晨，大丰仓供给上海浦东新区和奉贤区蔬菜包21.25万份约1047吨　　邱　鹏　摄

丰收大地

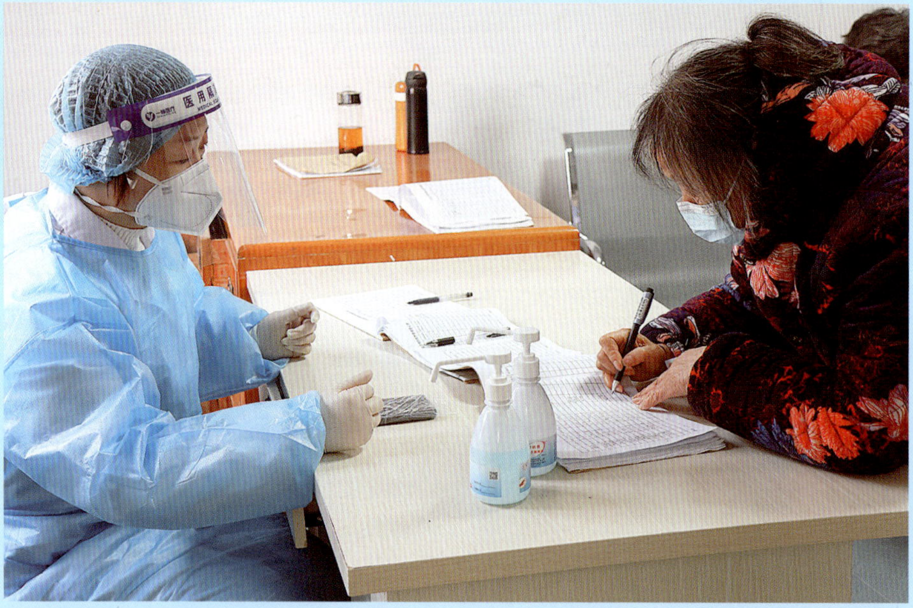

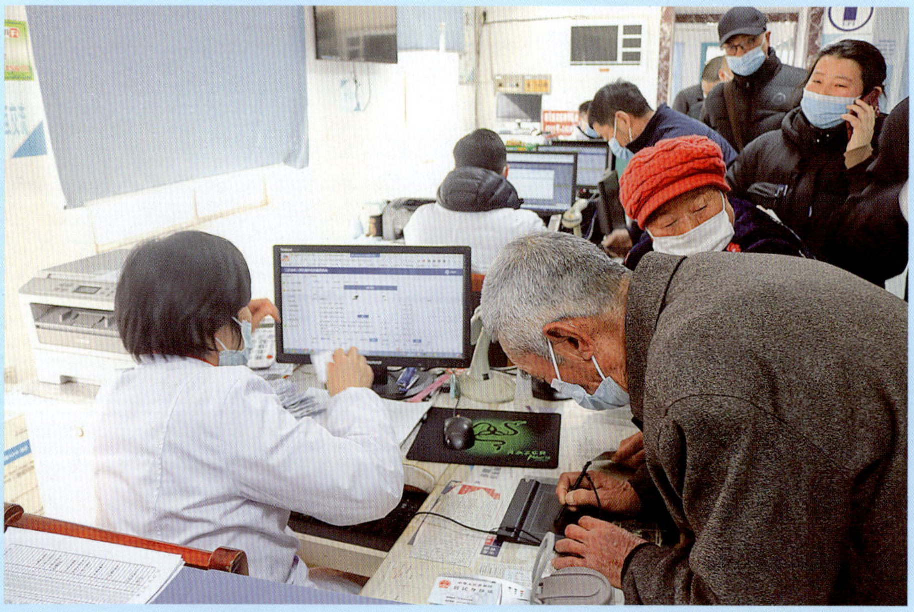

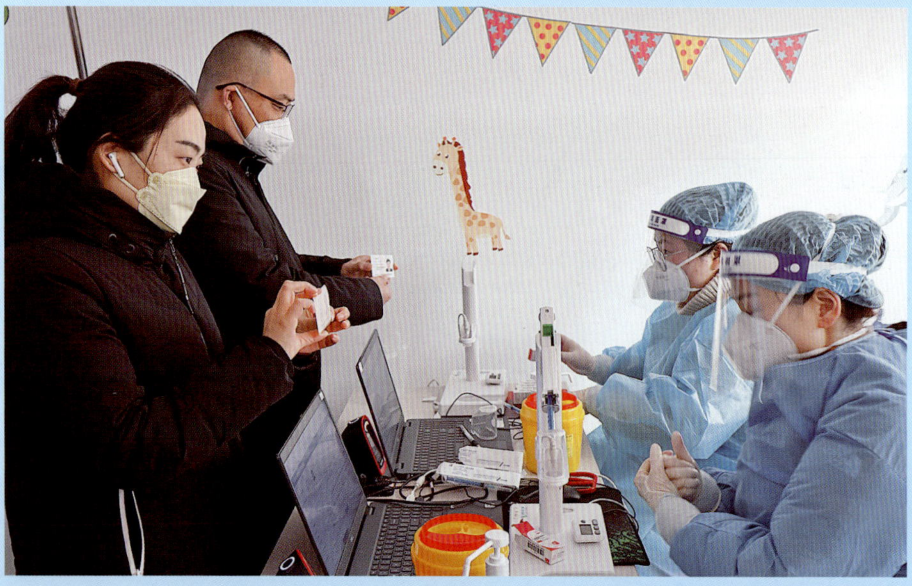

2022年，大丰累计接种新冠病毒疫苗38.3万剂次，接种总人数达37.5万，当年完成全程接种1.62万人、加强免疫接种33.87万人

周古凯 摄

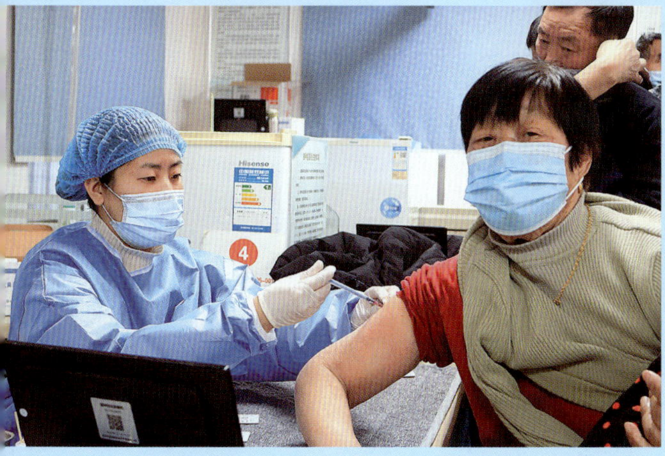

特 载

大 事 记

大丰概况

中共盐城市大丰区委员会

盐城市大丰区人民代表大会

盐城市大丰区人民政府

政协盐城市大丰区委员会

中共盐城市大丰区纪律检查委员会 盐城市大丰区监察委员会

群众团体

法 治

军　事

沿海开发

开放型经济

区园建设

经济管理

农　业

工 业

建 筑 业

商贸服务业

信息服务业

金　融

城镇建设

乡村振兴

水　利

旅游·麋鹿保护

房地产业

交 通

生态环境

科学技术

教　育

文　化

卫生健康

体　育

社会生活

人力资源·社会保障

公共安全

镇·街道

驻丰农场

人　物

荣誉栏

附　录

索　引

特　载

十 大 新 闻

省习近平新时代中国特色社会主义思想研究中心大丰实践调研基地揭牌

8月24日，省习近平新时代中国特色社会主义思想研究中心大丰实践调研基地在大丰区揭牌。作为全省首批、盐城唯一的实践调研基地，大丰区将围绕建好理论研究平台、成果传播平台、学术交流平台、决策咨询平台、人才培育平台的目标任务，在提炼工作亮点、总结工作经验、加快实践转化上下功夫，讲好践行新思想的“大丰故事”，为党的创新理论研究提供典型案例和鲜活素材。2022年，大丰区坚持以迎接中共二十大、学习宣传贯彻中共二十大精神为主线，采取领导领学、专家讲学、实地研学、交流互学、对标比学、以行践学等形式，把学习贯彻习近平新时代中国特色社会主义思想不断引向深入。创新打造“丰学赋能·冬训集市”品牌，“青年说”冬训宣讲品牌获得全省基层党员冬训工作创新项目奖。深入推进理论惠民“燎原”工程，建强建优区级理论宣讲实训基地、各镇（街道）“百姓名嘴”工作室、村书记“乡村振兴微讲堂”，构建三级联动发力的理论宣讲格局，打响“一团十队百人千场”全域理论宣讲品牌，让党的创新理论“飞入寻常百姓家”。

基层党建“书记工程”走好新时代党的群众路线

12月7日，三龙镇党委书记陈纪忠再次来到龙西村，对前期交办事项进行“回头看”，叮嘱村干部切实倾听群众呼声，加大工作力度，更好地充实群众“钱袋子”。这是大丰区创新推行基层党建“书记工程”，走好新时代党的群众路线的一个缩影。自“书记工程”开展以来，15名党（工）委书记与基层党员群众拉家常、交朋友，熟悉村情掌握民情，重点在解决“政治引领、班子建设、党员示范、民生实事、产业发展”五个方面问题中听民意、集民智、聚共识、出实招，集中解决一批群众“急难愁盼”问题，进一步密切党群干群关系。累计召开村党员干部座谈会58场次，走访群众2681户，收集问题建议508条，现场答复、调解问题矛盾436条，群众满意率95%。为推动“书记工程”走深走实，大丰区将其实施情况纳入镇（街道、区）综合考核，并引入群众评议机制，以党员群众的满意度作为检验工作成果的“试金石”。大丰区将进一步深入学习贯彻落实中共二十大精神，切实推动“书记工程”各项工作走深走实，切实把党的政治优势、组织优势、密切联系群众优势转化为发展优势，以高质量党建引领高质量发展。

百亿级重特大项目实现历史性突破
长三角一体化产业发展基地建设如火如荼

8月29日，投资102亿元的阿特斯阳光电力集团光伏储能系统项目开工建设，全部建成后将形成近320亿元的产销规模、6.3亿元的税收，为大丰区完善光伏产业链、打造新能源及装备制造地标产业注入强劲动力。紧扣“一体化”和“高质量”，大丰区高水平建设长三角一体化产业发展基地，深入开展“企业大走访、项目大推进、产业大招商”活动，产业链招商结出丰硕成果。2021—2022年，全区新签约项目325个，其中10亿元以上项目28个，签约项目中重点产业链项目191个、来自长三角地区项目272个。百亿级重特大项目实现历史性突破，100亿元天合储能项目开工建设，100亿元蜂巢动力电池一期实现量产。产业基地45项基础设施工程全部开工、42个产业项目竣工投产11个，西河口片区启动区加快建设。三大战略性新兴产业2022年开票销售突破550亿元、增长32%，占全区规模以上工业开票销售比重超40%。全力服务支持沪苏、常盐、苏盐等合作园区高质量发展，沪苏大丰产业联动集聚区各项指标大幅提升，长三角一体化产业发展基地实现“一年出形象”。

粮食生产实现“十九连丰” 乡村振兴战略实绩考核连续2年列全省第一等次

2022年，全区播种粮食13.48万公顷、粮食总产量91.6万吨，实现“十九连丰”。2022年，大丰区深入学习贯彻习近平总书记关于粮食安全系列重要讲话和指示批示精神，扛稳粮食安全政治责任，持续提升粮食综合生产和供给保障能力，全力以赴守好群众的“米袋子”，为保障国家粮食安全做出大丰贡献。大丰区以农业农村“112233”（整治陈李线、老斗龙港1路1河，做大大蒜、大葱2大特色产业，做强丰收大地省级农产品加工集中区、港区光明食品产业园2大园区，培植3个乡村振兴示范镇、30个乡村振兴示范村）工程为重点，全面推进乡村振兴。高标准农田建设获省政府办公厅真抓实干督查激励，作为全市唯一纳入省2022年度生态宜居美丽乡村示范县培育计划，乡村振兴战略实绩考核连续2年列全省第一等次。全年实现农业总产值、增加值218亿元、130亿元，分别增长5%、4.7%；农村常住居民人均可支配收入31297元，增长6.5%。新增省级特色田园乡村4个，总数达15个，位居全市第一。

新能源发电量首超全社会用电总量 绿色低碳成为最亮丽底色

6月上旬，区供电部门统计数据显示，1—5月份全区新能源发电量达37.8亿千瓦时，首次超过全社会用电总量33.5亿千瓦时。2022年，大丰区新能源发电装机规模突破370万千瓦，约占全市30%，全年新能源发电量90亿千瓦时，超过全社会用电量，减少二氧化碳排放614万吨。绿色制造全面发力，实施“智改数转”项目275个，数字产品制造业开票销售超320亿元，新增省级智能制造示范工厂1家、“江苏精品”认证企业2家、市长质量奖获奖企业1家，通过国家两化融合管理体系贯标评定企业24家，大丰港国际合作绿色低碳产业园启动规划建设。绿色生态不断厚植，PM2.5年均浓度、空气质量优良天数比率均居全省前列，国考、省考断面水质优Ⅲ比例100%，耕地保护再获省级激励表彰，新造成片林292.27公顷，“实施生态修复、绘制花海风光”获评首批省级生态文明建设典型，川东港区域建成美丽海湾省级示范项目。建成幸福河湖16条，农村河道长效管护工作连续8年列全省第一等次，大丰被省生态环境厅命名为省级生态文明建设示范区，人与自然和谐共生的大美画卷徐徐展开。

区企业发展服务中心启用
营商环境持续优化

7月31日，全市首家为企服务专业机构——区企业发展服务中心正式启用。该中心是大丰区完整准确全面贯彻新发展理念、深化改革创新、建设服务型政府的务实举措，也是进一步优化营商环境、提升服务企业效能的重要平台。该中心通过整合全区各部门涉企服务事项，最大限度减环节、优流程、强服务，建设一站式线下服务大厅和线上综合服务平台，为企业提供广覆盖、全过程、信息化、精准化、便利化的服务，实现服务一站供给、业务一网受理、诉求一帮到底。2022年，大丰区坚持以"审批事项最少、办事效率最高、企业获得感最强"为出发点和落脚点，持续深化"放管服"改革，建立协同联动机制，优化审批流程，提升服务效能，创新实施项目"零审批开工"，在全省首家公布275个县级行政许可事项清单，率先实现许可事项"一照通办"。"放管服"改革和数字政府建设获得省真抓实干督查激励。全面落实中央、省市惠企政策，出台工业、服务业企业纾困解难"双八条"，累计减免税费36.24亿元，发放稳岗补贴2828万元，为企业加快发展提供有力保障。

中汽股份登陆深交所创业板
资本市场"大丰板块"再扩容

3月8日，中汽研汽车试验场股份有限公司通过"云上市"直播厅，正式在深交所创业板注册上市，成为国内A股市场汽车试验场第一股，敲响"十四五"期间盐城本土培植企业上市"第一钟"。该公司致力建设长三角（盐城）智能网联汽车试验场项目，为智能网联汽车及相关零部件制造企业提供全方位汽车场地技术服务，打造全球领先的第三方汽车试验场。到2022年年底，全区有上市企业5家，占到全市一半。理研科技、海聆梦、谷登重型列入省上市培育计划库，新增股交中心挂牌企业45家，资本市场"大丰板块"稳步扩容。

大丰区荣获省第十二届双拥模范城（县、区）称号

8月1日，省委、省政府在南京召开江苏省第十二届双拥模范城（县、区）命名暨双拥模范单位和先进个人表彰大会。大丰区被命名为省双拥模范城（县、区），大丰区人武部获评省双拥模范单位。大丰区发扬双拥传统，军地携手同心，探索出一套具有大丰特色的双拥工作模式。“入伍慰问、春节慰问、立功慰问、关爱军人亲属”的“三慰问一关爱”现役军人服务保障办法被《中国双拥》杂志报道，率先实现区镇退役军人服务中心（站）全覆盖，代表全市接受国家双拥模范城创建现场检查。积极做好退役军人和其他优抚对象服务保障工作，在全市首家设立慈善拥军“关爱老兵保险”项目，为享受国家抚恤补助的对象购买意外伤害保险，构建全覆盖、可持续的“优待+”服务体系。驻丰部队在完成教育训练、战备执勤等任务的同时，积极开展无偿献血、走访慰问驻地困难群众等活动，大力支援地方经济社会建设，开创了军民融合发展新局面。

从疫情精准防控向主动医疗救治服务转变　齐心协力战疫情守护群众生命健康

12月30日，国家卫健委官方微信公众号“健康中国”刊播大丰区一基层医疗卫生机构利用便民问诊车进村入户为村民提供发热咳嗽诊疗和用药服务信息。这是大丰区迅速贯彻落实习近平总书记关于疫情防控的重要指示精神和党中央决策部署，聚焦疫情防控和医疗救治服务工作落实，保障人民群众身体健康和生命安全的一个缩影。2022年，大丰区完整准确全面贯彻落实党中央决策部署，坚决执行国家第九版防控方案和优化防控工作的二十条、新十条措施，加强组织、预案、保障，不断提升防控的科学性、精准性，最大程度保护人民生命安全和身体健康，最大限度减少疫情对经济社会发展的影响。区疫情防控各级指挥体系保持24小时高效运转，所有风险均得到快速有效处置。4300多名医务人员奋战在疫情防控一线，各方面力量、志愿者积极参加。全力支援上海、苏州等地疫情防控，精心做好外地到大丰隔离人员服务保障工作，为全国、全省、全市抗疫大局做出积极贡献。

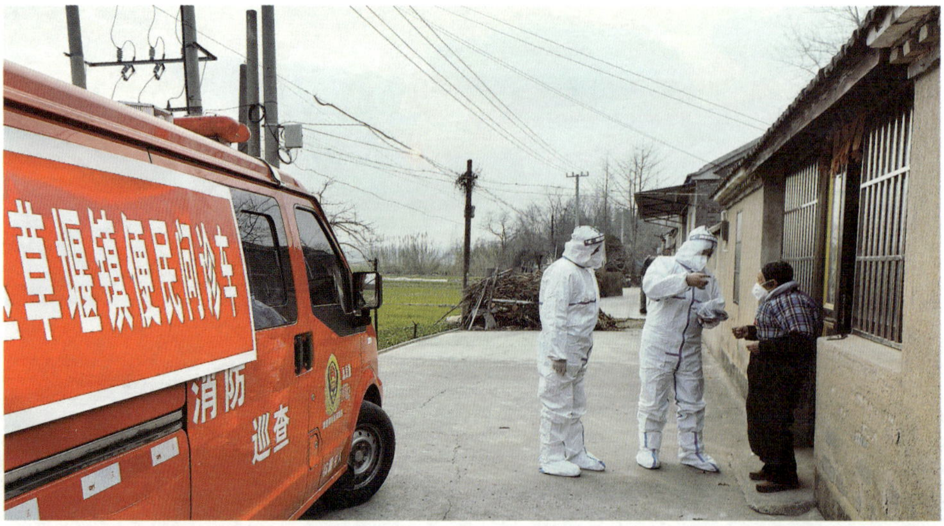

用心用情惠民生
20件民生实事托起百姓“幸福梦”

8月4日，丰华街道日间照料中心、开发区新城居家养老服务站“长者幸福食堂”试营业。2022年，大丰区坚持“政府主导、多元参与、共建共享、老人受益”的基本原则，通过搭建“1+10+N”三级助餐网络，即建设1个中央厨房、10个示范性长者幸福食堂、N个配送点配送到人，精心打造老年助餐服务暖心工程，通过采取“政府补一点、企业让一点、慈善捐一点、老人出一点、志愿做一点”的筹措运行模式，对在“长者幸福食堂”就餐的老人可享受区慈善总会每餐2元的餐补，经济困难老人额外给予每餐2元的餐补。2022年，大丰区把20个民生实事项目建设作为“保基本民生”、提升基本公共服务水平和共享幸福大丰的重要抓手，稳步推进每一件实事，最大限度惠民利民。财政压力再大也不降民生支出，省、市、区三级民生实事工程完成年度投资任务。新改善农民住房2454户，改造老旧小区10个，加装老旧小区电梯40部，景尚名城、康馨雅苑保障房竣工。新增口袋公园15个、交通道口遮阳挡雨棚16座。新建191个自然村生活污水治理设施，完成农村户厕改造1.18万户。

（摘编自《大丰日报》）

十大重点项目

阿特斯储能系统项目

该项目由阿特斯阳光电力集团股份有限公司投资建设，项目总投资102亿元，总占地面积约24.67公顷。其中一期总投资12亿元，占地约10.07公顷，建设年产能10吉瓦时储能系统工厂，于2022年9月启动建设，2023年3月设备进场安装调试，2023年5月底3条产线达到满产能力。一期项目达产后，可形成10吉瓦时储能系统的生产能力，预计可实现年产值120亿元、利税1.8亿元。整个项目达产后，可形成20吉瓦时电芯和储能系统的生产能力，预计可实现年产值320亿元、利税6.3亿元。

洪田高端成套装备制造项目

该项目由洪田科技有限公司投资建设，总投资15亿元，占地11.43公顷，总建筑面积约8万平方米，新上无缝钛圈旋压机、数控机床、立式加工中心等大型加工设备。年生产高端锂电铜箔成套设备5200台套、覆铜板自动化生产线设备50台套、自动仓储物流设备生产线40台套。项目于2022年10月开工，计划2023年12月竣工投产。项目达产后，年可实现开票销售15亿元以上，税收超1亿元。

博汇年产80万吨高档特种纸板项目

该项目由金光纸业(中国)投资有限公司投资建设,总投资27.85亿元,用地面积25.55公顷,总建筑面积22.7万平方米,项目2022年10月28日开工建设,计划2024年12月底设备安装完成并竣工试产。项目建成后,可形成年产40万吨全木浆零塑纸杯纸、年产20万吨高端社会卡纸、年产20万吨烟卡纸生产能力。

博汇纸业化机浆配套废液综合利用项目

该项目由金光纸业(中国)投资有限公司投资建设,总投资10.85亿元,占地6.27公顷,建筑面积18736平方米,项目于2022年7月开工建设,计划2023年12月竣工投产。项目建成可年回收碱31875吨,减少废水和污染物排放,做到污染物的资源化、减量化、无害化。

苏盐粮食仓储与加工项目

该项目由苏州市储备粮管理有限公司投资建设，总投资10.15亿元，占地26.73公顷，建设粮食仓储与加工等项目，由20幢粮食平房仓、18幢粮食浅圆仓、大米加工厂、一站式服务中心、办公楼、食堂、宿舍、门卫及配套辅助用房、工作塔、器材库、码头等组成。项目于2022年12月开工建设，计划2025年6月竣工。建成后将具备30万吨粮食储备、500吨/天大米加工、300吨/批次粮食烘干的仓储与加工能力。

中天大丰海缆系统项目

该项目由中天科技海缆股份有限公司投资建设，总投资25亿元，占地13.33公顷，项目一期投资10亿元，新建厂房面积3.8万平方米，专注于交直流海缆研制、海缆敷设施工、风机塔筒吊装安装、运维服务等。项目2021年8月开工建设，2023年3月一期竣工投产。全部建成投产后，预计年产海缆超1200千米，满足3~4个风电场建设，并实现年销售额25亿元、税收1.5亿元。

金信诺年产300万套SMT和600万套DIP项目

该项目由深圳金信诺高新技术股份有限公司投资建设，总投资10亿元，占地7.53公顷，建筑面积8万平方米，布局以PCBA、SMT生产制造为核心的5G天线产业链生产中心、小型卫星的产品研发、测试、生产销售及示范中心、泛在连接与智能网关、物联网硬件生产中心。项目首期8条PCBA生产线、12条SMT生产线已进场，项目全部投产后，可实现年开票15亿元、税收6000万元。

蜂巢能源动力锂离子电池项目

该项目由蜂巢能源科技股份有限公司投资建设，总投资100亿元，占地56.87公顷，建筑面积约56万平方米，新上年产22.3吉瓦时锂离子动力电池产线。项目一期3条模组PACK线、9条电芯线已投产。二期预计2023年9月全部投产。投产后可实现年开票销售120亿元、税收5亿元。

正泰新能源电池组件项目

该项目由浙江正泰太阳能科技有限公司投资建设，总投资10.1亿元。占地12.73公顷，新增建筑面积约10万平方米，可年产5吉瓦新高效TOPcon晶硅光伏组件。购置MBB串焊机、激光无损划片机、自动摆串机、双层三腔层压机、叠焊机、边框+接线盒打胶机一体机、组装流水线、IV测试仪、EL检测仪等设备。项目建成后，可实现年开票销售80亿元。

永悦智能装备无人科技全产业链项目

该项目由永悦科技股份有限公司投资建设，总投资10亿元，占地约10.8公顷，建筑计容面积约13万平方米，新建无人科技全产业链项目。引进碳纤维热固成型设备生产线、零部件精密加工生产线、无人机组装生产线、精密组件检测线、消防无人机配套挂载生产线等设备。该项目于2022年2月开工，2022年年底部分投产运行，全面竣工投产后，预计可年产各类无人机约20000架，可实现年开票销售12亿元、年纳税约8000万元。

（陈春芹）

〖编辑　朱晓华〗

大事记

1月

1日　区委、区政府举行重点民生实事工程建成启用活动。新时代大道延长线、大丰博物馆新馆、区妇幼保健院3个民生实事工程建成启用。

△　大丰区举办2022年“梅花湾杯”新年长跑活动。各镇（区、街道）、区各有关部门和单位的广大运动健身爱好者参加。

5日　南京理工大学、华英股份、大中街道合作共建“离岸孵化器+离岸孵化服务中心”示范项目签约仪式举行。

6日　市委、市政府在大丰区举行蜂巢能源动力电池项目开工活动。此次开工建设的蜂巢能源动力电池项目由长城集团子公司蜂巢能源科技股份有限公司投资建设，总投资100亿元，总用地58.2公顷，总建筑面积约56万平方米，计划分两期建设。

11—14日　政协盐城市大丰区第十五届委员会第一次会议召开。区委书记李志军在开幕式上作题为“同心同德促发展 群策群力当排头 携手奋进社会主义现代化大丰建设新征程”的讲话。

12—15日　盐城市大丰区第十六届人民代表大会第一次会议召开。区委书记李志军在闭幕大会上发表题为“扛起光荣使命 跨越赶超进位 为勇当长三角一体化发展排头兵不懈奋斗”的讲话。

13日　大丰·上海知青纪念馆成为中国博物馆协会会员。

19日　大丰区党史学习教育总结会议召开。

26日　大丰区在全省2021年度乡村振兴战略实绩考核中获区县级综合排名第一等次。

2月

7日　大丰区在全市勇当沿海地区高质量发展排头兵推进会暨2021年度综合考核表彰大会上，获全市各县（市、区）综合考核第一等次，获科技创新突破、重大项目推进两项单项奖。

8日　中共盐城市大丰区第十三届纪律检查委员会第二次全体会议召开。

10日　区委书记李志军赴重庆长安望江工业集团有限公司，就风电齿轮箱长三角基地项目落户大丰，与长安望江董事长张健等深入交流洽谈。

14日　大丰区黄海路东延项目竣工通车。工程西起东宁路，东至五一大道，全长2.6千米，总投资1.6亿元。

15日　大丰区组织收听收看市疫情防控视频调度会，续后召开会议进行部署落实。

16日　大丰区举行2月份重大项目集中开工活动，全区15个镇（区、园）共30个项目开工建设。集中开工的项目计划总投资77亿元，涵盖高端装备制造、新一代信息技术、新能源新材料等战略性新兴产业。

△　大丰区举行长三角战略性新兴产业项目集中“云签约”活动。活动共签约项目12个，计划总投资209亿元，涉及光伏、锂电装备、电子新材料、新能源汽车零部件等战略性新兴产业。

18日　大丰区与复旦大学附属中山医院合作共建的复旦大学附属中山医院苏北健康管理中心项目正式签约。

20日　区委书记李志军、区长戴勇带队调研大丰区长三角一体化产业发展基地建设工作。调研组先后察看西河口片区、经济开发区“智造之核”、高铁片区、刘庄物流组团等项目建设现场，听取工作汇报，了解各项目建设情况，共同研究解决项目推进过程中发现的困难和问题。

25日　大丰区联合市消防救援支队为“一等功臣”赵毅开展送奖上门活动。

2022年2月25日，大丰区联合市消防救援支队为“一等功臣”赵毅送喜报　（市消防队　供图）

3月

3日　大丰区被省卫健委确认为省健康促进县（区）。

5日　上海电器科学研究所（集团）有限公司与大丰经济开发区将投资建设的大丰能源装备产业协同创新中心项目在浙江湖州签约。区委书记李志军、上海电器科学研究所（集团）有限公司董事长吴业华出席活动。

6日　由中央广播电视总台主办，总台财经节目中心特别策划，中国汽车技术研究中心独家技术支持的第二届“中国汽车风云盛典”入围车型发布仪式在大丰举行。

8日　落户大丰区的中汽研汽车试验场股份有限公司通过“云上市”直播厅，正式在深交所创业板注册上市，成为国内A股市场汽车试验场第一股。

15日　全市高标准农田建设暨春季农业生产现场推进会在大丰区召开。

17日　江苏中车电机有限公司入围省发改委发布的第一批省级现代服务业高质量发展领军企业认定名单，是盐城市唯一一家入围企业。

27日　中央电视台《朝闻天下》节目将镜头对准江苏大丰麋鹿国家级自然保护区，报道了大丰区湿地保护工作取得的成效。

28日　市长三角一体化产业发展基地领导小组工作例会在大丰区召开。会前，长三角一体化产业发展基地重大项目“云签约”，25个项目计划总投资258.4亿元，涉及晶硅光伏、风电装备、新能源汽车零部件、工业互联网等多个重点领域。其中，大丰区有重庆长安望江风电齿轮箱等17个项目参中集中签约。

4月

6日　省委常委会暨省疫情防控工作领导小组会议和市疫情防控工作视频会议相继召开。大丰区设分会场收听收看，续后召开会议贯彻落实。

8日　全市高质量发展项目观摩推进会在大丰区举行。与会人员先后观摩大丰区的博敏高密度互连印制电路板、金韦尔高端成套智能装备制造、西团镇新中村乡村振兴示范区、蜂巢能源锂离子动力电池等重点项目现场。

△　截至当日凌晨，江苏大丰仓农业集团供给上海浦东新区和奉贤区蔬菜包21.25万份1047吨，为供应上海市“菜篮子”贡献了大丰力量。

△　江苏博敏电子有限公司“高端印制电路板智能制造示范工厂”上榜2022年江苏省智能制造示范工厂名单，大丰区省级智能制造示范工厂实现零的突破。

18日　区委书记李志军实地调研长三角一体化产业发展基地项目建设工作，强调要统筹做好疫情防控和项目建设，全力推动产业基地美好蓝图早出形象。

22日　大丰区举行规模性新冠疫情分区分级应急处置桌面推演。

30日　全区党建工作会议召开。

是月　大丰区2个集体、1名个人被共青团中央授予“全国五四红旗团委”“全国五四红旗团支部”“全国优秀共青团员”称号，数量为盐城第一。

△　大丰区在盐城率先启用公共资源交易系统移动CA（电子数据身份认证）互认互联。

5月

6日　区委书记李志军深入大中街道恒北村和红花村开展集中走访活动。他要求始终坚持以人民为中心的发展思想，时刻把群众的冷暖安危放在心上，精准施策、用心用情地办好群众的“关键小事”，切实增强广大群众的获得感、幸福感和满意度。

9日　大丰区江苏金色工业炉股份有限公司、江苏开普尔实业有限公司、江苏苏港和顺生物科技有限公司等20个企业的“科技副总”被认定为盐城市2022年度“科技副总”。

17日　盐城市举行长三角一体化产业发展基地重大项目开工活动。活动以视频连线形式举行，设盐城主会场和大丰区开工现场。此次活动共同见证天合（大丰）储能系列项目开工。

18日　“共享‘盐’海机遇，合作‘城’就未来”中国盐城投资环境说明会暨丹顶鹤国际湿地生态旅游节开幕。大丰区5个项目参加重大项目集中签约。

△　大丰区举行长三角一体化产业发展基地战略性新兴产业项目签约活动。活动通过云端与线下相结合的方式举行，共签约25个1亿元以上项目，涉及储能、光伏、风电、锂电池、新材料、智能制造、新能源汽车零部件等战略性新兴产业，总投资约88亿元。

20日　2022年中国大丰土地云推介会举行。会上，“2022中国大丰土地推介招商云”正式上线。

21日　盐城市委书记徐缨到大丰区调研，强调发挥综合功能独特优势，抢抓机遇乘势而上打造向海发展先行区。

23日　盐城市政协委员读书分享会暨委员“码上读”活动启动仪式在大丰举行。

25日　省政协党组副书记、副主席杨岳一行到大丰，就能源电力保供情况开展专题调研。

26日　区委、区政府举行2022年金融投资说明会暨签约活动。活动签约项目50个、授信总额195.13亿元，区政府与8家市级金融机构签订“十四五”期间综合融资额1040亿元的政银战略合作协议。

6月

1日　大丰区—华美兴泰家庭储能生产基地签约仪式在深圳举行。落户大丰的家庭储能生产基地项目，主要包含15吉瓦时磷酸铁锂电池及150万套家庭光储系统整机装配生产。

△　区长戴勇在深圳开展招商引资活动，先后拜访深圳前海翼联（集团）科技有限公司、深圳市学之友科技有限公司，详细了解公司生产运营情况和产业发展前景，并与企业负责人就项目合作相关事宜进行深入交流。

△　大丰区市际客运班线和高铁班次逐步恢复，首日恢复大丰至南京、苏州、宜兴、昆山、常州的客运班次，大丰开往盐城的D1664高铁班次。

5日　中央电视台《朝闻天下》节

目报道大丰区在麋鹿保护工作方面取得的成效。

7日　高考开考。大丰区参加普通高校招生统一考试2358人（另有607人参加高职院校提前招生已被录取），设大丰高级中学标准化考点1个，分设考区3个，考场91个，其中包括防疫隔离考场8个、备用考场3个。

7—8日　全市纪检监察系统项目观摩会在大丰区举行。与会人员集中观看“清风盐城”杯优秀廉政作品展播，实地观摩梅花湾党员干部政德教育基地、智慧案管、大数据查询研判中心及纪检监察干部心灵驿站项目等，并听取大丰区纪检监察工作情况和射阳、阜宁和滨海县纪委监委特色亮点做法介绍。

15日　大丰区组织开展防汛防台抢险演练活动，以练备战，提升能力，筑牢防线，守护全区人民生命财产安全。

18日　全市文化和旅游产业发展大会在大丰区召开。

21日　大丰区召开生态环境专项整治提升“四大行动”［扬尘污染专项整治提升、“散乱污”企业（作坊）专项整治提升、化工企业专项整治提升、断面水质专项整治提升］推进会。

22日　《农民日报》三版以“江苏盐城大丰区：全面构建高标准农田建设‘大格局’”为题，报道大丰区高站位规划、高质态推进、高效率管理，全面构建高标准农田的工作经验。

23日　由盐城市供销合作总社和大丰区政府主办的“麋鹿故乡 花里大丰”盐城名特优农产品（南京）推介会大丰专场在江苏省农展中心举行。

25—26日　由省政府新闻办主办的品牌外宣活动“Go Jiangsu”海外社交媒体外籍粉丝线下行活动走进大丰。省委宣传部副部长、省政府新闻办主任卜宇，市委常委、宣传部部长陈卫红，区长戴勇出席活动启动仪式。

26日　落户大丰经济开发区的阿特斯阳光电力集团光伏储能系统项目在盐城举行签约活动。市委书记徐缨出席并见证签约，市委副书记、市长周斌讲话，阿特斯阳光电力集团董事长瞿晓铧致辞。

27日　市委、市政府举行全市城乡建设第二批重点项目暨城北地区解放路实验学校开工活动。此次大丰区开工城建重点项目5个，涉及房屋建设、市政设施等领域，包括德惠花园二期、高端人才公寓、沪苏大丰集聚区工业水厂、大丰港区生活污水处理厂等，计划总投资33.9亿元。

是月　大丰区二卯西河滨河风光带入选全省100处“乐享园林”项目名单。

7月

2日　2022中国足球协会乙级联赛在大丰奥体中心开幕。

4日　省人大常委会副主任、党组副书记王燕文率执法检查组到大丰区开展《江苏省医疗保障条例》立法调研。调研组先后参观区医保服务大厅、新丰镇为民服务中心，听取综合性医保智能监控平台情况汇报，对大丰区医保工作表示肯定。

6日　大丰农商行与大丰农发行举行全面战略合作签约仪式。

8日　全国农技中心副主任刘信一行到大丰区调研种业发展工作。调研组一行实地查看大丰区杂交水稻制种的发展现状和规划，对大丰区杂交水稻制种工作的成果给予高度评价，希望进一步加大组织推进力度，全面实现种业振兴。

12日　中国一冶蜂巢能源二期项目钢结构吊装在大丰高新区正式启动。

13日　上海临港控股公司党委书记、总裁丁桂康一行到大丰考察交流，探讨沪苏集聚区“一园一策”相关事宜。区长戴勇、区人大常委会主任范大玉陪同。

15日　首届草庙镇圩东翠梨采摘节暨梨花圩品牌推介会举行。

16日　纬景锌铁液流新型储能电池项目在大丰区举行签约活动。

△　斗龙湾旅游度假区举办的荷兰花海“爱上夜花海·盛夏欢乐季”启动。夜游活动将持续到8月15日，举办郁金香音乐节、嵩山少林功夫展演、夜花海“潮”集市、研学夏令营等主题活动。

25日　省政协副主席周继业到大丰区，就“保障和改善民生，扎实有效推进共同富裕”开展调研并参加民生专题协商议事活动。

31日　全市首家为企服务专业机构——区企业发展服务中心正式启用。

2022年7月2日，2022中国足球协会联赛在大丰奥体中心开幕

邱鹏　摄

8月

1日 大丰区在江苏省第十二届双拥模范城（县、区）命名暨双拥模范单位和先进个人表彰大会上，被命名为省双拥模范城（县、区）。

2日 大丰区科学技术协会第六次代表大会召开。

3日 大丰区工商业联合会（总商会）第十二次代表大会召开。

8日 江苏博敏电子高阶HDI（SLP、IC载板）项目正式投产，区长戴勇、博敏电子股份有限公司董事长徐缓出席投产仪式并致辞。

11日 中国共产党盐城市大丰区第十三届委员会第四次全体会议举行。会议深入学习贯彻习近平总书记在省部级主要领导干部"学习习近平总书记重要讲话精神，迎接党的二十大"专题研讨班上的重要讲话精神，落实省委工作会议和市委八届三次全会要求，总结上半年工作，部署下半年任务，审议通过了全会决议。

12—13日 上海市政协党组书记、主席董云虎率队到大丰区，就贯彻落实中央统战工作会议精神和推动长三角一体化发展进行考察调研。

19日 全市人大"一县一品牌"创新工作现场会在大丰区召开。与会人员先后观摩了驻沪（大丰）人大代表之家、新丰镇人大代表联系点、荷兰花海人大代表之家和代表联络站等现场。

24日 江苏省习近平新时代中国特色社会主义思想研究中心大丰实践调研基地在大丰区揭牌。

△ 大丰区获评国家知识产权强县建设试点县。

25日 区供电公司智能型工器具专业仓正式建成投运，是江苏省第一座县级供电公司建成的智能型工器具专业仓。

29日 区委、区政府举行全区8月份项目开工观摩活动。全区开工项目16个，其中100亿元以上项目1个，1亿~10亿元项目7个，项目计划总投资121.27亿元，涉及电池储能、高端装备制造以及智慧家纺等产业。

30日 全省首笔湿地修复碳汇远期质押贷款1000万元在大丰区成功发放。

9月

1日 盐城市水上消防救援培训基地在大丰揭牌。

3日 大丰区人民政府与新华社新闻信息中心在南京签署战略合作协议，双方将在城市形象推广、文旅品牌塑造、产业发展赋能、高端智库服务等方面开展全方位深度合作。

4日 中央和省防台工作组到大丰区就做好台风"轩岚诺"防范应对工作开展指导。工作组强调，要及时发布预警预报信息，随时做好人员避险转移准备，不断提升快速响应和高效处置能力。

6日 "大丰麦仁"获国家知识产权局认证注册的麦仁类全国首个国家地理标志证明商标。

7日 江苏股权交易中心大丰企业挂牌辅导基地揭牌暨企业集中挂牌活动在大丰区举行。

16日 水利部景区办专家组一行到大丰，对盐城白驹串场河水利风景区开展国家级水利风景区现场考察评价。

17日 大丰港至南美杂货班轮航线开航。该航线开创盐城港杂货班轮装卸的先河，是盐城港开出的首条远洋航线。

23日 陕西省铜川市宜君县委书记刘军率宜君县党政代表团到大丰区考察交流，共同召开大丰、宜君对口协作与经济合作联席会议，交流两地经济社会发展情况，签订战略合作协议。

25日 盐城市文化广电和旅游局与大丰区人民政府主办的2022"盐城好秋色"文化旅游季暨荷兰花海百合花文化月正式启动。

27日 全市城乡建设第三批重点项目暨大丰港铁路支线全线开工活动在大丰区举行。大丰港铁路支线起自新长铁路大丰西站南端，止于大丰港站，正线全长50.6千米，建设工期2年6个月。

28日 盐丰快速通道（一期）工程顺利通车。

30日 省水利厅、财政厅联合发文，公布2021年度农村河道长效管护、农村供水保障工程、农田水利工程管护和生态清洁小流域项目绩效评估结果，大丰区连续8年位列第一等次，为全市唯一。

是月 全国工商联主办的2022

2022年9月7日，江苏股权交易中心大丰企业挂牌辅导基地揭牌暨企业集中挂牌活动在大丰区举行　　王越　摄

中国民营企业500强峰会在北京举行，盐城市联鑫钢铁有限公司成为大丰区首个入榜全国民营企业500强的企业。

△ 国家体育总局、文化和旅游部联合发布12条“2022年国庆假期体育旅游精品线路”，大丰区梦幻迷宫景区的“盐城绿野植物迷宫体育旅游线路”成为全省唯一入选线路。

10月

9日 省委第十巡视组巡视盐城市大丰区工作动员会召开。省委第十巡视组组长李圣华作动员讲话，对做好巡视工作提出要求。

11日 省水利厅公布2022年度江苏省水利优质工程名单，大丰区王港闸下移工程名列其中。

14日 常州盐城“科创飞地”在常州揭牌成立，大丰区离岸科创中心取得新成效。

15日 盐城港自动化集装箱堆场启动仪式举行，标志着江苏沿海地区首个自动化集装箱堆场投入运营。

21日 农业农村部种植业管理司指导服务工作组到大丰考察粮油生产现场。考察组一行察看金色农业公司油菜机播现场，对大丰区油菜生产机械化工作给予充分肯定。

26日 大丰区举行长三角一体化产业发展基地（苏州专场）云签约活动。活动中，23个优质项目集中签约，总投资45亿元，涉及锂电池材料、半导体光伏设备、智能网联汽车传感器等产业。

28日 全区传达学习贯彻中共二十大精神大会召开。

△ 全市农村人居环境整治提升暨生态宜居美丽乡村示范建设现场推进会在大丰区召开。活动中，与会人员现场观摩了大中街道恒北村、江苏沼禾农业科技有限公司等农村人居环境整治现场。

29日 东台市委书记商建明，东台市委副书记、代市长李杰率党政代表团到大丰区参观考察。代表团一行考察沪苏大丰产业联动集聚区正泰新能源光伏电池及组件项目。代表团认为，大丰区新能源产业发展有思路、有特点、有成果，将学习和借鉴大丰区的成功经验和做法，推动当地经济实现新发展。

是月 大丰区江苏大洋精锻有限公司和江苏森威精锻有限公司被工信部认定为第四批专精特新“小巨人”企业。

11月

1日 上海市政协副主席金兴明一行到大丰考察。考察组先后参观荷兰花海、大中街道恒北村等地，对大丰区文旅融合及非遗活化利用工作表示肯定。

9日 农业农村部畜牧兽医局发布2021—2022年度全国畜牧业统计监测工作综合评估优秀省县的通报，大丰区在全国138个优秀生产监测县中排名第五，连续三年受到部委表彰。

△ 省农业农村厅印发《关于发布全省首批高标准农田示范项目的通知》，大丰港经济开发区华丰片高标准农田建设项目被列为全省首批38个高标准农田示范项目之一。

15日 共青团盐城市大丰区第十九次代表大会召开。

17日 大丰区残疾人联合会第六次代表大会召开。

24日 常州市委书记陈金虎率常州市党政代表团到大丰，对大丰区产业发展、园区建设等方面进行深入调研。代表团一致认为，大丰在推进产业转型升级、蓄势赋能高质量发展中取得新成效。希望进一步深化南北结对共建，持续整合两地优势资源，努力实现发展共赢。

28日 苏州盐城沿海合作开发园区举行项目签约暨开竣工活动。

29日 苏盐粮食仓储与加工项目开工仪式在大丰区举行。

是月 小海镇国土空间全域综合整治项目通过省级论证。该项目是大丰区申报实施的首个国土空间全域综合整治项目，也是全区首个引入社会资本合作实施、投资规模最大的单个国土空间全域综合整治项目。

△ 江苏省科技厅公布2022年第七批入库科技型中小企业的名单。大丰89个企业入榜，全部通过国家评价。

12月

7日 在大丰区中华暗夜星空保护地野鹿荡，中国东部沿海地区首个地球自转时间（大丰）观测站建成，并加入国家授时中心地球自转观测网络。

12日 中国共产党盐城市大丰区第十三届委员会第五次全体会议举行。全会听取和讨论李志军受区委常委会委托作的工作报告，审议通过《中国共产党盐城市大丰区第十三届委员会第五次全体会议决议》，书面审议《中共盐城市大丰区委常委会2022年度落实全面从严治党主体责任情况的报告》。

△ 驻地大丰区的江苏原乡温泉旅游度假村有限公司获“全国休闲农业与乡村旅游五星级企业”称号。

20日 盐城港至东南亚（越南）国际直达集装箱班轮航线成功试航。

30日 中共大丰区委举行经济工作会议，总结2022年工作，分析当前形势，部署2023年经济工作，动员全区上下坚定信心、踔厉奋发，在新征程上全面推进中国式现代化大丰新实践。

△ 大丰区妇女第十五次代表大会召开。

△ 大丰区红十字会第七次会员代表大会召开。

是月 灰喉山椒鸟出现在大丰区，这是盐城市首次发现的新鸟种，也是江苏省发现的稀有鸟种。

（於晨婷　朱晓华）

〖编辑　朱晓华〗

大丰概况

建置区划

【建置沿革】 大丰自唐朝始有盐场建制，属扬州海陵县。北宋起隶属泰州海陵。清乾隆三十三年（1768年）属东台县管辖。1942年5月，建立台北县，隶属于苏中行署第二专员公署。1949年5月，泰州专员公署成立，台北县隶属于泰州专员公署。1950年1月，台北县改隶属于盐城专员公署。因与中国台湾地区台北市同名，1951年8月，经政务院批准，台北县改名为大丰县。1953年1月，大丰县隶属盐城专区，1983年隶属盐城市。1996年8月，经国务院批准，撤销大丰县，设立大丰市。2015年7月，经国务院批准，撤销县级大丰市，设立盐城市大丰区。

【行政区划】 2022年年底，大丰区辖有草堰、白驹、刘庄、西团、小海、大桥、草庙、万盈、南阳、三龙、新丰11个镇及大中街道、丰华街道2个街道，大丰经济开发区、大丰港经济开发区2个省级开发区。各镇（街道）及开发区辖208个村民委员会、60个居委会。境内有隶属于上海市的上海农场和隶属于江苏省的大中农场、方强农场、东坝头农场。

自然地理

【地理位置】 大丰区位于江苏省东部，盐城市东南的黄海之滨，北纬32°56′～33°36′、东经120°13′～120°56′，海岸线长112千米。北与盐城市亭湖区交界，南与东台市接壤，西与兴化市毗邻，东濒黄海，总面积3487.79平方千米。

【地形地貌】 大丰区是长江和黄河东流入海泥沙长期淤积而成的滨海平原，地形南宽北窄，呈不规则三角形，似葫芦。东西宽44千米，南北长63千米，地面高程1.8米～4.5米。除沿海滩涂外，全区地势东高（2.8米～3.5米）西低（2.4米～2.8米）、南高（3.3米～4.5米）北低（1.9米～2.2米）。中部老斗龙港两侧为槽形洼地，宽3千米～6千米，自西南向东北纵贯全区，地面高程在1.8米～2.4米之间。中南部古河、小洋河两侧也为槽形洼地，宽2千米～3千米，自东南向西北纵贯中南部，地面高程在2.2米～2.8米之间。东南部川东港以南地区为高亢地，地面高程在3.5米～4.5米之间。

【自然资源】 土地与滩涂。大丰区有耕地12.76万公顷，人均占有耕地0.2公顷。大丰沿海滩涂1000多平方千米，列全国各县（市、区）之最。另有辐射沙洲东沙岛1000多平方千米。

水资源。区内常年自然降水量约1066毫米，丰水年有2000多毫米，欠水年有500毫米左右。区境内有川东港河、疆界河、王港河、四卯酉河、斗龙港河、南直河、西潮河、大丰干河等入海水道，平均地面年径流量5.1亿立方米，客水过境量约25亿立方米。地下淡水资源丰富，根据实凿眼井观察，深160米左右的可供人畜饮用淡水日涌量约200立方米，深400米左右的常温淡水（水温约27℃）时涌量约60立方米。

生物资源。区内物产富有，品种繁多。大丰区是全国粮食生产先进县（区）、全国休闲农业与乡村旅游示范县（区）、国家畜牧业绿色发展示范县（区）、全国有机产品认证示范创建区、全国园艺出口示范区、全国第四批率先基本实现主要农作物生产全程机械化示范县（区）。2022年产粮食91.6万吨，果品6.8万吨，蚕茧408.4吨，生猪饲养量127.28万头，家禽饲养量3137万羽，水产品产量16.59万吨。其他木本、草本、地被植物500多种，药材除人工培植的80多种外，还有罗布麻、茵陈、龙胆草、益母草、墨旱莲、苍耳子、马鞭草等野生药材200多种。陆上脊椎动物100多种。2022年，大丰有世界珍稀麋鹿7033头，其中野生麋鹿数量3116头。区内有丹顶鹤、天鹅、白尾海雕、牙獐等40多种国家一、二级保护动物。近海资源丰富，有潮间带浮游植物145种，浮游动物68种，底栖固着性藻类47种，水生动物中有各种鱼类20种，其中黄鲫、银鲳、小带鱼等优势品种10多种。贝类以青蛤、四角蛤、鲜蛏、泥螺、牡蛎等为多，年产3.89万吨左右。林业资源也较丰富。全区有林业用地面积4.79万公顷。森林覆盖面积5.18万公顷，其中有林地面积2.96万公顷，分别为杨树1.39万公顷、水杉0.26万公顷、其他经济树木及杂树1.31万公顷。全区活立木蓄积总量有145万立方米，其中有林地蓄积量107万立方米，分别为杨树88.8万立方米、水杉12.5万立方米、其他经济树木及杂树5.7万立方米；四旁树总株数1591万株、蓄积量38万立方米，其中杨树360万株、蓄积量19.4万立方米，水杉59万株、蓄积量13.3万立方米。纸浆和木材加工等开发前景广阔。

（刘晓生　陈萍）

港口与岸线。大丰港是国家一类对外开放口岸，开通至韩国仁川港等国际集装箱直航航线，至上海港、宁波港外贸内支线，开通上海港—大丰港—大连港的内贸滚装航线，与中国台湾基隆港实现直航。万吨级以上泊位19个，获批进口粮食指定口岸资质，B型保税物流中心、国家级进口木材除害处理中心建成运营，华丰进境活牛隔离场通过国家级验收，国际集装箱物流中心开工建设。大丰港海关、海事、边检等联检机构功能完善，实行“一站式”服务。

海洋与岛屿。大丰海域面积5000平方千米，另有辐射沙洲东沙岛1000多平方千米，发展海洋产业潜力很大。

风能和光能。大丰风电场（包括潮间带）规划总容量1000万千瓦以上，占江苏省的1/3。2022年日照时数1906小时，适宜发展光伏电产业。

【气候特征】 大丰属于亚热带与暖温带的过渡地带，适宜喜温作物的生长。海洋性气候表现在春温回升慢，秋温稳定且下降缓慢，初霜迟，无霜期长。季风性气候表现在冬季受大陆季风冷空气影响，多西北风，以少雨天气为主，并常出现低温和霜冻；夏季受海洋性季风影响，多东南风，降水充沛，雨热同期；春秋两季处于交替时期，形成干、湿、暖、冷多变气候。春夏季、秋冬季界限不明显。近十多年来，冬季气温偏暖，大雪冰冻封河现象很少见。常年平均气温14.4℃，无霜期203.8天，常年降水量1066.7毫米，年日照时数2214.4小时。

【主要气象要素分析】 2022年，全区年平均气温15.9℃，比常年偏高1.5℃，年极端最高气温38.3℃，与极端最高年份相比正常；年降水量766.4毫米，比常年正常降水量偏少300.3毫米；年日照时数1906.0小时，比常年偏少。6月23日，大丰区入梅，7月11日出梅，梅雨期持续19天，梅期偏短（常年23天），大丰区自动气象站梅雨量在15.8毫米（三龙镇斗龙港村）~102.8毫米（东坝头农场），与常年相比偏少7~8成；梅雨非典型性特征明显，梅雨期间多晴热高温天气，梅雨量明显偏少，以对流性降水为主，短时雨强大为梅雨主要特征。

【灾害性天气事件】 2022年6月5日，午后回波在盐城市盐都区内生成，向东南方向移动，并不断增强发展，下午1时20分影响大丰区北部，三龙镇、新丰镇出现冰雹等强对流天气。回波自北向南影响大丰区，出现雷暴大风、短时强降水、冰雹等强对流天气。据区应急管理局统计，全区受灾人口364人，直接经济损失328.62万元。

2022年大丰区气象资料（一）

表1

项目	霜	雪	积雪	结冰	最低气温≤0℃	地面最低≤0℃	草面最低≤0℃
初日	—	2021.12.25	2022.2.7	2021.12.26	2021.11.23	2021.11.23	2021.12.26
终日	—	2022.2.7	2022.2.7	2021.12.27	2022.3.2	2022.4.2	2022.2.24
初终间日数	—	45天	1天	2天	100天	131天	61天

2022年大丰区气象资料（二）

表2

日期（月份）	1	2	3	4	5	6	7	8	9	10	11	12
平均气温（℃）	3.1	3.3	10.3	15.1	19.8	26.3	29.0	29.4	22.4	16.2	13.5	2.9
极端最高气温（℃）	11.4	19.4	25.4	31.4	31.4	37.0	37.7	38.3	31.4	35.8	22.9	12.4
极端最高气温出现日期	3日	28日	12日	11日	27日	26日	12日	14日	6日	3日	11日	7日
极端最低气温（℃）	−7.1	−6.3	−1.7	0.2	8.9	14.4	21.6	20.0	12.6	3.9	0.1	−7.9
极端最低气温出现日期	14日	24日	2日	2日	1日	8日	19日	31日	24日	19日	30日	18日
降水量（毫米）	60.4	11.3	80.7	40.1	2.7	86.6	175.4	25.2	150.1	46.7	74.9	12.3
降水日数（≥0.1毫米）（日）	6	4	9	5	1	10	11	8	7	6	10	6
蒸发量（毫米）	36.8	42.7	82.7	99.4	134.6	139.2	130.2	144.1	101.3	84.5	49.9	87.9
日照时数（小时）	104.3	131.5	173.3	170.1	211.3	188.0	159.0	193.4	117.0	178.1	109.0	171.0
大风日数（日）	—	—	—	—	—	1	—	—	1	—	—	—

人口·民族·方言

【人口】 2022年，大丰区人口总量持续下降。年末全区常住人口64.29万人，比2021年年末减少0.3万人。0~14岁人口5.29万人，15~59岁人口38.27万人，60岁及以上人口20.73万人。全年出生人口0.17万人，人口出生率2.64‰；死亡人口0.74万人，人口死亡率11.48‰。人口自然增长率−8.84‰。常住人口城镇化率63.33%，比2021年年末提高0.76个百分点。

【民族】 大丰区境内居民以汉族为主，少数民族人口主要由婚进少数民族妇女及其子女构成，共有36个少数民族，分别是蒙古族、回族、藏族、维吾尔族、苗族、彝族、壮族、布依族、朝鲜族、满族、侗族、瑶族、白族、土家族、哈尼族、傣族、黎族、傈僳族、佤族、畲族、高山族、拉祜族、水族、东乡族、纳西族、景颇族、土族、达斡尔族、仫佬族、羌族、布朗族、撒拉族、毛南族、仡佬族、锡伯族、德昂族，计3131人。

【方言】 大丰方言有大丰话，以及历史移居居民说的海门话和盐城话。大丰话分布在境内的西部和南部地区，主要分布在草堰、白驹、刘庄、小海、西团、大桥、草庙、万盈、大中等地。大丰话以大中镇为代表，属江淮官话泰如片，具有泰如片的典型特征。大丰话分布广，内部有差异。海门话分散在中东部地区，主要以南阳镇为代表，大中镇和新丰镇的部分村组的海门人，常说海门方言。海门话属吴语方言太湖片，具有太湖片的典型特征。盐城话分布在北部地区，主要以三龙镇为代表。盐城话属江淮官话洪巢片，具有洪巢片的一般特征。境内上海市属的上海农场大多说吴语上海话；江苏省属的大中、方强、东坝头3个农场有各自不同的方言。大丰地区的方言具有多样性。

（朱晓华）

城市名片

【麋鹿故乡】 大丰是麋鹿故乡。建有麋鹿、珍禽两个国家级自然保护区，其中麋鹿保护区是世界上占地面积最大、野生麋鹿种群数量最多、麋鹿基因库最丰富的自然保护区。大丰麋鹿种群数量由1986年引进时的39头，发展到2022年的7033头，约占全球麋鹿总数的70%，是世界最大的麋鹿种群。

【黄海港城】 大丰是黄海港城。国家一类对外开放口岸——大丰港，是江苏中部重要的出海大通道，建成万吨级以上泊位19个，开通集装箱直航航线7条，30余条散杂货航线遍布各大洲。大丰港经济开发依托大丰港设立，是中韩（盐城）产业园唯一的临港产业配套区，是中韩产业合作的海上大通道。

【上海"飞地"】 大丰与上海地域相近，人文相亲，渊源深厚。上海驻大丰农场辖区面积307平方千米，是上海域外面积最大的"飞地"，建有上海市政府和江苏省政府主导、上海市唯一市级层面与外地合作共建的沪苏大丰产业联动集聚区。与上海光明食品集团、临港集团、上港集团等大企业大集团深度合作，在教育、医疗、金融、交通等方面全面接轨。

【革命老区】 大丰是革命老区。大丰区有丰富的红色文化资源，具有光荣的革命传统。1940年10月新四军、八路军在白驹狮子口胜利会师，开辟了苏北根据地，开创了华中抗日斗争新局面。刘少奇、陈毅、粟裕、黄克诚、陈丕显等老一辈无产阶级革命家曾在大丰浴血奋战。

【长寿之乡】 大丰是长寿之乡。大丰耕地、湿地、滩涂面积宽阔，人均活动范围广，自然环境舒适，敬老爱老美德传承、文化底蕴悠远深厚，是人们宜居宜养、延年益寿的福地。大丰连续4年超过"长寿之乡"百岁老人数指标要求，人口平均预期寿命超过人均预期寿命75周岁的指标，获"2016·中国长寿之乡"称号。

（杨　波）

旅游景区

【国家A级旅游景区】 截至2022年年底，大丰区共有国家AA级及以上旅游景区（点）11家，其中AAAAA级旅游景区1家——中华麋鹿园；AAAA级旅游景区6家——知青纪念馆、大丰港海洋世界、荷兰花海、梅花湾、中华水浒园、梦幻迷宫；AAA级旅游景区3家——东郊公园、盐城大丰港动物园、白驹狮子口会师文化景区；AA级旅游景区1家——施耐庵公园。

【全国乡村旅游重点村】 截至2022年年底，大丰区有全国乡村旅游重点村1家——大中街道恒北村。2019年7月，恒北村被文化和旅游部、国家发改委列入"第一批全国乡村旅游重点村名单"。

【省级旅游度假区】 截至2022年年底，大丰区共有省级旅游度假区2家——江苏省大丰麋鹿生态旅游度假区、盐城市斗龙港旅游度假区。在2022年度全市旅游园区考核中，江苏省大丰麋鹿生态旅游度假区和盐城市斗龙港旅游度假区分别被认定为AAAA和AAAAA旅游园区，其中盐城市斗龙港旅游度假区在全市19个旅游园区中考核排名第一。

【省级生态旅游示范区】 截至2022年年底，大丰区有省级生态旅游示范区1家——中华麋鹿园。

【省级夜间文旅消费集聚区】 截至2022年年底，大丰区有省级夜间文旅消费集聚区1家——荷兰花海旅游风情小镇。

【省级研学旅游示范基地】 截至2022年年底，大丰区有省级研学旅游示范基地1家——知青纪念馆。

【省级特色景观旅游名镇、名村】 截至2022年年底，大丰区有省级特色景观旅游名镇2家——新丰镇、白驹镇，有省级特色景观旅游名村2家——大中街道恒北村、草堰镇三元村。

【省级工业旅游示范区】 截至2022年年底，大丰区有省级工业旅游示范区1家——江苏丰海新能源淡化海水发展有限公司。

（陈金龙）

丰物特产

【白驹三腊菜】 白驹三腊菜得名于主要原料野麻菜的麻辣、芥子的辛辣和寒冬腊月天的制作，因辣与腊同音，故称三腊菜。白驹三腊菜入口味美腊香，色泽青绿，食之可开胃，具有止咳祛痰、舒心通气、养容养颜、减肥的功效。

【刘庄麻辣鸡】 刘庄麻辣鸡始创于20世纪50年代，入口鲜、香、麻、辣。肉质细嫩，皮脆脱骨，咸淡适宜，麻辣得当。其制作过程大致为：选择优质正宗的土鸡，宰杀、清杂，漂洗后焯水，然后用卤汁（秘方）蒸煮约两小时，要求肉可脱骨，外形不变。

【小海五香茶干】 小海五香茶干由黄豆加工而成，制作过程有近20道工序。焖煮调料配方独特，一般有八角、小葵、丁香、花椒等数十种配料。茶干色泽酱红、入口清香、有韧性，参加过多届大丰麋鹿节展销会。

【小海香肚】 小海香肚主料是优质猪肉，其制作过程为：将猪肉切成肉丁，然后用盐和调料腌制，与淀粉、葱、姜等配料搅拌成馅，装入预先清洗消毒去味的猪尿脬（猪膀胱），扎紧猪尿脬扣后放入老锅汤中长时间烧煮。小海香肚贵就贵在老汤中，一锅味道纯正的老汤需要多年的熬制。煮熟后的香肚外形球状，色泽光亮呈深赭色，色、香、味俱全。

【柏斜志香肠】 三龙镇的柏斜志香肠采用上好的猪肉，精细的工艺以及严格的制作，经祖传秘方精制而成，色泽红艳，间有白色夹花，口味咸中带甜，肉质紧凑。在大丰首届麋鹿生态旅游节大丰名优农产品展上，受到好评。

【裕华羊肉】 裕华羊肉选料为上等山羊肉，连皮带骨红烧，调料有猪油、黄酒、甜面酱、冰糖、葱、姜片、辣油、蒜段等。裕华羊肉的羊皮要烧得亮而透明，瘦肉酥而滋润，汤黏而不干，吃起来肥而不腻，甜得适当，辣得可口。

【恒北早酥梨】 恒北早酥梨果形端正，皮色光滑，肉质白细、酥脆可口，汁多味甜，具有滋阴润肺、清热解毒等作用，适合多数人食用，是盛夏防暑养颜的保健果品。恒北早酥梨获无公害、绿色食品、有机食品认证，连续两年获“中国国际农业博览会名牌”称号。

【南阳柿子】 南阳柿子营养丰富、色泽鲜艳、香甜可口，含多种维生素，可生食，也可加工成柿饼、柿糕，并可用来酿酒、制醋等，同时具有较高的药用价值。生柿能清热解毒、降压止血，柿蒂、柿叶也有一定的药用价值。

【海丰大米】 海丰米业有限公司的原粮生产基地位于大丰区境内。海丰大米清香、软糯，口感好，富含维生素、蛋白质、磷、铁等多种有益人体健康的营养成分，味道香甜爽口。海丰大米获全国首批“放心米”称号，被评为“中国质量过得硬放心品牌”“中国名牌农产品”等。

【宝龙冰镇龙虾】 宝龙龙虾产自大丰区斗龙港，壳青、肉质丰满，味道鲜美。宝龙冰镇龙虾加工技术精湛，风味独特、品质佳，多次获奖。

【东沙紫菜】 东沙紫菜产自大丰东沙岛海域。该海域滩涂广阔，无污染，水流畅通，水质肥，养殖的条斑紫菜生长快，质地嫩。东沙紫菜干品色泽鲜亮，韧劲足，具有独特的风味，适宜各种加工与烹调。东沙紫菜是全国首个海藻类地理标志产品。

【醉蟛蜞】 醉蟛蜞壳钳酥软，鲜香，味美，营养价值高。其制作方法是：把小蟛蜞连同调味品（以酸辣粉、盐和捣碎的葱蒜为主要原料）一起放入陶制的大坛，密封后放在阴凉处，腌上一段时间，便可取食。

【黄泥螺】 大丰黄泥螺可生炝、可爆炒，肉质鲜美脆嫩可口。泥螺可为冷菜，也可为热菜，常用于宴席。大丰盛产的黄泥螺曾获第二届食品博览会金奖及“中国国际农业博览会名牌产品”称号。

【麻虾酱】 大丰沿海盛产麻虾（糠虾），常见于每年春季到初冬的沿海河口区和半咸水的池塘。麻虾个体约1厘米长，大小匀称。麻虾酱需经过漂洗、蒸煮、配料、包装等10多道制作工序制作而成，色香味俱佳。麻虾酱有“天下第一鲜”的美称。

【大丰瓷刻】 大丰瓷刻是以瓷件为载体，钢凿和铁锤为主要工具，凿刻瓷件产生崩瓷效果，使艺术作品物象机理再现于瓷体表面的地方传统美术技艺。大丰瓷刻技艺传承以小海镇为基地。技艺传承人在刻瓷过程中，注重基本技法的传承和工具、辅材的改良，用独特的凿刻技艺赋予瓷刻作品独特的构成形式和审美效果，被工艺美术专家、文化学者喻为“瓷器上的刺绣”。2016年1月，大丰瓷刻入选第四批省级非物质文化遗产代表性项目名录。

【麦秆画】 麦秆画利用麦秆自然的光泽和抢撕成丝的特性，经过烫色或者染色，用“撕、剪、刻、抢”等工艺，平贴或直接用麦秆逐层堆成画的一种传统美术技艺。大丰南阳镇的麦秆画在国内多次获奖，在国外也有一定的知名度。

（摘编自《大丰好玩呢》）

国民经济和社会发展情况

【概况】 2022年，全区上下坚持以习近平新时代中国特色社会主义思想为指导，全面落实“疫情要防住、经济要稳住、发展要安全”的重大要求，高效统筹疫情防控和经济社会发展，实现了经济回升向好。

经济总量稳步增长。初步核算，全年实现地区生产总值816.63亿元，按不变价格计算，同比增长4.6%。分产业看，第一产业增加值121.22亿元，

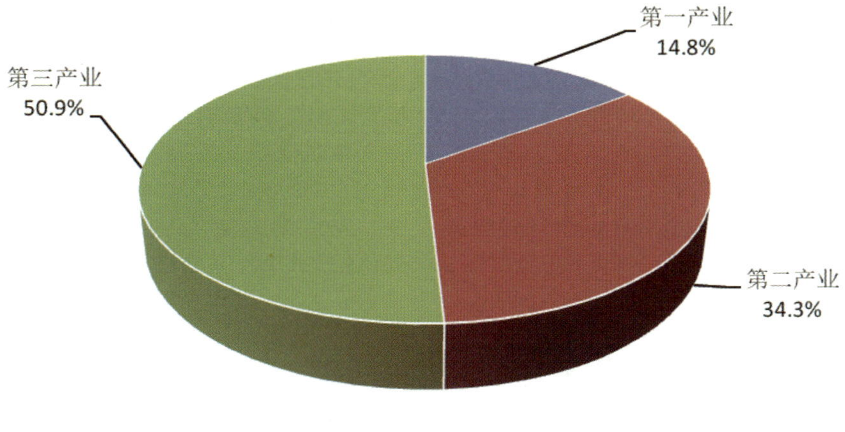

图1 2022年大丰区地区生产总值构成

增长4.1%；第二产业增加值279.94亿元，增长6.4%；第三产业增加值415.48亿元，增长3.5%。三次产业结构比为14.8:34.3:50.9。全区人均地区生产总值126727元。

就业创业形势稳定。全年新增城镇就业2.24万人。重点群体就业保障有力，城镇失业人员再就业5071人，就业困难人员就业2458人。累计开展政府补贴性技能培训10929人次。造浓返乡创业氛围，发放富民创业担保贷款9995.2万元，支持成功自主创业4655人。

居民消费价格温和上涨。全年居民消费价格指数同比上涨2.6%。八大类商品价格均上涨：交通和通信上升6.7%，医疗保健上升3.4%，其他用品和服务上升3.1%，生活用品及服务上升3.0%，衣着上升2.5%，教育文化和娱乐上升2.1%，食品烟酒上升1.4%，居住上升1.2%。

【农林牧渔业】 农业生产总体平稳。全年实现农林牧渔业总产值214.69亿元，同比增长4.5%；实现农林牧渔业增加值128.89亿元，增长4.5%。全年粮食播种面积13.48万公顷，与2021年持平；油料作物播种面积0.88万公顷，增长4.1%；药材播种面积840公顷，与2021年持平；蔬菜瓜类播种面积7.25万公顷，增长1.7%。全年粮食总产量91.60万吨，同比增长0.4%。其中，夏粮总产量37.19万吨，增长1.1%；秋粮总产量54.41万吨，下降0.1%。油料总产量2.67万吨，增长4.3%。全年生猪出栏76.44万头，增长0.5%；羊出栏11.14万只，增长0.8%；家禽出栏2037万羽，增长1.1%；兔出栏42.80万只，增长4.1%。肉类总产量10.06万吨，增长0.8%；蛋类总产量8.30万吨，增长1.5%。水产品总产量16.59万吨，下降0.6%。

2022年大丰区农林牧渔业总产值和增加值构成表

表3

指　标	产值（亿元）	同比增长（%）	增加值（亿元）	同比增长（%）
农林牧渔业	214.69	4.5	128.89	4.5
#农业	119.79	9.0	80.74	7.6
林业	2.94	−5.7	1.53	−3.8
牧业	33.80	0.5	15.66	2.9
渔业	44.61	−3.3	23.29	−4.4
农林牧渔业服务业	13.55	10.5	7.67	10.6

现代农业加速发展。全年新增省级以上休闲农业品牌2个，累计达到35个。累计创成国家级农业产业化重点龙头企业1家、省级9家、市级30家。全区绿色优质农产品比重78.98%，累计建成国家绿色食品原料标准化生产基地2个，省级绿色优质农产品基地23个。2022年年末农业机械总动力达92.09万千瓦。大中型拖拉机、联合收割机、水稻插秧机保有量分别达到3542台、3344台、691台（其中乘坐式603台），秸秆机械化还田、离田面积分别为9.94万公顷、3.21万公顷（含青贮）。农作物耕种收综合机械化率超过85%。

【工业和建筑业】 工业经济转型升级。全年完成全口径工业开票销售收入1610.40亿元，同比增长21.8%；其中，规模以上工业开票销售收入1390.78亿元，增长11.6%。全年新增规模以上工业企业91个，规模以上工业企业总数557个；规模以上工业增加值同比增长9.5%。优势产业发展较快，50亿元级规模行业有6个，其中电气机械和器材制造业再上新台阶，从2021年200多亿元提升至400多亿元，6个规模行业合计产值占规模以上工业总产值的80.3%，较2021年提升2.8个百分点。全年规模以上工业出口交货值同比增长61.3%，出口交货值前十大行业中，电气机械、化工、钢铁、通用设备、文教娱乐用品、汽车制造、医药等7个行业增幅超两位数，其中电气机械同比增长111.4%。"智改数转"加快推进，2022年实施智能化改造和数字化转型项目286个，覆盖规模以上企业221个，新增省级智能制造示范工厂1个。

建筑业稳步发展。全年新增资质上建筑企业25个，企业总数114个。完成建筑业总产值135亿元，同比增长7.3%，其中，建筑工程产值131.36亿元、安装工程产值2.91亿元、其他产值0.76亿元。全年签订建筑合同额142.6亿元，同比下降1.8%。建筑企业房屋建筑施工面积437.7万平方米，下降36.7%。

【固定资产投资】 固定资产投资稳步回升。全年固定资产投资同比增长15.2%。分产业看，工业投资增长14.9%，服务业投资（不含房地产开发业）增长21.9%。分领域看，制造业投资增长40.8%，民间投资增长44.9%。高技术产业投资增长97.7%，高于全部投资82.5个百分点，其中高技术制造业投资增长143.5%、高技术服务业投资增长24.5%。

房地产市场低位运行。全年完成房地产开发投资40.6亿元，同比下降10.1%。房屋施工面积427万平方米，同比下降5.7%。房地产销售面积130万平方米，同比增长7.3%，其中，住宅销售面积94.4万平方米，同比下降5.4%。

【国内贸易】 消费品市场平稳增长。全年新增限额以上批零住宿餐饮企业155个，企业总数390个。全区实现社会消费品零售总额253.90亿元，同比增长3.3%。分行业看，批发业销售额414.63亿元，增长18.3%；零售业销售

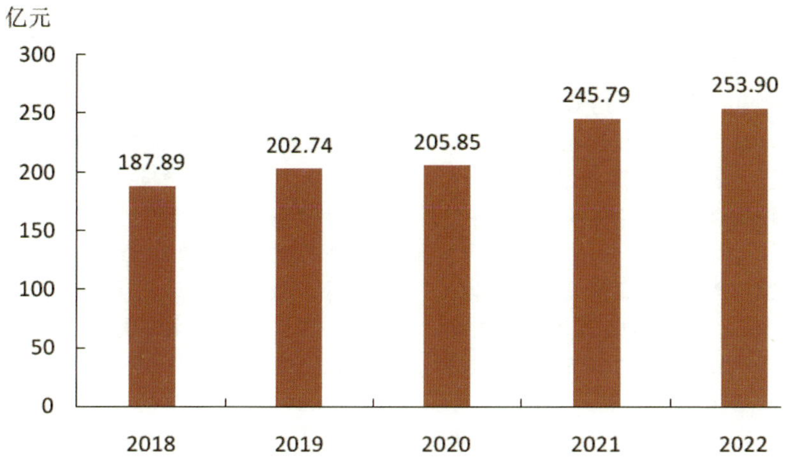

图2　2018—2022年大丰区社会消费品零售总额变化示意图

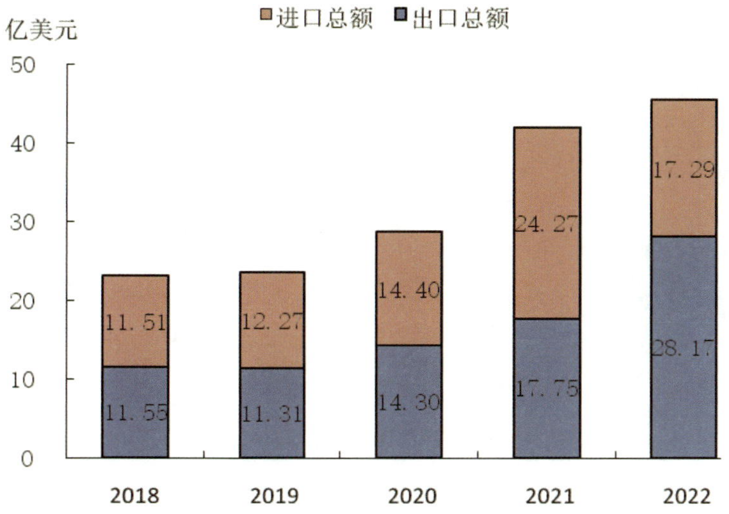

图3　2018—2022年大丰区进出口总额变化示意图

额166.21亿元，增长5.4%；住宿业营业额3.76亿元，增长6.2%；餐饮业营业额33.80亿元，增长3.2%。

【开放型经济】 对外贸易稳定增长。全年实现进出口总额45.46亿美元，同比增长8.4%。其中，出口28.17亿美元，同比增长58.7%；进口17.29亿美元，同比下降28.5%。

利用外资小幅下滑。全年实际使用外资12017万美元，同比下降2.8%；新设立外商投资企业13家，新增总投资3000万美元以上项目5个。

【交通和旅游】 交通运输业总体平稳。年末等级公路里程3777.22千米（不含地方自主实施农村公路），其中高速公路里程75.57千米。全年实现公路客运量147.57万人，增长20.1%。铁路客运量33.72万人，同比下降35.0%。公路货运量876.16万吨，同比增长11.9%。年末公共汽（电）车运营车辆221辆，公共汽（电）车客运总量292.70万人次，出租汽车104辆。大丰港实现货物吞吐量8470.16万吨，同比增长19.9%；集装箱52.65万吨标箱，同比增长40.2%；外贸量2706.93万吨，同比下降26.2%。内河码头吞吐量395.55万吨，同比增长18.8%。

旅游业发展艰难前行。2022年全区接待游客671.07万人次，同比下降35%；景区综合收入2.02亿元，同比下降53%。全区共实施5000万元以上文旅重大项目8个，完成投资7.85亿元，苏北健康管理中心签约并正式启动建设，郁金香健康养生文化中心客房及会议中心试运营，大龙岛度假村建成，麋鹿博物馆改造完成并对外开放等。截至2022年年底，全区有国家AAAAA级旅游景区1个、AAAA级旅游景区6个，全国乡村旅游重点村1个，省级旅游度假区2个，省级研学旅游示范区基地1个，省级工业旅游区1个，江苏省特色景观旅游名镇、名村各2个，高等级景区数量、质量位居江苏各县区前列。

【财政金融】 财政收入难中有进。全年完成一般公共预算收入58.16亿元，同比增长0.2%；剔除留抵退税影响，一般公共预算收入67.15亿元，同口径增长12.2%。其中，税收收入42.32亿元，占比为72.8%；剔除留抵退税影响税收收入为51.31万元，占比为76.4%。

财政支出结构优化。全年完成一般公共预算支出113.82亿元，同比下降1.1%。一般公共预算支出中，卫生健康支出10.71亿元，增长9.1%；社会保障和就业支出20.34亿元，增长2.4%；住房保障支出4.83亿元，增长15.6%。

金融信贷稳步增长。全年实现金融机构本外币存款余额1199.87亿元，同比增长10.6%，其中，住户存款733.58亿元，同比增长19.2%。金融机构本外币贷款余额1146.56亿元，同比增长16.6%。

【科学技术和教育】 科技创新能力增强。全区专利授权量2523件，同比下降11.8%，其中发明专利授权142件，增长2.9%；PCT专利申请19件，增长72.7%。年末全区有效发明专利量1148件，增长13.9%；万人发明专利拥有量17.78件，增长13.9%。全年签订各类技术合同290项，技术合同成交额35.78亿。当年新增国家高新技术企业35个，总数211个。

教育事业全面发展。全区有普通中学32所，其中，高中3所、初中29所（含少年体育学校1所），在校学生20961人，毕业学生7220人；小学32所，在校学生27433人，毕业学生4524人，入学率和巩固率均为100%；

中等职业学校1所，在校学生3114人，毕业学生742人；幼儿园50所，在园幼儿11601人；特殊教育学校1所，适龄残疾儿童入学率达100%。全区专任教师5681人，其中高中764人、初中1686人、小学2056人、中等职业学校256人、幼儿园885人、特殊教育学校34人。

【文化、卫生和体育】 文化水平不断提升。全区建有文化馆1个，图书馆1个，博物馆4个，美术馆（在建）1个，镇（区、街道）综合性文化服务中心13个。全年举办各类大型文艺演出17场，送戏下乡212场，各类展览233余场。

卫生事业稳步推进。全区拥有卫生机构364个（含村卫生室219个，门诊、诊所、医务室等96个）。其中：医院、卫生院（社区卫生服务中心）40个，疾病预防控制中心1个，妇幼保健机构1个。各类卫生机构拥有床位3832张，卫生技术人员4615人，其中执业（助理）医师1968人（含乡村全科执业助理医师），注册护士1805人。

体育事业蓬勃发展。承办2022年江苏省青少年篮球训练营（第二期）、2022年盐城市青少年网球比赛、盐城市青少年篮球总决赛（小学组）、2022年盐城市“市长杯”小学组足球比赛。组队参加江苏省第二十届运动会田径、网球、国际象棋、体适能等项目的比赛，其中陈文静、王璐、徐锦杰分别获得全能冠军。盐城市第五届龙舟赛中，大丰区代表队勇夺三金三银六铜，取得金牌总数第二的好成绩，同时获得优秀组织奖。

【环境保护】 生态环境质量持续向好。PM2.5浓度均值27.3微克/立方米，空气质量优良天数比率83.8%。6个国考断面、4个省考断面、5个入海河流断面优Ⅲ比例和1个集中式饮用水水源地达标率均达100%。全年近岸海域优良海水面积比例83.73%。全区受污染耕地和重点建设用地安全利用率连续三年实现双100%。

【人民生活和社会保障】 居民收入稳定增长。全区居民人均可支配收入40245元，同比增长5.5%。按常住地分，城镇常住居民人均可支配收入46523元，增长4.8%；农村常住居民人均可支配收入31297元，增长6.5%。城乡居民收入差距继续缩小，城乡居民人均收入比值为1.49，比2021年缩小0.02。全区居民人均消费支出23323元，同比增长4.9%。按常住地分，城镇居民人均消费支出24653元，增长4.2%；农村居民人均消费支出21426元，增长6.0%。

社会保障更加健全。城乡基本养老保险参保人数54万人，失业保险参保人数10.8万人，工伤保险参保人数13.7万人。基本医疗保险参保人数63.39万人，其中城乡居民参保人数44.28万人，职工医保参保人数19.11万人。年末领取失业保险金人数1575人。城乡居民养老保险基础养老金245元/月。

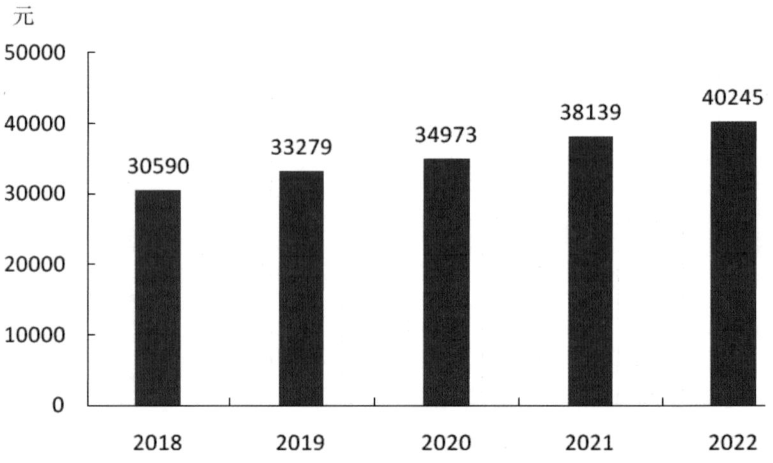

图4　2018—2022年大丰区居民人均可支配收入柱状图

说明：

1.地区生产总值、规模以上工业增加值及其分类项目增长速度按可比价计算，为实际增长速度；其他指标除特殊说明外，按现价计算，为名义增长速度。

2.部分数据因四舍五入问题，存在总计与分项合计不等的情况。

3.部分指标数据因统计口径调整，较2021年不具可比性。

4.建筑企业数为在区统计局入库列统的资质上建筑企业

（夏晓霞）

〖编辑　朱晓华〗

中共盐城市
大丰区委员会

综　述

【全面从严治党】 2022年，中共大丰区委坚持以习近平新时代中国特色社会主义思想为指导，把迎接中共二十大、学习宣传贯彻中共二十大精神，作为贯穿全年的重大政治任务和工作主线，积极开展“喜迎二十大、奋进新征程”系列主题活动，组织全区党员干部集中收听收看中共二十大开幕。二十大闭幕后，迅速召开区委常委会会议和全区大会传达学习贯彻中共二十大精神，开展形式多样的宣讲活动。年内，大丰区入选省习近平新时代中国特色社会主义思想研究中心首批实践调研基地。全力支持、主动配合省委巡视，坚持未巡先改、边巡边改、立行立改，在省委巡视组的帮助指导下，解决了一批涉及发展、稳定、民生的突出问题。统筹做好干部育选管用工作，举办干部能力素质提升轮训班，实施年轻干部“2233”拔尖工程（选派20名优秀干部到上海、苏南等先进地区挂职，选派20名优秀年轻干部到合作园区、上级机关学习锻炼，推动30名区级机关与30名基层单位年轻干部双向交流挂职），实施公务员平时考核“三考三问”（考个人、考单位、考运用，问绩、问责、问效）制度。实施基层党建“五聚焦五落实”（聚焦基本组织、基本队伍、基本活动、基本制度、基本保障，把党的全面领导、党的坚强力量、党的号召要求、党的纪律规矩、党的关心服务落实到基层）深化提升行动，创新开展“书记工程”，成立镇（区、街道）两新综合党委15个，全面推行村干部专业化星级管理，推进“创业支书”培育计划，持续建强党在基层的战斗堡垒。深化群团组织改革，顺利完成团区委、科协、工商联、残联等换届工作。落实中央八项规定精神，对9家单位党组织开展2轮常规巡察，配合市委对3家单位党组织开展联动巡察，建立“一把手”巡察整改“顶层交责”工作机制，相关做法被中纪委网站宣传报道。加强廉洁文化建设，建成全市首家政德教育基地，维护和巩固了风清气正的政治生态。

【贯彻新发展理念】 2022年，中共大丰区委紧扣高质量发展首要任务，以建设长三角一体化产业发展基地为重点，深度融入长三角，绿色低碳发展挑大梁，勇当沿海地区高质量发展排头兵。积极参与盐城建设长三角一体化产业发展基地，产业基地45项基础设施工程全部开工，42个产业项目竣工投产11个，大丰港铁路支线开工建设。新能源及装备制造、新能源汽车零部件、新一代电子信息三大战略性新兴产业蓬勃发展，投资102亿元的阿特斯储能、100亿元的天合储能开工建设，100亿元的蜂巢动力电池一期量产。工业开票销售超100亿元企业3个，纳税超1亿元企业6个，超10亿元企业1个。深化“一区多园”改革，全力服务支持合作园区高质量发展，沪苏集聚区各项指标大幅提升，苏盐园区1亿元以上项目新开工10个、竣工6个，常盐工业园在省南北共建高质量发展创新试点园区评估中位居全省前列。2022年，大丰区进出口总额45.46亿美元，进出口超1亿美元企业有9个、超1000万美元企业有42个，利用外资到账1.2亿美元，总投资20亿美元的金光纸业大丰产业基地项目加快推进。大丰被确定为首批国家知识产权强县建设试点县，国家专精特新“小巨人”企业总数4个，“放管服”改革和数字政府建设获省真抓实干督查激励。

【全面促进乡村振兴】 2022年，大丰区高标准农田建设获省真抓实干督查激励，连续两次被认定为国家级杂交水稻制种基地县，有新三板挂牌种业企业2个，占全省一半。启动新一轮农村住房条件改善五年专项行动，改善农房2454户，省级特色田园乡村总数15个，被表彰为苏北农房改善工作绩效评价优秀县（市、区）。深入实施经济强村三年行动计划，所有村集体经营性收入均超40万元，其中收入50万~100万元以上的村有114个，收入100万元以上的村有35个。

【“两山”实践创新】 2022年，大丰区持续加强沿海生态修复和保护，PM2.5浓度均值、优良天数比率保持全省前列，国考、省考断面水质优Ⅲ类比例100%，川东港区域建成美丽海湾省级示范项目。新能源发电装机规模突破370万千瓦，2022年发电90亿千瓦时，超过全社会用电量。打造“世界遗产地 大丰野鹿荡”文旅IP，野鹿荡、暗夜星空等最具世遗湿地风光代表性的核心景点建成开放，大龙岛度假村基本建成，920街坊、黄海湿地公园川东闸小街对外开放，生态保护与生态旅游相得益彰。

【保障和改善社会民生】 2022年，中共大丰区委践行以人民为中心的发展思想，强化就业优先政策，城镇新增就业8000人，城镇登记失业率控制在3%以内。全体居民人均可支配收入40245元，同比增长5.5%，城乡居民收入比全市最小。实验小学、实验初中常新路分校竣工交付，盐垦初中投入使用，“双减”成果持续巩固，中高考再创佳绩。长三角一流的上海中山医院苏北健康管理中心加快建设，三院新院区建成使用，基层医疗卫生机构实现三级中医馆全覆盖。建成示范性长者幸福食堂10个，完成适老化改造1000户，年内两次上调城乡居民养老保险基础养老金，标准提高至245元/人·月，保持全市领先水平。认真组织特殊困难群体救助帮扶和妇女儿童权益保障问题专项排查整治行动，在全市率先设立慈善拥军“关爱老兵保险”项目，创成省级双拥模范区。践行人民城市理念，系统推进城市有机更新，西河口片区启动区加快建设，建成“口袋公园”15个，整治老旧小区10个，为老旧小区加装电梯40部。文化事业、文化产业繁荣发展，建成省级“最美公共文化空间”5个，各类文艺精品获得国家级奖项14个、省级奖项11个，舞蹈《你们告诉我》获得第十五届省“五星工程奖”，荷兰花海创成首批省夜间文化和旅游消费集聚区。

【统筹发展和安全】 2022年，中共大丰区委落细落实“疫情要防住、经济要稳住、发展要安全”要求，高效统筹疫情防控和经济社会发展，统筹发展和安全，牢牢守住安全稳定底线。科学精准防控疫情，最大程度保护人民生命安全和身体健康，最大程度减少疫情对经济社会发展的影响。一体推进安全生产大检查和重点行业领域百日攻坚行动，扎实开展农村道路交通安全集中整治行动，“三年大灶”（安全生产专项整治三年行动）专项整治圆满收官，生产安全事故起数、死亡人数分别下降30.4%、28.6%。创新实施“纪法信”联动机制，乡村治理工作获得全省基层社会治理提名奖，创成全省信访工作示范县（市、区）。常态化开展扫黑除恶，建设更高水平平安大丰、法治大丰，群众安全感99.58%，保持全省前列。

2022年12月12日，中共盐城市大丰区委十三届五次全会在大丰剧院举行 王越 摄

重要会议

【区委十三届四次全体会议】 2022年8月11日，区委召开十三届四次全体会议。会议的主要任务是，坚持以习近平新时代中国特色社会主义思想为指导，深入学习贯彻习近平总书记在省部级主要领导干部“学习习近平总书记重要讲话精神，迎接党的二十大”专题研讨班上的重要讲话精神，认真落实省委工作会议和市委八届三次全会要求，总结上半年工作，部署下半年任务，动员全区上下坚决扛起“争当表率、争做示范、走在前列”光荣使命，深度融入长三角，绿色发展挑大梁，以实际行动迎接中共二十大胜利召开。区委书记李志军根据常委会讨论的精神，着重强调五个方面意见：（1）深入学习贯彻习近平总书记在省部级主要领导干部专题研讨班上的重要讲话精神，深刻领悟“两个确立”的决定性意义，坚决做到“两个维护”。（2）迎难而上砥砺前行，全区统筹疫情防控和经济社会发展取得实实在在的成果。（3）始终保持“人一之我十之”的劲头，在绿色低碳发展的新赛道上奋勇当先。（4）坚决落细落实“疫情要防住、经济要稳住、发展要安全”的要求，为全市勇当沿海地区高质量发展排头兵挑大梁做贡献。（5）勇于自我革命，以风清气正的政治生态迎接中共二十大胜利召开。

【区委十三届五次全体会议】 2022年12月12日，区委召开十三届五次全体会议。会议的主要任务是，以习近平新时代中国特色社会主义思想为指导，深入学习贯彻中共二十大精神，全面落实省委十四届三次全会、市委八届四次全会部署要求，坚定拥护“两个确立”，坚决做到“两个维护”，在新征程上全面推进中国式现代化大丰新实践。区委书记李志军根据常委会研究的精神，着重讲了四个方面意见：（1）深刻领悟“两个确立”的决定性意义，切实用中共二十大精神统一思想、统一意志、统一行动。（2）深刻把握习近平新时代中国特色社会主义思想的世界观和方法论，自觉用党的创新理论武装头脑、指导实践、推动工作。（3）牢牢把握中国式现代化的战略部署，以绿色低碳发展为破题之钥，以长三角一体化产业发展基地建设为重要抓手，高水平展现中国式现代化大丰图景。（4）坚决扛起全面从严治党的政治责任，深入推进新时代党的建设新的伟大工程，坚定不移以党的自我革命引领社会革命。

【区委经济工作会议】 2022年12月30日，区委召开经济工作会议。会议的主要任务是，深入学习贯彻中共二十大精神，认真落实中央和省委、市委经济工作会议要求，总结2022年工作，分析当前形势，部署2023年经济工作。区委书记李志军根据常委会研究的精神，着重讲了三个方面意见：（1）高效统筹疫情防控和经济社会发展，统筹发展和安全，全区各项事业取得新进展。（2）牢牢把握高质量发展首要任务，完整准确全面贯彻新发展理念，在绿色低碳发展新赛道上干出大丰精彩。（3）坚持和加强党对经济工作的领导，全面提升经济工作能力水平。

（杨 波）

重要决策

【新冠肺炎疫情防控】 1月1日，区委书记李志军深入港区检查疫情防控和安全生产工作。他强调，要牢固树立以人民为中心的发展思想，进一步强化责任担当，落细落实举措，统筹做好疫情防控和安全生产工作，切实保障人民群众生命财产安全。1月9日，大丰区召开疫情防控工作书记专题会。区委书记李志军主持并讲话，强调要深入学习贯彻习近平总书记关于疫情防控工作系列重要指示精神，坚持人民至上、生命至上，不松懈、不麻痹、不侥幸，以对人民群众健康安全极端负责的态度抓好疫情防控工作，全力保障人民群众生命健康安全。2月14日，区委书记李志军主持召开全区疫情防控视频点调会，传达省、市疫情防控最新部署要求，听取大丰区各板块疫情防控情况汇报，分析研判当前的工作重点和存在的薄弱环节，推动防护漏洞再排查、防控重点再加固、防控要求再落实。3月12日，区委书记李志军以“四不两直”（不发通知、不打招呼、不听汇报、不用陪同接待，直奔基层、直插现场）方式检查疫情防控工作。他强调，要坚决贯彻习近平总书记关于疫情防控工作的重要指示精神，抓紧抓实疫情防控这个“国之大者”，充分发挥各类“哨点”作用，精准高效开展流调溯源，全面做好核酸检测筛查，把疫情防控网扎得更密更牢，切实守护人民群众身体健康和生命安全。3月18日，区委书记李志军主持召开区疫情防控工作领导小组会议，传达学习习近平总书记在中央政治局常务委员会会议上的重要讲话精神，通报区领导“四不两直”督导检查全区疫情防控工作情况，对大丰区下一步工作进行再梳理、再部署、再落实。4月27日，大丰区举行疫情防控应急处置实战演练。区委书记李志军强调，要进一步提升疫情快速反应处置能力，完善各项处置流程，确保“外防输入、内防反弹”工作落到实处。7月9日，大丰区召开疫情防控工作视频调度会，分析研判当前疫情防控形势，部署推进全区疫情防控工作。李志军强调，要坚决贯彻习近平总书记关于疫情防控的重要指示精神，认真落实国务院联防联控机制最新部署要求，坚持人民至上、生命至上，更加科学精准抓好常态化疫情防控各项工作，全力守护人民群众生命安全和身体健康。12月16日，区委书记李志军检查疫情防控工作。他强调，要深入贯彻习近平总书记关于疫情防控的一系列重要指示精神，坚持人民至上、生命至上，科学精准落实“新十条”，加强统筹、优化措施，切实提升医疗救治能力，加强社区服务支持，全力守护人民群众生命安全和身体健康。

【招商引资和项目建设】 2月10日，区委书记李志军赴重庆长安望江工业集团有限公司，就风电齿轮箱长三角基地项目落户大丰，与长安望江董事长张健等高层管理人员进行深入交流洽谈。7月29日，区委、区政府在苏州举办大丰（苏州）战略性新兴产业投资环境推介会，20个新兴产业项目集中签约，涉及光伏新能源、汽车零部件、智能装备制造、电子信息等领域。12月22日，大丰区在上海举行长三角一体化产业发展基地（外资专场）投资洽谈会。市委书记徐缨以视频方式出席并致辞，上海市商务委员会副主任张国华、上海临港控股有限公司总裁丁桂康分别致辞，新华社新闻信息中心江苏中心主任徐华受邀出席，区委书记李志军向中德氢能产业联盟秘书长于灵颁发招商顾问聘书。会上，大丰区与4家第三方机构签订外资招商战略合作协议，6个外资产业项目现场签约，协议投资额2.7亿美元。

【全面从严治党】 4月27日，区委书记、区委党建工作领导小组组长李志军主持召开区委党建工作领导小组会议，对全区2022年党的建设重点工作进行研究部署。他强调，要坚决扛起“争当表率、争做示范、走在前列”光荣使命，一着不让补短板、强弱项，扬优势、创特色，努力推动党建工作全市第一、全省一流。4月30日，全区党建工作会议召开，认真贯彻落实中央、省市委关于党建工作的部署要求，认真总结2021年全区党建工作，部署落实2022年党建工作任务措施，动员和组织全区广大党员干部，以高质量党建引领高质量发展，为长三角一体化产业发展基地建设、勇当沿海地区高质量发展排头兵提供坚强的思想和组织保证。

【依法治区】 2月21日，大丰区“开门述法”专题会议召开。市委依法治市办副主任、市司法局局长洪家宁到会指导，区委书记、区委依法治区委员会主任李志军主持并讲话。7月25日，区委常委会召开会议，深入学习领会习近平法治思想，全面推进依法治区，全力加快建设法治政府，确保各项工作始终在法治轨道上有序运行，不断把法治大丰建设向纵深推进。区委书记李志军主持并讲话。7月26日，区委书记、区委全面依法治区委员会主任李志军主持召开区委全面依法治区委员会第四次会议，深入学习贯彻习近平法治思想，认真落实省委全面依法治省委员会、市委全面依法治市委员会会议精神，听取审议区委依法治区办关于2021年法治大丰建设工作情况报告，研究部署重点工作任务。

【乡村振兴】 3月6日，区委农村工作会议召开。区委书记李志军出席并讲话，要求坚持以习近平新时代中国特色社会主义思想为指导，深入学习贯彻中央、省市委农村工作会议精神和习近平总书记关于“三农”（农业、农村和农民）工作重要讲话指示精神，进一步提高政治站位、强化责任担当、聚焦工作重点，深入实施乡村振兴战略，做好全年农业农村各项工作。7月5日，区委书记李志军实地调研农业农村工作。他强调，要深入学习贯彻习近平总书记关于“三农”工作重要论述，紧扣乡村振兴战略20字总要求，突出党建引领，强化产业支撑，全面推动农业高质高效、乡村宜居宜业、农民富裕富足，奋力书写新时代乡村振兴新答卷。8月14日，区委书记李志军调研农业农村工作，强调要认真学习贯彻习近平总书记关于“三农”工作的重要论述，全面落实中央和省、市委有关工作会议精神，按照区委十三届四次全会部署要求，深入实施乡村振兴战略，扛起粮食安全责任，重抓“112233”工程，在农业农村现代化上勇挑大梁，不断开创乡村振兴新局面。

【书记工程】 10月20日，全区镇（街道、区）党（工）委“书记工程”座谈会召开，交流“书记工程”经验成果，研究部署下一阶段任务。区委书记李志

2022年，大丰区连续两次被认定为国家级杂交水稻制种基地县，有新三板挂牌种业企业2个，占全省一半 周古凯 摄

军主持并讲话。他强调，要深入学习习近平新时代中国特色社会主义思想，认真贯彻落实中共二十大精神，坚持新时代党的建设总要求和新时代党的组织路线不动摇，树牢宗旨意识，加强党性锤炼，厚植为民情怀，切实提升履职能力和水平，以高质量党建引领全区高质量发展。

【城市建设】 6月29日，区委书记李志军深入社区小区、农贸市场、背街后巷、新时代文明实践中心等处，调研督导文明城市创建工作。他强调，要深入学习贯彻习近平总书记关于精神文明建设的重要论述，坚持创建为民、创建惠民，聚焦问题整改，立足常态长效，不断提升城市精细化管理水平，推动文明城市创建工作持续走在全市前列。8月2日，区委书记李志军带队调研文明城市创建攻坚行动开展情况。他强调，要深入学习贯彻习近平总书记关于精神文明建设的重要论述，坚持以人民为中心的发展思想，对标对表，狠下功夫，全力以赴，坚决打赢创建文明城市攻坚战，以创文实际成效不断增强群众幸福感、获得感。8月10日，区委书记李志军带队调研文明城市创建攻坚行动开展情况。他强调，要切实增强责任感、紧迫感，全民参与、全域推进、全力夺标，扎实抓好文明城市创建攻坚行动，不断提升人民群众幸福感满意度。

【产业高质量发展】 1月17日，全区产业高质量发展大会召开。区委书记李志军出席并讲话，他强调，要深入贯彻落实全市产业发展大会暨重大项目建设动员会精神，牢固树立链式发展理念，把握机遇、创新机制、紧扣目标、激情干事，奋力谱写大丰高质量发展的时代新篇章。区长戴勇作动员部署。7月12日，区委书记李志军调研经济运行和产业发展工作，强调要坚持稳字当头、稳中求进，精准发力纾困解难，助力企业创新发展，高质量构建现代产业体系，赋能区域经济提质增效、行稳致远。8月8日，区委书记李志军深入港区部分企业开展“大走访”活动，面对面问需求、话发展、解难题。他强调，要深入贯彻省委工作会议精神，按照市委市政府最新部署要求，扎实开展“企业大走访、项目大推进、产业大招商”活动，倾听企业心声，了解发展需求，聚焦难点堵点，推动惠企政策措施落到实处，不断厚植工业经济发展强劲动能。

【旅游发展】 7月6日，区委书记李志军实地调研斗龙港生态组团建设工作。他强调，要深入学习贯彻习近平总书记关于文化和旅游工作的重要论述，认真落实全市文化和旅游产业发展大会精神，立足资源禀赋优势，突出建设运营并重，全力打造特色品牌，推动文旅产业深度融合高质量发展。8月28日，区委书记李志军深入黄海野鹿荡和斗龙渔港，调研大丰区文旅产业发展情况。他强调，要深入学习贯彻习近平总书记关于生态文明建设和文化旅游工作的重要论述，坚持生态优先、绿色发展，推动文旅深度融合、产业提质增效、生态宜居宜游，以高质量文旅供给赋能百姓美好生活。

【人才队伍建设】 2月8日，区委人才工作会议召开。会议强调，要坚持以习近平新时代中国特色社会主义思想为指导，深入贯彻中央、省市委人才工作会议精神，加快推进新时代人才强区建设，全方位培养、引进、用好各类人才，为全区奋力建设高质量产业基地，勇当长三角一体化发展排头兵，提供坚强有力的智力支撑和人才保障。8月4日，大丰区举行年轻干部“赋能未来”系列活动启动暨2022年引进优秀高校毕业生集中入职仪式。区委书记李志军出席活动并为新入职的优秀高校毕业生上“第一课”，勉励大家树立远大理想，坚守为民情怀，锤炼过硬本领，保持清廉形象，努力创造经得起历史和群众检验的不凡业绩，以实际行动为大丰高质量发展和现代化建设贡献青春力量。

【数字经济】 9月14日，大丰区数字经济发展推进会召开。区委书记李志军出席并讲话，强调要深入学习贯彻习近平总书记关于发展数字经济的重要论述，认真落实省、市部署要求，乘势而上、勇于创新、锐意进取，在数字经济新赛道跑出大丰速度，为全市打造全省数字产业新兴增长极、长三角数字治理示范高地提供有力支撑。区长戴勇主持会议。

【生态文明建设】 1月9日，区委书记李志军主持召开省生态环保督察反馈问题整改工作书记专题会议，听取省生态环境保护专项督察反馈问题整改工作情况，研究部署下一步整改推进措施。李志军强调，要深入贯彻习近平生态文明思想和习近平总书记视察江苏重要讲话指示精神，进一步提高政治站位，狠抓问题整改，坚决守住“生态环境质量只能更好、不能变坏”底线，加快解决生态环境领域突出问题，驰而不息推进生态环境保护。区委副书记、代区长戴勇出席会议。1月15日，区委书记李志军深入省生态环境保护专项督察反馈问题整改现场，督查整改工作推进情况。他强调，要深入贯彻落实习近平生态文明思想，深入践行“绿水青山就是金山银山”理念，狠抓反馈问题整改，着力补齐短板弱项，切实做到标本兼治，推动全区生态文明建设取得新成效。7月3日，区委书记李志军深入大丰经济开发区、港区，现场检查中央生态环境保护督察交办件整改及“四大行动”推进情况。他强调，要深入践行习近平生态文明思想，牢固树立“两山”理念，严格执法，补足短板，举一反三，高标准推进生态环境问题整改，全力以赴提升生态环境质量，为大丰区勇当沿海地区高质量发展排头兵厚植生态底色。7月16日，区委中心组举行学习报告会，深入学习贯彻习近平生态文明思想和习近平总书记关于“双碳”工作的重要论述，坚定不移走生态优先、绿色发展之路，积极稳步推进大丰区碳中和、碳达峰工作。

【民生实事】 1月1日，区委、区政府举行重点民生实事工程建成启用活动，新时代大道延长线、大丰博物馆新馆、区妇幼保健院3个民生实事工程建成启用。区委书记李志军出席活动并宣布工程启用。

【安全生产工作】 6月28日，区委书记李志军到大丰港经济开发区开展安全生产专题宣讲。他强调，要深入学习习近平总书记关于安全生产重要论述和指示批示精神，牢固树立安全生产意识，强化底线思维，压实安全责任，不断提升安全生产治理体系和能力现代化水平，推动全区安全生产形势持续平稳向好，为中共二十大胜利召开营造良好的安全环境。

【长三角一体化产业发展】 1月5日，区委常委会召开会议，研究讨论《关于进一步提升长三角产业一体化发展基地招商队伍建设的工作方案（讨论稿）》《盐城市大丰区长三角产业一体化发展基地招商公司组建工作方案（讨论稿）》。区委书记李志军主持并讲话。常委会原则同意两个方案。2月9日，区委书记李志军调研长三角一体化产业发展基地项目建设，强调要深入学习贯彻习近平总书记关于推动长三角一体化发展的重要讲话和指示批示精神，按照省委、省政府和市委、市政府的部署要求，紧紧围绕“一年出形象”阶段性目标，迅速把“规划图”变成“施工图”，全力推动长三角一体化产业发展基地建设展现新面貌。2月18日，大丰区与复旦大学附属中山医院合作共建的复旦大学附属中山医院苏北健康管理中心项目正式签约。市委副书记、代市长周斌，中国科学院院士、复旦大学附属中山医院院长樊嘉，市委副书记、统战部部长羊维达，市委常委、秘书长薛盛堂，副市长王连春，区委书记李志军等出席签约活动，区委副书记、区长戴勇代表大丰区人民政府签订合作协议。3月11日，大丰区召开加快推进长三角一体化产业发展基地建设工作务虚会。区委书记李志军出席并讲话，强调要深入学习贯彻习近平总书记关于推动长三角一体化发展的重要讲话和指示批示精神，按照省委、省政府和市委、市政府部署要求，把产业基地建设作为当前大丰全局工作的头号工程、头等大事、头版头条，勇立潮头、激情澎湃，以更高站位、更宽视野、更大格局谋划长三角一体化发展，以基地建设为龙头在争当沿海地区高质量发展中站排头。4月18日，区委书记李志军实地调研长三角一体化产业发展基地项目建设工作，强调要深入学习贯彻习近平总书记关于推动长三角一体化发展的重要讲话和指示批示精神，紧扣长三角一体化产业发展基地“一年出形象”阶段性目标，统筹抓好疫情防控和项目建设，强化要素服务保障，高质高效加快推进，全力推动产业基地美好蓝图早出形象、快见成效。7月17日，区委书记李志军调研长三角一体化产业发展基地基础设施和城建交通项目建设工作。他强调，要紧扣长三角一体化产业发展基地“一年出形象”阶段性目标，强化服务保障，高质高效推进，全力推动产业基地美好蓝图早出形象、快见成效，努力把大丰区建成名副其实的主城副中心、全市沿海崛起的龙头和盐城融入长三角一体化的示范标杆。

【党史学习教育】 1月19日，大丰区党史学习教育总结会议召开，深入学习贯彻习近平新时代中国特色社会主义思想，全面贯彻中共十九届六中全会精神，落实中央和省市党史学习教育总结会议要求，系统总结大丰区党史学习教育的成效和经验，巩固拓展党史学习教育成果，激励全区上下不断从党的百年奋斗史中汲取智慧和力量，大力弘扬伟大建党精神，坚决扛起“争当表率、争做示范、走在前列”光荣使命，奋力建设高质量产业基地，勇当长三角一体化发展排头兵，坚定不移走好新的赶考之路，以优异成绩迎接中共二十大胜利召开。区委书记李志军出席并讲话。区委副书记、区长戴勇主持。市委党史学习教育第十一巡回指导组组长黄文玉到会指导。1月19日，区委常委会召开党史学习教育专题民主生活会。会议以大力弘扬伟大建党精神，坚持和发展党的百年奋斗历史经验，坚定历史自信，践行时代使命，厚植为民情怀，勇于担当作为，团结带领人民群众走好新的赶考之路为主题，紧密联系思想和工作实际，深入进行对照检查，严肃开展批评和自我批评，忠诚捍卫“两个确立”，坚决扛起光荣使命，加快把党史学习教育成果转化为奋进新征程、建功新时代的生动实践。

（徐巳力）

信息工作

【概况】 2022年，大丰区委办信息工作紧紧围绕中央和省、市、区委重大决策部署，认真贯彻落实中共二十大精神，聚焦改革发展重点、民生热点难点，切实提升信息工作服务质效，向省委、盐城市委和大丰区委组织报送了一大批时效性强、参考价值高的信息，信息服务决策的参谋助手作用得到进一步加强。全年组织上报市委办公室信息813条，被采用292条；组织上报省委办公厅信息794条，被采用35条。其中，涉氢能产业发展相关信息获省委主要领导批示。信息工作全市唯一获省通报表扬。

【服务党委】 2022年，区委办聚焦党委中心工作，健全完善信息网络、认真做好信息搜集编报，及时全面反映大丰区统筹疫情防控和经济社会发展各领域综合动态情况、取得的重大成绩、重要经验等，全年编发《快报》20期，采用信息267条，编发《书记参阅》16期，采用信息148条，为区领导掌握情况、部署工作提供了有效参考。强化大局意识、安全意识，密切关注信访稳定、安全生产、环境保护、公共安全等重点领域动态，编发《信息日报》365期。

【区情调研】 2022年，区委办认真开展“大调研”，重点围绕长三角一体化产业发展基地建设、绿色低碳发展等方面深入挖掘提炼，形成一批高质量调研信息。其中，《大丰区链式发展打造长三角新能源产业高地》《大丰区“出实招”持续发力长三角一体化产业发展基地建设》《大丰区提升投资建设审批便利度服务重大产业项目高质量推进》《大丰区三个“聚焦”推动乡村振兴开新局》《大丰区加强保护修复推动湿地生态全面向好》等29条信息被省、市重点刊物采用，提高了上级党委对大丰发展的关注度、认可度。

（胡　静）

督查工作

【概况】 2022年，大丰区委办督查室紧扣全区中心工作和重要时间节点，统筹规范督促检查，改进方式方法，始终强化矛盾协调，全程紧盯问题整改，抓督查促落实助发展取得新的成效。年内，区委办督查室严格执行《区级层面整治形式主义为基层减负专项工作机制2022年工作要点》，研究制订《2022年大丰区区级督查检查考核计划》，实行计划管理和审批报备制度，加强统筹协调，更多采取“四不两直”方式开展真督实查，做好安全稳定，疫情防控，“企业大走访、项目大推进、产业大招商”三大活动、学习宣传贯彻中共二十大精神等重点工作的督查推进，全年按计划组织开展督查事项21项，较2021年压减12.5%。

【督查考核机制】 2022年，区委办督查室实行督查结果量化处理，按照一定权重对其赋分计入年度目标任务综合考核，通过考经常、经常考，打好“事中督查推进、事后考核兑现”的督考“组合拳”。

【督查成效提升】 2022年，区委办督查室着力发现落实过程中存在的问题，深挖根源，强化协调，提出解决问题的建议，动真碰硬督促和跟踪整改，倒逼重点工作有序推进，推动重点工作有效落实。

（丁虎翼）

组织工作

【概况】 2022年，大丰组织工作坚持以迎接、学习、宣传、贯彻中共二十大精神为主线，深入贯彻落实全国、省、市组织工作会议精神，在巩固提升组织工作“固本、强基、守正、创新”四大工程基础上，实施基层党建“组织力提升计划”、干部队伍“担当力赋能计划”、人才工作“创新力汇聚计划”，着力打响“先丰亮彩”“丰羽展翼”“金丰盈才”三大品牌，各项工作取得新的进展。

【政治建设】 2022年，区委组织部组织开展“喜迎二十大、奋进新征程”系列主题活动，举办全区科级干部“学在前、干在前、走在前”，全区村（居）党组织书记“带民富、抓发展、促振兴”等系列培训班6期，培训党员干部2300人次。印发《关于全区组织系统认真学习宣传贯彻党的二十大精神的通知》，精心编排教育培训计划，通过支部“三会一课”（党员大会、支部委员会、党小组会、党课）、主题党日活动，组织开展专题学习讨论、集中培训、年轻干部分享会等，引导广大党员干部坚定捍卫“两个确立”、坚决做到“两个维护”。坚持把省委巡视、市委联动巡察作为一项重大政治任务，认真把握总体部署、工作重点和各项要求，主动认领问题，从严从实检视，做到不遮掩、不回避，推动巡视巡察监督与组织工作高质量发展相互促进。扎实开展“党旗飘在一线、堡垒筑在一线、党员冲在一线”行动，在交通卡口、高速出口、集中隔离观察点等疫情防控重要“战场”成立临时党支部18个，党员志愿服务队172个，组织3689名党员志愿者参加志愿服务。围绕人员信息摸排、全员核酸检测、高速卡口导流、隔离点管理等疫情防控重点环节，抽调科级干部400余人次、机关干部1300余人次，组建以科级干部为领队的“疫情防控专项突击队”。《江苏组工信息》以“盐城市大丰区党员干部抢攻疫情防控48小时”为题介绍有关做法。制订《关于在疫情防控一线考察识别评价干部工作方案》，对在疫情防控一线敢于担当作为、完成任务出色的干部，结合一贯表现，优先提拔使用、晋升职级。专项划拨115万元党费用于支持镇（街道）、货车司机群体等疫情防控工作。

【干部队伍建设】 2022年，区委组织部实施干部队伍“担当力赋能计划”，突出打响“丰羽展翼”品牌，全面提升干部队伍的担当力。建立常态化干部队伍建设调研机制，实行干部考察“四听四看”（听分管区领导意见，看业务能力；听考核部门意见，看工作实绩；听服务对象意见，看服务质效；听群众意见，看工作作风）工作法，重点对开发园区、区直部门班子建设开展分析研判，全面掌握领导班子和干部队伍建设情况，及时发现和使用一批善于作为的年轻干部、实绩突出的机关干部、任劳任怨的乡镇干部、敢闯敢拼的园区干部。选优配强招商引资干部队伍，建立在“企业大走访、项目大推进、产业大招商”活动中考察识别干部机制，注重发现储备一批具有服务企业、项目建设、招商引资等专业特长的“能手、熟手、高手”，动态建立30人左右的专业人才后备库。做好换届后半篇文章，开展换届后班子运转情况调研和综合分析研判，重点关注换届后新班子运转情况及调整人员的思想动态。举办干部能力素质提升轮训班，招商引资干部培训班，提升干部政治能力和专业能力。常态化推进领导干部上讲台，区委书记、区长带头讲授“第一课”。选派40名优秀年轻干部到合作园区、先进地区及国家部委、省级机关部门跟班学习，促进年轻干部在“实践锻炼大课堂”中成长、成熟。实施公务员平时考核“三考三问”制度，通过“考个人、考单位、考运用”，突出“问绩、问责、问效”，以考促干激励公务员担当作为。出台《大丰区受处理处分干部评估使用暂行办法》，联合区纪委常态化对受处理处分科级干部进行评价评估。深化干部监督联席会议制度，充分用好部门信箱、12380等举报受理平台，打造干部监督信息大数据平台。

【基层党建工作】 2022年，区委组织部实施基层党建“组织力提升计划”，突出打响“先丰亮彩”品牌。创新实施“书记工程”，通过开展沉浸式调研走访，形成以党（工）委书记层层示范带动、引领干事创业的局面。聘请第三方机构开展走访测评，群众满意度95.97%。“一村一策”制订软弱涣散村党组织整顿方案，严格落实“四个一”［1名县级领导班子成员联系，1名乡镇（街道）领导班子成员包挂，1名第一书记派驻，1个县级以上机关单位结对］帮扶举措。开展城乡基层党组织建设专项整顿，强化区镇村“一盘棋”思想，“到进访”活动入户率100%。开展党群服务中心“加磁行动”，围绕“十有”（有诊疗器材、有休闲场所、有广场舞设备、有按摩座椅、有康养看护区域、有村邮站点、有便民超市、有法律援助服务、有特色文体活动、有党员志愿服务）微服务清单优化功能设置和服务供给，向218个村赠送245台按摩椅为群众提供理疗服务，村党群服务中心实现村邮站全覆盖。试点推进便民服务综合体建设，在落实“六必有六需有”（必有便民服务大厅、必有党员活动场所、必有快递寄递网点、必有农村小型集市、必有文体休闲中心、必有卫生服务站点，需有电商平台直播阵地、需有居家养老服务阵地、需有农村金融服务阵地、需有红色志愿服务阵地、需有就业创业服务阵地、需有多功能服务阵地）要求基础上，加强各试点特色化服务。稳步推进村干部专业化管理，出台《大丰区村干部专业化星级管理办法（试行）》及细则，完成全区村干部首次评星定级。扎实推进“创业支书”培育计划，选派10名有情怀、有带富能力的优秀企业家到经济相对薄弱村担任“创业型支书”，带动壮大一批乡村产业。深化村干部学历“8090”计划，组织158名村干部集中参加在职学历提升教育，建立约500人的大专以上学历在库储备和跟岗锻炼后备干部队伍。举办全区驻村第一书记能力建设培训班、“红色助农 村播行动”网络直播培训班，提升履职适岗能力。开展村集体经济增收“40万+”行动，启动实施村集体经济增收“一村一项目”计划，成功举办“党建引领乡村振兴，直播经济发展富民——村播行动”启动仪式暨草庙川鹿现代农业园直播专场活动，区镇联合培植恒北村、大桥村等10个网红直播村，累计销售额超1000万元。以“喜迎二十大 增收促振兴”为主题，成功举办全区首届村党组织集体增收项目大赛，通过专家评审、现场观摩、交流汇报，产生圩东村农业发展公司等十佳项目，推动形成“村集体增收比思路、村干部带富创新路”的氛围。深入落实“党员发展联审机制”，制定出台《大丰区发展党员关键风险点管控实施办法（试行）》，推动党员档案管理数字化建设，建立党员档案数据库，逐步实现纸质档案和电子档案“双保险、双备份”。健全两新组织党建工作架构，新建立外卖联合党支部1个，货运企业党支部3个，建成7个片区货运司机流动党员党支部，新组建非公有制企业党组织9个，社会组织党组织2个，成立镇（区、街道）两新综合党委15个，实现组织体系贯通各层级、组织建设覆盖各领域。组织实施“红新堡垒”“先锋亮彩”等暖心八项行动，制定“5+N”暖心驿站点位打造方案，整合社区党群服务中心、安康驿站、银行网点等，打造暖心点位52个。集中聘任10名外卖、快递小哥兼任社区先“丰”网格员，组建“新”管家随手拍“一键通”微信群，推动“三网融合”（基层党建网、生活物流网、社区治理网）。以“机关+农村”党组织结对共建为重点，组织机关党员干部深入村镇农家、田间地头，面对面、心贴心地与基层群众谋发展、讲政策，帮扶困难群众800多人。以科级干部挂钩服务企业为桥梁，健全问题收集、汇总、交办、督办、销号“一条龙”制度，帮助企业协调解决实际困难。以创建全国文明典范城市为目标，开展“在职党员进

2023年大丰区党组织、党员基本情况表

表4

党组织	数量（个）	党员		数量（人）	党员		数量（人）
党委	82	党员总数		50081	2022年发展新党员		300
党工委	9	其中	中华人民共和国成立前入党	176	其中	女性	148
党组	24		女性	12363		35岁以下	192
党总支	344		35岁以下	6648		大专以上学历	247
党支部	2162		大专以上学历	19354		—	—

（朱 坚）

社区认领微心愿”活动，帮助群众实现213个“微心愿”。

【人才工作】 2022年，区委组织部以“黄海明珠人才计划”为重点，深入实施“创新力汇聚计划”，做优人才发展环境，突出打响“金丰盈才”品牌，全年引进大学生3335名、专门人才15名、领军人才24名。坚持把人才工作摆在全区战略位置谋划推进，召开区委人才工作会议，成立区委人才工作领导小组，制定出台《2022年全区人才工作要点》《区委人才工作领导小组成员单位工作职责》等。区委常委会每月研究讨论人才工作重点事项，建立“年度部署、每月调度、季度盘点”工作机制，推动“一把手”抓“第一资源”责任机制落地见效。举办“中国海洋大学——江苏大丰”校地、校企合作座谈会，推动大丰区海洋产业重点企业与中国海洋大学海洋生命学院深化产学研合作。举办“黄海明珠 惠企助才”进校园、进企业活动42场，达成就业意向4600余人，推动丰山集团、菌钥生命科技公司等企业与商洛学院签订校企合作协议、共建大学生就业基地。新冠肺炎疫情期间，面向在盐城医学观察的上海高校学子，召开“沪丰携手 职等你来”直播带岗活动，发布就业岗位677个，吸引近4.6万人次线上关注。实施“名校优生”集聚工程，组团赴厦门大学、中山大学、南方医科大学等高校开展专场宣讲推介活动，累计签约引进名校优生388名，位居全市前列。坚持以产引才、以才促产，在全市率先成立新能源产才融合创新中心暨高层次人才发展服务中心。聚力打造长三角一体化产业发展基地产才融合示范区，高标准组建省第十五批科技镇长团。整合产业研究院、科技镇长团、高层次人才协会力量，成功引进南京大学环境学院李爱民教授团队，推动南京大学低碳产业研究院落地建设。聚焦全区9条特色优势产业链，启动实施“人才强链”行动，梳理摸排“卡脖子”技术需求30项，编制《盐城市大丰区企业紧缺人才专业目录》，首轮完成风电装备、车联网和智慧家纺3条产业链人才地图精准绘制工作。积极构建“五个一”（“一站式”办理、“一张网”覆盖、“一对一”服务、“一口清”咨询、“一日办”省心）人才服务体系，实现人才补贴“一键申报、一日办结、按月发放”，累计发放“黄海明珠人才绿卡”1110张、各类人才补贴5433万元，发卡数量、补贴金额均位列全市第一。实施人才公寓提升工程，鼓励园区灵活采取新建或改建、改造、租赁等方式，多渠道筹集人才公寓，保障人才实际居住需求。加快推进高品质人才公寓建设，改造提升金凤凰人才大院，探索建立“红石榴”青年人才驿站，建立多主体供给、多渠道保障、租购并举的人才公寓制度，为人才提供更好的居住环境。按照“1+4+N”理念，创新打造梧桐人才悦读新空间，为企业家及在大丰各类人才提供交流平台。

（臧龙生 张斌）

宣传工作

【概况】 2022年，大丰区宣传思想文化战线坚持以习近平新时代中国特色社会主义思想为指导，深入学习宣传贯彻中共二十大精神，全力筑牢思想政治根基、培育和践行社会主义核心价值观、加强文化建设和提高舆论引导能力工作，为奋力谱写“强富美高”新大丰现代化建设新篇章提供坚强思想保证和强大精神力量。

【思想理论武装】 2022年，大丰区围绕迎接学习宣传贯彻中共二十大这条主线，组织召开传达学习贯彻中共二十大精神大会、宣讲工作动员会和区委宣讲团备课会，区委理论中心组带头开展学习交流研讨14次，制定中共二十大精神社会宣传工作方案，组织开展以二十大精神为主题的街头展演等活动。承办省“坚持生态优先绿色发展”理论研讨会，聚焦“理论学习、实践探索、总结转化”三项重点任务，全力打造“理论武装、实践创新、成果转化”三个高地。强化“巡听、巡考、巡查、巡讲”工作机制，加强全区思想理论建设。建立党史学习教育常态长效机制，持续开展“我为群众办实事”实践活动。全面推进理论惠民“燎原”工程，用好“线上+线下”宣讲阵地，开展理论骨干宣讲培训活动。深化“丰学赋能冬训集市”基层党员冬训品牌，开展鹿乡党课、“乡村振兴微讲堂”、“百姓名嘴‘云’风采展示”等点单式、分众化、对象化宣讲600余场次。聚焦“强国复兴有我”主题，开展7类22项85个区级、70个镇级群众性主题宣传教育重点活动，举办“礼赞新时代·追梦复兴路”主题宣讲比赛，组织开展“会师胜地红动大丰”红色文化系列活动114场。

【新闻舆论引导】 2022年，大丰区围绕学习贯彻中共二十大精神主题，组织开设“喜迎二十大永远跟党走”等专题专栏，推出稿件300余篇。聚焦头版头条，做强城市形象推介，省级以上主流媒体用稿1500余篇（条），其中《人民日报》用稿5篇，中央电视台用稿38条。《水韵江苏》英文版秋季刊大篇幅报道大丰野鹿荡秋季美景；中央电视台《天下财经》栏目、《农民日报》《解放日报》推出大丰区保供和驰援上海相关报道；新华社客户端发布的《我眼中的中国机遇丨荷兰大叔的郁金香梦》单篇浏览量超105万人次。省政府新闻办“Go Jiangsu”海外社交媒体外籍粉丝线下行活动走进大丰区，“美好江苏”等多个海外账号发布活动内容。组织召开“勇当排头兵奋进向未来”系列新闻发布会8场。聚焦长三角一体化主题，推出《海上“丰”起，唱响“春天的故事”》等一批重头报道，全面反映产业基地建设的最新动态和亮点。持续扩大《卯酉E评》网络评论专题栏目影响力，编发重点网评文章165篇，获全省全网推送35篇、全市推送90篇，占全市半数以上。做实媒体融合发展，突出内容生产，设置“一体策划、一次采集、矩阵制作、全媒发布”的一体化内容生产体系，为“智慧大丰”App嵌入更多服务功能，增加各类专题教育、知识竞赛等特色活动，扩大移动客户端下载率、用户覆盖率、日均使用率。

2022年6月，大丰区委宣传部组织各镇（街道）、区（园）开展"礼赞新时代·追梦复兴路"主题宣讲比赛。图为港区活动现场

（区委宣传部　供图）

【意识形态工作责任制落实】 2022年，大丰区严格落实意识形态工作责任制，把意识形态工作纳入日常考评，与业务工作同部署、同落实、同检查、同考核，牢牢把握意识形态工作主动权，出台《党委（党组）意识形态工作责任制实施方案》，明确10大类60项主要任务。建立"1+4"任务清单体系，出台年度工作要点、"四责"［党委（党组）主体责任、书记第一责任、分管领导直接责任、班子成员一岗双责］清单等文件，组织开展"意识形态·书记说"活动285场。融合推进省委维护意识形态安全延伸督导、省委巡视意识形态专项检查和"三查三问"（定期自查问缺、动态抽查问实、纵深督查问效）专项行动，举办意识形态专题培训3场。成立意识形态领域安全稳定专项督查组，在全区范围遴选17个意识形态工作联系点，制定《关于进一步加强论坛、讲坛、讲座、年会、报告会、研讨会等阵地管理的通知》，严格申报备案。深化"扫黄打非"斗争，"4·21"非法经营案被评为全省"扫黄打非"十大典型案例，万盈镇入选全省"扫黄打非"进基层示范点。

【培育践行社会主义核心价值观】 2022年，大丰区成立区创建文明城市攻坚行动工作领导小组，参与大市区争创全国文明典范城市，重点打造1个示范片区、10个示范点位、100个示范项目，开展道路交通秩序、农贸市场、线杆线缆等专项整治行动。顺利接受中央文明办组织的年度实地测评和入户问卷调查。加快实施新时代文明实践中心改造升级工程，建成新时代文明实践所15个，新时代文明实践站262个，初步形成上下贯通、横向联动的阵地网络。在新媒体、电视、广播、报纸等多平台宣传文明实践，组织社会志愿者1130人次加入疫情防控队伍，《精神文明导刊》刊文点赞大丰区做法。年内，大丰区22个单位、5个镇、6个村、3个社区、4个校园获得2021年度省文明创建先进集体表彰。深化乡村"复兴少年宫"建设，组织开展"喜迎二十大筑梦向未来"等系列教育实践活动，1名学生当选"新时代江苏好少年"。实施"厚德大丰"培育工程，开展"身边好人"推荐评选，产生"中国好医生"1名、"江苏好人"1名。

【文化惠民】 2022年，大丰区实施文化产业"六个一"工程（培育一批重点文化企业、招引一批重点文化项目、建设一批重点文化园区、打造一批重点文化街区、创塑一批重点文化镇村、发展一批数字文化产业），深化"文化+旅游"战略，实施重点文旅项目8个，完成投资7.85亿元。荷兰花海创成首批省夜间文化和旅游消费集聚区，全力争创国家AAAAA级旅游景区。探索构建特色文化产品品牌，大中街道"本场人"人文体系、白驹镇水浒文化等满足人民群众文化需求，同时促进多类产业深度融合。文艺创作精品不断，创作歌舞、小品、小戏、书法、美术等作品近1000件，摄影作品《世遗湿地麋鹿》入选第十三届中国艺术节全国优秀摄影作品展览；男女声小组唱《梅花湾》、少儿舞蹈《你们告诉我》获得省第十五届"五星工程奖"。完善公共文化阵地建设，打造文创驿站，实施920街坊、荷兰花海演艺中心等"卯酉"小剧场建设提升工程。卯酉书局、白驹镇狮子口综合文化服务中心获评全省"最美公共文化空间"，大中街道人民社区芳韵舞蹈队、海棠旗袍艺术团、大丰锡梅协会入选"优秀群众文化团队"。常态化开展星光大舞台周周演、"我们的中国梦"——文化进万家群众优秀文艺作品巡演等演出近100场次。

（郭　璐）

精神文明建设

【概况】 2022年，大丰区精神文明建设工作以高质量创建全国文明城市、提升社会文明程度为主线，完善城市管理、培育文明风尚、提升民生福祉，城乡居民获得感、幸福感不断增强，为推动大丰高质量发展提供强大的思想引领和精神动力。

【新时代文明实践】 2022年，大丰区在各镇、街道、两区共建成新时代文明实践所15个、新时代文明实践站262个，实现所（站）建设全覆盖，大中街道新时代文明实践所，白驹镇狮子口村、西团镇众心村新时代文明实践站被命名为盐城市新时代文明实践示范所（站）。利用元旦、春节、学雷锋纪念日、清明节、国庆节等重要节日和时间节点，围绕理论宣讲、文化文艺、移风易俗、文明创建等重点工作内容，开展形式多样、内容丰富的新时代文明实践活动，先后举办"新思想走进新

2022年3月2日，大丰区新时代文明实践志愿服务总队在银杏湖公园举行"学雷锋月"集中行动启动仪式　　（区文明办　供图）

时代文明实践所""礼赞新时代 追梦复兴路""赓续红色血脉 传承红色基因"等活动600余场次；送戏下乡演出活动234场；开展"我们的中国梦"主题巡演8场次，放映"百片千村万场"公益电影2496场次；为257个村（居）农家书屋配送重点主题读物，开展阅读分享活动1000场。

【文明城市创建】 2022年，大丰区将文明城市创建与提升城市治理水平相结合，重点打造文明城市创建1个示范片区、10个示范点位、100个示范项目。开展创建问题整改"清零行动"，8个督查组开展"拉网式"全覆盖对标督查，发布督查专报25期。开展道路交通秩序、城市管理、农贸市场、线杆线缆等专项整治行动，举办文明城市创建生活小区观摩等活动。针对老旧小区、背街小巷、农贸市场等重点领域、重点问题，先后组织召开全区文明创建专题推进会8次。8月中旬顺利接受中央文明办组织的年度实地测评和入户问卷调查，大丰区承担大市区近半数测评任务。2022年，大丰区乡风文明测评指数在全省76个县（市、区）中列20位。22个单位、5个镇、6个村、3个社区、4个校园获得2019—2021年度江苏省文明创建先进集体表彰，推荐39个单位、6个镇、31个村、5个社区、19个校园参评2021—2022年度盐城市文明创建先进集体。县级以上文明镇村占比为73%。开展新一轮"城乡结对、文明共建"活动，大丰区10家乡村振兴重点帮促村与省级以上文明单位进行结对共建。

【公民道德建设】 2022年，大丰区培育践行社会主义核心价值观，新丰镇百家福超市总经理何俊成、草堰镇心连心志愿服务队队长陈连芳当选江苏好人；三龙镇新坍村村民盛宏才、柏玉春等4人当选盐城好人；评选产生40名"大丰好人"，发放礼遇奖金4.9万元。三龙镇村医蒋桂琴入选"中国好医生、中国好护士"2022年2月月度人物；郁金香客栈职工王兵、柯莱特乔斯汽车公司员工李洋捐献造血干细胞，被授予"盐城市爱心大使"称号；蒋书红家庭被表彰为江苏省最美家庭；沈秀梅、何俊成两个家庭被表彰为盐城市第五届文明家庭，徐前家庭被表彰为盐城市第七届最美家庭标兵户。

【学雷锋志愿服务】 2022年，大丰区新时代文明实践志愿服务行动启动仪式举办，表扬全区"最美志愿者"10名、"最佳志愿服务组织"11家。截至年底，全区有注册志愿者8.36万人，志愿服务队伍476支，年均开展志愿服务活动5700余次。在全区开展"全民佩戴口罩"专项行动，组织城区各党政机关、事业单位、社会组织等1000多名志愿者参与街道、社区全员核酸检测演练秩序维护服务、入户"48小时敲门行动"，助力新冠肺炎疫情防控工作。

【未成年人道德建设】 2022年，大丰区文明办组织"喜迎二十大 筑梦向未来"系列教育实践，先后开展"传承红色基因 争做铁军传人""红领巾"宣讲、"童心里的诗篇""童话里的世界"创作征集、"梦想与担当"征文等活动。举办"众人携手 爱心助学 共建和谐"关爱贫困大学生活动，区实验初级中学学生陈修安当选"新时代江苏好少年"，制作视频《陈修安：关注家乡生态保护的"小院士"》在盐城电视台《今日民声》栏目播放，编辑图文信息《陈修安：湿地芦荡里长大的"小院士"》在微信公众号"登瀛观察"刊登，8名学生当选盐城市"百佳自强好少年"，2名学生当选"新时代盐城好少年"，11名学生当选"新时代大丰好少年"。

（胡　楠）

统一战线

【概况】 2022年，大丰区统战工作坚持早谋划、快行动、抓重点、补短板，扎实推动中央、省委、市委统战工作决策部署在大丰落地见效。区委常委会先后6次专题学习中央、省委、市委统战工作会议、民族工作会议、宗教工作会议精神，并组织召开区委统战工作会议、民族宗教工作会议，将统战工作与区委中心工作同安排、同部署、同落实。区委及时调整统一战线工作领导小组成员，加强统一战线工作力量，为做好基层统战工作提供坚强组织保障。

【党外干部队伍建设】 2022年，区委不断增强对党外知识分子的培养与锻炼，把培养选拔党外干部工作纳入全区领导班子和干部队伍建设的总体规划，逐步配齐配强必配部门党外干部。2022年，新提拔8名副科级党外干部、1名正科级党外干部，四套班子共配备副处级党外干部5名，9个政府工作部门共配备10名科级党外干部，法院、检察院科级党外干部全部配齐，进一步充实了党外干部队伍。

【党外代表人士工作】 2022年，区委统战部重视党外知识分子情况摸排工作，对全区15个镇（街道、园区），165家党政机关、国有企事业单位及近1000家大中小企业开展普查，按照"一人一档"的要求对全区6300余名党外知识分子建立数据库，为党外人士统战工作提供人才保障。发挥党外知识分子参政议政、民主监督作用，充分发挥党外人士的专业优势和学术特长，强化纪律监督员参与平安大丰、法治大丰和政法队伍建设工作和民主监督的作用。

【民主党派组织建设】 2022年，区委统战部引导各民主党派基层组织坚持以习近平新时代中国特色社会主义思想为指导，认真学习贯彻中共二十大精神，组织党派成员积极参加"多党合作与中华民族伟大复兴"主题征文活动，在重温多党合作历史中感悟初心使命；指导九三学社大丰区基层委员会开展"红五月"读书分享活动，在品读红色经典中汲取奋进动能；支持农工党大丰支部开展"学习中共二十大精神赓续红色优良传统"主题教育活动，着力凝聚同心共识；指导民盟大丰支部做好换届工作，进一步提升基层组织标准化规范化水平。各民主党派围绕经济发展大局建言献策，先后指导民进大丰支部、致公党大丰支部、九三学社大丰区基层委员会开展调研活动和专题研究，不断深化多党合作制度效能。支持各民主党派基层组织立足自身界别特色，打造好基层组织特色品牌，不断扩大社会服务效应，组织民建大丰支部开展"共抗疫情·你我同行"主题活动，助力全区疫情防控工作；指导农工党大丰支部在区大中福利院举行"农工党盐城市大丰区支部委员会社会活动基地"成立暨授牌仪式，帮助福利院打造老年人的温暖之家，2022年农工党大丰支部入选第一批农工党江苏省"示范农工之家"；支持九三学社大丰区基层委员会开展棚栽劳技实践课观摩暨爱心捐赠活动，彰显党派社会责任担当。

【民营经济统战工作】 2022年，大丰区民营经济统战工作协调机制作用不断发挥，统战部门牵头协调，区委统一战线工作领导小组成员单位各司其职、齐抓共管的"1+N"工作格局逐渐完善。围绕全区民营企业高质量发展、惠企政策落实、信用体系建设、营商环境优化等热点难点问题，民营经济统战工作协调机制成员单位开展"企业大走访、项目大推进、产业大招商""民企服务月"等活动，为企业纾困解难，护航发展。年内，大丰区成功入选"江苏省民营经济高质量发展示范县（市、区）培育名单"。深入推进工商联改革发展，指导区工商联顺利完成换届，发挥政企沟通桥梁纽带作用。推动统战工作向商会组织有效覆盖，支持商会加强自身建设、开展特色活动，全年新成立商会党支部6家，区民营企业商会、抛丸机商会蝉联全国"四好"（政治引领好、队伍建设好、服务发展好、自律规范好）商会，抛丸机商会被表彰为省工商联商会组织先进集体。

【新阶层人士统战工作】 2022年，区委统战部贯彻落实新的社会阶层人士统战工作要求，组织新阶层人士定期开展双月理事会，与新阶层人士交流谈心、听取意见。引导新阶层人士积极履行社会责任，组织新阶层人士围绕产业发展、技能培训、法律咨询等开展社会服务活动，在全区中小学生中举办"'典'亮生活·守护'未'来——少年急救官活动"，增强青少年群体的风险防范意识和自救互救技能。着力提升新阶层统战工作创新实践基地品牌活动，依托创新实践基地开展"知行合一·联新织爱""苏新暖冬行动"等活动，扩大新阶层人士服务社会的影响力。

【侨务工作】 2022年10月16日，组织大丰区侨界人士，集中收听收看中共二十大开幕实况，围绕中共二十大精神谈感悟体会，确保中共二十大精神进一步学深悟透，入脑入心。8月，动员大丰区侨界人士参加盐城市"同心同行·喜迎二十大"统一战线书画作品展，共创作绘画作品和书法作品14幅，入围参展作品9幅。9月，组织区欧美同学会、侨界人士代表等开展"红色精神融血脉·知行合一践初心"活动，赴草堰爱国主义教育基地开展现场教学，展现了大丰区侨界人士同心向党的精神面貌。

（尹思雨）

机构编制

【概况】 2022年，大丰区机构编制工作坚持以习近平新时代中国特色社会主义思想为指导，深入贯彻中共二十大和省、市、区委全会精神，认真落实省、市编办主任会议精神，聚焦区委区政府中心工作，稳步推进基层治理体制改革、规范机构编制管理、提升机构编制资源使用效益，实现机构编制各项事业取得新进展新成效，为大丰勇当沿海地区高质量发展排头兵提供了坚实的机构编制保障。

【开发区管理机构清理规范和体制机制改革】 年内，区委编办根据中央和省市开发区管理机构清理规范和体制机制创新要求，积极与省市委编办沟通对接，争取保留了两个省级开发区管理机构。围绕科学制定开发区管理机构改革实施方案，联合组织部深入港区、开发区、高新区、斗龙港旅游度假区、文旅局等，开展实地调研，充分听取意见建议。结合区情实际，研究制定《盐城市大丰区开发区管理机构规范完善和体制机制创新的实施方案》，理顺园区管理体制，推行"一区多园"管理模式，保留高新区、斗龙港旅游度假区管理机构，组建麋鹿旅游度假区管理机构。聚焦开发区主责主业，科学合理设置内设职能机构。严格落实下属专业园区限额规定，对港区下设专业园区管理机构进行调整规范，妥善化解园区发展矛盾难题。

【综合执法体制改革】 年内，区委编办印发实施交通综合执法大队“三定”规定（对一个部门的主要职责、内设机构、人员编制及领导职数三大内容进行确定），顺利完成人员转隶，实现五大领域综合执法改革工作落地落实。扎实开展应急管理综合执法体制改革，将区安全生产监察大队更名为区应急管理综合行政执法大队，实现“一个部门一支队伍管执法”改革目标。联合区委政法委按照“数据归集、互联互通、实战运用、体现特色”的工作思路，在已有区网格化指挥平台基础上投入700多万元规划建成区级指挥平台，构建起上下贯通、左右联通的两级指挥调度体系，得到市委编办评估肯定。整合区网格化服务管理中心、区“12345”在线平台、区数字化城市管理监督指挥中心等相关机构职责，组建成立大丰区区域社会治理现代化综合指挥中心，与区非诉服务中心、综治中心、网格化中心、信访接待中心一体化融合办公，区矛调中心、法律援助中心整体进驻，创新打造纪法信联动工作综合体，成为统筹城市治理的“智慧中枢”，持续深化“大数据+指挥中心+综合执法队伍”模式。《坚持系统集成，突出区域特色，构建基层综合行政执法改革新格局》被中央编办主办的《中国机构编制》“改革与管理实践”栏目宣传推广，获得全市“大数据+指挥中心+综合执法队伍”综合执法改革先行先试先进单位。

【基层治理体制改革】 年内，区委编办压紧压实镇街改革主体责任，督促镇街严格按照新职能机构规范运行，核增各镇（街道）党政办公室副主任职数1名，专职用于统计工作。动态调整、更新完善各镇198项、街道197项权力事项，做到“行政权力进清单，清单之外无权力”。联合区司法局、行政审批局对全区13个乡镇（街道）开展综合执法规范化建设情况调研及赋权事项专项评估，推动赋权事项“能接尽接”“应接尽接”。联合区委政法委、区财政局、审批局、电信公司对镇街一体化平台进行评估验收，推进一体化平台规范高效、实战实用。全力打造改革试点示范，新丰镇被评为全省改革先进单位，并被纳入新一轮经济发达镇改革培育名单。按照省市区委部署要求，将新丰镇省级经济发达镇创建工作摆在重要位置，召开专题部署会议，协调区级24个部门制定30条改革配套支持政策，制定完善培育工作方案。

【机构编制管理】 年内，区委编办锚定服务产业基地、助力打造营商环境新高地目标，着眼解决服务企业事项分散、服务单体化碎片化等问题，在深入学习苏州、昆山等先进地区做法的基础上，按照“撤一建一”的原则，在全市首家组建成立区企业发展服务中心，明确为区政府直属事业单位。区企业发展服务中心以服务企业全生命周期为主线，统筹承接组织、人社、发改、工信、商务、地方金融等部门委托的289项涉企服务事项，采取“前台+后台”的管理运行模式，建立“线上+线下”双循环服务联动机制，真正为企业提供全方位、多层次服务。妥善做好原区服务业发展中心人员划转，抽调专人参与企服中心筹建工作专班，统筹下达6名编制用于公开选调工作人员，下达3名编外用工指标补充服务窗口力量。深入实施“黄海明珠人才计划”战略，优先保障名校优生招引，严把专业结构审核关，在前三批下达288个事业编制的基础上，再次挖潜调剂下达171名事业编制保障名校优生到大丰发展。按照市委组织部关于在大丰试点开展产才融合创新中心建设工作部署，密切与市委编办对接，组建成立区高层次人才发展服务中心，挂新能源产才融合创新中心牌子，全力助推产业链、教育链、创新链和人才链的深度融合。着力提升教育卫生系统编制资源使用效益，解决群众“急难愁盼”问题。聚焦教育领域，联合组织、人社、教育等部门组成调研组赴南通海安市学习考察，深入全区多所城区、乡镇中小学校开展实地调研，优化了“控总量、调存量、优结构”的工作举措，着力破解城乡中小学师生比失衡、教育队伍流动不畅等瓶颈、顽疾。加强校外培训机构规范监管，为教育局增设校外教育培训监管科，明确主要职责。将区新丰初级中学更名为区盐垦初级中学，撤销区商业幼儿园，促进教育资源布局更加优化。针对新冠肺炎疫情防控工作常态化要求，在区公安局治安警察大队增设公共安全应急处置中队，科学调整大丰人民医院、大丰中医院内设职能科室，将区人民医院、中医院内设机构预防保健科更名为公共卫生科，在区疾病预防控制中心增设职业病防治科，统筹下达区卫健委购买服务用工指标64名，满足核酸检测基地专业技术人员招录需求。核增区第二人民医院党组织书记职数，实现党政分设，落实党组织领导下的院长负责制。助力安全环保。根据市安委会要求，核增事业编制55名，专门用于配备应急管理监管执法人员，确保大丰区每10亿工业开票收入安全监管执法人员数达全市平均水平。紧扣全区应急管理系统具有应急管理相关学历专业、职业资格和实践经验的执法人员数量不低于应急管理在编在职执法人员的75%目标要求，联合区应急管理局、人社局印发《关于加强基层安全监管队伍专业化建设的通知》，对全区各镇（街道、区园）开展多轮专项督查，对未达标的镇（街道、区园）通过内部调整一批、名校优生引进一批、事业单位招考一批、集中培训取得专业证书认证一批等途径，及时整改落实到位。系统调整后，全区各镇（街道、区园）安监专业人员基本达到75%的目标要求，新丰镇、三龙镇、港区石化产业园专业人员基本达到100%。深入抓好化工园区整治反馈安全环保问题，明确大丰港石化新材料产业园管理办公室内设机构生态保护科事业编制6名，核增中层职数，推进反馈问题整改到位。

【事业单位改革】 年内，区委编办加

强事业单位改革前期调研，确定区商务领域、卫健领域为事业单位改革试点，成熟一家，推进一家，顺利完成下属事业单位整合。优化整合后，两领域事业机构由14家减少为7家，精简比例50%；事业编制数从61名减少为48名，精简比例21.31%。及时总结改革试点经验，谋划制定全区事业单位改革实施方案，做好改革铺开准备工作。

【事业单位管理】 年内，区委编办探索推进事业单位全生命周期管理新模式。围绕把好"设立关"，推进动议规范化、登记标准化，组织对上级有关法规政策进行梳理并研究制定《盐城市大丰区事业单位法定代表人管理办法（草案）》《盐城市大丰区事业单位法人登记监督检查办法（草案）》等规章制度，制定完善事业单位法定代表人任前谈话、监督预警等配套制度，联合区纪委监委派驻组对全区13家信用等级评价为B级的事业单位法定代表人进行集中信用约谈，起到"一次约谈、全面体检"的警示作用，相关做法得到《人民日报》推广。优化法人登记注销流程，缩短办事时间，事业单位法人登记由法定的30个工作日压缩为即收即办、即时办结，全年办理各类事业单位登记事项154件，其中，设立登记17件、变更登记105件、注销登记28件、证书补领4件。联合区委组织部、党校组织举办全区事业单位法定代表人领导能力提升专题培训班，共培训法定代表人200人；开展全区2022年度事业单位法人"双随机、一公开"（在监管过程中随机抽取检查对象，随机选派执法检查人员，抽查情况及查处结果及时向社会公开）实地核查，采用定向抽取和随机抽取相结合的方式，确定10家核查对象，对于核查中发现的问题责令相关单位限时整改，整改未到位的纳入异常名录库管理，实行联合惩戒，确保事业单位监管的高效性和权威性。围绕把好"评价关"，做到评估实效化、效能最大化，制定完善《大丰区机构编制执行情况和使用效益评估指标体系》，明确履职尽职情况和相关效益、"三定"规定执行情况、机构配置效益等5项共性指标，细化20项二级、三级指标，明确评估要点、评估方式、评估标准及各指标权重，将评估结果作为部门机构编制调整、年底综合目标任务考核的重要参考依据。

（周　荣）

巡察工作

【概况】 2022年，大丰区委巡察工作努力发挥监督保障执行、促进完善发展作用，推动新时代巡察工作高质量发展。年内，对9家单位党组织开展2轮常规巡察，配合市委对3家单位党组织开展联动巡察，对59个村（社区）开展对村（社区）巡察。

【常规巡察】 2022年，大丰区委巡察机构全面贯彻巡视巡察工作方针，落实政治巡察要求，坚持问题导向，把握监督重点，不断提高巡察监督质量和效果。深入开展常规巡察，对9家单位党组织开展2轮常规巡察，配合市委对3家单位党组织开展联动巡察，共发现并反馈问题400余个，移交问题线索39条，有2名正科职留置案件线索来源于巡察推动，有4份针对行业领域普遍存在问题的专题报告被区委主要领导批复。对大中街道、丰华街道所属的59个村（社区）开展对村（社区）巡察，推动中共二十大关于基层民主、社会治理等决策部署落实落地。坚持在发现问题上狠下功夫，在巡前强化政策、责任、问题"三清单"质量，规范巡中关键动作和流程，落实"五必谈"（领导班子必谈，离岗领导班子必谈，财务、人事关键岗位必谈，"三重一大"参与者与知情者必谈，实名举报、老信访必谈）、"五必看"（关于推进从严治党的资料必看，履行监督责任的相关资料必看，会议记录必看，审计报告、财务账册、工程建设和设备采购资料必看，处理的党员干部资料必看）、"三必访"（党员户、贫困户、当地企业家必访）等规定动作。根据《被巡察单位综合评价方法细则》，深化"一表两报告"（巡察报告、问题线索报告和被巡察单位综合评价表），为被巡察党组织和主要负责人的"政治体检单"提供量化的"数据指标"。

【巡察整改】 2022年，大丰区压实巡察整改主体责任和"一把手"第一责任人责任，建立巡察整改"一把

2022年，大丰区委巡察机构对59个村（社区）开展巡察。图为巡察组工作人员对涉农专项补贴发放情况进行核对　（区委巡察办　供图）

手”“顶层交责”机制，每轮巡察书记专题会后，由区委书记“一对一”“面对面”约谈被巡察单位党组织主要负责人，“面对面”交责，全年约谈11家被巡察单位主要负责人，相关工作被中纪委网站宣传报道。进一步落实纪委监委、组织部、宣传部、巡察机构等相关责任主体的职责任务，充分发挥纪委监委、组织部日常整改监督作用和巡察机构的。不断发挥以巡促改、以巡促建作用，被巡察单位充分利用巡察整改成果，不断释放巡察整改效应。

【巡察监督合力】 2022年，区委巡察办与审计局、统计局建立的巡察协作关系，进一步强化与纪委监委、组织部、宣传部等单位的协作机制，密切了巡前沟通、巡中协作、巡后联动协作机制。在二、三轮巡察中，共向13家（含组织部、宣传部）协作单位发放商请函，在巡前向巡察机构反馈问题37522条，为巡察组的进驻提供第一手资料。与区审计局联合印发《大丰区巡察监督与审计监督联动协作实施办法》，进一步深化巡察和审计协同协作，形成监督合力，放大监督效应，促进两项监督的有效配合。

【巡察成果运用】 2022年，区委巡察办在完成深入推进市委巡察工作指导督导问题整改的基础上，进一步深化市委指导督导反馈意见整改成效，强化整改成果运用。在省委巡视大丰区期间，认真认领上级检查中发现的问题，深入整改，不断补齐工作短板。在接受省委巡视和专项检查组检查的同时，将上级巡视巡察机构的先进的工作经验和方法，融入自身的巡察工作，提升巡察工作水平。

【巡察队伍建设】 2022年，区委巡察办坚持把规范化作为巡察高质量发展的重要基础和保障，先后制订出台巡察组工作规则、巡察队伍纪律作风后评估制度等10余项制度文件，全面系统推进巡察工作上台阶，在全市年度巡察机构考核中，大丰区巡察机构成绩列全市前三。开设巡察“利剑”讲堂，采取请进来、走出去相结合的方式，邀请上级领导专家和审计骨干授课，开展巡察工作业务复盘，查找工作不足，制定整改措施，提升人员理论水平。推行“数字巡察”、组办融合等工作理念，优化工作机制，不断提升工作质效。

（陈　钢）

对台事务

【概况】 大丰区对台工作在区委、区政府的指导下，以习近平新时代中国特色社会主义思想为指导，深入领会省、市对台工作会议精神，以做好台湾人民工作为主线，创新方法机制，狠抓措施落实，完成全年各项对台工作目标任务。全年接待接待台商8批100多人次。年内新增台资项目1个（盐城伸凯机电有限公司），注册资金100万元。

【对台宣传】 2022年，大丰区台办及时、准确传递中央和省市对台大政方针政策，坚持在对台宣传上动脑筋、想办法、下功夫，创新开展多种形式的对台宣传，每年整理赠送《惠台政策汇编》给台胞台企。积极协助省、市台办拍摄《盐台一家亲——两岸婚姻家庭话情义》等涉台宣传项目，宣传分享台胞在大陆的发展机遇、享受的惠台政策。

【对台经贸合作】 2022年，大丰区台办聚力境内招商，强化与台资密集地区台办、台企、台商和行业协会的线上沟通联系，宣传大丰区投资政策，收集招商信息，力促项目落地。2022年新增台资项目1个，12个企业开票销售5.2亿元，税收1800多万元，其中7个企业超1000万元，大丰鑫源达化工有限公司光引发剂工程技术研究被江苏省科技厅评为“2022年度省级工程技术研究中心”。全面落实国家和省市各项惠台措施，始终把落实同等待遇以及各项惠台措施作为重点，将《江苏省对台经济文化交流合作促进条例》与中央、省、市政策措施有效叠加，协同相关部门共同推进、同步落实。2022年，大丰区台资企业享受惠台政策减免金额300余万元，延缓缴纳税款700多万元。

【对台交流活动】 2022年，大丰区台办推进人员交流和文化互动，不断增强台湾各界和基层民众的文化认同和心灵契合，加深两岸民众感情。积极配合第三届中华文脉营活动“城市影像寻根之旅——海盐文化之旅”、国台办重点交流项目“盐韵城影同心同行”——长三角海峡两岸黄海湿地风光摄影大赛等省、市涉台项目活动，展示大丰的自然人文和城市形象，讲好台商、台胞在大丰逐梦筑梦圆梦的故事。

【服务台胞台企】 2022年，大丰区台办积极助力台企发展，建立完善定期走访联系制度，及时掌握最新经营状况，持续更新台企信息数据库，定期排查、处理涉台矛盾纠纷，安排专人交办、督办台商台企反映问题。举办台商台企座谈会，及时通过微信联系群发布各类惠台政策和活动公告，为台企广开服务“直通车”。开展“我为台胞台属办实事”活动，做好寻亲、义诊、慰问等工作，加大对台商买房、子女教育、医疗卫生等生活需求的关照力度，主动提供调处矛盾、用工纠纷等方面的法律意见和帮助。2022年，为大丰区台胞台属、台企解决问题23件。

（沈　滢）

机关党建

【概况】 2022年，区级机关工委在区委的坚强领导下，坚持以党的政治建设为统领，始终抓实全面从严治党主体责任，围绕服务中心、建设队伍，着力推动机关党建工作与业务工作融合发展，提升机关党组织的创造力、凝聚力和战斗力，不断推进全区机关党建工作高质量发展。

2022年4月21日，大丰区级机关党员干部到挂钩企业服务
（区级机关工委 供图）

【“机关丰彩学堂”学习活动】 2022年，区级机关工委在区级机关党组织中广泛开展“机关丰彩学堂”学习活动，提升机关党员干部的理论素养、业务能力和服务水平。要求区级机关党组织进一步强化领导责任，明确职责分工，做好组织实施，通过开展“五学”（主要领导定期辅导“领学”、走进党史教育红色基地“促学”、中层干部自选课题“讲学”、普通党员轮流主讲“比学”、走进基层支部互动“联学”），组织内容丰富、形式多样的学习活动。在推进机制上，建立“三项制度”（计划方案报送制度、督查指导制度、定期抽查考试和体会交流制度），使学习活动常态化。2022年，“机关丰彩学堂”开展学习讲座100余场次，受教育党员干部8000余人次。

【“喜迎二十大·阅读颂辉煌”主题读书活动】 2022年，区级机关工委结合市级机关工委“红色温馨·悦读留香”全民阅读活动的有关要求，组织区级机关党组织常态化开展内容丰富、形式多样、特色鲜明的读书活动，促进机关党员干部增强理想信念、丰富文化生活、提升综合素质。要求党员干部每天坚持阅读，每月至少精读1本书，每半年至少撰写1篇读书心得体会。积极搭建平台，创新方式方法，把读书活动与基层党组织统一活动日、机关丰彩学堂等载体结合起来，通过开展机关讲坛、学习沙龙、主题演讲、体会交流等，分享阅读成果。

【庆祝建党101周年活动】 2022年，区级机关党组织围绕庆祝建党101周年举行丰富多彩的活动，重温党的历史，纪念党的生日，感悟党员事迹。区行政审批局党委开展“党员政治生日”主题活动，区退役军人事务局党总支书记给党员干部上了一次专题党课，区发改委党委举办“强化担当精神、贡献青春智慧”庆“七一”演讲比赛等。年内，区级机关开展“光荣在党50年”纪念章颁发工作，有41名区级机关老党员获得“光荣在党50年”纪念章。

【“三走进”活动】 2022年，区级机关工委在区级机关党员干部中开展“三走进”（走进农村、走进企业、走进社区）活动。“走进农村”，以“机关+农村”党组织结对共建为重点，组织机关党员干部深入村镇农家、田间地头，与基层群众谋发展、讲政策、办实事，与联建村共同开展党员教育互动、扶贫帮困互助、干部培养互补、和谐社会共建、兴办实事工程等各项活动，帮助发展村级集体经济，增加农民收入，提升联建效果。2022年，57个机关党组织对应挂钩联建村，组织集体联建活动28场次，帮扶困难群众800多人，帮助解决路桥水等实事32件。“走进企业”，以科级干部挂钩服务企业为桥梁，组织机关党员干部到企业走访调研，了解企业生产经营情况，对政府服务的需求以及存在的困难、问题等；宣传解读相关帮扶政策，帮助企业协调解决困难。实行企业问题收集、汇总、交办、督办、销号“一条龙”制度，做到件件有着落、事事有反馈。全年，挂钩干部深入走访企业3700多人次，为企业协调解决各类问题和矛盾132件。“走进社区”，以创建全国文明典范城市为目标，组织机关党员干部深入包保社区，开展“在职党员进社区认领微心愿”活动，帮助群众实现213个“微心愿”。在新冠肺炎疫情防控的关键时期，1000余名机关党员干部带头深入社区，当好五大员（卡口执勤员、秩序维护员、物资输送员、风险筛查员、政策宣传员），发挥机关党组织的先锋模范作用，增强群众防范意识。

【发展党员工作】 2022年，区级机关工委把发展党员质量放在第一位，坚持实行发展党员公示制、预审制、票决制、责任追究等制度，严把发展党员“入口”关，从源头上有效遏制发展党员不规范问题，确保新发展党员符合程序、符合标准、符合条件。全年，区级机关工委发展新党员20名，预备党员转正32名。

（王淑君）

老干部管理

【概况】 2022年，大丰区委老干部局深入学习贯彻习近平总书记对全国老干部工作作出的重要指示精神和中共十九届六中全会、二十大精神，坚持围绕中心、服务大局，各项工作取得一定成效。

【老干部党组织建设】 2022年，区委老干部局明确专人负责党工委工作，全面落实离退休干部工委的职能，每

2022年，大丰区委老干部局组织机关党员干部开展"喜迎二十大·阅读颂辉煌"主题党日读书活动 （区委老干部局 供图）

月及时与区委组织部职能科室对接，发放《全区基层党组织统一活动日活动有关要求》，明确离退休活动要求。完善离退休干部党组织工作经费保障机制，离退休干部党支部书记补贴由区财政纳入年初预算，按每人每年3600元标准，由老干局考核发放。2022年，区委老干部局厘清大丰区的离退休干部党员底数；每一个符合条件的部门（单位）都成立党支部；每个建制性支部都达到省委老干部局的标准；支部书记队伍稳定、能发挥应有的作用。年内，加强"书记后备库"建设。做好迎接二十大胜利召开和学习宣传贯彻二十大精神等工作，全区老干部支部开展"迎接二十大，学习二十大，当好新征程银发铁军"主题党日活动80多场次、开辟学习中共二十大精神专题宣传栏、组织"银发讲堂""支部书记讲党课""党课大家讲"等活动。

【老干部志愿服务】 2022年，区委老干部局发放《老干部志愿者基本情况登记表》，摸清大丰区有特长、有技术、有意愿参与"银发生辉"工程的老干部情况，截至年底，全区各镇（区、街道）、单位全部成立老干部志愿服务队，在册成员600余人。年内，区委老干部局为全区获得本行业、本系统省级以上荣誉的老干部、老干部团队进行信息登记。各老干部支部采取集中宣讲、专题辅导、支部学习等形式，加强离退休干部的党建工作。

【老干部政策待遇落实】 2022年，区委老干部局全面落实离退休干部各项待遇，制定"五必访"（重要节日必访、整寿生日必访、重病住院必访、特殊困难必访、临终去世必访）制度。联合区卫健委、医保局等部门，加强离休干部看病就医服务，所有有需求的离休干部全部享有家庭医生服务。在2家老干部就医定点医院设立老干部科和老干部周转病房，服务到位，设施完善，老干部24小时住院绿色通道通畅，全区110名离休干部，均建立"一人一策""一人一案"服务档案。

【老干部作用发挥】 2022年，区委老干部局引导老干部开展"银发生辉"活动。组织开展"建言二十大"调研、"我看中国特色社会主义新时代"、老干部志愿者"法进商铺"宣传、宣传防疫知识等活动，引导老干部带头开展"奋进新时代"群众性主题宣传教育。加大典型培植力度，先后培植"黄祝明"工作室、"新丰镇银色年华合唱团"工作室和"王宣德党史学习"工作室，建成"大丰区离退休干部政治生活馆"。与区老龄委一起，开展人口老龄化国情教育、老龄政策法规教育和乐享老年生活教育，引导老干部积极面对老年人生，科学规划老年生活。积极组织各老干部支部参与"敬老文明号"创建活动，提升为老服务水平，助力构建老年友好型社会。引导老干部订阅、关注"离退休干部""江苏老干部""盐城老干部"微信公众号。在大丰区"老字号传媒公众号"上进行网上智能手机及程序应用系列讲座，由老年大学教师编辑主持，图文讲授，视频辅导，讲授循序推进，视频滚动循环。重阳节前夕，组织举行大丰首届"老年达人"运用智能手机大赛决赛，展示大丰区老年人智能手机运用普及培训工作成果。

（李信欣）

党校工作

【概况】 2022年，大丰党校深入学习中共二十大精神，不断弘扬伟大建党精神，充分发挥党校干部教育培训主阵地、主渠道以及咨政智库的职能作用。全年举办各类培训班25期，培训学员4000余人次。当年，区委党校获评2022年度全省农民教育培训工作先进集体。

【党员干部教育培训】 2022年，区委党校立足全区干部教育培训重点班次计划，举办全区科级干部"八项本领、七种能力"提升专题培训班、全区公务员学习中共十九届六中全会精神培训班、全区事业单位负责人能力提升专题培训班、全区青年干部素质能力提升培训班、全区村居党组织书记"抓党建强引领、赋新能促振兴"培训班等各类培训班共25期，培训学员4000余人次。充分发挥"鹿乡党课"基层理论宣讲品牌影响力，建立基层宣讲长效机制，结合全区"强国复兴有我"群众性主题宣传教育活动，创新推出"讲好红色故事、赓续红色血脉"、"我学我讲二十大"基层理论宣讲活动，深入全区11个乡镇、2个街道开展宣讲工作，宣讲100多场次，实现全区各乡镇、街道基层理论宣讲全覆盖。

2022年8月16日，大丰区委党校组织青干班学员在恒北村开展体验式教学 孙晓红 摄

积极开展“送教上门”活动，发放送教上门服务函200余份，为全区各单位、企业提供菜单式送教上门服务，全年组织安排送教上门服务42场次，受众超2000人次。区委党校做大做优“红+绿+蓝+X”现场教学品牌，围绕大丰区尖端电子、现代农业、新能源建设、红色传承等重点方向，打造博敏电子、丰收大地、海水淡化、方强烈士陵园、铁军国防教育基地等新现场教学专题课程5个，截至年底，全校形成现场教学专题14个，全年开展现场教学24期。

【科研咨政成果】 2022年，全校发表文章53篇，其中13篇发表在省级以上报刊。在咨政层面，区委党校切实强化科研咨政职能，成立专题调研组，围绕长三角一体化产业发展基地建设、乡村振兴示范村（镇）和党员干部精气神等重点研究方向开展调研，调研成果《关于高质量推进长三角一体化产业发展基地建设的调研与建议》《优化示范镇（村）建设引领乡村全面振兴》先后获区委书记李志军和区长戴勇批示，成果《提振精气神当好答卷人》发表于“盐阜大众报”理论周刊。在省级层面。成功结项省委党校学习贯彻十九届六中全会专项课题，申报省委党校学习贯彻中共二十大精神专项课题1项；向省委党校第十一届江苏党的建设高层论坛提交征文1篇，向省委党校中共二十大精神理论研讨会提交征文2篇。在市级层面，立项全市党校（行政学校）系统2022年度科研课题12项并全部结项。向盐城社科联申报课题5项，结项3项；积极参加全市绿色生态研讨会等市级层面各类学术研讨会活动4次，在市社科联举办的学习贯彻中共二十大精神理论研讨会上作为县（区）级党校代表发言；向市委党校提交有关社会治理征文3篇，全部编入论文集。向市经济学会“盐城市产业链研究”论坛提交论文4篇，4篇次获三等奖；向市委宣传部提交思政征文3篇。

【党校师资队伍建设】 2022年，区委党校重视师资队伍建设。选派骨干教师参加各类教学比赛，1门课程获评江苏省优秀基层理论宣讲报告，1课获评全市党校（行政学校）系统精品课，1人在大丰区“礼赞新时代追梦复兴路”主题宣讲比赛中获得二等奖，2人在大丰区“党课开讲啦·铁军号角”微党课大赛中获评“十佳微党课”，2人获评“永远跟党走奋进新征程——盐城红色地名我来讲”金牌红色地名讲解员。依托全国党校（行政学院）在线师资培训平台、江苏省干部在线学习中心等互联网平台，组织全校教学人员参加基层师资网络直播专题培训4轮，邀请盐城市委、大丰区委领导、专家及优秀青年宣讲代表到区委党校进行授课、交流；开展“阅读红色经典 擦亮初心底色”系列主题读书活动，以学习原文、心得交流、研究座谈的方式不断提升教师素质；组织骨干教师和行政人员前往省委党校取经，不断强化研究、阐释、宣讲能力；通过翻修校图书馆，与区图书馆签订分管协议，建设智能化、电子化现代图书馆，为打造书香校园奠定硬件基础。

【农民培训】 2022年，党校下属单位大丰区农业干部学校举办高素质农民培训班54期，培训学员6090人，其中省下达培训任务2579人，地方任务3511人。开展粮油生产、农旅融合、农产品质量安全等方面培训，组织学员前往兴化、溧阳、山东等地实地观摩学习。有序推进涉农中专各项工作开展，完成招生、开班、技能鉴定等各项任务。2022年，19级涉农中专观光农业经营专业顾灶班68名学员全部毕业。全年为农民发放各类学习书籍万余本，推动大丰区农民综合素质提高，区农业干部学校被评为2022年度全省农民教育培训工作先进集体。

（周剑宇）

〖编辑 朱晓华〗

盐城市大丰区
人民代表大会

综 述

【人大代表构成】 2022年，大丰区第十六届人民代表大会第一次会议代表280名，具体构成如下：工人20名，农民53名，专业技术人员28名，其他基层代表5名，公务员99名，国有和集体企业负责人10名，非公有制经济人士29名，事业单位负责人16名，解放军和武警部队1名，其他19名。

【人事任免】 2022年，大丰区第十六届人民代表大会依法任命新一届区政府组成部门主要负责人，依法任免国家机关工作人员76人次。3月31日，区十六届人大常委会第1次会议任命梁呈元为大丰区人民政府副区长。12月28日，区十六届人大常委会第6次会议任命潘伟为大丰区人民政府副区长、刘海峰为大丰区监察委员会副主任、刘海峰代理监察委员会主任职务。

【代表履职服务】 2022年，大丰区始终坚持发挥代表作用，规范化建好履职载体，全面科学布局76个人大代表之家、150个人大代表联络站、95个人大代表联系点，优化升级驻沪（大丰）人大代表之家，组建80个区镇专业代表小组，开展专业代表系列行活动，"家站点"建设具体做法被省委加强和改进新时代人大工作实施意见吸收，8月18—19日，全市人大首次"一县一品牌"创新工作现场会在大丰区召开。完善"双联系、双接待"机制，35名常委会组成人员与175名基层代表、1148名四级人大代表与8500余名群众建立经常性联系，开展定时定点定人接待选民活动，全年接待群众5700余人次，收集意见建议5900余条，为民办实事1512件，提出民生实事建议398条。常态化组织"代表大走访""人大代表大讲堂""小板凳宣传队""红马甲进网格"，开展代表网格行。特色化开展主题活动，开展"聚焦发展高质量，勇当五个排头兵"主题实践活动，围绕做好积极建言献策、宣传政策法律、带动一方发展、走访接待群众、办好民生实事"五件实事"，突出"一家一主题、一组一重点、一人一清单"，组织16项专项行动，涌现各类排头兵98名，省人大常委会副主任、党组副书记樊金龙专门作出批示。

【人大监督工作】 2022年，大丰区将"举全区之力建设长三角一体化产业发展基地"列为1号议案，依法作出决定，围绕产业发展基地基础设施建设开展专题询问，听取产业基地招商引资和重大产业项目建设情况报告，围绕产业链式集群发展、科技成果转化、智改数转等开展调研视察，听取专项工作情况报告，积极开展"访企业代表、问企业需求、促企业发展"活动，帮助企业解决问题235件。深化重点工作监督，建立常委会领导领衔监督、"一名常委会委员+两名代表"专题监督、"代表小组月月访"跟踪监督"三项机制"。省人大常委会副主任许仲梓对大丰区开展重点工作监督给予批示肯定，"三项机制"经验做法被《江苏人大调研》专刊推介。督办"加强农房改善新型农村社区后续管理"重点建议，形成调研报告得到区委主要领导批示。专题调研政府债务管理，首次听取被审计单位整改情况报告，并进行满意度测评，对近五年审计查出问题进行回头看。

2022年1月15日，大丰区十六届人大常委会组成人员当选后集体宣誓
雒聪聪 摄

重要会议与活动

【区第十六届人民代表大会第一次会议】 1月12—15日，大丰区第十六届人民代表大会第一次会议召开。会议应到代表280名，实到代表273名，因事因病请假7名。应邀列席会议的有：出席区十五届政协一次会议的全体委员，不是区人大代表的区四套班子领导，区四套班子离退休人员，区人大常委会各委室负责人，区监察委员会副主任、区人民法院副院长、区人民检察院副检察长，区直党政部门党政主要负责人，垂直单位党政主要负责人，区（园）主要负责人，驻丰农场、部队及办事机构主要负责人，镇人大副主席，驻大丰的省十三届人大代表列席大会。

会议听取和审议区人民政府代区长戴勇作的《政府工作报告》；审查和批准区2021年国民经济和社会发展计划执行情况的报告与2022年国民经济和社会发展计划；审查和批准区2021年财政预算执行情况的报告和2022年财政预算；审议区政府2021年民生实事项目完成情况和2022年民生实事候选项目计划安排报告，票决2022年度民生实事项目；听取和审议区人大常委会主任范大玉作的《区人大常委会工作报告》、区人民法院代院长王如平作的《区人民法院工作报告》、区人民检察院代检察长王冰作的《区人民检察院工作报告》。审议区十五届人民代表大会第五次会议期间代表议案及建议、批评和意见办理情况报告；进行选举事项。

2022年1月12日，盐城市大丰区第十六届人民代表大会第一次会议开幕　邱鹏　单培泉　摄

【区人大常委会会议】 2022年，区人大常委会共召开6次会议。

3月31日，第1次会议召开。会议对区十六届人大一次会议代表议案作出交办意见，审议通过《关于推动长三角一体化产业发展基地建设的决定（草案）》《盐城市大丰区第十六届人大常委会代表资格审查委员会组成人员名单（草案）》《盐城市大丰区人民代表大会常务委员会议事规则（修订草案）》《盐城市大丰区人民代表大会常务委员会规范性文件备案审查实施办法（修订草案）》；进行人事任免事项。

5月31日，第2次会议召开。会议听取和审议全区粮食安全保障工作情况报告；听取和审议区政府关于长三角一体化产业发展基地基础设施建设有关情况的报告，开展专题询问和满意度测评；审议《盐城市大丰区人民代表大会常务委员会关于深入学习贯彻习近平总书记中央人大工作会议重要讲话精神加强和改进新时代人大工作的决定（草案）》；传达学习省委人大工作会议精神；进行人事任免等事项。

8月23日，第3次会议召开。会议听取和审议区政府关于2022年上半年国民经济和社会发展计划执行情况的报告、关于2021年区本级预算执行和其他财政收支情况的审计工作报告、部门接受专项工作评议情况报告；听取和审议区政府关于2021年区本级财政决算草案和2022年上半年预算执行情况的报告，审查和批准2021年区财政决算；审议《盐城市大丰区人民代表大会常务委员会关于加强国有资产管理情况监督的决定（草案）》《盐城市大丰区人民代表大会常务委员会司法监督工作办法（草案）》；进行人事任免等事项。

9月28日，第4次会议召开。会议听取和审议关于2021年度国有自然资源资产管理情况的报告，全区国土空间规划修编情况的报告，区政府关于《中华人民共和国种子法》贯彻实施情况报告，关于《中华人民共和国中医药法》贯彻实施情况报告，关于区十六届人大一次会议代表议案办理情况报告，关于区十六届人大一次会议代表建议、批评和意见办理情况的报告；审议区政府关于2021年度全区国有资产管理情况的综合报告、《盐城市大丰区十六届人大五年工作规划（草案）》《盐城市大丰区人民代表大会常务委员会讨论决定重大事项的规定（草案）》；听取法官、检察官履职情况报告；进行人事任免等事项。

11月28日，第5次会议召开。会议听取区监委关于开展廉政教育工作情况报告；听取区政府关于审计查出问题整改情况的报告，并对相关被审计部门和单位开展满意度测评；听取区政府关于安全生产工作情况的报告；听取和审议区政府关于医共体工作情况的报告；听取区发改委、教育局、司法局、文旅局四部门接受专项工作评议审议意见落实情况报告，关于全区粮食安全保障工作情况报告、长三角一体化产业发展基地基础设施建设有关情况报告审议意见落实情况的反馈报告，并开展满意度测评；驻大丰的盐城市第九届人大代表向常委会报告履职工作，并接受评议；进行人事任免事项。

12月28日，第6次会议召开。会议听取和审议区政府关于2022年区本级财政预算调整方案（草案）的议案，审查和批准2022年区本级财政预算调整方案；审议通过区人大常委会代表资格审查委员会关于个别代表的代表资格的报告（草案）和召开区十六届人大二次会议有关事项。

【区人大常委会主任会议】 2022年，区人大常委会共召开19次主任会议。

1月17日，第1次主任会议召开。会议研究确定区十六届人大常委会领导班子工作分工。

2月8日，第2次主任会议召开。会议交流月度工作安排。

3月1日，第3次主任会议召开。会议交流月度工作安排、年度打造特色亮点工作和工作思路谋划。

3月31日，第4次主任会议召开。会议听取区政府关于代表建议交办、代表议案建议重点督办和对口督办的安排，规范性文件备案审查工作情况汇报；听取区十六届人大常委会第1次会议议题调查准备情况汇报；研究确定区十六届人大常委会第1次会议召开时间地点等事项。

4月2日，第5次主任会议召开。会议交流月度工作安排。

4月28日，第6次主任会议召开。会议交流月度工作安排和年度特色亮点工作进展情况。

5月20日，第7次主任会议召开。会议听取全区第二轮中央生态环境保护督察的情况汇报，听取区十六届人大常委会第2次会议议题调查准备情况汇报，研究确定区十六届人大常委会第2次会议召开时间地点等事项。

6月7日，第8次主任会议召开。会议交流月度工作安排，传达学习市委人大工作会议精神，征求对区委出台《关于新时代坚持和完善人民代表大会制度 加强和改进人大工作的实施意见》的建议。

6月24日，第9次主任会议召开。会议听取区政府关于民生实事项目建设、区人民检察院关于检察公益诉讼工作情况汇报，研究通过《盐城市大丰区人大常委会关于开展〈中华人民共和国种子法〉执法检查的方案》。

6月30日，第10次主任会议召开。会议交流月度工作安排。

8月1日，第11次主任会议召开。会议交流月度工作安排。

8月4日，第12次主任会议召开。会议传达学习习近平总书记关于安全生产重要论述，听取全区重大项目推进、全区政府债务管理、重点建议办理情况和工委对口督办情况汇报，听取区十六届人大常委会第3次会议议题准备情况汇报，讨论研究常委会召开时间等事项。

8月31日，第13次主任会议召开。会议交流月度工作安排。

9月26日，第14次主任会议召开。会议听取区十六届人大常委会第4次会议议题准备情况汇报，讨论研究常委会召开时间等事项。

9月30日，第15次主任会议召开。会议交流月度工作安排。

10月27日，第16次主任会议召开。会议听取区政府关于教育双减工作、全区高标准农田建设情况汇报，研究人大代表优秀议案建议评选工作。

11月1日，第17次主任会议召开。会议交流月度工作安排。

11月24日，第18次主任会议召开。会议听取区十六届人大常委会第5次会议议题准备情况汇报，讨论研究常委会会议召开时间等事项。

12月2日，第19次主任会议召开。会议交流月度工作安排，讨论通过关于2022年度区人大"三好评比"（调研好成果、新闻好稿件、摄影好作品）结果（草案）。

人大专门委员会

【法制委员会】 2022年，区人大法制委员会在各县（市、区）中率先出台常委会司法监督工作办法，在调查研究、执法检查、代表视察、听取专项工作报告等方面，增加司法部门重大事项报告、个人履职报告、类案评查、执法评议等方式方法，就建立司法工作联网监督制度作初步规定。9月，首次组织对区人民法院扫黑除恶类案件和区人民检察院公益诉讼类案件开展评查；谋划新一届"两官"履职评议实施方案，分别听取8名法官和4名检察官履职情况报告；重点围绕人民调解和公共法律服务两个方面，对区司法局开展评议。11月，常委会听取和审议监委廉政教育工作情况报告，大丰区人大常委会首次听取监委专项工作报告；修订常委会规范性文件备案审查实施办法，首次听取区政府规范性文件备案审查工作情况报告，首次对"两院"（法院、检察院）规范性文件进行备案审查；组建新一届法制专业代表小组，紧扣"聚焦发展高质量、勇当五个排头兵"（勇当推动绿色发展的排头兵、勇当法治盐城建设的排头兵、勇当爱岗敬业奉献的排头兵、勇当密切联系群众的排头兵、勇当引领道德风尚的排头兵）、"学习宣传二十大、履职担当促发展"主题活动，组织专业代表小组开展"法制建设代表行"活动。

【财政经济委员会】 2022年，区人大财政经济委员会紧扣1号议案督办，专门就推动长三角一体化产业发展基地建设作出决定，深入开展"一名常委会委员+两名代表"专题监督、"代表小组月月访"跟踪监督，结合发改委专项工作评议，重点评议长三角一体化产业发展基地建设专项工作；结合半年议政，专题审议产业基地项目进展情况；结合跟踪重大项目推进情况，重点听取产业基地招商引资和项目建设情况；结合审议国有自然资源资产情况，专题调研产业基地国土空间规划等情况。围绕国民经济和社会发展计划执行情况开展调研视察，召开"助企纾困"专题座谈会，对全区重大产业项目建设情况开展调研和视察。突出预算审查监督重点向支出预算和政策拓展，常委会审议通过关于加强国有资产管理情况监督的决定，组织对全区国有自然资源资产情况进行专题调研，实现对企业国有资产、行政事业性国有资产、国有自然资源资产"全领域"管理监督首轮全覆盖；主任会听取2021年度政府债务管理情况，常委会专题调研2022年以来债务管理情况；督促审计部门制定问题整改工作方案，对近两年审计查出问题整改情况进行回头看，首次审议被审计部门和单位提交的整改情况报告，并进行满意度测评。组织对区发改委专项工作开展评议，对数字经济、实体经济、营商环境等32件建议开展对口督办。

【社会建设委员会】 2022年，区人大社会建设委员会始终坚持民生福祉改善，对"一老一小"服务开展专题视察调研，促进养老托育服务健康发展；市区联动开展专题视察调研，推进市人大"加快构建以居家养老为主体的城乡养老服务保障体系"重点议案的办理和"提升养老服务能力"民生实事项目的建设。积极开展"探索建立长期护理保险制度"调研，开展"15分钟医保服务圈"建设视察，促进建立以区医疗保障服务大厅为支撑，镇（街道）、村（社区）医保服务网点为补充的三级医保经办服务体系。开展退役军人服务保障体系建设情况调研，专题调研安全生产专项整治三年行动推进情况，统筹做好疫情防控信访等工作。推进民生实事项目建设的全过程参与，对涉及养老服务、社会救助、农村殡葬管理、医疗保障等事项建议开展对口督办，推动建议办理取得实效。组织专委委员、专业小组代表定期开展活动，积极配合省、市人大社会委对全区养老服务、家庭教育等工作进行调研。

2022年9月14日，大丰区人大常委会专题视察代表议案建议办理工作
雒聪聪　摄

人大常委会工作委员会

【人事代表联络工作委员会】 2022年，人事代表联络工作委员会重新布局、优化升级建设76个人大代表之家、150个人大代表联络站、95个人大代表联系点，全区1148名四级人大代表全部进家入站常态化开展活动。健全完善常委会与代表、代表与群众"双联系"机制，确定人大常委会组成人员（主席团成员）联系代表、代表联系选民"1+5+10"双联系双接待名单，推行"一代表一网格"，开通民意直通车。深化区人大常委会领导重点督办、区政府领导领办重点议案建议机制，融合构建"多维督办、多方协作"大督办格局，严格落实办前责任落实、办中进展情况、办后结果通报及代表满意度"三见面"（办前征询、办中交流、办后反馈）、"三公示"（建议内容及承办单位、办理进展及满意度、办理结果）制度。完善代表履职监督服务管理，优化升级网上代表履职服务平台。开展年度优秀议案建议评选活动，评选出21件议案建议、6家优秀组织单位。8月，在大丰区成功举办全市人大"一县一品牌"创新现场会，在教育、城建、法律、经济等领域开展"专业代表系列行"活动，开展"聚焦发展高质量、勇当五个排头兵""勇担当、建新功、走前列""学习宣传二十大、履职担当促发展"等主题实践活动，围绕"一家一主题、一组一重点、一人一清单"，引导代表访选民、搞宣讲、提建议、办实事、促发展，涌现100多名先进代表典型。

【监察司法工作委员会】 2022年，监察司法工作委员会紧扣常委会工作安排，积极履行法定职责，为推动法治大丰建设做出积极贡献。3月，修订常委会规范性文件备案审查实施办法，听取区政府规范性文件备案审查工作情况报告，首次对"两院"规范性文件进行备案审查。8月，在各县（市、区）中率先出台常委会司法监督工作办法，在调查研究、执法检查、代表视察、听取专项工作报告等常规形式上，增加司法部门重大事项报告、个人履职报告、类案评查、执法评议等方式方法，就建立司法工作联网监督制度作初步规定。9月，首次组织对区人民法院扫黑除恶类案件和区人民检察院公益诉讼类案件开展集中评查，标志着"类案评查"这一全新监督方式在大丰正式实施。11月，开展全区社区矫正工作专题视察，建议立足社会需求和社区矫正对象实际需要，丰富教育帮扶项目，帮助促进社区矫正对象顺利融入社会，最大限度预防和减少重新犯罪，不断夯实安全稳定基础。

【财政经济工作委员会】 2022年，财政经济工作委员会紧扣区委决策部署，狠抓常委会重点工作落实，完成各项工作任务。3月，常委会专门就推动长三角一体化产业发展基地建设作出决定，推动区委决策部署转化为全区人民的共同意志和自觉行动。5月，开展"访企业代表、问企业需求、促企业发展"活动，召开"助企纾困"专题座谈会，深化"六个走进"（走进村

2022年盐城市大丰区人大常委会重点督办议案和建议一览表

表5

议案和建议内容	提案人	主办单位	牵头督办工委
举全区之力建设长三角一体化产业发展基地（1号议案）	姜华新等	发改委	财经工委
鼓励支持我区农业龙头企业发展（20号建议）	顾仲荣等	农业农村局	农村工委
加强农房改善新型农村社区后续管理（26号建议）	葛顺明等	住建局	环资工委
重视农村公益性公墓建设（39号建议）	单金华等	民政局	社会建设委
深化全区医疗卫生体制改革，加快医疗服务共同体建设（42号建议）	刘冰等	卫健委	农村工委
加强大丰区实验初中、大丰高级中学周边道路放学高峰期的交通管理（109号建议）	刘冰	公安局	监司工委

居社区、市场主体，代表家站点、项目一线、选区选民、培训课堂），组织代表走进市场主体，服务企业项目，助力企业平稳运行和高质量发展；组织对区发改委专项工作开展评议，有力促进部门工作质效提升。6月，主任会听取2021年度政府债务管理情况。8月，审议通过关于加强国有资产管理情况监督的决定，进一步加强人大国有资产管理监督职能，推动国有资产管理工作制度化、规范化、程序化。9月，专题调研2022年以来债务管理情况，结合审议年度国有资产综合报告，对全区国有自然资源资产情况进行专题调研，形成调研报告，实现对企业国有资产、行政事业性国有资产、国有自然资源资产“全领域”管理监督的首轮全覆盖。11月，在听取和审议政府关于审计查出问题整改情况报告的基础上，首次审议被审计部门提交的整改情况报告，进行满意度测评。区十六届人大一次会议上，关于举全区之力建设长三角一体化产业发展基地的议案被确定为“1号议案”，交区人大常委会在人代会闭会后审议督办。在督办过程中，由常委会主要领导督办，成立议案督办工作组，作出交办意见，制定实施方案。在审议产业基地规划编制、项目建设时，协作联动开展代表视察、专题调研，同时积极配合产业发展基地基础设施建设议题的审议和专题询问，全面保障产业基地项目建设用地。

【教科文卫工作委员会】 2022年，教科文卫工作委员会积极创新工作方式，合力共智全区教科文卫工作再上新台阶。5月，分别对区教育局开展专项工作评议和教育“双减”政策落实情况的调研与审议。6月，开展“教育高质量发展代表系列行”——“双减”政策落实工作专题活动，先后召集专业小组代表80人次，组织相关活动6场。7月，召开《中华人民共和国中医药法》执法检查工作动员会议，开展法治讲座，对全区医共体建设情况进行调研审议。召开建议督办代表见面会，将建议督办融入日常议题调研等过程，实时掌握办理进度与质量，28件重点和对口督办建议均按时办复，代表满意率100%。10月，组织教育专业人大代表小组召开教育“双减”政策落实专题研讨会，对2022年工作情况进行满意度测评，收集教育“双减”政策落实调研文章17篇，推动大丰区教育“双减”政策精准落实、落地见效。

【农村工作委员会】 2022年，农村工作委员会找准服务“三农”工作新定位，较好地完成全年各项工作任务。5月，专题调研粮食安全保障工作，提出要切实增强粮食安全意识、稳步提升粮食生产能力、深入推进国有粮企改革、加强行政监管力度等建议，促推大丰区粮食安全保障能力有效提升。对区文旅局历史文化遗产的保护和传承、旅游“双创”（荷兰花海国家AAAAA级景区的创建、斗龙港国家级旅游度假区的创建）工作、市场监管开展评议。6月，围绕区场一体化发展工作，通过实地调研、召开座谈会等方式，把收集到的6大类28项问题以“问题清单”的形式，交给17个相关部门、单位和乡镇落实办理。开展防汛备汛视察，提出要强化防汛减灾意识、加强抢险队伍建设和防汛物资储备、加快工程建设及隐患整治的速度、完善应急预案、加强值班值守、强化协调配合等意见。7月，对《中华人民共和国种子法》和《江苏省种子条例》开展执法检查，围绕“一法一条例”宣传普及情况、政府及其职能部门依法履职情况、大丰区种业发展情况、种子执法监管等内容进行检查，促进现代种业可持续发展，为确保国家粮食安全奠定坚实基础。对涉及农业农村工作33件建议进行督办，提高议案建议办理的质量。10月，对全区高标准农田建设情况进行调研，提出进一步优化项目规划、完善管理机制、加强新技术推广、加大资金统筹力度等意见，推进大丰区高标准农田项目建设有力有序开展。

【环境资源城乡建设工作委员会】 2022年，区人大环境资源城乡建设工作委员会突出监督重点，依法履行职责，较好地完成各项工作任务。5月，召开长三角产业发展基地基础设施建设座谈会，结合“1号议案”办理，把产业发展基地基础设施先行、配套作为监督重点。主任会议专题听取全区环境问题整改有关情况汇报，促进区政府及相关部门切实把上级环保督察要求落实到位。7月，召开环资工委条线代表建议对口督办座谈会，对农房改善、老旧小区改造、城建设施完善提升、城市和村庄规划、自然资源保护、生态环境保护、道路建设及公交增设等方面的30件建议进行督办，视察农村新型社区管理工作。9月，开展国土空间规划编制调研，推动在“三区三线”（三区：城镇空间、农业空间、生态空间三种类型的国土空间，三线：城镇开发边界、永久基本农田保护红线、生态保护红线三条控制线）框架下合理编制国土空间规划，形成科学适度有序的国土空间布局体系。11月，对城市更新、交通运输体系建设开展调研，围绕西河口启动区“一年出形象”建设、大丰港铁路支线未能按序时推进等问题进行询问，组织代表专题视察盐丰快速通道、通港大道提升、新丰里和尾水湿地等城建交通重点工程。12月，组织生态文明专业代表小组开展专题视察、座谈交流，助推生态环境重点领域专项整治。

（杨雨培）

〖编辑　於晨婷〗

盐城市大丰区
人民政府

综　述

【新冠肺炎疫情防控】 2022年，大丰区完整、准确、全面贯彻落实党中央决策部署，坚决执行国家第九版防控方案和优化防控工作的二十条、新十条措施，加强组织、预案、保障，提升疫情防控的科学性、精准性，增强“信息化+网格化”服务水平，最大程度保护人民生命安全和身体健康，最大限度减少疫情对经济社会发展的影响。坚持守土有责、守土尽责，成立区疫情防控信息化指挥平台，区疫情防控各级指挥体系保持24小时高效运转，及时研判形势，加密工作调度，所有风险均得到快速有效处置。全区4300多名医务人员工作在疫情防控一线，各方面力量、志愿者积极参加，动员群众打人民战争，守底线、强能力，赢得阶段性胜利。全力支援上海、苏州等地疫情防控，做好外地到大丰隔离人员服务保障工作，为全国、全省、全市抗疫大局做出积极贡献。

【地区综合实力提升】 2022年，大丰区有效运用中央和省市稳经济一揽子政策工具，出台惠企纾困“双八条”，全力稳住经济基本盘。工业经济稳健运行。成立区企业发展服务中心，强化要素保障协调，全年新增制造业贷款30亿元，落实各类税费优惠48.2亿元，其中留抵退税17.8亿元。战略性新兴产业开票销售突破550亿元，同比增长32%，在全区规模以上工业开票销售中占比超40%。工业税收总量、增幅、占比均列全市首位。中汽股份成功上市，海聆梦入选工信部重点培育纺织服装消费品百强品牌。现代农业稳产增效。全年播种粮食13.48万公顷，粮食总产量91.6万吨，实现“十九连丰”。杂交水稻制种面积全省第一，全程机械化率全国领先。绿色优质农产品占比达84.71%，“大丰麦仁”获得麦仁类全国首个国家地理标志证明商标，“沪丰优粮”产业生态联盟揭牌成立。建成省级示范家庭农场5家，高标准农田建设获得省真抓实干督查激励，草堰翻水站更新改造工程开工建设。服务业稳步复苏。开展促销活动200余场，发放消费券25.6万张，社会消费品零售总额同比增幅全市领先。新增省级现代服务业高质量发展领军企业、省先进制造业和现代服务业深度融合试点企业各1个。克服疫情影响，举办“爱上夜花海”、百合花文化月等各类活动，荷兰花海获评省级文明旅游示范单位、省“十佳夜演”项目，全年全区接待游客671.07万人次，实现景区综合收入2.02亿元。

【产业基地建设】 2022年，大丰区紧扣“一体化”和“高质量”，推进长三角一体化产业发展基地建设。重大项目持续突破。举行专题招商活动14次，新签约项目190个，其中10亿元以上项目19个，签约项目中重点产业链项目117个、来自长三角地区项目162个。坚持项目“月月看、家家到”，新开工1亿元以上项目93个，新投产1亿元以上项目56个。基础配套持续完善。产业基地45项基础设施工程全部启动建设，大丰港铁路支线正式开工，盐丰快速通道加快推进，通港大道大中修、大刘路（人民路至金海路）改造完工，江苏沿海地区首个自动化集装箱堆场在大丰港区建成启用，天沐温泉酒店投入运营。开放合作持续深化。聚焦打造长三角一体化产业发展基地，将沪苏集聚区建成上海先进制造业域外产能基地、新兴产业创新成果产业化生产基地纳入沪苏两地政府合作备忘录。常盐工业园设立常州盐城“科创飞地”，苏盐园区新开工1亿元以上项目10个、竣工1亿元以上项目6个。正大丰海获评江苏省跨国公司功能性机构。创新动能持续释放。新增国家高新技术企业36个，新获认定国家科技型中小企业561个，新培育国家专精特新“小巨人”企业2个、省创新型领军企业4个，3个企业获得省重大科技成果转化、省碳达峰碳中和科技创新项目立项。新入选市“黄海明珠人才计划”领军人才项目23个。新增4项国家标准、9项行业标准，获评国家知识产权强县建设试点县。

【绿色低碳发展】 2022年，大丰区协同推进降碳、减污、扩绿、增长，积极探索“两山”转化路径。绿色生态不断改善。中央环保督察反馈问题和交办信访件坚决彻底整改，系统开展生态环境专项整治提升“四大行动”［扬

2022年，大丰区川东港区域建成美丽海湾省级示范项目　周古凯　摄

尘污染专项整治提升、"散乱污"企业(作坊)专项整治提升、化工企业专项整治提升、断面水质专项整治提升],PM2.5年均浓度、空气质量优良天数比率均居全省前列,国考、省考断面水质优Ⅲ比例达100%。高质量完成"三区三线"划定、第三次全国土壤普查外业调查工作,耕地保护工作再获省级激励表彰。新造成片林292.27公顷,"实施生态修复、绘制花海风光"获评首批省级生态文明建设典型,川东港区域建成美丽海湾省级示范项目。绿色制造全面发力。实施"智改数转"项目275个,数字产品制造业开票销售超320亿元,新增省级智能制造示范工厂1家、"江苏精品"认证企业2家、市长质量奖获奖企业1家,通过国家两化融合管理体系贯标评定企业24家。大丰港国际合作绿色低碳产业园启动规划建设。绿色能源有序开发。新能源发电装机规模突破370万千瓦,约占全市新能源发电装机规模的30%,全年新能源发电量90亿千瓦时,超过全区全社会用电量。高比例新能源电力系统示范工程通过验收。绿色宜居充分彰显。持续深化全国文明城市创建,扎实推进省生态宜居美丽乡村示范县培育建设,新增省级特色田园乡村4个,建成幸福河湖16条,农村河道长效管护工作连续8年列全省第一等次,城区居民小区生活垃圾"四分类"(可回收垃圾、厨余垃圾、有害垃圾和其他垃圾)基本实现全覆盖。白驹串场河水利风景区建成国家级水利风景区。

【民生福祉增进】 2022年,大丰区坚决贯彻以人民为中心的发展思想,让发展成果更多更公平惠及全区人民。民生实事扎实推进。财政压力再大,不降民生支出,省、市、区三级民生实事工程完成年度投资任务。新改善农民住房2454户,改造老旧小区10个,加装老旧小区电梯40部,景尚名城、康馨雅苑保障房竣工。新增口袋公园15个、交通道口遮阳挡雨棚16座。新建191个自然村生活污水治理设施,完成农村户厕改造1.18万户。建成"15分钟医保服务圈"13个,其中省级、市级示范点各2个。富民增收加快推进。全区居民人均可支配收入40245元,同比增长5.5%,城乡居民收入比缩小至1.49:1。城镇新增就业8000人,城镇登记失业率控制在3%以内,大中街道滨河社区被认定为国家级充分就业社区。全年两次上调城乡居民养老保险基础养老金,企业退休人员养老金待遇保持全市各县(市、区)第一。所有村集体经营性收入全部达到40万元,其中超50万元的村130个、超100万元的村33个。公共服务均衡推进。盐垦初级中学挂牌开学,省级智慧校园覆盖率达100%,高考本科率、一本率领跑全市,高分段和尖优生人数取得历史性突破。上海中山医院苏北健康管理中心加快建设,三院新院区建成使用,妇幼保健院创成二级妇幼保健专科医院,小海中心卫生院创成二级综合医院。建成长者幸福食堂10个,完成家庭适老化改造1000户,南阳镇广丰村入选全国示范性老年友好型社区。建成省级最美公共文化空间5个、优秀群众文艺团队3个,各类文艺精品获得国家级奖项14个、省级奖项11个,舞蹈《你们告诉我》获得第十五届省"五星工程奖"。在全市率先设立慈善拥军"关爱老兵保险"项目,为享受国家抚恤补助的对象购买意外伤害保险,创成省级双拥模范区。

【公共安全保障】 2022年,大丰区牢牢守住安全稳定底线。安全生产形势平稳。一体推进安全生产大检查和重点行业领域百日攻坚行动,扎实开展农村道路交通安全集中整治行动,"三年大灶"专项整治圆满收官。建成区应急指挥中心,水上消防救援培训基地、政府专职消防队站投入运行,"人货分行、数字化交警队"等特色做法被《人民日报》等主流媒体宣传报道。社会治理能力提升。深入开展"信访突出问题攻坚化解年"行动,高标准建成区一站式矛盾调解"非诉服务中心",信访事项一次性化解率和群众满意率在全市领先,创成全省信访工作示范县(市、区)。认真组织特殊困难群体救助帮扶和妇女儿童权益保障问题专项排查整治行动,乡村治理工作获得全省基层社会治理提名奖。建成"智慧安防小区"58个,群众安全感99.58%。金融风险防范有力。持续建成省金融生态优秀县,金融生态环境连续三年列全省前五、苏北第一。坚持"三债"(政府债务、隐性债务、经营性债务)统管,债务化解扎实有效,镇级隐性债务全面清零。国有企业改革三年行动任务基本完成,国有资本布局不断优化,现代企业制度体系逐步建立。

重要会议

【区政府全体人员会议暨法治政府建设推进会】 8月16日,区政府召开全体人员会议暨法治政府建设推进会,坚持以习近平新时代中国特色社会主义思想为指导,认真学习贯彻省委工作会议和市委八届三次全会、区委十三届四次全会精神,进一步动员全区政府系统扛起勇挑大梁的重任,保持敢为善为的状态,高效统筹疫情防控和经济社会发展,更好统筹发展和安全,着力推动法治政府建设取得更大成效,以实际行动迎接中共二十大胜利召开。

【政府常务会议】 2022年,区政府共召开12次常务会议。

1月15日,区政府召开第1次常务会议,听取冶金等工贸行业安全生产专项整治三年行动工作情况,研究《大丰区信息化发展(数字大丰)"十四五"规划》《盐城市大丰区卫生健康事业高质量发展实施意见》《进一步强化医疗卫生机构激励导向推动改革创新的实施办法》《盐城市大丰区"丰医英才计划"实施方案》《盐城市大丰区基层医疗卫生服务能力提升计划实施方案》《盐城市大丰区"十四五"气象事业发展规划》《2022年全区产业高质量发展实施方案》《全区招商引资项目共建共享实施细则》《盐城市大丰区城镇区域声环境功能区划分方案》《全区冬春困难群众生活安排和春节慰问活动工作方案》《农药包装废弃物统一回收集中处理方案》《大丰区成品油零售体系“十四五”加油（气）站规划》。

1月29日，区政府召开第2次常务会议，研究《关于做好2022年全面推进乡村振兴重点工作的实施意见》《盐城市大丰区“十四五”现代服务业发展规划》，以及拨付城市、旅游、镇村公交运营补贴的财政追加支出事项。

3月8日，区政府召开第3次常务会议，传达学习省委书记吴政隆、省长许昆林近期关于债务管理的批示精神和2月16日市政府常务会议精神，以及《地方政府招商引资的10种有效方式》《国务院关于进一步贯彻实施〈中华人民共和国行政处罚法〉的通知》《江苏省贯彻落实〈法治政府建设实施纲要（2021—2025）〉实施方案》《关于深入推进行政机关负责人出庭应诉有关问题的意见》《关于在区政府系统开展“切实转作风、提高执行力”活动的实施方案》，研究《关于深入贯彻省市党代会精神勇当沿海地区高质量发展排头兵的实施方案》《关于深化提升安全生产专项整治三年行动的实施方案》《盐城市大丰区危险化学品安全风险集中治理实施方案》《盐城市大丰区推进养老服务高质量发展的实施意见（2022—2025）》《盐城市大丰区养老服务业发展激励扶持若干措施》《盐城市大丰区全民科学素质行动规划实施方案（2021—2025）》《盐城市大丰区“十四五”生态环境保护规划》《大丰区规上企业智能化改造和数字化转型三年行动计划（2022—2024）》《大丰区2022年度农村河道生态建设实施方案》《关于进一步加强债务管理防范化解政府性债务风险的实施意见》，听取全员核酸检测工作情况。

4月27日，区政府召开第4次常务会议，传达学习省长许昆林在宿迁现场督办中央生态环境保护督察通报典型案例整改工作要求和讲话精神，学习《中华人民共和国乡村振兴促进法》《中共中央办公厅国务院办公厅关于更加有效发挥统计监督职能作用的意见》《债务管理负面清单》，研究《盐城市大丰区法治宣传教育第八个五年规划（2021—2025年）》《盐城市大丰区安全生产大检查工作方案》《盐城市大丰区政府投资项目决（结）算管理和监督实施意见》《关于在全区开展“科技创新推进年”活动的实施方案》《盐城市大丰区农村村民住房建设管理办法》《复旦大学附属中山医院苏北健康管理中心项目工作方案》《关于支持工业企业纾困解难稳增长的实施细则》《关于帮助服务业市场主体纾困解难稳定经济增长的实施细则》以及财政追加支出事项。

6月22日，区政府召开第5次常务会议，学习省市稳定经济增长工作会议精神和《省消委办关于印发费高云同志在全省消防工作会议上的讲话及工作通报的通知》《河南郑州“7·20”特大暴雨灾害调查报告》《自然资源部、农业农村部、国家林业和草原局关于严格耕地用途管制有关问题的通知》《省政府办公厅关于进一步推进工业用地提质增效的意见》《我省行政败诉案件分析及对策建议》《2022年度设区市高质量发展绩效评价指标体系》《江苏沿海地区发展规划盐城实施方案》《盐城市“十四五”沿海发展规划》以及国家、省、市“三区三线”有关要求，研究部署大丰区稳定经济增长以及安全稳定、疫情防控工作，讨论《盐城市大丰区贯彻江苏沿海地区发展规划实施方案》《盐城市大丰区妇女发展规划（2021—2025年）》《盐城市大丰区儿童发展规划（2021—2025年）》《大丰区大规模奥密克戎疫情应对处置实施方案》《2022年全区招商引资项目推进考核办法》以及追加科技创新专项资金预算有关事宜，听取第二轮中央环保督察交办信访件及上级交办的突出环境问题整改情况。

7月16日，区政府召开第6次常务会议，传达学习国家和省、市统计局关于统计造假不收手不收敛问题专项纠治工作部署要求，审议《2022年盐城市大丰区创建全国社会治安防控体系建设示范城市工作方案》《盐城市大丰区农村住房条件改善五年行动实施方案》《盐城市大丰区全民健身实施计划（2021—2025年）》。

7月24日，区政府召开第7次常务会议，学习《习近平法治思想学习纲要》《2022年县级政府（管委会）和市消防安全委员会消防工作任务清单》，审议《盐城市大丰区法治政府建设工作规划（2021—2025年）》。

8月6日，区政府召开第8次常务会议，学习《习近平法治思想学习纲要》《信访工作条例》以及全省危化品百日攻坚推进会暨化工（危化品）生产企业主要负责人培训会精神，审议《盐城市大丰区优化营商环境突破年实施方案》《关于在全区开展“企业大走访、项目大推进、产业大招商”活动的实施方案》《盐城市大丰区社会保险扩面征缴三年提升行动计划（2022—2024年）》《盐城市大丰区社会心理服务体系建设（2022—2025年）实施方案》《大丰区促进消费持续恢复快速发展的实施方案》《2022年大丰区对口支援协作合作工作要点》《2022年大丰区东西部协作任务指标分解计划》《盐城市大丰区事业单位人事考试突发事件应急预案》，听取2022年度省政府挂牌督办重点生态环境项目推进情况。

9月4日，区政府召开第9次常务会议，学习《习近平谈治国理政（第四卷）》《习近平法治思想学习纲要》和省长许昆林在推进政府数字化转型工作专题会议上的讲话精神以及数字经济与产业数字化转型前沿知识，研究《2022年度全区综合考核意见》《盐城市大丰区数字经济发展三年行动计划（2022—2024年）》《关于加快推进工业企业“智改数转”扩大技改投资的激励意见》《盐城市大丰区婚俗改革实验试点工作方案》《盐城市大丰区被征地农民社会保障实施办法》《关于深化应急管理综合行政执法改革的实施方案》《关于有效应对疫情影响促进全区房地产市场健康发展的八项政策》以及财政追加支出事项，听取第二轮中央生态环境保护督察反馈事项整改情况，部署当前防

2022年，大丰区改善提升区新丰小学、大丰高级中学等7所学校教育设施 周古凯 摄

汛防台和经济指标有关工作。

10月6日，区政府召开第10次常务会议，学习习近平总书记《论"三农"工作》，学习《中华人民共和国审计法》《气象高质量发展纲要（2022—2035年）》《江苏省粮食流通条例》，研究《2022年各镇级政府（管委会）和区消防安全委员会成员单位消防工作任务清单》《盐城市大丰区化工行业安全发展规划（2021—2025）》《盐城市大丰区防洪规划》《盐城市大丰区生态文明建设规划（2022—2025）》《大丰区对标赶超如东五年行动方案》以及财政追加支出事项，听取全区农村户厕改造情况。

11月22日，区政府召开第11次常务会议，集中学习《中共江苏省委关于深入学习宣传贯彻党的二十大精神的通知》《中共盐城市委关于认真学习宣传贯彻党的二十大精神的通知》《中共大丰区委关于认真学习宣传贯彻党的二十大精神的通知》《关于进一步优化新冠肺炎疫情防控措施科学精准做好防控工作的通知》《中华人民共和国家庭教育促进法》《中华人民共和国野生动物保护法》《中华人民共和国湿地保护法》《关于推动职能部门做好生态环境保护工作的意见》，研究《盐城市大丰区"十四五"社会消防救援事业发展规划》《大丰区建立健全生态产品价值实现机制省级试点工作方案》《盐城市大丰区国家知识产权强县建设试点县工作方案（2022—2025年）》《2022年至2023年上半年大丰区深化医药卫生体制改革重点工作任务及分工》《盐城市大丰区保障性租赁住房实施办法》《盐城市大丰区人民政府关于在市区禁止燃放烟花爆竹的规定》以及财政追加支出事项，听取2021年度区本级预算执行和其他财政收支审计查出问题整改情况的报告。

12月27日，区政府召开第12次常务会议，集中学习省委十四届三次全会、市委八届四次全会、区委十三届五次全会精神以及《国务院关于开展第五次全国经济普查的通知》《2022年度市对区综合考核单项奖评选实施方案》《盐城市贯彻落实第二轮中央生态环境保护督察报告整改方案》，传达《全省岁末年初安全生产重大隐患专项整治方案》文件精神，研究《盐城市大丰区关于加快推进政务服务标准化规范化便利化的实施方案》《关于构建更高水平的全民健身公共服务体系实施方案》《大丰区"十四五"光伏发电规划》《大丰区推进农业生产全程全面机械化示范县建设实施方案》《全区冬春困难群众生活安排和春节慰问活动工作方案》《新丰镇经济发达镇培育工作方案》，听取《政府工作报告》《2022年国民经济和社会发展计划执行情况与2023年国民经济和社会发展计划草案的报告》《2023年全区重大项目、重点工程和重要事项推进意见》《2023年度区政府民生实事候选项目表》《2022年财政预算执行情况和2023年财政预算草案的报告》、2023年区直部门预算编制工作以及全区安全生产专项整治三年行动工作情况汇报、2021年度区长质量奖评选情况。

（陈志伟）

实事工程

【教育供给工程】 2022年，大丰区实施建设中小学、改善提升教育设施2个项目。建设区实验小学常新路分校工程全部竣工。改善提升教育设施中，20所公办中小学更新课桌椅、34所公办中小学更新照明灯具全部完成，改善提升区实验初级中学益民路分校、新丰小学、大丰高级中学等7所学校教育设施工程全部完成。

【医疗卫生工程】 2022年，大丰区实施了第三人民医院异地建设、建设呼吸道和接触性传染病门诊等2个项目。第三人民医院异地建设项目全部完成，体检中心和健康管理科已投入使用。

【住房保障工程】 2022年，大丰区实施改善农民群众住房条件、老旧小区改造、建设保障性住房等3个项目。完成改善农房2271户，超额完成任务。完成康平小区、东风小区等9个老旧小区整治。康馨雅苑已竣工，润富花园二期、常盐工业园拓展区安置房一期在建，3个保障房完成年度投资20亿元。

【兜底保障工程】 2022年，大丰区实施了兜底保障能力提升项目。1167名重度失能人员享受照护保险待遇，建成60个"梦想小屋"。

【就业富民工程】 2022年，大丰区实施就业富民工程项目。开展招聘活动55场，城镇新增就业2.24万人，发放

2022年，大丰区第三人民医院异地建设项目全部完成，体检中心和健康管理科投入使用　　周古凯　摄

社保补贴3788.91万元，发放公益性岗位补贴956.18万元，发放技能培训补贴385.11万元，为城乡小额富民创业担保贷款贴息360.99万元，新开发503个公益性岗位，托底安置就业困难人员。培育高素质农民3601名，超额完成任务。

【文体建设工程】 2022年，大丰区实施文化体育设施建设项目。完成花溪公园健身步道5千米，安装4套二代智能健身路径，提档升级27个小区一代全民健身路径，在丰华街道海棠社区、大中街道大华社区、白驹镇狮子口村建成3个健身房。完成新丰镇、刘庄镇智慧广电乡村建设。

【养老服务工程】 2022年，大丰区实施养老服务能力提升工程项目。2000平方米的"枢纽式"养老服务综合体竣工。完成中央厨房和10个"长者幸福食堂"改造；区福利院完成70名失能失智特困供养人员集中收住；完成1000名独居老人一键呼叫装置；为1500名75~79周岁中度、重度失能社会老人提供居家上门服务。

【殡葬服务工程】 2022年，大丰区殡仪馆新馆建成并投入使用，项目总投资6300万元，建筑面积约8000平方米，新上火化设备6台套及其他配套设施，新馆设有告别大厅、服务大厅、休息大厅、火化车间等，提升了大丰区殡葬服务水平。

【便民服务工程】 2022年，大丰区建设便民服务设施、交管便民设施2个项目；在幸福小区、安居苑等35个小区加装电梯40部；完成嘉英阳光城市、银泰华城等26个小区的充电桩建设；增设16座遮阳挡雨棚，完成4座城市公厕改造，建成悦动体育公园城市公厕；建成15个口袋公园；改建白驹农贸市场。建成吾悦广场、欧蓓莎城市广场等7个点位120个新能源电动汽车充电桩；交通管理服务中心主体结构基本竣工。

【公共交通工程】 2022年，大丰区实施农村路桥工程项目。完成农村公路大中修工程49千米，镇村连接线道路5.5千米、桥梁2座。完成新建、改建危桥54座。

【生态环境工程】 2022年，大丰区实施农村河道生态治理、大丰港区生活污水处理厂、农村生活污水治理设施工程3个项目；完成农村河道生态治理51条，村庄河塘整治195条；完成刘庄镇农村河道生态治理整镇推进工作。大丰港区生活污水处理厂桩基建成，进行基础施工。建成草堰镇丁溪村、大中街道阜北村、南阳镇祥西村等191个自然村生活污水治理设施。

【公共安全工程】 2022年，大丰区实施路口设施优化提升工程、智慧安防工程2个项目。路口设施优化提升工程已竣工。建成国泰花园、百富达小区、大中教师公寓等53个智慧安防小区。提档升级22家医院、5个小区、113所学校、3家商业综合体、27个农贸市场、2家超市、1个高铁站、109辆出租车、251辆公交车的安防设施。

（谢　杨）

政务服务

【概况】 2022年，大丰区行政审批局认真贯彻落实区委、区政府重大决策和中心工作部署，以优化营商环境为检验工作成效的唯一标准，以让投资者和群众没有不满意为目标追求，不断创新模式、优化流程、精简材料、健全机制，在为民解忧、助企纾困上出实招、下实功、见实效，全力打造"政策最优、成本最低、服务最好、办事最快"的营商环境，为全区高质量发展贡献行政审批力量。

【行政审批服务】 2022年，区行政审批局推进政务服务事项"应进必进"，1132个事项进驻政务服务大厅，高频事项实现100%进驻。出台《盐城市大丰区"一窗"全科式无障碍受理模式工作方案》《政务大厅派驻单位综合受理模式工作方案》，整合工程建设、市场准入、社会事务三大类审批事项，联动公安、烟草、市场监管等31个派驻单位，全面开启"一窗"全科式无障碍受理模式。加强政务大厅管理，出台《政务服务大厅工作考核办法》，推行"红黄蓝"预警机制，倒逼服务流程再造、质效提升；印发《政务服务大厅办件高峰应急处置预案》，确保及时有效应对业务激增突发状况。实行清单化管理，完成公共服务事项"省级清单"认领，204个公共服务事项实现线上公示；公布275个县级行政许可事项清单，27个事项的审批服务权限调整至镇级行使，梳理形成《盐城市大丰区村（社区）公共服务事项清单》《盐城市大丰区村（社区）帮办代办事项清单》，持续规范行政许可权力，厘清权责边界。提升网办能力，全区1252个政务服务事项全部实现“不见面”，可网办的权力事项数量占100%。打造“1+9+26+N”政银合作布局，企业可就近通过自助服务终端设备完成公司、个体工商户设立登记和营业执照打印，构建“15分钟政务服务圈”。推广应用“苏企通”平台，全面归集惠企政策，提供政策精准直达服务，共归集38个部门108条区级涉企政策。强化审管衔接，落实审管信息“双推送”“双回路”（审批部门通过函告、“互联网+监管”平台等方式向监管和执法部门推送审批许可信息，监管部门每月25日将需要在审批过程中关注的信息反向推送至行政审批部门，实现全链条闭环服务）工作机制，打通审管信息反馈渠道，2022年推送审批信息21182条。

【项目审批服务】 2022年，大丰区行政审批局开展“两问一送”（登门问需、上门送解、回门问效）专项行动，建立“登门收集问题、上门解决问题、回门跟踪问效”全流程闭环服务机制，设立项目服务“前沿哨所”，聘请“政务服务监督员”，2022年宣传推介政策324条、答疑解难76个。推行“零审批开工”，会同区发改委、住建局等8部门联合会商，极限压缩项目开工前的审批“等待期”，1个工作日开工建设，实现“签约即开工”，2022年已在天合储能等28个项目中成功运用，平均开工时间提前65天。绘制工程建设项目审批流程横道图，梳理20个审批事项，排定可套搭进行的13个审批事项，通过优化流程、并联审批、靠前服务，将各环节审批时间压缩至最短，办理进度前移到最前，工程建设总审批时限由29天压缩至19天，压缩率34.5%。常态实施联合会审，高效盘活现有资源，牵头发改委、工信局、生态环境局、项目服务中心等相关部门，每周四定期对在手项目开展联合会审，推出上门会审、“云会审”等新举措，提供“一企一策”专门辅导，全力护航签约项目落地投产。强化要素保障，靠前了解项目要素需求，梳理要素制约信息，统筹要素保障规划，强化部门沟通协同，做全上下游、前后道、左中右，实现要素保障服务全方位、立体化。落实首席帮办，建立“五个一”（一个项目、一名党员、一支团队、一套方案、一抓到底）工作机制，推行预约、延时、错时“全天候”服务，做到全区所有板块所有项目全覆盖、代办全免费、服务全周期。2022年，完成立项备案633件，发放施工许可196件，组织联合会商22次；牵头开展全区项目代理员培训8次，全区50名代理员共代理各类项目600余个。

2022年4月，区行政审批局有关工作人员到江苏连银新材料有限公司了解企业生产情况，帮助解决实际问题　　俞燕妮　摄

【市场主体活力迸发】 2022年，大丰区行政审批局推行市场主体登记服务集成办理，线上依托企业开办“全链通”综合服务平台，实现企业开办“一网通办”；线下固化“全程通、零费用”企业开办模式，达成受理即推送、审核即刻章、开户即办税无缝隙环节推送。全年办理各类市场主体登记业务19779件，新设市场主体6737个。全面实行企业住所标准化登记改革，上线企业住所信息智能核验系统，依托部门数据共享、信息智能比对、办件承诺申报，对住所信息进行智能校验；深入推进“一照多址”住所承诺制改革，降低准入门槛；创新“1+N”证照变更（注销）联办，以“1”张营业执照为核心，实现“N”张准入类许可证变更（注销）联办，真正实现简易办、便捷办。探索实践“一件事”改革，印发《盐城市大丰区全面推行餐饮服务等六个行业“一件事”改革工作实施方案》，将多个部门相关联的“单项事”整合为企业视角的“一件事”，依托电子证照库推广应用电子许可证，让企业好办事、事好办。推行“一照通办”，按权限分级调用证照库、公共信用信息系统等部门数据核查企业基本信息，企业自主承诺，仅凭营业执照即可办理高频审批服务事项，效率提升95%以上。推出“智能续证”专属管家服务，依托业务系统进行数据筛选、到期预警，在证件到期前40个工作日向有关单位发送延续提醒短信，全年完成435个续证提醒。全面推行远程核查工作模式，2022年对515个申请件开展远程视频查验。

【资源交易】 2022年，大丰区公共资源交易中心建立招标计划提前发布制度，出台《关于开展工程建设项目招标计划提前发布的实施方案》，全年有52个国有资金投资依法必招工程建设项目实施招标计划提前发布。开辟重大项目“绿色通道”，推广“告知承诺+后置补缺”，落实重大项目标前专家论证，实施“容缺预招”，在蜂巢新能源等9个建设工程项目成功运用，助推重点建设工程项目交易提质增效。全面清理无法律法规依据的限制性条件，制订招标人重点环节责任清单，推广电子保函等非现金担保形式，强化CA互认，建立沪丰评标资源跨区域融合共享机制，开展远程异地评标，提高资源整合共享水平。加快推进交易平台数字化建设，工程项目招标全程电子化率达99%，工程、采购项目不见面开标覆盖率达100%，有效降低市场主体交易成本。全年完成招标采购类项目702宗，中标金额132.2亿元，节约资金22.1亿元。采用经评审的最低投标价法项目180个，中标价13.45亿元，中标金额10.08亿元，资金节约率25.06%。严格落实招标人主体责任，向招标人发放《权利义务告知书16条》《禁止性清单20条》，招标人签订关键环节清单。强化代理机构管理，组织39家招标代理机构166人参加业务培训，并进行业务水平测试，提升代理机构及从业人员水平。推行评审专家“一标一评”制度，严格查处评委违法违规行为，集中通报处理18名评委，其中，15名评委暂停1~3个月的评标资格。联合行业主管部门开展“双随机、一公开”（随机抽取检查对象，随机选派执法检查人员，抽查情况及查处结果及时向社会公开）检查行动，落实整改措施43条。

【电子政务优化】 2022年，大丰区12345平台受理群众诉求60457件、国务院“互联网+督查”37件、省政风热线诉求24件、盐城市长信箱来信234件、大丰区长信箱来信508件、人民来信信件29件、网民留言174件，办结率为100%；回访满意率99.97%，同比上升0.06个百分点。严格按照“分流转办、检查督办、审核回复、整理归档”的工单办理流程，分类采用“话务员直接转派制、科长审核办理制、部门协调联动制、区领导批示办理制、区领导会办制”五级工单处理机制。落实省工单专人专岗办理制度，1107件省工单按时办结率、群众满意率均为100%。健全“部门联席督办、现场勘查交办、呈送领导会办”疑难工单处理机制，完善重点诉求督办制度，对重点诉求常态化核查，形成督查通报每月报区主要领导，共通报办理不力问题25件，移送问题线索17条。优化“一哨联办”工作机制，2022年“吹哨”64次。创新开发“随手拍”政民互动平台，设置倾听服务专席，广泛搜集群众诉求，用心用情为民解忧。开设“一企来”专区，设置6个服务专席，从17个涉企部门中遴选“政策专员”68名，全天候在线受理各类政策咨询、办事指引、投诉举报等诉求。积极开展政务热线百科录入工作，全面收集、及时发布与群众生产生活密切相关的公共安全、住房保障等15类高频政务服务信息。常态化加强政府网站建设，发布政务工作、民生新闻等信息1600余条，开展征集调查24次、互动访谈12期，召开“勇当排头兵 奋进向未来”等新闻发布会8期，制作“建设长三角一体化产业发展基地 争当沿海地区高质量发展排头兵”等专题6个；直播“项目丰速办、惠企零距离”专项行动启动仪式、“中共盐城市大丰区委十三届四次全会”、“中共盐城市大丰区委十三届五次全会”3个。积极向盐城市政府网站报送县区动态、新闻发布会、专题专栏等信息，采用480余条。加大门户网站巡查频次，开展第三方网站检测24次。深入开展新媒体宣传工作，共发布“幸福大丰”政务微博2614条，完成原创采编40余条、短视频产品29条、策划专题2个，发布“大丰政务服务”微信公众号信息299条，新媒体平台共回复网友各类咨询投诉500余条。“抗疫路上 感谢有你”“浓情端午共安康”“中华麋鹿园游玩vlog”“探班梅花湾”等原创作品阅读量过万；“大丰防控在行动”微博话题发布量225条。强化电子政务外网建设，共接入部门单位145家、乡镇（街道）13家、村（社区）261家，实现电子政务外网省、市、区、镇、村五级贯通。建立电子政务外网安全机制，通过准入制和承诺制，保障电子政务外网稳定运行。做好盐城市电子政务外网网络安全专项督查工作，完成网络安全自查，形成《盐城市电子政务外网网络安全专项督查整改报告》，切实做好北京冬奥会、全省安全攻防演练和党的二十大期间的电子政务外网网络安全保障工作。对全区电子政务外网开展自查自纠，关闭高危端口4个，停用DNS和即时通信等服务，封闭13个可疑地址，4次上报受到攻击情况，重大活动期间做好7×24小时的值班值守工作。配合大丰网信办做好“网安2022”电子政务外网中业务系统的渗透和攻防演练，对电子政务外网中的5个系统进行了渗透，共查出高危风险点4个、低危风险点1个。升级办公系统，做好政府OA系统的更新、数据清理和二级等保检测，更好满足办公需求。

（苗婷婷）

外事工作

【概况】 2022年，大丰区外事办认真贯彻落实中央决策部署与工作要求，在区委、区政府的领导和市外事办的指导帮助下，统筹推进疫情防控和外事工作，各项工作取得积极进展。坚持统筹疫情防控和经济社会发展，梳理企业及部门需求，认真做好出国审批、外国人来华审批工作。全年办理邀请外国人5批8人次，因公出国1批5人次。

【区委外事工作委员会第三次会议】 2022年，区委外事工作委员会第三次会议召开。会议深入学习贯彻习近平外交思想，传达贯彻省委、市委外事工作委员会第三次会议精神，听取2021年全区外事工作汇报，审议讨论《中共盐城市大丰区委外事工作委员会2022年工作要点》《中共盐城市大丰区委外事工作委员会工作规则》《中共盐城市大丰区委外事工作委员会办公室工作细则》《关于实行重要涉外事项预报制度的通知》等文件，研究部署今后一个时期全区外事工作任务。

【对外合作】 2022年，大丰区深挖对外合作潜力，以中荷建交50周年为契机，主动联系荷兰驻华使馆，请其为荷兰企业落户大丰牵线搭桥，推动领馆成为大丰对荷招商的重要抓手。全方位参与长三角一体化产业发展基地（外资专场）投资洽谈会，在重要外宾审批、外事礼宾礼仪指导、外语翻译支持等方面提供服务保障；积极服务园区招商引资，为港区招引新加坡天合光能项目提供翻译支持。推选荷兰籍专家尼可为江苏省荣誉居民、江苏省人民友好使者，通过表彰，促进大丰与国际社会的友好交往。

（王　宁）

信访工作

【概况】 2022年，全区信访系统深入学习贯彻习近平总书记关于加强和改进人民信访工作的重要思想，围绕服务保障中共二十大这条工作主线，积极推进信访法治建设、创新工作机制、持续攻坚克难、强化基层基础，完成中共二十大、北京冬奥会、全国“两会”等重大活动期间的信访保障工作，有效化解了一大批事关群众切身利益、影响社会和谐稳定的信访问题。年内，大丰区创成2022年度“全省信访工作示范县（市、区）”，区信访局获评“全省信访系统先进集体”。

【信访法治建设】 2022年，大丰区加强《信访工作条例》的学习宣传贯彻。区委常委会、区政府常务会议组织集中学习，区信访工作联席会议办公室组织信访干部参加省市宣教培训，提升各级领导干部知法、学法、懂法、用法的能力和水平。组织开展《信访工作条例》集中宣传月活动，通过印发学习读本、悬挂宣传标语等，积极引导群众依法理性表达诉求，规范信访秩序。强化《信访事项规范办理工作手册》使用力度，严格落实首接首办责任，加强信访事项跟踪督办，实现信访问题“闭环”办理。

【信访机制创新】 2022年，区纪委、政法委、区信访工作联席会议联合印制《信访工作责任清单》，进一步明确各板块、各部门党政主要负责人、分管负责人、信访干部以及村（居）工作人员的信访工作职责，以责任落实推动工作落实。围绕“群众诉求受不了、交办问题办不了、案件办结事不了”等堵点难点，与区纪委、政法委联合成立“纪法信”联动矛盾化解中心，实行联合研判、联合交办、联合督导、联合处置，实现群众诉求“一站服务、一窗受理、一单通办、一体会商、一督到底”。该做法得到中央依法治国督导组和国家信访局督导组的充分肯定，在《中国纪检监察报》《新华日报》等媒体刊载。

【信访积案化解】 2022年，大丰区常态化开展矛盾纠纷排查，建立完善风险研判预警机制。加强初信初访办理，实行“周周清”，推动问题及时就地化解，提升一次性化解率。扎实开展区、镇两级领导干部接访约访下访，将坐班接访与对口接访、重点约访、带案下访等有机结合，增强工作的针对性和实效性。2022年，区领导接待信访群众154批175人次，化解率95.4%。扎实开展“信访突出问题攻坚化解年”活动，坚持以“案结事了”为目标，区联席办排出90件重点案件，区委常委、副区长每人5件，化解进度每周通报排名，进一步压实化解责任，明确化解措施，全力推动事心双解。通过领导包案、专班推进、定期会办等措施，中央联席办交办的281件重复事项和省交办的22件攻坚件化解稳定率为100%。

【信访基层基础建设】 2022年，大丰区信访局加强信访工作基层基础建设，着力规范信访业务，完善工作机制，增强实战能力，推动问题解决，提升工作实效。以初信初访一次性化解率、交办积案化解率、信访群众满意率等为重点考评指标，扎实推进“信访稳定工作先进集体”“信访稳定工作先进个人”“信访工作示范村居（社区）”“无访村居（社区）”创建。2022年，全区评选出“信访稳定工作先进集体”8个、“信访稳定工作先进个人”30人、“信访工作示范村居（社区）”20个、“无访村居（社区）”108个，推动基层信访工作质效整体提升。

（陈晓睿）

机关事务管理

【概况】 2022年，大丰区机关事务服务中心树立“规范、有序、高效”工作理念，全面高质地推进各项工作。坚持“勤俭办一切事业”要求，强化政策业务培训，严格做好会务活动保障、财务票据审核等常规工作，确保机关平稳运行；办公用房权属登记工作全面推进，信息化系统建成上线运行，办公用房管理由手工数据时代向电子信息时代转变；公车管理以提高保留车辆使用效能为着力点，坚持规范优先，强化运行监管，重视驾驶员队伍建设，探索运行经费定额化发展方向；通过开展“四抓”（抓能耗数据、抓示范创建、抓节能宣传、抓能源项目）工作，继续推动节能工作向纵深发展。

【综合服务保障】 2022年，大丰区机关事务服务中心坚持质量为上、细节为重的工作要求，细化服务要求，注重服务效果，完成区“两会”、高质量发展项目观摩会、旅游推介等重大会务活动的服务保障工作。配合相关部门，全力完成省委巡视组、省安全生产督导组在大丰期间的服务保障工作。坚持落实“过紧日子”思想要求，在保证机关平稳有序运转的基础上，全年“三公经费”压降近15%。严格执行年初预算安排，非刚性项目支出应压尽压，对不必要开支清零，对新增必要开支从严从紧。认真组织实施绩效目标申报及自我评价工作，开展自查自纠，提升财务资产管理规范化水平。坚守疫情防控底线，严格执行

2022年，区机关事务服务中心举办公务用车技能大比拼活动

陈婷 摄

“两码一核酸”查验制度，每天早、中、晚3次对集中办公场所公共区域进行消毒，确保干部职工健康安全。及时与区防控办对接，适时按最新防控政策调整防控检查要求。倾力打造服务品牌，优化机关物业、食堂协调管理。不断提高集中办公区综合安保能力，规范有序做好来访登记、定岗执勤、夜间巡查等工作。完善机关食堂内部管理制度，定期组织学习培训，及时调整时令菜谱，努力提高餐饮服务质量。

【办公用房管理】 2022年，大丰区机关事务服务中心统筹做好行政中心、丰华大厦两处集中办公区办公用房统一调配和使用管理工作，落实卫生监督所、通信办、国家统计局大丰调查队、应急管理局等单位办公用房调配工作，保障了相关单位的正常运转。在2021年办公用房权属登记工作取得突破的基础上，继续理顺机制，协调矛盾，加快进度。截至2022年年底，法院、原滩涂局、城管局、市场监管局、原粮食局5家单位办公用房权属登记至机关事务服务中心名下。紧扣时间节点要求，研究制定《大丰区党政机关办公用房管理信息系统建设实施方案》，对全区党政机关办公用房进行统一实测、统一绘图。截至年底，全区对72家党政机关155处约62万平方米的办公用房数据进行采集、校核并录入全省办公用房“一张网”信息系统。通过接入信息系统，实现基础数据快速更新、查询、汇总等管理需求，真正做到动态监督，提升办公用房管理效能。

【公务用车管理】 2022年，大丰区机关事务服务中心坚持集中管理、统筹调度的车辆管理总要求，在调度使用上遵循先重后轻、先急后缓、先派后租、集约整合、厉行节约原则，提升车辆使用率、乘坐率。全年平台派车总次数超7000次，日均派车26次，为集中办公区域内各单位的公务出行提供了保障。强化人员队伍建设，做到明确分工，确保各环节有专人负责，对公务用车实行“一车一档”管理制。以公开招聘驾驶员为重点，优先选聘中共党员、退伍军人等，并邀请交警大队、纪检部门等对驾驶员队伍开展安全教育、礼仪纪律等专业培训，强化驾驶员队伍素质。严格履行车辆更新购置程序，杜绝随意性购置。大幅缩减公务用车购置计划，2022年更新车辆较2021年下降91.3%。在“三定管理”（定点加油、定点保险、定点维修）过程中引入考核评价机制，提高企业服务质量，降低车辆运行费用。对公务用车相关费用及车辆油耗进行公示，适时开展数据分析，逐步向定额化管理方向发展。

【公共机构节能管理】 2022年，大丰区机关事务服务中心组织召开能耗统计培训会，通过现场指导与工作群对接相结合的工作方式，高质量完成全省能耗管理平台新旧转换和2021年度数据统计工作。进一步落实能耗定额管理，建立起全区公共机构超约束值单位节能整改落实情况通报机制。指导督促示范创建。2022年省级示范单位创建1家，复核1家。18家单位节约型机关创建通过国家审批，全区创建通过率超85%。10家单位入选垃圾分类星级库，全区累计入选21家。多样开展节能宣传。宣传周期间联合各部门发布全国节能宣传周“云”活动安排，发动干部职工观看线上直播、参与线上竞答等活动。组织拍摄“绿色低碳，节能先行”专题宣传片，在全区上下广泛宣传。积极推进合同能源项目。2022年推动5个光伏合同能源项目建设，项目总装机容量达800千瓦，预计每年可发出绿色电力80万千瓦时，年减排二氧化碳797.6吨。开展能源管理体系认证。强化行政中心能源管理，经多方认证研究，从设备管理、房产管理、公车管理、办公经费管理等方面入手，通知完善计量统计、能源审计、降低碳排放等配套制度标准已建成科学规范、管理严格、覆盖全面、监管统一的能源管理制度体系。

（陈雯婷）

〖编辑 朱晓华〗

政协盐城市
大丰区委员会

综　述

【委员构成】 2022年，盐城市大丰区政协（以下简称区政协）有委员226人，常委会组成人员43人。其中，主席会议成员7人，常务委员36人。有中共党员90人，占委员总数的39.8%；女性委员74人，占委员总数的32.7%；汉族委员223人，占委员总数的98.7%；高山族1人，占委员总数的0.4%；苗族1人，占委员总数的0.4%；锡伯族1人，占委员总数的0.4%。政协盐城市大丰区委员会共有22个界别。

【建言献策】 年内，区政协举行政协理论学习中心组学习会12次、委员讲堂6次、专题讲座3次。《群众》杂志第23期介绍大丰区政协《扛起政协新使命 展现履职新作为》的学习感悟。围绕长三角一体化产业示范基地建设、推动"两山"转化、产业链项目建设、智改数转、养老事业发展、培育本土文化、防范化解风险隐患等议题，召开政协常委会会议、主席会议专题协商。结合委员建议形成的30多件建议案和委员意见得到区委、区政府领导重视，10份政协建议案、委员意见得到区委、区政府主要领导批示，其中《关于发展风电装备制造业的专题报告》在省政协常委会会议作联组发言。围绕现代农业发展、振兴种业经济、文化振兴、示范村建设等课题，组织4次区内外调研，开展6次专题视察，提出建议40多条，调研形成的《关于我省水产缺"种"之痛需要引起重视》社情民意信息被省政协采用并转报省政府，副省长马欣作出批示。全年编报社情民意信息273条，2条信息被全国政协采用，56条信息得到省、市政协采用并转报各级领导，社情民意信息综合考核得分全市第一。

【协商平台建设】 年内，围绕群众关切问题开展专题协商议事活动676场，推动解决失地农民后续保障、疫情期间灵活就业等民生热点问题168件，"加强公共文化建设 提升村民文明素养""企业大病职工的助医帮扶"等优秀协商案例先后被省市政协公众号宣传报道。围绕交通设施优化、文化体育设施建设、改善农民群众住房条件、改善提升教育设施、农村河道生态治理等为民办实事工程开展民主监督，提出工作改进建议20多条。"协商'八议'助推基层治理"做法获评省政协2022年度创新履职案例。开展"三联系、三服务"（政协主席会议成员联系委员、专委会和党外代表人士，政协专委会联系委员，政协委员联系人民群众，服务大丰经济社会发展、服务政协委员履职、服务群众关注期盼）活动。

重要会议与活动

【政协盐城市大丰区第十五届委员会第一次会议】 1月11—14日，区政协召开中国人民政治协商会议盐城市大丰区第十五届委员会第一次会议，区委书记李志军在会议开幕时作题为"同心同德促发展 群策群力当排头 携手奋进社会主义现代化大丰建设新征程"的讲话，区政协主席石根美代表区十五届政协常务委员会向大会作工作报告，区政协副主席汤云庆受区十四届政协常务委员会的委托，向大会报告区十四届政协提案工作情况。会议期间开展协商议政、专题讲座等活动。会议表彰2021年度政协工作先进集体和先进个人，听取区政协十四届五次会议期间提案审查情况的报告，审议并通过会议决议。

【区政协常委会会议】 2022年，大丰区十五届政协召开常委会会议5次。

1月14日，区政协召开十五届一次常委会会议，会议讨论通过区政协十五届委员会办公室、专委会负责人名单，通报区政协十五届委员会工作组、联络组负责人名单。

5月26日，区政协召开十五届二次常委会会议，专题协商"高质量建设长三角一体化产业发展基地"工作，会上听取大丰区建设长三角一体化产业发展基地推进情况汇报，开展协商议政。

8月17日，区政协召开十五届三次常委会会议，区长戴勇通报大丰区上半年经济社会发展情况，会议对产业链式集群发展工作进行专题协商，传达学习区委十三届四次全会精神，通报区政协党组上半年工作总结和下半年工作安排，协商决定区政协十五届委员增补名单。

10月27日，区政协召开十五届四次常委会会议，专题协商"推动'两山'转化，建设美丽大丰"工作，会议听取大丰区推动"两山"转化，建设美丽大丰工作相关情况汇报，并围绕主题进行协商建言。

2022年1月11日，政协盐城市大丰区第十五届委员会第一次会议举行
王越　摄

12月29日，区政协召开十五届五次常委会会议，会议听取区政府办公室关于区政协十五届一次会议以来政协提案办理情况的汇报；讨论通过关于召开区政协十五届二次会议的决定、会议计划和提案截止时间的通知；讨论通过《区政协十五届常委会工作报告》和《提案工作报告》；协商决定区政协十五届委员增补名单；讨论通过《大会秘书处及工作组负责人名单》；听取政协常委述职报告；书面审议各专委会2022年工作总结和2023年工作计划。

【区政协主席会议】 2022年，大丰区十五届政协召开主席会议9次。

1月14日，区政协十五届第1次主席会议召开。会议协商讨论区政协十五届委员会办公室、专门委员会负责人名单；协商通过区政协十五届委员会各工作组、联络组负责人名单。

5月6日，区政协召开党组（扩大）会暨十五届第2次主席会议。会议传达学习习近平在中央全面深化改革委员会第二十五次会议上的重要讲话精神和关于粮食安全系列重要讲话精神。会议通过区政协《党组工作规则》和《党组2022年工作要点》。讨论通过区政协《主席会议工作规则》《各专门委员会界别履职党支部工作制度》《委员履职工作规则（试行）》和《委员履职量化考核评分细则》。

5月7日，区政协召开十五届第3次主席会议，专题协商“优质发展养老事业”工作。会议听取大丰区养老事业工作有关情况汇报，并围绕主题进行协商建言。

6月23日，区政协召开十五届第4次主席会议，专题协商讨论推进大丰区挖掘世遗、非遗、红色、盐垦等本土文化工作。会议听取大丰区关于本土文化挖掘宣传工作、本土文化挖掘发展工作情况汇报，并围绕主题进行协商建言。

8月17日，区政协召开十五届第5次主席会议，协商讨论区政协十五届委员增补名单。

8月17日，区政协召开十五届第6次主席会议，协商讨论区政协工作组、联络组组长名单。

8月24日，区政协召开十五届第7次主席会议，专题协商讨论推进大丰区乡村振兴示范村建设工作。会议听取大丰区乡村振兴示范村建设工作情况汇报，并围绕主题进行协商建言。

9月26日，区政协十五届第8次主席会议召开，专题协商讨论全力防范化解各类风险隐患工作。会议听取大丰区相关条线风险隐患防范化解情况汇报，并围绕主题进行协商建言。

11月26日，区政协召开十五届第9次主席会议，专题协商讨论“推进智改数转，促进制造业提档升级”工作。会议听取区工信局关于大丰区近年来智改数转工作情况的报告，听取区政协经济委赴苏南考察、总结大丰区工作经验和不足及下一步工作建议的汇报，并围绕主题进行协商建言。

政协专门委员会

【提案委员会】 2022年，区政协提案委员会开展提案办理协商、对口协商、民主监督等工作。区政协十五届一次会议以来，征集提案219件，经审查，全部符合立案标准，予以立案，交由57家部门和单位办理，所有提案均在规定时间内办复，委员对提案办理情况满意率100%。遴选确定《关于加快长三角一体化产业发展基地建设的建议》等7件提案，作为党政领导会同区政协主席会议成员牵头督办的重点提案。利用《大丰日报》、政协网站和微信公众号，常态化发布政协提案工作动态，11月向全社会公示提案办理情况和委员对提案办理评价。为助推民生实事工程建设，组织各监督小组围绕路口设施优化提升工程、文化体育设施建设、改善农民群众住房条件、改善提升教育设施、农村河道生态治理5项民生实事项目，开展专项民主监督。承办区政协十五届第3次主席会议，专题协商“优质发展养老事业”工作，承办第8次主席会议，组织委员围绕“全力防范化解各类风险隐患”工作建言献策，组织法制工作组委员调研、视察司法行政工作。开展“三联系三服务”和“‘同心助企促发展’委员企业‘5+1’”走访活动，全年走访委员50多人次。有序推进联系镇的协商议事工作，并参加相关协商议事活动。《扛起政协新使命　展现履职新作为》在《群众》杂志刊登，《做好“加减乘除”建设高水平政协》《补链强链建闭环 力促建言高质量》在《江苏政协》杂志刊登。向市政协报送《市县政协协商制度机制建设的研究》理论研讨材料，在市政协提案工作经验交流会上作《坚持多措并举，促进办理落实》交流发言。与港澳台侨委共同完成的《协商“八议”议出乡村振兴新气象》创新案例，入选省政协《2022年创新

2022年政协盐城市大丰区委员会重点提案一览表

表6

案号	提案者	案由	主办单位	组织实施委办
1	马琳	关于促进大丰低碳产业发展的提案	发改委	提案委
2	沈倩	关于我区数字经济发展的提案	工信局	提案委
144	常春贵	关于关注青少年心理健康教育的提案	教育局	科教文卫体委
167	肖文秀等2人	关于加大利用小众软件进行网络犯罪打击力度的提案	公安局	提案委
104	陈伟等5人	关于加大基层农业技术推广力度的提案	农业农村局	农业和农村委
23	陈志兵	关于加强住宅小区物业管理，提升城市治理水平的提案	住建局	经济委
117	徐佳庆等2人	关于加快科技型中小企业培育的提案	科技局	港澳台侨委

案例选编》。全年提交社情民意信息28条，市政协转报省政协4条。在省政协微信公众号宣传报道2篇，市政协微信公众号宣传报道2篇。

【经济委员会】 2022年，区政协经济委员会加强调查研究，积极协商议政。承办十五届二次常委会议，专题协商"高质量建设长三角一体化产业发展基地"，会议形成建议案。承办十五届第9次主席会议，带领部分政协委员赴苏州市、常州市等地考察，专题协商"推进智改数转，促进制造业提档升级"工作。组织政协系统"同心助企促发展"委员企业"5+1"走访活动，走访68个委员企业，牵头政协机关干部企业大走访工作，走访挂钩联系企业及委员企业40多个。服务深圳招商服务中心工作，每周编发工作动态，召集成员单位任务部署会、工作推进会，赴深圳督办招商工作，推进项目签约落户进程。牵头对区住建局承办的25件政协提案（其中重点提案1件）进行督办。围绕"改善农民群众住房条件"组织第三民主监督小组开展专项民主监督活动。4月，服务市政协副主席唐伯平、丁成带队到大丰开展"完善高新技术企业培育机制、打造创新型企业集群"调研；服务市政协副主席李东成带队到大丰调研"推进长三角一体化产业发展基地建设"。6月，服务省政协副主席杨岳到大丰调研能源电力保供情况。8月，服务市政协副主席唐伯平到大丰调研"打造地标性产业链、推动制造业高质量发展"。10月，服务市政协到大丰开展"培育发展印制电路板产业"重点视察，赴红石榴"有事好商量"协商议事室，开展"外来少数民族群众融入城镇生活"协商议事。11月，到总工会界别协商议事室，参加"企业大病职工的助医帮扶"协商议事活动。督促界别委员提交20多篇议政材料，撰写社情民意信息30多篇。

【科教文卫体委员会（学习文史委员会）】 2022年，科教文卫体委员会（学习文史委员会）围绕"推动'两山'转化，建设美丽大丰"工作，组织相关委员赴建湖、射阳考察学习，并承办区政协十五届四次常委会会议。围绕教育高质量发展、大丰第三人民医院异地建设、西河口片区、改善提升教育设施等议题开展视察调研工作。赴区卫健委督办《关于增强托育资源供给，完善托育服务体系的建议》重点提案暨召开提案办理协商推进会，赴区教育局开展提案办理协商。做好市政协"健全普惠托育服务体系"民生论坛分会场布置和组织工作、博雅幼儿园云视察现场讲解和拍摄工作。5月，承办市政协在大丰区卯酉书局举办的全市政协委员读书分享会暨委员"码上读"活动启动仪式。成立区政协委员读书活动指导组，制定委员读书活动实施方案，组建5个读书群。依托卯酉书局、恒北村、梦幻迷宫初心馆等阵地建设"委员书房"。围绕"喜迎二十大"主题开展"书香墨香润政协、诗词书画颂党恩"等读书分享活动。拍摄委员读书活动专题片、"掌见识·委员荐书"视频。举办大丰区"喜迎二十大·一起向未来"诗歌朗诵会，召开大丰区纪念中央文化部施耐庵身世调查70周年暨《施耐庵文物史料考察报告》发表40周年座谈会。出版《串场河风物》《大丰政协志》《施耐庵探考》《诗画大丰年鉴2021年卷》和《大丰诗草》第二十七辑。全年整理报送社情民意信息32条，其中报市10条、省1条。全年在《人民政协报》《新华日报》发表3篇报道，被《群众》《江苏政协》《盐城政协》杂志分别采用文章1篇、2篇和5篇，在省、市政协微信公众号分别发表报道7篇和23篇，在其他网站和公众号发表报道18篇。

【港澳台侨委员会（委员联络委员会）】 2022年，港澳台侨委员会（委员联络委员会）加强委员联络，推动政协协商与基层协商有效衔接。拓宽履职平台。提升红石榴协商议事室，组织市内调研学习，全面推进"有事好商量"协商议事网建设工作。市政协案例录入量排名第一。配合《人民政协报》、新华社江苏分社等媒体到大丰采访，2022年被省政协采用1篇典型案例、被公众号采用3篇信息，被市政协录用7篇信息。持续服务发展大局。围绕"挖掘世遗、非遗、红色、盐垦等本土文化"主题，承办区政协十四届第4次主席会议。围绕大龙岛驿站建设、外向型经济工作开展调研视察活动。赴区文旅局开展《加强基层公共文化队伍建设的提案》（6号）重点提案办理协商活动，赴提案承办大户——区人社局调研提案办理情况。围绕文化体育设施建设情况组织第二民主监督小组进行专项民主监督。组织外向型经济工作组开展"学党史悟初心"红色文化实践教育活动暨读书分享活动。持续完善制度建设。制定《委员履职工作规则（试行）》和《委员履职量化考核评分细则》，优化基层政协联络组和委员履职。制定《"三联系、三服务"实施意见》，在全区政协系统开展"三联系、三服务"活动。制定印发《大丰区政协镇（街道、区）联络组工作职责》和《各专门委员会界别履职党支部工作制度》，明确联络组和界别履职党支部工作职责，提升基层工作效能。

【农业和农村委员会】 2022年，区政协农业和农村委员会聚焦"三农"重点工作，勇于担当，履职尽责。6月，牵头组织委员赴区农业农村局督办重点提案，召开提案办理协商推进会。8月，牵头承办区政协十五届第7次主席会议，专题协商讨论推进大丰区乡村振兴示范村建设工作。组织委员视察大丰第三人民医院异地建设项目和西河口片区等民生实事工程项目。9月，组织基础设施工作组委员，邀请部分市政协委员视察区城建重点基础设施工程项目。领衔就"农村河道生态治理工程"开展专项民主监督活动，组织成员赴丰华街道丰裕一排河和南阳镇通商六排河等现场，详细了解项目进展情况。10月，组织农业工作组委员专题视察农村人居环境改善工作情况。11月，组织基础设施组委员专题视察全区"人防工程"建设情况。

（张　慧）

〖编辑　於晨婷〗

中共盐城市大丰区
纪律检查委员会
盐城市大丰区
监察委员会

综　述

【纪检监察队伍建设】 年内，大丰区纪委监委牢记“打铁必须自身硬”要求，发扬彻底自我革命精神，锻造堪当新时代新征程重任的高素质纪检监察干部队伍。把学懂弄通做实习近平新时代中国特色社会主义思想作为首要政治任务，及时跟进学习习近平总书记重要讲话指示批示精神，开展《习近平谈治国理政（第四卷）》学习交流，推进党史学习教育常态化、长效化。中共二十大召开后，大丰区纪委常委会第一时间传达学习，迅速组织“学报告、谈体会、见行动”专题活动，带头学习、带头思考、带头宣讲、带头落实，努力在新起点上推动全面从严治党向纵深发展。深化全员培训，严格落实干部教育培训三年规划，举办综合业务培训班、专题培训班、业务拓展班，组织参加线上培训22期802人次。年内，大丰区纪委监委不断深化“打铁必须自身硬”专项行动，坚持不懈加强干部队伍建设，始终做党和人民的忠诚卫士。坚持“三个机关”（政治机关、专业机关、模范机关）定位，全面加强自身建设，锻造忠诚干净担当的纪检监察干部队伍。加强党的建设，打造“金丰卫士”党建品牌，深入开展喜迎二十大、学习朱陈先进事迹等主题活动，持续砥砺党性修养、汲取奋进力量。严格落实个人事项报备制度，健全完善纪检干部廉政档案，组织学习盐城纪检监察干部节假日言行“负面清单”、江苏纪检监察干部“八严禁”要求，不间断抽查行程码及实时位置，了解纪检干部动态。强化内部监督，严格落实个人事项报备制度，健全完善纪检干部廉政档案，从严执行省纪委“八严禁”、市纪委节假日言行“负面清单”要求，全方位加强干部管理。关心关爱纪检监察干部身心健康，建立干部心灵驿站，慰问长期在办案一线、家庭困难的干部，增强干部归属感和队伍凝聚力。

【正风肃纪】 2022年，大丰区纪委监委靶向治理国企“四风”问题，对10家区属国有企业开展专项检查，查纠问题17个。打造“长三角一体化产业发展‘四风’监督哨”，联合设立“办不了找我”办公室，充分运用“一键通”服务企业平台，处置各类咨询投诉310余件，推动营商环境持续改善。

【智慧纪委监委建设】 2022年，大丰区纪委监委紧贴纪检监察业务，以现代信息技术赋能办案、监督、管理职能，开展大数据查询和分析研判工作。大数据查询研判中心开通社保、医保、个人健康档案、不动产登记、房屋网签、企业信息、智慧城管7条查询专线，接入小微权力智慧监管平台、污染防治监管平台、地方政府性债务监管平台、农村产权交易信息服务平台等8个信息查询平台。通过平台及专线的信息数据共享共通，全方位开展信息技术保障服务工作。2022年1—11月，全区通过大数据平台进行信息查询检索100412人次，分析研判案件120件次，业务平台一体化协查模块应用869次，查询1539人次，各项数据处于全市前列。2022年，提供大数据查询服务1761次，账单、话费单分析67次；向审查调查部门就严重违纪违法案件提供数据服务120人次。

重要会议和活动

【领导干部家属廉洁教育会议】 1月22日，大丰区纪委监委召开“扬清风正气 树廉洁家风”领导干部家属廉洁教育会议。区委常委、纪委书记、监委主任陈刚参加。会上，集中观看廉政警示教育片，并宣读学习《大丰区“扬清风正气 树廉洁家风”倡议书》。

【区纪委十三届二次全会】 2月8日，中共盐城市大丰区第十三届纪律检查委员会第二次全体会议召开，区委常委、纪委书记、监委主任陈刚主持会议。区纪委委员15人出席会议，列席182人。区纪委常委会主持会议。全会审议通过了陈刚代表区纪委常委会所作的题为“弘扬建党精神、当好忠诚卫士，以正风肃纪反腐新成效迎接党的二十大胜利召开”的工作报告。区四套班子全体领导，区法院、区检察院主要负责人，区有关部门和单位主要负责人参加会议。

【全市纪检监察系统项目观摩会】 6月7—8日，盐城市纪委监委在大丰召开全市纪检监察系统项目观摩会，市委常委、市纪委书记、市监委主任陈璐出席并讲话。市纪委副书记、市监委副主任刘向阳主持。市纪委副书记、市监委副主任李新华通报案管、党风、信访等有关情况，市纪委副书记、市监委副主任嵇红梅解读2022年考核方案。与会人员集中观看“清风盐城”杯“我身边的廉洁故事”优秀作品展播，实地观摩大丰区梅花湾党员干部政德教育基地、乡村治理“恒北工作法”项目、信访工作高质量发展现场点、长三角一体化产业发展“四风”监督哨、集中谈话点智慧案管项目、大数据查询研判中心、纪检监察干部心灵驿站等，并听取大丰区、射阳县、阜宁县、滨海县纪委监委亮点特色做法介绍。

【全区领导干部警示教育大会】 7月18日，区委、区政府召开全区领导干部警示教育大会，区委书记李志军出席并讲话，区长戴勇主持会议。会前，与会人员集中观看了警示教育片《蝇贪之害》。李志军在讲话中指出，全区广大党员干部和公职人员要常念“紧箍咒”，常打“预防针”，常注“清醒剂”，不断提高勇于自我革命的政治自觉，筑牢拒腐防变的思想防线，始终践行以人民为中心的发展思想，永葆共产党人清正廉洁、敢于担当、善作善成的政治本色，埋头苦干、攻坚克难，锐意进取、拼搏争先，努力把大丰建设成为盐城名副其实的主城副中心、沿海崛起的龙头和融入长三角一体化的示范标杆。

党风廉政

【“四小四弱”突出问题专项治理】 2022年，大丰区纪委监委紧盯基层小微权力运行风险点，重点开展“四小四弱”突出问题专项治理2.0行动，梳理出群众反映集中、发案率高的小工程、小资金、小岗位、小负担和发放给“老、少、病、残”弱势群体12项71个问题，并将其作为专项整治主攻方向，并会同财政局初步甄别，从73条民生资金线中剔除资金体量小、信访举报少和风险级别低的资金线19条，分类建立54个资金发放数据库和政策法规库。以尊老金和耕地地力保护补助发放为试点，组织开展数据比对。尊老金发放方面，收集2016年以来全区发放数据100余万条和死亡人口信息4万余条，通过数据清理、重复数据删除，运用函数勾稽政策规定，用5个工作日发现未及时停发问题357个，其中连续发放超6个月的66条。

【奖金津补贴专项整治】 2022年，大丰区纪委监委认真落实中央“过紧日子”要求，紧盯违规发放奖金津补贴突出问题，强化监督检查，严查顶风违纪问题。对国有企业、村庄人居环境、殡葬管理等群众反映强烈的领域，由区纪委监委牵头，成立3个工作专班，对有关重点行业和领域开展专项监督检查。对10家区属国有企业发放奖金、津补贴等问题开展专项督查，共发现违规发放通信补助、考核奖、高温补贴等17个问题。向各基层党委(党组)发放《严禁违规发放奖金津补贴工作提示》，列出整治清单，要求对2017年以来发放通讯费补贴、拆迁补贴、招商引资奖、秸秆焚烧奖等津补贴进行全面整治，限期清退到位。对排查清退情况逐一检查验收，做到应排尽排、应退尽退，不打折扣地完成整治目标。

【廉政教育系列活动】 2022年，大丰区纪委监委部署开展“510”警示教育系列活动，编发年轻干部警示教育读本《扣好第一粒扣子》，拍摄制作警示教育片《蝇贪之害》，用身边事教育警醒身边人。推动落实《关于加强新时代廉洁文化建设的意见》，精心筹备第七届廉政文艺巡演，深入挖掘本土优秀廉洁资源，建成全市首家政德教育

2022年五一、端午期间，大丰区纪委监委严查公款旅游、公车私用、公款购买节礼等问题 陈梦影 摄

基地，先后接待区内外100余家单位参观学习，引导党员干部从思想上固本培元，提高党性觉悟。持续推进“声光影里说丰廉”廉洁文化项目，两部廉政短视频被中纪委网站头条采用，拍摄的《我们的河》获得第二届中国扬州“运河清风”微电影大赛一等奖。

作风建设

【作风突出问题专项整治】 2022年，大丰区纪委监委紧盯违反中央八项规定精神问题，累计查处问题45个，党纪政务处分66人，通报典型案例4批次12起21人。严格落实“三个区分开来”(要把干部在推进改革中因缺乏经验、先行先试出现的失误和错误，同明知故犯的违纪违法行为区分开来；把上级尚无明确限制的探索性试验中的失误和错误，同上级明令禁止后依然我行我素的违纪违法行为区分开来；把为推动发展的无意过失，同为谋取私利的违纪违法行为区分开来)，先后对7人实施容错纠错，为4名受到失实检举控告的党员干部澄清正名，维护风清气正的干事创业环境。

【长三角一体化产业发展“四风”监督哨】 2022年，大丰区纪委监委建设“长三角一体化产业发展‘四风’监督哨”，联合相关窗口单位运行优化营商环境“办不了找我”办公室，年内处置各类咨询、投诉共计180余件。围绕“四零”(涉企服务“零障碍”、政企沟通“零距离”、项目落地“零门槛”、涉企投诉“零容忍”)工作法，精细规划“一体收办”、“零审批开工”、“益企办”智慧政务平台、“办不了找我”办公室观摩路线，优化亮化观摩内容，接受全市纪检系统到大丰观摩。长三角一体化产业发展“四风”监督哨、作风建设、优化营商环境等做法被省纪委内网刊用。

【护航企业发展】 2022年，大丰区纪委监委聚焦部门履职、政策落实、企业服务等方面，加强惠企政策落实的精准跟进监督，跟进相关单位《关于进一步帮助市场主体纾困解难稳定经济增长的二十条政策意见》的落实情况，核查市作风办交办的18件“12345”平台涉疫涉企工单，对群众反映强烈的问题进行分类梳理、逐一核查，督促各类专项补贴发放到位，以监督实效保障援企稳岗政策落细落实。聘请第三方对全区营商环境进行测评，对相关单位存在问题逐一交办，要求限期整改到位。核查少数单位及个人违规吃喝、吃拿卡要等涉企问题线索，相关人员被严肃处理，全力保障企业防疫、生产两不误，推动地区经济有序运行。

监督办案

【纪检监察监督体系】 2022年，中共盐城市大丰区纪律检查委员会、盐城市大丰区监察委员会（以下简称大丰区纪委监委）充分发挥监督保障执行、促进完善发展作用，各项工作取得新进展、新成效。坚持分层分类警示教育，扎实推进“声光影里说丰廉”廉洁文化项目，建成全市首家政德教育基地，廉洁主题影片《我们的河》获得“运河清风”全国微电影大赛一等奖、最佳摄影奖。创新建立“纪法信”联动工作机制，深化信访举报“三抓三并重”（抓三信三访，注重案结与事了并重；抓三次反馈，注重沟通与信任并重；抓三个重点，注重主责与主业并重）工作法，推动化解疑难复杂信访1219件次，被中央纪委网站、市纪委专刊转发。

【日常监督】 2022年，大丰区纪委监委创新建立“纪法信”联动工作机制，深化信访举报“三抓三并重”工作法，被中央纪委网站、市纪委专刊转发。探索建立“纪法信”联动工作机制，与区委政法委、区信访局联合设立综合信访接待窗口，全力做好“送上门的群众工作”，年内，联合交办重点信访问题1219次。深化信访举报“三抓三并重”工作法，坚持《信情专报》工作机制，初信初访满意率同比增长10.3%，重复信访举报率同比下降43.8%。

【专项监督】 年内，大丰区纪委监委围绕疫情防控监督、安全生产监督、生态环保监督等开展专项整治。做好疫情防控监督，组建18个疫情防控督导组下沉一线。聚焦高速卡口、货车闭环、停车场秩序等重点环节开

2022年8月，大丰区纪委监委成立专项督查组深入企业和园区一线开展走访 裴帅豪 摄

展疫情防控专项督查，日均报送问题线索5条以上，制发交办单637份，交办问题1080个。处置市纪委、市作风办交办疫情防控措施落实不力问题线索20余件，跟进整改闭环。对核查属实的共性问题、典型问题作专题通报，督促各项防控措施和工作要求落实到位。强化安全生产监督，推动大丰区安全生产委员会出台《安全生产“一企三员”制度》，开展6轮安全生产专项整治督查，发现并督促整改问题86个。加强生态环保监督，组建7个环保督查组开展滚动督查，发现问题34个，通报问题3次。为区委制定全面从严治党责任清单，做好前期准备工作。制定出台加强对“一把手”和领导班子监督的35条具体要求，成立17个督查组推动贯彻落实。坚持失责必问、问责必严，严肃查处落实“两个责任”不力、落实上级决策部署不到位等突出问题，问责党员干部39人次。推行“一区域一专项、一室组一治理”，系统推进公益性公墓、拆迁安置房办证、特殊困难群体等领域专项治理，选取“小切口”专项整治45个，排查处置问题564个，派驻机构开展系列“小专项”行动的做法被中央纪委网站宣传推介。部署“四小四弱”（小工程、小资金、小岗位、小负担，老、少、病、残）突出问题专项整治2.0行动，建立监督模型55个，立案查处91人。紧盯违反中央八项规定精神问题，累计查处问题45个，党纪政务处分66人。靶向治理国企“四风”问题，对10家区属国有企业开展专项检查，查纠问题17个。

【案件查处】 2022年，大丰区纪委监委保持惩治腐败高压态势，全年立案496件，其中科级干部25件，留置7人，给予党纪政务处分384人。运用第一种形态处理543人次，占比58.45%。加大重点领域腐败惩治力度，严肃查处一批严重违纪违法案件。深化以案促改，发放纪检监察建议书，督促案发单位“当下改”“长久立”。

（卞丹丹）

〖编辑 朱晓华 徐荣莉〗

群众团体

大丰区总工会

【概况】 2022年，大丰区总工会坚持以习近平新时代中国特色社会主义思想为指引，全面贯彻习近平关于工人阶级和工会工作的重要论述，着力做强基层，着力改革创新，着力维权服务，全区工会组织基础更为牢固，服务职工内容更趋丰富，创新工作特色更多呈现。成立大丰区货车司机、送餐员行业工会联合会，新吸纳新业态群体会员3787人。区总工会获得“2022年度盐城市工会综合工作先进单位”称号，全区工会系统先后受到上级表彰、命名及荣誉称号30多个。

【职工思想引领】 2022年，大丰区总工会深入开展“劳动创造幸福——学习新思想·喜迎二十大”“强国复兴有我”等宣讲活动15场次，开展“职工心向党·喜迎二十大”——全区职工“我最喜爱的习总书记一句话”主题诵读分享活动50多个场次。开展百姓星光大舞台“周周演”职工文化季活动10场次。大中街道办事处职工书屋被评为2022年全国职工书屋示范点，卯酉书局被评为2022年省级职工书屋示范点，大中卯酉悦读读书会被评为省优秀职工读书组织。

【职工技能竞赛】 2022年，大丰区总工会开展“红心向党·匠筑大丰”职工劳动和职业技能主题竞赛。全年组织举办各层级多工种职工技能竞赛200多场次。组织职工开展“五小”（小发明、小创造、小革新、小设计、小建议活动）发明创造创新活动，引导企业签订职工技术创新专项集体合同。实施蓝领成长工程，新增师带徒结对500多对，签订产教融合合作协议8份。

【职工维权服务】 2022年，大丰区总工会开展苏工暖“新”行动等法治宣传活动，组织法律服务小分队到园区及企业宣讲劳动保护法律法规，发放维权资料2000余份，接待咨询的职工群众100多人次。发挥法律援助窗口作用，为职工提供法律服务67件。开展工会“温暖直通车”公益系列活动，慰问各类职工3230人次，发放慰问金90.6万元、慰问物资3000多份。加强暖“新”驿站建设，新建新业态劳动者暖心驿站7个、康乃馨服务站5个。

（王　颖）

2022年6月15日，大丰区总工会、教育局在大丰港实验学校举办“劳模工匠进校园”主题宣讲活动首场宣讲　（区总工会　供图）

共青团大丰区委员会

【概况】 2022年，共青团盐城市大丰区委员会（以下简称大丰团区委）坚持聚焦主责主业，牢牢把握团的根本任务、政治责任和工作主线，各项工作和建设取得长足进步。全区15个乡镇（街道、区园）、30个社区实现校外少工委全覆盖，少先队校外实践基地达25家。《信仰》《致青春 向未来》等多部新媒体作品被《中国共青团》杂志、《人民日报》《风流一代》等国家、省、市主流媒体采用，累计阅读、转发超10万人次。

【青少年思想引领】 2022年，大丰团区委以“创新+自选”“线上+线下”的方式部署开展“永远跟党走 奋进新征程”中共二十大系列主题宣讲活动110余场次，覆盖青少年6.8万余人次。持续深化“青年大学习”网上主题团课、“成长仪式教育”等系列活动实际效果。扎实组织“红领巾爱学习”“红色寻访”等少先队主题教育活动，创新开展“黄海鹿鸣”红领巾特色宣讲活动60余场次，筑牢青少年理想信念之基。

【团属阵地建设】 2022年，大丰团区委重点打造江苏金风科技“双碳”知行、“上海·大丰知青纪念馆”青年学习社，结合全区16家特色青年学习社、4条青年学习社线路，开展形式多样的线上线下学习活动。依托卯酉·创客邦“青年之家”总店，花田囍事、幸福团校、卯酉书局等“青年之家”特色门店开展各类青年联谊、读书交友、创新创业等服务青年活动96场次。

【青春助农】 2022年，大丰团区委挖掘培塑“乡村振兴青年先锋”储备人才200余人，开展各类线上线下乡村振兴青年先锋选树宣传活动38场次，覆盖青年近8000人次；联合农干校举办高素质青年农民培训54场次，参训总人次6200余名；吸纳青年公益主播27名，协助各级团组织开展助农直播带货活动200余场次，帮助销售农产品80余万元。联合金融机构开发服务青年创业金融产品2个，全年发放“新农菁英贷”“青创未来贷”3200余万元。

【青春留丰】 2022年，大丰团区委微信公众号“丰丰帮你找工作”专栏常态化发布工作岗位信息100余期，联合人社局等单位举办线上线下招聘会10余场，直接联系服务就业创业青年3000余人次。开展大学生暑期社会实践活动，提供实习岗位150余个。联合供销社等单位开展电商云课培训活动28场次，1800余人接受培训。举办返乡创业大赛、职业技能大赛、“让全国看见你”项目路演活动，积极推报创青春国赛项目。联合区委组织部开展服务“名校优生”专场活动6场次。打造“红石榴”青年人才驿站，接待青年人才24人。

2022年6月15日，大丰区妇联组织三八红旗手赴白驹狮子口会师纪念馆参加“红旗接力”赋能行动　（区妇联　供图）

【青少年关爱帮扶】 2022年，大丰团区委2022年“梦想小屋”建设项目纳入区级民生实事项目，按照每户1.2万元的标准提供兜底补助。“改造小屋 放飞梦想”项目获第十二届市级“创青春”一等奖。实施政府购买服务计划，将对事实无人抚养儿童的关爱落细落实。开展“希望工程 圆梦行动”“明德青春助学行动”等爱心助学活动，资助困难大学生52名，发放助学金24万元。常态化举办“七彩假期”“爱心暑托班”“暖冬行动”“实现微心愿”等关爱行动，惠及全区困境青少年3000余名。

（陈亦璇）

大丰区妇女联合会

【概况】 2022年，大丰区妇女联合会（以下简称区妇联）着力加强妇女思想政治引领、推进家庭工作、联系服务妇女群众、加强妇联组织建设，团结带领全区妇女为大丰高质量发展做出积极贡献。区妇联获“江苏女性融媒体创意大赛优秀组织奖”。

【妇女思想引领】 2022年，区妇联开展分众化、通俗化、互动化宣讲，用群众喜闻乐见的形式把大宣讲延伸到基层。举办“我奋斗·家国美”巾帼典范事迹分享活动，邀请8位各行各业的优秀女性宣讲个人（集体）先进事迹。“大丰女性”微信公众号开设“巾帼心向党·喜迎二十大”“礼赞二十大”等专栏，全年发布文章387篇。培树巾帼典型，推荐表扬盐城市“三八”红旗手10个，评选区“三八”红旗手55名和“三八”红旗集体36个，评选区巾帼建功标兵15个和巾帼文明岗15个。

【巾帼助农】 2022年，区妇联坚持以提升妇女创富能力为中心，举办乡村振兴培训班。开设中医护理、母婴护理等课程，帮助100名农村妇女增加就业技能。探索建立科技助农服务长效机制，组织建立巾帼科技助农服务团，推荐3名市级巾帼科技助农服务团专家成员。在小海镇召开“美丽庭院”创建现场会，大丰农商行赞助全区600户五星示范户各1万积分的奖励，进一步调动全区参与创建的积极性。全年创建“美丽庭院”示范户6551户，创建省级“美丽家园”1个、市级“美丽庭院”示范社区6个。

【妇女儿童权益维护】 2022年，区妇联开展专项排查整治工作，按照“条块结合、以块为主”的原则，对拐卖妇女儿童犯罪、侵害妇女儿童权益等问题进行全面排查。开展普法维权宣讲、公益法律讲座，不断提高广大妇女依法维权的意识和能力。召开全区妇女儿童工作会议，出台《大丰区“十四五”妇女儿童发展规划》，推出新一轮的妇女儿童实事项目，推动妇女儿童事业发展。结合“三八维权周”“国家宪法日”“反家暴日”，开展形式多样的妇女儿童普法宣传活动10余场次，发放宣传资料近2万份，受益妇女达3万余人。

【家庭家教家风建设】 2022年，区妇联弘扬家庭文明风尚，选树省、市级“最美家庭”“文明家庭”等16户。联合区纪委监委、区文明办召开“扬清风正气·树清廉家风”领导干部家属廉洁教育会议，提高领导干部家属廉洁自律意识。全方位推进“三全”（社区全域、家长全程、家庭全类型）社区家庭教育支持行动落地见效，已覆盖5个镇（街道）7个社区。联合区法院成立家庭教育指导中心，聘请家庭教育指导老师提供全方位、多层次、专业化的家庭教育指导服务，开展家庭教育“一法一条例”（《中华人民共和国家庭教育促进法》和《江苏省家庭教育促进条例》）集中宣讲、下基层宣讲、入户走访等活动232场，受益家长近10万人次，进一步增强家长科学教子意识。

【妇女儿童公益项目】 2022年，区妇联发挥妇联优势，项目化链接妇儿需求与社会组织情怀。“红旗接力”三八红旗手赋能项目顺利收官，成为盐城市唯一获得省妇女儿童和家庭公益社工服务示范性项目表彰的项目。开展“关爱母亲·诚爱助医”公益项目，为33名困境“患癌”母亲每人送去慰问金3000元。开展“明德助学”活动，为3名困境女大学生每人送去5000元的慰问金。开展“童心向党·相伴成长”——暑期儿童关爱系列活动暨爱心妈妈与留守儿童结对关爱活动，结对帮扶50名儿童。开展“9·9”公益日活动，募集善款30余万元。发动爱心女企业家、大丰女企业家协会捐资捐物，先后慰问5个高速卡口、7个社区卡口、36户援沪医务人员家庭、10户困难货车司机家庭等，慰问金额13万元。

（张清儒）

大丰区科学技术协会

【概况】 2022年，大丰区科学技术协会（以下简称区科协）团结动员全区广大科技工作者，守初心、担使命、勇创新，为大丰高质量发展提供强有力的科技支撑，较好地完成全年各项工作任务，被评为2022年全国科技活动周优秀组织单位、“2022—2023年度江苏省全民科学素质工作网络赛”优秀组织单位、2021年度江苏省省级科技工作者状况调查站点优秀组织单位。

【全民科学素质建设】 2022年，区政府印发《盐城市大丰区全民科学素质行动规划实施方案（2021—2025年）》，进一步完善科学素质工作机制，以提高全民科学素质和满足人民群众美好生活需要为出发点和落脚点，共同推动全民科学素质稳步提高。在主题科普活动周期间，各相关成员单位发动科技专家60余名、科技志愿者200余名，参加70余项重点活动，发放科普宣传册4000余份，展览20余次，服务8万人次。

【青少年科技创新教育】 2022年，区科协全面发挥全区32家科普阵地效能，突出青少年创新意识的培养，举办各类科普活动50余场次，覆盖10万人次。资助幸福路小学周末公益型机器人培训班、实验初级中学益民路分校科技社团及工作室、新丰小学机器人项目16万元。资助三龙渔业小学、三龙初级中学和南翔路小学“飞翔”梦工厂无人机特色社团项目10万元。组织全区近5000名中小学生参加盐城市青少年科技创新大赛、机器人竞赛、科技模型大赛和金钥匙科技竞赛等省市科技竞赛活动，1000多名青少年获省市奖项。

【湿地科普联盟行动】 2022年，区科协为系统谋划、科学推进世界自然遗产地湿地科普与保护工作，有效整合与应用各级各类科普基地湿地科普资源，创新“纵向到底、横向到边”发展理念，推进联盟成员单位科普资源的融合发展，把湿地科普联盟建设拓宽到基层学校、村、社区等。发挥以幸福路小学、渔业小学为引领的青少年特色科学工作室和湿地研究馆效能，让科技教育成为新教育理念下学校的主打名片；依托恒北村、丰收大地重点乡村示范区和现代农业示范区品牌效应，打造“科普+乡村旅游”的农业科普宣传发展路径；强化新型社区科普活动中心建设，把湿地保护理念融入儿童趣味、健康生活等主题之中，实现联盟体系内的科普资源有效联动。

【科技服务】 2022年，区科协结合科技创新突破年活动，充分发挥科技创新引领作用。区政府承办了由江苏省科协、盐城市人民政府举办的2022中国盐城绿色低碳产业人才发展大会；组织海智基地留创园参加海外智力人才论坛交流活动10余场，覆盖人力资源、生命健康等领域；依托省级科技工作者状况调查站点，撰写10余篇基层状况调查报告，及时反映状况和诉求。截至2022年年底，高新技术企业、科创能力强的企业注册应用272个，上报好的应用案例5个。积极组织参加“科创江苏”创新创业大赛，推

2022年5月，全国科技周活动期间，大丰区科协组织青少年走进未来科技馆开展科普教育实践活动

（区科协 供图）

荐江苏酝尚味科技有限公司新型预制菜研发及产业化、江苏大昌燃气设备有限公司北极星能源设备全场景智慧系统参加省级路演，分别获得二、三等奖；6个涉及农业科技、信息技术、装备制造、食品科学等领域的企业参加市级大赛展演，为科技工作者提供展示企业发展能力的机会，为创新型企业招贤纳才提供展示平台。

（沈莉莉）

大丰区归侨侨眷联合会

【概况】 2022年，大丰区归侨侨眷联合会紧紧围绕中心，服务大局，充分履行本会职责，服务侨界群众、依法维护侨益、积极参政议政、服务经济发展，取得了一定成绩。年内，大丰区归侨侨眷联合会被省人社厅、省侨联联合表彰为全省侨联系统先进集体。

【为侨服务】 2022年，大丰区归侨侨眷联合会走访调研侨界群众，将开展调研与帮扶慰问侨界群众、促进工作开展相结合。春节前组织开展走访慰问、扶贫济困等慰问帮扶活动，走访、慰问归侨侨眷，以及在侨联工作过的老干部60余人次。开展重阳节走访慰问老年归侨侨眷活动，到大中街道、新丰、小海、草庙等乡镇，上门慰问侨界空巢老人、80岁以上老年侨眷和困难老年侨眷。常态化深入涉侨企业走访调研，多次到江苏正大丰海制药有限公司、江苏久禾生物科技发展有限公司等涉侨企业车间一线实地调研生产运营、安全生产等情况，宣传援企惠企政策，精准对接企业需求，千方百计为企业排忧解难，力促各项援企惠企政策落地落实。

【侨联阵地建设】 2022年，大丰区归侨侨眷联合会积极打造"侨胞之家"、华侨文化交流基地、新侨创新创业基地等，将侨务工作嵌入社区网格化管理体系。组织侨界委员和侨眷开展环境整治考察活动；在区图书馆开展"红五月"读书分享活动，鼓励侨界青年委员多读书、读好书、会读书；组织侨联委员考察大丰第三人民医院异址新建民生工程项目；组织侨联委员到盐城市大丰区特殊教育学校开展"棚栽实践基地"劳技课观摩暨捐赠活动；广泛开展组织侨法宣传，赴涉侨企业——盐城联鑫钢铁有限公司开展调研考察暨侨法宣传；在全区开展侨情普查等。围绕侨联的工作重点、工作举措、重要活动开展情况，积极撰稿，全年被省市侨联采用的信息稿件有50余篇。

【联络联谊】 2022年，大丰区归侨侨眷联合会加强对外联络联谊工作。开展服务挂钩企业工作。深入挂钩服务企业盐城市冠宇建材有限公司调研，了解企业生产经营情况及存在的困难问题，关注企业发展事宜。开展"大手牵小手"结对帮扶活动，赴大丰百家福超市了解结对帮扶困难家庭的情况，鼓励继续关注和帮扶更多困境家庭。加强海外联谊，认真做好华侨、华人接待工作。借助慰问侨眷的机会，向海外同胞介绍大丰的区情和侨情，让更多的海外侨胞了解大丰，到大丰投资兴业。

（朱爱凤）

大丰区工商业联合会

【概况】 2022年，大丰区工商业联合会（以下简称区工商联）坚持以习近平新时代中国特色社会主义思想为指导，扎实履行主责主业，有效凝聚发展合力，切实做好纾困惠企、稳企促发展，团结带领广大民营企业积极应对各种风险挑战，为促进全区民营经济高质量发展开新局、建新功，发挥积极作用。被评为全省民营企业调查点先进单位和构筑民营经济舆论阵地先进单位。8月3日，大丰区工商联（总商会）第十二次代表大会召开，大会回顾总结了区工商联（总商会）5年来的工作成绩，提出此后5年工作思路和目标。选举产生了区工商联（总商会）第十二届执委会及领导班子。11月23日，江苏省工商联副主席李兰翔带队到大丰开展挂钩联系民营企业走访调研、谈心谈话活动。调研组先后到江苏侍郎文化艺术有限公司、江苏原乡温泉度假村有限公司、江苏东方创意文化产业有限公司、荷兰花海理想信念教育基地走访调研。调研期间与企业负责人分别座谈交流，详细了解企业及行业发展情况、促进民营经济发展各项政策落实情况、营商环境改善状况，认真听取企业家们的意见建议和发展诉求。李兰翔对大丰民营企业的良好发展态势，以及企业家们敏锐的创新意识、自觉的担当精神、坚定的发展信心给予充分认可。

【牵手致富活动】 2022年，在对接宜君县"携手并进、牵手致富"活动中，江苏联鑫钢铁有限公司、江苏丰山集团、江苏创意集团、江苏佳丰粮油工业有限公司等多家企业全年投入助困、助残、助学等帮扶资金44.8万元。江苏创意集团在宜君县投资兴业，提供就业岗位500多个，培训技术人员200多人，安置贫困群众50多人，为宜君环卫工人爱心早餐公益事业捐赠10万元。

【服务民企发展】 2022年，区工商联深入开展"民企大走访、大调研""民营企业服务月"活动，积极走访调研企业、商会组织，广泛宣传落实惠企政策，助力企业精准把握当前形势，加大推动企业发展力度。4月，组织民营企业家参与全国工商联"合规月月谈"线上课程、"护知产 优营商 盈未来"线上论坛，助推企业全面了解营商环境政策；6月，与区民政局共同组织召开"促进全区行业商会高质量发展暨优化营商环境座谈会"，解读优化营商环境相关政策方案，发布优化营商环境倡议书，聘任"优化营商环境行风监督员"；7月，联合区税务局、民营企业商会、浙江商会开展税费新政宣传，举办多场"留抵退税"专题培训；11月，组织民营企业代表、商会负责人召开助推民营企业法制建设座谈会。

【四好商会建设】 2022年，区工商联把创建国家级、省级"四好商会"（班子建设好、团结教育好、服务发展好、自律规范好）作为重点工作。分类指导各商会、协会开展好"四好"创建达标工作，完善整理创建台账资料，确保迎查验收达标。区民营企业商会、区抛丸机商会被认定为2021—2022年度全国"四好商会"，区浙江商会被认定为2021—2022年度江苏省"四好商会"，区抛丸机商会被省工商联表彰为商会组织先进集体。

（陈永斌）

2022年12月28日，大丰区文联在大中街道举行金丰廉韵廉政文化书画笔会活动（区文联 供图）

大丰区文学艺术界联合会

【概况】 2022年，大丰区文学艺术界联合会（以下简称区文联）坚持以习近平新时代中国特色社会主义思想为指导，深入贯彻落实中央、省、市、区关于文化建设高质量发展的要求，紧扣迎接宣传贯彻中共二十大工作主线，抓重点、抓品牌、抓活动，认真履行职责，助力文艺事业，各项工作稳步推进。

【二十大主题宣传】 2022年，区文联先后举办"喜迎二十大 一起向未来"书画摄影展暨"新时代颂"江苏美术摄影主题联展、"喜迎二十大奋进新征程"——李生甫国画艺术作品展、"喜迎二十大 党徽耀光芒"群众文艺联欢活动、"党的光辉照我心 童心喜迎二十大"少儿才艺展演活动、"清词雅韵颂党恩·砥砺奋进铸辉煌"——"喜迎二十大一起向未来"诗歌朗诵会、"学习二十大 翰墨谱华章"书画笔会等主题文艺活动，进一步引导文艺家把思想统一到中共二十大精神上来，通过文艺精品的教育引导作用，激发广大群众坚定理想信念、厚植家国情怀。

【艺术成就】 2022年，杨国美的摄影作品《世遗湿地麋鹿》入选第十三届中国艺术节全国优秀摄影作品展览，严正东的《海涂精灵 湿地乐章》《潮落留痕 沙洲如画》等20幅生态摄影作品获2022年江苏省文艺大奖·第四届摄影奖，其中《海涂精灵 湿地乐章》和金立平的摄影作品《殷殷期盼》入选第24届江苏省摄影艺术展；陈曙文的水彩画《子弟兵》入选第四届全国粉画展，彭蔚海参与创作的美术作品《国际湿地 沿海绿城》入选"新时代颂"2022江苏美术摄影主题联展。骆圣宏的长篇纪实文学《三十九度人》和韦国、江兴林等8名作家创作的《黄海湿地文化丛书》（共7册）相继出版发行。少儿舞蹈《你们告诉我》获第十五届江苏省"五星工程奖"、江苏省第九届少儿舞蹈展演十佳作品奖；男女声小组唱《梅花湾》获江苏省第十五届"五星工程奖"音乐类网络最佳人气奖。陈银付的瓷刻《污泥下的赤诚》和吴永龙的麦秆画《春暖花开》分别获江苏省"苏新非遗传承"作品展"苏新·佳作奖"和"苏新·创意奖"。

【文艺惠民】 2022年，区文联开展大丰区2022新春书画名家基层送文化活动，邀请部分书画名家赴镇村现场创作春联国画赠送居民百姓；举办"颂党恩·迎新春"2022年大丰区美术名家邀请展，活跃当地美术家和爱好者之间的艺术交流，营造欢乐祥和的春节气氛；组织开展文艺进军营活动，邀请区摄影家协会相关专业人员在海丰农场边防军营为战士讲解拍摄技巧；组织区戏曲家协会、锡梅协会、京剧票友协会赴区福利院举办"梨园芬芳 情暖中秋"戏曲专场慰问文艺演出，营造"孝亲敬老月圆中秋"的节日氛围。积极推动非遗文化进校园，以大丰区幸福路小学、大丰区城东实验小学为试点，在学校周三社团活动日分别组织学生学习麦秆画、戏曲课程，培养对非遗文化兴趣，推动地方特色传统文化繁荣发展。

（杨智玉）

大丰区残疾人联合会

【概况】 2022年，大丰区残疾人联合会（以下简称大丰区残联）深入贯彻落实江苏省、盐城市残疾人工作会议精神，以推动残疾人事业高质量发展为主题，大力改善就业创业、社会保障、康复服务、托养照护、教育文体、权益保障等各项工作，不断增强残疾群众的获得感、幸福感和安全感。

【新冠肺炎疫情防控】 2022年，大丰区残联认真落实省、市残联和全区疫情防控的相关要求，通过微信公众

2022年11月17日，大丰区残疾人联合会第六次代表大会在新词大酒店召开　　吴金楼　摄

号、网站、残疾人联系服务群向残疾人宣传防控知识。疫情期间，大丰区残联向残疾人自主创业实体发放补贴19.2万元，向盲人按摩机构发放补贴1.6万元，向残疾人发放辅助性就业劳动补贴1.52万元。落实康复儿童线上教学措施，指导残疾儿童居家康复训练，为95名残疾儿童提供线上康复教学。

【残疾人就业帮扶】 2022年，大丰区残联开展劳动能力精准评估。对3652名就业年龄段残疾人的就业情况进行全面调查登记，为58名有就业意愿的残疾人建立以劳动能力评估和就业方向为主要内容的就业档案，为推动残疾人精准就业夯实基础。针对残疾人特点帮助企业开发就业岗位，灵活举办各类招聘活动8次，组织上门微应聘面试16次，安排12名残疾人正规就业。走访就业困难残疾人大学生家庭，挖掘自身优势匹配合适岗位，17名应届大学生实现就业，就业率100%。出台《关于开展2022年按比例安排残疾人就业网上年审工作的通知》，年审企业233个，正规就业562人，征收残疾人就业保障金约2606元，奖励补贴申报企业32个，为企业提供奖补经费25.67万元。大丰区残联根据全区残疾人培训需求，协调培训机构送技能下乡，指导基层残联举办各类培训班，全年选拔8名残疾学员参加市残联举办的美妆、咖啡师、居家客服等培训；举办50人以上的家政服务培训班1期；为100多名残疾人开展各类线上职业技能培训；指导各镇级的培训活动，惠及全区60余名残疾人。

【残疾人康复服务】 2022年，大丰区残联制定出台《2022年度盐城市大丰区孤独症儿童基本康复规范化服务全覆盖行动实施方案》，做好孤独症儿童的筛查工作。按照规定做好定点康复机构的招标采购，配齐康复专业人员、设备设施等。与大丰区特殊教育学校签订康教融合协议，为特殊儿童提供个性化服务。全年105名孤独症儿童在机构接受康复训练。转介227名有康复需求的残疾儿童到各机构接受基本康复训练，儿童康复率100%。大丰区残联通过统计考勤天数、查阅档案资料、电话随访、家长交流等方式，对各机构的儿童康复情况进行绩效考核，确保残疾儿童康复有效率、家长满意率、家长培训率、评估建档率达到规定要求。大丰区残联帮助贫困精神残疾人控制病情，全区实行服药人数、服药费用“两个不封顶”的政策。与大丰第二人民医院签订服务协议，并约定每季度的具体领药时间，全年1850名精神病患者免费领取各类精神类药品，其中1534人参加免费体检。大丰区残联围绕《残疾预防和残疾人康复条例》，认真落实残疾预防服务。在全国助残日、爱耳日、爱眼日、孤独症日期间，联合大丰人民医院、精神残疾人及亲友协会、仁爱残疾人中心开展一系列残疾预防知识宣传活动，免费诊疗80多人、健康咨询200多人、发放各类宣传单500余份。

【残疾人辅具适配和无障碍改造】 2022年，大丰区残联根据残疾人个性化的辅具适配需求，做好辅具适配调查工作。全年为33名听力残疾人安装助听器，为47名肢体残疾人安装假肢、矫形器，向1115名残疾人发放轮椅、拐杖、助行器、盲杖、听书机等各类辅具1170件，为4名听障儿童提供人工耳蜗升级服务。大丰区残联以低收入残疾人家庭、重度残疾人家庭、一户多残残疾人家庭、残疾学生家庭、就业年龄段无业无固定收入残疾人家庭、14岁以下残疾儿童家庭等为重点对象，集中组织推进改造工程，确保改造质量。全年为115户残疾人家庭实施无障碍环境改造。

【残疾人托养服务】 2022年，大丰区残联构建寄宿制托养、日间照料和居家托养三位一体的托养服务网络。托养机构不断扩展服务范围，提升服务能力，为残疾人提供托养、康复、文娱活动等多样化的托养照料服务，全年为658名残疾人提供7.5万多次各类上门服务，为237名残疾人提供托养服务，为20名残疾人提供寄宿制托养服务。

【残疾人之家】 2022年，大丰区残联推进残疾人之家提升三年行动，推动镇级残疾人之家独立运行，全区有6家残疾人之家基本实现独立运行，为残疾人之家常态化运行奠定基础。全年为800多名残疾人提供辅助性就业服务、职业技能培训，其中有20多名辅助性就业对象通过残疾人之家的推荐，输出到各用人单位参加按比例就业，走上正规就业之路。

【残疾人社会保障】 2022年，全区共有10334名残疾人领取生活补贴、10817名残疾人享受护理补贴，“两项补贴”（困难残疾人生活补贴、重度残疾人护理补贴）覆盖率达100%。残疾人简易综合保险落到实处。将残疾人意外伤害保险拓展为简易综合保险，增加残疾人罹患100种重大疾病医疗保险、罹患重大疾病住院补贴等保险项目，实现残疾人利益最大化，全年133名残疾人获得理赔57.67万元。各项补贴及时发放。全年区财政为3212名重度残疾人代缴新农保32.12万元，为5310名困难重度残疾人代缴医保。向73名残疾学生发放教育补贴8.95万元，其中高中40人，大专及以上33人。向困难残疾人捐赠电视机、洗衣机、微波炉、电饭煲等家电285件。

【残疾人证管理】 2022年，大丰区残联针对重度残疾且无陪护能力的特殊群体，每月组织专家入户为申请人提供残疾评定服务，全年上门服务残疾人50余人次。严格执行《残疾人证“跨省通办”办理规范》，全年为31名残疾人办理跨省迁移、办证等业务。

【残疾人文体活动】 2022年，大丰区残联先后组织开展全国助残日活动、世界残疾人日活动，积极推动残疾诗人韦江荷成立盐城市大丰区荷兰花海文化传播交流中心，协助召开上海出海口文学社盐城分社工作会议，助力大丰区残疾人文学事业发展。6月1日，组织3名听障儿童参加盐城市首届听力语言障碍儿童歌咏（朗诵）比赛，获得朗诵二等奖、三等奖、歌咏优秀奖和最佳人气奖。10月，组织3名孤独症儿童参加第八届全国残疾少儿和平海报作品征集活动。7月26日，大丰区残联组织开展市残联“红色温馨·书香助残”分队阅读分享会。同时，以基层残疾人服务机构为阵地，利用公共图书馆、村（社区）农家书屋资源，推进残疾人阅读关爱行动。7月29日，残疾人选手周正飞、孙兰花在江苏省第十一届残疾人运动会掼蛋比赛中获一等奖。9月3日，残疾人选手张娟获得“畅听王卡杯”江苏省聋健融合飞镖比赛盐城赛区第二名。9月6日，组织残疾人参加江苏省第十一届残疾人运动会，残疾人选手王子妍获得乒乓球女子单打铜牌，蔡志敏获得男子S7级200米自由泳铜牌。

（夏萍萍）

大丰区红十字会

【概况】 2022年，盐城市大丰区红十字会（以下简称区红十字会）坚持学习习近平新时代中国特色社会主义思想和中共二十大精神，以弘扬“人道、博爱、奉献”的红十字精神为己任，深入开展“三救”（应急救援、人道救助、应急救护）、“三献”（献血液、献造血干细胞、献人体器官组织）工作，充分发挥红十字会作为党和政府在人道救助领域联系群众的桥梁和纽带作用。

【帮扶困难群众】 2022年，区红十字会从博爱救助金中拿出10万余元，购置550份博爱大礼包，分配到全区550户困难家庭中，帮助他们度过春节。对111名患尿毒症、白血病、癌症的家庭困难群众进行人道救助，发放救助金6.28万元。在“圆梦起航——红十字博爱助学”项目中，资助大丰区贫困大学生5名，发放助学款2万元。5月，区红十字会以“奉献一片爱心 传递爱的种子”为主题，向全区40名在校贫困初中生发放助学金8万元。8月，草堰镇一位劳模通过区红十字会定向捐赠助学款1.05万元。开展“博爱送健康”活动35场，受益群众9121人次。联合友义医院持续开展“博爱光明行”义诊活动，为村镇居民免费检查眼睛、筛查白内障、普及眼疾预防知识。在街道、乡村组织活动34次，受益群众8862人次，为贫困群众做白内障手术167台，治疗其他眼睛疾病70余例。

【红十字会应急救护】 2022年，区红十字会联合各镇（区、街道）工业企业、区住建局、区公安局、大丰义工联、荷兰花海、梦幻迷宫、中华麋鹿园等企业、单位、社会团体和旅游景区分别开展红十字救护员、心肺复苏（CPR+AED）持证培训。在全区中、小学为学生、教职工开展应急救护知识普及、培训。全年举办红十字持证培训班85期，初级救护员培训339人，CPR+AED培训3606人。其中，“进学校”持证培训1071人；“进社区”持证培训208人；“进机关”持证培训670人；“进农村”持证培训257人；“进企业”持证培训1739人。开展群众性普及性应急救护知识宣教32场次，其中，“进学校”普及22608人次；“进社区”普及46人次；“进企业”普及251人次。

【红十字会志愿服务】 2022年，区红十字会以“5·8”世界红十字日为契机，在大中街道红花村博爱家园内组织志愿服务活动。通过设置宣传展板、播放宣传视频、发放宣传册等形式，向群众宣传无偿献血、造血干细胞捐献、遗体器官捐献、应急救护等方面的知识。为现场群众提供义诊、理发、按摩等服务，受益群众约600人。

【关爱生命工程】 2022年，区红十字会组织红十字知识宣传队在大丰新东苑小区、阜丰小区、滨河社区、幸福小区等地开展无偿献血、造血干细胞捐献及人体器官捐献的动员宣传。完成无偿献血7885人次、266万毫升；造血干细胞入库宣传8021人次，血样采集106人份，3人成功捐献；遗体和人体器官捐献新增登记志愿者1923人。

【红十字会募捐筹资】 2022年，区红十字会适应互联网时代发展趋势，大力开展互联网募捐，加强与互联网平台的公益合作。“大丰区救在身边”项目总筹款38486.87元；“盐城暖心团圆饭”项目总筹款55539.38元，“大丰博爱光明行”项目总筹款137122.12元，均完成筹款目标。线下筹资捐款捐物共计501.28万元。

（杨怡琴）

〖编辑 於晨婷 徐荣莉〗

法 治

政法委与社会治安综合治理

【概况】 2022年，大丰区政法机关和政法干警坚持中共二十大维稳安保和疫情防控双线作战，忠诚履职、直面挑战、攻坚克难，从严从细从实做好防风险、保安全、护稳定、战疫情各项工作。大丰区被江苏省信访工作联席会议评为2022年度全省信访工作示范县（市、区）。

【政法机关服务发展】 2022年，大丰区全面推进严格公正司法，积极优化法治营商环境，大力开展法律援助、司法救助、信访救济等工作，区司法局被评为全省“法援惠民生”成绩突出单位。主动服务全区发展大局，出台《服务保障长三角一体化产业发展基地建设实施意见》等系列文件，开展“守护生态廊道水资源”检察公益诉讼专项监督，“破坏海洋生物资源保护刑事附带民事公益诉讼案”入选全国检察机关“千案展示”案例。开展“执法再规范、服务再提优、满意再提升”专项整治攻坚行动，深化行政复议体制改革，建立行政执法与司法联动化解行政争议机制，大丰区司法局获评“全省行政复议体制改革表现突出单位”。

【社会稳定维护】 2022年，大丰区深入贯彻国家总体安全观，组织全民国家安全教育日系列宣传活动，持续深化防范化解政治安全风险“两清一正”“净网”专项行动，加强人民防线建设，坚决捍卫国家政治安全。全面开展社会矛盾风险隐患拉网式大排查大起底大化解专项行动，创新“纪法信”联动机制，得到中央依法治国督导组和国家信访局督导组的充分肯定。深化“信访突出问题攻坚化解年”行动，中央和省交办的信访突出问题全部办结，化解稳定率100%。

【社会治理现代化】 2022年，大丰区扎实推进“精网微格”工程建设，出台“精网微格”工程实施方案，推动微网格建设、疫情防控和党建项目“楼宇管家覆盖行动”相结合，构建网格建设合力。推进矛盾风险隐患排查整治，探索创新“纪法信”矛盾联动化解工作机制，固化非诉服务“五化”（工作项目化、任务清单化、时序流程化、推进制度化、落实标准化）工作法。稳步推进基层社会治理短板弱项排查整顿，全面提升基层社会治理能力水平。深入推进常态化扫黑除恶斗争，打造全市打击治理电信网络新型违法犯罪样板，牵头开展特殊困难群体救助帮扶和妇女儿童权益保障问题专项排查整治及打击整治养老诈骗专项行动，成功破获一批有影响的大要案件。深入推进全国社会治安防控体系建设示范城市创建，扎实开展“智慧安防小区”“十大感知场所”等安防设施建设升级工程，“智慧交管实战模式”被省公安厅、市委政法委评定为改革创新应用典型项目。深化重点人群服务管理工作，成立全区首个家庭教育指导中心，与盐城监狱联合打造监地共建“试验田”，大丰区司法局获评全省“第八批互帮共建表现突出单位”。

（朱菲菲）

2022年2月20日，区委政法工作会议暨全区政法队伍教育整顿总结会召开 （区委政法委 供图）

法治政府建设

【概况】 2022年，大丰区坚持以习近平新时代中国特色社会主义思想为指导，深入学习贯彻习近平法治思想，时刻把法治建设作为政府履职的生命线，认真履行推进法治政府建设领导职责和主体职责，较好地完成法治政府建设全年目标任务，为全区高质量发展提供有力的法治保障。

【领导干部学法用法】 2022年，大丰区以领导干部关键少数先学领学推动学习全覆盖，系统学习《习近平法治思想学习纲要》。在全区印发通知将习近平法治思想列为各级党委（党组）理论学习中心组学习的必修课，纳入干部教育培训计划。全年政府常务会学法12次，举办科级干部法治报告会2场、公务员轮训班2期、法治能力提升班1期，领导干部和行政执法人员善用法治的能力逐步提升。

【“放管服”改革】 2022年，大丰区持续推进政务服务事项“应进必进”，与企业生产、群众生活密切相关的事项100%进驻，实现企业开办“进一窗”、工程建设项目“一条链”、民生事项“一件事一次办”。探索“零审批开工”“拿地即开工”模式，在全省率先探索“一照多业、一码多证”改革，创新推出“全程通、零费用”审批模式。通过“线下点单、线上闭环”模式，将企业开办时间由2~3天缩短至0.5~1个工作日。开展“减证便民”行动，印发《关于公布盐城市大丰区实行告知承诺制证明事项清单（第二批）》，全年全区适用证明事项告知承诺制办件2000余件。

【法治化营商环境构建】 2022年,大丰区成立优化营商环境工作领导小组,主要负责人任组长,聚焦行政审批、政策扶持、要素保障、法治保障等方面,推出30条举措。出台大丰区支持工业企业、服务业企业纾困解难稳增长的“双8条”,创新推进“登门问需”优化营商环境专项行动,用一流的营商环境使企业放心投资、安心经营、舒心创造。编制《盐城市大丰区企业行政合规指导清单及案例(第一批)》,包含131项合规指导事项及15个案例,帮助企业强化合规意识,引导企业主动摸排生产经营过程中的法律风险点,提升企业预防行政违法的能力。

【市场交易环境规范化】 2022年,大丰区坚持以打造“阳光、透明、高效”的交易市场环境为目标,从严落实招标人主体责任,进一步规范交易各方主体行为,打造风清气正的招投标市场环境。全年对207个符合条件的星级企业、先进发展企业免缴投标或履约保证金;扩建不见面开标大厅,修建评标区,开通评委专用通道,避免发生违规串通;建立招标计划提前发布制度。上线招标文书互查系统,全年代理机构互查点评招标文件245例。出台《经评审的最低投标价法技术指南》,在房建及市政项目招投标领域推广使用经评审的最低投标价法,最大限度地遏制围标、串标等行为。积极推广信用信息、信用承诺和信用报告在公共资源交易领域的应用,健全守信激励和失信惩戒联动机制。加大事中事后监管,严查串通投标、弄虚作假等违法违规行为。

【重大行政决策程序制度化】 2022年,大丰区推进重大行政决策目录公开,促进决策程序启动和运行规范化。全年制定重大行政决策4件,分别由大丰生态环境局、大丰区妇联、大丰区消防救援大队起草,涉及生态环境保护、城市声环境功能区、妇女儿童发展、消防建设等重点领域,均向大丰区政府报告决策执行情况。同时大丰区积极探索落实重大行政决策跟踪反馈和评估制度,对2021年制定的重大行政决策的执行情况进行评估。

【规范性文件制定】 2022年,大丰区进一步规范政府规范性文件合法性审核程序,提高政府规范性文件制定的规范性、及时性和可操作性。2022年,大丰区政府制定规范性文件4件,涉及农村村民住房建设管理、被征地农民社会保障、禁止燃放烟花爆竹、保障性租赁住房等领域,合法性审核率100%,规范性文件备案“三率”(报备率、及时率、规范率)达100%。

【行政执法配套制度】 2022年,大丰区印发《进一步规范和加强行政执法工作的实施意见》《2022年行政执法协调监督工作要点》《关于印发盐城市大丰区2022年法治政府建设重点工作计划的通知》,助推大丰区基层综合执法工作规范化建设。对全区13个镇(街道)的安全生产执法开展监督检查,对日常监督检查、委托执法、省安全生产执法系统使用情况等进行全面检查;针对重点行政执法单位已办结的行政执法卷宗的案件办理质量、文书制作质量、案卷归档质量等进行评查;对相关部门优化法治营商环境工作开展情况进行督查,调阅卷宗,并提出针对性的整改意见。分阶段开展“铁拳”打假、净厨、护苗、治劣、减负行动,全年立案查处各类违法案件418件,罚没入库1114.24万元。

【政府购买服务协议清理】 2022年,中共盐城市大丰区全面依法治区委员会办公室印发《关于进一步清理整顿和规范政府购买服务工作的通知》,严格要求各镇(街道)、行政执法机关根据文件要求,深入排查本单位是否存在将行政管理职责交由第三方行使的风险隐患,并对各单位的自查自纠情况进行检查。全年梳理出20份符合清理整顿范围的政府购买服务协议(合同)。针对问题协议,制发6份《行政执法监督建议函》,要求相关责任单位对照重点问题深入剖析,及时回复整改情况。

【行政复议】 2022年,大丰区扎实推进行政复议规范化建设,实行行政复议全程规范化、质量标准化、审理公开化的新机制。在全区15个镇(街道、区)设立行政复议受理窗口,在大丰区非诉讼服务中心专门开设行政复议接待窗口,通过“邮寄+当面提交”“1+15”等线上线下相结合的方式,形成覆盖全区的行政复议受理网络。积极推行听证审理模式,进一步增强行政复议公开透明度,提高行政复议机关公信力,全年举行听证会17场。建立行政复议案件月通报和重大案件督办机制,对案件情况及时通报,对复议过程中发现的问题,通过行政复议意见书、稳控函等形式及时反馈行政机关,确保行政争议解决在早、化解在小。全年发放稳控函5份、行政复议意见书6份,行政复议意见书落实率达100%。

(袁康勇)

公 安

【概况】 2022年,大丰区公安局坚持以人民为中心,牢牢把握“稳、进、实”基本原则,坚决锚定争创“治安防控示范区、智慧警务样板区、现代警务先行区”的目标定位,扎实开展防风险、保安全、护稳定、促发展等工作,连续4年保持全省执法质量考评优秀,全年有28个集体、112人次民警获上级表彰。

【安全稳定维护】 2022年,大丰区公安局研判处置预警指令1700余条,“苏安·盐靖”行动成效位居全市前列,被省公安厅表彰为二十大安保维稳先进集体并记集体二等功。严格落实“三合一”(公安、社区、卫健部门联合)核查机制,高效完成80余起新冠肺炎阳性病例流调溯源任务。围

2022年6月7日，大丰区公安局组织警务人员做好高考守护工作
周古凯　摄

绕危险物品、群租房、基层消防等重点领域开展安全生产大检查专项行动，检查各类单位3500余家次，督改安全隐患6200余处，重特大安全事故保持"零发生"。扎实开展"零死亡"道路创建、农村道路安全整治，全区交通事故数、死亡人数同比分别下降15.6%、22.3%。

【平安大丰建设】 2022年，大丰区公安局治安防控体系更加完善。142个小区技防提档升级，无人机、铁骑、方舟、警务站"四大勤务"高效运转，形成"公安+武警+民兵+平安志愿者"的联防联勤模式，队所联动、合成打击体系更加专业。年内刑事案件破案率、抓获刑事作案成员、刑拘数同比分别上升7.1%、21.9%、28.4%。反电诈"四盯四查"（盯源头、盯流程、盯区域、盯群体，查资金、查平台、查窝点、查金主）机制效能初显，全年破案208起，抓获犯罪嫌疑人590名，破案数、破案率居全市第一。

【公安改革】 2022年，大丰区公安局搭建以情指行实战平台、大数据赋能平台、通信融合平台为主体的智慧体系，建成6家三星级以上派出所综合指挥室，为民警配发350兆电台520部、4G执法记录仪600台，高效处置重大敏感警情31起。数字交通模式逐步成熟，创新"一村一站两员、人货分行、数字化交警队"等特色做法，先后获《人民日报》《新华日报》等主流媒体宣传。"智慧交管实战模式""智慧交通平台建设"分别被省公安厅、市委政法委评定为改革创新应用典型项目。

【重要警务交流】 2月16日，上海市公安局农场分局党委委员、副局长李永强一行到区公安局开展警务交流。沪丰两地警方重点围绕进一步加强区域警务协作、加快推进沪丰产业园智慧警务建设进行研讨，并就强化交通联勤、深化治安联控、加强装备管理、推动资源共享、深化打防合作等进行深入交流。

【警民交流】 1月7日，大丰区公安局举行2021年公安工作报告会暨庆祝第二个中国人民警察节主题活动。报告会上，为从警10年、20年、30年民警代表颁发从警纪念章，举行2021年度民警退休暨新警授旗、宣誓仪式。区领导，区法院院长、区检察院检察长、区直部门主要负责人，各镇、区（街）党政主要负责人，以及老干部代表、警风警纪监督员、见义勇为积极分子、优秀企业家代表、社区干群代表、网格员代表等社会各界人士参加报告会，150余万网友通过网上云直播参与线上活动。1月11日，大丰区公安局举行沪苏大丰产业联动集聚区公安管理工作座谈会。上海市公安局农场分局党委书记、局长陈昌俊，沪苏大丰产业联动集聚区管理委员会党工委书记、主任董坤，大丰区副区长、公安局党委书记、局长杨云峰，沪苏大丰产业联动集聚区开发建设有限公司党委书记、董事长王宝华出席并进行交流发言。

（张炎）

检　察

【概况】 2022年，盐城市大丰区人民检察院（以下简称大丰区检察院）坚持以习近平新时代中国特色社会主义思想为指导，认真践行习近平法治思想，紧紧围绕中心工作，全面履行检察职能，努力为大丰高质量发展贡献检察力量。大丰区检察院创成全国节约型机关、全省文明单位，获"全省检察机关先进集体"称号。

【生态检察】 2022年，大丰区检察院主动融入全区生态环境专项整治提升"四大行动"［扬尘污染专项整治提升、"散乱污"企业（作坊）专项整治提升、化工企业专项整治提升、断面水质专项整治提升］，起诉破坏生态环境资源犯罪14人。开展"公益诉讼乡村行"活动，落实"守护生态廊道水资源"专项监督，"河长+检察长"工作机制持续发力。针对23个环境污染问题快速启动公益诉讼前置程序，办理地下水涵养等领域公益诉讼案件30件。践行恢复性司法理念，与自然资源和规划局共建生态环境修复基地，督促当事人补植复绿、修复生态。1个案件入选全国检察机关公益保护"千案展示"案例。

【涉企检察】 2022年，大丰区检察院联合区工商联遴选11名专家，开展企业合规第三方监督评估，促进涉案企业真整改、真合规。严惩破坏营商环境类犯罪，起诉破坏社会主义市场经济秩序犯罪86人，依法对企业负责人涉经营类案件不捕不诉3人。组织干警进企业开展法治讲座20余次，制发《法律风险提示函》10份。大丰区检察院被省检察院确定为“涉安全生产案件”合规管理范本项目试点单位。出台服务保障长三角一体化产业发展基地建设的实施意见，积极参与“企业大走访、项目大推进、产业大招商”。助力“大丰智造”，起诉侵犯知识产权犯罪37人，3个案件入选全市检察机关知识产权新闻发布会典型案例。

2022年10月18日，大丰区检察院干警与第三方监督评估组织成员赴白驹镇企业调查走访　（区检察院　供图）

【刑事检察】 2022年，大丰区检察院从严打击违法犯罪，依法批捕113人，提起公诉645人。加强重大敏感案件实质化介入侦查，依法起诉故意杀人、强奸、抢劫等严重暴力犯罪13人。加强行刑衔接，同步介入安全生产事故调查和处理，起诉危害安全生产犯罪9人。严惩危害金融安全犯罪，坚持依法处置、舆论引导、风险防控“三同步”，起诉非法吸收公众存款等涉众犯罪12人。加大追赃挽损力度，25起案件中逾2400万元赃款在检察环节被追回，6个被害企业和47名个人成功止损。严厉打击电信网络诈骗犯罪，依法批捕49人，起诉265人。起诉危害食药品安全犯罪15人，责令49家餐饮单位整改。对68名刑事被害人或家属开展司法救助，发放救助金32.3万元。在全市率先推进值班律师意见实质化办理试点，推行异地阅卷、网上阅卷等措施，提供线上阅卷服务300余次。

【溯源治理】 2022年，大丰区检察院认罪认罚适用率为91.3%，确定刑量刑建议法院采纳率为98.5%，认罪认罚案件上诉率为0.51%。贯彻少捕慎诉慎押刑事司法政策，审前羁押率降至18.3%。会同相关部门落实最高检检察建议，建立“检察建议+调研报告”机制，制发社会治理类检察建议6份，向上级报送调研报告7份。

【未成年人检察】 2022年，大丰区检察院创新“检察官+司法社工”帮扶模式，联合义工联举办“公益讲堂”21期，向20名罪错未成年人及其监护人提供家庭教育指导。坚持对侵害未成年人犯罪“重其所重”，对罪错未成年人“轻其所轻”，全面推开强制报告和入职查询制度，制发“督促监护令”22份。对宾馆违规留宿未成年人、酒吧非法招用童工等问题，向主管单位制发检察建议，推动专项治理。持续推进检察干警担任法治副校长工作，开展法治进校园活动39场，以案释法传播法治文化。

【刑事诉讼监督】 2022年，大丰区检察院联合公安机关成立侦查监督与协作配合办公室，强化对取证不规范等问题的监督。坚持罪刑法定原则，依法不批准逮捕25人、不起诉60人。开展减假暂案件专项检察，定期督查社区矫正情况。参与对南京、洪泽湖监狱交叉巡回检察，发现并查办一起监狱民警职务犯罪案件。监督纠正辩护律师违规高额收费的做法被省检察院推广。

【民事和行政诉讼监督】 2022年，大丰区检察院办理各类民事诉讼监督案件41件、行政监督案件30件。对法院正确的裁判，依法引导当事人服判息诉23件。针对诉讼程序已结但纷争未解的行政申诉案件，与区司法局会签协作意见，联合相关单位通过监督纠正、公开听证、促成和解等手段，有效化解行政争议案件10件。探索开展司法行政强制隔离戒毒检察监督试点工作，推动强戒措施的决定、执行、变更规范化。

【公益诉讼监督】 2022年，大丰区检察院通过诉前程序办理行政公益诉讼案件47件，行政机关回复整改率100%。办理刑事附带民事公益诉讼10件，对6起非法捕捞水产品、污染环境案提起刑事附带民事公益诉讼，追索环境损害赔偿金155万余元。启用“益心为公”检察云平台，招募15名志愿者为公益观察员，破解线索发现难、专业研判难、成效巩固难等突出问题。

（郝梦迎）

法　院

【概况】 2022年，大丰区人民法院（以下简称大丰法院）以习近平新时代中国特色社会主义思想为指导，学习宣传贯彻中共二十大精神，深入践行习近平法治思想，紧扣“努力让人民群众在每一个司法案件中感受到公平正义”目标不动摇，深化“服务大局、司

2022年，大丰法院开展“审判三进”活动取得成效，法官进网格2300余人次、巡回审判128场次，从源头化解纠纷1300余起　（区法院　供图）

法为民、公正司法”实践不停步，各项工作取得新的业绩。全年受理各类案件12118件（含旧存1193件），审执结11127件，审执核心指标稳中向好。

【法院保障经济发展】 2022年，大丰法院依法审结各类商事案件2375件，助力打造全区法治化营商环境新高地。出台司法助力产业发展基地18条措施，稳妥处置涉产业基地建设案件68件。审理建设施工、货物运输、设备安装、拆迁安置等各类案件28件，推动盐丰快速通道、斗龙港文旅提升、海博智能仓储物流中心等重要工程项目顺利实施。在沪苏、苏盐、常盐等园区分设审务工作站，研究制定服务保障合作共建园区20条措施，召开司法服务保障园区建设联席会议5次。妥善化解涉临港特色产业、沿海滩涂开发、现代农业产业化等纠纷32起，促进全面接轨大上海、深度融入长三角。联合区税务局出台《关于做好企业破产处置税费办理事项优化营商环境的管理办法》，有效化解企业破产税费债权处置难题。依法处理恒阳纺织、利众动力等企业破产案件104件，腾空“僵尸企业”7个，释放土地27.9公顷，出清厂房10.2万平方米。依法审结涉股权转让、经营买卖等案件662件，严厉打击民营经济领域商业贿赂犯罪。审理涉风电光伏、新能源制造、优质服务业等案件146件，审理涉天合光能公司、双瑞风电公司、蜂巢能源公司等核心企业案件16件，助力产业发展。审结商标攀附、仿冒搭车等侵犯知识产权案件265件，助力企业创新成果保护。审理涉金光博汇集团、联鑫钢铁公司、创一精锻公司等企业技改升级案件12件，助力存量产业技改扩能提效。审理涉旅游康养、商贸休闲中引发的侵权、旅游服务、消费者权益保障等案件36件，助力旅游服务产业高质量发展。

【平安大丰建设】 2022年，大丰法院发挥刑事审判职能，依法审结各类刑事案件327件448人，对52名被告人判处三年以上有期徒刑，对430名认罪认罚的被告人从宽处理。审结严重暴力、黄赌毒、盗抢枪等案件89件124人，开展“黑财清底”专项执行行动8次，执行到位金额14.3万元。审结跨境电诈、网络赌博、网络洗钱等案件45件85人，严惩利用履职便利倒卖公民个人信息23人，全链条治理网络乱象。审理挪用公款、贪污受贿等职务犯罪案件5件，严厉惩处税收领域、国有企业腐败犯罪。审结金融借款、票据追索等金融案件425件，标的额3.9亿元，维护正常金融秩序。审理处置百信投资、金鼎担保等非法集资案件7件，涉案金额12亿元，积极追赃挽损，防范群访事件。审结房地产逾期交房等案件115件，助力防范房地产和建筑业风险。审理重大责任事故等安全生产领域违法犯罪案件7件7人，适用从业禁止令4人，促进提升本质安全水平。

【社会治理】 2022年，大丰法院扎实推进诉源治理，依托网格员实训基地，开展法律实务讲座7场，全区1200余名网格中心主任、坐席员、网格员参训。开展“审判三进”（刑事审判进校园、民事审判进社区、商事审判进园区）活动，法官进网格2300余人次、巡回审判128场次，从源头化解纠纷1300余起。组建“丰语法轩”理论宣讲团，推出“一鹿繁花”文化建设品牌，相关工作被《人民法院报》等国家级媒体宣传报道。组织干警深入田间地头、园区厂房、院校课堂开展“沉浸式”宣讲，发放宣传资料6000余份，受众20000余人。

【司法为民】 2022年，大丰法院坚持司法为民，为群众提供诉讼引导、立案登记、案件查询、诉前调解、信访接待等一站式诉讼服务28900件次。为孤老、患病、残疾当事人上门立案26件，为当事人远程网上立案3153件，为异地当事人跨域立案45件。联合行政部门、行业协会建立金融借贷、劳动争议、交通事故、物业合同等领域多元解纷平台，诉前分流案件5633件，调解成功4188件，实现纠纷“终端”与诉讼“前端”无缝衔接。审结涉老百姓“衣食住行、业教保医”等民生案件2177件，依法维护群众切身权益。高效审结、执结各类欠薪案件484件，追回劳动报酬734万元。审理公安部挂牌督办的制售类固醇兴奋剂案件7件28人。审结婚姻、抚养等案件745件，联合区妇联挂牌成立全区首个家庭教育指导中心，发出全市首份《责令接受家庭教育指导令》。走访慰问特困群体20余户，为符合条件的困难当事人缓减免交诉讼费用、发放司法救助金。依法审结涉疫案件38件，组织干警社区轮班值守、高速卡口执勤等540人次。

【执行工作】 2022年，大丰法院坚持“切实解决执行难”目标，执结案件3744件，执行到位金额5.5亿元。深入开展“优化法治化营商环境执行年”1+4专项行动，将228个纳入失信名单企业撤出失信名单。组织开展涉企专项执行行动23次，执行到位金额3200余万元，助力提升企业持续经营发展能力。联合住建、公安等部门查控房产1310处、车辆1299辆，释放综合治理执行难效能。审结执行异议、异议之诉案件79件。组织开展“冬日暖阳”“‘法’系民生”等集中执行活动24次，强制搜查135次，拘传、拘留108人，网拍拍品386件，成交金额1.9亿元。深入推进失信专项治理，纳入失信黑名单222人次，限制高消费2934人次，促使285人主动履行义务，弘扬诚实守信价值观。

【司法改革创新】 2022年，大丰法院全面落实司法责任制，院长、庭长担任主审法官办结案件7356件，占结案总数的68%，实现办案常态化。运用门诊式庭审、要素式审判、示范式审理等方式审结速裁案件4308件，一审简易程序适用率80.7%。深度应用智能辅助办案系统，运用“云上办案”破解常态化疫情防控下“诉讼难”问题，在线开庭、线上调解7796次，网络查控财产9000余万元。

【司法公开】 2022年，大丰法院主动接受人大、政协监督，高质量办结代表、委员关注案件22件，走访代表、委员256人次，邀请代表、委员视察座谈、旁听庭审、观摩执行78人次，8名员额法官接受人大常委会履职评议。广泛接受社会舆论监督，召开新闻发布会4次，互联网庭审直播3877次，网络发布裁判文书800余份，向当事人推送审判、执行信息37000余条。全面加强人民陪审工作，人民陪审员参审率达61.7%。

（郭昊宇）

司法行政

【概况】 2022年，大丰区司法局坚持以习近平新时代中国特色社会主义思想为指导，深入学习贯彻中共二十大精神，牢牢压实法治建设责任，全面推进依法行政。

【公共法律服务体系建设】 2022年，大丰区263个村（社区）实现“一村居一法律顾问”，深入开展“挂牌服务”“见面服务”。推进“法援惠民生·拓展工程”，全年办理法律援助案件1041件，办理数量位居全市前列。推进公共法律服务向重大工程、重要项目集聚，建立健全“万所联万会”机制，围绕“产业链+法律服务”，实现省级以上园区公共法律服务全覆盖，全年为企业开展法律体检90余次，法律宣传活动70余场次，解决涉企涉工纠纷40余件。

【司法基层建设】 2022年，大丰区司法局根据乡镇（街道）常住人口、辖区面积、司法所已有规模等因素，将全区15家司法所划分为3家大型司法所、2家中型司法所、10家小型司法所。截至2022年年底，大丰区“苏解纷”非诉服务平台注册数64870人次，非诉平台案件均在三个工作日内分派。进一步健全非诉职能参与信访工作机制，与大丰区纪委、政法委、信访局联合设立“纪法信”联动矛盾化解中心，推动实现群众诉求“一窗受理、一单通办、一体会商、一督到底”。自“纪法信”联动矛盾化解中心成立以来，受理各类信访诉求815件，推进问题一次性化解率达86.5%，群众满意率为96.6%。

【“八五”普法】 2022年，大丰区司法局在串场河大丰段4个乡镇（新丰、刘庄、白驹、草堰）建设一批与沿线环境相协调、与自然生态相融合、与公共服务措施相匹配的法治文化风光带。充分发挥2个国家级、133个省级民主法治示范村（社区）的示范引领作用，培育农村学法用法示范户218户。持续推进法律明白人培育工程，全年新培育法律明白人1572人，开展镇级法律明白人集中培训50场次，法律明白人培训率达100%。

【司法社会治理】 2022年，大丰区司法局开展社区矫正和安置帮教隐患排查提质专项行动、全区安置帮教对象“喜迎二十大 安保万户行”等专项行动，对在册社区矫正对象和安置帮教对象进行全面摸排。开展法治、道德教育165场次，2468人次参加。截至2022年年底，全区在册社区矫正对象235人，其中暂予监外执行类5人，无脱管漏管人员，无网上追逃人员。安置帮教对象1514人，后续照管对象在册20人。大丰区司法局获“盐城市社区矫正和安置帮教先进集体”称号。

（袁康勇）

〖编辑 於晨婷〗

军 事

人民武装

【概况】 2022年，中国人民解放军江苏省盐城市大丰区人民武装部（以下简称大丰人武部）紧紧围绕实现党在新形势下的强军目标，坚持铸军魂、抓备战、强基层、改作风，全面建设始终保持稳步提升的良好态势。大丰区成功创建第十二届省级“双拥模范区”，大丰人武部被省双拥工作领导小组、省退役军人事务厅、省军区政治工作局评为双拥模范单位。

【双拥共建】 2022年，大丰人武部推进实施军地互办实事、互解难题。组织军政座谈会暨双拥专题会商会，共叙军民鱼水深情，共商军地发展大计。积极参与乡村振兴建设，投入10万元专项资金，对口帮扶南阳镇初级中学，为学校购置学习用具、表彰优秀学生、帮助困难学子。开展新形势下双拥工作，春节期间，协调区政府慰问全部大丰籍现役军人家庭，受到大丰籍部队官兵一致好评，全区爱军兴武、支持国防的氛围更加浓厚。

【战备建设】 2022年，大丰人武部全面正规战备基础设施建设秩序，协调区政府投入资金完成部机关信息化改造，民兵训练基地建设经区委常委议军会研究确定后，加快施工，2023年5月投入使用。统筹民兵纳入地方应急管理体系，组织应急分队民兵参加盐城市地震应急救援演练，应急能力得到进一步增强。扎实构建陆上情报网，密切掌握辖区居民社情和维稳信息，快速准确处置敏感情况，上报陆上情况信息。

【后备力量建设】 2022年，大丰人武部协同地方相关部门，保障炮兵某旅、某集团军工化旅依托大丰港卸载工作，引导车辆进驻、保障饮食住宿、组织慰问过境官兵，受到部队官兵一致好评。协调区发改委、工信局等单位，走访联鑫钢铁公司、谷登机械公司等18个企业，精准掌握国防动员潜力，高标准完成民兵整组任务，新编海上综合保障、特种救援等多个分队，结构更趋优化，编组更加合理，任务更加明确。积极适应征兵“五率”（报名率、上站率、合格率、择优率、退兵率）考评新要求和“一年两征”新形势，以大学毕业生为重点，开展“一人一表一照片”精准宣传活动，主动对接大型优质企业，拓宽大学生征集领域，推动带编入伍政策落地，圆满完成征兵任务。

【综合保障工作】 2022年，大丰人武部在常态化疫情防控大背景下，严格社会化保障人员管理，出动民兵参加全区核酸检测任务。坚持党委集体理财，严格预算管理，集中财力保障作战准备和重大军事活动，接待费和行政消耗性开支维持在较低水平。协调区政府开展人武部接待用房建设，持续做好固定资产登记入账，严格落实武器弹药动态管控，加大人防技防力度，民兵武器装备连续44年安全无事故。

（陈晓波）

2022年1月3日，大丰区人武部组织开训动员 （大丰人武部 供图）

武 警

【概况】 2022年，武警盐城支队执勤一大队大丰中队（以下简称武警大丰中队）坚持以习近平强军思想为根本遵循，坚决贯彻支队党委的决策部署，努力拼搏、积极进取，部队整体建设实现新的突破。中队官兵爱岗敬业，内部关系和谐，各项制度落实严格，部队建设呈现稳中有进的良好态势。

【执勤训练】 2022年，武警大丰中队紧盯处突维稳，狠抓练兵备战。紧贴实战化要求，围绕“新大纲”训练内容，做到内容熟练掌握，全面提升实战化军事训练水平，总评成绩良好以上。严格落实安全员督导汇报制度，全年训练无事故；各科目教练员达标率100%。主动与区应急部门建立联系，密切关注驻地敌情社情汛情，重大节日、重要时期严密组织战备教育、路线勘察、应急班人装结合和紧急出动训练，做到遇有情况能及时获悉、及时出动、及时处置。

【武警后勤保障】 2023年，武警大丰中队党支部加强卫生常识教育，做好疾病疫情防控工作，预防发生季节性疾病，及时补充更换卫生药品，坚持卫生员每天、干部每两天了解各班病号情况，每月进行一次卫生常识、心理健康教育，积极做好卫生防病工作。结合每周六武器装备擦拭保养时间，组织学习武器装备管理知识，严密组织开展警示教育活动，深刻汲取案件教训，管好枪和弹，杜绝涉枪案件。

（陈 杭）

人民防空

【概况】 2022年，大丰区住房和城乡建设局（人民防空办公室）聚焦“战时防空、平时服务、应急支援”职能使命，以备战打赢为主线，聚力创新融合发展，狠抓人防指挥体系建设、战备能力建设、演练演习训练、人防工程建设、人防宣传等工作，高标准完成年度人民防空各项目标任务，人民防空整体工作水平进一步提升。大丰区人民防空办公室被省人民防空办公室表彰为2022年度省人防工作先进单位。

【人防指挥通信建设】 2022年，大丰区住房和城乡建设局（人民防空办公室）全力推进人防指挥所基础设施建设和信息化、智能化、数字化建设。指挥信息系统不断完善，完成区人防指挥部成员单位和组成人员调整工作，明确“一中心三部门”（指挥控制中心、情报信息部、政治工作部、综合保障部）岗位职责。大丰区人防基本指挥所完成土建主体结构验收，进入设备安装和土建装饰工程施工阶段。指挥信息系统不断完善，完成国防动员潜力数据和人民防空战备数据核查工作，为战时人防指挥决策提供准确可靠的数据支撑。组织开展警报试鸣系列活动，鸣响率100%。9月18日，通过设置大丰区“9·18”防空警报试鸣活动咨询台、发放防空防灾知识手册等形式，向群众宣传讲解防空警报的种类和识别方法、自救互救常识。

【人防工程建设管理】 2022年，大丰区住房和城乡建设局（人民防空办公室）严格执行《江苏省人民防空工程建设使用规定》《江苏省防空地下室建设实施细则》和《省人防办关于进一步明确防空地下室易地建设费减免缓有关问题的通知》等，严格落实防空地下室配建要求，坚决杜绝不按规定建设人防工程或违规减、免、缓人防易地建设费的情形。做好与区行政审批局、自然资源和规划局等部门工作对接，实现审批信息共享，建立协同把关机制。维护管理全面强化，督促新竣工项目及时办理人防工程平时使用证，人防车位使用规范有序，全年发放平时使用证4份。监督人防工程使用管理单位做好人防工程维护管理，落实维护管理主体责任。对竣工人防工程维护管理进行检查，全区人防工程检查率100%，完好率90%以上。2022年，完成银泰华城无主人防工程防汛安全隐患整改工作。

【人民防空宣传教育】 2022年，大丰区住房和城乡建设局（人民防空办公室）发挥阵地作用，开展人防宣传教育“五进”（进机关、进学校、进企业、进社区、进媒体）活动。建立集宣传教育与应急指挥于一体的人防应急指挥平台，让广大市民实地感受人防，主动接受人防、积极参与人防。发挥好区人防教育体验馆的宣传阵地作用，全年参观体验42次、1710人。帮助市区所有初中和小学征订民防知识教材和教学光盘。加大与梦幻迷宫省级人防训练基地合作共建力度，完善教育培训区、军事基础科目训练区、拓展训练区等15个功能区，具备1000人食宿训练接待能力。加大与省市区相关高校合作办学力度，全年先后有泰州、徐州、盐城等地区8次驻训活动，计400人参训。

【人防工程标识标牌更新】 2022年，大丰区认真贯彻落实《江苏省人民防空工程标识技术规定》，扎实推进人防工程标识更新工作。区人民防空部门认真调查摸底，科学制订更新计划，明确管理标识、导引标识、设施标识、设备标识、管线标识及提示性标识六大类标识标牌更新标准和规范，公开招标选择施工单位，高效、有序推进地下人防工程标识标牌更新工作。年内，完成的人防工程标识标牌更新工作一次性通过竣工验收。

【“9·18”防空警报演练活动】 2022年9月18日，大丰区举行“9·18”人民防空警报试鸣及疏散掩蔽等科目综合演练活动。此次警报试鸣分为预先警报、空袭警报和解除警报三个阶段。人员疏散、医疗救护、心理防护等防空袭课目演练依次进行，150余名社区群众和人防志愿者集结参演。在大丰区人民防空办公室统一指挥下，香堤雅郡小区参演居民按照应急手册的要求，快速切断室内水、气、电，依预定疏散路线迅速到达地下人防工程集结地点，并按照疫情防控要求保持相应间距列队，分组清点人数，全过程安全有序。

（葛顺明）

双拥工作

【概况】 2022年，大丰区退役军人事务局坚持“消灭空白点、主攻薄弱点、放大闪光点”的工作思路，强化区直部门与驻大丰部队军地共建，强化双拥工作氛围营造。建立军地互办实事“双清单”，区直部门与驻丰部队军民共建办理57件实事。大丰区被省委、省政府和省军区评为江苏省第十二届双拥模范区。

【双拥慰问】 2022年建军节期间，大丰区开展走访慰问活动，发放慰问金。为现役军人发放立功奖励金，为现役军人家庭送立功喜报，协调现役军人子女入学，办理公交双拥卡。

【优抚褒扬】 2022年，大丰区实施“让烈士回家”活动，全区148座零散烈士墓全部得到修缮维护或迁移安葬，10处县级以下烈士纪念设施全部提质改造。组织“奋进2022清明祭英烈”集中代祭扫活动，做好智慧陵园平台网上祭奠、为烈士家属点对点代祭扫服务。积极拓展优待证使用场景，大丰荷兰花海、梦幻迷宫、中华麋鹿园、知青纪念馆、大丰港海洋世界、中华水浒园、梅花湾等景区均对优待证持有对象实行免费游园，在全社会树立起拥军优待的良好示范效应。

【双拥宣传教育】 2022年，大丰区开展“挖掘红色资源 抢救红色档案”活动，讲好全区参战老兵的“红色故事”。注重宣传英雄典型，抗美援朝老兵王春香参加退役军人事务部“山河锦绣、英雄归来”网络直播活动，抗战老战士黄兆文事迹被新华社、退役军人事务部公众号报道。

（周　军）

〖编辑　朱晓华　於晨婷〗

沿海开发

综　述

【组织体系建设】 2022年，大丰区优化组织体系建设，高位推动沿海开发建设。区委、区政府把勇当沿海高质量发展排头兵作为推动大丰经济社会发展的重大战略，成立以区委、区政府主要负责人为第一组长和组长，区政府相关副区长为副组长，各板块、区直各相关部门和单位为成员的盐城市大丰区沿海高质量发展领导小组。为加强沿海特色风貌专题管理，区委、区政府同步成立大丰区沿海特色风貌管理委员会。制定《关于深入贯彻省、市党代会精神勇当沿海地区高质量发展排头兵的实施方案》和《盐城市大丰区贯彻江苏沿海地区发展规划实施方案》，进一步推动全区沿海高质量发展。

【链式集群产业发展】 2022年，大丰区组建十大产业招商局，主攻新能源及装备制造、新能源汽车零部件、新一代电子信息三大战略性新兴产业，加快发展氢能、应急、新材料、大健康、印刷包装、现代服务业等产业，推进“龙头+配套”“研发+制造”全产业链招商。全年新招引长三角地区1亿元以上项目102个、100亿元以上项目2个，长三角地区招引1亿元以上项目新开工63个。坚持项目集中开竣工“月月看、家家到”，总投资100亿元的天合储能项目和总投资100亿元的阿特斯储能项目开工建设，总投资100亿元的蜂巢动力电池一期部分试生产。博敏高密度互连印制电路板、阿特斯二期、龙马风电一期等11个项目竣工投产或试生产，维旺光学导光板、苏大维格微纳光学防伪新材料及研发中心2个项目一期投产。

【深化开放融合发展】 2022年，大丰区深入推进中韩盐城产业园临港产业配套区建设，高水平建设大丰港区国际合作绿色低碳（外资）产业园，完成启动区碳谷智造中心项目可研报告，园区内道路交通和市政管网工程开工。加强与德国弗劳恩霍夫研究所的对接合作，跟踪对接新能源制氢、植物提取碳纤维等产业研究方向，全力招引离岸孵化中心和中试生产基地落户港区。加强与韩国、日本等重点国家和地区的投资贸易合作。持续提升通关便利化水平，做强盐城港跨境电商园，加快建设具有保税功能的交割库，探索仓单质押、保险票据等供应链金融服务，打造韩国商品进口中国集散地和江苏特色商品出口新通道。

（吴中锋）

2022年，大丰港城管理办公室紧扣港城各项目标任务，保证各项工作按时序推进　　周古凯　摄

港城建设

【概况】 2022年，大丰港城管理办公室坚持以习近平新时代中国特色社会主义思想为引领，紧紧围绕港区党工委、管委会年度工作重点，紧扣港城各项目标任务，保证各项工作按时序推进。全年完成一般公共预算收入9900万元，规模以上服务业营业收入7亿元，固定资产投资3.8亿元。

【新冠肺炎疫情防控】 2022年，大丰港城管理办公室严格落实疫情防控工作要求。悬挂疫情防控宣传横幅30条，张贴海报1325张，发放宣传单2031份，覆盖小区楼道、商超宾馆、餐饮门店等人员流动场所，利用小喇叭、广告屏、微信群宣传疫情防控知识，提高防疫宣传的覆盖率和知晓率。开展“敲门行动”，全面摸清摸细辖区内外来人员信息情况，建立健全居民台账，做好居家隔离人员核酸检测、心理疏导等工作，做到“不漏一户，不漏一人”。常态组织开展居民核酸检测8196人次，对独居老人、困难群众提供上门服务，保障核酸检测人人到位。落实管控上级交办重点人员2339人，排查出省内外中风险区域人员1399人次；做好企业及个体商户市外到大丰货运车辆及人员的登记报备，配备专班专人跟踪监管，跟踪服务车辆860辆，确保司机不下车、人员不流动，落实好闭环管理工作。

【城市配套建设】 2022年，大丰港城管理办公室有序推进城市建设工作。完成特勤消防站、危化品停车场等111个项目招标工作，确保项目按期开工建设。工业四大道、大丰港华山路提升改造工程、王海线石化新材料北门东路段改建工程、王海公路改造工程、悦达科创园北延道路、中天项目配套道路工程竣工通车。海融社区污水处理工程竣工投入使用；港区生活污水厂项目施工单位进场施工；港区生活污水厂配套管网线路进入施工图设计阶段；复河桥、王港河大桥、王港河东大桥3座桥梁完成修复加固工程，已通车。悦达汽车（大丰）科创园研发测试中心交付。悦达·开元曼居酒店正式投入运营。

【港城安全环保】 2022年，大丰港城管理办公室强化安全意识，围绕三年专项整治，扎实开展各类安全生产工作。强化安全督查和巡查，重点做好建筑施工、城镇燃气、地下管网、文化旅游专项治理和港城日常安全管理，全年辖区未发生安全事故。进一步加大水环境整治力度，强化河长制管理，加强对日月湖、分界河、海堤复河、疏港复河、辰光河环境卫生的日常巡查，确保河道整洁，疏港复河被评为生态示范河道；推动海洋生态文明建设，开展浒苔绿潮联防联控，完成辖区企业紫菜养殖设备回收工作；督促施工单位做好扬尘管控，施工围挡率、进出道路硬化率、裸土覆盖率、出入车辆清洗率均为100%。

【港城征地拆迁】 2022年，大丰港城管理办公室按照年度征地拆迁进度计划，牢固树立“依法征地、以情拆迁、和谐发展”的工作理念，积极推进征地拆迁工作。完成中汽盐城试验场二期智能网联项目约66.67公顷地块征收；港区高速出口处和兴路桥工程有限公司整体搬迁；大丰港城日月湖大道北侧约2公顷污水处理厂建设用地征地洽谈完毕，签约收回。

【港城社区服务】 2022年，大丰港城管理办公室推动“户户进、人人访”工作，逐件梳理解决群众反映的就近看医难、活动器材少、小区环境差、充电不便等民生问题50件，帮扶关爱困难群众家庭43户，发放慰问资金21200元。开展社区党建为民服务系列项目，投入资金约20万元；帮助辖区内人才公寓、星湖花园、海润园、诚通国际4处生活区申报体育健身器材4组。常态巡查管理街道的公共环境，宣传引导居民遵纪守法，减少私搭乱建、出店经营，共同守护美丽的市场环境。

【港城旅游发展】 2022年，大丰港动物园不断升级改造，丰富野生动物种类，多方面提档升级，增加园区项目内容。新改造水豚展区，新建长颈鹿互动平台，新增新生动物保育展区，新建成儿童无动力游乐设施、天鹅湖游船等，全面提升人与动物的互动性、趣味性、科普性，全力营造动物园新业态、新项目、新亮点，实现园区整体品质提升，打造特色旅游景区。

（任婷婷）

大丰港

【概况】 2022年，盐城港大丰港区积极抢抓中韩（盐城）产业园建设、长三角一体化产业发展基地建设等重大机遇，围绕建成长三角北翼现代物流枢纽港目标，积极争当沿海高质量发展先行军，为建设“强富美高”新大丰提供强劲动力支撑。港口全年完成货物吞吐量8470.2万吨，集装箱52.7万标箱，同比分别增长19.9%、40.2%。

【内河航线开通】 2月28日，大丰港区至宿迁港内河集装箱航线正式开航。6月10日，大丰港区至淮安港内河集装箱航线完成首航。9月9日，大丰港区至武汉阳逻港内河集装箱航线正式开通。10月13日，大丰港区至南京龙潭港内河集装箱班轮航线开航。10月20日，大丰港区至信阳淮滨港集装箱航线开通。

【盐城港跨境电商园开园】 6月16日，盐城港跨境电商园正式开园。园区位于大丰港莎士比亚小镇，建设总投资为1.5亿元，占地面积2.1万平方米，设有招商运营中心、各类特色国家馆等基础设施，预计年销售额2亿元。园区以打造极具盐城特色的沿海跨境电商创新示范园为目标，采用市场主导、园区引导、政府监管的发展模式，力争形成汇集外贸产业链、电商服务链、跨境供应链的产业生态体系。

【大丰港进境肉类、水果指定监管场地通过省级预验收】 8月2日，南京海关组织联合验收组对大丰港进境肉类、水果综合型指定监管场地进行省级预验收。验收组成员一致认为该项目施工质量符合设计、规范要求和验收标准，顺利通过预验收，将按程序向海关总署上报。该项目包括前置拦截区、查验区、检验检疫处理区、监控设施及标识标牌等，已具备进境肉类、水果检测技术能力，下一步将加快通过国家级验收，实现封关运营。

2022年，盐城港大丰港区全年完成货物吞吐量8470.2万吨，集装箱52.7万标箱　周古凯　摄

【大丰港区多条国际航线开通】 9月17日，大丰港至南美杂货班轮航线正式开航，初期为每月一班。该航线为大丰港首条远洋航线，开创了大丰港杂货班轮装卸的先河。10月27日，大丰港至日本国际直达集装箱班轮航线正式开航，初期为每周一班，航程约791海里。12月20日，大丰港至东南亚（越南）国际集装箱班轮航线成功试航，航程约1900海里，航行时间7天，进一步畅通大丰区与东南亚地区的物流通道。

【自动化集装箱堆场正式启用】 10月15日，盐城港大丰港区自动化集装箱堆场启用仪式举行，标志着江苏沿海地区首个自动化集装箱堆场投入运营。该堆场具有自动化无人轨道吊、智能一体化操作系统等四项核心技术，综合运用自动化控制、数字孪生等先进手段，实现整个堆场作业区域的无人化，并将作业效率提升30%以上。

【大丰港自有滚装船首次出境】 11月1日，大丰港至南非德班港国际直达汽车滚装航线开航，为国产汽车出口提供新的出海通道。执行本次首航任务的为大丰港自有滚装船“黎明号”，装载2350辆长城新型汽车，货值约3.53亿元，从大丰港区出运，经太平洋，穿越马六甲海峡，横渡印度洋，直达南非德班港，发往南非各地，航线航程约7300海里，预计航行时间20天。

【大丰港区保税物流中心经营业绩创新高】 2022年，大丰港保税物流中心持续提升库区货物中转量，积极拓展特色货种，向客户提供报关、报检、物流、装卸等配套全程物流服务。全年完成进出口货值超3.36亿美元，同比增长441.94%，创2017年封关运营以来单月、单季、年度历史新高。在全国85家保税中心中名列第23位，在省内名列第3位，跨境电商“1210”一线进口额居全市第一。

【大丰港口岸疫情防控】 2022年，大丰港口岸严格按照国家和省关于口岸疫情防控要求和中国籍船员出入境指南，全流程闭环做好船员换班工作。全年完成30批次625名中国籍船员在大丰港口岸换班（313人上、312人下）。严格做好船岸界面管控，严格执行“非必要不登轮、不登陆、不搭靠”规定，设立外贸工作专班，新建专班集中居住区，实行“两点一线”封闭管理，全年口岸疫情防控形势稳定。

（吴　荣）

海监与海洋综合管理

【海域海岛综合管理】 2022年，大丰区自然资源和规划局贯彻落实中共中央、国务院对浒苔绿潮防控工作指示精神，按照省、市、区2021—2022年度浒苔绿潮联防联控工作方案，积极开展浒苔绿潮联防联控工作。紫菜养殖企业完成养殖设施除藻喷涂，开展筏架标签上架28万套，回收养殖设施8693台。开展浒苔前置打捞工作，组织打捞船只610艘次，打捞浒苔65吨、马尾藻约12吨、竹竿约4500根，有效改善海洋生态功能。有序推进围填海历史遗留问题处理，省自然资源厅下发围填海历史遗留问题清单23宗、面积2487.39公顷，已完成9宗、74.12公顷处置工作。完成《盐城市大丰港北片区围填海历史遗留问题处理方案》，报自然资源部备案，备案面积447.14公顷，有力保障海水淡化等项目用海。完成新王竹区域防灾减灾岸滩加固工程和黄海码头引桥等用海手续的报批。做好海域金征收工作，全年完成175宗海域使用权的海域金征收任务，征收海域使用金6066万元。

【海洋监测】 2022年，大丰区自然资源和规划局加强海域动态巡查，推进海域使用规范化建设。加强典型岸段专项监测，全年组织动态监测20次，其中岸线巡查12次、疑点疑区测量8次。加大海洋灾害预警报力度，依托自然资源部东海局南通海洋中心技术力量，全面提升海域管理和海洋灾害监测预警能力。重点开展汛期海洋灾害预警报，较好地保障沿海区域经济社会发展和人民群众生命财产安全。通过区预警信息发布平台，多次向海上风电企业和王竹养殖区发布汛期台风预警，认真落实各项防御措施，做好台风汛期的防御工作，通知相关单位和个人在台风来临前，停止海上作业，做好避险措施。

（陈　萍）

2022年，大丰区自然资源和规划局积极开展浒苔绿潮联防联控工作，有效改善海洋生态功能　金海生　摄

海事管理

【概况】 2022年，盐城大丰海事处（以下简称海事处）全面落实党中央“疫情要防住、经济要稳住、发展要安全”部署要求，坚持“稳中求进、务实创新”，以“提升海上交通本职安全水平”为目标，以“外部联合”与“内部融合”为重点，凝心聚力防风险、保安全、优服务、促发展，在机遇面前主动出击，在困难面前迎难而上，在风险面前积极应对，奋力开创高质量发展新局面。

【海事监管】 2022年，海事处全面履行海事监管职责，有力开展各项专项行动，提升事中事后监管水平。全年开展船舶安全检查初查28艘次，查处缺陷234项，单船缺陷数8.36项，滞留6艘次，滞留率21.43%，复查33艘次；船检质量监督检查8艘次，检查比例28.57%。现场监督检查初查88艘次，复查52艘次。全年开展水工核查15次，核查船舶50艘次，核查未通过2艘次，核查通过率86.67%。核查过程中发现船舶各类违法行为9起，实施行政处罚9起13件，处罚金额39.2万元。严把施工船舶准入关，对施工船舶不适航、船员不适任实行一票否决制。全年实施行政处罚63起85件，其中不予处罚1起，处罚金额437.95万元。全年开展燃油抽检122艘次，无线电违法行为查处10起12件，船员虚假资历查处2起，劳工检查1起，载重线检查1起。船载危险货物船岸界面检查117艘次，2艘次船舶未严格落实船岸界面管理要求被警告，查处能耗数据未报告2起，违法排污行为2起，强化船舶污染防治，保护海洋环境。

【水上安全治理】 2022年，海事处联合区发改委，对辖区海上风电交通运维工作开展联合检查活动，执法人员对出海运维人员登记台账、应急预案落实情况、运维船舶安全管理、船岸界面应急演练等进行详细检查，要求业主单位树牢安全理念，举一反三，查找身边隐患，认真做好自查自纠工作，切实落实好安全生产主体责任。海事处联合区公安局、农业农村局、交通局、水利局、草庙镇政府、港区等单位开展“净海清岸”联合执法行动，对川东闸下游南北两岸停靠点和船舶、纳潮闸下游水域、王港老闸下游南北两岸停靠点和船舶等进行全面清查，拆除非法停靠点1处，现场拆解“三无”（无船名号、无船籍港、无船舶证书）浮子筏10艘，扣押“证照不齐”小游艇1艘，其他扣押的“三无”船舶后期将继续依法取缔和拆解。

【海事服务优化】 2022年，海事处精准服务，全力保障巴拿马籍滚装船“大丰港黎明号”载运汽车出口南非，货值达3.5亿元。海事处根据滚装船稳心高、货物通道靠近吃水线、内部缺少横向舱壁的属性特点，对该轮实施远程港口国检查，重点检查车辆系固绑扎、船舶关键性设备效用、船舶配载、计划航行航海图书资料配备、船舶证书配员等情况，确保监管全方位无死角，保障船舶出港航行安全。海事处详细了解船舶信息、航次计划、近期气象海况等，协同引航、码头调度、船舶代理等多部门共同制定通航保障措施，密切跟踪该轮动向，充分利用无人机、CCTV（海事数字电视监控系统）、AIS（船舶自动识别系统）等信息化手段远程实时监控作业过程。海事处紧盯海上风电水上交通重大风险隐患管控，采取多项措施积极保障交通运维安全。全年开展船舶安全检查21艘次，发现缺陷145项，现场监督检查57艘次，发现缺陷83项，发布大风预警信息33次，成功防抗台风“轩岚诺”“梅花”，组织1420艘次船舶避风。通过现场巡查和海上巡航，查处涉及海上风电场施工及运维船舶配员不齐、未按规定进出港报告等违法违规行为18件，罚款金额85.9万元。全年海上风电交通运维船舶3560艘次，船员1.34万人次，运维人员3.40万人次，未发生一起安全事故和人员伤亡事件。

（顾　丽）

2022年9月，大丰海事处开展港口国监督检查和集中检查会战

（大丰海事处　供图）

〖编辑　於晨婷〗

开放型经济

综 述

【商务经济发展】 2022年，大丰区深入贯彻新发展理念，积极应对疫情给商务经济造成的冲击，扎实推动商务经济高质量发展，对外贸易稳中有进，外资项目取得突破，经贸合作持续深化，载体平台不断提升。主要指标稳中向好，利用外资到账12017万美元，同比增长4.9%；新设外商投资企业15家，协议注册外资43768万美元，同比增长5.1%。外贸进出口总额45.46亿美元，同比增长8.4%，进出口超1亿美元企业有9个，占全市的三分之一。

【招商活动】 2022年，大丰区组织参加5月18日"共享'盐'海机遇，合作'城'就未来"中国盐城投资环境说明会暨丹顶鹤国际湿地生态旅游节开幕式，总投资20亿美元的金光纸业大丰产业基地等5个项目签约。参加第四届中韩贸易投资博览会开幕式暨江苏—韩国经贸合作交流会，总投资2.5亿美元的锂电池电极辅助材料等3个项目签约，签约项目数列盐城市各县市区第一。邀请日本氢能产业企业家代表团到大丰考察。

【重点外资项目】 2022年，大丰区有市重点外资项目8个，总数为盐城市各县市区最多。金光纸业大丰产业基地项目到账外资4000万美元，天合光能项目外资到账1000万美元，新开工总投资1000万美元以上外资项目6个，LM海上风电叶片项目取得突破。

对外贸易

【概况】 2022年，大丰区拓展新兴市场，培育外贸新业态，挖掘新增长点，全面扩大进出口规模，全年实现外贸进出口总额45.46亿美元，在盐城市各县市区排名第一。年内，大丰区进出口超1亿美元企业有9个，超1000万美元企业有42个，出口超1亿美元企业有4个。

【国际市场开拓】 2022年，大丰区组织企业参加RCEP专题培训和跨境电商专题培训，参加广交会（中国进出口商品交易会）、进博会（中国国际进口博览会）、"江苏优品·畅行全球"线上国际展会和对接会、"苏新服务·智惠全球"线上对接会、2022"三线联动"RCEP国际展会和中国跨境电商交易会（秋季）等重点展会，开拓国际市场。全年对RCEP（区域全面经济伙伴关系协定）成员国的进出口总额13.03亿美元，占全区总量的28.7%。

【企业服务】 2022年，大丰区落实上级纾困解难政策，10月向39个外贸企业发放市级纾企解困资金225.7万元。积极帮助外贸企业利用广交会、跨交会（中国跨境电商交易会）、"江苏优品·畅行全球"等系列线上线下展会稳订单、拓市场。10月15—24日，助力企业参展"云端"广交会，扩大"朋友圈"，开拓国内外市场。大丰共有26家企业参展，累计成交意向订单1.2亿美元。大丰创意工艺品有限公司展会期间，通过直播间吸引来自欧美地区客人18批次，邀约潜在客户进入直播间观看。

2022年大丰区进出口超3000万美元企业一览表

表7

单位：万美元、%

序号	企业名称	进出口额	同比增幅
1	盐城市大丰区泽城贸易发展有限公司	75630	-28.5
2	盐城大丰阿特斯阳光电力科技有限公司	74156	37.6
3	天合光能（盐城大丰）有限公司	54263	1344.5
4	盐城正泰新能源科技有限公司	33486	252.9
5	盐城大丰和顺晟达国际贸易有限公司	29504	372.6
6	江苏博汇纸业有限公司	26687	-21.4
7	大丰海融国际贸易有限公司	18751	-38.5
8	安道麦辉丰（江苏）有限公司	14119	313.5
9	大丰英茂糖业有限公司	12999	14.7
10	大丰海聆梦家纺有限公司	9051	-15.2
11	江苏丰山集团有限公司	5791	21.0
12	大丰利电电子有限公司	5179	20.0
13	江苏国林林产品有限公司	4843	-33.8
14	江苏北大荒油脂有限公司	4580	-59.8
15	江苏君霖纺织科技有限公司	3634	-27.3
16	江苏大丰新安德矿业有限公司	3476	141.1

利用外资及中国港澳台资

【概况】 2022年，大丰区发挥长三角一体化产业发展基地、中韩（盐城）产业园临港产业配套区、国际合作绿色低碳产业园优势，组织韩国、日本、欧美等境外经贸洽谈会及上海、北京、深圳等地外资企业合作恳谈会，积极邀请跨国公司及境外商协会参访大丰，拓展外资项目源。创新项目管理方式，按照谋划、签约、备案、在建、投产等不同阶段，将近几年落户"两重一实"项目有外资背景的、收集的外商投资信息、在谈的外资项目、在建的外资项目、外资企业增资项目等全面纳入外资项目库，进行动态管理调度。

【外资项目】 2022年，大丰区新设外商投资企业15个，协议注册外资43768万美元，同比增长5.1%；其中超3000万美元项目4个，外商投资企业合同外增资6个。市重点外资项目8个，总数为全市最多。

2022年大丰区实际到账外资及中国港澳台资情况表

表8　　单位：万美元、%

国家或地区	实际到账外资及中国港澳台资	占实际到账外资及中国港澳台资总额百分比
中国香港地区	10023.8	83.4
英属维尔京	900	7.49
新加坡	984	8.19
韩国	39.2	0.33
美国	70	0.58

对外经济技术合作

【外经项目追加投资】 2022年，江苏谷登工程机械装备有限公司在泰国泰中罗勇工业园投资，新上年产250台非开挖水平定向钻机项目，汇出1500万美元。

【丰海公司援建马尔代夫】 2022年，江苏丰海新能源淡化海水发展有限公司向马尔代夫政府提供5套微网海水淡化设备，完成欧芙菲丽富士、阿里富士、凯拉3个岛屿微网海水淡化设备建设。丰海公司拥有多项发明及实用新型专利，其核心技术“孤网风电海水淡化集成系统及方法”“集装箱式微网海水淡化技术”等已获中国发明专利授权，经中国高科技产业化研究会科技成果鉴定，具有国际先进水平；万吨级新能源淡化海水成套装备被认定为“江苏省首台（套）重大装备产品”，新能源海水淡化设备获得联合国工业组织授牌并进入联合国全球政府采购清单。

（李林珅）

招商引资和项目建设

【概况】 2022年1月17日，全区产业高质量发展大会召开，印发《全区产业高质量发展实施方案》，引导招商人员重点围绕三大战略性新兴产业开展招商。年内，全区对照产业高质量发展实施意见，坚持项目为王，主攻重大项目，从方向引领、建强队伍、精准推进、活动检验、签约落户等方面持续加大工作力度。大丰区全年组织专题招商活动近20次。全区入库投资信息947条，全年认定签约项目187个，其中10亿元以上16个。盐城市项目平台2022年认定大丰区1亿元以上项目118个，列全市各县市区第一。

【招商活动】 2月16日，区委、区政府组织了长三角（苏州）战略性新兴产业项目“云签约”活动，集中签约项目12个，协议总投资209亿元。3月28日，区委、区政府参加全市长三角一体化产业发展基地重大项目签约活动，大丰区集中签约项目25个，其中大丰产业基地项目17个。4月8日，全市项目“家家到”观摩在大丰区举行，大丰区蜂巢电池、天合光能等7个项目接受观摩，受到好评。4月23日，区委、区政府组织长三角一体化产业发展基地招商出征动员会。5月18日，区委、区政府组织总投资20亿美元的金光纸业、总投资20亿元的港龙科创中心项目、总投资15亿元的上玻院风电叶片项目等参加“5·18”全市“云签约”，大丰专场集中签约项目25个。5月31日—6月2日，区长戴勇带队赴深圳开展招商活动，拜访华美兴泰、前海翼联、迅捷兴、学之友等一批重点企业。7月5—7日，区长戴勇带队拜访苏州（太仓、昆山、常熟、苏州工业园区、苏州高新区、张家港）、常州（滨江化工园区）和当地一些企业，听取各驻苏州招商局（站）负责人跟踪长三角地区重大项目情况及工作开展情况汇报。7月16日，总投资100亿元的纬景储能项目在大丰东苑宾馆签约。7月29日，区委书记李志军带队到苏州集中推介，19个项目签约，拜访晟成光伏设备、阿特斯、金融小镇、昆山宝锦激光等企业。9月1日，总投资3.5亿元的海工装备项目签约落户苏盐园区。9月3日，蜂巢一期产品下线仪式，在大丰举行蜂巢能源供应商大会暨盐城基地量产下线仪式。10月26日，区委、区政府举办长三角一体化产业发展基地（苏州专场）云签约活动，20多个项目集中签约，协议总投资45亿元（其中外资项目2个，协议总投资7000万美元），涉及锂电池材料、高端智能电器、半导体光伏设备等产业链节点。11月24—25日，区委、区政府在常州招商，集中签约项目23个。

【招商队伍建设】 年初，区委、区政府组织了为期三天的长三角一体化产业发展基地建设专业招商培训。5月，区委组织部印发《关于进一步提升全区招商队伍专业素质的实施方案》，深化招商绩效考核管理，激发招商内驱力。7月，组织了招商培训沙龙，邀请各板块优秀招商负责人代表4名、年轻招商干部代表13名，发扬招商人员“老带新”的优良传统，促进招商“新兵”迅速进入角色，提升招商技能。8月，邀请海安招商专家到大丰开展专题招商培训。11月，邀请新华社安排产业招商专家通过视频方式为全区近100名招商人员开展外资及央企招商专题辅导，提升招商实战能力。

【产业项目签约】 2022年，大丰区签约项目投资规模较大。投资100亿元以上2个：开发区102亿元阿特斯储能项目、港区100亿元天合储能项目；50亿~100亿元2个：常盐60亿元纬景储能项目、开发区52亿元望江风电齿轮箱项目；30亿~50亿元项目2个：开发区30亿元通灵芯片接线盒模块项目、大中30亿元永悦无人科技；10亿~30亿元9个：开发区20亿元理研汽车零部件、10亿元双瑞风电叶片、港区16.98亿元保税物流仓储二期、10亿元库珀风电装备、10亿元粮食仓储物流园、10亿元丰山电解液、常盐10亿元风渡风电叶片零部件、10亿元尔华杰汽车零部件，苏盐20亿元瑞环NMP；5亿~10亿元8个。签约项目落户转化率提高。竣工投产12个、初审认定开工44个，启动建设30个。产业结构进一步优化提升。战略性新兴产业项目76个，占比46.9%；高端装备制造项目13个，占比8%。战略性新兴产业和高端装备项目协议投资额占全部签约项目协议投资额的82%。

【重大项目建设】 2022年，大丰区百亿级龙头项目落户开工。100亿元的蜂巢动力电池一期部分投产，年内成功封顶；总投资100亿元的天合储能项目、总投资102亿元的阿特斯储能项目开工建设。产业链项目延链补链。新能源装备产业项目中，总投资10亿元的风渡风电叶片部件一期部分试产，总投资10亿元的中天海缆一期年底竣工，总投资10亿元的正泰二期、总投资30亿元的通行光伏接线盒年底启动建设。电子信息产业项目加快建设，总投资20亿元的博敏电子二期、总投资10亿元的金信诺智能制造竣工投产，总投资15亿元的洪田高端装备项目开工建设。汽车零部件项目，创一新能源汽车零配件制造主体竣工、满分汽车刹车片、礼盛新能源汽车玻璃制造加工等项目开工建设。重大临港产业项目相继启动建设。总投资20亿元的苏盐粮食仓储与加工项目、总投资10亿元的博汇化机浆配套废液综合利用项目已开工建设，总投资32亿元的博汇年产80万吨特种纸、总投资17亿元的盐城港保税物流中心仓储（二期）等项目启动建设。

【"家家到"开工观摩活动】 2022年，全区组织11次"月月开、家家到"观摩活动，5000万元以上开工项目累计184个，计划总投资466.89亿元。年内，积极实施"零审批开工""拿地即开工""即到即办"等措施，加快项目推进快速通道，确保项目快开工、快建设、早达产、早达效。

（顾鹏贵　陈春芹）

区域经济及接轨上海

【概况】 2022年，大丰区发挥"北上海"优势，紧扣"一体化"和"高质量"，积极融入以上海为龙头的产业创新体系，积聚长三角一体化产业协同发展新优势。2020—2022年，大丰区连续三年接轨上海工作全市考核第一。"加快推进沪苏大丰产业联动集聚区省际合作园区建设"列入长江三角洲区域一体化发展规划纲要，"提高沪苏大丰产业联动集聚区和上海农场（大丰）发展水平、共建上海优质农副产品供应基地和加工基地"分别列入江苏省"十四五"规划、长三角一体化发展三年行动计划（2021—2023年），"推进沪苏大丰产业联动集聚区载体建设"列入上海市"十四五"规划。常盐工业园区在常州设立盐城"科创飞地"。2022年8月，大丰区与苏州高新区签订产业发展合作备忘录。组织大丰区接轨大上海深耕长三角招商活动、长三角一体化产业发展基地（苏州专场）云签约活动等一系列招商引资活动，总投资102亿元的阿特斯储能、总投资20亿美元的金光纸业、总投资100亿元的天合储能、总投资52亿元的长安望江齿轮箱等重大项目签约落户。

【南北合作共建】 2022年，沪苏产业联动集聚区全面落实长三角一体化产业发展基地建设精神要求，面对新冠肺炎疫情，为企业保物流畅通、助企业纾困解难，帮助重点企业争取到各类扶持补贴共5800余万元，完善服务体系，建立服务标准，拟订《园区企业客服管理办法》，为广大中小企业普及科创政策，提高服务水平。全年完成全口径工业开票销售100亿元，同比增长85%；规模以上工业开票销售90亿元，同比增长120%；固定资产投资同比增长13%；一般公共预算收入同比增长13%；到账外资776万美元；外贸出口总额4亿美元。常盐工业园区积极推进长三角一体化产业发展基地相关规划编制工作，完成《常盐工业园区及大丰高铁片区概念性规划》《常盐工业园拓展区控制性规划》《常盐工业园拓展区城市设计》规划编制成果，《常盐工业园拓展区控制性规划》形成法定文件，基本构建园区拓展区规划编制体系。签约1亿元以上项目15个，总投资260.88亿元，含50亿元以上项目2个、10亿元以上项目5个。年内新开工项目7个，竣工项目5个。风渡风电叶片零部件项目从签约到建成达产仅用半年时间。苏盐合作园区加强与苏州各板块产业转移对接，全年完成工业开票销售5.5亿元，同比增长111.5%；一般公共预算收入3000万元，同比增长154%；固定资产投资完成2.2亿元，同比增长120%。新签约亿元项目12个，亿元项目开工10个，亿元项目竣工6个，合计总投资101.3亿元。新增高新技术企业2个。

【接轨上海】 2022年，大丰区接轨上海工作呈现良好发展势头，以长三角一体化产业发展基地建设为统揽，全方位深度接轨上海，深耕长三角，加快"一区三基地"（北上海"飞地经济"示范区、上海科创成果转化基地、上海生态旅游康养基地、上海优质农产品供应基地）建设。组织召开"接轨大上海深耕长三角"招商活动，推动临港集团与大丰区的全面合作和深度合作，长三角技术技能人才培训基地签约并正式开工。全年新招引长三角地

2022年，大丰高新区总投资100亿元的蜂巢动力电池项目一期4条生产线投入运行　周古凯　摄

区1亿元以上项目102个（100亿元以上项目3个），其中上海地区项目21个，100亿元以上项目1个，10亿~100亿元项目5个，1亿~10亿元项目15个；新开工长三角地区1亿元以上项目63个。总投资100亿元的天合储能、总投资102亿元的阿特斯储能项目开工建设，总投资100亿元的蜂巢动力电池项目一期4条生产线投入运行。经沟通对接，省发改委长三角处同意将大丰港铁路支线项目作为国家2023年长三角一体化中央预算内资金申报项目。2022年，长三角一体化产业发展基地实现地区生产总值580亿元；完成一般公共预算收入40.9亿元；实现规模以上工业开票销售1272亿元，同比增长12.3%；完成固定资产投资260.9亿元，同比增长13.8%，其中民间投资181.9亿元，同比增长44.8%；外贸进出口总额45亿美元，注册外资实际到账1.2亿美元。基地建设加快提速，区科技局组织开展江苏省和盐城市工程技术研究中心申报工作，认定省工程技术研究中心2家，市工程技术研究中心35家；创成农产品区域公共品牌2个，南阳辣根获批国家地理标志农产品，大丰麦仁获批国家地理标志证明商标；新增省级以上农产品品牌目录2个，"裕华大蒜""南祥辣根"入选《2022年江苏省农产品品牌目录》。高质量推进上海苏北农场发展，上海市政府与江苏省政府建立上海域外农场省级协同机制，双方签署《上海苏北农场高质量发展合作备忘录》，上海市政府出台《关于促进上海域外农场高质量发展的实施意见》。"一园一厨五基地"（光明食品产业园，中央厨房及净菜加工配送，奶牛养殖及乳制品深加工基地、进口牛羊肉及深加工基地、蛋禽养殖及深加工基地、粮食储备加工基地、水产品养殖及加工基地）项目扎实推进，总投资3.5亿元的禽业养殖和蛋品深加工项目开工建设，成立沪丰优粮产业生态联盟，推动区场农业规模化、标准化、产业化，新增优质蔬菜供应基地6个、粮食订单种植面积6666.67公顷。中央厨房"阳光定食"加工配送中心每日供应全区72所中小学校4.2万名师生，推动供应市场扩大至上海、苏南地区。全面接轨稳步推进，开展上海红房子医院专家预约线上远程会诊，共来诊18次，门诊人数326人，实施手术40余台，示范带教查房12例；选派5批共100名医疗骨干组团赴上海中山医院进修学习，进一步增强大丰区医疗机构中坚力量和教科研能力。

【一带一路】 2022年，大丰区积极推进与"一带一路"（丝绸之路经济带和21世纪海上丝绸之路）沿线国家和地区及RCEP成员国的经贸合作，不断加大走出去、引进来力度，提升合作水平，推动开放型经济高质量发展。2022年，大丰港完成货物吞吐量8470.16万吨，集装箱52.65万标箱，创历史新高。10万吨级深水航道一期工程通过竣工验收，通用码头扩建泊位项目取得环评批复。国际经贸合作深化。依托丰海新能源淡化海水发展有限公司，打造新能源海水淡化装备及创新示范基地。创新载体平台加快发展。围绕科技创新"一带两区三中心"，加快G343产业创新带建设，打造长三角一体化产业创新示范区，争创省级、国家级农高区，打造新能源、新能源汽车、新一代电子信息3个产业创新中心，以载体平台吸纳人才，年内新增省级以上研发机构及人才站点9家。生态环境保护深入推进。编制占用湿地保护与恢复方案，对申请占用湿地项目进行审批，审批港区工作船安保设施项目等占用湿地项目13个，占用湿地面积46.75公顷，补充湿地面积72.93公顷。积极推动在川东港南建川养殖区108公顷退养区域开展生态修复试点工程。

（邹　洁）

海关监管

【概况】 2022年，盐城海关驻大丰港办事处（以下简称办事处）监管进出境货物613.74万吨，同比增长-40.64%；其中集装箱货物2.21万标箱，同比增长-36.86%；监管进出境国际航行船舶424艘次，同比增长-36.90%；开征税款20.06亿元，同比增长-16.38%，接受报关单申报5675票，同比增长41.49%。

【水路口岸疫情防控】 2022年，办事处加强专班人员梯队建设，深挖内部潜能，办事处15人参加水运专班工作；加强培训考核，规范检疫作业；搭建安全防护实训室，加强个人安全防护培训；改造升级脱卸区语音摄像头和专班封闭区域管理，做到零漏洞、无死角。加强与口岸联防联控机制的协作配合，参与水域口岸疫情防控驻点工作实体化运作，优化核酸采样送检流程，参加省市专项检查7次；密切关注猴痘、埃博拉、病毒性肝炎、黄热

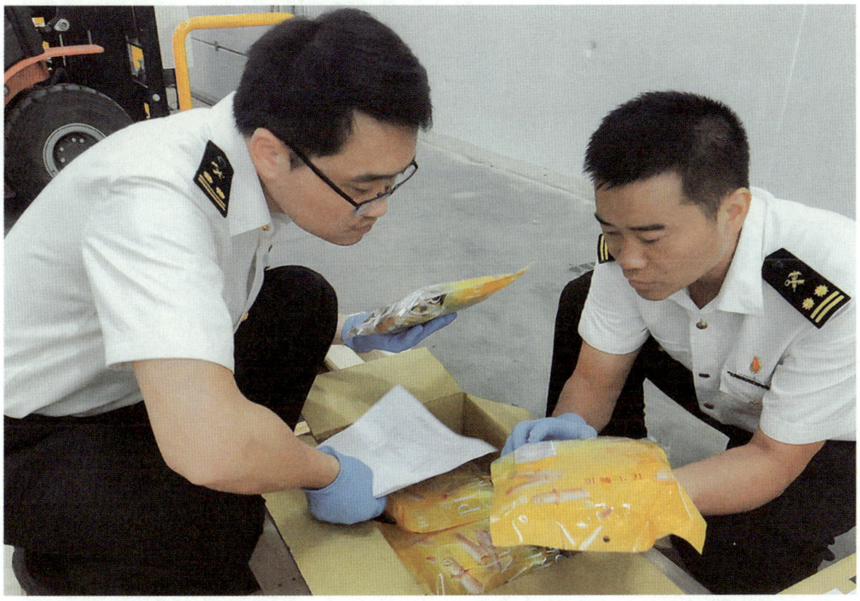

2022年9月，盐城海关驻大丰港办事处关员对进口食品实施查验
梁训光　摄

病发展态势，严防疫情疫病通在口岸扩散蔓延。2022年，办事处开展专班作业24轮次，计95人次参与封闭专班工作。

【重大风险防控机制】 2022年，办事处坚持“外防输入、内防反弹”总策略和“动态清零”总方针，坚持“人物环境同防”“多病同防”。对专班隔离区域进行完善，查漏补缺；多形式组织学习培训140人次。做好进口走私固废清退工作，查获进口申报品名为“旧金属工具”等26.76吨，经鉴定为固体废物，移交缉私部门处理后，依法责令企业完成退运。加强口岸运行监控，累计开展监管作业场所巡查83次，发现问题5个，制发整改通知书3份。落实“国门绿盾2022”行动，实施2022年度国门生物安全和口岸外来入侵物种普查，在进境植物类产品中共计截获各类检疫性有害生物90种/1720种次，其中检疫性有害生物12种/193种次，非检疫性有害生物78种/1527种次。对32批进境原木实施检疫处理。对标签营养素不合格的进口蛋白粉采取监督销毁措施1批，共计1454罐，货值3867.2美元。退运处理无官方原产地证书进口日本酒1批，货值100万元。发现2批进口肠衣申报不符，责令改正后放行。查发1批俄罗斯大麦官方植物检疫证书不合格，俄罗斯联邦兽医和植物卫生监督局重新出具合格植物检疫证书后放行。年内，南京海关风控局对盐城海关风控工作成绩予以肯定，其中，经南京海关上报海关总署的风险信息，办事处全部完成。

【税收征管和安全监管】 2022年，办事处全力做好税收工作，完成广州税管局事后验估指令单，对山东某企业于2018年进口的轻循环油“不能享受东盟优惠协定税率，应按照非优惠税率进行税款补征”，成立盐城海关工作小组，沟通上级海关部门，制定方案，开展企业政策宣讲，最终完成3729364.72元税款追征工作。完成某企业进口伪造植物检疫证书货物销毁，实地监管自加拿大进口的12736.51立方米，货值811226美元的云杉原木全部销毁工作。实施口岸危险品综合治理百日专项行动，完成口岸进口硫黄存放问题整改，依企业申请将堆放场所变更为非海关监管场所。

【科技和制度赋能】 2022年，办事处推动无接触式检疫试点，打好防疫“科技战”，完成设备采购、码头硬件设施改造、5G信号架设等，并于12月成功试点。落实海关总署关于促进外贸保稳提质各项措施，推动“联动接卸”监管模式落地，大丰港成为省内第二家开通此模式的口岸；加大“船边直提”“抵港直装”监管模式推广力度，扩大试点商品和企业范围。2022年1—11月，采用“船边直提”模式进口货物54批次、146.42万吨；采用“抵港直装”模式出口货物62批次、15.01万吨。

【口岸开放载体建设】 2022年，办事处助力重点项目建设，打造扩大开放新载体。指导企业开展智能化集装箱堆场建设，规范海关监管场所设置要求；加快推进进境水果、肉类指定监管场地建设，完成指定监管场地预验收工作，等待海关总署正式验收；指导盐城大丰华丰进境种牛隔离场完善基础设施设备，支持优质种源进口；保障盐城港至日本国际直达集装箱班轮航线顺利开通，助力“沪盐专线”加密航线，确保集装箱货物快出快进；深化通关领域重点业务改革，压缩通关时间。

（于　昀）

口岸管理

【概况】 2022年，大丰区积极推进口岸载体建设，大丰港自动化集装箱堆场投入运营，进境肉类、进境水果指定监管场地建成并通过省级验收。2022年完成港口货物吞吐量8470.16万吨，集装箱52.65万标箱，分别同比增长19.9%、40.2%，创历史新高。

【口岸开放】 2022年，大丰区新开通至日本关西地区国际直达集装箱班轮航线、至南非德班港国际直达汽车滚装航线、至南美杂货班轮航线，部分品牌汽车从大丰港出口南非、南美等国家和地区。

（李林珅）

〖编辑　朱晓华〗

区园建设

江苏大丰经济开发区

【概况】 2022年，江苏大丰经济开发区实现一般公共预算收入14.4亿元、增值税（100%）11.7亿元。新签约1亿元以上项目25个，新开工1亿元以上项目16个，新竣工投产1亿元以上项目15个。全口径工业开票销售404.78亿元，规模以上工业开票销售380.07亿元，规模以上工业总产值351.39亿元；固定资产投资完成38.83亿元，其中民间投资28.75亿元，工业技改投资6亿元，高新技术产业投资19.84亿元。规模以上服务业营业收入4.71亿元；限额以上批零住宿餐饮销售额31.67亿元；限额以上批零住宿餐饮业零售额6.48亿元。新增规模以上工业企业17个，规模以上服务业企业5个。外资到账6221.69万美元，外贸进出口总额9.8亿美元。

【招商引资】 2022年，江苏大丰经济开发区围绕长三角一体化产业发展基地“一年出形象”，积极拓展产业链上下游，激发“链”式反应。总投资102亿元的阿特斯光伏储能系统项目签约落户，首次实现百亿元项目的突破。年内，总投资52亿元的长安望江风电齿轮箱、30亿元的通灵光伏接线盒、15亿元的德九储能装备制造等一批重特大项目签约落户。

【经济发展】 2022年，江苏大丰经济开发区实现一般公共预算收入14.4亿元，首次突破14亿元，再创历史新高。阿特斯公司开票销售收入首次超80亿元，正大丰海公司、金风科技公司、阿特斯科技公司纳税均超1亿元，另有15个企业纳税超1000万元。

【品牌创建】 2022年，大丰科技创业园在科技部火炬中心2021年度国家级科技孵化器评级为优秀（A类）。江苏中车公司被评为省级现代服务业高质量发展领军企业，成为盐城市唯一入围企业；正大丰海公司、中车电机公司、博敏电子公司获批省级重大成果转化项目。金韦尔公司、理研科技公司、宝诚重工公司等13个企业培育成为省级专精特新“小巨人”企业。

【科技创新】 2022年，金风科技公司生产出16兆瓦海上风电机组单机，全球容量最大；江苏中车公司生产出16兆瓦级半直驱风力发电机，全球功率最大；双瑞公司生产出126米SR260超大型海上风电叶片，全球最长。江苏金风科技公司获得2021年度省级企业技术创新奖，是盐城市唯一获该奖项的企业。

2022年6月26日，大丰经济开发区与阿特斯阳光电力集团在盐城举行光伏储能系统项目签约仪式　（大丰经济开发区　供图）

【园区建设】 2022年，江苏大丰经济开发区改造提升226省道、常丰路、大奇路等12条道路，制订开发区污水管网三年管网建设计划，新建污水管网16.5千米，疏通改造污水管网62.6千米。博敏35千伏双回，创一、奥凯明通10千伏双回，35千伏南刘线等一批重点项目配电工程顺利实施。完成新团河9户居民搬迁，拆除双月湾2处违章搭建。完成和瑞重庆望江工业园（一期）范围和科创园区域42户居民搬迁。加快拆迁扫尾，西河口片区征迁工作基本扫尾结束，永芳粮油内住户仅剩2户，新民中心河产城融合项目住户剩余23户。稳步推进拆迁安置房产权证办理工作，166幢土地大证全部办理完成，房屋产权大证全部办理完成，拆迁安置房产权证办结222户509本。开展灶圩小区、河口北小区、新民北小区、长安北小区环境综合整治，铺设污水管网510米，道路改造1.1千米。开展农村河道水环境整治10.4千米，整治村庄河塘10条，打造七灶河生态河道2.72千米，硬化农路6千米，实现农村道路硬化全覆盖。

【安全环保】 2022年，省信访交办件1件、盐城市交办34条问题隐患、区级挂牌督办15条重大安全隐患、上级安全稳定督查交办64条重点问题隐患，江苏大丰经济开发区全部整改销号。全面降低企业安全风险，整治一般问题隐患6746条。完成丰顺公司扬尘污染、劲力化肥拆迁工地扬尘管控、鼎立钢结构喷漆房密闭改造等9件中央生态环境保护督察交办件的整治工作。全面排查、分级整治“散乱污”企业，关停取缔3个，整治提升12个；坚持源头治理，完成方强特钢公司等4个企业清洁原料替代。

（尤　勇）

江苏大丰港经济开发区

【概况】 2022年，江苏大丰港经济开发区（以下简称港区）坚定“千亿园区、亿吨大港、美丽港城”的总体发展目标。2022年完成一般公共预算收入14.68亿元，同比增长15%；全口径工业开票销售收入723.8亿元，同比增长20%；规模以上工业开票销售收入646.23亿元，同比增长17.4%；规模以上工业现价产值577.5亿元，同比增长26.2%；完成外贸进出口总额18亿美元；注册外资实际到账5855万美元；全社会固定资产投资86.8亿元。全年纳税超100万元企业112户，其中超1000万元企业29户，五星级工业企业3户，单企最高纳税10.32亿元。百亿元企业3户，当年新增2户；中汽研汽车试验场股份有限公司成功上市，大丰上市企业共4个；江苏博汇纸业有限公司单企纳税超10亿元，为全市最高。

【临港产业发展】 2022年，港区围绕新能源及装备制造、新能源汽车零部件和食品产业，全力招引建链强链补链项目，天合24吉瓦时储能电池项目、金光纸业大丰产业基地项目成功签约，实现100亿元项目重大突破；天合储能电池项目被列为省重大项目。全年新签约1亿元以上项目31个，其中百亿元项目2个，10亿~50亿元项目4个。不断加快项目建设进程，中天海缆、丰川充电桩等26个亿元项目开工建设，正大丰海原料药、集装箱堆场等13个亿元项目竣工投产。探索建设低碳产业园，实施低碳产业园核心区规划和国际合作绿色低碳产业园(启动区)建设发展规划。探索源网融合发展新模式，开展风光储技术应用，建设源网荷储一体化示范项目。建成省级研发平台2家，认定国家高新技术企业9个，省星级上云企业3个，认定科技型中小企业45个，获批“黄海明珠人才计划”领军人才项目6项。

【港口口岸发展】 2022年，江苏沿海首个自动化集装箱堆场建成投入使用，二期码头1#、4#泊位通过市级预验收，工作船安保设施、通用码头泊位扩建、集装箱码头泊位扩建等一批重点工程加快推进。大丰港开通至日本国际集装箱直航航线、至南美杂

2022年6月16日，江苏盐城跨境电商园开幕仪式在大丰莎士比亚小镇举行（大丰港区　供图）

货远洋航线，开通至南通吕四港沿海内贸航线和至上海宜东港、南京港等多条内河集装箱航线。成功转运3批次6000余辆起亚、长城、上汽等品牌整车出口至智利、菲律宾、南非等国家，进口2批1万余头种牛。2022年完成港口货物吞吐量8470.16万吨、集装箱52.65万标箱，同比分别增长19.9%、40.2%，创历史新高。

【基础设施建设】 2022年，港区突出产业配套，补齐基建短板，推进各功能园区升级改造，实施特勤消防站、危化品停车场、港城生活污水处理厂、新王竹海岸带综合整治等一批重点工程项目，完成工业四大道、王海线部分路段改造、科创园北延路等重点园区项目配套道路建设。盐城港跨境电商园正式开园投入运营，园区环境承载能力提升。加快数字汽车城建设，争创车联网和智能网联汽车高质量发展先行区。加快实施“三项清理”（僵尸企业、低效厂房、闲置土地清理），全年处置闲置土地71.2公顷，处置低效厂房11.63万平方米。

【社会民生福祉】 2022年，港区实施村居亮化、农村道路、排水系统、老旧小区建设新能源充电桩等一批为民办实事工程，推进高标准农田示范区续建工程，规范农村“三资”（资金、资产、资源）管理，发展壮大村级集体经济。推动信访和社会矛盾纠纷“减存量、防增量”，全年化解信访案件14件，调解矛盾纠纷50件，化解率100%，处理12345市长热线1392件，办结率100%，满意率99.93%。

【安全环保】 2022年，港区深入开展安全生产三年专项整治行动，组织安全生产“三违”（违规作业、违章指挥、违反劳动纪律）行为治理、外包单位、有限空间、百日攻坚、百日清零等专项检查，排查整治各类隐患7765条，已整改6029条，责令停产整顿11家次，约谈企业主要负责人23人，行政处罚24个次。开展生态环境专项整治“四大行动”[扬尘污染整治提升行动、“散乱污”企业(作坊)整治提升行动、化工企业整治提升行动、断面水质整治提升行动]，深入推进扬尘污染、“散乱污”企业、化工企业、断面水质专项整治提升，完成王港闸断面环境整治，实施王港居委会、南新村、海融广场生活污水接管处理，完成入海排污口整治24处，完成港区限值限量检测监控能力建设设施配套。

【新建储能产品生产基地建设项目落户港区】 2022年3月3日，大丰港经济开发区与江苏天合储能有限公司新建储能产品生产基地建设项目投资协议签约仪式在常州举行。该项目总投资100亿元，项目用地40公顷，一期新上锂离子电芯产线3条，PACK产线2~3条、系统集成产线1条。项目采

用成熟磷酸铁锂电池生产技术和储能产品成套技术。

【中汽研汽车试验场股份有限公司上市】 2022年3月8日，中汽研汽车试验场股份有限公司首次公开发行股票，并在深圳证券交易所创业板上市，成为盐城市现代服务业领域的首个上市企业。

【年产2100吨冻干宠物食品项目竣工投产】 2022年7月12日，港区举行江苏明月安欣营养科技有限公司年产2100吨冻干宠物食品项目竣工活动。该项目总投资45亿元，计划建设10万级净化车间13万平方米，预计一期项目年产值达1.5亿元。

【锌铁液流电池化学品中心项目签约】 2022年7月16日，纬景储能科技有限公司锌铁液流电池化学品中心项目签约。该项目总投资25亿元，占地10万平方米，主要建设内容为锌铁液流新型储能电池电解液中所需的化学品在固态下的分装及混合，全部建成满产后预计可实现年销售收入100亿元，年入库税收3.2亿元。

【盐城港保税物流中心进境肉类、水果综合型指定监管场地通过验收】 2022年8月2日，全国首家集约式综合型指定监管场地——盐城港保税物流中心进境肉类、水果综合型指定监管场地顺利通过省级验收。该中心项目满足检验检疫需求，具备进境肉类、水果检测技术能力。

【联鑫钢铁公司首次入榜全国民营企业500强】 2022年9月7日，由全国工商联主办的2022中国民营企业500强峰会在北京举行，会上发布"2022中国民营企业500强"榜单。盐城市联鑫钢铁有限公司以2021年营业总收入280.89亿元首次入榜，位列463位。

【大丰港至南美杂货班轮航线开航】 2022年9月17日，盐城港集团首条远洋航线——大丰港至南美杂货班轮航线开航，开创大丰港杂货班轮装卸的先河。南美航线每月一班，由大丰港区始发。该航线的开通，可扩大大丰港的辐射范围，为客户企业提供高效、优质的远洋运输服务，降低腹地企业的物流成本。

【银宝集团30万吨粮食仓储项目开工】 2022年9月29日，港区举行银宝集团30万吨粮食仓储项目开工活动。该项目总投资约15亿元，占地面积约30公顷，计划建设总仓容30万吨，为集仓储、米面油精深加工、质量检测、教育培训于一体的多功能粮食现代物流产业示范园。

【大丰港区—亭湖港区—南京龙潭港集装箱班轮航线开航】 2022年10月13日，盐城港集团与南京港集团、江苏远洋公司签约暨大丰港区—亭湖港区—南京龙潭港集装箱班轮航线开航仪式成功举行。该航线的开通，有效串联了南京与盐城港口群，满足两港腹地及淮河上游城市群产业发展需要。

【盐城港至南非德班港国际直达汽车滚装航线开航仪式举行】 2022年11月1日，盐城港至南非德班港国际直达汽车滚装航线开航仪式成功举行，此次出口长城新型汽车2350辆，以盐城港为始发港，从大丰港区出发运往南非德班港，航行时间20天。

【大丰港经济开发区天合光能销售突破100亿元】 2022年，天合光能（盐城大丰）有限公司实现开票销售158亿元，税收1.05亿元。该公司18兆瓦太阳能屋顶光伏系统项目从开工到并网发电历时60天，刷新屋顶光伏电站建设速度。

（于令涵）

大丰高新区

【概况】 大丰高新区地处大丰新城区核心位置，2019年按照"布局集中、产业集聚、资源集约"的要求，以高新技术区为主体，整合大中街道工业园区、西团镇工业园区，组建市级工业园区——大丰高新区。大丰高新区规划面积46.99平方千米，已开发面积21.76平方千米，有企业510个，截至年底，有工业企业310个，其中规模以上企业98个，高新技术企业125个。2022年实现一般公共预算收入6.2亿元，规模以上工业企业开票销售收入84.4亿元，税收8.7亿元。

【产业发展】 2022年，大丰高新区坚持以高质量发展统领全局，形成以新能源、智能终端、现代服务业产业为主的发展格局。高标准打造丰联创智产业集中区、金信诺5G产业园等重点工业园区，全年新签约纬景储能、优之联等1亿元以上项目14个。围绕"早竣工、早交付、早投产"目标，落实包联机制，推动金信诺、领创星通、行云集团等1亿元以上项目建成投产。100亿元蜂巢能源一期量产下线，二期土建封顶、机电安装加速推进。

【创新驱动】 2022年，大丰高新区与上海交通大学、江苏大学等知名高校开展合作，共建研发机构、推进成果转化，大丰区未来科技馆获评"江苏省科普教育基地"，获批省扩大开放项目，大丰智能硬件众创社区获评全区首家省级众创社区。全年净增国家高新技术企业16个，通过评价的科技型中小企业数73个，成功申报省级"科技副总"8人次。昊芯公司、吉凯同公司成功申报江苏省专精特新中小企业，大丰燃气设备公司、晶亚汇公司等73个企业通过国家科技型中小企业认定，启航未来智能终端产业园申报盐城市级科技企业加速器，大丰高新区创新创业孵化链条打通最后一个环节。宇豪公司、吉凯同公司等企业接受盐城市"黄海明珠人才计划"领军人才项目资助，全年园区签订各类产学研协议20余份，科技成果转化能力进一步提升。

【区域融合】 2022年，大丰高新区着力构筑绿色低碳空间发展体系，系统谋划城市更新，完善城市功能布局，统筹做好水体整治，加快节点景观提升，北兴路、新北路绿化提升工程完成，通港大道、陈李线整治展现新颜，高标准建设口袋公园，整治老旧小区2个，区街绿化覆盖率达32%。推进美丽乡村建设，新造成片林9.78公顷，建成幸福河湖2条、生态河道3条、村级生态示范河道1条，疏浚村庄河塘8个，整治农村黑臭水体4条，全面推进城乡垃圾分类，打造绿水长流宜居生态环境。消防站、博物馆、为民服务中心建成开放，大丰外国语学校、关爱之家全面运行，卯酉书局获评省级"最美公共文化空间"、创成省级"职工书屋示范点"，城东农贸市场创成五星市场，城市功能不断完善，美丽宜居生态凸显，发展活力竞相迸发。

（周　霖）

沪苏大丰产业联动集聚区

【概况】 沪苏大丰产业联动集聚区位于上海农场区域内，由上海市政府和江苏省政府主导成立的省际合作园区，规划面积33平方千米，截至年底开发区域5平方千米，已开发面积1.9平方千米，重点发展"新能源、新基建、新农业"三大产业。2018年以来，集聚区已分别纳入《长江三角洲区域一体化发展规划纲要》及上海、江苏实施方案和上海、江苏两地"十四五"发展规划及二〇三五远景目标纲要，并入选首批"国家绿色产业示范基地"，被中国国际投资促进会、长三角开发区协同发展联盟评为"长三角共建省际产业合作示范园"。全年完成全口径工业开票销售收入112.7亿元，同比增长103.1%；规模以上工业开票销售收入96.3亿元（名列大丰板块第三），同比增长134.7%；固定资产投资8.9亿元，其中制造业投资占比75%；一般公共预算收入5208万元，同比增长58%；到账外资576万美元；外贸出口总额3.6亿美元，同比增长226.3%。

【项目建设】 2022年，集聚区开工、竣工1亿~5亿元项目5个，5亿~10亿元项目2个，10亿元以上项目2个。投资10亿元的正泰新能源光伏二期项目主体厂房建成，投资5.8亿元的新时代节能科技项目设备进场安装，占地12.73公顷的智造园二期主体厂房竣工，总投资3.5亿元的产业服务中心投入使用，泓顺硅基半导体材料一期项目竣工投产，致和春酒业公司收购理想海洋资产公司，福莱德光伏连接器项目设备陆续进场安装。沪苏集聚区航空产业园项目开始启动，新西兰奶绵羊种源基地项目合作战略签约。凤阳路、揽胜路竣工通车，3座5G信号基站建成并投入使用。

【接轨上海】 2022年，盐城市委主要领导三次到大丰区调研指导。上海市政府印发的《关于促进上海域外农场高质量发展的实施意见》中专题指出，要加快沪苏大丰产业联动集聚区发展。在上海临港集团召开的域外园区工作专题会上，针对集聚区发展，明确提出"园区发展要提速、项目导入要提质、营商环境要提级"的新要求，并勾画"一三十百千"三年工作目标（三年内，共同打造沪苏产业集聚综合发展区，导入"3+X"主导型新兴产业，集聚十大龙头企业，孕育百家现代产业体系中的高成长企业，汇聚千名创业精英、产业骨干和科创人才）。在新冠肺炎疫情防控时期，集聚区管委会与沪苏公司合作组织农副产品支持上海临港集团，密切沪丰合作关系。

【为企服务】 2022年，集聚区管委会、沪苏公司为企业保物流畅通，全年帮助重点企业争取各类扶持补贴5800余万元。挂钩服务企业项目"大走访"常态化进行，关注企业用工、用电、融资等要素保供工作，全年帮助区内企业协调各类贷款3200万元、协调用工217人次、解决各类矛盾问题100多个。在夏季用电高峰，积极协调供电部门对区内企业少限电、不限电，全面保障企业用电需求。完善服务体系建立服务标准拟订《集聚区企业客服管理办法》，邀请区科技局为"高新技术企业""科技小巨人"普及科创政策，提高服务水平。

（杨进东）

常州盐城工业园区

【概况】 常州盐城工业园区是按照省委省政府出台的《关于推动南北共建园区高质量发展的若干政策措施》，在大丰建成区（原常州高新区大丰工业园）基础上深化合作共建的高质量发展园区。2021年5月，常州盐城工业园区高质量发展总体方案获省委办公厅、省政府办公厅批复，明确常盐工业园"一园两区"（将共建区域拓展为大丰和滨海港2个片区）发展格局，规划面积由原来的3.8平方千米拓展到24.3平方千米，包含大丰片区和滨海港片区两个区块。其中，大丰片区在原有建成面积3.8平方千米的基础上向西拓展约5.5平方千米，总计9.3平方千米；滨海港片区规划面积为15平方千米。园区定位以建设"全省南北优势互补、共建共享的创新示范区""全省南北联动、产业合作的样板区"为目标，主要承担开发建设、项目招引、企业服务、产业培育等职能，其他社会事务均由所在地负责。园区形成常州盐城党委政府联席会议、园区管理机构、投资开发公司三级管理架构，内设"一办四局"5个职能部门。管委会领导班子成员及部门负责人均由常州方选任。2021年6月，设立投资开发平台公司（江苏新常盐建设发展有限公司），常盐双方按照5:5的比例出资5亿元注册资本，并全部实缴到位，开始实体化运作。2021年12月，常州盐城工业园区招商促进服务中心成立。园区2022年全年完成营业总收入119.77亿元，工业销售收入50.45亿元，工业总产值中高新技术产业产值占39.09%。完成固定资产投资10.5亿元，一般公共预算收入4.86亿元。在省级创新试点园区2021年考核评估中位居第二位。

【基础设施】 2022年，园区强化规划

引领，会同盐城市交投集团推进长三角一体化产业发展基地相关规划编制工作，完成园区与大丰高铁片区总体概念性规划、拓展区控制性规划和核心区城市设计；加快能级提升。2022年完成医疗科技产业园项目、常州路南延等在内的70.93公顷用地征收工作和南翔路、新草路等5条道路的土地征收，启动和推进大刘路在内的3条道路以及云路、玮景等产业项目的土地征收，为新招引项目落地提供土地保障；2021年10月开工的总投入8000万元的建成区基础设施提升工程已高标准高质量竣工，涉及道路10.86万平方米、绿化7.72万平方米、桥梁5座。启动人才社区和医疗科技产业园项目建设，补齐生产生活配套服务功能的短板。截至2022年年底，医疗科技产业园10号和8号楼封顶，其他均已出正负零，按照施工计划施工；人才社区取得施工许可证，进行临时道路硬化，建设食堂、办公室、围挡等临建设施，桩基全部进场。

【项目建设】 2022年，园区根据盐城市统一部署，开展"企业大走访"等活动，服务好园区企业，坚持以存量带动增量。主动破解疫情期间线下招商不畅难题，主动从"面对面"转变为"屏对屏""键对键"招商。通过设立服务专班，建立审批专窗，完善项目代理员制度，积极开展"店小二"式全链条服务，把园区营商软环境变成招商硬实力。2022年新开工项目7个，有3个项目一季度签约、二季度开工。其中风渡风电叶片零部件项目签约到建成达产仅用半年时间。截至2022年年底，园区有在建项目4个，已竣工项目5个。

【招商引资】 2022年，园区建立多元化招商体系，在常州设立招商办事处，将专业招商人员挂职到常州新北区、常州经开区、武进高新区，开展驻点招商工作。采取专职招商、代理招商、基金招商、合作招商等多种方式，构建多元化的招商合作机制。聚焦主导产业定位。重点围绕高端智能装备制造、新材料、新能源、电子信息四大产业领域开展产业链配套项目招商，逐步形成园区主导产业链式发展模式。2022年签约1亿元以上项目15个，总投资258.9亿元，其中10亿元以上项目7个（含50亿元以上项目2个）。

【安全环保】 2022年，园区以深化提升安全生产专项整治三年行动为依托，全面整治各类风险，不断建立健全安全生产重点责任清单和风险防控长效机制；深入开展安全生产大检查百日攻坚行动，重点聚焦有限空间、危化品使用、特种设备、燃气消防等重点行业领域专项整治，持续规范危化品使用、储存各环节管理；开展专项检查164个次，查处违法违规行为4个，罚款7.4万余元，不断夯实行业基础，压实企业主体责任。年内，园区践行"绿水青山就是金山银山"理念，推动盐城市建龙机电设备制造有限公司、江苏志宏电缆材料有限公司等7个企业投入160多万元对废气设施升级改造，有效处理河流水质异常事件3起，完成小微产废企业100%纳入系统，督促企业规范化处置危废488.3吨，检查发现环境隐患风险117条、整改完成116条；为风渡新材料（盐城）有限公司、江苏缆德智能科技有限公司等7个公司协调污染物排放总量，推动风渡等6个新项目的环评得到市、区审批。

2022年11月24日，常州市党政代表团一行到常州盐城工业园区考察
（常州盐城工业园区 供图）

【科技创新】 2022年，园区坚持创新驱动发展，以科技赋能推动产业结构调整，加快园区新旧动能转化。数字园区建设取得新进展。坚持信息基础设施和其他基础设施同步规划建设，打造数字化综合管理服务平台，实施智慧园区、数字化园区建设，提升园区智能化管理水平。双创基地打造实现新突破。加快科创中心建设，打造数字化创新示范基地，有9个企业或团队入驻；与位于常州高新区的"科创飞地"南北联动，为全省南北合作园区"科创飞地"建设提供常盐工业园方案。10月14日，"常盐科创飞地"正式揭牌。园区发展质态得到新提升。根据高质量发展支持政策，园区为34个企业发放2400多万元创新扶持资金。新增高新技术企业1个（共14个），认定科技型中小企业24个。认定市级创新型中小企业7个，省级专精特新中小企业3个。为园区企业积极争取创新管理人才，2022年从省内外高校引进博士10名，通过省、市"科技副总"9名，市黄海明珠领军人才2名。研究制定加快园区企业"智改数转"（智能化改造和数字化转型）的实施方案和政策，专门出台园区《关于加快推进企业"智改数转"的激励政策》，请专业的诊断服务商为园区28个重点企业进行诊断，推动园区中

小企业转型发展、提质增效。

【重大项目实施】 2022年9月，常盐工业园医疗科技产业园项目开始建设。该项目是以医疗器械为主、以电子信息和精密制造为辅，集产品研发、生产制造、物流仓储于一体，辅助配有综合配套、贸易物流、生活服务的精品“园中园”。项目占地面积约7.13公顷，总建筑面积约10万平方米。

风渡风电叶片零部件制造项目，主要从事风力发电、光伏能源、绿色建筑、轨道交通等领域所用拉挤型材的研发、生产和销售，是重庆风渡新材料有限公司基于“玻璃纤维+复合材料”的战略定位而实施的玻纤下游产业链延伸项目。该公司是园区利用增量投资盘活存量闲置厂房的典型事例，2022年3月正式签约，5月开工建设，6月底启动厂房改造工作，8月第一车间进入试生产。2022年年底该公司124条生产线全部达产，形成年产3万吨风电叶片主梁用零部件生产规模，2022年实现产值2亿元，开票销售收入1.54亿元，税收400万元。

（英　俐）

苏州盐城沿海合作开发园区

【概况】 苏州盐城沿海合作开发园区（以下简称苏盐园区）是苏州、盐城两市积极响应江苏沿海开发国家战略而联合成立的共建园区。2022年以来，苏盐园区在两市两区党委、政府的坚强领导下，认真学习贯彻中共二十大精神，统筹做好疫情防控和经济建设，统筹发展和安全，积极投身长三角一体化产业发展基地建设，聚焦招商引资和项目建设核心，全面加强对接协调，园区各项工作取得积极成效。

2022年11月28日，苏盐园区举行项目集中签约暨开竣工活动

（苏盐园区　供图）

【经济指标】 2022年，苏盐园区全年完成营业总收入8亿元，同比增长128.6%，超额完成大丰区年初下达的全年指标（3亿元）；完成一般公共预算收入3000万元，同比增长154%，超额完成大丰区下达的全年指标（1327万元）；固定资产投资完成2.5亿元，同比增长150%，超额完成大丰区年初下达的全年指标（1.1亿元）。新签约1亿元以上项目12个，开工1亿元以上项目10个，竣工1亿元以上项目6个，合计总投资101.3亿元，新增高新技术企业3个。

【招商引资】 2022年，苏盐园区与苏州市相关商会、协会对接，加强产业协作；先后在苏州太仓、相城举办投资环境推介会；牵头成立盐城市苏州商会；举办园区项目集中签约暨开竣工活动，扩大园区影响力和知名度。2022年新签约1亿元以上项目12个，总投资48.5亿元，其中10个项目来自苏州。首次引进注册资本2000万美元的新加坡外资项目和注册资本1500万欧元的芬兰外资项目；成功签约瑞豪环境科技项目，该项目总投资20亿元。

【项目建设】 2022年，凯林格环保科技公司、美田新材料公司、金锐元公司等企业均实现“当年开工、当年竣工、当年投产”。苏盐园区2022年有10个1亿元以上项目开工、6个1亿元以上项目竣工。

【规划编制】 2022年，苏盐园区组织推进第二轮规划编制工作：组织修编园区产业发展规划，进一步明确园区产业定位；筹备编制重点发展区域控制性详细规划，力求编制工作科学、精准，符合规范要求。苏盐园区组织修编园区3.5平方千米启动区规划环评，为项目落地提供规划支撑。

【服务企业】 2022年，苏盐园区实行政企联系单制度，提升服务效率。瑞豪环境科技有限公司从9月签约到11月开工，明确专班全流程服务、全链条跟进，中间审批环节仅用1个多月时间。邦州科技、雄昱工业设备、威尔普公司等项目，苏盐园区帮助在短期内拿到开工许可。

（高　宇）

〖编辑　朱晓华　徐荣莉〗

经济管理

发展和改革

【概况】 2022年，大丰区紧扣高质量发展这个首要任务，推动经济发展向上向好，实现地区生产总值816.63亿元、同比增长4.6%，人均地区生产总值126727元；一般公共预算收入58.16亿元、同比增长0.2%；全口径工业开票销售收入1610.4亿元、同比增长21.8%；固定资产投资增长15.2%；注册外资实际到账1.2亿美元，外贸进出口总额45.46亿美元、同比增长8.4%；城镇和农村常住居民人均可支配收入分别为46523元、31297元，同比增长4.8%、6.5%。大丰区入选江苏省首批民营经济高质量发展示范县（市、区）培育名单。区发改委获全市发展改革系统综合先进奖第一名，并获重大项目、对口帮扶支援合作、绿色发展、价格监测、粮食和物资储备5个单项先进奖，“建立‘丰速办专班’推进机制，助推重大项目提质增效”“‘双八条’（工业、服务业各出台八条政策）精准纾困，筑牢实体经济发展根基”2项做法获得优秀创新成果奖；被评为省发展改革系统综合先进单位。

【经济统筹发展】 2022年，大丰区全面落实“疫情要防住、经济要稳住、发展要安全”的要求，高效统筹疫情防控和经济社会发展，统筹发展和安全。应对疫情不利影响，制订规模性新冠肺炎疫情分区分级应急处置保障预案，出台工业、服务业纾困解难“双八条”政策，“一企一策”帮助解决用工、资金、物流难题。全年新增制造业贷款约30亿元，落实各类税费优惠48.2亿元，降低企业融资成本8400多万元，服务企业新增用工2.4万人次，中汽股份公司成功上市，海聆梦公司入选工信部重点培育纺织服装消费品百强品牌，工业税收总量、增幅、占比均列全市首位，社会消费品零售总额增幅全市领先。

【重大项目推进】 2022年，长三角一体化产业发展基地实现“一年出形象”目标，全年举行专题招商活动14次，新签约项目190个、其中10亿元以上项目19个，签约项目中，重点产业链项目117个，来自长三角地区项目162个。产业基地基础配套持续完善，45项基础设施工程全部启动建设，大丰港铁路支线正式开工，盐丰快速通道加快推进，通港大道大中修、大刘路（人民路至金海路）改造完工，江苏沿海地区首个自动化集装箱堆场在大丰港区建成启用，天沐温泉酒店投入运营。坚持项目“月月看、家家到”，新开工1亿元以上项目93个、新投产1亿元以上项目56个，蜂巢动力电池、阿特斯储能、天合储能等一批百亿元级重大项目加快推进。

2022年9月，江苏理研科技股份有限公司工人在验收产品，确保道道工序质量达标　　周古凯　摄

【区域合作深化】 2022年，沪苏集聚区建成上海先进制造业域外产能基地、新兴产业创新成果产业化生产基地纳入沪苏两地政府合作备忘录，常盐工业园设立常州盐城“科创飞地”，苏盐园区新开工、竣工1亿元以上项目16个。正大丰海公司被评为江苏省跨国公司功能性机构。大丰港国际合作（外资）绿色低碳产业园启动建设，致力打造国际合作产业项目承载区、绿电绿证交易先行区、绿色转型低碳发展示范区。大丰港完成货物吞吐量8470万吨、集装箱52.7万标箱，分别占盐城港的62.54%、100%。

【营商环境优化】 2022年，大丰区营商环境评价较2021年全市排名前进4位、全省排名前进6位，是全市获得省排名进位的唯一县区；扎实开展“优化营商环境突破年”专项活动，形成全区9个特色工作案例，其中提升投资建设审批便利度的经验做法获2021年省“放管服”改革成效突出地区督查激励；化解企业破产税费债权处置难题的经验做法被省税务局主要负责人肯定；“全程通、零费用”的企业开办经验模式在国务院《政府职能转变和“放管服”改革简报》第263期刊登推广。整合全区20多个涉企服务部门233项事项，成立盐城市首家区企业发展服务中心，实现惠企政策一键可查、业务诉求一网受理、服务企业一网通办。创新性开展“1+N”信用修复培训，全区285家企业通过信用修复，修复总量列盐城市第一。大丰区被评为2022年度江苏省知识产权建设示范县。

【政策资金争取】 2022年通过发展改革系统，全区44个企业获得财政直接奖补资金2636.5万元，丰山集团获批省级工程研究中心，中车电机公司被评为首批省级现代服务业高质量发展领军企业，丰东公司入选省级先进制造业和现代服务业深度融合试点。推动联鑫钢铁公司联合省环保集团等企业共建钢铁低碳应用技术研究院,“大丰仓”品牌纳入省现代农业项目建设内容。加快中长期贷款和设备购置贷款落户,推动企业数字化转型升级,大洋精锻“电动汽车eDrive控制系统项目”设备购置和更新改造1亿元贷款全市首单获批。康馨雅苑保障房、殡仪馆改扩建工程、润富花园二期争取地方政府专项债券7亿元。成功发行全区第一家交投债,获得资金7.5亿元。

【民生实事工作推进】 2022年,民生实事工程加快实施,实验初中常新路分校、原新丰中学改扩建项目竣工交付,上海中山医院苏北健康管理中心加快建设,三院新院区建成使用,小海中心卫生院创成二级综合医院,基层医疗卫生机构实现三级中医馆全覆盖。全面推进城乡服务一体化发展,积极应对人口老龄化挑战,实施《盐城市大丰区“一老一小”整体解决方案》,全年两次上调城乡居民养老保险基础养老金,待遇标准保持全市前列,打造城区“15分钟养老服务圈”,完成适老化改造1000户,建成“长者幸福食堂”10个。

【粮食物资物价保障】 2022年,大丰区加快推进粮食储备体制机制改革,组建盐城大丰区金丰粮食储备有限公司。完成2022年夏粮小麦市场化收购30.15万吨,新建5.3万吨现代化区级储备粮库,全区粮食仓容量达236.34万吨,居全市前列。加强“菜篮子”“米袋子”等重要民生商品及生产资料价格监测,完善重要民生商品调控机制,开展重要民生商品供需平衡分析,落实定期调度重要民生商品价格调控资金。发挥政府储备的调节作用,落实猪肉储备任务85吨,并根据市场情况,以适当低于市场价的价格投放,引导市场价格走向。多次启动社会救助和保障标准与物价上涨挂钩联动机制,向六类困难人群发放价格临时补贴。

（谷素梅）

财　政

【概况】 2022年,大丰区财政局全力推动积极的财政政策落地见效,主动做好财政收入分配工作,强化重点领域支出保障,持续深化财政管理创新,深入推进国资国企改革,为全区勇当沿海地区高质量发展排头兵提供坚强的财政支撑。年内,区财政局被江苏省精神文明建设指导委员会表彰为2019—2021年度江苏省文明单位,被中国共产党盐城市委员会表彰为盐城市乡村振兴先进集体,被中共大丰区委表彰为全区综合考核先进集体。

【收支预算执行情况】 一般公共预算:2022年,区十六届人大一次会议审议通过的全区2022年一般公共收入预算62.58亿元,预算执行中,2022年一般公共收入预算调整为58.16亿元,实际完成一般公共预算收入58.16亿元,完成调整预算的100%,其中区本级完成一般公共预算收入47.48亿元。区十六届人大一次会议审议通过的全区2022年一般公共支出预算121.67亿元,预算执行中,调整减少支出12.11亿元,上级追加补助8.22亿元,2021年结转支出8.86亿元,全区一般公共支出预算最终为126.64亿元,实际完成一般公共预算支出113.82亿元,比2021年实际减少1.24亿元,下降1.1%,其中区本级完成一般公共预算支出105.42亿元。全年一般公共预算收入加上上年结余、上级补助、预算稳定调节基金和调入资金等,形成地方留成财力126.64亿元,实际支出113.82亿元,结转下年支出12.82亿元。全区实现财政收支平衡。

政府性基金预算:2022年,全区完成政府性基金收入790966万元,其中:国有土地使用权出让收入768795万元,城市基础设施配套费收入12139万元,污水处理费收入10032万元。全区实现政府性基金支出597662万元(含上年结转、上级追加支出),其中:文化旅游体育与传媒支出15万元,社会保障和就业支出390万元,城乡社区支出569452万元,农林水支出676万元,债务付息及发行费支出21387万元,其他支出5742万元。

社保基金预算:2022年,全区完成社会保险基金收入143711万元。主要收入项目:机关事业单位基本养老保险收入79155万元,城乡居民基本养老保险收入64556万元。全区实现社会保险基金支出135137万元。主要支出项目:机关事业单位基本养老保险支出79155万元,城乡居民基本养老保险支出55982万元。

国有资本经营预算:2022年,全区完成国有资本经营收入981万元,完成调整预算的100%。全区实现国有资本经营支出999万元,完成调整预算的100%。

地方政府债务情况:截至2022年年末,全区地方政府债务限额120.16亿元,其中:一般债务限额50.76亿元、专项债务限额69.4亿元。全区地方政府债务余额113.6亿元,其中:一般债务余额47.36亿元、专项债务余额66.24亿元。

【疫情防控财政保障】 2022年,大丰区财政局全力保障疫情防控财政资金,保护人民群众生命健康安全。积极调度资金,全年安排3.4亿元资金用于核酸检测基地建设、核酸检测费用、隔离点补助、医疗物资采购等,累计拨付资金1.9亿元。安排1200万元用于支持三龙、小海发热门诊建设。推进卫生体制改革,安排基层医疗卫生体制改革经费1.24亿元,基本公共卫生服务经费人均补助标准提高到93元/人·年。保障困难群众基本生活,全年向城乡低保户、“三无”五保户、孤儿、困境儿童、低保边缘户等困难群众补助资金1.21亿元,发放残疾人两项补贴资金7580万元。推进家庭医生签约服务,安排资金400万元资助困难群众签约家庭医生。支持县级公立医院高水平建设,安排5200万元用于人民医院、中医院贷款贴息。落实社保费减免及稳岗政策,拨付企业

2022年大丰区一般公共预算收支执行情况表

表9 单位：万元

预算科目	决算数	预算科目	决算数
一、税收收入	423209	一、一般公共服务支出	155965
增值税	131272	二、外交支出	0
企业所得税	94570	三、公共安全支出	44902
个人所得税	15676	四、教育支出	136439
资源税	11	五、科学技术支出	44015
城市维护建设税	23292	六、文化旅游体育与传媒支出	29803
房产税	30148	七、社会保障和就业支出	201519
印花税	9076	八、卫生健康支出	106143
城镇土地使用税	20278	九、节能环保支出	19148
土地增值税	34151	十、城乡社区支出	118701
车船税	4164	十一、农林水支出	133810
耕地占用税	20631	十二、交通运输支出	28209
契税	37857	十三、资源勘探工业信息等支出	18954
烟叶税	0	十四、商业服务业等支出	6857
环境保护税	2070	十五、金融支出	0
其他税收收入	13	十六、援助其他地区支出	1443
二、非税收入	158407	十七、自然资源海洋气象等支出	9917
专项收入	21385	十八、住房保障支出	49719
行政事业性收费收入	22913	十九、粮油物资储备支出	1563
罚没收入	10438	二十、灾害防治及应急管理支出	6617
国有资本经营收入	0	二十一、其他支出	6137
国有资源（资产）有偿使用收入	103314	二十二、债务付息支出	16311
其他收入	357	其中：地方政府一般债券付息支出	16311
		二十三、债务发行费用支出	51
收入合计	581616	支出合计	1136223

说明：公共预算支出一栏，部分数据未公布

稳岗补贴返还资金2708万元，帮助企业减轻负担、稳定就业，快速复工复产。贯彻落实系列减税降费政策，积极释放惠企红利，为中小微企业纾困减负，累计退税减税缓税30.87亿元，其中增值税留抵退税17.8亿元、惠及企业超过1300户。

【财政调控】 2022年，大丰区财政局扎实推进稳经济一揽子政策和接续措施落地生效，激发市场主体活力，稳住实体经济大盘，保持经济运行在合理区间。加大城建重点工程投入，安排6386.85万元实施城区西出大通道大刘路改造项目，促进西河口整体开发及长三角一体化产业发展基地建设。支持企业技术改造、跨档升级、开拓市场、上市重组、创新创牌、节能减排等，全年拨付转型升级和信息化专项资金2.06亿元、商务发展专项资金2117.79万元。发挥财政资金杠杆作用，通过"小微贷"金融风险资金池，为273户企业发放"小微贷"5.89亿元，保障小微企业信贷需求。加大财政金融支持力度，通过加强银保合作，做大规模，做活机制，做优服务，对中小微企业贷款担保费率低于1%，对"小微贷"、单户100万元以下小微企业免收担保费，降低企业融资担保综合成本，全年金茂融资担保有限公司为756户企业担保30.03亿元，为68户企业提供过桥资金3.74亿元。利用富民创业担保贷款贴息政策，支持符合条件创业人员的资金需求，全年发放贷款739笔，贷款总额9995.21万元，贴息资金533.3万元。积极落实普惠金融发展政策，全年拨付普惠金融发展专项资金965.47万元，引导银行对企业增加信贷投放，促进企业提质增效。

【民生保障】 2022年，大丰区财政局持续加大民生投入力度，集中力量办好涉及群众切实利益的实事。提高储备粮保障水平，全区储备粮保管费标准从100元/吨·年提高到110元/吨·年，新建的5.3万吨小海粮库成功入选全省整市推进粮食仓储设施建设示范项目。加大生态环保投入，全年安排拨付新水源地及引水工程建设资金4083万元、垃圾焚烧资金1200万元、农村生活污水设施建设运维补助资金2000万元。提高社会保障待遇水平，城乡居民基础养老金发放标准提高到245元/人·月，为苏北地区最高。加大城乡居民基本医疗保险补助力度，城乡居民基本医疗保险财政补助从710元/人·年提高到740元/人·年，各类民政、养老、医疗、救助资金全部按标准执行到位。加大社会救助力度，安排医疗救助资金5000万元、重大疾病救助资金500万元、民生三项保险专项资金350.5万元、老年人意外伤害保险救助183.5万元。推进养老服务建设，对各镇居家养老服务运营实施"以奖代补"，对60周岁以上低保户、低保边缘户中的失能老人实施养老服务补贴制度，对各镇运营情况进行考核奖励，鼓励各类养老机构提供优质服务。

2022年，大丰区财政局统筹财税改革与财政管理，推动财政管理科学化、精细化发展。图为业务培训考核（区财政局 供图）

【社会事业经济保障】 2022年，大丰区财政局调整优化支出结构，科学统筹财力，将资金不断向教育、就业、科技创新、公共文化等社会事业倾斜，提升基本公共服务均等化水平，全年投入28.13亿元。坚持优先发展教育，足额安排各项教育政策性经费，薄弱学校保底公用经费每学年提高到30万元，不断提高非义务教育公用经费标准。积极改善办学条件，安排义务教育校舍维修经费2677万元，安排教育现代化建设经费1000万元。扎实推进四项教育惠民工程，安排专项资金2942万元用于发放课后服务补助、中小学教室空调装配、食堂维修改造、中小教室"增亮"、中小学课桌椅换新工程、中小学厕所革命、学生饮水机寄宿制学校洗浴设施改善工程等。支持科技创新推进年活动，积极落实各项科技惠企政策，全年拨付各类专项资金7000余万元，支持科技型创业企业孵育计划和高新技术企业培育。加大专利申请扶持力度，安排专利发展经费400万元，加快建设知识产权强区。设立文化建设专项资金1000万元，支持公共文化服务体系建设。支持举办各类公益演出，安排专项资金支持重大文化活动开展，积极支持文艺精品创作。安排旅游宣传推广专项经费2000万元，提升大丰旅游品牌美誉度和远程号召力。足额保障网格化工作经费，推进创新网格化社会治理服务管理工程。支持综治平安重点工程建设，支持"智慧安防工程""智慧平安大道建设""路口设施优化提升工程"等为民办实事工程。

【财政支农建设】 2022年，大丰区财政局坚持实施乡村振兴战略，突出农业农村高质量发展，加强农业基础设施建设。全区农林水投入13.38亿元，较2021年增长0.38%。夯实农业基础设施建设，安排草堰翻水站更新改造工程5390万元。支持幸福家园项目建设，安排后期扶持资金1573万元。加大农田建设力度，建设高标准农田项目17个、1.05万公顷，其中高效节水灌溉900公顷，总投资4.85亿元。推进现代农业生产发展，落实农机购置补贴政策，兑现资金1079万元。加大对家庭农场、农民合作社等新型农业经营主体的扶持力度，按奖补标准兑现资金254.73万元。扶持农产品品牌建设，对新获得有机食品、绿色食品的单位兑现资金76万元。促进农业一、二、三产融合，鼓励发展农产品加工业，合计兑现奖补资金2790万元。推进农村人居环境整治，安排农村村庄河塘整治和县乡河道整治3000万元及刘庄镇、西团镇农村河道生态治理整镇推进3278万元，在未列入整镇推进地区，生态治理县乡河道51条、村庄河塘整治195条、畜禽养殖场周边沟塘33条，全区农村生态河道覆盖率从32.16%提高到37.15%。加大秸秆综合利用扶持力度，兑现资金4071.38万元，全区秸秆综合利用率在98%以上。推进农村"厕所革命"，安排资金2000万元，重点围绕培植的乡村振兴示范镇村和主要道路沿线两侧范围进行户厕改造。扩大农业保险覆盖面，全年拨付财政保费补贴资金1.2亿元，推动农业生产高质量发展。

【财政管理改革】 2022年，大丰区财政局统筹财税改革与财政管理，有效推动财政管理科学化、精细化发展。深化预算管理改革，全面推进预算管理一体化建设，实现系统全域上线、业务全覆盖。强化预算编制管理，将镇级人员经费、运转经费和27项民生支出列入基本支出编制范围，确保镇级"三保"（保基本民生、保工资、保运转）支出全面落实到位。盘活财政存量资金，加大结余结转资金统筹使用力度，增强财政保障能力。加强对直达资金的管理，完善全覆盖全链条监控机制，确保资金直接惠企利民。深入推进预决算公开，将部门所属二级预算单位全部纳入预算公开范围，2022年实现部门所属单位预算公开全覆盖。全面实施"三债"（政府债务、隐性债务、经营性债务）统管，实施项目投资审批制，大力压缩非必要投资。实施融资成本核准和审计制度，压降高成本融资规模。将镇级债务全部上收区级管理，全面实施“四个统管”（融资审批、资金使用、印鉴管理、统一支付）。强化债务风险动态监控，保障债务资金平稳接续，坚决守住不发生系统性风险的底线。深化政府采购“放管服”改革，实行全省统一集中采购目录和限额标准。深化国库集中支付改革，全面推行财政支付和清算业务电子化，扎实推进授权支付工作，加大暂存暂付款清理力度，强化财政库款管理。

【镇级财政建设】 2022年，大丰区财政局加强对镇级财政收入的征收管理，不断加强镇级财政建设，保持镇级财政平稳运行。按时间节点督查，全年镇级财政总收入33.55亿元，占年度预算的82.82%，其中镇级财政一般公共预算收入23.79亿元，占年度预算的93.59%，一般公共预算收入超1亿元的镇有5个。积极支持镇村经济和社会事业发展，按村均22万元标准安排村级三项资金4796万元，安排农村公共服务运行维护示范奖补资金1744万元。积极争取省市资金，争取省级扶持村集体经济发展补助资金420万元、市财政扶持村级集体经济发展资金530万元，发展壮大村级集体经济。落实各类财政支农惠农政策，全年通过“一折通”系统发放农业支持保护补贴、农村低保补贴等各类涉农补贴65项，发放人次171.57万人，发放金额累计7.03亿元。加强镇级基层业务指导培训，规范镇级财务管理。根据省财政厅统一部署，推进镇级预算一体化信息系统建设，确定各镇（街道）纳入一体化系统预算编制、执行单位（人民政府、综合服务中心、敬老院、财政和资产管理局），优化镇级业务操作流程，搭建镇级编制预算、区级财政监测、镇级最终执行支付的管理框架，规范业务流程，加强对镇级财政的监管。组织人员参加业务培训，熟悉业务操作流程，确保镇级预算编制、预算执行系统顺利上线运行。

【非税收入征管】 2022年，大丰区财政局扎实推进非税收入收缴电子化改革，强化财政监督，保障资金安全。全年完成行政事业性收费收入、罚没收入以及政府性基金收入等各类非税收入94.93亿元，其中：行政事业性收费2.29亿元，政府性基金收入79.09亿元。严格落实中央和省部署的各项减负降费措施，及时转发上级部门发布的取消、停征、免征、减征部分政府性基金、行政事业性收费及降低收费标准的政策文件，让企业和群众享受到各项优惠政策带来的红利。完善收费项目目录清单制度，动态调整最新的行政事业性收费和政府性基金项目两个目录清单，及时将相关收费基金文件按权限通过门户网站等方式公开，实时更新年度内政策调整情况，主动接受社会监督，确保收费实行目录清单管理，清单之外无收费。支持城镇保障性安居工程建设，改善群众居住环境，共拨付保障性安居工程建设资金3257.26万元，其中：棚户区改造资金1797.88万元，老旧小区改造补助资金1029.96万元，公共租赁住房资金429.42万元，保证城镇保障性安居工程建设顺利进行。做好体育彩票、福利彩票等专项资金的收支管理工作，共拨付彩票公益金1551.41万元，其中：用于体育事业的彩票公益金支出760.15万元，用于社会福利事业的彩票公益金支出251.26万元，用于文化事业的彩票公益金支出540万元，支持大丰区社会事业发展。

【政府采购管理】 2022年，大丰区财政局全面落实政府采购政策，严格遵循公开透明、公平竞争、公正及诚实信用原则，不断挖掘采购资源、规范采购程序、创新采购方法。转发省财政厅《关于印发江苏省2022年政府集中采购目录及标准的通知》，统一公开招标数额标准，工程、货物、服务的公开招标标准为400万元以上，分散采购数额标准货物类和服务类为30万元，工程类为60万元。规范采购单位部门预算一体化管理，认真做好政府采购计划备案工作。加强采购需求管理，做好省政府采购网上政府采购意向公开工作，依法组织政府招标采购活动。落实优化营商环境措施，落实价格评审优惠、优先采购小微企业产品措施，支持中小微企业发展。降低新冠肺炎疫情对企业的不利影响，认真做好政府采购便利化采购工作。构建采购人、采购代理机构、评审专家、供应商“四位一体”廉政诚信体系建设。利用“互联网+”信息技术，完善集中采购交易“集采云”“苏采云”“网上商城”和“协议供货”等政府采购电子交易平台系统应用工作。做好全国脱贫地区农副产品网络销售平台（832平台）配套服务工作，全区通过832平台网上购买脱贫地区农副产品97.11万元、采购“鲜丰汇平台”农副产品8.43万元。组织代理机构、评审专家座谈培训会，对政府采购代理人员、评审专家实行集中和分散培训学习。全区政府采购预算金额25.39亿元，实际完成395批次采购，采购金额22.36亿元，比预算金额节约资金3.03万元，综合节约率11.93%。

【会计管理服务】 2022年，大丰区财政局贯彻执行会计准则制度等规章制度，增强会计管理服务效能，强化会计人才队伍建设，推动会计行业健康有序发展。加强会计人员业务培训，组织全区规模以上企业财务负责人及业务骨干，参加盐城市组织的职业素质提升培训班。做好会计专业技术资格报名考试相关工作，全区初级、中级资格报名通过2623人，通过考试取得证书369人，其中初级268人、中级101人。申报高级会计师初评9人，经评审，取得高级会计师资格8人。加强会计代理记账机构管理，对大丰19个代理记账机构进行备案核查和公示。开展代账机构违法违规行为整治活动，对全区范围内无证经营、虚假承诺等违法违规行为进行重点整治，推动代理记账行业健康有序发展。做好会计继续教育培训工作，采用线上学习为主、自学为辅的形式，全年培训合格5000多人。组织全区做好2021年度内部控制报告编制工作，开展编报工作线上培训，提升单位内部控制管理水平。牵头做好“双随机、一公开”（在监管过程中随机抽取检查对象，随机选派执法检查人员，抽查情况及查处结果及时向社会公开）专项检查工作，按照抽查事项清单，研究确定2项检查事项。牵头做好社会信用体系建设工作，分解细化工作目标，归集整理信用信息，做好汇总及政务诚信工作。做好珠心算教育活动开展，完成“珠心算”实验教学优质课大赛活动，比赛中大丰代表队获得团体二等奖，教师获得教练个人二等奖，选手获得个人二等奖。

【预算绩效管理】 2022年，大丰区财政局加强预算绩效管理，将绩效理念融入预算管理全过程，不断完善预算绩效管理机制，建成预算绩效管理新体系。完善预算绩效管理制度体系建设，出台《大丰区本级项目绩效目标编制审核指南》《盐城市大丰区第三方机构预算绩效管理业务监督管理暂行办法》等政策文件。推行事前绩效评估，全年开展3个项目评估，涉及项目金额7000万元。强化源头管控，全面编制预算绩效目标，优化管理流程，实现绩效目标与部门预算同步报送，同步审核，同步公开，完成项目绩效目标审核799个，涉及预算金额101.98亿元，整体绩效目标审核218家。推进绩效跟踪，深化绩效运行监控，建立预算部门和单位日常监控、财政重点监控相结合的绩效运行监控工作机制，共开展1295个项目绩效监控，其中红灯预警项目551个。推动绩效自评提质扩面，做实绩效评价结果运用，全年完成136个项目自评价工作，涉及预算金额23.68亿元。做好投资财政评审工作，共完成财政评审项目287项，报审项目预算金额59.59亿元，核定投资金额58.9亿元，偏差额为1.87亿元（核增0.59亿元+核减1.28亿元）。其中：完成本级财政资金安排的行政事业单位及镇（街道）财政评审项目112项，核定投资7.03亿元，偏差额为4183.77万元；完成上级扶持补助的项目资金财政评审38项，核定投资金额5.36亿元，偏差额为2115.27万元；完成国有企业财政评审137项，核定投资金额46.51亿元，偏差额为1.34亿元。

【财政监督检查】 2022年，大丰区财政局加强财会监督，深化完善财政“大监督”工作机制，提高监督效能。年内，着重对财政专项资金使用情况、违反中央八项规定和省委十项规定精神、市委十二项纪律规定和财经纪律行为进行监督检查，结合区纪委作风建设相关要求，重点关注“三公”经费［因公出国（境）费、公务接待费、公务用车运行维护费及购置费］、会议费、培训费等支出情况，及时纠正可能出现的各种廉政风险，查处机关事业单位违规公款接待、公款购置赠送礼品、公款旅游、乱发津贴补贴，查究虚报冒领、截留私分、挥霍浪费、贪污挪用扶贫资金以及套取财政资金、私设“小金库”等严重违纪违规行为，整肃财政纪律，规范财政秩序。加强对财务管理、内部控制的监督，督促指导相关单位规范财务管理，提升内部管理水平。加强对会计行为的监督，提高会计信息质量。全年共计对18个行政事业单位及乡镇财政所的财经纪律政策执行情况、13项专项资金、45家单位预决算公开情况、9家代理记账企业进行监督检查。按照执法执勤用车更新的要求和标准，对执法执勤用车的使用、更新情况进行管理，保证执法执勤用车的使用规范，利用执法执勤用车平台全程监控执法执勤用车的调度和使用。加强与纪检、监察、审计等部门的工作联动机制，保障财政资金安全、规范、合理使用。

【财政信息化建设】 2022年，大丰区财政局围绕深化财政改革，加强全方位内控管理，完善预算管理一体化信息系统建设。构建政府债务和资金使用信息化管理系统，实现资金集中存放，资金使用计划申请，集中审批，统一支付，形成债务集中管理、资金专户管理、支出计划控制、风险实时预警的一体化债务管理系统，提升债务事前、事中、事后的闭环和链条管理。完成非税收入收缴票据电子化系统建设，采用“先款后票”方式，实现柜面缴纳、扫码缴纳、专网缴纳、移动缴款等线上线下无纸化缴款方式，有效解决学校等部门大量学生收费不见面缴款，移动执法部门现场收缴款瓶颈，完成非税收缴改革的“最后一公里”。定制开发移动收费POS终端系统，集成非税收入收缴掌上App应用软件，实现缴款通知书开具、扫码、短信通知、电子票据出具等全程“一站式”业务操作，满足移动收费和便民服务需求。完成区直预算管理一体化系统建设，打通预算执行系统与非税收缴数据连接，启用财政总预算账务、非税专户核算账务、预算公开功能等，实现原始数据自动生成记账凭证和电子报表功能，提升财政应用系统的一体化、智能化和便捷化。大力推进系统协同建设，建成和推广“苏采云”系统，实现“项目计划管理、采购信息登记、招标投标管理、中标结果反馈、合同登记备案、项目资金支付”等全业务线上管理。建成和应用“资产云”系统，实现资产登记、变动管理、资产报告等，逐步实现国有资产全生命周期管理。加快推进“授权支付”推广应用，逐步建立财政预算指标与单位支出管理、财务核算相适应的权责明确的“授权支付”集中支付管理体系。

（王明娟）

税　务

【概况】 2022年，盐城市大丰区税务局立足“抓好党务、干好税务、带好队伍”，围绕“党建新活力、发展新动能、改革新突破、法治新局面、服务新体系、人才新梯队”六个方面，高质量推进新时代大丰税收现代化建设，较好地完成既定的各项工作任务。依法依规征税收费，全年组织入库各项收入178.1亿元，增长52.9%，其中：税收收入73.9亿元，社保费收入35.6亿元，基金（费）收入68.6亿元。税收收入中，一般公共预算收入42.4亿元，还原留抵退税后，一般公共预算收入51.3亿元，同比增长6.4%，为地方经济发展夯实了财力保障。全力落实落细新的组合式税费支持政策，让税费红利直达快享，累计超3.7万户次的纳税人、缴费人享受政策红利50.06亿元，其中办理增值税留抵退税17.8亿元、出口退税17.9亿元，制造业中小微企业缓税10.03亿元，社保费减免和缓缴1.57亿元。与市税务局科室开展“连心联建”14次，与企业、社区（村）开展结对共建15次，完成9个基层党支部和3个老干部党支部换届选举，区税务局获得区级机关党建示范点称号。成立党委主体责任落实办公室，2次召开党委与党委纪检组专题会商会议。开展新的组合式税费支持政策落实等9项专项监督，护航上级重大决策部署在基层落实落细。推进“五问五争做”活动，项目化开展“以案促改、以案促治”专项工作，开展“纠四风、树新风”专项行动，推进3项专项整治，健全7项风险防控长效机制。聚焦纪检监察体制改革，科学设置2个派出机构监督组，配齐配强纪检组、机关纪委及派出机构监督员队伍，积极构建“全覆盖”监督网格。

【税费服务】2022年，大丰区税务局全面落实省税务局税收营商环境提升计划任务清单，《推行“加减乘除法”化解企业破产税费处置难题提升区域营商环境》得到省税务局书记汤志水肯定性批示。推行“一件事、一次办、一站式”改革，严格执行“税费一体通办”要求，全面推行“一口进、一口出”机制，前移9项审批事项。深化“不见面审批”，落实“全程网上办”清单，积极推广增值税全电发票，全年“非接触办税”比例96.56%，电子税务局、自助终端、人工窗口的好差评满意率达100%。开展便民办税春风行动、春雨润苗、税收助力企业发展主题月等活动，为全区32户同比销售下降超50%的企业进行数据帮扶，匹配上下游供应关系404条，助力企业复工复产。加强税费政策宣传辅导，开展电子税务局和江苏税务App线上操作培训9期、新的组合式税费支持政策培训16场次。深化“税银互动”，全年助力24户纳税人获得信用贷款3100万元。

2022年4月，大丰区税务局组织税务工作人员到郁金香培育基地宣传涉农税费优惠政策　（区税务局　供图）

【征管改革】2022年，大丰区税务局高质量开展征管改革中期动态评估，65个大项163个小项如期完成改革任务。“区局机关实体化执法团队”“税务法院联合化解企业破产税费债权处置”2个案例，作为改革创新举措被省税务局推荐选送国家税务总局。建立“实时分析、整改反馈、源头查找”5C日常监管流程，优化工作运行机制，68个指标综合评级评价排名全市领先。做好专票电子化推行工作，电专核定率和开具率均处于全市前列。落实成品油消费税管理试点工作，对全区165户成品油经营企业开展全面核查。高质量完成个人所得税经营所得年度汇算和企业所得税年度汇缴，高效率完成22个房地产开发项目土地增值税清算审核工作，高标准完成184户企业所得税核定征收户和283户个人独资企业（含合伙企业）核定征收户的核改查工作。撰写的外资分析报告获得市税务局评比一等奖。印花税法顺利落地，四项非税收入平稳划转运行，顺利实现学生城乡居民医保客户端申报缴费，成为全省率先推广成功的地区。

【依法治税】2022年，大丰区税务局组建税务监管团队，强化税务执法团队，聚焦风险排查和应对，全年完成各类应对任务1195户，应对入库成效1.13亿元，总成效2.23亿元。统筹推进重点税源检查和打虚打骗，查补入库税款2560万元。强化数据治税，主动向住建局、财政局、自然资源和规划局等部门采集涉税信息2.3万条，依法向区纪委监委、人社局、医保局等部门提供涉税信息1.6万条。推进行政执法三项制度，严格落实税务行政处罚“首违不罚”事项清单，并对2020年以来落实情况开展自查整改；设立“公职律师涉税争议咨询调解中心”，加大重大疑难涉税矛盾纠纷调处化解力度；主动融入法治政府示范区建设，区税务局被评为2016—2020年盐城市法治宣传教育先进单位。

【税务队伍建设】2022年，大丰区税务局建立骨干使用绿色通道，对28名业务骨干进行岗位调整和职责优化。加快“飞鹰”人才培养，做好“三师”（税务师、会计师、律师）学习考试和“练兵比武”，促使干部履职能力不断提升，全年新增"三师" 3人、省专业骨干3人、省岗位能手3人，在市税务局业务大比武中名列前茅，1人被评为江苏省业务大比武优秀选手、江苏省五一创新能手。参与社区疫情联控、高速卡口执勤268人次，组织"微心愿" 活动，扶贫助困10户家庭，青年党员"四零"（办税服务零距离、办税程序零障碍、办税质量零差错、办税对象零投诉）志愿服务驿站被表彰为区最佳志愿者服务组织。开展读书征文比赛、红色经典朗读分享，区税务局被评为全民阅读优秀单位。常态化组织文体活动，在市税务局第二届职工运动会获得团体第一名的好成绩。

（陆仁德）

土地资源管理

【概况】 2022年，大丰区自然资源和规划局以习近平新时代中国特色社会主义思想为指导，聚焦落实区委、区政府和市自然资源和规划局党委决策部署，始终坚持党建引领不动摇，稳大局、破困局、开新局，圆满完成年度目标任务。大丰区被评为省级耕地保护激励单位、2022年度土地执法模范区，全区自然资源节约集约利用考核在全省排名第29名。

【用地保障】 2022年，大丰区自然资源和规划局主动策应长三角一体化产业发展基地建设，成立项目服务保障专班，严格执行人随件走的工作机制，项目从组卷到审查不超过两周，用地报批质量居全市第一。全年争取用地计划496.53公顷、盘活建设用地复垦指标30公顷，组卷31个批次、获批用地526.47公顷，供应土地107宗、873.33公顷，合同约定土地出让金43.5亿元，5个省重大项目、61个长三角一体化产业发展基地项目全部保障到位。强化土地节约集约利用，加大闲置低效土地盘活力度，强化"增存挂钩" 措施，全年完成闲置土地处置214.4公顷，低效用地再利用154公顷，消化批而未供206.53公顷，完成量位于全市前列。编制围填海历史遗留问题处置方案3宗2066.67公顷，全力保障海水淡化和联鑫钢铁等项目用海。

【土地储备及征地补偿】 2022年，大丰区自然资源和规划局强化计划管控，坚持以"供" 定"储"。科学编制年度土地储备计划，依法依规收储，为政府宏观调控土地市场提供条件，收回国有土地使用权6宗，面积61.29公顷。成功举行2022中国大丰土地云推介会，活动推出3幅拟挂牌地块、2幅合作地块和1幅重点片区。进一步加强征地管理工作，认真履行征地程序，严格按政策、法规规定对被征地农民进行补偿安置，全年新征项目54个，面积307.57公顷，落实征地补偿费用和社保资金3.5亿元，确保征地补偿安置到位。

【耕地保护】 2022年，大丰区自然资源和规划局落实耕地保护各项政策措施，层层签订永久基本农田保护任务。调动各责任主体耕地保护的积极性，依据《关于印发〈盐城市大丰区耕地保护考核激励暂行办法〉的通知》要求，对耕地保护工作较为突出的小海、刘庄、草堰3个镇提请区政府分别兑现激励奖励资金50万、30万、20万元；大丰区被评为2022年度省级县（市、区）耕地保护激励单位，并给予通报表扬。三龙镇被评为2022年度省级镇（街道）耕地保护激励单位，并获得200万元资金奖励；新丰镇获得市级耕地保护激励奖励150万元，全区15个行政村获市级耕地保护激励奖励各20万元。

【土地综合整治】 2022年，大丰区自然资源和规划局积极推广全域综合整治项目实施，小海镇作为全区首个项目实施方案通过省级论证审查，该项目创新引入"土地整治+社会资金参与" 的模式，建设总规模1600公顷，规划新增耕地79.6公顷，建设用地指标结余9.8公顷，总投资3.73亿元，其中社会资金3.23亿元，争取省级补助资金4992万元。实施2022年度挂钩项目，对可复垦地进行现场踏勘、勘测定界、建立台账等工作，全年立项入库项目48个，502个地块、23.24公顷、48个项目全部完成复垦，达到种植标准。完成指标交易收益共7.34亿元。

【土地执法监管】 2022年，大丰区自然资源和规划局研究制定《盐城市大丰区国土资源常用行政处罚自由裁量标准（试行）》，规范自由裁量，保障和监督依法履行职责，促进依法行政。充分发挥"人防+技防" 的作用，结合部、省卫片核查等工作，全面掌握全

2022年10月24日，盐城市大丰区地区责任规划师工作站揭牌

杨世利　摄

区用地、用林、用海动态，及时发现、制止、查处违法违规行为。2022年，开展土地执法巡查291轮次，林业执法巡查50轮次，海域执法巡查30轮次，对发现的问题及时制止。规范开展卫片图斑核查工作，核查部、省、市卫片图斑3177个，面积2386.67公顷，对发现的问题均及时制止并督促整改。推进存量问题见底清零，成立违法用地整改工作领导小组，提请区政府组织召开整改工作推进会，印发《盐城市大丰区2021年耕地保护督察问题整改工作方案》，实行清单式管理，确保“不遗漏一宗、不放过一件”，土地违法违规清零行动整改率99%，整改进度为全市第一。大丰区获得“江苏省2022年度土地执法模范区”称号。

【调查确权登记与测绘管理】 2022年，大丰区自然资源和规划局配合省自然资源厅完成江苏大丰麋鹿国家级自然保护区自然资源统一确权登记登簿工作，成为全国首批自然资源确权登记实现登簿的三个重点区域之一，配合省自然资源厅完成江苏盐城湿地珍禽国家级自然保护区自然资源统一确权登记项目，配合盐城市自然资源和规划局完成何垛河等3条河流的自然资源统一确权登记项目的工作，完成大丰区2021年度王港河等5条县级骨干河流的自然资源统一确权登记项目的验收，完成2022年度老斗龙港等5条县级骨干河流的自然资源统一确权登记项目并顺利通过验收。深化“一窗受理、集成服务”，不动产登记交易一体化平台建成使用，实现转移登记等涉税登记服务、不动产登记信息查询等线上办理。首创“交海即发证”便民服务模式，为企业在交海时同步开展不动产登记，降低企业开办成本。创新登记模式，发放按幢按层不动产权证196本，助力企业融资31亿元。聚焦不动产登记领域的“急难愁盼”问题，坚持“一案一策”，推动化解涉及群众办证不动产历史遗留问题项目9个，涉及群众2262户，化解率100%。全年办理各项不动产登记业务78580件，发放不动产权证书60520本、证明13451份，不动产登记营商环境指标评价得分位列全市第一、全省第十。全面推进测绘成果共享互认，“多测合一”管理平台顺利上线运行。

（陈　萍）

国有资产管理

【概况】 2022年，盐城市大丰区人民政府国有资产监督管理办公室（简称大丰区国资办）立足大丰经济发展实际，主动依法履行出资人职责，以决战决胜国企改革三年行动为重点，持续优化国有资本布局，全面规范国有资产监督管理，进一步完善国有资产管理体系，推进国资国企高质量发展。

【国资国企改革】 2022年，大丰区国资办落实国企改革三年行动各项任务，完善现代企业制度。围绕国企改革三年行动工作任务要求，将改革行动方案分解为具体工作举措，明确标准、落实责任。截至12月底，85项重点任务基本完成，国企改革成效逐步显现。健全市场经营机制，制定经理层成员任期制与契约化管理工作方案，增强经理层成员任期意识、岗位意识、权责意识。制定区属国有企业“三定”（定机构、定编制、定职能）方案，合理设置内设机构，配置管理人员，严控管理层级和人员数量，逐步形成结构合理、职级清楚、职责明确、利于考核的岗位管理体系。全面推进国企用工市场化，各区属国企均建立公开招聘、管理人员竞争上岗、末等调整和不胜任退出等市场化用工制度。鼓励区属国企积极参与长三角一体化产业发展基地建设，推进分屋顶分布式光伏、仓储物流园、加油站、建筑垃圾处理、中水回用等经营性项目建设，发挥区属国企在全区经济社会发展中的重要支撑作用。

【国有资本布局优化】 2022年，大丰区国资办按照“突出主业、市场导向、资源整合、提升效益”的总体原则，通过合并重整、资产划入、精简层级等方式，推动国企优化调整。深化国企改革重组，将斗龙港集团和文旅集团两家主业同质化企业予以合并，实现统一规划、统一管理、统一建设、统一经营，聚集全区旅游资源，壮大斗龙港集团综合实力；将高鑫投资公司、兴城投资公司整合为丰华恒裕集团，真正实现政企分开、独立市场化运营新格局。加大资源整合力度，将全区林业资源、滩涂资源分步充实至区属国有企业，增加国企优质资产规模，调优国企资产结构。推进企业“瘦体健身”，全年清理整合国有平台公司100多户，其中镇级平台全部清理整合进区级平台公司。

【国资国企监管】 2022年，大丰区国资办加强外部协同监管，出台《关于建立区属国有企业监督联动机制的意见》，构建出资人、纪检监察、巡察、组织、审计等部门统筹衔接的外部监督协同联动机制，形成监督合力。加强项目投资管理，区属国企年度项目投资计划全部经区国资办核准后报区政府审批，2022年，区国资办核减国企投资项目502个，核减投资额151.7亿元。加强债务风险管控，实施债务规模和资产负债率双重约束，按照全年经营性债务增速不超过12%要求，“一企一策”确定管控目标，严格落实企业债务风险防范主体责任。有效管控融资综合成本超过6%的融资计划，全年审批国企融资计划121笔、金额116.8亿元。压降高成本融资规模，督促企业采取低息置换、协商降本、提前偿还等方式，清退8%以上高成本融资48亿元。加强企业债券发行监管，全年完成债券发行审批6项，审批金额74.9亿元。推行经营性国有资产集中统一监管，按照“明确责任、分类施策、稳妥推进”原则，形成分类处置方案，其中区级行政事业单位所属企业划入区属国有企业32个、清理注销4个，理顺行政事业单位同所办企业关系，提高国有资本配置和监管效率，防止国有资产流失。

【房租减免政策落实】 2022年，大丰区国资办严格落实国有房屋租金减免政策，帮助服务业小微企业和个体工商户纾困解难。通过区政府门户网站、《大丰日报》等媒体渠道，宣传国有房屋租金减免政策，明确说明减免对象、减免标准、减免方式和审批流程，打通政策“最后一公里”，确保房租“应免尽免、应退尽退”。构建长效工作机制，建立落实减免情况周报制度，督促各单位及时落实房租减免政策。做好资格审核，督促各单位对申请人身份进行严格把关，避免“二房东”现象。开展政策落实情况专项督查，确保房租减免政策落实到位，截至12月底，全区减免服务业小微企业112户、个体工商户331户的租金682.40万元，其中行政事业单位减免服务业小微企业22户、个体工商户191户的租金244.22万元；国有企业减免服务业小微企业90户、个体工商户140户的租金438.18万元。

【国企党建引领】 2022年，大丰区国资办加快推进国企党建工作提质升级，以高质量党建引领高质量发展。认真落实第一议题制度，印发《关于建立实施“第一议题”学习制度的通知》，持续做好习近平总书记重要讲话和重要指示批示精神的贯彻落实。严格落实意识形态责任制，充分发挥中心组学习示范引领作用。不断加强党组织体系建设，新设立大丰区产业招商发展有限公司，同步设立产业招商发展有限公司党支部，推动党的组织与党的工作的全覆盖。截至12月底，财政局党委（区属国企）下设1个二级党委、2个党总支、3个党支部，共有党员174名。加大监督检查与责任追究力度，配合区纪委监委组织开展区属国企违规发放津补贴等问题专项督察，组织“三重一大”决策制度制定及落实情况专项检查。

（王明娟）

审　计

【概况】 2022年度，大丰区审计局坚定落实“疫情要防住、经济要稳住、发展要安全”的总体要求，依法履行审计监督职责。全年实施审计项目18个，审计查出问题金额167.8亿元，发现非金额计量问题141个；审计移送案件线索23条；被批示、采用审计报告和要情信息等24篇次；宣传信息被相关媒体用稿221篇次。1个项目被评为全国、全省、全市审计机关优秀审计项目一等奖；局机关被评为江苏省文明单位、江苏省审计机关“党建强审”先进单位；在盐城市审计机关组织的县（市、区）审计局2022年度综合考核中被评为全市审计系统标兵单位；在大丰区2022年度综合考核中获得第一等次；组织实施的“盐城市大丰区西团镇党委原书记、镇长经济责任审计项目”获得全国审计机关优秀审计项目一等奖；在全省“2019—2021五个强审”三年行动工作中被江苏省审计厅评为“党建强审”工作先进集体。增设内部审计指导监督科。2022年，大丰区审计局增设“内部审计指导监督科”，推动建立健全内部审计制度，内部审计工作指导监督体系更加健全，为推动全局内审工作提供保障。党委政府交办工作。大丰区审计局认真履行党章赋予的政治责任，知责明责，主动对接巡察，全力做好配合工作。全年有17人参加省委、市委、区委巡视巡察工作，联合区委巡察办制定出台《大丰区巡察监督与审计监督联动协作实施办法》，深化协同协作，形成监督合力。完成政府交付的对区疫情防控隔离点建设、国企经营情况的跟踪审计，对常盐工业园拓展区拆迁补偿的跟踪审计进行业务指导。累计抽调审计人员498人次参与全区疫情防控工作。围绕全区经济建设的中心，做好全区招商引资项目建设考核认定工作。

【政策落实跟踪审计】 2022年，大丰区审计局围绕国家重大决策部署和党委、政府中心工作，加大对减税降费、优化营商环境、国企改革、绿色低碳发展、乡村振兴等国家重大战略和政策措施落实情况的审计力度。在实施审计项目过程中融合开展政府隐性债务化解情况、产业绿色转型专项资金、生态环保专项资金、现代服务业发展专项资金、养老服务体系建设政策落实情况跟踪审计调查。在养老服务体系建设政策措施落实情况专项审计中，审计发现养老服务规划引领、专项资金使用管理、老年人家庭医生签约服务推进情况等6类16个问题，推动构建高质量养老服务体系。

【区本级财政预算执行审计】 2022

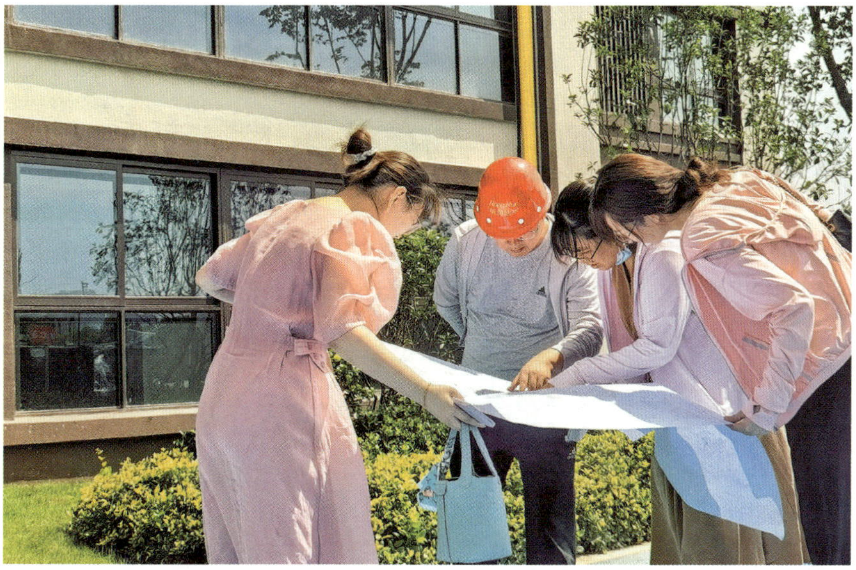

2022年，大丰区审计局开展全区养老服务体系建设政策措施落实专项审计调查，走访新建住宅区了解配建养老服务用房情况

（区审计局　供图）

年，大丰区审计局紧扣“过紧日子”要求，加大对公共资金使用绩效的监督力度，推动建立节约型财政保障机制。组织实施区财政局、大中街道、丰华街道、区红十字会、区交通运输局2021年度预算执行和决算草案审计。在区财政局具体组织2021年度区本级预算执行审计中，重点关注财政资源统筹、财政支出政策落实情况、重点专项资金管理使用、重大投资项目建设、政府综合财务报告编制等方面存在的问题；在同级审项目中，融合开展粮食安全生产专项资金、政府专项债券使用管理情况、全区农村污水管网建设情况审计、全区债务情况的审计调查。审计提出整改建议16条，移送案件线索1条，推动财政政策提质效能。

【领导干部经济责任审计】 2022年，大丰区审计局深入实施经济责任审计，促进领导干部依法履职。重点关注领导干部对中央八项规定精神的落实、重大经济运行的决策、重大风险的防范，结合重大政策措施贯彻落实情况，关注减税降费、隐形债务化解、生态文明建设、网络安全和信息化建设等重要事项。全年完成部门及乡镇领导干部经济责任审计项目4个，同步开展自然资源资产离任审计2个。

【民生资金和项目审计】 2022年，大丰区审计局开展民生资金和项目审计7个。在大丰人民医院2019—2021年度财务收支审计中，审计对医疗政策执行落实、医保支付等情况进行分析，并对疑点进行延伸核查，指出8类64个问题，推动提升公立医院高质量发展和提升服务水平。

【政府投资审计】 2022年，大丰区审计局实施政府投资审计项目25个，为财政节约资金0.77亿元。提请区委区政府制定出台《盐城市大丰区政府投资项目决（结）算管理和监督实施意见》，建立“在建工程项目库”和“工程项目决（结）算审核库”，科学推进对政府投资审计项目质量核查的全覆盖。

【企业审计】 在江苏恒瑞投资开发有限公司2019—2021年度资产负债损益情况审计中，大丰区审计局重点关注企业资产负债及经营成果真实性、合法性、效益性以及资产资源闲置、损失、浪费等方面的问题，促进区属国有企业提高经营管理水平，增强风险防范意识。

【审计整改】 2022年，大丰区审计局制定完善《审计整改工作实施细则》，建立审计整改“四式”（清单式、节点式、流程式、闭环式）管理机制，以“清单式”管理压实主体责任，以“节点式”管理倒排工期推进，以“流程式”管理明确整改要求，以“闭环式”管理构建工作全链条。2022年审计项目整改问题金额计12.29亿元，通过整改促进增收节支和挽回损失等计1.21亿元，制定完善相关规章制度12项。

【审计科研】 2022年，大丰区审计局以“政治—政策—项目—资金”为主线，将研究型审计贯穿审计工作全过程。2022年3月，研究型课题“基于建模策略推动审计整改系统化管理的探索”经盐城市社科联立项实施。2022年7月，审计案例《斩断伸向涉农补贴的黑手》被编入审计署《乡村振兴审计案例汇编》。

（陈志伟）

统　计

【概况】 2022年，大丰区推进统计改革创新，加强统计法治建设，有序规范统计业务工作，贯彻落实《关于深化统计管理体制改革提高统计数据真实性的意见》《统计违纪违法责任人处分处理建议办法》《防范和惩治统计造假、弄虚作假督察工作规定》和《〈中华人民共和国统计法〉实施条例》等统计法律法规文件精神，常态化开展统计法治宣传，提高防范和惩治统计造假、弄虚作假的法治意识。全力加强监测预警，及时、准确、高效开展统计服务，较好地完成统计改革、监测和服务等各项工作。

【统计能力提升】 2022年，大丰统计工作持续推进，科学实施核算改革，探索推进地区生产总值统一核算改革方式方法，加强对镇（街道、区园）的地区生产总值季度核算工作，每月定期加强行业主要核算支撑指标的预测预警、通报情况、提出应对举措。区统计局完善部门统计网络队伍、工作机制；定期召开部门统计联席会议，研究解决行业运行中遇到的问题，与部门一道加强“准四上企业”（1—6月企业累计应税销售额达到“四上”单位标准50%及以上的单位）的摸排，组织“四上企业”（规模以上工业企业、资质等级建筑业房地产企业、限额以上批零住宿餐饮企业、规模以上服务业企业）申报；加强企业联网直报工作的指导和审核，提升统计工作组织化水平；加强部门统计数据资源整合平台建设，努力构建大数据、大统计新格局。加强村（社区）统计规范化建设，全区村（社区）统计协管员配备率为100%。依法加强民间统计管理，规范民间统计参与政府统计行为；加强对“四上企业”的调研指导，督促“四上企业”加强统计台账建设。年内，大丰区统计局会同区发改委、工信局、商务局、住建局等部门，迅速分解任务、推送疑似“准四上”企业库、建立日报表制度。牵头召开区发改委、工信局、商务局、住建局等部门工作专班会议，分析存在问题、研究对策措施，对企业申报推进情况逐一过堂。对全区10月份纳税申报已达申报标准70%以上企业全面摸底，对初步具体申报条件的企业逐一上门核查，宣传“个转企”“小升规”的意义和对企业发展的优势，落实专班对接服务，精准帮扶，为企业满负荷生产创造条件，让企业多开票、开足票，提高“准四上企业”达标率，同时加强惠企政策宣传，积极指导企业完善纳总申报、组织“四上企业”申报入库材料。

【统计服务】 2022年，大丰区统计局积极履行统计服务职能。全力做好重大国情调查。继续做好第七次全国人口普查资料的汇总、整理、编辑工作。按照国家、省、市第五次经济普查筹备方案通知要求，组建盐城市大丰区第五次全国经济普查筹备领导小组及办公室，科学规范人员配置、工作组设置工作，提前准备经费预算、物资保障、工作规划、业务研究、专项试点等各项筹备工作。加强经济运行预警监测，做好月度主要经济指标的预测预报工作，每月定期向区主要领导报送主要经济指标完成情况，及时发现问题，提醒领导会办解决。加强季度地区生产总值核算跟踪监测，及时做好对上、对下的对接工作。围绕能源消耗、投入产出等全区中心工作及经济运行中的焦点、热点和难点问题，深入联鑫公司、博汇公司、中车公司、金风公司、阿特斯公司、北大荒公司等企业开展调查研究。针对年报成本费用调查中发现劳务外包用工现象，调研组深入重点企业双瑞公司、中车公司、正泰公司等走访调研，并将调研结果形成文字报区委区政府和盐城市统计局。针对固定资产投资、高新技术产业投资、知识产权投资开展投资专项调查。针对劳动工资指标开展专题调查，为党委政府及相关部门真实传递企情民意。大丰区统计局及时、准确发布人口普查、疫情监控、高质量发展监测指标，公平、公正、公开实施监测考核评价，统计工作的权威性明显加强。3—6月，在全区村（居）社区常住人口摸底、核查工作中，配合区公安局进行数据处理、分析，帮助区领导及时掌握中心城区人员动向，提供决策支持。更新优化《统计公报》《统计月报》《统计年鉴》《数据观察》《数海撷贝》等主要统计产品，倾力做优"服务"文章。规范统计网站的信息发布和管理，加强数据解读，提高统计影响力。紧紧围绕经济运行速度变化、结构优化、动能转化等，加强综合分析。

【统计法治建设】 2022年，大丰区统计局常态化开展统计法治工作，通过印发资料、以会代训、媒介宣传等多种形式，开展统计法律法规宣传，增强各级领导干部统计法律法规的知晓率。针对部分"四上企业"统计人员变动频繁、法治意识不强等问题，对新申报入库"四上企业"统一发放《统计义务告知书》，督促企业依法履行统计义务，组织新入职统计人员业务培训。扎实有效开展统计执法工作，同时配合省、市统计局对企业进行统计执法；对前期立案单位进行行政处罚，并对相关镇政府进行提醒谈话。按照省统计局的统一部署，认真组织开展统计"双随机"（随机抽取检查对象，随机选派执法检查人员）执法检查。联合区工信局对13个规模以上企业开展"双随机"执法检查，开展全区重点用能企业节能检查，未发现问题。进一步加强统计对象依法统计意识，常态化统计法治宣传，提高防范和惩治统计造假、弄虚作假的法治意识，营造良好的统计法治环境，执法检查结果及时录入江苏省统计依法行政管理系统，积极配合行政审批局对江苏省政务服务事项管理系统涉及事项进行梳理。严格执行《中华人民共和国统计法》《江苏省统计条例》等统计法律、法规，及时对民间委托合同进行审核备案。2022年，大丰区统计局开展统计造假不收手不收敛问题专项纠治工作，成立统计造假不收手不收敛问题专项纠治工作领导小组及其办公室，强化与纪检监察机关在查处统计造假、弄虚作假案件中的协同配合，严格依规依纪依法协同开展专项纠治工作，围绕四项必查内容，结合重点工作，对2017年以来的情况特别是国家督察以后的情况开展全面自查自纠，建立问题清单和整改台账，在专项纠治期间逐项对账销号，并形成专项纠治情况报告报送市统计局。

（杨利平）

市场监督管理

【概况】 2022年，盐城市大丰区市场监督管理局（简称大丰区市场监管局）高效统筹疫情防控和市场监管工作，各项工作取得成效。大丰区市场监管局被省文明委表彰为2019—2021年度江苏省文明单位，被省食安委评为全省食品安全工作先进集体，被市委市政府评为2021年度盐城市文明创建工作先进集体，获得盐城市"七五"普法先进单位。

【质量品牌发展】 2022年，大丰区市场监管局有力推进质量强区建设。博敏电子公司获得2021年度市长质量奖，谷登机械公司、裕丰旅游公司获"江苏精品"认证。博敏电子公司、大洋精锻公司分别获评省质量信用AAA、AA级企业。组织评选2021年度区长质量奖，大洋精锻公司、森威精锻公司获得区长质量奖，裕丰旅游公司、金色农业公司获得提名奖。帮助10个企业参与小微企业质量管理体系认证提升，助力产业升级和创新发展。中汽研汽车试验场公司、中车电机公司参与制定国家标准3个，安道麦辉丰公司等4家企业主导、参与制定行业标准9个，正大丰海公司发布实施药品标准2个，"大丰麦仁"获批盐城市地方标准，全区新增标准数列全市第一。森威精锻公司获批省级战略性新兴产业标准化试点项目立项。3名企业标准化负责人获聘首批江苏省标准化专家。优化计量服务，帮助450个企业检定计量器具2.2万余台件。建成质量基础设施"一站式"综合服务平台，更好服务质量强区建设。

【食品安全监管】 2022年，大丰区委常委会研究部署食品安全"两个责任"（食品安全属地管理责任、食品生产经营单位主体责任）工作机制，出台关于进一步落实食品安全责任的通知，推动食品安全区、镇、村三级包保全覆盖。深入开展"守查保"专项行动，落实定期调度、风险会商、跟踪督办机制，对全区食品市场开展全覆盖、全领域、全链条排查整治，检查食品生产经营者8841家次，排查化解风险隐患31790个，编制各领域风险隐患清单146条，完成食品抽检4130批次，合格率98.6%，查处食品违法案件230件。新创成5个省级"名特优"小作坊，滋补堂药业公司获准全市唯一"食

2022年，大丰区市场监管局完成食品抽检4130批次，合格率98.6%
（区市场监管局　供图）

保护消费者合法权益）行动，调整大丰区公平竞争审查联席会议制度，强化公平竞争政策实施协调机制，指导成员单位自我审查文件47份，督促纠正妨碍公平竞争政策文件3份，协助省市场监督管理局开展公用事业、原料药等领域反垄断案件调查6次。查处知识产权案件61件，其中假冒专利12件、专利标识标注不规范25件、商标侵权24件。查处的一起某单位销售医疗器械案件入选全国专利行政保护十大典型案例，系全省唯一。开展网络市场监管工作，成立互联网大数据监测中心，开展“6·18”、双“11”等网络专项监测6次，督促网络交易平台删除违法商品信息92条，责令整改网站34个次，提请关闭网站3个次，责令停止平台服务网店2个次，开展网售“一老一小”用品抽查50批次，查处各类涉网违法案件共35件。

药物资”试点备案。推行餐饮服务行业“红黑榜”管理制度，通过量化打分、闭环管理提升餐饮行业质量管理水平。

【药品安全监管】 2022年，大丰区市场监管局实行疫苗安全线上线下联动联防，多轮次、全覆盖检查全区新冠疫苗接种点、核酸检测基地，严控涉疫药械安全风险。针对医疗器械质量安全、化妆品“线上净网线下清源”、药品经营使用环节开展专项整治，完成药品监督性抽样80批次，合格率97.5%，查处“两品一械”（药品、化妆品、医疗器械）违法案件39件。全区药械化不良反应（事件）监测报告数量稳居全市第一。

【特种设备安全监管】 2022年，大丰区市场监管局统筹推进特种设备安全生产专项整治和百日攻坚行动，检查特种设备使用单位777家，督促整改风险隐患2034条，发出监察指令书173份，查处特种设备违法案件45件。新登记各类设备2452台（套），检验合格设备11259台，压力管道220余千米，气瓶28591只，检定校验压力表安全阀3.5万余只，全区特种设备定检率100%。96333电梯应急救援系统高效处置困人故障185次，解困230人。跃龙化学公司等4个化工生产企业纳入首批特种设备双重预防制度建设省级试点单位。特种设备智慧服务系统全面使用，现场监察工作实现全过程线上录入，“线上预警监测+线下精准执法”的监管模式全面推进。南阳分局查处的某特种设备案件“一案三查”经验做法被《中国质量监管》宣传报道。

【民生领域“铁拳”行动】 2022年，大丰区市场监管局聚焦关系人民群众生命健康安全的重点商品、重点领域和重点行业开展“铁拳”行动，全年查处各类违法案件427件，移送公安追究刑责9件，罚没入库1114.24万元，2件案件被列为江苏省市场监督管理局督办案件。查处的某公司虚假宣传案入选全省市场监管“铁拳”行动典型案例；某公司生产不符合安全标准食品案入选全省抽检不合格食品核查处置十大典型案例，系全市唯一；某引航站不服区市场监管局价格行为行政处罚案入选盐城法院行政审判十大典型案例，该案卷宗获评全省市场监管系统行政处罚案卷评查优秀案卷。开展“两反两保”（反垄断和反不正当竞争监管执法，保护知识产权和

【市场监管领域疫情防控】 2022年，大丰区市场监管局牵头负责进口物品防控协调组工作，守牢“外防输入”前沿关口。从严抓好进口冷链食品安全监管，对进口冷链食品“三证管理”（入境检验检疫合格证、消毒证明、核酸检测证明）、“三专管理”（专区存放、专区销售、专用通道进货）、“江苏冷链”、监管仓出库证明和疫情防控措施进行进一步部署和落实。充分发挥药店的哨点监测作用，做好“四类”药品（退热、止咳、抗病毒、抗生素类药品）实名登记销售管理。紧盯餐饮单位、农贸市场等重点场所，毫不放松落实常态化防控措施，完善从业人员健康监测，织密织牢疫情防控网。

【“双随机、一公开”监管和信用监管】 2022年，大丰区市场监管局对全区4859户市场主体开展双随机抽查，其中会同区级相关部门在成品油流通、粮食流通、养老机构、机动车检验检测等领域开展部门联合双随机抽查100余次，联合监管任务从2021的31项增至86项。加强涉企信息归集共享，强化信用约束，全区列入经营异常名录企业558户，企业年报率98.2%。进一步实现重点监管和全链

条监管，推进专业领域监管效能的提升。大丰区市场监管局积极探索形成市场主体全生命周期监管链（在食品生产、大型餐饮、婴幼儿配方乳粉销售领域先行试点），依托已有的大丰区食品安全智慧监管系统平台，做好涉企信息归集工作，因地制宜，全面、及时地归集各类涉企信用风险信息，整合各类涉企信息，实现食品安全分级分类"信用+智慧"监管，做到全程可查询、可追溯。在试点领域实现事前执行承诺制，事中开展"双随机、一公开"（在监管过程中随机抽取检查对象，随机选派执法检查人员，抽查情况及查处结果及时向社会公开）抽查等差异化分类管理，事后依法公示相关信息，实现监管资源的合理配置和高效利用。

（方振宇）

2022年4月26日，大丰区市场监管局在大丰吾悦广场举行世界知识产权日宣传活动 （区市场监管局 供图）

知识产权保护

【知识产权创造】 2022年，大丰区知识产权局加快知识产权强区建设，全区新增专利授权2523件，其中新增发明专利142件、实用新型专利2297件、外观设计专利84件；有效发明专利累计1148件，其中高维持发明专利212件，万人有效发明专利拥有量达17.78件。PCT申请19件，授权31件。商标国际注册认定13件。

【知识产权运用】 2022年，大丰区被国家知识产权局认定为国家知识产权强县建设示点县，被江苏省知识产权局确定为知识产权建设示范区；辉丰生物技术有限公司"包含噻苯隆和聚谷氨酸的农药组合物"发明专利获第23届中国专利奖优秀奖，正大丰海公司等4个企业获2021年度市政府专利金奖、博敏电子公司等5个企业获银奖；金风科技公司等7个企业通过市知识产权提升工程项目验收；26个企业完成知识产权管理"贯标"备案，丰佰公司等3个企业通过国标认证，谷登重型公司等5个企业被省绩效评价为合格。

【知识产权服务】 2022年，大丰区知识产权局完成知识产权质押融资项目39个、融资额2.76亿元，企业投保发明专利保险26件。幸福路小学、康平小学被认定为市中小学知识产权教育试点学校。

【知识产权案件查处】 2022年，大丰区知识产权局查处知识产权案件92件，其中商标案件45件、假冒专利15件、专利标注标识不规范32件；完成专利行政纠纷裁决案件2件，实现全区专利纠纷行政裁决案件零的突破；完成知识产权维权援助案件2件，知识产权纠纷调解2件；受理知识产权侵权纠纷"诉前"调解案件34件，调解成功31件，调解成功总量、成功率在全市排名第一。区新城吾悦商业管理有限公司、区稻米业协会分别被认定为市级"正版正货"示范街区、示范行业。

（方振宇）

价格管理

【概况】 2022年，大丰区价格管理工作按照国家部署，坚持"稳增长、调结构、惠民生、防风险"的工作总基调，不断完善价格管理体系，推进价格改革，落实清费减负政策，为社会经济发展营造良好的价费环境。

【价格调控】 2022年，大丰区完成全区居民消费价格指数涨幅控制在3%以内的价格调控目标。做好重要民生商品保供稳价工作，紧盯与人民生活密切相关的粮油、猪肉、蔬菜等重要民生商品价格走势，科学研判。建立猪肉储备制度，全区冻猪肉储备85吨，适时启动储备肉投放工作，国庆和春节期间以低于市场价格15%以上的幅度分批投放，缓解市民"菜篮子"压力，确保猪肉的市场供应和价格稳定。完善猪肉、蔬菜等"菜篮子"商品应急处置预案，结合疫情防控实际，研究制定在疫情恶化、供应紧张、市民抢购、市场断供等特殊情况下的应急处置方案，及时防范和应对突发事件。

【民生价格】 2022，大丰区贯彻落实国务院、省政府、市政府关于有效应对疫情新变化的助企纾困政策，帮助市场主体纾困解难、经济稳定增长。2022年，市发展改革委分别启动4月、8月、9月社会救助和保障标准与物价上涨挂钩联动机制，共计发放42092人次，发放资金256.76万元；4月份向困难群众发放一次性补贴200元，共计发放14845人次、296.9万元。制定出台《盐城市大丰区新建居住区电力接入工程政府投资建设操作办法》，进一步降低全区电力接入工程建设成本，优化电力营商环境，提升"获得电力"水平，促进行业高质量发展。

专项整治停车服务收费，完善全区机动车停放服务收费机制，充分发挥价格杠杆调节作用，提高停车资源利用效率。

【价格改革】 2022年，大丰区进一步强化全区热力价格管理，理顺供热、用热价格关系，促进热力价格公开透明，制定全区煤热价格联动机制。完善全区居民用天然气价格机制，完成天然气配气价格成本监审，实施天然气配气价格管理，制定公正合理透明的终端销售价格。落实“我为群众办实事”工作部署，对全区居民阶梯气价政策进行优化调整，扩大第二、第三阶梯气量，满足群众日益增长的消费需求。

（顾龙海）

2022年居民消费、商品零售价格指数一览表

表10　　2020价格=100

项目名称	指数	项目名称	指数
居民消费价格指数	102.6	商品零售价格指数	103.9
非食品烟酒价格指数	103.0	一、食品	101.6
食品（10版口径）指数	101.5	1.粮食	103.3
非食品（10版口径）指数	102.9	2.薯类	102.3
服务价格指数	101.6	3.豆类	102.9
工业品价格指数	104.8	4.食用油	102.0
鲜活食品价格指数	99.8	5.菜及食用菌	103.5
消费品价格指数	103.2	6.畜肉类	96.6
能源价格指数	111.2	7.禽肉类	103.4
非食品价格指数	102.8	8.水产品	95.2
扣除食品和能源价格指数	102.0	9.蛋类	107.5
扣除能源的工业品价格指数	102.9	10.奶类	106.0
扣除鲜菜鲜果价格指数	102.4	11.干鲜瓜果类	110.3
扣除自有住房价格指数	103.0	12.糖果糕点类	100.6
居住（扣自有住房）价格指数	103.1	13.调味品	105.9
扣除租赁房房租和自有住房价格指数	103.1	14.其他食品类	101.9
一、食品烟酒	101.4	15.餐饮业零售	101.0
1.食品	101.5	二、饮料、烟酒	101.0
（1）粮食	103.3	1.茶及饮料	103.5
（2）薯类	102.3	2.卷烟	101.1
（3）豆类	102.9	3.酒类	100.0
（4）食用油	102.0	三、服装、鞋帽	102.6
（5）菜及食用菌	103.5	1.服装	102.9
（6）畜肉类	96.6	2.鞋帽袜	101.7
（7）禽肉类	103.4	3.其他衣着配件	99.6
（8）水产品	95.1	四、纺织品	101.0
（9）蛋类	107.5	1.服装材料	101.2
（10）奶类	106.0	2.床上用品	101.0
（11）干鲜瓜果类	110.3	五、家用电器及音像器材	101.2
（12）糖果糕点类	100.6	1.家庭设备	103.2
（13）调味品	105.9	2.文娱用耐用消费品	97.1
（14）其他食品类	101.9	3.专业音像器材	95.3
2.茶及饮料	103.5	六、文化办公用品	102.3
3.烟酒	100.8	七、日用品	101.6
（1）卷烟	101.1	1.日用百货	101.1
（2）酒类	100.0	2.厨具餐具茶具	104.2
4.在外餐饮	101.0	3.清洗用品	100.2
二、衣着	102.5	4.其他日用品	101.6

续表10

项目名称	指数	项目名称	指数
1.服装	102.9	八、体育娱乐用品	102.4
（1）男式服装	102.3	1.体育户外用品	106.3
（2）女式服装	104.3	2.娱乐用品	101.6
（3）儿童服装	98.9	九、交通、通信用品	104.8
（4）衣着材料及配件	105.6	1.交通运输机械	105.7
（5）衣着服务费	101.4	2.通信器材	98.6
2.鞋类	101.0	十、家具	102.8
（1）鞋	101.0	十一、化妆品	103.3
（2）鞋类服务	100.0	十二、金银饰品	104.2
三、居住	101.2	十三、中西药品及医疗保健用品	97.3
1.租赁房房租	100.1	1.医疗卫生器具	96.9
2.住房保养维修及管理	103.1	2.中药	103.2
（1）住房装潢材料	104.0	3.西药	95.2
（2）住房维修管理费用	102.1	4.保健器具及用品	95.3
3.水电燃料	104.0	十四、书报杂志及电子出版物	99.1
（1）水	100.0	1.教材及参考书	98.4
（2）电	100.0	2.书报杂志及音像制品	100.0
（3）燃气	113.4	3.计算机办公软件	100.0
（4）其他水电燃料类	103.3	十五、燃料	119.0
4.自有住房	99.9	1.煤炭及制品	110.0
四、生活用品及服务	103.0	2.石油及制品	119.2
1.家具及室内装饰品	102.7	十六、建筑材料及五金电料	104.7
（1）家具	102.8	1.建筑装潢材料	104.0
（2）室内装饰品	100.8	2.五金水暖	106.6
2.家用器具	103.3	—	—
（1）大型家用器具	103.1	—	—
（2）小家电	104.4	—	—
3.家用纺织品	101.2	—	—
（1）床上用品	101.0	—	—
（2）窗帘门帘	100.9	—	—
（3）其他家用纺织品	104.0	—	—
4.家庭日用杂品	103.0	—	—
（1）洗涤卫生用品	101.1	—	—
（2）厨具餐具茶具	104.2	—	—
（3）其他家庭日用杂品	104.9	—	—
5.个人护理用品	103.5	—	—
（1）化妆品	103.6	—	—
（2）其他护理用品类	103.3	—	—
6.家庭服务	103.9	—	—
五、交通通信	106.7	—	—
1.交通	109.3	—	—
（1）交通工具	106.7	—	—
（2）交通工具用燃料	121.1	—	—
（3）交通工具使用和维修	102.0	—	—

续表10

项目名称	指数	项目名称	指数
（4）交通费	101.6	—	—
2.通信	99.4	—	—
（1）通信工具	97.9	—	—
（2）通信服务	100.0	—	—
（3）邮递服务	99.3	—	—
六、教育文化娱乐	102.1	—	—
1.教育	102.1	—	—
（1）教育用品	98.4	—	—
（2）教育服务	102.2	—	—
2.文化娱乐	102.3	—	—
（1）文娱耐用消费品	99.1	—	—
（2）其他文娱用品	103.0	—	—
（3）文化娱乐服务	99.3	—	—
（4）旅游	108.8	—	—
七、医疗保健	103.4	—	—
1.药品及医疗器具	97.3	—	—
（1）中药	103.2	—	—
（2）西药	95.2	—	—
（3）滋补保健品	93.9	—	—
（4）医疗卫生器具	96.9	—	—
（5）保健器具	101.4	—	—
2.医疗服务	105.5	—	—
（1）综合医疗类	103.8	—	—
（2）诊断类	100.8	—	—
（3）治疗类	114.2	—	—
（4）康复类	100.0	—	—
（5）中医医疗服务类	105.5	—	—
（6）其他医疗保健服务	100.6	—	—
八、其他用品及服务	103.1	—	—
1.其他用品	102.9	—	—
（1）首饰手表	103.5	—	—
（2）母婴用品	104.6	—	—
（3）其他杂项用品	100.5	—	—
2.其他服务	103.4	—	—
（1）在外住宿	98.5	—	—
（2）美容美发洗浴	104.8	—	—
（3）养老服务	100.0	—	—
（4）金融及保险服务	104.1	—	—
（5）中介法律及其他服务	102.1	—	—

（陈璐璐）

〖编辑　朱晓华　徐荣莉〗

农　业

综　述

【农业农村发展】 2022年，大丰区委、区政府全面推进乡村振兴，守牢粮食安全、不发生返贫和农业安全生产三条底线，以农业农村“112233”工程（整治陈李线、老斗龙港1路1河，做大大蒜、大葱2大特色产业，做强丰收大地省级农产品加工集中区、港区光明食品产业园2大园区，培植3个乡村振兴示范镇、30个乡村振兴示范村）为重点，统筹推进疫情防控和乡村发展、乡村建设、乡村治理、农村改革等重点工作。粮食生产实现“十九连丰”，高标准农田建设获省政府办公厅有关重大政策措施真抓实干、成效明显督查激励。完成第三次全国土壤普查1668个表层样点外业调查采样，高质量推进农业农村现代化。2022年，全区实现农业总产值214.69亿元、增加值128.89亿元，分别增长4.5%、4.5%。

【农民收入持续增长】 2022年，大丰区扎实推进农民收入十年倍增计划，加快构建农民收入持续较快增长长效机制。全区立足特色优势资源，持续加大乡村产业培育力度，大力发展农产品精深加工，通过产业发展带动增收。培育新型农业经营主体和高素质农民，鼓励引导返乡入乡创业，通过就业创业稳定增收。巩固提升农村集体产权制度改革成果，大力发展村级集体经济，通过深化改革促进增收。2022年全区实现农村常住居民人均可支配收入31297元，增长6.5%。

种植业

【概况】 2022年，大丰区按照全年粮食生产和重要农产品稳产保供的目标要求，将年度目标任务逐级分解落实到镇村、到作物，开展粮食绿色高质高效创建、耕地地力提升示范区和化肥减量增效示范区建设。全年粮食播种面积13.48万公顷，总产量91.6万吨，粮食生产实现“十九连丰”。年内，大丰区推进蔬菜绿色高效高质建设，建成南阳大蒜、西团青椒、大桥大葱等一批绿色优质蔬菜种植基地，提升蔬菜产业科技水平，全年蔬菜瓜类播种面积7.25万公顷、总产量314.83万吨。区农业农村局先后被评为全省夏粮、夏油生产贡献突出单位，全省全年粮食增产突出单位，扩种大豆和推广大豆玉米带状复合种植成绩突出单位，全年两批四次获得全省通报表扬，为全省唯一。区农业农村局种植业科在省农情调度工作考评中被评为A级、蔬菜站在省蔬菜生产监测工作中被评为B级。

2022年，大丰区蔬菜瓜类播种面积7.25万公顷、总产量314.83万吨
周古凯　摄

【设施农业提档升级】 2022年，大丰区推进农业园区、蔬菜基地大棚等设施提档升级，重点实施一批高效种植业绿色发展、农业园区基础设施建设等项目，建成丰收大地精品园艺、荷兰花海花卉苗木、绿野新中绿色果蔬、万丰绿茵特色果品等一批特色农业园区，在盐城率先实现市级以上农业园区全覆盖。2022年，组织丰收大地、绿野新中、现代农业（种业）产业园、万丰绿茵、锦绣大地农业园区参加市级农业园区“等级创建”，综合考核并列盐城第一，创历史最好水平。

林　业

【概况】 2022年，大丰区坚持依法合规、科学节俭开展国土绿化，严格执行耕地“非农化”“非粮化”保护政策，围绕海堤、河堤、沟渠、道路等适宜植树的区域统筹布局绿化空间，突出沿海绿化、河道绿化、道路绿化、村庄绿化等重点工程，经省市核查，全区完成新造林235.6公顷（其中净增造林96公顷、更新造林139.6公顷）、森林抚育802.27公顷、四旁植树60.32万株、农田林网2700公顷、建成绿美村庄11个，完成年度造林绿化任务，新增造林面积全市第一、成片造林总量全市第二、绿美村庄数量全市第三。强化技术指导，深入宣传引导，组织开展义务植树、“植树节”广场宣传等系列活动，3月21日国际森林日，中央电视台《朝闻天下》栏目关注报道了大丰区沿海防护林工作。

【森林资源管理保护】 2022年，大丰区认真执行林地定额、采伐限额、公益林“占一补一”等各项管理制度，服务343国道、226省道、西河口建设等项目，办理使用林地事项3起、临时用地2起，同步报批涉及的省级公益林调整手续；加强林木采伐管

截至2022年年底，大丰区有果园面积4358公顷，年内生产各类果品6.8万吨　　周古凯　摄

理，按程序报批通榆河航道护岸工程、坡面小蠹危害等林木采伐事项；组织开展造林绿化空间适宜性评估、林草湿调查监测、森林督查等重点工作，落实调查经费、技术队伍，跟踪做好调查数据审核，初步成果已通过质量检查并上报省林业局。全区森林覆盖面积5.18万公顷，林木覆盖率22.0%。

【林业有害生物防控】 2022年，大丰区自然资源和规划局印发《关于做好全区林业有害生物防控工作的通知》《关于做好美国白蛾防治工作的通知》等文件，组织开展虫情调查，加强日常监测，完成林业有害生物防治10700公顷，其中飞机防治美国白蛾1133.33公顷，释放周氏啮小蜂蛹1万只。在区林场新设置太阳能测报灯4套，发布《林业有害生物简报》8期，招标采购25%甲维·灭幼脲、0.5%虫菊·苦参碱、4.5%高效氯氰菊酯等防治药剂4.13吨，分发给各镇（街道、区、场圃），并印发药剂使用提示函，指导科学做好药剂使用、管理工作。联合区住房和城乡建设局、区交通运输局等部门印发紧急通知，部署加拿大一枝黄花防控工作，采取人工铲除、化学防除等多种措施提高防控成效。组织开展“林草生物灾害防控宣传周”活动，印发林业有害生物防控法律法规、技术手册及美国白蛾防控指南等资料1000份。

【林长制推进】 2022年，大丰区进一步完善林长组织体系建设，优化调整各级林长制工作领导小组成员，全区已明确区级林长28人、镇级林长167人、村级林长214人；制定出台林长制会议、巡林、督查、信息报送及工作考核等一系列制度，印发规范设置林长公示牌的通知，统一设置区级林长公示牌17块，镇、村级林长公示牌430余块。联合区检察院制定《大丰区湿地生态植被修复基地实施方案》，加大生态资源公益保护力度，受区检察院委托，为一宗滥伐林木刑事附带民事公益诉讼案出具生态环境修复方案和修复金额评估报告。组织召开林长制专题推进会议、联络员会议，与各镇（街道、区、场圃）签订年度林业工作目标责任状，开展春季林业巡查，部署推进各项重点工作任务。在“关注森林网”“江苏省林业局网站”、《盐阜大众报》《大丰日报》等媒体上刊登报道大丰区林长制相关信息40余条，印制发放林长制工作手册、文件汇编、宣传单（册）2.3万余份，引导广大群众提高爱绿、植绿、护绿意识。

【果树花卉经济】 截至2022年年底，大丰区有果园面积4358公顷，年内生产各类果品6.8万吨，其中，梨1.9万吨、柿子3.4万吨、葡萄1.3万吨、桃0.17万吨、其他果品0.03万吨。全区有花卉苗木种植面积1333.3公顷，形成以荷兰花海为核心的赏花文化圈，主栽（主营）郁金香、百合、苗木、玫瑰等花卉种类。

（陈萍　刘晓生）

畜牧业

【概况】 2022年，大丰区进一步优化畜牧养殖区域布局、推进标准化规模养殖、促进种养循环，示范带动全区畜牧业绿色可持续发展。突出产业链条延伸和质量安全监管，加快建立现代畜禽养殖体系、动物防疫体系、加工流通体系和绿色循环体系，全区畜牧业保持高效、健康发展的良好态势。2022年，全区生猪存栏50.84万头，出栏76.44万头；家禽存栏1101万羽，出栏2037万羽；山羊存栏10.32万只，出栏11.14万只。

【畜禽粪污治理改造】 2022年，大丰区推进生猪养殖产业健康发展，积极落实规模养殖场“规范化、生态化、无害化、资源化”建设要求，印发《关于进一步加强生猪规模养殖场监管的通知》，落实各镇建立养殖场治理清单，开展畜禽粪污处置提升改造。对整治不到位的养殖场督促其增加治污设施设备投入，已整治到位的，确保设施正常运行。对生猪养殖补栏进行预审和对生猪规模养殖场进行百分制考核，对畜地不匹配的养殖场和粪污处置不达标的养殖场控制补栏量，实行以消定养。

【农牧结合循环利用体系】 2022年，大丰区农业农村局采集15个镇（区、街道）大田土样及11种粪样进行检测，委托江苏省农科院资环所根据样品检测结果编制《沼液在水稻作物上还田技术规程》《沼液在旱地作物上还田技术规程》《固体粪肥在粮食作物还田技术规程》《腐熟尿泡粪在粮食作物还田技术规程》，为全区畜禽养殖场和种植大户粪污还田利用提供参考。

【畜牧生态健康养殖示范场创建】 2022年，大丰区农业农村局落实《江苏省畜牧生态健康养殖技术指南》和《盐城市畜牧生态健康养殖技术规范》文件精神，积极推广运用标准化生态健康养殖技术，开展畜牧生态健康养殖示范场创建，全年通过生态健康养殖基地（场）考核评估与省级畜牧生态健康养殖场952家，其中省级生态健康养殖示范场60家。

蚕桑业

【概况】 2022年，大丰区有桑园面积386.6公顷，其中，果桑面积68公顷，桑苗圃114.67公顷，蚕农638户，其中0.33公顷以上大户266户，年户均产茧超500千克的蚕农有273户。全年饲养蚕种9221张，产茧408.4吨，蚕茧产值1828.63万元，平均亩桑饲养蚕种3.01张，亩桑蚕茧收入5979元。全年桑果产量53吨，培育桑苗530万株，夏播桑12100万株。

【蚕种生产】 2022年，大丰区蚕种饲养有三季，为春季、一秋、二秋。其中，春季、一秋为制种，共四对品种，分别是华康2号，华康3号，苏豪（抗）、钟畔（抗），菁松、皓月，饲养原蚕2224克，生产种茧16117.31千克，蚕种62679张。晚秋饲养丝茧苏超二号70张，生产蚕茧863.8千克。在品种引进上，全区抗病家蚕品种华康系列饲养率在95%以上。在品质提升上，全区0.33公顷以上的大户占比为41.7%。在标准化生产上，明确相应家蚕饲养、桑园管理的标准技术规程。在蚕种催青上，针对不同蚕期特点、不同品种特点、不同发育进度适时适度调节温度湿度，一日孵化率95%以上。在原蚕点生产上，春季在新丰镇裕南村、裕北村两个点饲养苏豪（抗）、钟畔（抗），生产蚕种11818张，全部合格。

【蚕桑技术推广】 2022年，大丰区农业农村局举办蚕桑生产技能培训，采用线上、田间、课堂相结合的模式，集中开班培训5次，培训蚕农457人次，发放蚕桑物化补贴物资150份、技术挂图500份。准确监测虫情，及时发布桑病虫情报，指导蚕农科学合理治虫，形成桑病虫调查资料30份，发布桑病虫情报6期。做好果桑和桑苗两大基地的培育工作。

渔　业

【概况】 大丰区水产养殖主要品种有杂交鲫、斑点叉尾鮰、南美白对虾、脊尾白虾、梭子蟹、河蟹等品种。2022年，实现水产品总产量16.59万吨，完成池塘生态化改造面积2033公顷，水域滩涂养殖证核发2.27万公顷，组织开展半滑舌鳎、黑鲷、梭子蟹等海洋水生生物增殖放流1.82亿尾（只、粒）。

【现代渔业建设】 2022年，大丰区按照《盐城市大丰区养殖水域滩涂规划》，积极推进水域滩涂养殖证发放，全年核发水域滩涂养殖证2.27万公顷，稳定渔业生产空间。加快推进池塘生态化改造，加强水产养殖污染防治，全年实施池塘生态化改造2033公顷。推行水产健康养殖，加强水产品质量安全管理。全面推进养殖方式转变，全面推广池塘生态化养殖改造技术，组织水产养殖生产及水产品质量安全培训会议8期，印发宣传资料2000余份。

【斗龙国家一级渔港提升项目实施】 2022年，大丰区推进实施渔港执法站点、执法装备以及智慧渔港项目建设，完成大丰干河侧码头和渔业服务组织、渔港涉渔补给（制冰、加水、仓储）功能区等项目。

【养殖品种结构改良】 2022年，大丰区依托区位、资源优势，因地制宜优化养殖品种，养殖品种的区域特色日益突显，形成渔业生产“专业化”“规模化”“产业化”的格局。全区特色水产养殖面积占87%，脊尾白虾、梭子蟹综合养殖面积5113公顷，紫菜网帘养殖667公顷，鮰鱼2600公顷。

高标准农田建设

【概况】 2022年，大丰区建设完成2021年度高标准农田建设项目14个0.66万公顷，其中高效节水灌溉0.09万公顷，总投资18562.5万元，涉及白驹、草庙、草堰、大桥、小海、南阳、三龙、新丰、丰华、大丰港经济开发区10个镇（区、街道）。新建灌溉站83座、节制闸37座、渡槽19座、机耕桥34座、防渗渠78.52千米、管道52.20千米、水泥路94.04千米、小沟级涵洞2092座。大丰区高标准农田建设，获省政府办公厅有关重大政策措施真抓实干、成效明显督查激励，连续两年获省农业农村厅通报表扬，大丰港区华丰片高标准农田入选全省首批示范项目。年内，高标准农田建设工作在中央电视台新闻、《农民日报》、《新华日报》、学习强国平台等主流媒体宣传40余次。

【建设项目】 高标准农田建设项目通过公开招标择优确定勘测设计、监理、检测、施工、审计、第三方验收等单位，全过程接受监督。项目于2021年9月起陆续开工，2022年3月底前完成全部项目建设任务，经审计后于6月通过市级竣工验收。项目建成后，基本形成耕地条田化、种植规模化、耕种宜机化，新增及改善灌溉面积0.6万公顷，新增及改善排涝面积0.45万公顷，改善农田基础设施，增强农田防灾抗灾减灾能力，提高粮食生产能力。

农业机械化

【概况】 2022年，大丰区农机总动力92.09万千瓦，主要农作物耕、种、收

2022年8月24日，大丰区友谊农机专业合作社一台大型进口青贮收割粉碎机在田间抢收春玉米青贮饲料　　周古凯　摄

综合机械化率95.39%。全区新增乘坐式水稻插秧机61台、粮食烘干机78台、高地隙自走式喷杆喷雾机73台、植保无人机208台，机插秧水平稳步提升；新增大中型拖拉机配套秸秆还田机405台套，主要农作物秸秆综合利用率98.94%；新增农机合作社12个。6月，大丰区入围2022年度省农业生产全程全面机械化示范县（市、区）建设名单。7月，大丰区入围2022年中央农作物秸秆综合利用重点县建设名单。

【农机购置补贴】 2022年，大丰区落实中央及省级财政农机购置补贴专项资金3964.27万元，带动农民投入资金1.95亿元。全区有1058个农户（单位）受益，补贴各类农业机械装备2549台（套）。

【秸秆机械化还田和综合利用】 2022年5月20日，区政府召开全区秸秆综合利用和"双禁" 工作会议，对秸秆机械化还田和离田综合利用工作进行部署。区财政局、区农业农村局联合制订出台《大丰区2022年秸秆机械化还田、打捆离田和综合利用考核奖补办法》。区镇村三级签订秸秆综合利用工作责任状。在原有10个规模化秸秆收贮点基础上，结合2022年中央农作物秸秆综合利用重点县建设项目，新增或改扩建秸秆收贮加工利用点（企业）6个。2022年，全区组织调度配套秸秆切碎装置的联合收割机2342台，投入大中型拖拉机配套秸秆还田机2469台（套）进行秸秆机械化还田作业，主要农作物秸秆机械化还田率71%；组织大中型秸秆打捆机98台进行秸秆打捆，水稻、二麦秸秆打捆离田面积分别为1.08万公顷、1.32万公顷。

【全程全面机械化】 2022年，大丰区巩固提升水稻、小麦、玉米等主要粮油作物六大环节（耕、种、收、植保、烘干、秸秆处理）机械化、信息化、智能化、集成化水平。注重水稻机插秧、油菜机收、玉米及大豆机种等环节发展，开展大豆玉米带状复合种植机械化技术示范推广工作，提升全程机械化水平。大力推广精量播种、生态型犁耕深翻、高效施肥、精准施药、绿色烘干等节能环保农机装备与技术，推动传统农机智能化改造升级。2022年，全区粮食生产全程机械化水平达97.31%，生态型犁耕深翻作业面积4万公顷以上，新增智能农机装备579台，万亩粮食播种面积智能农机装备保有量6.5台，新增绿色环保农机装备516台，其中，清洁热源烘干机52台，水稻插秧机配套侧深施肥装置10台，清洁热源烘干机占粮食烘干机总量的43%，推广大豆玉米带状复合种植专用和改装播种机69台。加快发展设施农业、畜牧业、渔业、林果业机械化装备与配套技术，盐城温氏蛋业有限公司群乐蛋鸡场被确定为第一批省农业生产全程机械化智能化示范基地（园区），建成盐城市市级特色农机化示范基地11个，特色农机化水平在72%以上，建成省级"全程机械化+综合农事" 服务中心1家。

【农机社会化服务】 2022年，大丰区举办各类农机人员培训班15期，培训各类农机从业人员1000余人，实现农机跨区作业收入4000余万元。组织技术人员深入农机合作社、农机大户、家庭农场进行技术、安全措施指导，及时提供政策、技术、经营等方面信息，做到农机正常维修维护和安全生产。

【农机安全生产】 2022年，大丰区农业农村局开设农机安全培训班17期，结合送检工作开展现场宣传51场、安全宣传进农机合作社36场，受教育机手（群众）5700余人。签订农机安全生产责任书（状）12000余份。规范执法，出动执法人员271人次，检查拖拉机和联合收割机等农业机械2302台，检查农机驾驶操作人员2475人，执法办案112件，其中，普通程序案件33件，简易程序案件79件。做好农机源头管理，规范开展农机安全检验工作，全区注册登记拖拉机和联合收割机710台，检验4779台，拖拉机和联合收割机总体检验率在95%以上。

【农业机械保有量】 2022年，大丰区大中型拖拉机、联合收割机保有量分别为3542台和3054台，小型拖拉机保有量4622台，大中拖配套秸秆还田机保有量2641台，各类播种机保有量6444台，机动（电动）喷雾（粉）机保有量50630台，插秧机保有量691台，其中乘坐式水稻插秧机603台，粮食烘干机846台。

【农机化作业水平】 2022年，大丰区完成机耕面积21.22万公顷，主要农作物机耕面积14.17万公顷，主要农作物机耕率为99.16%。全区机播面积15.14万公顷，主要农作物机播面积13.14万公顷，主要农作物机种率为91.9%。全区机收面积17.59万公顷，其中机收小麦面积6.33万公顷，机收水稻面积4.35万公顷，玉米机收面积1.68万公顷，油菜机收面积0.35万公顷，主要农作物机收率为90.97%。全区秸秆机械还田面积9.68万公顷。

农业科技

【粮油新技术推广】 2022年，大丰区以农作物绿色高质高效创建工作为重点，推广粮油新技术，春夏播阶段，在草庙镇、华丰农场、草堰镇、大桥镇、小海镇等地实施3个333.3公顷规模、5个66.7公顷规模的水稻绿色高质高效示范片，经盐城市农业农村局专家组测产验收，达到创建目标。在配套技术上，开展“水稻规模化集中育秧技术”“优质水稻绿色安全生产技术”“小麦节肥高产优质抗逆栽培技术”“优质水稻机插丰产精确定量栽培技术”“玉米板茬直播与机械全程培管技术”“稻油轮作技术”“大豆玉米带状复合种植技术”“油菜全程机械化生产技术”等新技术的研究与推广。

【种业振兴行动】 大丰是全省主要的农作物种子生产基地，是国家级杂交水稻种子生产基地之一。截至2022年年底，全区有新三板挂牌种业企业2个，数量为全省第一。2022年，全国有35个企业在大丰开展杂交水稻制种。品种组合69个，制种面积4902公顷，为全省第一，制种量5422吨，合格率在90%以上，所产种子可满足36万公顷用种量，产值近1亿元。全年常规小麦繁种面积15266公顷，繁种量148850吨，合格率在95%以上，所产种子可满足66万公顷用种量；常规稻繁种面积7666公顷，繁种量57500吨，合格率在90%以上，所产种子可满足63万公顷用种量。2022年，大丰当地企业自主选育8个品种通过审定。9月19日，大丰区杂交稻机械化制种技术典型经验在全国杂交稻全程机械化制种培训班线上作交流发言。中央电视台《共同关注》《天下财经》等栏目多次报道全区现代种业发展情况。

【重大病虫防控】 2022年，大丰区农业农村局及时发布病虫测报信息，发布《大丰植保信息》27期，准确率在95%以上。全面开展小麦赤霉病、水稻穗期病虫、玉米大豆病虫等总体防治战役，实现病虫危害损失控制在5%以下，培育省级三星级农作物病虫害专业化防治星级服务组织3个，主要农作物重大病虫统防统治覆盖率达61.45%。区植物保护站被江苏省植物保护植物检疫站评为“全省植保植检工作先进单位”，获评江苏省首批“省级农作物病虫害监测预警标准化区域站”。

【绿色防控技术推广】 2022年，大丰区农作物病虫绿色防控覆盖率为56.14%，分别在港区、西团、草庙、大桥、小海、开发区、草堰等镇（区）建设水稻、葡萄、梨树、大葱、芦笋、玉米、茄果类蔬菜等省级绿色防控示范区7个。西团镇、大桥镇省级葡萄、大葱病虫害绿色防控示范区，被评为2022年度省级农作物病虫害绿色防控A级示范区。深入开展农药减量增效行动，在大中、新丰、刘庄、白驹、草堰、大桥、草庙、万盈、西团、三龙10个镇（区、街道）确定农药使用强度监测点40个，全程调查主要农作物农药使用情况，农药调查监测信息上报80次。

【废旧农膜回收利用】 2022年，大丰区开展废旧农膜回收宣传，发放明白纸15000份，全面宣传“白色污染”危害性。开展减量替代试验，继续进行全生物降解膜应用效果试验，鼓励推广一年“裙膜”二年改地膜，提高农膜利用率和地膜回收率。在农业园区、蔬菜生产基地、家庭农场等规模基地建立回收网点，截至年底，全区有各类回收网点21个，形成区域全覆盖。2022年，全区产生废旧农膜2010吨，其中棚膜1040吨、地膜970吨，回收废旧农膜1920吨，其中棚膜1040吨、地膜880吨，回收率为95.52%。

【耕地质量提升】 2022年，大丰区开展耕地土壤肥力监测，全区有耕地质量监测点31个，其中部级点1个、省级点5个、市级点10个、区级点15个。实施耕地地力提升示范区、化肥减量增效示范区建设，主要农作物测土配方施肥技术覆盖率达91.3%。开展耕地质量提升行动，重点推广“有机类肥料+秸秆还田+配方肥”“稻油轮作+配方施肥”，在三龙、万盈、大桥、大中等镇（街道）建立4个33.3公顷以上化肥减量增效示范区，在示范区推广应用商品有机肥2000吨、有机—无机复混肥料300吨、专用配方肥700吨。开展化肥减量增效行动，在小麦、蔬菜、水稻、玉米等农作物品种上进行肥料试验11个，采集典型农化样品348个，测定项目7个，分析项次2436项次，整理和录入测土配方施肥数据表1044份。全区建立测土配方施肥示范方4个，推广专用配方肥500吨，示范农户65户，示范面积1333.3公顷。

【第三次全国土壤普查试点】 大丰区作为第三次全国土壤普查试点县之一，2022年完成全区的1668个表层样点调查和采集、样品制备和检测工作，共采集和测试表层土壤样品7220个，其中，表层样1668个、表层样平行样36个、水稳性大团聚体样501个、水稳性大团聚体平行样11个、容重样5004个，协助完成45个剖面调查和生物多样性调查。

【省级生态循环农业试点村建设】 2022年，大丰区农业农村局在草庙镇川东居委会打造省级生态循环农业试点村，推广赵亚夫“戴庄经验”，通过验收。区农业农村局科教科获评盐城市2022年度全市农业科技推广与服务成效显著单位。

农村经营管理

【农村政策落实】 2022年，全区剔除“一事一议”筹资筹劳减免对象，实际负担总额1026.8万元，较2021年下降103.4万元，下降幅度为9.15%。其中，“一事一议”筹资628.28万元，“一事一议”筹劳工日48.83万个，折代金398.52万元，有78个村实现农民种田零负担。“一事一议”筹资筹劳共兴办公益事业项目755个，其中，农田水利设施182个、环境整治251个、道路桥梁维修159个、植树造林81个、其他项目82个。刘庄镇竞赛村、南阳镇裕海村等14个村列入省级财政奖补范围，投入340.19万元兴建村级公益事业，建设水泥路14条，长度7.27千米。

【家庭农场】 2022年，大丰区新发展家庭农场59家，累计628家，新创建区级示范家庭农场82家，区级示范种植大户23人，成功申报市级示范家庭农场18家、省级示范家庭农场5家。全区创建区级示范家庭农场326家、市级示范家庭农场105家、省级示范家庭农场43家。大丰区天佑家庭农场、鑫宇家庭农场、万盈镇恺方家庭农场创成江苏省“百佳农场”。

【农民专业合作社】 2022年，全区新办农民专业合作社97家，累计登记注册农民专业合作社938家，涉及蔬菜、中药材、苗木花卉、牛羊猪养殖等多个农业产业，其中国家级示范社6家、省级示范社20家、市级示范社43家。配合市场监管部门，通过电话、上门服务等方式指导合作社开展年报告，全区有720家合作社开展2022年度年报告，年报告率为83.3%。盐城市大丰区金鹿渔业专业合作社列2022中国农民合作社500强第7位。

2022年9月23—24日，大丰区在丰收大地举办金秋特色农产品展销会，庆祝第五个“中国农民丰收节” 周古凯 摄

【高素质农民培育】 2022年，大丰区开展高素质农民培训，全年培训6984人，占培训任务6100人的114.5%，培训数和完成率均居全市第一。实施盐城市农业农村人才培养百千万工程三年行动计划，2022年完成招生26名，2020—2022年共招生71名。

【农业质量品牌】 2022年，大丰区强化农产品质量安全监管，全区3720个入网的农产品规模生产经营主体均实现全年巡查（抽检）2次以上，主体追溯标签（合格证）出具率达100%。深入实施农产品质量追溯规范化建设，获评“五星级乡镇监管站”1家、“四星级乡镇监管站”4家，建成村级农产品质量安全服务站30个。举办大丰区庆祝第五个“中国农民丰收节”系列活动，“恒喜”菜籽油获“江苏精品”认证，“恒北早酥梨”获批实施国家地理标志产品保护工程项目，“南阳辣根”新获国家地理标志农产品认证，“大丰麦仁”获评麦仁类全国首个国家地理标志证明商标，南阳镇诚心村入选全国“一村一品”示范村，大中街道恒北村获评全国乡村特色产业亿元村，久禾生物、丰收大地种业2个绿色食品企业成功获评“淮味千年”杯2022江苏最美绿色食品（蔬菜）企业，“裕华大蒜”“南祥辣根”入选《2022年江苏省农产品品牌目录》。2022年新增绿色食品24个，省级绿色优质农产品基地3个，国家地理标志农产品2个。截至年底，全区有绿色食品123个、有机农产品14个、省级绿色优质基地23个、绿色食品精深加工企业2个、全国绿色食品原料标准化生产基地2个，绿色优质农产品比重为78.98%。

【数字农业建设】 2022年，大丰区加快“互联网+”农产品出村进城工程省级试点建设，形成以特色花卉、梨产业为主的农产品带动“1+1+N”市场化运营机制，全年农产品电子商务交易额同比增长10%。完成县域物联网应用基地对接省平台数据，对接应用主体53家，物联网设备636套，数据总量800万多条，建成数字农业农村基地22个，农业信息化覆盖率同比增长10%。

（刘晓生）

〖编辑 朱晓华〗

工　业

综 述

【工业发展规模】 2022年，大丰区工业经济工作全面落实"疫情要防住、经济要稳住、发展要安全"的重大要求，突出稳定增长、转型升级、绿色发展等重点，加快动能转换，大力发展先进制造业，加强技术创新，强化企业创新主体作用，加大技改投入，强化运行组织、提升服务能力、优化发展环境，努力推动全区工业经济高质量发展。年内，大丰区工业条线强化运行协调，突出新增长点培育，实现全口径工业开票销售1610亿元，同比增长21.8%，规模以上企业开票销售1390亿元，同比增长11.6%。全区开票销售超1亿元企业有144个，其中10亿~50亿元企业有16个、50亿~100亿元企业有3个、超100亿元的企业有3个。工业星级企业（纳税1000万元以上）有48个，总数居盐城市第一。工业三星级以上企业（纳税2000万元以上）有32个，总数居盐城市第一。工业五星级企业（纳税1亿元以上）有6个，总数居盐城市第一，其中江苏博汇纸业有限公司纳税超10亿元，为盐城市唯一。

【产业结构优化】 2022年，大丰区新能源及装备制造、新能源汽车零部件、新一代电子信息三大战略性新兴产业规模以上工业企业有125个，实现开票销售560.2亿元，同比增长34.8%，占规模以上工业开票销售的40.3%。钢铁、化工、造纸三大基础产业规模以上工业企业有49个，完成开票销售415.8亿元，占规模以上工业开票销售的29.9%。

【"智改数转"项目】 2022年，大丰区实施"智改数转"项目286个，完成投资43.61亿元。江苏博敏电子有限公司获批省级智能制造示范工厂，盐城正泰新能源科技有限公司建成省智能制造示范车间；71个企业获批省星级上云企业；33个企业通过国家两化融合管理体系贯标评定；江苏丰东热技术股份有限公司、江苏谷登重型机械科技股份有限公司被评为省两化融合管理体系贯标示范培育企业。盐城正泰新能源科技有限公司、江苏正大丰海制药有限公司创成省工业信息安全防护星级企业。区政务数据共享交换平台建成使用。

【工业绿色发展】 年内，大丰区政府出台《2022年度工业节能考核办法》，分解落实年度节能目标任务，全力推进绿色低碳发展。2022年度单位地区生产总值能耗下降率居盐城市第一。江苏中车电机有限公司建成国家级绿色工厂。江苏博汇纸业有限公司、盐城正泰新能源科技有限公司、江苏德和绝热科技有限公司被认定为省级绿色工厂。石化新材料产业园规范化管理建设通过省化治办现场核查验收，江苏济昇再生资源利用有限公司被工信部认定为废钢铁加工公告企业。

【创新能力提升】 2022年，江苏森威精锻有限公司、江苏大洋精锻有限公司成功获批国家专精特新"小巨人"企业，21个企业获批省级专精特新中小企业，95个企业建成创新型中小企业。盐城市恒丰海绵有限公司建成省级企业技术中心，江苏森威精锻有限公司"驱动电机空心变径轴增量体积成形技术"、江苏中车电机有限公司"10兆瓦（DD9）直驱永磁风力发电机分瓣定子"、盐城市联鑫钢铁有限公司"建筑用高强度耐火钢筋"被列入省新技术新产品目录。海聆梦家居股份有限公司入选工信部重点培育纺织服装百家名单。

造纸行业

【概况】 2022年，大丰区造纸行业有规模以上企业17个，实现开票销售130.5亿元，同比增长18.9%，占全区规模以上工业开票销售的9.4%，年开票销售1亿元以上企业有5个，其中超10亿元的1个（江苏博汇纸业有限公司）。行业重点企业有江苏博汇纸业有限公司。

【江苏博汇纸业有限公司】 江苏博汇纸业有限公司成立于2010年，注册资本28.3亿元。2022年通过江苏博汇纸业有限公司国家高新企业认定，建成江苏省绿色工厂。江苏省研究生工作站和盐城市工程技术研究中心成功挂牌。年底，企业获评盐城市五星企业、大丰区纳税超1亿元企业。公

2022年，大丰区有工业五星级企业（纳税1亿元以上）6个，总数居盐城市第一，其中江苏博汇纸业有限公司纳税超10亿元，为盐城市唯一
周古凯 摄

司有两条纸机生产线，年产涂布白卡纸150万吨。公司有职工3000人，占地面积93公顷。2021—2022年，连续两年保持盐城市纳税第一名，其中2022年纳税超10亿元，为盐城市唯一。

化工行业

【概况】 2022年，大丰区化工行业有规模以上企业19个，实现开票销售103.5亿元，同比增长8.3%，占全区规模以上工业开票销售的7.4%，年开票销售1亿元以上企业有14个，其中超10亿元的4个［江苏海兴化工有限公司、江苏海力化工有限公司、江苏丰山集团股份有限公司、安道麦辉丰（江苏）有限公司］。行业重点企业有江苏海兴化工有限公司、江苏海力化工有限公司、江苏丰山集团股份有限公司、安道麦辉丰（江苏）有限公司。

【江苏丰山集团股份有限公司】 江苏丰山集团股份有限公司创建于1988年9月，是集农药研发、生产、销售于一体的国家定点农药生产企业、国家高新技术企业。2018年9月在上海证券交易所上市，实现了盐城市24年来主板上市零的突破。公司注册资本1.16亿元，具有年生产原药2.3万吨，加工、复配制剂2万吨的生产能力，是中国农药工业协会副会长单位，先后被评为“全国守合同重信用企业”“全国乡镇化工先进企业”“全面质量管理达标企业”“全国石油和化学工业先进集体”等。集团下辖原药运营中心、制剂事业部、大丰生产基地、上海研发中心、四川丰山生物科技有限公司、丰山新农业发展公司等单位。公司有员工1300余名，其中研发人员182人，博士、硕士26人，省双创人才1人，盐城市创新创业领军人才2人。产品远销美国、德国、澳大利亚、俄罗斯等30多个国家和地区。

钢铁行业

【概况】 2022年，大丰区钢铁行业有规模以上工业企业13个，实现开票销售181.8亿元，同比下降19.4%，占全区规模以上工业开票销售额的13.1%，有年开票销售1亿元以上企业7个，其中超10亿元的2个。盐城市联鑫钢铁有限公司开票销售154.7亿元，江苏大丰新安德矿业有限公司开票销售17.5亿元。

2022年，大丰区化工行业有规模以上企业19个，实现开票销售103.5亿元，占全区规模以上工业开票销售的7.4%　　周古凯　摄

【盐城象屿环资矿业科技有限公司】 盐城象屿环资矿业科技有限公司成立于2012年4月，是世界500强象屿集团的全资子公司。公司位于大丰港港区物流园内，是一家主营矿产资源的开发、利用、贸易以及矿石机械设备研发的矿业公司，有注册资本1.2亿元，员工208人。公司先后投资8000余万元，新上低品矿粉提质增效项目、平环核心工艺回收项目，并与长沙矿冶研究院、中南大学等科研院所建立长期的产学研合作关系。公司拥有授权专利19件，其中发明专利8件，先后通过“质量、能源、环境和职业健康安全”四大管理体系，并获“江苏省博士后创新实践基地”“江苏省企业技术中心”“盐城市难选铁矿技术研究中心”等称号。

新能源及装备制造产业

【概况】 2022年，大丰区新能源及装备制造产业有规模以上工业企业35个，实现开票销售467.2亿元，同比增长45.9%，占全区规模以上工业开票销售额的33.6%，有年开票销售1亿元以上企业22个，其中超10亿元的7个［江苏金风科技有限公司、江苏中车电机有限公司、三峡新能源盐城大丰有限公司、盐城大丰阿特斯阳光电力科技有限公司、天合光能（盐城大丰）有限公司、盐城正泰新能源科技有限公司、正泰太阳能科技有限公司］。行业重点企业有江苏金风科技有限公司、江苏中车电机有限公司、盐城大丰阿特斯阳光电力科技有限公司、盐城正泰新能源科技有限公司、天合光能（盐城大丰）有限公司。

【江苏中车电机有限公司】 江苏中车电机有限公司是中国中车下属中车株洲电机有限公司的全资子公司，中国中车二级重点子公司，专业从事陆地、海洋用大功率风力发电机的科研、生产、销售、技术服务及咨询。江苏中车电机有限公司是国内首台1.2兆瓦、1.5兆瓦、2.0兆瓦、2.5兆瓦、3.0

兆瓦、6.0兆瓦直驱永磁同步风力发电机研制企业，也是中国最大的风力发电机生产企业之一。公司2022年开票销售48.03亿元，为全区首家建成国家级绿色工厂，获评盐城市四星级企业。

新能源汽车零部件产业

【概况】 2022年，大丰区新能源汽车零部件产业有规模以上工业企业37个，实现开票销售46.7亿元，同比增长5.5%，占全区规模以上工业开票销售额的3.3%，有年开票销售1亿元以上企业10个。行业重点企业有江苏理研科技股份有限公司、江苏森威精锻有限公司、江苏大洋精锻有限公司。

【江苏理研科技股份有限公司】 江苏理研科技股份有限公司成立于2004年，注册资本1.36亿元，占地面积13.62公顷，银行资信AAA级。公司有员工约500人，有专业技术人员60多人。公司专业从事汽车精锻件、工程液压、矿山机械等精锻产品的研发、生产与销售，其中汽车系统精锻件覆盖传动系统、转向系统、变速箱系统等零部件。公司建有省级工程技术研究中心和省级企业技术中心，与国内知名院校及研究所有着紧密的产学研合作关系。公司有授权专利69件，其中发明专利16件、实用新型53件。公司已通过IATF 16949质量体系认证、ISO 14000、OHSAS 18000认证，并获得安全生产标准化证书。

新一代电子信息产业

【概况】 2022年，大丰区新一代电子信息产业有规模以上企业53个，实现开票销售46.2亿元，同比下降9.6%，占全区规模以上工业开票销售额的3.3%，有年开票销售1亿元以上企业12个。行业重点企业有江苏博敏电子有限公司、苏大维格（盐城）光电科技有限公司、江苏晓宝复合材料有限公司等。

2022年，大丰区新一代电子信息产业有规模以上企业53个，行业重点企业有江苏博敏电子有限公司等　　周古凯　摄

【苏大维格（盐城）光电科技有限公司】 苏大维格（盐城）光电科技有限公司是苏州苏大维格科技集团股份有限公司于2019年新建的全资子公司，占地面积8公顷。公司有各类研发及生产设备近80台套，形成年产镭射膜3亿平方米、镭射纸2万吨和电化铝10万标准卷的规模。主要产品为光学技术产品、防伪技术产品研发、激光包装材料生产线、新型光学印材和薄膜，主要应用于证件类、电子产品、包装产品等。通过产学研合作和创新创业，一批重大成果（器件、材料和装备）在国内外广泛应用。

（吴　洋）

电力工业

【概况】 2022年，大丰区全社会用电量89.47亿千瓦时，同比增长10.42%。其中工业用电71.37亿千瓦时，同比增长9.58%；城乡居民生活用电7.52亿千瓦时，同比增长17.97%。电网最高负荷130.22万千瓦，比2021年最高负荷增长5.61%。造纸和纸制品业用电量16.47亿千瓦时，占全社会用电量的18.41%；黑色金属冶炼和压延加工业用电量10.89亿千瓦时，占全社会用电量的12.17%；化学原料和化学制品制造业10.27亿千瓦时，占全社会用电量的11.48%。全区新能源累计发电量91.66亿千瓦时，同比增长35.02%。

【新能源发电】 2022年，大丰新能源发电装机容量373.85万千瓦，同比增长2.04%，占全市新能源发电装机容量的29.84%。其中，风电338.21万千瓦，光伏发电29.73万千瓦，生物质发电5.91万千瓦。2022年，全区新能源累计发电量91.66亿千瓦时，同比增长35.02%，占全市新能源发电量的34.57%，占全区全社会用电量的102.45%。其中，风电85.97亿千瓦时，光伏发电3.24亿千瓦时，生物质发电2.46亿千瓦时。

【电网建设】 2022年，大丰区供电公司滚动修编“十四五”电网发展规划，高质量推动电力设施规划融入国土空间规划。成功上线“区域综合能源协调控制系统”。按期投运220千伏民丰变、110千伏桃洲变等6项重点工程。110千伏花海变新建工程获评省电力公司“2022年度现代智慧标杆工地”。“四类屋顶光伏”项目实现全并网。全省率先开展数字有源配电网试点建设。高比例新能源电力系统示范工程完成验收。配合政府发布《盐城市大丰区新能源汽车充电桩规划》，建成108个充电桩项目。

【供电服务】 2022年，大丰区供电公司电网营销服务优质高效。发布“丰速办·幸福大街1号”获得电力服务创新品牌。出台《“获得电力”指数提升十大举措》，助力电力营商环境。开展供电服务心连心“四式”（网格式服务区域板块，专班式服务重大项目，结对式服务重点企业，驻点式服务基层班组）专项行动，公司领导班子带队走访214次。促成省综合能源公司与草庙镇政府签订渔光互补项目合作协议。全年完成带电作业1360次，累计多供电量100.8万千瓦时。推行优质服务工单管控活动，95598业务处理满意率为98.57%，居全市第一。

（王云霄　朱俊方）

规模企业

【概况】 2022年，大丰区528个规模以上工业企业，共实现规模以上工业开票销售1390.7亿元，同比增长11.6%。全区有开票销售超1亿元企业有144个，其中超100亿元的企业有3个，50亿～100亿元企业有3个，20亿～50亿元企业有4个，10亿～20亿元企业有12个。

【重点企业】 年内，全区开票销售超100亿元企业有3个：盐城市联鑫钢铁有限公司154.7亿元、天合光能（盐城大丰）有限公司143.6亿元、江苏博汇纸业有限公司116.8亿元。50亿元以上企业有3个：盐城大丰阿特斯阳光电力科技有限公司84.4亿元、盐城正泰新能源科技有限公司77.8亿元、江苏中车电机有限公司50亿元。10亿元以上企业有16个，分别为江苏金风科技有限公司33.7亿元、江苏佳丰粮油工业有限公司28.7亿元、江苏海兴化工有限公司26.6亿元、江苏喜登门油脂有限公司22.1亿元、安道麦辉丰（江苏）有限公司18.5亿元、江苏大丰新安德矿业有限公司17.5亿元、江苏海力化工有限公司16.8亿元、盐城温氏畜牧有限公司16.3亿元、中再生盐城资源开发有限公司15.6亿元、江苏正大丰海制药有限公司15.1亿元、江苏丰山集团股份有限公司14.3亿元、江苏禾丰粮油工业有限公司13.4亿元、海聆梦家居股份有限公司12.7亿元、三峡新能源盐城大丰有限公司11.7亿元、盐城正泰太阳能科技有限公司11.1亿元、江苏君霖纺织科技有限公司10亿元。

（吴　洋）

2022年大丰区“中国驰名商标”一览表

表11

序号	企业名称	商标名称	商标注册证号	商品类别	核定使用商品/服务	备注
1	江苏丰山集团股份有限公司	丰山	667271	5	农药	行政认定
2	江苏辉丰农化股份有限公司	辉丰	708820	5	杀虫剂	行政认定
3	江苏佳丰粮油工业有限责任公司	恒喜	1942432	29	食用油	行政认定
4	江苏大丰海港控股集团有限公司	大丰港及图	4388983	39	卸货、货物传送等	行政认定
5	江苏腾龙生物药业有限公司	腾龙及图	1552408	5	农药	行政认定
6	江苏丰收大地投资发展有限公司	丰收大地	7672936	31	新鲜蔬菜、鲜水果、鲜食用菌	行政认定
7	江苏谷登工程机械装备有限公司	Goodeng	7738210	7	打桩机、夯锤	行政认定
8	江苏超力机械有限公司	大力	342475	7	空压机	司法认定
9	江苏光普太阳能工业有限公司	光普	3623844	11	热水器	司法认定
10	江苏丰东热技术股份有限公司	丰东	1137581	11	污水处理设备	司法认定

2022年大丰区“省市区质量奖企业”一览表

表12

序号	企业名称	获奖名称	获奖时间
1	江苏正大丰海制药有限公司	2018年度江苏省质量奖	2019年12月10日
2	江苏正大丰海制药有限公司	2014年度盐城市市长质量奖	2015年3月9日
3	江苏丰山集团股份有限公司	2015年度盐城市市长质量奖	2016年3月31日
4	江苏辉丰农化股份有限公司	2016年度盐城市市长质量奖	2017年5月12日
5	大丰海港港口有限责任公司	2018年度盐城市市长质量奖	2020年3月4日
6	江苏中车电机有限公司	2019年度盐城市市长质量奖	2020年12月10日
7	江苏博敏电子有限公司	2020年度盐城市市长质量奖提名奖	2021年11月19日
8	江苏博敏电子有限公司	2021年度盐城市市长质量奖	2022年9月7日
9	江苏正大丰海制药有限公司	2017年度大丰区区长质量奖	2018年9月13日

续表11

序号	企业名称	获奖名称	获奖时间
10	江苏丰山集团股份有限公司	2017年度大丰区区长质量奖	2018年9月13日
11	大丰万达纺织有限公司	2017年度大丰区区长质量奖提名奖	2018年9月13日
12	江苏佳丰粮油工业有限公司	2017年度大丰区区长质量奖提名奖	2018年9月13日
13	上海海丰米业有限公司	2018年度大丰区区长质量奖	2019年10月18日
14	大丰海港港口有限责任公司	2018年度大丰区区长质量奖	2019年10月18日
15	江苏博敏电子有限公司	2018年度大丰区区长质量奖提名奖	2019年10月18日
16	大丰万达纺织有限公司	2018年度大丰区区长质量奖提名奖	2019年10月18日
17	江苏大丰农村商业银行股份有限公司	2019年度大丰区区长质量奖	2020年8月11日
18	江苏中车电机有限公司	2019年度大丰区区长质量奖	2020年8月11日
19	江苏博敏电子有限公司	2019年度大丰区区长质量奖提名奖	2020年8月11日
20	上海新型建材岩棉大丰有限公司	2019年度大丰区区长质量奖提名奖	2020年8月11日
21	江苏博敏电子有限公司	2020年度大丰区区长质量奖	2022年8月17日
22	江苏丰海新能源淡化海水发展有限公司	2020年度大丰区区长质量奖	2022年8月17日
23	江苏森威精锻有限公司	2020年度大丰区区长质量奖提名奖	2022年8月17日
24	盐城市丰特铸造机械有限公司	2020年度大丰区区长质量奖提名奖	2022年8月17日
25	江苏大洋精锻有限公司	2021年度大丰区区长质量奖	2023年2月2日
26	江苏森威精锻有限公司	2021年度大丰区区长质量奖	2023年2月2日
27	江苏裕丰旅游开发有限公司	2021年度大丰区区长质量奖提名奖	2023年2月2日
28	江苏金色农业股份有限公司	2021年度大丰区区长质量奖提名奖	2023年2月2日

2022年大丰区“江苏省质量信用AAA、AA级企业”一览表

表13

序号	企业名称	获奖名称	获奖时间
1	江苏丰山集团股份有限公司	2015年度江苏省质量信用AAA级企业	2016年1月26日
2	江苏正大丰海制药有限公司	2016年度江苏省质量信用AAA级企业	2017年1月22日
3	江苏博敏电子有限公司	2022年度江苏省质量信用AAA级企业	2022年11月30日
4	江苏辉丰农化股份有限公司	2017年度江苏省质量信用AA级企业	2018年1月15日
5	大丰万达纺织有限公司	2018年度江苏省质量信用AA级企业	2018年12月21日
6	江苏博敏电子有限公司	2019年度江苏省质量信用AA级企业	2020年2月17日
7	江苏中车电机有限公司	2019年度江苏省质量信用AA级企业	2020年2月17日
8	江苏谷登工程机械装备有限公司	2019年度江苏省质量信用AA级企业	2020年2月17日
9	江苏海工能源设备科技有限公司	2020年度江苏省质量信用AA级企业	2021年3月11日
10	江苏大洋精锻有限公司	2022年度江苏省质量信用AA级企业	2022年11月30日

（盐城市大丰区市场监督管理局）

〖编辑　朱晓华〗

建筑业

综　述

【建筑业发展】 2022年，大丰区建筑业以转变发展方式为主线，切实提高建筑经济运行质量。全区完成建筑业总产值201.8亿元，比2021年同期增长13.7%，其中市内产值71.4亿元，外施产值130.4亿元。按照“调整规模、调控结构”的总体要求，新增劳务资质34家，培植规模以上建筑企业24个。大丰区全年创市级标准化示范工地9个、省级标准化示范工地7个、江苏省智慧工地20个。

【建筑产业转型升级】 2022年，大丰区按照“施工总承包企业作强，专业承包企业作精，劳务分包企业作专”的思路，鼓励和引导施工总承包企业通过兼并、重组、改制等方式，形成一批资产规模大、技术力量雄厚、管理先进、跨行业经营、具有核心竞争力的企业集团。截至2022年年底，全区有施工资质企业200个，其中一级总承包企业5个，二级总承包企业25个，三级施工总承包100个，专业承包一级7个，专业承包二级33个，专业承包三级30个；有监理企业13个、勘察企业2个、设计企业6个。坚持“一业为主，多种经营”的发展方针，突破工程施工的单一模式，不断延伸产业链，扩大企业经营规模，做大建筑业。宏鑫建设集团有限公司、江苏丰达国润建设集团有限公司、江苏恒生建设集团有限公司、荣商建设集团有限公司、众恒翌泰建设集团有限公司发展成为集房屋建筑工程、市政公用工程、建筑装饰装修、钢结构、防腐保温、消防设施专业等多类施工资质的建设集团公司。

【建筑产业现代化发展】 2022年，大丰区实施以建筑产业现代化为引领的创新驱动发展战略，培育新时代建筑产业化工人队伍，打造门类齐全、产能合理、布局科学、技术含量高、辐射效应广的装配式建筑产业链，推动建筑业融合信息业，向先进的智能制造业转型升级，实现建筑业绿色环保、可持续发展的实施路径。指导装配式建筑企业围绕装配式建筑的先进实用技术，实施创新驱动发展战略，在建筑产业化导向下聚合各方资源，打造具有协同创新、合作共赢的新型建筑产业链模式，实现设计标准化、制造工厂化、施工装配化、装修一体化、管理信息化、应用智能化。加快建筑产业现代化，完成装配式建筑面积21.2万平方米。盐城昆仑绿建木结构科技有限公司总投资5.22亿元，年产30万平方米木结构建筑构件，已有2条生产线投入使用，向文旅项目提供预制构件约10万平方米。

2022年，大丰区吾悦广场北侧一批新开发房地产项目年内建成
周古凯　摄

建筑市场

【外埠建筑市场】 2022年，大丰区加大外埠建筑市场开拓力度，引导建筑施工企业开展企业间战略协作，不断开拓建筑施工市场版图。巩固河北、辽宁、苏州、南京等传统市场，新开拓云南、甘肃、新疆、吉林等市场。大丰区在沪建筑施工实现产值超5亿元，江苏恒生建设集团有限公司在沪施工年产值2.6亿元。积极培植骨干建筑施工企业，培植产值超20亿元的总承包企业2个，产值超10亿元的总承包企业3个。江苏鼎立建筑安装有限公司在新疆承接30万吨聚酯化纤垂直一体项目厂房，总造价1.6亿元。宏鑫建设集团有限公司深入参与“一带一路”建设，在埃塞俄比亚德雷达瓦市投资建立产业园，占地面积2平方千米，与当地政府合作建设城市基础配套及工业厂房。

【农民工工资支付】 2022年，大丰区住房和城乡建设局开展建设领域农民工工资治欠保支行动，切实维护广大农民工的合法权益。设立专用账户，实现线上代发项目80个，发放工资金额8.2亿元，在建项目劳动合同签订率100%。开展实名制管理工作专项检查，检查内容涵盖建立实名制管理台账、农民工工资按月支付情况、实名制管理系统安装设置（包括电子考勤）、专用账户工资款缴存等，并对检查情况实行通报，督促未实施到位的项目限期整改。做好农民工信访接待工作，全年接待协调投诉纠纷81起，涉及工资2000余万元。

【建筑节能与绿色建筑】 2022年，大丰区建设主管部门持续推进绿色建筑，助力绿色低碳发展。多措并举宣传贯彻落实国家、省、市绿色建筑相关政策、法规、标准规范及相关扶持政策，提升建设行业参建各方主体对绿色建筑的认知度和参与度，鼓励企业自主申报绿色建筑评价和运行标识，加快推进绿色建筑发展。全区竣工的民用建筑65.34万平方米，均为绿色建筑。推动绿色建筑品质提升和高星级绿色建筑规模化发展，促进装配式建筑、智慧建筑等技术与绿色建筑等深度融合，将装配式建筑纳入全区建筑业发展重点工作，并从供用地、行政许可、税费优惠等方面给予支持。全区取得绿色建筑二星标识项目2个，公共建筑室内空气品质监测项目1个，香溪水岸、悦达科创园、景尚名城等项目取得省民用建筑能效测评等级证书。江苏金风科技和江苏中车电机海上风电园区取得碳中和证书。

工程建设管理

【概况】 2022年，大丰区住房和城乡建设局按照“三管三必须”（管行业必须管安全、管业务必须管安全、管生产经营必须管安全）的要求，扎实开展安全生产专项整治行动，加强建设工程质量安全监督，全面提升监管水平。全区新报监项目191个，面积约317万平方米；在建项目271个，面积约563万平方米；出具监督报告86份，竣工面积约110万平方米。主城区受监率100%，乡镇公建与住宅工程受监率100%。

【建设工程质量管理】 2022年，大丰区住房和城乡建设局强化工程质量监督，加强工程质量巡查、抽查工作，确保工程主体结构和主要使用功能安全。全区工程监督覆盖率为100%，工程质量合格率为100%，无重大质量安全事故。积极开展监理企业和注册监理工程师信用评价，促进监理企业和注册监理工程师规范监理行为、履行监理职责、提升监理水平，确保工程质量安全。推进全区建设工程质量安全提升行动，通过对重点问题的查处、下发质量整改和提交处罚建议等措施，促使施工、监理人员提高质量责任意识。开展质量检测机构专项检查，对4家质量检测机构规章制度、人员配置、环境条件、场地、仪器设备的性能和数量、检测工作运行程序、检测报告等内容进行检查。开展2022年度检测人员考核和新进人员考核。针对住宅工程易发生现浇板裂缝、窗台渗漏、粉刷空鼓、地面起砂、几何尺寸偏差等通病，深入开展住宅工程质量通病专项治理活动，加大日常巡查力度，建立健全整治住宅工程质量通病制度，促进全区住宅工程质量整体水平进一步提高。加强房屋建筑工程材料的质量管理，规范各方使用行为。工程现场随机抽取钢筋原材、防水材料、保温节能材料、砂等样品送检，从源头上保障建设工程质量。

【建设工程安全管理】 2022年，大丰区住房和城乡建设局深入开展建设工程安全生产专项整治行动，常态化加强安全生产管理，强化安全教育培训，认真落实安全生产责任和管理制度，积极开展隐患排查治理整改工作，全区建设工程质量安全管理水平提升。开展建筑施工高支模、脚手架、深基坑、高边坡、起重机械等“危大工程”专项整治工作；推进全覆盖的建筑施工安全生产大检查、大排查、大整治，强化隐患排查治理；严厉打击建筑施工领域未批先建、无资质承揽、转包违法分包、挂靠等非法施工活动；集中整治高大模板支撑不按规程搭设、深基坑支护不到位、起重机械违规安装拆卸等危大工程安全隐患。全年开展6次综合大检查，20次专项检查，出动检查人员1165人次，检查项目492个，发出限期整改通知书486份、停工通知单37份、抽查记录单81份，排查出隐患2775条，全部实行闭环整改到位。

【城建档案管理】 2022年，大丰区住房和城乡建设局强化档案归集工作，扩大归集范围，从纸质档案归集扩大到声像档案归集，从“二维”档案归集扩大到“三维”档案归集，做到应归尽归。全年审核接收292个工程档案资料，组织整理编制工程档案4217卷，拍摄工程照片1198张，数字化扫描文件29633份、图纸23398张。深入挖掘城建档案资源，强化档案利用工作。全年接待查档459人次，提供利用档案2466卷。以深化建设工程审批制度改革为契机，工程档案现场验收和在线服务同步推进，缩短城建档案验收时间。扎实推进城建档案管理标准化、规范化建设，突出村镇档案室创建工作，南阳镇村镇建设档案室被评为省特级村镇建设档案室。

【建设职工教育培训】 2022年，大丰区建设主管部门通过行业培训机构、联合办学等载体或方式，多渠道、多层次、多形式开展培训。在开展住建领域从业人员技能培训的基础上，同步开展全员素质能力提升培训，持续推进以企业主要管理人员和其他从业人员为重点的素质提升培训。创新教学方式，推动建筑企业安全监督人员参加具有相应资质的在线继续教育系统平台网络授课。全区施工企业“三类人员”（建筑施工企业主要负责人、项目负责人和专职安全生产管理人员）的网络培训工作均在盐城校苑培训中心报名，由南京云宝科技有限公司组织线上培训，该机构为经江苏省住房和城乡建设厅备案认可有相应资质的网络培训公司。在具体的培训活动推进工作中，大丰区建设职工学校根据工作需要做好相关服务性工作，全年参培人员760人。

【建设工程造价管理】 2022年，大丰区住房和城乡建设局根据市场形势，充分发挥价格机制的调控作用，在工程计价上采取创新举措，推动造价监管工作的不断深化。坚持动态管理原则，进一步加强工程信息化建设，实现信息数据共享。组织专业人员开展调研，适时调整工程造价标准，力求造价科学、可行。加强造价人员队伍建设，定期组织造价管理人员学习建筑行业法规和专业技能、计算机软件的操作，提高专业人员业务能力。规范有序开展招标控制价审查和造价咨询成果文件质量抽查。积极参与区国有投资项目施工过程中的造价控制，指导和监控咨询企业在政府性投资工程中全过程造价服务的质量，引导企业和执业人员严格按照指导规程的程序、内容、方法和要求规范服务建设工程，为政府性投资工程把好工程造价关。全年对116个工程进行审查、抽查，工程总造价约21.7亿元，提出审查、抽查整改单78份。深入调研材料价格，对94个测报点的建材价格进行测算调研，确保发布材料信息的准确性。全年发布12期指导价，每期55种主要建筑材料，为全区工程招投标和竣工结算提供参考依据。

2022年9月，大丰区住房和城乡建设局深入开展建设工程安全生产专项整治行动，进行建筑施工安全检查　　　　葛顺明　摄

【建筑工地扬尘治理】 2022年，大丰区住房和城乡建设局认真贯彻落实《大丰区扬尘污染专项整治提升行动方案》，强化扬尘污染防治，持续改善环境空气质量。利用建筑施工安全服务平台和智慧工地平台，进一步强化与各部门和板块的联动，做到扬尘专项整治横向到边、纵向到底，全覆盖、无盲区。全年排查出各类扬尘污染源356个，全部整改到位。通过建立扬尘防控责任清单，落实监管责任，对全区在建工程、工地堆场等扬尘防控实行全方位的高效监管。健全住建、生态环境、城管、交通、水利等部门联动监管机制，加强源头防控，强化联合执法，严厉打击扬尘污染行为，切实规范化、常态化做好扬尘管控，扎实推进区域环境空气质量提升。全年参加执法检查人员296人次，对相关责任单位发出整改通知425份、整改问题847个，实行闭环销号管理。加强诚信体系建设，建立"红黑榜"制度，倒逼企业落实生态环境保护主体责任，守护蓝天白云。

【建筑工地消防安全专项治理】 2022年，大丰区住房和城乡建设局对在建建筑工地开展消防专项检查行动，严防建筑工程施工现场火灾事故。重点检查建筑施工从业人员持证上岗、宿舍用电、食堂用气、建筑工地内的电器线路、消防器材配置、消防安全管理制度及应急预案落实等情况。对检查出的消防隐患，要求施工企业立即整改，确保消防安全环境高度稳定。进一步落实建筑施工企业消防安全主体责任，开展消防安全"四个一"（一次全员学习《建设工程施工现场消防安全技术规范》，一次消防安全常识及逃生自救技能培训，一次生活区、办公区、施工区"三区"火灾隐患自查自改工作，一次消防应急救援演练活动）行动，并纳入常态化安全管理工作之中。指导建筑施工企业有针对性地开展施工消防安全知识的宣传教育和培训演练。切实加强对施工现场一线操作人员，特别是电工、焊工等特种作业人员的消防安全知识培训，进一步提高安全意识和自防自救的能力。督促在建工程项目部定期组织消防演练，确保人员参与到位，使建筑工地在场员工能够熟练使用灭火器材设备，熟练掌握突发情况的应急措施，确保建筑工地消防安全形势平稳。

【建筑施工安全管理】 2022年，大丰区住房和城乡建设局细化建筑施工安全生产专项整治方案，全面实行清单式管理，持续推动建筑施工安全整治。督促工程参建各方对安全风险和问题隐患进行分级分类管理，组织开展安全风险和问题隐患排查，从人的不安全行为、物的不安全状态、环境不利因素和管理薄弱环节等方面分析辨识安全风险，对安全生产管理、安全技术管理、设备设施管理、市场行为管理等方面进行全面系统排查，形成问题隐患清单。督促工程参建各方针对发现的问题隐患，举一反三、查漏补缺，健全完善管理制度，落实整改措施，及时消除问题隐患，实行闭环管理。创新建立建筑施工工程项目数据信息平台，包括项目管理、移动巡检、安全反馈三大板块，与属地共同发力，扫除安全监管的盲区、盲点。

【建设工程安全监督】 2022年，大丰区在建设工程领域开展"一企三员"安全监管，明确建设工程由一名企业安全员、一名属地监督员和一名建设主管部门的质量安全监管员协同负责，形成相互监督、管理全覆盖的网络。健全日常管理、日常监督、人员培训、工作程序等考核办法，建立"一企三员"监督工作台账，发现问题线索及时处置，切实为建筑施工安全监督、有效衔接工作夯实机制保障。全年全区建设工程安全"一企三员"人员巡查发现安全隐患1190条，全部闭环整改到位。

【建设工程项目消防审验服务】 2022年，大丰区住房和城乡建设局依托建设工程消防审查和验收系统开展"预指导、预申报、预服务”工作，全面推行一次告知制、首问负责制等措施，缩短办理时间，不断完善限时服务制、预约服务制。出台《盐城市大丰区建设工程项目限时联合验收暂行规定》，对现场验收时发现的问题，当场会办协商，统一出具整改意见，实现土地核验、规划核实、消防验收、档案验收、人防验收、竣工验收备案一个窗口受理、一个窗口出件。对重点建设项目进行联合验收，限时办结。通过招投标确定2家第三方服务机构，提供消防设计审查及技术服务。全年受理建设工程消防设计审查事项156件，全部按时办结。

【建筑施工应急救护培训】 5月26日，大丰区住房和城乡建设局联合区红十字会开展建筑施工应急救护培训，110名建筑施工从业人员参加培训。大丰区红十字会救护师从救护概念、心肺复苏、常见急症及突发事件急救等方面进行专业讲解，重点讲解心肺复苏技能、气道异物梗阻现场处理，现场引导学员参与实操演练。

【“安全生产月”活动】 2022年6月，大丰区住房和城乡建设局扎实推进“安全生产月”活动，进一步强化安全措施，不断提升安全监管效能，确保全区建设领域安全生产形势稳定。开展“我是安全吹哨人”“安全隐患随手拍”等活动，调动企业职工参与的积极性和自觉性。组织开展安全进工地活动，发放安全宣传材料6200余份，在建筑工地施工现场悬挂、张贴安全生产宣传横幅、标语1800余条，着力营造安全生产的舆论氛围。在建筑施工一线开展“护安我先行”活动，增强建筑工人安全防范技能，使岗位安全责任入心入脑入行动。

【房屋市政工程安全新标准培训】 6月24日，大丰区住房和城乡建设局开展房屋市政工程安全新标准培训，组织区建设工程质量安全服务中心、建筑施工企业从业人员学习住建部新颁布的《房屋市政工程生产安全重大事故隐患判定标准》，进一步提升业务能力。

【建筑施工疫情防控】 2022年，大丰区住房和城乡建设局成立5个专项检查组，对建筑工地实行实名制扫码登记、佩戴口罩、体温监测、核酸检测、场所消杀消毒等情况进行检查，落细落实建筑工地疫情防控措施。严格落实建筑工地封闭管理措施，加强外省返岗人员核酸检测证明查验，对建筑工地进出人员、运送物资车辆落实全程闭环，确保行程轨迹和接触人员可查可溯可控。重点对货车司机报备、货车进出管理、卸货管理等进行检查，对发现的问题责成责任单位迅速整改到位。加强员工工作场所和食宿“点对点”管理，要求各项目每天安排专人对建筑工地食堂和宿舍进行消毒，并配备口罩、消毒水等防疫物资，食堂工作人员必须持有健康证。

规模以上建筑企业

【江苏国安建筑安装工程有限公司】 江苏国安建筑安装工程有限公司创建于1957年，公司注册资金5323万元，是具有房屋建筑工程施工总承包一级资质和对外承包工程经营资格的企业。通过了ISO 9001质量管理体系认证、ISO 45001职业健康安全管理体系认证、ISO 14001环境管理体系认证。公司主营房屋建筑工程、市政工程、钢结构等工程，多次获得国家级、省市级奖项。2022年，江苏国安建筑安装工程有限公司在盐城市纳税总额超2000万元，被盐城市委、市政府表彰为三星级建筑企业，被大丰区政府表彰为五星级企业，获盐城市建筑业三十强企业等荣誉。

【宏鑫建设集团有限公司】 宏鑫建设集团有限公司成立于1996年，是一家横跨市政、交通、房产、金融、旅游、文化等多领域的集团企业，是中国市政工程协会常务理事单位。公司具备市政公用工程施工总承包一级、公路工程施工总承包一级、房屋建筑工程施工总承包二级和“走出去”对外承包工程资质。公司拥有各类先进的大中型施工生产机械设备，拥有多个水泥稳定碎石基地、沥青混凝土基地、商品混凝土搅拌站等。先后参加了沪宁、淮江、锡澄、苏嘉杭、苏昆太高速公路等国家级重点工程项目；公司在埃塞俄比亚建设江苏产业园，与各方认真合作，攻坚克难、务实创新，架起一座合作共赢、和平发展的桥梁。

【江苏恒生建设集团有限公司】 江苏恒生建设集团有限公司具有国家房屋建筑总承包一级资质，是盐城市建筑业协会常务副会长单位。集团公司拥有高、中级专业人才团队，企业技术中心与大专院校建立长期的校企战略合作关系，是多家知名的央企、国企、跨国企业的长期战略伙伴。在房屋建筑、市政、消防、防水防腐保温、钢结构、建筑装修装饰、建筑幕墙、建筑机电安装等领域取得好成绩，屡次获省、市标准化星级工地；省扬子杯（省优）、市优质工程，省、市标化星级工地等众多奖项。2022年获得盐城市建筑业三十强企业称号。

【江苏丰泽建设集团有限公司】 江苏丰泽建设集团有限公司为盐城市装配式建筑产业联合会理事单位、盐城市新型基础设施规划建设学会理事单位、盐城市建筑业协会副会长单位，取得多个国家发明专利，获省级标准化星级工地、“盐阜杯”市优质工程、市级文明工地等奖项。承建的新丰中学BT项目、滨海御景花园项目等获盐城市优质工程、省级标化工地；企业主要负责人被盐城市人民政府评为“新长征击手”；该企业多次被盐城市建设局评为“质量管理先进单位”、“建筑业先进企业”、大丰区“三星企业”。

（葛顺明）

〖编辑 於晨婷〗

商贸服务业

综 述

【商贸服务业发展】 2022年，大丰区实现服务业增加值415.48亿元，同比增长3.5%，服务业增加值占地区生产总值的50.9%；实现社会消费品零售总额253.9亿元。全年新培植规模以上服务业企业35个，实现规模以上服务业企业营业收入105.67亿元。6家企业获评市级服务业星级企业，其中大丰农商行连续6年获评市级服务业五星企业。中汽股份登陆深交所，实现全市创业板上市、注册制上市“双零”的突破。重点项目加快推进，长三角（盐城）智能网联汽车试验场、郁金香康养基地列入省服务业重点项目。创成市级现代服务业高质量发展集聚示范区4家，总数居全市第一。

【促进消费】 2022年，大丰区举办“苏新消费·冬暖大丰”及夏、秋季消费节，开展200余场促销活动，发放消费券17.37万张，计1000万元，抢券14.59万张，计898.24万元核销6.47万张，计412.06万元，带动消费4385.36万元。

【商业体系建设】 2022年，大丰区商业体系建设取得突破，推进世纪嘉年莱悦商业广场、海博智能仓储物流、新丰里、920街坊、阿姆斯特丹酒店、只有爱大酒店等项目，建成育红社区、新德社区2个一刻钟便民生活圈。白驹水美古镇水浒街获评盐城市特色夜市街区。

（李林珅　冯嫣羚）

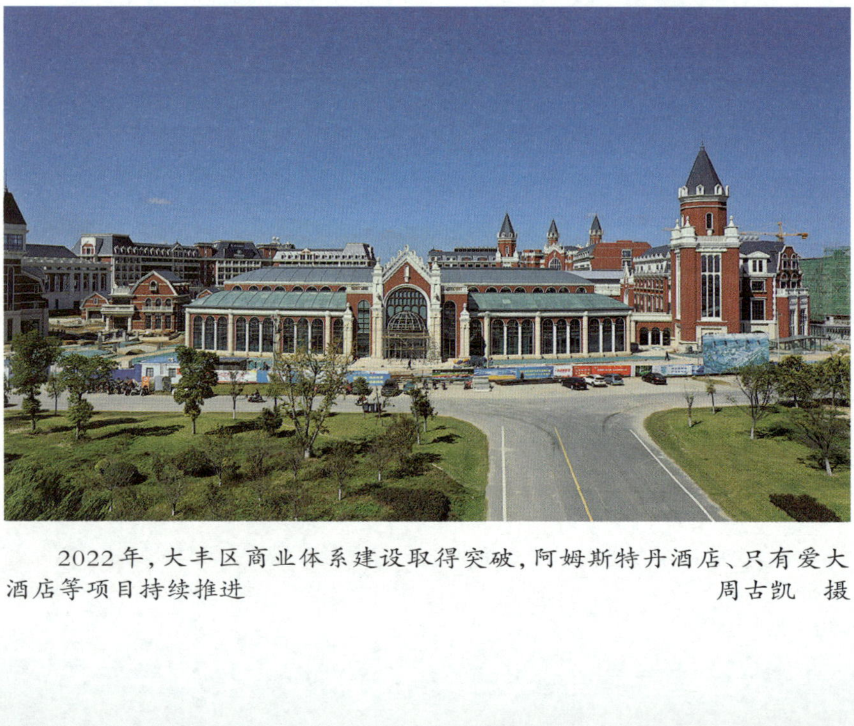

2022年，大丰区商业体系建设取得突破，阿姆斯特丹酒店、只有爱大酒店等项目持续推进　　周古凯　摄

住宿与餐饮

【概况】 2022年，大丰区实现社会消费品零售总额253.9亿元，同比增长3.3%；新培植限额以上批零住宿餐饮企业155个，完成限额以上批零住宿餐饮企业零售总额14.1亿元。

（唐佳莉）

【组织参加餐饮培训和美食大赛】 5月，在盐城湿地三鲜美食节大洋湾和黄沙港烹饪技能大赛中，区市社大酒店、建丰金悦大酒店等单位的作品获得组委会嘉奖。6月，由盐城市工商联、市餐饮商会主办的“我最喜爱的家乡菜”评选中，大丰区的“大丰麻虾狮子头”“大丰神仙蛋”“大丰红烧肉”等十二道菜上榜。7月，经大丰区餐饮行业协会组织，由温馨家园餐饮公司、东苑书香酒店员工为主组成的餐厅服务培训班，通过考核，学员全部顺利晋级。8月，大丰市社大酒店被市商务局、市烹饪协会认证为“盐城餐饮名店”。8月23—24日，第二届省级食品安全培训在银海岸大酒店举办，100多家餐饮单位的食品安全员通过考核，取得证书。9月，一品江山大酒店厨师许世昌被评为“江苏省餐饮行业十大工匠”之一。10月，在大丰职业技能大赛中，花都盛宴酒店的杨卫东、港泊半岛酒店的张晓芳、建丰金悦大酒店的盛泉峰、花都宴会中心的钱稳平、花都福地酒店的朱睿、凯旋门海鲜大酒店的许卫萍6人晋级为技师，华东会议中心的陆长凤获得客房服务一等奖。

（单　振）

电子商务

【概况】 2022年，大丰区依托丰饶农业资源，强化品牌塑造，完善物流体系，全年网络零售额11.76亿元，同比增长10.7%。

【电商物流】 2022年，大丰区打造两个区级物流中心，依托中国邮政集团大丰分公司建设大丰物流分拨中心；依托海博智能仓储物流中心，整合中通、圆通、申通、韵达等品牌快递，打造大丰区区级农村物流快递分拨中心。构建镇级农村物流服务站，在11个镇（街道）打造镇级农村物流服务站。升级改造大桥、草堰2个镇级客运站，引导邮政、快递企业有序入驻，开辟公交运邮线路。

【农村电商】 2022年，大丰区积极支持涉农企业在淘宝、天猫、京东、邮乐网等第三方电商平台开设网店，“荷兰花海”花卉、海瑞休闲食品、宝龙龙虾、恒北早酥梨等优质农产品“引流上线”，梦幻迷宫田阿姨菜篮子、和顺生物科技、晓成家庭农场等，通过电子商务拓展发展渠道。加强自有品牌“盐禾园”产品开发，与14个村签订合作协议，常态化开展“村播行动”，让更多优质的农产品乘坐“网络快车”出村进城。恒北村倾力打造“恒北早酥梨”品牌，通过快手、抖音等直播带货，宣传推广恒北早酥梨，带动全村种梨、卖梨。

（李林珅）

物 流

【大丰港物流】 2022年，江苏沿海首个自动化集装箱堆场建成投入使用，建成进境肉类、进境水果指定监管场地并通过省级验收。大丰港全年完成港口货物吞吐量8470.16万吨、集装箱52.65万标箱，同比分别增长19.9%、40.2%。

（冯嫣羚）

【道路物流】 2022年，全区有道路物流业户3987个，其中：有限公司、集体全资、股份公司462个，个体户3525个。全区有道路物流车辆7042辆，其中危险物品运输车辆186辆。全区道路货物运输量803万吨，货物运输周转量17.03亿吨千米。

【水路物流】 2022年，全区有水路物流业户8个，其中海运企业3个。全区有水路运输船舶78艘。全区水路货物运输量311万吨，货物运输周转量10.98亿吨千米。

【邮政寄递业】 2022年，全区有快递品牌12个，其中快递企业10个：中国邮政速递物流股份有限公司盐城分公司大丰营业部（EMS速递）、大丰区申通快递有限公司（申通快递）、大丰区顺心供应链有限公司（圆通速递）、大丰区中豪物流有限公司（速尔快递、优速）、南京德邦物流有限公司大丰区黄海分公司（德邦）、大丰区同乐速递有限公司（韵达）；大丰区丰城运输有限公司（中通）、盐城顺丰速运有限公司大丰分公司（顺丰速运）、常熟德邦物流有限公司、南京德物流有限公司大龙公司；直营网点3个：江苏京迅递供应链管理有限公司2个网点（京东物流）、江苏慧达供应链管理有限公司1个网点（极兔速递）。全区末端网点及代收点约300家，邮政快递从业人员约800人。全年快递与包裹业务量2084.66万件，同比增长12.16%；业务收入16448.2万元，同比增长17.49%。

（陈征涛）

供销合作

【概况】 2022年，大丰区供销合作总社推进综合改革，在强化合作经济组织属性，拓展服务领域、创新治理机制等方面取得明显成效。年内，大丰区供销合作总社被全国供销合作总社评为信息报送工作先进单位，党委书记、主任杨正锋被评为信息报送工作先进个人。大丰区供销合作总社获得江苏省供销社“20强县级社”第3名，获得全市供销系统综合绩效评价第一等次，被评为全区乡村振兴先进单位。年内，区供销合作总社在全区供销社系统创新开展“新供销·心服务”党建主题活动，实施理论提升、供销记忆、电商挑起“金扁担”、农药配供降农本、品牌提升领发展、扶资扶技、废弃物回收绿乡村、“红背篓”暖心进社区八大工程。上海新冠肺炎疫情防控期间，大丰区供销合作总社系统保供蔬菜1600多吨。

【农药集中采购统一配供】 2022年，大丰区供销合作总社配供零差率农药可施撒7.33万公顷，配供品种367个，配供总量742.5吨，配供总额6206.5万元。新建配供站点49个，覆盖全区的“五统一”（统一配供、统一标识、统一价格、统一补贴、统一回收）配供体系基本形成。通过实行集采统配，农户用药价格大幅下降，农作物病虫草害防治更加精准，农药用量有效削减，农民用药综合成本降低约30%。

【农业绿色生态服务】 2022年，社有企业元禾公司牵头组建覆盖全区的农药包装废弃物回收网络，回收工作覆盖率100%。全年回收农药包装废弃物66吨、399万件。通过开放办社，加强与社会回收力量、废弃物处理和再生资源利用企业建立合作指导关系，联合农业农村部门共同引导全区废旧农膜有效回收利用，大丰区供销合作总社回收废旧农膜730吨，占全区回收总量的63.04%。

【基层社建设】 2022年，大丰区供销合作总社恢复重建草堰、草庙、三龙3个镇的供销社，实现镇、街供销社全覆盖。实施基层社分类改造，对洋心洼供销社、方强供销社、裕华供销社老旧设施进行改造优化。12月15日，西团供销社组织召开社员代表大会，选举产生新一届理事会、监事会。截至年底，全区有7个基层供销社建立了“三会”（监事会、理事会、社员代表大会）制度。

【供销品牌建设】 2022年，大丰区供

2022年6月23日，由盐城市供销合作总社和大丰区政府主办的“麋鹿之乡 花里大丰”盐城名特优农产品（南京）推介会大丰专场在江苏省农展中心举行

（区总社 供图）

销合作总社坚持以产品为核心，与农业龙头企业、工业品生产企业等加强合作，开发“盐禾园”产品八大系列100多个品种，组织和参加上海、南京、苏州等地农展会7场次，为大丰区农产品上行拓宽渠道。建成盐禾园直营、加盟连锁超市5家，设立盐禾园销售点、销售专柜85家。

【电商培训】 2022年，大丰区供销合作总社提升完善直播间、培训中心、摄影棚等实训基础设施和器材，常态化开展互联网运营、平台（店铺）搭建、摄影设计、直播销售等电商实务培训近300人次，开展助农直播146场，其中，与刘庄、三龙、万盈、西团、新丰等乡镇联合开展“村播行动”30余场，创造收益80万元。通过骨干学员分级分类建立电商群组20多个，入群总人数2000多人。

【盐禾园超市开业暨“盐禾园”品牌推介活动】 5月18日，区供销合作总社举办盐禾园超市开业暨“盐禾园”品牌推介活动。活动中，为盐禾园品牌logo、盐禾园超市和盐禾园线上平台进行揭牌，出席人员共同参观盐禾园超市。

（李姝姝）

粮食储备与管理

【概况】 2022年，大丰区全面贯彻实施《粮食流通管理条例》，以涉粮问题巡察整改为契机，以落实粮食安全责任制为主线，以守住农民“卖粮难”为底线，坚决扛稳保障粮食安全政治责任，粮食和物资储备工作在市对区部门单项考核中列第一名。年内，大丰区贯彻落实粮食安全党政同责，严守基本农田11.4万公顷保护红线，确保永久基本农田面积不减、质量提升、布局稳定。粮食播种面积13.48万公顷，粮食总产量91.6万吨。全区夏粮面积6.4万公顷，其中小麦5.76万公顷；夏粮总产量37.19万吨，其中小麦33.77万吨。秋粮面积7.08万公顷，

2022年，大丰区粮食播种面积13.48万公顷，粮食总产量91.6万吨

周古凯　摄

其中水稻4.25万公顷；秋粮总产量54.41万吨，其中水稻38.96万吨。

【粮食收购】 2022年，大丰区政府召开夏秋粮工作会议，部署收购工作任务，认真执行粮食收购质量标准，坚决落实先检后收，做到明码标价，实行优质优价。全年全区纳入统计范围的粮食企业，夏秋粮合计收购50.64万吨。其中：小麦社会化收购30.15万吨（国有及国有控股粮食企业收购21.96万吨），稻谷社会化收购20.49万吨（国有粮食企业收购13.44万吨）。

【粮食仓储规模】 2022年，大丰区粮食仓容仓储能力提升，争取省级财政补助1.64亿元，全面推进区级储备粮库5.3万吨、瑞丰谷物公司4.3万吨、盐城市储备粮管理有限公司14.37万吨等仓储项目建设，新增仓容23.97万吨。总投资预计10.15亿元的苏州市粮食集团江苏苏盐粮食物流有限公司30万吨粮食储备库项目开工建设。

【粮食储备保障】 2022年，大丰区严格落实江苏省人民政府办公厅印发的《关于进一步增强粮食收储保供能力若干措施的通知》和盐城市发改委、盐城市财政局《关于调整全市地方成品粮储备规模的通知》要求，完成应急成品粮增储计划，保障应急状态下大丰区粮食市场的稳定。

【粮食监督管理】 2022年，大丰区充分发挥“12325”“12345”“双随机、一公开”等监管平台功能，加强部门协同监管，研究制定《关于在粮食流通领域开展部门联合“双随机、一公开”监管工作通知》。夏秋粮收购期间，出动人员260人次，随机对80个企业采取“四不两直”（不发通知、不打招呼、不听汇报、不用陪同接待、直奔基层、直插现场）方式开展联合监管检查。加强政策性粮食定向销售监管，保证政策性粮出库不流入口粮市场，坚决不回流政策性库存，全年开展监督检查136次，监管政策性定向销售出入库粮食9.03万吨。

【粮食产业发展】 2022年，大丰区实现粮油工业总产值70.2亿元；实现主营业务收入90.2亿元（主营业务收入超1亿元的有10家，其中超10亿元的有3家）；利税0.95亿元。生产大米4.98万吨、食用植物油30.78万吨、饲料43.55万吨。江苏佳丰粮油工业有限公司、江苏喜登门油脂有限公司、盐城温氏畜牧有限公司、通威（大丰）饲料有限公司等5个企业跻身全区开票销售收入前40强；江苏佳丰粮油工业有限公司、江苏喜登门油脂有限公司、盐城温氏畜牧有限公司3个企业

跻身全区纳税前50强。

【粮食应急体系建设】 2022年，大丰区粮食应急保障成员单位开展2022年粮食应急保供演练，以实战化方式评估完善《盐城市大丰区粮食应急预案》，全面检验粮食应急保供各成员单位在突发事件状态下应急处置能力，维护粮食市场供应，保持粮食市场价格基本稳定，维护群众利益和社会安定。建立应急保障体系，按照“合理布点、全面覆盖、平时自营、急时应急”的原则，全区布设粮食应急保障企业22家，其中大润发超市、城南粮库等供应网点18家，佳丰粮油、海丰米业等应急加工企业2家，区粮食购销公司、军粮供应站等配送中心2家，确保粮油应急保供有效发挥。

【应急物资储备保障】 2022年，大丰区政府全力支援上海、苏州等地疫情防控，做好外地到大丰隔离人员服务保障工作，按照三个月常态化疫情防控要求做好医疗物资储备，先后批准19批次8889.5万元的医疗物资采购。划拨38.85万元专项资金对区级救灾物资库进行改造，加强应急救灾物资储备，储存帐篷、棉衣、救生衣等21类应急救灾物资，与大润发超市协议储备饮用水、方便面、内衣裤、毛巾牙刷等11个品种应急生活物资。

（庄长荣）

盐业专营

【概况】 2022年，大丰区销售各类盐产品8036.09吨，同比下降11.02%。其中：小包装产品销售2120.16吨，品种盐销售237.39吨，高端盐销售104.32吨，大包装食盐（含农牧渔盐）销售2943.35吨，工业盐销售2240.58吨。全年实现毛利润431.52万元，其中小包装盐毛利润1382.09元/吨，同比增长13.08%。年内，大丰区有1个盐业专营企业——盐城海晶集团盐业有限公司。

【盐业营销】 2022年，盐城海晶集团盐业有限公司推动访销分离和品牌宣传工作，坚持每周两次品牌宣传活动，遇到大型节日或全民购物节，增加宣传场次和变换宣传活动的形式。2022年，盐城海晶集团盐业有限公司通过市县批发企业AAA级信用评价，年内接受省、市、区三级工信部门检查，均以高分通过检查组的验收。2022年特通渠道准盐占比90%以上。

【盐业安全】 2022年，盐城海晶集团盐业有限公司协调市场监督管理局对购进网络平台盐及违规竞品盐的特通客户进行检查，宣传盐业法律法规。大丰港经济开发区市场监督管理分局与盐城海晶集团盐业有限公司市场运营管理人员对大丰港经济开发区内工业盐用户及盐化工用户进行走访，摸底了解情况，受环保、安全及疫情大环境影响，行业用盐销售总量下降。

（吴　洋）

烟草专卖

【概况】 盐城市大丰区烟草专卖局（盐城市烟草公司大丰分公司）下辖城区、刘庄、三龙、草庙4个基层客户服务站。2022年，“法韵金叶，律行丰烟”外观设计获得国家知识产权局专利授权。1人被江苏省烟草专卖局授予“全省卷烟打假打私先进个人”称号，1人获得江苏省烟草专卖局专卖技能竞赛二等奖。法规科被盐城市烟草专卖局授予县级局（分公司）“先进科室”称号。

【卷烟销售】 2022年，区局（分公司）做实品牌培育，做优终端建设，建好零售客户信用体系，打好卷烟销售的“主动仗”。开展诚信互助小组线上线下活动17059场次、“五个一”（一名公司领导及管理员工、一名客户经理、一名专卖稽查员、一名工业营销代表和一个诚信小组）结对共建活动174场次；3名零售户分别在“中华杯”开口营销大赛中获得“特级品牌宣讲师”“银牌宣讲师”称号；建设新现代终端97户、加盟终端13户，上线“金丝利·通”设备99户。推进文明吸烟环境建设，全年新增吸烟点370个。

【专卖管理】 2022年，区局（分公司）聚焦重点地区和中转运输、物流寄递环节，开展“百日会战”“利剑9号”“攻坚100”等专项整治行动，加大电子烟监管力度，保障卷烟市场经营秩序和消费环境优化。积极参与“4·18”特大非法印制卷烟商标标识案件侦办收网行动，5人被省烟草局专卖局表彰为有功人员。

（全小燕　郑杏）

2022年6月29日，盐城市大丰区烟草专卖局（分公司）志愿者前往大华社区开展卫生集中整治活动　　（区烟草专卖局　供图）

石油经营

【概况】 2022年，大丰区有在营加油站75座，在营加油点3座，全年销售成品油10.67万吨，其中汽油6.39万吨、柴油4.28万吨。

【中国石化销售股份有限公司江苏盐城大丰石油分公司】 中国石化销售股份有限公司江苏盐城大丰石油分公司成立于2000年7月。公司工作地点在大丰区黄海西路48号中国石化大丰第三加油站内。2022年实现销售成品油6.87万吨；实现非油收入1400万元，非油利润400万元，发放加油卡0.81万张；有加油站25座（其中自营站18座，轻资产站7座）。

【中国石油天然气股份有限公司江苏盐城销售分公司大丰管理片区】 中国石油天然气股份有限公司江苏盐城销售分公司大丰管理片区成立于2020年5月，工作地点在大丰区新团镇新团小街向东50米中国石油新团加油站内。2022年实现销售成品油1.23万吨；实现非油收入422.34万元，非油利润11.43万元，发放加油卡0.61万张；有加油站3座，分别为大丰新区站、大丰新团站、大丰草堰站。

（李林珅　蔡卫平）

中介服务

【人力资源服务】 2022年，大丰区人社局持续强化人力资源中介机构监管体系建设，统筹规划人力资源市场建设，广泛推行服务公示、服务承诺、服务反馈、信用管理等制度，推进市场诚信体系建设。完成全区38家人力资源中介机构信息统计年报工作，全面掌握人力资源中介机构性质类型、主要业务范围、业务开展情况。进一步规范全区人力资源市场活动，专项整治行动期间，根据掌握的全区人力资源服务机构、劳务派遣机构、从事

2022年11月9日，中石化大丰石油分公司组织员工开展灭火实战演练
蔡卫平　摄

职业中介的组织和个人、各类招工用人单位的信息，检查人力资源服务机构19户，用人单位21户；完成2022年1月前领取劳务派遣经营许可证的劳务派遣单位的年度核验工作，全区年度核验劳务派遣机构47家，涉及职工7187人。

（相国文）

【房地产中介】 2022年，大丰区住房和城乡建设局进一步规范全区房地产经纪机构市场行为，促进房地产交易市场健康发展。截至2022年年底，全区已在住房和城乡建设部门登记（备案）的房地产中介企业有20个。加强监管，持续对房地产经纪机构市场存在的突出问题进行规范整顿。对房地产经纪机构进行全面梳理，清理多年只注册不经营的僵尸机构，对符合条件的机构进行重新备案，完成20家经纪机构的备案审查。规范中介市场秩序。以存量房网签备案系统为重点，严格落实《房地产经纪管理办法》，明确违规网签的处理方法及对违规中介机构的处理方式，净化市场行为。强化部门联动，开展执法检查，规范销售从业人员的经营行为，对违法违规代理商品房项目、强制接受服务等行为加大查处和曝光力度。将日常检查、专项检查、飞行检查等有效结合。开展房地产中介领域“双随机、一公开”专项检查，营造公平竞争的市场环境和法治化便利化的营商环境。进一步规范房地产经纪机构及其经纪服务人员的行为，强化诚信经营意识。定期、不定期对房产经纪机构进行检查巡查，全年开展专项检查4次，对检查中发现的问题责令2家房产经纪机构限期整改，并将不良信息进行记录，给予相应的信用惩戒。

（葛顺明）

【保安服务】 年内，大丰区保安服务有限公司押运中心担负大丰区多家银行及其下级网点、部分加油站（收款）的武装押运和ATM机加钞业务。2022年，保安部加强人防保安队员业务能力培养，参与各项安保任务，签订服务合同56份。参加维护社会稳定工作及文明城市创建工作，派出保安力量540人次。3—6月配合高速卡口及隔离酒店进行疫情防控检查工作，历时95天，派驻保安力量3216人次。8月11日起协助区纪委办案5个月，派驻保安力量2170人次。10月10日起协助信访局工作，派驻保安力量111人次。参与其他临时安保活动8次，派出保安力量326人次。技防部负责全区369个入网用户的联网报警系统运作，157处交通信号灯维修保养工

作，承担主城区（东至东宁路、西至西康路、南至南翔路、北至通港大道）、226省道、351省道、疏港路等100多千米路灯照明、景观灯、楼宇的亮化维护工作。年内，技防部出勤近1800余人次，保证联网报警系统、交通信号灯及路灯的正常工作。保安员资格考试培训中心全年报名人数980人，先后安排26场培训，86场考试，合格率90%，为社会失业人员再就业提供了机会。保丰物业有限公司为景尚名城小区、奥体中心、福寿园公司及润富花园、同福花园等多家小区提供优质物业管理服务，2022年发展物业服务项目13个。

（姚红玲）

商品交易市场

【概况】 截至2022年年底，大丰区共有各类商品交易市场39个，市场建筑面积381263平方米，经营面积324503平方米，市场建设总投资额89108万元，设有门店2603个、摊位2022个，实际入市经营2638户，其中门店经营1037户、摊位经营1601户，市场管理人员186人，市场总成交额32.5亿元。按市场类型分，其中农副产品综合市场34个，工业消费品综合市场5个；按交易方式分，其中零售为主市场37个，批发为主市场2个；从建筑类型分，其中棚顶市场28个，室内市场11个；按地域分布分，其中大中街道12个，丰华街道3个，草堰镇1个，白驹镇1个，刘庄镇2个，小海镇1个，西团镇1个，大桥镇1个，草庙镇1个，万盈镇2个，南阳镇2个，三龙镇3个，新丰镇4个，港区3个，大中农场1个，方强农场1个。

【野生动物保护】 2022年，大丰区市场监督管理局坚决贯彻落实党中央、国务院决策部署，坚决打击野生动物非法贸易行为，协同推进打击线上线下非法贸易工作，严惩破坏野生动物违法犯罪行为，不断加大野生动物保护力度。2022年，大丰区市场监督管理局张贴宣传贴画3000余份，发放宣传单页4万余份，开展线上专项检查11次，线下专项检查13次，联合自然资源、农业农村等部门开展联合检查4次，出动执法人员1882人次，检查线下餐饮场所、农贸市场等4235家次，未发现经营者有违法违规行为。

【生活物资市场稳价保供】 2022年，大丰区市场监督管理局开展粮油肉等生活物资市场稳价保供工作，加强质量、价格和市场秩序监管，营造安全稳定的消费市场环境。全年检查商贸超市1365家次，向经营者发放书面提醒函1312份，提醒告诫经营者履行诚信经营、价格自律。开展大丰区粮食秩序专项检查，检查覆盖率100%，发放《公告》190余份。抽查商业行业协会、教育培训机构、民办学校等社会团体共81家。新冠肺炎疫情防控新阶段，为防范"四类药品"（退热、止咳、抗病毒、抗生素）等防疫物资市场出现价格违法现象，维护社会公共利益，开展"四类药品"价格监管专项行动，检查相关市场主体218家次，发放提醒函198份。

【智慧安防】 按照《2022年盐城市大丰区创建全国社会治安防控体系建设示范城市工作方案》的统一部署，大丰区27家农贸市场实施安防设施升级工程。2022年，除2家市场（南团市场、荣海市场）根据实际情况，不进行安防设施建设，其余25家市场均已按要求升级安防设施，共安装人脸识别系统57套，车辆识别系统13套。

【农贸市场新冠肺炎疫情防控】 2022年，根据《关于进一步加强全区农贸市场疫情防控工作的通知》要求，大丰区市场监督管理局牵头成立区级农贸市场疫情防控工作专班，并指导各板块成立镇级专班统筹辖区农贸市场防控，组织各农贸市场开展从业人员核酸检测、疫苗接种、外来车辆等工作，建立好"四本台账"［工作人员管控台账、外地前来（返回）人员台账、外地货车司乘人员及车辆信息台账、消毒消杀台账］。2022年，检查农贸市场3965家次，发现问题269条，均已落实整改，统筹社会力量对城区8家农贸市场从业人员及管理人员进行集中采样，完成农贸市场从业人员核酸检测126593人次。

【农贸市场文明城市创建】 2022年，大丰区市场监督管理局健全完善市场各类硬件设施，对市场内消防设施、公共卫生间、空中缆线、广告设施、意见箱等进行全方位检查，对不符合"创文"要求的设施及时整改出新，全年投入70余万元用于城北、健康、幸福、恒生、城东、城中菜市场的硬件设施维修、秩序维护、广告出新等。增配管理人员和保洁人员，每日经常性开展卫生整治和清洁消毒，强化市场内水产区、摊位内部、楼梯拐角等重点区域卫生清理，做到保洁及时。持续开展常态督查、专项整治，对市场及周边秩序问题实行"零容忍"，6家市场内272户经营户及周边商铺全部持照亮证经营，食品从业人员健康证明齐全，经营户自觉诚信经营、用语文明、服务规范。

（方振宇）

〖编辑　朱晓华〗

信息服务业

综 述

【“数字大丰”建设】 2022年，大丰区贯彻落实党中央、国务院和省委省政府及市委市政府决策部署，坚持全区“一盘棋”“一体化”建设原则，推动物联网、大数据、区块链、5G、人工智能等新一代信息技术与政府决策、管理、服务深度融合，建立以数据驱动的政府治理新模式，加快建设现代数字政府，全面提升治理体系和治理能力现代化水平。坚持把数字基础设施建设作为先导，扎实推进千兆光网城市工程，建成5G基站1075个，实现主城区、重点园区和镇区全覆盖。在人民路海派风情街、黄海路东延等工程中融入智慧城市设计理念，采用智慧路灯、智慧斑马线等科技元素，打造智慧街区。健全政务服务“一张网”，共接入部门单位145家、镇（街道）13家、村（社区）261家。打造丰企之家一站式企业综合服务平台，实现惠企政策一键可查、企业诉求一网受理、服务企业一网通办。开发“项目审批通”App，已上线576个项目、其中1亿元以上项目334个。建成政务数据共享交换平台，已归集59家部门单位466类、6108万条公共数据。构建区级电子证照数据库，已覆盖18个部门单位的81类证照。聚焦教育、医疗、养老、就业等民生需求，完善智能便捷的数字生活服务体系。创成省智慧校园58所，大丰人民医院5G+应急救治项目入选国家“5G+医疗健康应用试点项目”。智慧养老指挥调度中心投入使用，为1000户独居老人家庭安装一键呼叫装置。开发“四上”企业（规模以上工业企业、资质等级建筑业企业、限额以上批零住宿餐饮企业、规模以上服务业企业）用工微信小程序，举办直播带岗和线上招聘23场，新录用职工1.38万人。全域旅游大数据中心上线运行，荷兰花海智慧文旅、中汽中心5G智能网联项目被评为省5G典型应用场景及优秀案例。区域社会治理指挥中心平台投入使用，大丰区被评为全国社会治理创新优秀案例城市。投入2.76亿元打造“升级版技防城”，在全区重点道路、重点场所等新建各类智能感知设备1.2万余套，建成智慧公交站屏100套。坚持“互联网+”智慧化护航安全生产，40个部门、18个镇（街道、区园）使用应急管理综合应用平台，危化品重大危险源安全监测预警系统实时监控13家危化品企业、72个重大危险源，在18个在建项目推进智慧工地建设。加快政务数据资源整合，制定共享交换平台接入、服务接口14个标准规范，向19家市级部门争取950万条数据，建设人口、法人、信用等五大基础数据库，归集57家部门980类5700万条数据。2022年，全区数字经济核心产业有规模以上企业87个，其中数字产品制造业规模以上企业43个，实现开票销售350.8亿元，同比增长181.9%。

【全区数字经济发展推进会召开】 2022年9月14日，大丰区召开全区数字经济发展推进会，成立区委书记任第一组长、区长任组长，区各有关单位主要负责人为成员的大丰区数字经济工作领导小组，下设7个专项行动组。大丰区印发出台《大丰区数字经济发展三年行动计划（2022—2024）》《大丰区推进企业智能化改造和数字化转型“2345”行动计划》和《关于加快推进工业企业“智改数转”扩大技改投资的激励意见》。

【基础设施建设】 2022年，大丰区抢抓新基建发展机遇，开展老旧小区光网改扩容。2022年，大丰区新建5G基站429座，累计建成1075座。新增10GPON端口0.3万个，累计0.56万个。江苏中汽研5G+智能网联项目获第五届“绽放杯”江苏赛区行业领航奖及智慧交通专题赛二等奖。大丰区积极落实市标识解析应用推广攻坚行动，推动工业、贸易、服务业、建筑业等各类企业加快标识解析注册，累计完成539家企业注册，超额完成盐城市下达的目标任务。大丰区积极开展智慧健康养老示范试点申报创建，万盈镇获批江苏省智慧健康养老示范街道（乡镇）。

信息化建设

【概况】 2022年列入统计的规模以上电子信息制造企业有53个，实现开票销售46.2亿元，同比下降9.6%。其中开票销售超1亿元企业12个，分别是苏大维格（盐城）光电科技有限公司、盐城维旺科技有限公司、盐城维盛新材料有限公司、江苏博敏电子有限公司、江苏晓宝复合材料有限公司、江苏汉华热管理科技有限公司、大丰利电电子有限公司、盐城吉凯同科技有限公司、江苏郎克斯智能工业科技有限公司、盐城市丰富铝制品厂、江苏通略金属制品有限公司、江苏鑫惠丰铝业有限公司。

【政务信息建设】 2022年，大丰区印发信息化发展（数字大丰）“十四五”规划。常态化开展政务信息化项目审核管理，组织专家先后对区市场监管局食品安全“智慧监管”系统运维项目、信访局“纪法信”联动信访平台项目、企服中心惠企平台项目、行政审批局企业住所标准化登记系统项目、民政局智慧殡仪馆项目等11个项目进行审核，避免项目重复建设，提升了全区政务信息化项目运行效率。大丰区政务数据共享交换平台建成运营。

【信息安全建设】 2022年，大丰区工业和信息化局组织157个工业企业开展联网监控设备网络安全风险自评估工作，对全区相关企业自查形成的风险点进行整改，排除网络安全风险隐患，指导完善设备台账，及时更新系统最新版本，强化口令安全。大丰区工业和信息化局组织盐城正泰新能源科技有限公司、江苏丰东热技术股份有限公司参加工业互联网企业网络安全分类分级管理工作，推动企业强化网络安全管理，提升企业网络安全意识。盐城正泰新能源科技有限公司、江苏正大丰海制药有限公司获评2021年省级工业信息安全防护星级企业，其中盐城正泰新能源科技有限公司是盐城市唯一一个三星级企业。

大丰区工业和信息化局制定工业控制系统信息安全事件应急预案和二十大期间工业信息安全保障工作方案，建立重点时期工业网络安全值班制度，二十大期间工业信息安全实现每日零报告。

（胡　榕）

邮政服务业

【概况】 2022年，盐城市大丰区邮政公司全年实现收入1.52亿元。实现金融收入1.03亿元，同比增长17.79%。储蓄余额规模突破70亿元，服务客户44万户，包含养殖、商贸、代发、自邮一族、协同类等客群。全年实现寄递业务收入2750万元、集邮与文化传媒业务收入975.95万元。网点+站点运营业务中完成优秀站点269个。

【快递业】 2022年，盐城市大丰区邮政公司实现快递业务收入2750万元，其中快递包裹收入1931.24万元；国内标准快递收入816.81万元，其中法院集中送达项目年收入140.2万元。快递业务量完成1413.94万件。快递末端营业网点35个，实现村村通快递。

【邮政普遍业务】 2022年，盐城市大丰区邮政公司投递报刊828.17万份、杂志17.65万份、给据邮件565.2万件，处理进出口快递包裹1230.15万件、标准快递183.79万件。完善便民服务功能，建成邮乐购加盟店539个。实现农产品交易额565万元，实现工业品（家电）下乡销售额38万元，全年配送农资927吨。盐城市大丰区邮政公司借助邮政服务网点加强便民服务能力建设，依托邮政区域服务设立“交管业务便民服务网点”“税邮业务便民服务网点”，2022年全区建设警邮网点13个，活跃度100%，税邮网点1个，代征税额94.43万元，开票7134笔，为市民带来家门口一站式服务，方便群众办理交管业务、开立税务发票。

2022年7月11日，大丰区邮政公司邮件处理中心员工在高温下分拣邮件，确保邮件第一时间送达客户　　郑玉元　摄

2022年改造金融网点2处，新建客户活动室9个，更新存取款一体机10台，网点智慧大堂覆盖率100%，柜面分流交易离柜率91.83%。开展绿色邮政建设行动，全年回收瓦楞纸箱数量6万个，一联电子面单使用率（快递包裹）100%、一联电子面单使用率（标准快递）91%，均达到管控指标。

（郑玉元）

通信服务业

【概况】 2022年，大丰区通信行业管理办公室全力推进以5G为主的网络基础设施建设，统筹协调完成大丰火车站、大丰第三人民医院、悦达科创园等重要场景无线信号室内分布建设，大丰区域的5G网络覆盖全区所有行政村。推进5G千兆光网等通信基础设施建设标准纳入工程建设项目设计审查和验收范围，推进通信基础设施与建筑物同步规划、同步设计、同步施工、同步验收。按照2022年区政府为民办实事项目安排，牵头运营商开展全区电梯及地下室4G/5G信号覆盖工程，累计投资300余万元，统筹完成32个地下室及122部电梯无线信号覆盖。开展世界电信日活动，宣传电磁辐射科普知识，引导公众正确认识移动网络基站的电磁辐射环境影响。

【铁塔通信服务】 2022年，中国铁塔股份有限公司盐城市分公司大丰办事处（以下简称大丰铁塔）全年总计投资1.25亿元，完成1460个5G站点、429座基站的配套基础设施建设，超额完成区政府布置的1200个5G站点建设任务。由铁塔公司主建，相关运营商参与建设大丰区42个住宅小区电动自行车充电桩，共完成充电桩端口建设1242个，同时配合属地政府和建设单位，结合5G网络建设、智慧安防、应急防控、数字化提升等，做好相关管线位置及硬件预留，为全市5G智慧小区建设夯实基础。年内，参与整治5个飞线环境复杂的小区。推动铁塔换电业务，促进资源共享，布局5G换电柜100余座，为快递小哥、外卖小哥提供基于5G网络电瓶智能置换服务，实现电池车辆的实时定位、实时电量显示等。助力1100多名外卖小哥、160名邮政顺丰快递员更好更快服务大众。承接工信部门“智改数转”诊断项目，完成65个大丰区规模以上企业的“智改数转”诊断，为企业“智改数转”提供专业的技术服务支撑。年内，大丰铁塔为大丰公交公司提供公交车辆人脸识别监控系统服务。推动铁塔拓展业务，促进资源共享，利用铁塔的高空优势，服务于大丰农场等区域，实现高空瞭望、监测等用途。利用不同社会区域基站塔位，为大丰文旅进行亮化宣传。

（崔丽霞）

【电信通信服务】 2022年，中国电信股份有限公司大丰分公司（以下简称大丰电信公司）完成收入2.73亿元，天翼手机用户到达22.2万户，其中5G用户渗透率59.1%，宽带用户15.65万户。公司被江苏省总工会表彰为江苏省厂务公开民主管理先进单位、被盐城市通管办表彰为盐城通信行业客户服务先进集体。大丰电信公司聚焦无线网络深度覆盖，全年开通336个5G宏站，室分覆盖206个点，覆盖大丰城区、开发区、农场、港区及所有乡镇，客户无线体验和感知不断提升。持续优化基础网络质量，全年完成1784个10Gpon口建设，10G PON端口占比37.2%；开展存量光衰整治攻坚，光衰达标率97.7%，保障网络稳定高效。强化装维服务质量管控，质差修复、8小时障碍修复率、重复障碍率、申告率均达标。积极配合政府老旧小区改造，为民办实事，完成12个区域3000余户用户入户改造。顺利完成全市重大项目集中开工仪式、疫情酒店通信保障、大丰港铁路开工仪式等重大保障十余次。全年开展各类安全教育培训或演练15次，培训人员316人次，对于特种作业人员，确保持证上岗率100%。公司80名装维人员全部持证合法合规上岗。全年检测村组跨路、过河杆线高度等1033处；检查通信机房、油机房185个次；检查营业厅94个次；检查消防安防系统429个次；检查出租房屋102次；并跟踪、指导、督促所涉单位做好安全隐患的整改工作。

大丰电信公司接轨“一云、一数、一网、多应用”框架，丰富综合智能信息化服务惠民便民。助力政务数字化，支撑地方政府政务网建设、智能化平台等建设，协助推动政府数字化、智能化运行。助力生活数字化，积极对标数字惠民工程，通过提供“宽带+应用+安防+生活服务”的一体化方案，打造智能烟感报警、燃气报警、智能门锁、天翼AI监控等居家安防类智能应用。助力产业数字化，按照“两化融合，企业上云”的工作要求，先后配合区工信局组织开展“企业上云”专题培训会2次，加强对重点企业上云工作对接，针对各个企业需求的差异性，提供不同类型的云产品，为不同行业企业提供定制解决方案。助力建设智能工厂，积极推进迈硕、丰特、特斯克等企业的工业互联网MES平台建设和双瑞等企业的数字化车间建设，配合38个企业成功申报星级上云。赋能中小企业，持续做好中小企业提速降费，为中小企业提供云会议、云桌面、云主机等“智云护航”应用产品，降低中小企业上云和数字化转型的门槛；聚焦中小酒店行业信息化需求，为酒店提供翼云居智慧服务，实现酒店行业智能化升级改造。助力打造数字产业园区，为产业园区提供“云+连接+安全+物联网+零碳”的一体化服务，发挥电信本地5G+边缘计算的优势，服务和保障中汽智能网联汽车测试的应用，服务大丰车路协同智能网联的“区县示范区”申报。

（印　象）

【移动通信服务】 2022年，中国移动通信集团江苏有限公司大丰分公司（以下简称大丰移动）在岗职工130名，全年收入规模3.9亿元，5G用户超过23万；全量用户户均流量14.6G。2022年，大丰移动持续优化网络，对疑难站点进行多维度攻坚，全年新建5G基站260座（其中12座为沿海5G700M基站，可覆盖近海15千米范围；5座为海上风电升压站的海域覆盖基站；4座为大丰港5G智慧码头基站），成功开通新一代高通量卫星宽带业务，构建海空立体覆盖领先网络；网络道路综合覆盖率99.67%，平均下载速率51.14M。建成5G SA核心SPN组网158个点，确保5G覆盖效果最优。累计建成5G宏站超400座、室分超300个、700M二批次160个站点提前实现大丰各镇5G全覆盖；积极配合城市建设，完成老旧小区管网迁移和标杆小区“创文”改造累计30余处；完成区重大项目开工、防疫隔离点视频监控、文旅产业发展大会、防汛防台等应急通信保障30余次。2022年，大丰移动公司配合区防控办及时完成隔离酒店门磁设备拆装任务3000多台；常态化开展“防电信诈骗宣传”“红色村共建”、智能手机辅导等志愿服务70余场，运用大数据、5G消息等新技术，建成安防示范村40余个，协助15家派出所发送防诈短信提醒。

2022年，大丰移动从集团业务、大众市场营销、品质服务、渠道管理、工程维护、网格运营等方面，为大丰区政府加快建设现代化产业体系提供信息化技术和全面服务支撑。在“5G+”计划实施方面，先后在智慧园区、智慧旅游和社区公共服务等领域为集团客户提供5G企业专网，签约智能网联高空瞭望、鹰眼系统、OA系统、车辆定位监控、5G智能大屏、食安监管系统。

（吴海燕）

【联通通信服务】 2022年，大丰联通5G基站建设404个，开展各项生产经营工作，助力大丰地区社会信息化进程。2022年，大丰联通全年投入2000万元，建设全光网覆盖4.65万户，GL900基站建设72个，5G基站建设107个，完成小区室分建设开通40处、小区地停7处。注重培养队伍人员能力，施工队伍具备调测、故障分析的技术能力。建立装维、工程双线力量，为城市、乡村数字建设提供强有力的保障。

2022年，大丰联通助力区民政局、工信局等单位信息化建设。助力民政局“一键呼叫”项目，为1000户独居老年人安装一键智能呼叫装置，保障独居老人居家安全。助力区工信局的“智改数转”诊断服务项目，对54个规模以上工业企业开展智能制造诊断服务，提供改造方案。助力大丰公安局沿海卡口项目，保障人民生命财产安全。

（孙晓晨）

〖编辑　朱晓华〗

金融

综 述

【金融发展】 2022年年末，大丰区存贷款余额2346.43亿元，全市排名第二，其中存款1199.87亿元，全市排名第二；贷款1146.56亿元，全市排名第一。存贷款比2022年年初增长278.16亿元，全市排名第二，其中存款增长114.52亿元，全市排名第二；贷款增长163.64亿元，全市排名第一。存贷款同比增速13.45%，全市排名第七，其中存款同比增速10.55%，全市排名第六；贷款同比增速16.65%，全市排名第七。

【普惠金融】 2022年，大丰区辖内22家商业银行和银联商务大丰分公司开展“丰”采大丰移动支付惠民活动，活动内容覆盖养老食堂、餐饮、甜品、水果、商超五大类，进一步促进消费市场回暖。联系区农业农村局、大丰仓农业集团、名优企业，对农副产品进行调研，参与“盐支有爱·云E购”助力乡村振兴活动。搭建现金服务网格管理架构，优化“点对点”“点连面”现金服务直通平台。截至2022年年底，大丰区共有23家银行业金融机构、90个营业员网点参与现金服务网格化管理工作，认领现金服务网格责任区域90个，其中城区50个，农村乡镇40个。累计开展活动21次，为网格区域内经营商户和人民群众兑换残损币1265笔，金额26830元；办理人民币券别调剂167笔，金额7800元；硬币换整532笔，总兑换硬币18720枚，金额6020元；接受社会群众有关现金服务和反假货币知识咨询答疑2650余人次。推进服务点规范化建设，截至2022年年底，大丰区辖内有普惠金融服务点354个，其中智能点6个、综合点50个、支付点298个。

【金融助力企业生产】 2022年，大丰区先后组织开展金融战疫“鹊桥”行动纾困解难专场对接会和开发区专场银企对接会，为23个企业解决7.86亿元资金需求。组织“赋能金引擎‘贷’动新发展”2022年金融投资说明会暨签约活动，大丰区政府与8家银行签订“十四五”期间综合融资额1040亿元的政银战略合作协议，全辖区23家银行与企业签约项目50个，授信总额195.13亿元。

银 行

【中国人民银行大丰支行】 2022年，中国人民银行大丰支行发放支小再贷款11.9亿元，266户小微企业主体享受到政策支持；为符合条件的地方法人银行提供激励资金1333.85万元，带动地方法人银行向普惠小微企业增加贷款投放6.67亿元。推动金融机构向实体经济合理让利，全区企业贷款利率处于历史低位，截至2022年11月末，全区一般贷款平均利率约为4.96%，较2022年年初下降约0.29个百分点。

制定出台《中国人民银行大丰支行关于金融服务疫情防控和经济社会发展的工作方案》，组织召开盐城市大丰区加快落实金融助企纾困解难督促会，按季组织召开信贷投放形势和外向型经济形势分析会。梳理汇总全区23家金融机构推出的金融特色服务和金融产品，通过“大丰发布”微信公众号发布《纾困解难助力经济稳步增长——银行专属服务篇》和《纾困解难时不我“贷”——银行战疫主推产品篇》，让企业最短时间内了解各银行政策和产品。

在提升名录登记网上办理比例的同时，推动其他行政许可网上办理，让企业足不出户就可办理外汇窗口业务。协助江苏博汇纸业有限公司完成盐城辖内首笔外债签约登记线上办理，实现资本项目行政许可线上办理“零的突破”。全年办理外汇行政许可62笔，其中，线上办理49笔，现场办理13笔，线上办理占比79.03%。

按时按质落实国家留抵退税重大政策。在办理留抵退税业务过程中做到“四个精准”，即精准掌握税务部门退库信息、精准办理不同渠道过来的退库业务、精准处理退税过程中出现的异常情况、精准统计上报退库信息。截至2022年11月底，中国人民银行大丰支行国库高质量办理留抵退税1294笔、总额16.9亿元，涉及企业1086户。

（曹　帅）

【中国工商银行股份有限公司盐城大丰支行】 2022年，中国工商银行股份有限公司盐城大丰支行（简称工行大丰支行）实现拨备前利润14867万元，同比增加1833万元，人均税前利润160万元。2022年年末，本外币全部存款总额41.4亿元，其中储蓄存款27.5亿元，比2021年年末增加6亿元。

对照区内重大项目清单，着力调整信贷结构，聚焦区内上市公司、规模以上企业、产业链企业等大中型企业，配套制定信贷支持实体经济、科创金融高质量发展等方案。在普惠贷款上，围绕特色场景做大做强普惠金融，做好普惠网点下沉工作。2022年年末，各项贷款余额45.7亿元，全年新增项目投放7.8亿元，普惠业务净增2.1亿元。

（陆建丰）

【中国农业银行股份有限公司盐城大丰支行】 2022年年末，中国农业银行股份有限公司盐城大丰支行（以下简称大丰农行）本外币存款129.59亿元，较2021年年末增加19.89亿元，其中个人存款和对公存款年末余额分别为88.78亿元和40.81亿元，分别比2021年增加11.97亿元和7.92亿元。全年实现拨备后利润2.1亿元，中间业务收入5981.11万元。

2022年年末，全行各项贷款余额达成98.64亿元，比2022年年初增加27.49亿元。其中个人类贷款增加2.14亿元，法人类贷款增加25.35亿元。实体贷款投放净增28.15亿元，在盐城农行系统排名第一。全年获批乡村振兴项目8个、24.6亿元，发放21.5亿元，项目合作覆盖草堰、白驹、大中、丰华等12个镇区。针对受疫情影响生产经营出现阶段性困难的小微企业，利用无本续贷、展期等金融工具，主动做好到期贷款纾困解难服务，全年为24户提供无本续贷6500万元。支持实体经济和平台企业降本增效，通过优化信贷结构、缩短续贷时间等方式降低企业融资成本，对普惠金融信贷产品实行同业可比低定价水平，全年合计让利近2500万元。

（施　勇）

【中国银行股份有限公司盐城大丰支行】 中国银行股份有限公司盐城大丰支行（以下简称大丰中行）2022年实现营业收入31155万元，拨备前利润20123万元。本外币存款余额81.13亿元，较年初新增9亿元。本外币贷款余额99.83亿元，较年初新增19.4亿元。

大丰中行重点支持江苏沿海大开发、区域重大项目、区内重点产业发展的资金需求，在先进制造业、电子信息产业、新能源等领域，为产业内核心企业及上下游客户提供金融服务支持，民营企业贷款新增7.59亿元，制造业贷款新增3.55亿元。将发展绿色金融、科技金融上升到新的高度，绿色金融贷款新增6.93亿元，战略性新兴产业贷款新增3.62亿元，科技型企业贷款4.31亿元。

大丰中行坚持合规经营，努力防范信用风险。突出贷款的“三查”（贷前调查、贷中审查、贷后检查）制度，不断提高授信风险管控能力。进一步加强重大风险事件管理，注重风险事件预防、处置的经验总结，全面落实授信大户管理机制要求。落实专人清收、定期召开清收小组会议、加强与法院以及律师的沟通，加大不良清收化解化解工作，不断夯实授信资产质量。截至12月末，全行不良资产余额1401万元，不良率0.14%，较2021年下降0.04%。

（钱　澍）

【中国建设银行股份有限公司盐城大丰支行】 2022年，中国建设银行股份有限公司盐城大丰支行实现营业收入1.74亿元，利润1.46亿元。储蓄存款40.24亿元，贷款58.19亿元，全年新增各项贷款19.78亿元，存贷比1:1.5。2022年，大丰支行授信获批项目13个，金额40.64亿元，为区政府平台授信7个，金额17.8亿元。主动融入区政府“两山”路径探索实践，抢抓地方绿色低碳发展契机，促进绿色金融多元发展，2022年绿色信贷新增7.17亿元。

（陈婧雅）

【交通银行股份有限公司盐城大丰支行】 截至2022年年末，交通银行股份有限公司盐城大丰支行（简称大丰交行）存款总额19.43亿元，较2021年新增8.42亿元。其中：对公存款13.59亿元，较2021年新增6.10亿元；对私储蓄存款5.84亿元，较2021年新增2.32亿元。贷款总额33.56亿元，较2021年新增8.04亿元。其中：对公实质性贷款27.42亿元，较2021年新增7.00亿元；小企业实质性贷款4.31亿元，较2021年新增8.87亿元。实现经营利润8675.26万元。

（陈　晨）

【中国邮政储蓄银行股份有限公司盐城市大丰支行】 截至2022年年末，中国邮政储蓄银行股份有限公司盐城市大丰支行各项存款余额21.26亿元，其中个人存款余额15.34亿元，公司存款余额5.92亿元；各项贷款余额35.79亿元，全年实现经营收入1.23亿元，拨备前利润9027万元，拨备后利润7424万元。积极参与地方重大项目和基础设施建设，全年向全市重点建设项目、大企业发放公司贷款5笔、金额1.31亿元。

不断调整和优化信贷结构，进一步扩大“三农”金融投放量。全年涉农贷款净增1.4亿元，结余14.11亿元。加大“富农贷”“农保贷”“农担贷”“政银担”等一系列银政合作产品的推广力度，有效为农业生产主体增信，降低涉农贷款门槛。重点支持符合绿色信贷标准、环境风险低的项目、企业，做大做强绿色金融。截至2022年年末，全行绿色贷款占比24.3%，加大线上类随借随还贷款投放、小微信用贷款投放。截至2022年年末，全行小微易贷结余3718万元。

（朱　峰）

【中国农业发展银行盐城市大丰区支行】 2022年，中国农业发展银行盐城市大丰区支行（简称大丰农发行）全年发放贷款18.85亿元，开出信用证0.65亿美元。截至2022年年末，贷款总额31.94亿元，日均贷款余额26.34亿元；年末各项存款余额3.41亿元，日均存款余额6.42亿元；实现账面利润1601.87万元。全年网银支付业务21911笔，金额超82.82亿元，电子支付替代率99.68%，有效客户签约率100%。

继续坚持政策性收购与市场化收购并重的原则，全力做好夏秋两季粮食收购资金投放，全年发放储备贷款4亿元，收购入库储备粮8万吨；发放市场化收购贷款3.5亿元，支持企业收购粮食12.5万吨。全年开具出口信用证2笔、合计6492.8万美元，支持企业进口大豆8.68万吨，保障重要农产品有效供给。

服务乡村振兴。全年投放改善农村人居环境贷款9亿元，用于支持西河口水环境综合整治和新丰镇老街修缮保护、环境提升工程。投放城乡一体化贷款1亿元，用于支持大丰港园区配套设施建设。积极落实小微支持信贷政策，2022年，新营销江苏大丰华丰种业股份有限公司，为企业发放普惠小微贷款1000万元，在平均利润下降定价基础上再减100BP，持续释放贷款市场报价利率（LPR）改革红利，为实体经济恢复发展提供支撑。

（郁筱瑶）

【上海浦东发展银行股份有限公司盐城大丰支行】 截至2022年年末，上海浦东发展银行股份有限公司盐城大丰支行储蓄存款余额5亿元、日均4.12亿元，较2022年年初分别新增1.57亿元和0.27亿元；金融资产余额12.2亿元、日均12.1亿元，较2022年年初分别新增1.1亿元和0.5亿元。对公低成本结算性存款10.34亿元，较2022年年初新增0.6亿元，日均11.09亿元，较2021年新增2.36亿元。个贷余额11亿元，其中：个人经营性贷款余额1.28亿元，较2022年年初新增3411万元。公司表内贷款余额43亿元，全年公司贷款投放金额10.2亿元，非低风险贷款投放较2021年新增2.94亿元。普惠贷款余额2.15亿元，较2022年年初新增3734万元。全年实现营收2.35亿元、税前利润2.29亿元，纳税2320万元。

（沈金高）

【江苏大丰农村商业银行股份有限公司】 截至2022年年末，江苏大丰农村商业银行股份有限公司全行资产总额578.33亿元，比2021年增加38.84亿元；各项存款472.02亿元，比2021年增加40.06亿元；各项贷款380.11亿元，比2021年增加23.28亿元；国际业务结算量3.7亿美元；实现各项收入24.34亿元，净利润5.26亿元，金融增加值11.92亿元，缴纳各类税收2.57亿元。

加强“政银企”对接，对粮食安全、制造业、绿色、科创、基础设施、能源保供等重点领域，持续给予精准支持。全行实体贷款余额304.15亿元，比2022年年初增加24.82亿元。开展小微企业“阳光信贷”全覆盖活动，新增企业客户550户、授信25.82亿元、用信19.76亿元，签约“阳光信贷”客户数达6.91万户。向人民银行争取支小再贷款11.9亿元，向财政部门申请富民创业贷全额贴息3批次，出台小微企业、农民经纪人专项优惠利率，推出助企惠民纾困“新十条”，对中小微客户办理借新还旧、展期、调整还款计划等累计18.20亿元。推广“小微贷”“苏科贷”“苏农贷”等产品，累计发放443户、9.52亿元。

持续优化便民服务，实现全流程线上小微企业贷款、个人300万元以下保证及信用贷款产品线上运行，线上贷款户数增加9606户、16.85亿元。上线运行“银医通”、丰中智慧校园、ETC客户“停车场”、阳光定食校园就餐等项目，开通企业网银客户银企直连功能，持续推进“一卡通”建设。上线品牌金融交易系统，新增品牌经销商201家，下游商户1万户。加强圆鼎广场、邻里中心获客能力，注册客户数达15.97万户。启动盐立方捐赠平台、物资保障平台建设，配合开展三轮政府消费券发放活动，带动消费金额5000余万元。

（阮邵明）

【江苏银行股份有限公司盐城大丰支行】 截至2022年年末，江苏银行股份有限公司盐城大丰支行各项存款60.35亿元，较2022年年初新增11.06亿元，其中对公存款46.82亿元，比2022年年初新增8.08亿元；储蓄存款13.53亿元，比2022年年初新增2.98亿元。各项贷款52.35亿元，较2022年年初新增2.48亿元，其中公司贷款44.77亿元，比2022年年初新增3.3亿元；零售贷款7.58亿元，比年初降0.82亿元。实现净利润1.53亿元。

通过表内信贷、债务融资工具、债权融资计划等产品，加大对大丰区农业基础设施、交通工程、绿化和水利工程等重点领域的支持。成功投放海城农业项目0.95亿元、广宏农业项目1亿元、城市更新项目0.98亿元、光伏发电2亿元、大中镇农业项目1.2亿元等重点项目。发行大丰港超短期融资券5亿元、大丰城投理财直融2亿元，投资大丰交控公司债1.5亿元、明升新农村认购债1.2亿元。

利用分险贷、苏农贷、惠捷贷等特色三农产品，积极跟进全区重点农业项目，加大信贷投放力度，支持地方农业经济发展。截至2022年年末，涉农贷款余额10.87亿元，较2022年年初新增1.01亿元；普惠涉农贷款余额1.69亿元，较2022年年初新增2992万元；新增三农贷款1200万元，新增三农客户18户。

（杜鹃 余飞飞）

2022年8月17日，大丰农商银行行长章勇到江苏沼禾农业科技有限公司走访，了解企业生产情况 （大丰农商银行 供图）

【苏州银行股份有限公司盐城大丰支行】 2022年，苏州银行股份有限公司盐城大丰支行新增营销中小实体企业授信客户20户，共计授信总额5亿元左右。截至2022年年末，存款总额10.07亿元，其中公司存款余额为8.3亿元，个人存款时点余额为1.77亿元；贷款余额16.48亿元，其中公司贷款为12.4亿元，个人贷款为4.08亿元。全年主营业务收入7069万元，利税总额547万元，净利润7013万元。

（张 庆）

【江苏大丰江南村镇银行股份有限公司】 截至2022年年末，江苏大丰江南村镇银行股份有限公司各项存款余额14.2亿元，较2022年年初减少1.69亿元，降幅10.64%；各项贷款余额14.04亿元，较2022年年初增加1.16亿元，增幅9.01%。2022年度实现拨备前税前利润1215.33万元，较2021年增加191.14万元，增幅18.66%。着力实施业务转型和结构调整，重塑村镇银行“支农支小”市场定位，引导信贷资金主要投向个人客户、“三农”客户和发展势头良好的小微企业，加大对新型农村经营主体家庭农场、农业产业化龙头企业、农业产业农户重点贷款支持，助力推动当地农户、个体工商户、小微企业实体经济发展。2022年年末，大丰江南村镇银行贷款总户数2926户，比2022年年初增加217户，增幅8.01%。

（高　峰）

【江苏太仓农村商业银行股份有限公司大丰支行】 截至2022年年末，江苏太仓农村商业银行股份有限公司大丰支行各类存款绝对额3.19亿元，较2022年年初增加8137万元，增幅为34.18%，其中储蓄存款余额1.68亿元，较2022年年初增加7018万元，增幅71.39%。各项贷款余额为10.39亿元，较2022年年初增加2.72亿元，增幅为35.46%。全年新增企业贷款客户27户，金额10478万元，实现营业利润3069万元，纳税150万元。

（陈鹤飞）

证券·保险

【华泰证券股份有限公司盐城大丰人民南路证券营业部】 2022年，华泰证券股份有限公司盐城大丰人民南路证券营业部实现收入1800万元，净利润1500万元。为丰海新能源、丰山集团、谷登机械、理研科技等公司定制个性化产品，为企业提供更多的现金投资种类。全年产品销售35亿元。联合华泰投行部门为大丰区城市建设集团成功发行8.4亿元的PPN（非公开定向债务融资工具），发行利率创发行人历史新低。助力丰山集团成功完成可转债发行。继续为谷登机械公司提供上市前辅导工作，争取早日成功上市。“涨乐财富通” App升级，增加“U3” 会员功能，包含一键打新、相似K线，AI智能盯盘等功能，更加方便投资者。

（陈　浩）

【中国人民财产保险股份有限公司盐城市大丰支公司】 2022年，中国人民财产保险股份有限公司盐城市大丰支公司完成保费收入2.30亿元，其中：车辆保险保费收入1.18亿元，财产险保费收入3464万元，农业保险保费收入7705万元。积极探索农业保险从“物化成本” 向“完全成本” 的发展，推广主要种植业完全成本保险、生猪期货保险等农业商业险项目，解决种养户的后顾之忧。加强与政府互动、警保联动，与交管部门在白驹、刘庄、草庙和万盈4镇共建6个警保联动服务站，正常开展交通劝导和交通安全的宣传工作，增强老百姓的交通安全意识。扎实做好大病保险（社保）承保和理赔工作，全年大病保险保费收入3926万元，赔付支出4066万元。发展治理类保险，重点推进安责险、工程履约保证险、电梯责任险和政府救助类保险。全年实现安责险保费收入200万元，为145个企业提供10亿元的风险保障。

（沈小童）

【中国人寿保险股份有限公司大丰支公司】 2022年，中国人寿保险股份有限公司大丰支公司实现总保费5.4亿元，其中首年期交保费7883.69万元，10年期及以上首年期交保费4010.47万元，短期险保费4453.89万元，市场占有率35.69%。全年小额补充健康险保费650万元，员福类保险350万元，个人医保补充健康保险保费160万元。老年人意外伤害保障自拓保费500余万元，承保人数接近15万人，覆盖率65%。

（杨小杰）

【中国太平洋财产保险股份有限公司大丰支公司】 2022年，中国太平洋财产保险股份有限公司大丰支公司完成保费收入7577万元，其中车险保费收入3441万元，非车险保费收入3422万元，农业保险保费收入714万元，占市场份额10.39%，当年理赔及各类给付保费收入比率为96%。在“同心携手，爱心传递” 第五次受赠仪式上，为所有义工提供人身意外伤害保险1.12亿元的保障。

（管慧静）

【中国太平洋人寿保险股份有限公司大丰支公司】 中国太平洋人寿保险股份有限公司大丰支公司于2002年12月进驻大丰，位于大丰上海花园东门北侧9号102、103，大丰区范围内有营销服务网点1家（城区1家）。2022年完成保费收入2899.72万元，占寿保市场份额的2.33%。赔款及其他各类给付金额772.51万元。

（张莉霞）

【中华联合财产保险股份有限公司大丰支公司】 2022年，中华联合财产保险股份有限公司大丰支公司实现保费收入3132万元，年度保费完成率101.8%，增速23.3%，综合成本率85.2%，实现利润374万元，市场份额5.01%。全年支付各类赔款2108万元。

（黄素华）

资本市场

【概况】 2022年，大丰区积极策应资本市场全面深化改革趋势，着力打造多层次、有活力、有韧性的资本市场“大丰板块”。3月8日，中汽股份登陆深交所，实现盐城市创业板上市、注册制上市“双零” 的突破。6月15日，江苏金色工业炉制造有限公司由新三板基础层转入创新层。新增股交中心挂牌企业45个。中汽股份首发募资12.56亿元，丰山集团发行可转债融资5亿元，金色工业炉定向增发1012.5万元。开展上市后备企业排摸“大走访”，逐一走访区内优质企业，根据企业经营指标、上市意向等充实“辅导备案、上市股改、可培植后

2022年6月15日，江苏金色工业炉制造有限公司由新三板基础层转入创新层
周古凯 摄

备”梯队。上市后备企业13个，其中：在辅导企业2个，待辅导企业1个，在股改企业2个，可培植后备8个。全年组织企业参加各类资本市场业务培训11场。建立股改上市月度过堂机制，定期跟进工作进展。9月7日，举办“江苏股权交易中心——大丰企业挂牌辅导基地”揭牌暨企业集中挂牌活动，落地全市首个股交中心挂牌辅导基地。帮助中汽股份及65个股交中心挂牌企业申报省市奖励资金，合计795万元。

【企业上市及挂牌】 2022年，理研科技公司、海聆梦公司辅导稳步推进，苏海制药公司、创一精锻公司等企业推动股改前梳理规范，资本市场“大丰板块”加速推进。全区新增江苏省股权交易中心挂牌企业45家（冉鑫木业公司、长展科技公司、欧特威公司、丝路纺织公司、希联服饰公司、东尚诚品公司、强海纺织公司、港城建材公司、保源木业公司、大丰琛德公司、博亿物资公司、苏杰士龙公司、万顺盈润公司、兰盛生物公司、中昌精锻公司、澳滨铸造公司、华信家纺公司、神龙玩具公司、骏华建设公司、丰润砼业公司、华鹏纺织公司、成越金属公司、杉童玩具公司、蓝天再生公司、优工机械公司、杰源智能公司、禾丰科技公司、禹利水利公司、新中兴公司、德亚炉业公司、特思克公司、润泽纺织公司、丰实金属公司、江苏翊彩公司、金鼎金属公司、苏海制药公司、共维电子公司、江苏驷博公司、奥克阀门公司、盐城海纳公司、江苏大昌公司、江苏创一公司、腾龙生物公司、江苏晓宝公司、恒丰海绵公司）。截至2022年年末，全区拥有上市公司5家（江苏辉丰生物农业股份有限公司、金财互联控股股份有限公司、江苏丰山集团股份有限公司、中汽研汽车试验场股份有限公司、江苏大丰港和顺科技有限公司）、新三板挂牌企业5家（盐城市中德精锻股份有限公司、江苏凯嘉橡胶科技股份有限公司、江苏金色工业炉股份有限公司、江苏金色农业股份有限公司、江苏大丰华丰种业股份有限公司），江苏股权交易中心挂牌企业达165家。上市和新三板企业累计直接融资额保持全市第一。

地方金融监管

【概况】 2022年，大丰区金融条线深入学习贯彻中共二十大和习近平总书记重要讲话精神，推动党史学习教育常态化、长效化，认真贯彻中央“疫情要防住、经济要稳住、发展要安全”的总要求，统筹疫情防控和经济发展等工作，强化金融服务力度，有效稳定市场主体，推动全区金融工作持续健康发展。县域金融生态排名列全省第5位、苏北第一，连续9年建成“金融生态优秀县”。

【金融风险管控】 4月24日，裕华农民资金互助合作社顺利注销；6月28日，盐城市大丰区金信转贷服务有限公司成立；7月26日，盐城市大丰区神王农村小额贷款有限公司成立。大丰区实有地方金融组织10个（江苏金茂融资担保有限公司、盐城市大丰区金信转贷服务有限公司、盐城市顺达典当有限责任公司、盐城市华忱典当有限责任公司、草堰农民资金互助合作社、白驹农民资金互助合作社、西团农民资金互助合作社、丰富农民资金互助合作社、盐城市大丰区神王农村小额贷款有限公司、盐城市大丰区兴达产权交易服务中心有限公司），开展融资担保公司担保代偿资金清收专项行动。系统推进防范和处置非法集资宣传、排查、处置工作，构建风险排查常态化机制，召开全区打击和处置非法集资领导小组成员单位会议，明确处置非法集资问题牵头部门，所有乡镇配置处置非法集资问题牵头人员。开展7个专场宣传，发放海报1万多张、宣传品1000多套，非法集资参与人数、涉案金额持续下降。对金融领域信访问题“回头看”，全年未发生非法上访情况。重点关注“伪私募”“伪基金”“农民专业合作社”“交易场所”涉嫌非法集资风险排查。充分发挥金融纠纷诉前调解工作室作用，提高金融纠纷解决效率。严格落实安全生产和消防工作责任，联合相关部门对银行保险机构开展安全检查，开展金融系统消防安全集中排查整治月活动，深化安全生产和消防宣传教育活动，金融系统未发生安全事故。

（夏 伟）

〖编辑 朱晓华 於晨婷〗

城镇建设

城市、村镇规划

【概况】 2022年，大丰区以“高起点规划，高标准定位”为原则，突出规划的引领调控作用，科学拓展城乡发展空间。科学编制《盐城市国土空间总体规划大丰区分区规划(2021—2035年)》《盐城市大丰区主城区控制性详细规划局部修编》及长三角一体化产业发展基地等相关规划，编制完成《盐城市大丰区小海镇南团居委会、新窑村村庄规划(2021—2035年)》。对城建等重点工程项目进行全过程跟踪式规划服务，确保各项城建重点工程项目顺利实施。

【专项规划编制】 2022年，大丰区自然资源和规划局强化国土空间总体规划统筹引领，完善详细规划功能布局，突出专项规划配套支撑，推动规划编制落细落实。《盐城市国土空间总体规划大丰区分区规划(2021—2035年)》“三区三线”(三区：城镇空间、农业空间、生态空间三种类型的国土空间；三线：城镇开发边界、永久基本农田保护红线、生态保护红线三条控制线)划定成果通过自然资源部审批实施，《大丰区生态管控区域调整方案》经省政府批准实施，《盐城市大丰区主城区控制性详细规划局部修编》经区规委会审查通过，《盐城市大丰区小海镇南团居委会、新窑村村庄规划》获区政府批复并同步纳入省、市“一张图”系统管理。《常盐工业园拓展区控制性详细规划》《盐城南(刘庄)物流产业园发展规划》获区政府批复，新丰镇、刘庄镇总体规划按照法定要求与大丰分区规划同步开展。

【城市规划管理】 2022年，大丰区自然资源和规划局认真贯彻执行城乡规划、土地规划等相关法律、法规，依法履行城乡规划管理职责，充分发挥规划技术服务职能。服务保障民生工程，扎实做好康馨雅苑、卯西教育服务中心、润富花园二期安置房、盐城市体校等项目的技术审查工作；出具建设路、物流大道、西河口片区道路等城市道路规划设计条件；在集中补办不动产证中，针对丰华街道、大中街道所属农民公寓项目及时提出审查意见。服务开发项目建设，积极服务招商工作，对招商成交地块积极主动地提供规划服务，努力营造良好的投资环境，全年为雍景府、玖玺、丰景府、吾悦华府、云尚台、香汇长龙、荣润晨熙府、花海名邸、云樾春秋、荣润湖畔玲珑、凤凰城、珺和府、新天地等重大项目提供规划技术服务工作。服务区属重点工程，对于“两重一实”项目及长三角一体化产业发展基地项目，主动与各板块、街道对接，提前介入服务，详细了解项目基本情况，及时履行项目规划技术审查工作。全年办理41份规划设计条件、11份选址手续、14份建设用地规划许可证、173份建设工程规划许可证、121份规划核实手续，发证合格率100%，按时办结率100%。

【村镇规划】 2022年，大丰区自然资源和规划局开展规划师下乡活动，大丰区小海镇“规划师下乡工作站”在小海镇正式揭牌，江苏省规划设计集团大丰地区责任规划师工作站在大丰区正式揭牌，通过科学规划助力乡村振兴，发力城乡融合发展。扎实推进村庄设计工作，在中心村、美丽宜居示范村、传统村落等重要村庄和建设项目较多的村庄同步进行村庄规划编制和村庄设计。加强传统村落保护，编制传统村落保护发展规划。注重保护村庄完整的传统风貌格局、历史环境要素、自然景观等，引导村民慎砍树、不占河湖水域、不拆有保护价值的房屋。保护好具有传统风貌和历史文化价值的保护性建筑，坚决制止保护性建筑的拆除行为，实现保护性建筑的合理利用。提升规划审批服务质量和服务效率，符合法定受理条件、申报材料齐全的，原则上一次办结，需要现场踏勘、技术审查的，限时办结。2022年完成建设用地规划条件及用地红线图技术审查46件、建设项目选址意见书技术审查11件、建设用地规划许可技术审查50件、建设规划设计方案审查93件、建设工程规划许可技术审查253件、建设工程规划核验203件、乡村建设规划许可技术审查8件、灰线验收18件、基础验收19件、个人建房规划许可技术审查497件。

(陈　萍)

城市建设

【概况】 2022年，大丰区围绕打造绿色宜居之城的目标，把美丽宜居城市建设作为改善民生、推动城市转型发展的重要抓手，着力打造环境优美、人文醇美、建设精美的美丽宜居城市，不断提升人民群众的安居感、幸福感。31项城建重点工程完成投资72亿元，西河口片区开发地块覆绿工程竣工，龙昌码头、西河口路、西沿河路、健康路西延工程开工建设。新丰里文创产业园项目1至13号楼主体竣工，商户陆续进场装修。建成口袋公园15个、交通道口遮阳挡雨棚16座，10个老旧小区综合整治工程竣工，完成加装电梯40部。推进海绵城市建设，促进东方湿地公园和相关河道恢复亲水、清水、可游、可渔的生态景观功能。全力推进城镇生活污水管网建设，城区人民路西侧雨污分流工程完成雨污管道铺设1.5千米，镇区污水管网110千米快速推进。坚持应用导向，进一步建强用好智慧城市大脑，加快推进经济社会全方位数字化转型，以大数据赋能高质量发展和高效能治理，有序对全区原有地下管线GIS系统进行升级改造及外业补测，完善地下管网系统运营，保障地下空间安全。

【城市经济发展】 2022年，大丰区树立“紧凑城市”“精明增长”理念，统筹布局生产、生活、生态空间，大力发展城市经济。西河口片区计划总投资8亿元，对片区2.5平方千米范围内实施一级开发，主要包括景观绿化、道路管网、水环境整治、公共管理配套等四大类22个项目。顺应人民群众

大丰区幸福大街公建提升二期工程西起大四河，东至东宁路，全长约1.5千米，2022年年底竣工 周古凯 摄

期盼，统筹推动老旧小区、棚户区、城中村、危旧房等改造。利用小区现状房屋和公共空间补充便民化、适老化、婴幼儿照护、无障碍等公共服务设施，补齐文教体卫等公共服务设施短板，扩大"一老一小"服务供给。积极实施920街坊、幸福大街公建提升、新丰里片区更新改造，通过强化城市基础设施和公共服务设施建设，融入新海派特征，让城市更有颜值、更具气质。建设复旦大学附属中山医院苏北健康管理中心，布局医疗、体检和康养三大板块，完全平移中山医院先进的医疗技术和管理理念。总院和分院实行同质化管理的方针，立足大丰，服务苏北，辐射长三角，老百姓在家门口也能享受上海优质医疗资源。

【城建重点工程建设】 2022年，大丰区组织实施31项城建重点工程，完成投资72亿元，开工率98.6%，竣工率97.5%，招投标率、工程质量一次性验收合格率均为100%。全力推进西河口片区启动区基础设施建设，完成开发地块覆绿工程，龙昌码头场地清理、平整4万平方米，驿站基础完成，铺装面灰土基层施工基本完成。西沿河路、西河口路、健康路西延开工建设。卯西教育服务中心工程完成竣工扫尾。新丰里文创产业园项目期1#~13#楼工程主体及周边配套全部完成，主体验收完成交付运营单位，14号楼按时序推进。保障性住房扎实推进，景尚名城安置小区竣工交付，康馨雅苑安置小区进入竣工验收，润富花园二期主体十层施工。常盐工业园区建成区基础设施提升项目竣工；常盐工业园安置房桩基施工。幸福大街公建提升二期工程竣工，城区10个老旧小区改造全部完成。加快推进金丰小区、幸福小区、瑞城国际苑等老旧小区加装电梯，已完成安装40部电梯。大龙岛度假村竣工投入运营。

【路桥工程】 2022年，大丰区北兴路、幸福大街公建提升等道路工程竣工，飞达路改造工程加快推进。按照全国文明城市创建要求，对城区所有公交站、广告、路面、背街小巷等进行排查，对主次干道和背街小巷路面破损、雨水箅破损、道路护栏受损、公交站台破损等进行实时维修，对主次干道排水管道进行清掏疏浚工作。修复城市道路21000平方米，修复人行道30900平方米，修复路牙5100米，维修隔离桩、柱、球等300只(根)，改造道路无障碍通道38个，疏通排水管道104千米，清掏窨井13800个，修复窨井700座，修复桥梁损坏部位98处，修复道路交通标志标牌380块，施划或出新道路交通标线58000米，维修栏杆5200米。

【城市房屋征收搬迁】 2022年，大丰区加大棚户区改造力度，完成房屋征迁2716户。积极推进西河口地块、常盐工业园拓展地块等项目征迁，做好缫丝厂南侧、飞达路南侧康平路东侧、西河口地块、新民中心河产城融合组团、益民路南侧康平路两侧地块征迁扫尾工作。通过调查摸底、征求意见、发布公告、签订协议等方式，依法有序开展房屋土地征迁工作，营造群众支持征收的良好工作氛围，保证全区重点项目的顺利实施。所有协议都是在协商的基础上达成，未发生采取暴力、威胁或者违反规定中断供水、供气、供电和道路通行等非法方式迫使被征收人搬迁的行为。强化对征收搬迁从业人员的廉政教育，增强从业人员的政策意识、法律意识，保证房屋征收搬迁工作依法依规顺利开展。

【城建融资】 2022年，大丰区城市建设集团有限公司在金融政策趋紧的形势下，重点突破融资困境，拓展融资渠道，压降融资成本。全年通过银行贷款、债券、信托、融资租赁、商业保理等渠道融资到账124.35亿元，融资综合成本6.43%。按照区财政部门要求不断完善系统数据信息，落实隐性债务化解工作，全年化解隐性债务9.84亿元，化解高成本债务约6.94亿元。开展贸易业务，改善收入结构。2022年，进出口开票41.07亿元，获得进出口银行、国开行等低成本的贸易专项贷款授信14.84亿元。

【幸福大街公建提升二期工程】 幸福大街公建提升二期工程西起大四河，东至东宁路，全长约1.5千米。实施建筑立面改造、绿化景观、美化亮化、智慧城市、城市家具等，提升街区景观，计划总投资6000万元。商业段以互动空间为主，以简洁明快的广场与精致而又色彩丰富的绿化组团，烘托出热闹的商业气氛。文化段主要以施耐庵公园及校园为主，设计以文化广场为主，通过一些地刻、景墙浮雕等文化载体，体现区域独特的文化气质。邻里段以互动的商业广场结合植物围合居住活动空间，植物空间通透、色彩明快，多植芳香类、趣味性强的植物，体现商业和居住结合互动的景观空间。道路打造非机动车带、生态设施带、文化步行带和林荫大街，形成安全、高效、整洁的交通体系。亮化以装饰性灯柱、地灯、霓虹灯、聚光灯、投影灯等多种照明方式体现丰富的灯光效果，点亮夜间特色场景，扮靓城市夜景观，推动夜间经济发展。该项目于2022年年底竣工。

【大刘路改扩建工程】 大刘路改扩建工程东起人民路、西至金海路，全长约5千米，总投资约1亿元。项目设计按照城市主干道标准，重点实施道路病害修补、增补部分路段人行道、梳理强化现状道路排水、智慧共杆和沿线飞线下地、道路景观海绵提升等方面。该工程2022年12月竣工。

【老旧小区改造工程】 2022年，大丰区推进老旧小区综合整治改造工程。实施恒生南苑、长新小区、东风小区、东风小区外侧片区、石油小区、花园小区、康平小区、城中小区、汽配公司宿舍区、浦江片区10个老旧小区改造项目，涉及133栋楼、2921户，总建筑面积28.93万平方米。重点解决严重困扰老旧小区居民的地下管网老化和路面破损及房屋墙面陈旧等问题，重点做好屋面翻新、雨污分流、增设停车位、线路序化等方面的改造，改善群众居住环境和生活条件。年内，10个老旧小区综合整治工程全面竣工。

【房屋征收廉政教育暨业务培训】 9月30日，大丰区开展房屋征收廉政教育暨业务培训活动，提高全区房屋征收行业业务水平，增强从业人员廉洁自律意识，全区各征收实施单位、服务单位、评估单位人员参加培训。培训会上，区住房和城乡建设局组织参训人员观看廉政警示教育片，相关专家进行房屋征迁信息公开和应诉基本知识、房屋征收补偿操作实务讲解，同时对实务中常见的注意事项进行详细解读。

村镇建设

【概况】 2022年，大丰区按照“规划引领、产城融合、城乡统筹、一体发展”的总体思路，坚持以人为本、精细管理、建管并重的城建理念，加快小城镇建设。加快集镇道路、供排水、绿化、路灯、污水处理等基础设施建设。启动新一轮农村住房条件改善五年专项行动，全年改善农房2665户，建成省级特色田园乡村4个。遵循绿色、安全、经济、实用、美观的要求，结合沿海地域、里下河地区风貌特色，因地制宜设计农房房型及施工图集，免费提供给农民建房选用，让更多的农民群众住上好房子、过上好日子。扎实推进省生态宜居美丽乡村示范县培育建设，在全市率先开展农村人居环境“红黑榜”评比活动，创建“美丽庭院”示范户6551户。新建191个自然村生活污水治理设施，完成农村户厕改造1.18万户。

【农村生活污水治理】 2022年，大丰区组织各镇街区对辖区内需开展农村生活污水治理的村庄进行调研，深入开展农村生活污水治理工作。完成191个自然村生活污水治理工程，建设610千米污水主管网、272座提升泵站和242座微动力设备。黄海复河、川东港流域西潘堡河、一卯西河及中心干河、三圩中心河等河道分布式污水处理设施全部建成并投入运行。制定《污水设施运营管理技术要求》和《污水处理设施考核管理办法》，形成日抽查、月督查、季考核的工作机制。

【农民群众住房条件改善】 2022年，大丰区启动新一轮农村住房条件改善五年专项行动，推动乡村振兴向纵深发展。全年完成农房改善2665户，其中进城购房540户、入镇购房436户、新型农村社区1003户、规划发展村庄及一般村庄插建翻建652户、低收入群体修缮加固34户。结合“书记工程”，组织镇村干部进村入户，进一步摸清核实农房改善工作底数和农民意愿，优先完成低收入群体和有改善意愿农户的住房条件改善。重视老旧“空关房”治理，积极探索制定切实可行的政策举措，畅通改造改善渠道，积极引导农户自行拆除、依法自愿有偿退出宅基地或由农村集体经济组织统一盘活利用。加快推进村庄规划编制，加强用地保障，强化建筑风貌管控和质量安全指导，逐步推进村庄插建翻建。进一步落实主体责任，加快推进7个新型农村社区基础设施建设。结合地域资源和特点，同步配套产业，做到一个村庄一个特色产业，科学利用闲置房屋、资产发展乡村民宿、乡村旅游。加快农村房屋安全隐患排查整治扫尾，健全农房监测评估机制，常态化组织开展“拉网式”巡查，发现一户、整治一户，确保风险隐患动态清零。

【省级特色田园乡村】 7月6日，省农村住房条件改善和特色田园乡村建设工作联席会议公布第九批省特色田园乡村名单，大丰区大中街道红花、丰华街道朝荣、南阳镇诚心、草堰镇双河二期4个新型农村社区上榜，大丰区省级特色田园乡村总数达到15个，列全市第一。

（葛顺明）

城市管理

【概况】 2022年，大丰区城市管理局聚焦全国文明典范城市创建和城市管理提升年行动，规范城市管理综合行政执法，建立生活垃圾分类收运处闭环体系，提高城区绿化亮化品质，不断提升城市精管善治水平。大丰区城市管理局被盐城市城管局表彰为垃圾分类与治理工作先进集体和队伍建设先进集体，下属单位城市管理综合行政执法大队2022年被盐城市城管局表彰为全市城市管理工作先进基层单位。

【市容秩序维护】 2022年，大丰区城市管理局组织市容综合执法整治

2022年8月21日，一辆雾炮车在大丰丰华街道东方路喷雾降温抑尘
周古凯　摄

110余次，取缔流动摊点410余个，规范出店经营1250余户，清理乱堆乱放1150余处、乱张贴1620余处。拆除城乡各类违法建设317处，面积达1.72万平方米，拆除城区各类户外广告设施58处。牵头城区线杆线缆整治工作，完成主次干道强电问题整治616处。开展车辆违停整治170余次，清拖、规范违停非机动车3000余辆，新增、出新机动车泊位980多个、停车标线标识9502平方米，规范停车秩序。开展建筑垃圾（渣土）运输秩序综合整治32次，办理渣土准运证2806件、处置证11件。升级改造数字化城管平台系统，受理办结案件5135件。牵头新丰镇、友谊村、幸福大街、大新巷、圆鼎市民广场完成“五个一精细化样板点”[样板街、样板巷、样板场、样板镇、样板村（社区）]建设工作。人民路海派风情街实行市场化管理，落实综合长效管理工作。

【城市环境整治】 2022年，大丰区城市管理局开展道路扬尘、餐饮油烟、垃圾治理等工作，助推城市环境质量改善。淘汰更新国三以下环卫作业车辆26辆，城区道路机械化清扫率90.9%。生活垃圾日产日清，清运暴露垃圾390余车、野广告270余处，清运和处置生活垃圾8.5万余吨。城区居民小区生活垃圾“四分类”基本实现全覆盖，在97个居民小区设置260个垃圾环保屋并投入运行。签订餐厨垃圾收运协议601家，收运处置餐厨垃圾6400余吨、厨余垃圾1200余吨。农村生活垃圾集中收运体系不断完善，新增分类垃圾桶28999只、作业车辆19台，各镇（区、街道）新增1个行政村开展农村生活垃圾分类试点。开展餐饮油烟集中整治36次，完成220家餐饮店整治“回头看”工作，49家餐饮服务单位安装油烟在线监控设备。

【惠民工程】 2022年，大丰区城市管理局惠民工程落地落实，新建城市一类公厕1座，改造提升二类公厕4座，指导农村新建、改建公厕31座，改善城乡居民如厕环境。在城区4个交通道口新建16座遮阳挡雨棚，为市民提供遮阳避雨空间。加强垃圾终端设施建设，餐厨垃圾处置中心于3月中旬投产运营，新建1条厨余生产线于9月份试运行；统筹做好城西中转站搬迁以及大型垃圾中转站建设的前期准备工作；对城北垃圾中转站进行提升改造，增加称重系统，升级除臭、除尘等设施。牵头实施城区绿化更新项目，新建、改建花溪公园、湿地之翼、工业文化墙等15个口袋公园，完成春柳路背景林、北兴路绿化工程，累计新增提升绿化面积28.9万平方米。维修城区路灯及亮化设施1000余处，完成城区多节点夜景照明智能化提升项目和北兴路、东宁路路灯安装工程。

【依法行政】 2022年，大丰区城市管理局加大对建设工程和燃气等安全隐患较大事项的稽查处罚力度，全年立案查处各类建设工程、安全生产、城市建管、垃圾运输违法违规案件276起，结案251起。服务23个企业补办证，优化营商环境。受理审批店牌店招、临时搭建等行政许可977件，验收小区7个。依法履行政府职能，完善法治体系建设，全年应诉案件23起，零败诉；组织行政处罚听证5起，受理信息公开7起，答复履职申请11起。完善安全生产工作责任体系，组织行业领域安全生产督查督导活动6次，开展安全生产学习教育培训活动2次。认真做好人大议案、政协提案、12345政府热线、263交办单、信访交办单等答复工作，接收并处理市民举报和投诉工单2300余件，办结率100%，回访满意率99.96%。做好常态化疫情防控工作，牵头隔离点垃圾收集转运和消杀工作，抽调300余人参与沿街商户疫情防控宣传、高速出入口疫情防控。

（顾　蓉）

公共设施建设

【概况】 2022年，大丰区大力加快公共服务设施建设，重点加强教育、医疗卫生、文化、体育健身、公园绿地、社区养老等公共服务设施及社区服务项目建设。统筹公共服务资源配置，稳步推进城市基本公共服务向常住人口全覆盖，满足城市化发展需求。着力加强污水处理设施规范化运营。截至2022年年底，全区已有城镇生活污水处理厂7座，总处理能力8.45万吨/天，全运行比例100%，处理污水2220吨，污水处理率为97.9%。加快天然气工程建设步伐，为市民提供清洁、安全、优质的天然气。

【市政设施管养】 2022年，大丰区住

房和城乡建设局全面检查维修主次干道破损路面，完善盲道、缘石坡等无障碍设施，对下水道、窨井盖等公共设施维护，确保城市基础设施达标运行。加大市政设施巡查力度，组织人员对城区市政道路路面、人行道、排水设施及桥梁进行网格化巡检，建立巡查维护台账，及时发现安全隐患，发现一处维修一处，动态掌握设施运行现状。定期对城区破损路面、人行道等情况进行统计，制定明细表，提前规划养护方案。对部分损坏较为严重的设施，集中力量进行维修，明确推进节点，限期管护整改到位。对巡查发现的问题和各方反映的事项，根据责任分工要求，及时落实到相关责任单位，切实加强整改落实，处置及时率和满意率均为100%。

2022年2月8日，大丰区城北污水处理厂尾水湿地净化项目通过竣工验收。图为东方湿地公园尾水湿地净化系统　　周古凯　摄

【燃气供气工程】 2022年，大丰区进一步优化燃气产业结构，在稳定液化石油气供给的基础上，发展管道天然气。通过互通、补缺、延伸、加密等方式，集中力量补齐天然气管网基础设施短板，因地制宜制定管道铺设方案，加快推进天然气安装使用，力争应装尽装、应改尽改。年内新建天然气管道90.1千米，累计建设燃气管网1546千米。全年天然气供应总量9613万立方米，液化气供应总量8370吨。

【燃气安全管理】 2022年，大丰区住房和城乡建设局扎实推进城镇燃气安全专项整治行动，开展燃气安全隐患排查治理工作，确保燃气设施安全运行。对全区17个燃气场站设施开展全覆盖检查，重点排查企业运行维护和抢修人员配备、企业安全管理制度建立、入户安检制度落实等情况，落实企业整改存在的问题和薄弱环节。督促企业对照《江苏省城镇燃气安全检查标准》开展安全风险隐患整改，建立清单管理、动态更新、闭环整改的风险隐患排查整治机制。排查一般隐患问题265个，发放整改通知书43份，全部整改完成。强化管网设施管理，加大对管道违法占压、场站设施周边建筑物安全间距不足等问题排查，消除占压燃气管道的隐患问题5处。开展老旧小区燃气安全风险隐患检查，排查老旧小区23个，排查隐患问题33个，均整改完成。落实管道燃气企业开展燃气设施巡查巡检，严格落实巡线制度，加强对燃气门站、加气站、阀室、阀井及管道附属设施日常维护，聘请第三方对运行20年以上的3.4千米燃气管道运行情况进行全面评估，加快推进GIS（地理信息）、SCADA（数据采集与监视控制）系统建设，进一步完善天然气管道标志、警示标识的设置。全年处理第三方损坏管网问题1起、补齐警示标识27处。突出瓶装燃气管理，对瓶装液化气企业进行动态监管，充分运用瓶装液化气安全监管系统，实时掌握瓶装气充装出站信息全流程的可溯源。督促各燃气经营企业做好瓶装燃气实名制销售、定期安检、随瓶安检等工作，严格落实液化气钢瓶全链条溯源管理，智慧燃气监管平台录入燃气用户信息13.2万条。加强液化气配送管理，督促企业对配送车辆统一标志标识，强化送气服务人员管理，规范送气服务行为。加强对餐饮场所、学校、福利机构等重点场所燃气使用安全检查，重点整治小区车库、地下半地下室等不具备通风条件场所违规使用燃气等问题的整治。推进入户安检工作，检查管道燃气用户91320户、瓶装燃气用户122760户，更换智能表8350个，更换燃气软管等配件2776个。

【城镇生活污水处理】 2022年，大丰区住房和城乡建设局按照生活污水处理“厂网一体化、城镇一体化”的要求，全力推进城镇生活污水管网建设。草庙、大桥、南阳、万盈和新丰5个镇区污水处理厂提标改造工程完成。建立健全区住建局为行业监管主体、净水公司为管理主体、运维公司为服务主体的“三位一体”城镇污水处理厂运维管理体系，以及运营管理、安全管理、制度管理、在线监控等多维度的运营质量保证体系。指导净水公司、运维公司着力加强人才队伍建设，保障城镇污水处理专业化、规范化。加快项目工程建设，进一步推进达标区建设。全区建成区共划分为8个提质增效达标区，年内完成4个达标区的建设工作。根据“一河一策”方案，采取截污控源、换水活水等措施，确保水质达标。扎实开展巡河检查工作，从末端向源头推进管控和整治，杜绝城区沿河污水直排、偷排现象。

【黑臭水体整治长效管护】 2022年，大丰区住房和城乡建设局组织人员对城区23条已整治黑臭水体河道进行巡查，落实长效管护措施，净化城市水体。扎实推进城市黑臭水体整治和截污控源工程建设，对城区一、二级污水管网进行勘测修复，消除城市河道污水直排口。加快老旧小区截污控源工程建设，将生活污水接入污水管道。开展城市建成区沿河排口、暗涵内排口、沿河污水截流干管的排查，排查城区河道排水口590处。针对不同性质的污水直排口和溯源情况，落实治理管控措施，封堵直排口100多处，重点解决污水直排问题。会同水利部门优化城区活水方案，制定泵站日常运行管理制度，利用已建成的12座活水泵站，合理调配水资源，定期进行河水置换，改善水体活力，促进水体循环，加大城区河道巡查频率。对4条断头沟配套建设活水引清措施，巩固整治成果。同时增设3处水质监测点，对水体的含氧量、氮、磷等主要指标进行实时监控，及时根据水质变化情况，科学调度活水，打造水体自净体系，全面改善城区河道水质。严格落实城市河道河长制和断面长制，加强组织协调，确保黑臭水体治理到位。督促管护单位做好城市黑臭水体整治后的日常管护，做到水面清洁、河岸整洁。

【城市地下空间安全检查】 2022年，大丰区住房和城乡建设局扎实开展城市地下空间安全风险隐患排查整治工作。结构安全风险防范方面，主要排查擅自变动或破坏地下空间主体结构、违反人防法律法规和未纳入建筑业管理流程擅自改建、扩建地下空间等安全隐患问题。防汛安全风险防范方面，主要排查排水设备设施损坏、防汛应急物资和设备不足、雨水倒灌受淹等隐患问题。消防安全风险防范方面，主要排查消防设施破损、不全，灭火器等消防器材过期，侵占、堵塞消防疏散通道，烟感、喷淋等消防系统不能正常运行，存放易燃易爆物品，改变使用性质，地下空间住人与生产、经营、储藏“三合一”消防违法行为等隐患问题。用电安全风险防范方面，主要排查私拉乱接电线、线路老化、擅自安装电动汽车充电桩、电动自行车违规充电等隐患问题。燃气安全风险防范方面，主要排查地下空间使用瓶装液化气等隐患问题。加强对车库、地下室的监督检查，全力消除住宅小区安全风险隐患。对检查发现的问题，坚决做到“发现一处、清理一处”，责令相关责任主体明确人员、明确时限、明确措施、明确责任，限期整改到位，实行销号闭环管理、动态清零。同时，组织人防工程管理单位和物业企业加强宣传引导，全方位宣传地下空间安全使用管理的常识和规定，提高全社会对地下空间安全使用的意识。

【城北污水厂尾水湿地净化项目竣工】 2月8日，大丰区城北污水处理厂尾水湿地净化项目通过竣工验收。该项目采用管网输送至湿地水域进行处理，利用原有水系开展尾水湿地净化，范围涵盖东方湿地公园北园、南园、G343和北兴路之间的河道，设计总水域面积约17.44万平方米，投资5000万元，包含五个区域，每个区域用导流墙分隔，以保证各个区域实现本区域功能，互不干扰。采用新型潜流湿地+深度涵养湖泊相结合的工艺，不仅可以有效净化水质，而且通透性好、使用寿命长、成本低。该项目实施后出水达到《地表水环境质量标准》准Ⅲ类标准，出水排入二里半复河及中子午河等水系，改善片区水质。

【城镇燃气事故应急救援演练】 6月30日，大丰区住房和城乡建设局联合区应急管理局、市场监督管理局、公安局、卫健委、城管局、消防救援大队和大丰华润燃气公司等单位在丰华街道城东农贸菜场东侧举行城镇燃气事故应急救援演练，提高燃气行业应对突发事故应急处置能力。演练内容涵盖安全警戒、抢救人员、现场灭火、浓度监测、专业抢修、恢复供气等环节，进一步提升企业人员的安全意识，检验燃气应急救援体系运行和应急救援队伍的实战能力，确保出现突发险情有案可依、有章可循，为全区燃气行业安全生产提供重要保障。

【城镇燃气安全培训】 9月7日，大丰区住房和城乡建设局开展城镇燃气安全培训。全区燃气企业负责人、专职安全员、入户安监人员170人参加培训。培训班传达学习《盐城市大丰区城镇燃气安全整治“百日行动”工作实施方案》，聘请省燃气行业专家进行辅导授课，对燃气安全管理法律法规、入户安检标准、燃气泄漏应急处置方法等内容进行系统培训。

【大丰港铁路支线工程开工建设】 9月27日，盐城市城乡建设第三批重点项目暨大丰港铁路支线全线开工活动在大丰区举行，标志着大丰港铁路支线工程正式开工建设。大丰港铁路支线起自新长铁路大丰西站南端，止于大丰港站，正线全长50.6千米，总投资约46亿元。该项目建成后，大丰港区可通过铁路支线直接连接新长铁路、陇海铁路、宁启铁路，成为辐射中部地区和苏中、苏北内陆城市货物运输的重要出海通道，对于进一步推动运输结构调整，发展多式联运，提升盐城港综合竞争力具有十分重要的意义。

（葛顺明）

〖编辑　於晨婷〗

乡村振兴

综　述

【培植乡村振兴示范典型】 2022年，大丰区策应长三角一体化产业发展基地建设，围绕“村强、民富、景美、人和”目标，培植乡村振兴示范村70个，其中，新培植示范村40个，提升30个首批乡村振兴示范村，初步彰显品牌效应，树立以农旅融合、集群产业、渔港经济、红色文化为引领的对内示范、对外展示新典范。以小成本、小细节，打造乡村振兴示范样板，西团镇、刘庄镇、新丰镇基本建成示范镇。

【脱贫成果巩固】 2022年，大丰区健全防止返贫动态监测和工作领导机制，全区监测对象5759户10347人无返贫现象，坚决守住不发生规模性返贫的底线。开展乡村公益医疗互助试点，丰华和西团2个试点镇、21个村、19580个村民参与乡村公益医疗互助，筹资总额117.48万元，试点行政村参与率61.9%、试点村群众参与率57.66%，有效防范化解试点镇村因病致贫返贫风险。开展“十三五”时期原农村建档立卡对象信息核对更新和乡村建设信息采集工作，巩固拓展脱贫致富奔小康成果。

乡村产业

【农业产业化经营水平提升】 2022年，全区有年销售额超500万元的农业龙头企业292个，其中国家级农业龙头企业1个、省级9个、市级30个，全年实现销售531.94亿元，其中省级以上农业龙头企业实现销售92.68亿元。截至2022年年底，全区有22个农业企业进入资本市场，成立农业产业化联合体8个，其中省级农业产业化联合体3个，带动农户68237户，实现种养面积1.6万公顷，牲畜饲养量6.7万头，畜禽饲养量2100万只。2022年，新开工建设1000万元以上农产品加工项目14个，投资5.85亿元，其中粮油果蔬加工产业链项目4个，投资2.2亿元。2022年，全区列入粮油果蔬加工产业链企业14个，实现开票销售77.4亿元。培育2万公顷的大蒜、0.2万公顷的大葱两大特色产业，全年实现产值分别为20亿元、3亿元。江苏佳丰粮油工业有限公司列2022中国农业企业500强第314位。

【农旅融合】 2022年，大丰区建立“以农业促旅游，以旅游养生态”可持续经营模式，优化乡村休闲旅游业。发挥中国美丽休闲乡村等国家级和江苏省休闲农业精品村等省级农旅融合品牌数量全省第一的优势，发展循环农业、生态农业和休闲观光农业，编排2022中国美丽乡村休闲旅游行精品景点线路，组织恒北村、梦幻迷宫分别成功申报省级乡村休闲旅游农业特色模式（项目）和乡村休闲运动基地。组织江苏原乡温泉旅游度假村有限公司成功申报全国乡村休闲旅游五星级企业。2022年接待休闲农业与乡村旅游人数1037.36万人次，综合收入48.11亿元。

【农业农村重大项目实施】 2022年，大丰区新招引6个亿元农业产业化项目，计划总投资24.9亿元。24个省农业农村重大项目完成投资13.5亿元，占年度计划投资13.36亿元的101%。13个5000万元以上市农业项目完成投资8亿元，占年度计划投资7.9亿元的101%。5个区农业重大项目完成投资4.2亿元，占年度计划投资的105%。

【农业接轨上海】 2022年，大丰区深入推进“一园一厨五基地”（光明食品产业园、中央厨房及净菜加工配送、奶牛养殖及乳制品深加工基地、进口牛羊肉及深加工基地、蛋禽养殖及深加工基地、粮食储备加工基地、水产品养殖及加工基地）建设，与光明农发集团共建“沪丰优粮”产业生态联盟，订单种植粮食2万公顷。做强区场共建“大丰仓”品牌，“大丰仓”入仓产品91个，建成“大丰仓”品牌直营店1家、大丰仓肥马小店20家，全年实现销售收入10477.37万元。在全市率先构建疫情期间农副产品保供促销“1+N+1+1”区镇村三级联动机制，建立“快速通道”，发放全国统一绿色通行证146张，运输农产品18.55万吨，联合上海农场向上海输送“家庭套餐”260多万份。

农村改革

【农村土地管理】 2022年，大丰区在江苏省农村产权交易平台成交土地

2022年，大丰区做强区场共建“大丰仓”品牌，入仓产品91个；在疫情防控期间，联合上海农场向上海输送“家庭套餐”260多万份

周古凯　摄

流转项目383宗、2020公顷，交易金额1.89亿元。探索"小田变大田"改革试验，新丰镇永跃村、三龙镇龙南村通过规模流转土地，增加农户收入550万元、村集体收入150万元。兑现2021年农村土地规模连片流转104宗、304万元。

【农村宅基地管理】 2022年，大丰区印发《盐城市大丰区农村村民住房建设管理试行办法》，建立"一个窗口对外受理、多部门内部联动运行"的农村宅基地用地建房联审联办制度，配备镇级工作人员58人，实现农村村民住房建设全过程监管。2022年，全区审批宅基地816宗13.33公顷，其中农户个人申请原址翻建、改扩建182宗3.45公顷，农村新型社区项目447宗6.37公顷，拆迁集中安置项目187宗3.51公顷。预审户内更名和宅基地转让项目390宗6.84公顷。

【村级集体经济发展】 2022年，大丰区深入实施经济强村三年行动计划（2020—2022年），全区村集体经营性收入总额15696.74万元，村平均72万元，所有村集体经营性收入均在40万元以上，收入50万~100万元的村有114个，收入100万元以上的村有35个。

【农村财务规范管理】 2022年，大丰区更新"三资"（资金、资产、资源）平台门户网站信息，上传村务公开等信息12115条，对平台预警系统出现的预警信息，逐一"销号"处置。组织审计全区218个村（居）2019—2021年村级财务，对审计中发现的问题迅速落实整改措施，限期整改到位。做好小微权力清单事项上传工作，全区所有村级小微权力事项全部纳入平台管理，全年上传各类村务信息18252条，线上用工审批16690次，涉及用工金额803.03万元。规范农村产权交易，全年全区成交项目数839宗，其中线上交易583宗，成交总金额2.09亿元，溢价率16.4%，全区累计完成交易项目3593宗，累计交易额突破20.53亿元，溢价率5.5%。

大丰区大中街道新团村新貌　　周古凯　摄

农村人居环境整治提升

【概况】 2022年，全区坚持以习近平新时代中国特色社会主义思想为指导，确立"6+2"（扎实推进农村厕所革命、加快推进农村生活污水治理、持续推进农村生活垃圾治理、持续整治集镇及撤并镇环境、全面整治提升主要交通要道沿线环境、全面推进美丽宜居乡村建设、打造农村人居环境示范观摩线路、完善长效管护机制）五年整治提升行动工作思路，系统推进农村人居环境整治提升，建成省生态宜居美丽示范村7个。年内，大丰区出台《盐城市大丰区关于江苏省生态宜居美丽乡村示范建设工作方案》《大丰区2022年农村改厕工作实施方案》等文件，明确牵头部门、责任部门和实施主体职责，推进生态宜居美丽乡村示范建设工作。印发《致全区广大农民朋友的一封信》20万份，悬挂张贴村庄清洁行动宣传标语横幅3600条，各镇（区、街道）利用流动宣传车、小喇叭开展循环流动宣传，营造"清洁村庄、人人有责"的氛围。

【村庄环境整治】 2022年，大丰区开展以"四清一治一改"（清理农村积存垃圾、河塘沟渠、农业废弃物和无保护价值的残垣断壁，治理乡村公共空间，改变农民生活习惯）为重点的常态化村庄清洁行动，先后组织开展村庄清洁行动季节战役4次，累计清理农村生活垃圾、建筑垃圾、农业生产废弃物33万吨，清理村内河塘沟渠、排水沟2652处，清理乱堆乱放1.65万处，清理广告横幅标识标牌1.1万处。2022年，新建191个自然村污水管网和污水处理设施建设，全区自然村生活污水治理覆盖率50%。新增草庙镇、草堰镇、经济开发区开展镇村全域垃圾分类，全区共有8镇（区、街道）开展全域垃圾分类，实现218个村（居）垃圾整治达标全覆盖。农村河道长效管护工作连续8年获省绩效考评第一等次，为苏北唯一。

【农村厕所革命】 2022年，大丰区对全区农村户厕开展"过筛式"摸排，全区新建（改造）农村户厕8415座，新建（改造）农村公共厕所31座，常住人口1000人以上的自然村实现公厕全覆盖。

【农村人居环境机制长效管护】 2022年，大丰区组织开展三轮农村人居环境"红黑榜"评比活动，实现全区218个村（居）全覆盖。推行农村河道、道路交通、绿化美化、环境保洁、私搭乱建以及农村公厕等公共服务设施"六位一体"综合长效管护，建立完善"六有"（有制度、有标准、有队伍、有经费、有农民主体作用发挥、有督查）农村人居环境长效管护机制。

（刘晓生）

〖编辑　朱晓华〗

水利

综　述

【水利表彰】 2022年，大丰区农村河道长效管护工作连续8年获省级考评第一等次。王港闸下移工程被评为江苏省水利优质工程，大丰经济开发区风电产业园创建成江苏省节水型工业园区，均为盐城市唯一；中央水利发展资金绩效评价，大丰区获优秀等次，得分排盐城市第一；大丰区水利局被国家机关事务管理局、中共中央直属机关事务管理局、国家发展改革委、财政部联合表彰为节约型机关，获盐城市水利工作目标综合考核第一名、全区生态文明建设先进集体等称号。

【幸福河湖建设】 2022年，大丰区认真落实上级关于幸福河湖建设的有关工作部署，编制完成《大丰区幸福河湖创建规划（2022—2025）》，细化目标任务，有序推进创建工作稳步开展。全年建成水面清澈、水质达标、水系互连、水流畅通的幸福河湖16条，其中骨干河道1条、城市建成区河道4条、农村河道11条。

河长制工作

【概况】 2022年，大丰区践行习近平生态文明思想，认真贯彻落实上级关于河道管理及河长制工作的各项要求，以河道水质提升与水环境综合治理为重点，靶向发力、精准治水，全面推动各项工作有序开展，河道水环境水生态稳中向好，河长制工作取得明显成效。

【巡河治河管河】 2022年，大丰区、镇、村三级河长认真履职，主动开展巡河治河工作，累计巡河3万余次，其中区级河长50次，召开区级专题会议10次，做出重要批示19次，直接交办问题57个。开展"水韵大丰全民随手拍"活动，利用"大丰河长"微信公众号发布河长制工作信息403条，收集群众各类意见建议50余条，收集交办涉河问题448件，办结426件，办结率95.1%。各镇（区、街道）根据自身特点成立相应的保洁队伍，对境内河道进行日常保洁，农村河道长效管护连续8年被评为江苏省考评第一等次。

【河道专项整治】 2022年，大丰区按照"河长牵头、属地负责、河长办协调、相关部门配合"的工作思路，组织开展涉河问题整治。整改完成省级交办碍洪违法问题2个、市级交办河湖违法行为问题28个。常态化组织开展河道漂浮物打捞行动，以通榆河、串场河等市级以上河道、水源地及国省考周边为重点，点面结合，扎实推进全区河道长效管护工作。全年出动船舶25321船次、车辆6291车次、人员25.04万人次，打捞漂浮物约120万吨，有效维护全区水环境质量。

【河长制督查考核】 2022年，大丰区采用"季度考核、专项督查、联合督查、飞行检查"等形式，全面掌握各地河长制年度任务开展情况、河长履职情况、河道长效管护情况、专项行动开展情况、上级交办问题完成情况等，考核结果在"河长制工作动态""大丰河长"微信公众号上通报，并报区委、区政府主要领导，作为河长履职、年终考核和评选优秀河长的重要依据，督促各地真正将河长制工作落到实处、抓出成效。

水利建设

【农村水利建设】 2022年，大丰区投资1.2亿元，实施农村河道生态治理项目。建设刘庄镇、西团镇2个农村河道生态治理整镇推进示范乡镇；在未列入整镇推进地区，生态治理县乡河道51条，整治村庄河塘195条、畜禽养殖场周边沟塘33条。积极开展农村生态河道建设。全年通过省级复核认定县乡级农村生态河道107.82千米，将农村生态河道覆盖率从2021年年底的32.16%提高到37.15%。

【草堰翻水站更新改造工程】 2022年，大丰区实施草堰翻水站更新改造工程。工程于2022年9月1日开工，至2022年年底，主站身底板、清污桥底板、外河侧翼墙底板浇筑全部完成，水泵层以下钢筋绑扎、立模基本完成，水泵、启闭机、清污机等机电设备厂内制作基本完成。完成土方约3.8万立方米，混凝土约2664立方米，闸门及埋件制作103吨，启闭机制作7套，轴流泵制作6套，完成投资约3550万元。

2022年，大丰经济开发区风电产业园创成盐城市唯一一家江苏省节水型工业园区　　周古凯　摄

【农业水价改革】 2022年，大丰区深入推进农业水价综合改革，安装灌溉泵站在线计量设施1062座，进一步巩固农业水价综合改革成果，提高农业灌溉用水效率。完成三圩、斗西、斗北3个新增中型灌区的农业水价成本测算。以农业水价综合改革为重点，建立健全工程长效管护机制，用好用足农业水价综合改革和维修养护补助资金，通过精准补贴和节水奖励等方式，加强农田水利灌溉设施的维修、养护工作。全面落实小型水利工程管护责任，有效改善小型水利农田水利设施形象面貌，工程完好率在96%以上，保证工程效益的最大限度发挥，为提高农业综合生产能力，增强农户收入，促进乡村振兴发挥积极作用。

2022年，大丰区水利局先后组织对川东港新闸、竹港新闸、王港新闸进行维修保养　　周古凯　摄

水利工程管理

【水利工程维修养护】 2022年，大丰区争取省级水利工程维修经费320万元，先后实施大丰闸四孔钢闸门顶止水维修工程（4、5、6、7号孔）、川东港新闸闸门部分主滚轮组维修更换工程、竹港新闸闸身混凝土修复及环氧保护、王港新闸部分闸门高强螺栓更换及螺栓处防腐工程、一线海堤（王竹海堤段）水毁应急维修工程、通榆河东岸宗窑河南北段迎水坡维修工程。争取省级水利工程养护经费103万元，对通榆河、一线海堤、川东港闸、大丰闸、竹港闸、竹港新闸、三里闸、四卯酉闸、王港闸等水利工程进行养护。

【水利工程规范化管理】 2022年，大丰区按照水利部新颁布的《关于推进水利工程标准化管理的指导意见》《水利工程标准化管理评价办法》和省水利厅新颁布的《江苏省水利工程精细化管理评价办法及标准》，持续推进省级水管单位标准化管理和精细化管理工作。3月6日，兴垦闸安全鉴定为二类闸。9月3日，三里闸安全鉴定为一类闸。9月21日，大丰闸管理所通过盐城市水利局组织的省级水利工程精细化管理单位初验。全年完成三里闸、大丰闸、王港闸、王港新闸、竹港新闸、川东港闸6座水闸的汛前、汛后工程观测。

【水利工程质监工作】 2022年，大丰区水利工程质量监督站对盐城市大丰区草堰翻水站更新改造工程、新王竹海岸带综合整治项目、大桥镇川东港工程征迁移民后续配套工程和草庙镇川东港工程征迁移民后续配套工程等水利工程项目开展质量监督工作，组织各类质量监督检查活动13次，发送检查整改通知单7份，排查各类质量问题隐患42起，督促参建单位落实整改，切实保障水利工程的质量。

【水利安全管理工作】 2022年，大丰区水利局严格执行“管行业必须管安全、管业务必须管安全、管生产经营必须管安全”的要求，认真做好安全生产专项整治三年行动。开展水利行业燃气使用安全排查整治、有限空间专项整治、水利行业安全生产百日攻坚等专项行动，对盐城市大丰区四卯酉闸下移工程、盐城大丰自来水有限公司、各水利站、各工管单位等在建水利工程和单位进行安全大检查，发现并交办安全隐患53个，全部按时整改到位。根据《江苏省水利工程管理考核办法》，大丰区水利局与基层水利工程管理单位签订2022年度安全生产目标责任状45份，严格按规定周期对工程及设施进行日常检查，认真开展汛前、汛后专项检查，排查整改各类事故隐患309个，确保水利系统安全生产态势良好。

水资源管理

【水资源管理制度】 2022年，大丰区水利局坚持规范取水许可审批、验收、发证、延续全过程标准化管理，严格取水许可审批验收工作。全年完成取水许可项目审批4个，验收发放取水许可证3本，延续取水许可证102本。对全区20个取水户的取水计量设施进行检测，发现问题及时整改销号。按照“三规范、二精准、一清晰”（工程建设规范、取水行为规范、档案台账规范；取水计量精准、监控传输精准；标志标识清晰）的要求，高标准完成87个取水工程标准化建设工作，并顺利通过验收。

【节水型社会建设】 2022年，大丰区制定2022年节水型载体创建计划。新创省级节水型企业2个、市级2个、区级2个。新创省级节水型单位3家、市级3家、区级6家。水利行业节水单位创建完成率100%。完成规模以上高耗水或重点监控用水单位水平衡测试工作5家，实施节水技改项目2个，用水审计1家。大丰经济开发区风电产业园创成盐城市唯一一家江苏省节水型工业园区。

【地下水资源管理】 2022年，大丰区编制《大丰区地下水保护与利用规划（2022—2030年）》，持续强化地下水管理。有序推进区域供水到达地区的深井封填工作，完成8眼深井封井任务。邀请第三方专业机构对全区深井每月2次开展地下水水位监测，及时准确掌握水位动态。

【饮用水源保护】 2022年，大丰区新水源原水供应4309万立方米，水量充足、运行稳定，全年实现安全优质供水。通榆河取水口重新办理取水许可申请，核定年取水量2324万立方米。水源地先后开展固定污染排查整改，对沿线农村生活污水实施生活污水管网建设，对沿线水产养殖进行拆除、池塘进行复垦。构建通榆河应急物资库并建立物资调拨制度，开展水源地突发环境污染事件应急预案演练。

水政执法

【水法宣传】 2022年，大丰区水利局围绕“推进地下水超采综合治理，复苏河湖生态环境”这一主题，先后开展了“世界水日”“中国水周”等专项宣传活动。坚持把宣传与依法治水相结合，以增强群众的水法制观念为先导，以提高群众的水法律意识为重任，以促进经济发展、社会稳定、依法行政为目标，狠抓发动，突出重点，注重依法治理。坚守“重在建设、贵在坚持、注重实效”的原则，全面动员，人人参与，以人为本，精心组织，坚持学法与用法相结合，注重水法宣传的质量和社会效率，推动水法宣传深入、持久。

【水行政执法行为规范】 2022年，大丰区重抓水行政执法队伍法治学习，强化执法人员和服务对象的法治意识，打牢依法行政工作基础。坚持“统一安排、自学为主、集中活动、注重实效”的学习方法，依托水行政执法基地，分片、分区域组织水政监察员现场办案，在学习中办案，在办案中学习。积极组织执法人员学习《中华人民共和国行政处罚法》《中华人民共和国行政复议法》《江苏省行政程序条例》《江苏省水行政处罚裁量权实施办法》等政策法规，全面提升执法人员业务能力，规范执法行为。

【水行政执法】 2022年，大丰区针对妨碍行洪行为和水文行业现代化建设需求，开展河道清障、破坏水文设施以及水文监测环境违法行为专项行动。根据《盐城市大丰区涉河违法行为专项整治实施方案》，在全区范围内集中开展涉河违法行为专项整治行动，严肃查处危害水资源保护、水环境治理、水生态修复、河道资源保护、河道功能提升和防汛安全的各类违法行为，努力营造“水清、岸绿”的良好水生态。配合新丰镇人民政府拆除3处碍洪障碍，并复绿复垦。全程指导刘庄镇综合执法局查处江苏辉达建材有限公司未按行政许可决定的要求建设防洪墙的违法行为。全年立案查处水事违法案件21起，发出行政指导意见书4份，罚款8万元，封填擅自开凿的浅层地下井264眼。

城乡水务一体化

【城乡供水管网及设施建设】 2022年，大丰区实施二水厂原水输送技改项目，置换通榆河水厂高低压配电，新增4台原水泵，铺设DN1400管道，满足二水厂原水输送能力的需求，进一步提高运行效率。铺设完成北兴路（西康路至陈李线）10千米DN800管道，与通港大道形成复线，保证蜂巢新能源项目的用水需求。实施沪丰大道（兴隆桥至高铁站）4千米DN500管道，形成高铁环网，实行城区、乡镇联网互通模式。实施金都贸易城管网改造及泵房建设，沟通人民路与育红路节点，有效解决人民路沿线部分区域用水压力问题。铺设管网24.4千米，完成苇鱼养殖场接水工程，幸福三元村新型农村社区、草庙幸福苑和西团龙窑村新型农村社区接水工程，完成小海守贞井泵房维修、南阳农科院井维修保养、棉花原种场泵房围栏及视频监控维修安装工程、万盈加压站修缮工程，完成万盈、新丰1.3千米管道及配套设施维修，新建棉花原种场96立方米加压泵站1座，解决棉花原种场居民供水压力不足问题。

【城乡供水安全优质】 2022年，大丰区出台《生活饮用水水质企业标准》，实现水质全过程管控，提高供水保障等级。城乡水务完成加压站加氯设施技改，16个加压站全部常态化运行，效果良好。制定水厂《能耗管控制度》，增设电能表、流量计、在线仪表44台，加强电耗、药耗、自用水率管控，进一步提高生产效率。全年供水水质合格率100%，各级监管、监督部门采样检测12475项次，合格率100%。城乡供水高标准通过盐城市组织的供水安全检查，县（市、区）排名第一，大丰自来水公司信用评价为A级供水企业。

【供水服务品质提升】 2022年，大丰区积极落实国务院、省、市、区稳住经济的一揽子政策措施，严格执行小微企业和个体工商户“欠费不停供”政策。依托城乡供水一体化智慧水务平台，实时监测水量、压力变化，合理实施城乡供水调度，保障城区、乡镇、港口、农场等供水需求。严格执行《自来水服务流程内控标准》，推进电水气业务联合办理，完成用水报装接入320个，按时办结率100%。全年接待用户咨询、求助、投诉等6000余次，工单办结率100%。协办盐城市供水行业管道工技能竞赛，完成会务筹备、比赛场地布置等工作，保证技能竞赛的圆满举办。组队参加盐城市、江苏省管道工技能竞赛，大丰代表队获盐城市团体、个人双第一，参赛选手全部进入前十名。

（黄启明）

〖编辑 於晨婷〗

旅游 · 麋鹿保护

综 述

【旅游活动】 2022年，大丰区承办盐城市文旅产业发展大会，成功举办大丰（扬州）文旅推介会、“5·19”中国旅游日广场推介和系列惠民活动，文旅市场重启。组织郁金香文化节、“鹿王争霸”、百合花文化节、2023“花里大丰 瑞兔迎春”文旅系列活动，文旅市场持续升温。大丰区全年接待游客671.07万人次，景区综合收入2.02亿元。

【旅游资源运营】 2022年，大丰区完成斗龙港旅游度假集团和文旅集团机构重组，有效整合全区文旅资源，建立高效灵活的市场化、实体化机制，形成集聚发展优势。突出景区内涵建设，推出梦幻迷宫亲子游、野鹿荡数星星少儿游、荷兰花海情侣游、知青农场研学游等一系列个性化旅游产品。恒北村通过农旅结合，积极建设农村产业融合发展示范园。梦幻迷宫深入挖掘“科普+研学”旅游模式，开启农耕科普之旅。

【旅游基础设施建设】 2022年，大丰区持续加强旅游基础设施建设。加快旅游风景道建设，全区规划美丽乡村旅游公路298.5千米。其中，主题线3条（1号线、3号线、6号线），194.7千米；支线3条（梦幻迷宫支线、旅游1号线支线和观海廊道），47.3千米；新建项目18条，56.5千米。2022年，除观海廊道竹港新闸至王港新闸段在建外，其余已全部完成。完善配套公路服务驿站，沿线建设旅游服务驿站15个，其中一级驿站1个，二级驿站4个，三级驿站10个。推动旅游公路景观节点、标识标牌等建设达标，合理设置观景台和停车场。推进旅游厕所建设，荷兰花海充分利用各级配套资金，加大厕所建设投入力度，对景区范围内22座旅游厕所进行全面提升改造，全部达到AA级标准，且AAA级标准厕所占比达到20%。

旅游景点

【概况】 2022年，大丰区有A级景区11家，其中AAAAA级景区1家，AAAA级景区6家，AAA级景区3家，AA级景区1家；全国乡村旅游重点村1个，江苏省五星级乡村旅游区2个；新丰镇、草堰镇三元村在建成江苏省特色景观旅游名镇、名村的基础上更上一层楼。

【中华麋鹿园】 中华麋鹿园为国家AAAAA级旅游景区，依托于江苏大丰麋鹿国家级自然保护区，围绕麋鹿、湿地的生态主题，将麋鹿元素用于景观营造、产品设计和纪念品的开发等多个方面，实现景区的主题化。景区由“麋鹿观赏区”“自然生态区”和“麋鹿文化区”三大园区20多个景点和服务设施组成，爱国游、科普游、文化游、生态游贯穿于整个景区游览始终。先后获“中国十佳湿地旅游目的地”、“中国生态旅游15个精选项目”之一、“世博之旅”推荐路线、首批“江苏自驾游基地试点单位”、五星级“江苏最美的地方”和首批“中国低碳旅游景区”等称号。

【荷兰花海】 荷兰花海位于新丰镇，是国家AAAA级旅游景区、省引进国外智力示范基地，是国内郁金香种植面积最大、种类最多、形态最美、业态最全的中国郁金香第一花海。重点发展花卉园艺、婚庆摄影、健康养年等度假旅游产业，培植“地上长花、湖中生花、树上开花”的特色花海，建成长三角地区最大的婚旅拍摄基地。荷兰花海瞄准国家AAAAA级景区的创建目标，与著名导演王潮歌合作打造《只有爱·戏剧幻城》，设置“如月、如心、如花、如歌、如故、如意”六大剧场，该项目可同时容纳2400名观众，成为江苏省首个沉浸式演艺项目，致力打造江苏文旅品牌的代表作品。郁金香健康养生文化中心等产业项目同步推进，荷兰花海正朝着宜居、宜游、宜业的旅游目的地目标迈进。

【梦幻迷宫】 梦幻迷宫位于大丰区草堰镇，是国家AAAA级旅游景区、江苏省四星级乡村旅游区。景区规划面积2.47平方千米，已建成并对外开放面积0.87平方千米，通过“三生”（生产、生活、生态）、“三产”（农业、加工业、服务业）的有机结合与关联共生，实现人与自然和谐共融与可持续发展，是集休闲旅游、餐饮住宿、研学教育等于一体的综合体景区。获“世界最大的永久性树篱迷宫”和“世界最长路径的永久性树篱迷宫”两项吉尼斯世界纪录，被评为全国休闲农业与乡村旅游五星级园区、江苏省国防教育示范基地、江苏省人民防空训练基地、盐城市爱国主义教育基地。

【大丰港海洋世界】 大丰港海洋世界是国内首个集科普、体验、互动、探秘、观光于一体，以海洋为主题的情景剧式互动体验馆。景区投资3亿元，占地面积23.33公顷，由海洋科技馆、水族馆、热带植物馆、海洋剧场、海洋乐园、游客中心等部分组成。先后获国家AAAA级旅游景区、全国休闲农业与乡村旅游五星级示范企业、全国科普教育基地、全国休闲渔业示范基地、江苏省价格诚信区域、江苏省智慧旅游示范企业等称号。

【知青农场】 知青农场是国家AAAA级旅游景区，位于大丰区上海农场境内。该景区以20世纪六七十年代8万余名上海知识青年奋战荒原的历程为主题，包含知青纪念馆、海丰少年馆、北上海历史展陈馆、中国知青主题馆、中国知青图书文献馆五个特色馆区的展馆群落，涵盖教育、影视、拓展的系列基地，酒店、小厨、民宿、街区产业配套陆续建成运营并不断完善。先后创成“江苏省未成年人社会实践（盐城·大丰）基地”“江苏省科普教育基地”“省级影视拍摄基地”“省级研学旅游示范基地”“盐城市委党校现场教学基地”“盐城市中小学特色文化体验基地”。

【梅花湾】 梅花湾是国家AAAA级旅游景区，占地约200公顷，以梅花、仿古建筑、水系和夜景为四大特色。种植梅树近2万株，200多个品种，并有500年的梅王、梅后，800多年的宋梅，是赏梅胜地。景区内有梅苑、梅文化馆、三十二舫、西湖、咏梅阁、颂梅阁、儿童乐园、假日酒店、露天营地、梅林烧烤等，体现人与自然的融合。生态游、文化游、科普游、亲子游贯穿整个景区。

【中华水浒园】 中华水浒园是国家AAAA级旅游景区，位于大丰区白驹镇北街区。清流环抱，渔舟缓唱，有着浓厚的水浒气息。以“一代宗师居胜境、二部奇书出耐庵”的传奇和108将“掀翻天地重扶起，戳破苍穹再补充”的冲天豪气为主题，包含花家垛施耐庵文化核心区、施家垛水浒文化体验区及白驹古镇民俗文化体验区，占地面积14公顷。其中位于花家垛岛上的施耐庵文化景区，占地2.33公顷，包括施氏宗祠、施耐庵书院、施耐庵碑廊三大主要场馆。施氏宗祠，最早为乾隆年间施耐庵后裔第十二、第十三世孙发起修建的祠堂。祠堂由施耐庵古宅改建，以供奉始祖施耐庵公。1938年被日军焚毁。20世纪80年代末，由文化部确认并拨专款修复。内部展陈《水浒传》研究成果、施耐庵家谱、出土文物和数百种《水浒传》版本等重要史料、资料。施耐庵书院主要介绍施耐庵于古书院讲学、会友、祭祀、藏书等轨迹，突出“投师罗贯中、会友刘伯温、兵起张士诚”等内容。施耐庵碑廊由108米碑廊和远观榭、长啸亭、莲池等景观组成，游览性强，为全区主要文化旅游景点。

【东郊公园】 东郊公园（又名大丰区东方湿地公园）是国家AAA级景区，地处城东新区西北侧，占地面积60万平方米，分南园和北园两个园区，总投资约2.5亿元。作为城东新区次干道的东方路贯穿于南北公园。公园以湖、果林和绿化为主要特色，同时具备建筑、假山和水幕电影，是一个综合性公园。东郊公园以“泽都水韵”为主题，按照“现代、活力、开发、自然”的原则，采用“挖掘城市资源禀赋、优先培育生态环境、环境休闲和谐相融”的理念设计建设而成。

八路军新四军白驹狮子口会师纪念地位于大丰区白驹镇狮子口村，由会师纪念广场（含会师纪念碑）和会师文化展示区组成　　周古凯　摄

【大丰港动物园】 盐城大丰港动物园位于盐城市大丰港核心区域，青岛港路东侧、日月湖西畔，规划面积33.3万平方米，为国家AAA级旅游景区。猛兽类、灵长类、亚洲象三大动物展区，在原有动物种类43种277头（只）基础上，增加到80余种、1000余头（只）；全面实现动物萌宠化，打造动物园十大动物明星品牌，全面提升人与动物的互动性、参与性、体验性、趣味性、科普性；全力打造动物园IP；全力营造动物园新业态、新项目、新亮点，实现园区整体品质提升。

【白驹狮子口会师纪念地】 八路军新四军白驹狮子口会师纪念地，位于江苏省盐城市大丰区白驹镇狮子口村，由会师纪念广场（含会师纪念碑）和会师文化展示区组成，是国家AAA级旅游景区，中国新四军和华中抗日根据地研究会“铁军精神教育基地”和盐城市爱国主义教育基地。会师纪念广场灯柱展示彪炳历史的九大会师，地面石刻展示八路军新四军的七次重要会师，14面高高飘扬、鲜艳的红旗象征中华民族抵御外侮的14年抗日战争历史。会师文化展示区主体建筑外形象征着南北会师的两面军旗，建筑面积10800平方米，展陈面积3700平方米，以全史馆的形式分五个部分展示：日本侵华，全民抗战；巩固华北，发展华中；同侪并马，会师白驹；开辟苏北，砥柱华中；将星闪耀，缅怀铭记。作为江苏省新四军纪念场馆之一，白驹狮子口会师纪念地是传承和弘扬铁军精神的重要红色教育基地。

【恒北村】 恒北村地处大丰城区南侧，距离城区4.5千米。恒北村将生态农业与乡村旅游有机结合，围绕新农村建设、城乡统筹、公共服务、产业发展，推动恒北村8.8平方千米村庄建设，围绕“梨园风光、生态宜居、乡村旅游”定位，全力打造“一心、两轴、三片区”的总体空间布局，发展独具特色的以早酥梨品牌为主要产业的现代休闲观光农业。大力发展生态旅游，建有温泉度假区、农耕体验区、休闲观光区、农家乐、民宿、文创街等旅游配套设施。恒北原乡温泉旅游度假村项目，包括温泉度假酒店、温泉民宿、星星乐园、原乡研学旅游基地、蓝城春风原乡温泉生活小镇五大板块，培育“春赏花、夏有荫、秋摘果、冬泡泉”的乡村旅游特色。恒北村先后被评为全国乡村旅游重点村、国家级生态村、全国文明村、全国一村一品示范村、全国十佳小康村、中国慢生活休闲体验村、全国生态文化村、全国交通文明示范村、全国休闲农业与乡村旅游示范点、江苏省最美乡村、江苏省乡村旅游标准化示范基地、江苏省最具魅力休闲乡村、江苏省五星级乡村旅游区。

【丰收大地】 丰收大地现代农业示范区是盐城市AAAAA级现代农业园区，总体规划3.47万公顷，核心区1500公顷。作为中国驰名商标，丰收大地是江苏省政府首批认定的省现代农业产业园区。园区按照“一个核心、两个支撑、三大载体、四大产业”的建设思想，把发展农业现代服务业作为核心目标，以科技创新和高端技术人才为支撑，建设现代农业示范区、农产品加工集中区和农业现代服务业集聚区三大载体，全面推进种苗产业、农副产品深加工业、创意产业、旅游产业快速发展。先后被评为江苏省现代农业科技园、江苏省现代农业示范区、江苏省农业机械化示范园区、江苏省设计农业研究中心、国家技术转移示范机构、全国青少年农业科普示范基地、江苏省五星级乡村旅游区、江苏省农产品加工集中区、中国特色农庄、全国五星级休闲农业与乡村旅游景区，通过国家农业综合标准化项目验收、获得科技部首批星创天地认证，“丰收大地”被认定为江苏省著名商标。

【东方桃花洲】 东方桃花洲位于大桥镇，为江苏省四星级乡村旅游区，立足镇域特色发展乡村旅游，重点打造具有农家特色、乡土气息，让游客充分体验农业、品味农乐、感受农味的农家本色景点。规划建设小南湖公园、“桃花源”农家大院、“百桃园”露天桃园、“虾岛渔庄”垂钓中心、“桃香流韵”音乐喷泉广场、“桃花洲”温泉度假酒店等，东方桃花洲创成全国四星级休闲农业与乡村旅游示范点，并获“江苏最具特色乡村生态园区”称号。

【希望的田野】 希望的田野位于草庙新镇区西侧，是江苏省四星级乡村旅游区。园区采取客商投资、能人入股、农户参与的总体运营模式，并以优惠政策鼓励本地农户创业，是一个集农业观光、垂钓休闲、珍禽养殖、乡村农家乐于一体的新型生态农业示范基地。园区包含庄稼乐园、垂钓中心、无土养殖示范区、孔雀观赏园、果品采摘园、草庙红名贵植物园和现代农业展示馆等十大功能区。各功能区别具特色，各有亮点，在功能区之间有休闲观光小径贯穿相通，连成一幅“树在园中、园在绿中、姹紫嫣红、交相辉映”的乡间美景。

【施耐庵公园】 施耐庵公园位于大丰城区，为国家AA级旅游景区，建有纪念褒扬区、中心大道主景区、滨水区、体育活动区、宣传演艺区、运动草坪区、绿色丛林区、老年活动区、儿童游乐区，以及革命烈士纪念馆。园内山、水、湖、树木花草、音乐喷泉等，形成红色氛围与绿色生态为一体、革命历史与人文活动相交融的特色景观。

【江苏丰海新能源淡化海水发展有限公司】 江苏丰海新能源淡化海水发展有限公司位于大丰区临港大道东侧、盐丰河畔，为江苏省工业旅游示范区，是世界上首个1万吨级智能微电网风电海水淡化产业化示范基地，是具有全国示范推广海水淡化集成技术的专业公司。企业配备多名专业讲解人员负责介绍企业状况，有中英文等多种标识牌，中控室可播放汇报片、工艺流程等视频，详细介绍项目情况，让参观人员更直观、更具体地了解海水淡化情况。

旅游项目推进

【概况】 2022年，大丰区实施5000万元以上文旅重大项目8个，总投资36.9亿元。天沐温泉酒店客房及会议中心正常运营；希尔顿国际会议中心外立面施工基本完成；新丰镇老街改造人民路至同丰桥段主体工程、亮化及景观施工完成，并吸引20余家商户入驻试运营；“月下爱河”旅游综合体复工；大龙岛度假村工程收尾基本完成；只有爱大酒店完成隐蔽工程验收封板、外立面雨篷和屋面造型出新；麋鹿度假村附属工程完成，住宿餐饮会务等业态完成交付试运营，鹿游旅馆正在装修中；黄海湿地公园川东闸小街投入运营；草堰梦幻迷宫国防教育基地——红色文化拓展正式对外营业。

2022年，大丰区麋鹿度假村附属工程完成，住宿餐饮会务等业态完成交付试运营

周古凯 摄

【郁金香健康养生文化中心】 郁金香健康养生文化中心由天沐温泉度假酒店、希尔顿国际会议中心和后勤服务区组成。计划总投资20.3亿元，建筑面积约16.09万平方米，拟建设客房878间。

天沐温泉度假酒店位于中心东侧，建设有14栋单体，总建筑面积约71700平方米，总投资11.5亿元。主要设施有酒店客房313间，室内外温泉泡池58个，配套有宴会中心、美食坊、独立汤院、清吧等。希尔顿国际会议中心项目位于中心西侧，总建筑面积约58000平方米，主要设施有酒店客房333间，1200平方米国际会议中心及5~8个多功能组合型会议厅。后勤服务区项目总用地面积24231平方米，总建筑面积32903平方米，拟建设客房232间，总投资2.8亿元。

【大龙岛度假村】 大龙岛度假村区域总面积约56万平方米，一期大龙岛度假村约30万平方米（其中水面20.7万平方米）。采用独立岛屿的民宿村安全闭合式管理模式，建成异域风情民宿37幢，岛上备有酒吧、音乐吧、特色餐吧、游船码头、亲子乐园、互动花园等项目，配套齐全。

【新丰920街坊】 新丰920街坊项目位于盐城市大丰区新丰镇，东起人民路和平街，西至芬兰路胜利街，全长约1920米，是连接荷兰花海和新丰老镇区的景观和商业配套通道。该项目围绕“老街道、新生活、原生态、烟火气”的理念进行规划。围绕传统小吃业态组团、展馆文演组团、工坊文创组团、民宿夜生活组团、同丰桥商业大餐饮五大组团，打造集传统特色、网红小吃、民宿、养生、文创、娱乐等于一体的融合项目，全面满足游客及本地居民吃、住、行、游、购、娱的需求。

【“月下爱河”旅游综合体】 “月下爱河”旅游综合体项目是斗龙港旅游度假区打造爱情胜地“邂逅、表白、仪式、成长、欢聚”五部曲中的“表白曲目”，是只有爱梦幻剧场的配套工程。项目总投资5亿元，建筑面积约15400平方米，其中地下约2060平方米、地上约13340平方米。项目是以爱情为主题的沉浸式爱情幻城，打造以爱情为核心内核的主题IP。截至2022年年底，土建已全部完成，内容制作拟由王潮歌导演团队整体打造，形成与只有爱梦幻剧场互补的、面向亲子人群的高端产品。

建设中的复旦大学附属中山医院苏北健康管理中心　　周古凯　摄

【北苑酒店】 北苑酒店项目总投资1.8亿元，建筑面积约25000平方米，是集住宿、餐饮、会务、康乐于一体的主题酒店。酒店位于盐城市大丰区斗龙港旅游度假区内，紧邻荷兰花海景区，距离大丰北高速出口2千米、盐城大丰高铁站10千米。酒店拥有客房222间、中餐豪华包房12间、会议室4间；有容纳480人用餐的大型宴会厅及全日制餐厅、大堂咖啡吧及各类休闲娱乐设施，可同时满足婚宴、商务会议、政务会议、企业培训等多种需求。

【麋鹿度假村】 麋鹿度假村位于中国第一块滨海湿地类世界自然遗产地核心区，黄海湿地公园主入口处，以麋鹿生态保护区资源为依托，实现景区游览、文化体验、亲子研学、休闲康养、美食体验旅游全要素覆盖，是展现世界自然遗产地人文生活理念的旅游集散功能地。度假村总规划用地3.6平方千米，规划房屋面积16万平方米，计划总投资30亿元。其中一期工程竣工，具备运营条件。

【复旦大学附属中山医院苏北健康管理中心】 复旦大学附属中山医院苏北健康管理中心位于斗龙港旅游度假区，是大丰区推进长三角一体化产业发展基地重点项目。该中心下设医疗、体检和康养三大板块，与中山医院实行同质化管理。项目总投资16亿元，一期（综合医院）建筑面积约15万平方米，拟设床位680张。项目一期工程7月具备就诊条件，项目二期规划新建高端专科医院综合楼、院士工作中心、科教楼等配套项目。

旅游市场管理

【概况】 2022年，大丰区加强旅游市场管理，全区旅游市场规范有序。开展旅行社安全生产专项整治、未经许可经营旅行社业务及“不合理低价游”专项行动，严查违法违规经营行为；深入推进打击整治养老诈骗专项行动，切实保护老年人合法权益；联合区消防大队、市场监管局、住建局、供电公司等部门开展星级饭店、民宿、农家乐安全生产专项检查，及时发现安全隐患并督促整改到位。出动执法人员573人次，检查经营单位142次，立案1起，办结1起。常态化监管旅行社，与交通执法大队联合开展专项检查3次。截至2022年年底，全区有星级旅行社4家、旅游星级饭店2家、民宿2家、农家乐3家。

【旅行社管理】 2022年，大丰区文广旅局根据疫情常态化防控要求，加强对旅行社市场监管，强化对旅行社的事前、事中、事后监管，杜绝旅游安全生产隐患，做好旅游质保金日常监管等工作。联合区文化市场综合执法大队开展旅行社旅游包车、未经许可经营旅行社业务及“不合理低价游”等专项检查3次，召开深入推进打击整治养老诈骗专项行动专题会议。规范旅行社经营行为，督促旅行社及时完善全国旅游监管服务平台信息，系统填报率、使用率100%。

【文明旅游宣传引导】 2022年，大丰区文广旅局组织开展全国文明城市创建志愿服务、“5·19”中国旅游日等活动，宣传引导文明旅游。在各景区游客中心、志愿服务站点、饭店大堂、旅行社窗口摆放文明旅游宣传手册，显示屏播放文明旅游宣传画面和标语，向游客提供旅游、景区、交通、餐饮等咨询服务，利用官方网站、微信、微博、抖音等平台扩大宣传覆盖面，通过文明告知、文明提醒、文明规劝等形式，引导游客文明旅游。

旅游推介

【2022年“鹿王争霸”全球直播】 6月26日，2022年鹿王争霸融媒体直播活动举行，江苏省滩涂生物资源与环境保护重点建设实验室主任、江苏省重点建设学科“动物学”学科首席学科带头人唐伯平作为直播解说嘉宾。本届直播活动通过与滩涂生物近距离的接触，全景式地展示野生麋鹿的生存状态和黄海滩涂湿地之美，实现“文旅+生态+媒体”的联合，展现盐城走生态优先、绿色发展之路的成果。

【2022“盐城好秋色”文化旅游季暨荷兰花海百合花文化月】 9月25日，2022“盐城好秋色”文化旅游季暨荷兰花海百合花文化月正式启动。启动仪式上，《2022“盐城好秋色”文化旅游季》视频发布；“长三角‘学习强国’全域旅游看盐城”活动正式启动；《盐城地标》丛书正式发布；“上海市农科院苏北花卉产学研示范合作基地”正式挂牌；“张謇文化传承基地”正式落户荷兰花海。

旅游饭店

【港泊半岛酒店】 港泊半岛酒店是集商务会议、休闲度假、温泉养生于一体的综合型花园式五星级酒店，占地面积10.8万平方米，总建筑面积5.06万平方米。酒店拥有各种类型客房、套房411间（套），其中一号楼客房61间、二号楼客房142间、三号楼客房208间，客房平均面积32平方米。酒店设有中餐厅、咖啡厅、红酒吧及10余间豪华包厢，总计餐位1500座；大、中、小会议室20间，日月湖多功能厅面积689平方米，可满足500人的会议需求，另有可容纳近1000人的多功能大厅半岛厅。

【新词大酒店】 大丰新词大酒店是一家集客房、餐饮、休闲、娱乐于一体的综合性四星级酒店，建筑面积3.7万平方米，设有豪华总统套房、豪华行政套房、高级商务房、高级行政房和标准房共207间。三楼设有接见厅、洽谈室和多功能会议室9个，可同时容纳1000人会议；二、三楼设有西餐厅、宴会厅及风格迥异的大小包间23间，可同时容纳1800人用餐；一楼设有KTV、大堂吧、商场等多项设施，是商务、旅游、度假、会议的理想场所。

东方湿地

【概况】 大丰拥有亚洲东方最大的一块湿地，面积7.8万公顷。湿地由林地、芦荡、草滩、沼泽、盐裸地组成，孕育着种类繁多的珍稀动植物。生活着鸟类315种、兽类12种、两栖爬行类27种、鱼类150种、昆虫599种、植物499种。其中，丹顶鹤、黑嘴鸥、天鹅、白尾海雕、牙獐等国家一、二级保护动物30余种，列入《中日候鸟保护协定》的鸟类93种。2002年，联合国开发计划署的“中国湿地生物多样性保护与可持续利用”项目在大丰实施。在大丰人的保护下，湿地的生态系统日趋完善，生物圈逐年扩大，生物数量不断增加，丹顶鹤、黑嘴鸥、震旦鸦雀等珍稀鸟类栖息数量增长近10倍。1999年，大丰被国家湿地项目办确定为中国四大湿地项目示范保护区之一。2002年，大丰被联合国湿地保护组织列入《国际重要湿地名录》，成为永久性保护地。2019年，中国黄（渤）海候鸟栖息地（第一期）列入《世界遗产名录》，成为中国第54处世界遗产、江苏首项世界自然遗产，填补了中国滨海湿地类型遗产空白，成为全球第二块潮间带湿地遗产。中国黄（渤）海候鸟栖息地第一期范围包括盐城湿地大丰麋鹿国家级自然保护区全境、珍禽国家级自然保护区部分区域、盐城条子泥市级湿地公园、东台市条子泥湿地保护小区和东台市高泥淤泥质海滩湿地保护小区。近年来，大丰依托“世界遗产”金字招牌，坚持“点、线、块、面”统筹推进，高质量发展旅游经济。整合麋鹿、森林、滩涂资源，打造生态观光核。结合麋鹿自然保护区范围及功能分区优化调整，重点推进“一路、一景、一馆、一园、一岛”，即：黄海海堤路、野鹿荡景区、自然遗产博物馆、世界自然遗产大丰黄（渤）海湿地公园、东沙岛。加强麋鹿小镇建设，完善小镇吃、住配套，将小镇打造为世界自然遗产大丰黄（渤）海湿地公园的“主入口”，整合林场、中华

2022年，大丰麋鹿保护区在国家生态环境科普基地综合评估中被评为优秀　　周古凯　摄

麋鹿园等资源，整体打造世界自然遗产黄（渤）海候鸟栖息地的大丰重要节点。

【东沙岛】 有天然海上博物馆之称的东沙岛位于大丰海岸线外侧，距大丰陆地海岸最近距离12千米，称其为岛，但实际上只能算是沙洲，涨潮是海、落潮为滩是东沙的最大特色。东沙历史上是由长江和黄河从南北两个方向夹带泥沙汇聚沉积而成，东沙海图零米以上面积7万公顷，最高海拔5.8米。四周散布着亮月沙、毛竹沙、外毛竹沙、竹根沙、牛角沙、河豚沙、太阳沙等多个沙洲。东沙岛的特殊成因构成丰富的海洋生物链，是鱼、贝类等海洋生物繁衍生长的场所。据勘察统计，这里沿海浮游动物有桡足类、水母类、栉水母类、樱虾类、糖虾类、毛颚类等98种。沿海底栖动物183种，其中腔肠动物4种，环节动物31种，软体动物78种，腕足动物2种，甲壳动物62种，棘皮动物6种。沿海的泥螺、香螺、螃蟹、条虾、文蛤、青蛤、四角蛤、缢蛏、牡蛎等，是餐桌上的美味。

（仇文倩　骆婷婷）

麋鹿保护

【概况】 江苏大丰麋鹿国家级自然保护区位于黄海之滨，地处北纬32°59′~33°03′，东经120°47′~120°53′，占地面积2666.67公顷。1986年成立，承担着保护麋鹿及其湿地生态系统，恢复野生麋鹿种群的重要任务。2022年，保护区麋鹿数量发展到7033头，其中野生麋鹿数量达到3116头，其繁殖率、存活率、年递增率均居世界之首。全年发生救助事件289起，涉及麋鹿390头、河麂1头。出动救助人员538人次，成功救助389头，野外救援成功率94.13%。保护区被评为全省自然资源系统先进集体。全年游客量60万人次。

【麋鹿种群迁地保护】 2022年，经国家林草局批准，保护区向福建省永泰县等地输出麋鹿200余头，实施迁地保护措施。前期麋鹿保护区科研团队对输出地环境、气候、水文等条件实地考察，并对其饲养人员进行培训，双方建立多渠道沟通平台，确保输出的麋鹿在当地可以很好地生息繁衍。

【麋鹿种群网格化管理】 2022年，保护区根据野生麋鹿活动范围和特点，科学划定3个区域，每个区域明确专人负责开展监测、巡护工作。调查轨迹里程达到12000千米，累积1200多个标注点，基本覆盖野生麋鹿活动区域。2022年首次监测到野生麋鹿进入大丰港以北区域，活动范围扩散至250平方千米。

【麋鹿保护普法教育】 2022年2月，保护区开展自然保护地活动，在保护区范围内拆除渔网等对麋鹿通行有阻碍的设施。4月，联合边防派出所开展为期一周的栖息地保护活动，出动人力50余人次，劝退非法进入保护区人员100余人次。全年组织200余人次拣拾保护区麋鹿野放区范围内海漂垃圾，保证麋鹿栖息地生态环境安全。定期到大丰港、新曹农场、川东闸等周边社区开展普法宣传活动，全年开展普法宣传10余次，制作宣传口袋书并发放宣传资料3000余份，接受公众咨询358人次。

【科普宣教】 2022年，央视纪录片《远方的家》《地理中国》《跟着书本去旅行》和《自然守护人》，湖南卫视金鹰卡通童趣大冒险《失踪的麋鹿王》等对麋鹿保护守护人进行全面报道。保护区与新华社、荔枝网等平台合作在全球范围开展慢直播活动4次，在线参与人次1000多万。接受中国绿色发展协会邀请参与“寻迹多元公益巡护”活动，跟踪拍摄巡护人员的一天；与守望自然科普教育中心合作在南京地铁4号线举办科普影像展；与中国江苏网联合开展生物多样性强国小使者活动，并在“学习强国”学习平台上进行系列跟踪报道。在麋鹿自然营地开设观鸟、寻鹿等走进湿地的科普课程，带领中小学生近距离感受湿地环境和了解动植物习性。麋鹿保护区在国家生态环境科普基地综合评估中被评为优秀。

（薛丹丹）

〖编辑　於晨婷〗

房地产业

综　述

【房地产业发展】 2022年，大丰区完成《大丰区"十四五"城镇住房发展规划》，坚决落实房地产调控长效机制，不断完善房地产市场体系和保障体系，推动全区房地产优布局、调结构、提品质、去库存，房地产业平稳健康发展。全年全区完成房地产投资45.21亿元。全区新建商品房上市面积115.26万平方米；新建商品房销售面积101.31万平方米；全区新建商品房库存面积156.48万平方米；其中商品住房库存面积66.88万平方米，住宅去化周期10个月。

【促进房地产业健康发展八项新政】 9月5日，大丰区住房和城乡建设局与财政局、人力资源和社会保障局、自然资源和规划局、卫生健康委、税务局、地方金融监管局等部门联合出台《关于有效应对疫情影响促进全区房地产市场健康发展的八项政策》，有效应对新冠疫情对房地产市场带来的影响，支持刚需和改善型住房需求，优化商品房预售资金监管，促进房地产业健康发展和良性循环。八项新政包括：对购买新建商品住房给予补贴；对刚需和改善型人群购房给予补贴；对农民进城入镇购房给予补贴；对被征收人购房给予补贴；延长土地出让金缴纳期限；支持分步解除建设用地使用权抵押；放宽房地产项目预售许可条件；提高房地产项目预售资金拨付比例。此项政策实施时间为2022年9月1日至2023年3月31日，在此期间内签订商品住房买卖合同并完成网签备案的，享受本政策。以上八项政策中的购房补贴不重复享受；适用范围为大中街道、丰华街道、开发区、斗龙港生态组团所辖区域；适用产品为新建商品住房，不含经济适用房、农民公寓、拆迁安置房等；超过本政策实施时间、范围和对象提出申请的，不适用本政策。

房地产管理

【房地产市场管理】 2022年，大丰区住房和城乡建设局加大房地产市场管理力度，规范商品房预售许可和预售资金监管，将预售资金全额纳入监管账户，对申报项目的工程形象进度、资金投入比例、商品房预售方案等情况进行核查，对房地产企业申报的材料严格按照法定条件和程序进行核验。充分发挥网上楼市平台作用，建立健全房地产市场信息公开机制，将批准的预售信息、可售楼盘及二手房源信息、房地产企业、从业人员信用状况、违法违规行为查处情况等向社会公开，引导理性消费。严格执行商品房预售申报制度，推进新建商品房的有序均衡供应，防止商品房集中大量推出或长时间无房供应的情况出现，将住宅库存去化时间逐步提高至合理范围。规范商品房预售行为，要求房地产开发项目未取得商品房预（现）售许可证时，不得发布商品房销售广告。房地产项目的广告宣传名称应与商品房预（现）售许可证标注的名称一致，不得随意使用其他名称，销售广告和宣传资料内容必须真实、合法、准确，不得欺骗误导购房人。规范商品房合同订立，要求各房地产开发企业及经纪机构在与买受人订立商品房买卖合同、认购协议时，应按照权责对等、公平信用的原则设置合同条款，不得免除己方责任、加重买受人责任，或排除买受人合法权益。禁止以补充约定条款等形式减轻、免除应承担的责任或不合理地加重购房人责任、排除购房人主要权利。实行公开透明的价格管理，提倡商品房销售"一房一价"明码标价，向购房人公示房价信息。不得哄抬房价、随意竞价、恶意扰乱房地产市场。禁止使用虚假或者不规范的价格标示误导买受人。禁止利用虚假或者使人误解的标价方式进行价格欺诈。不得以捆绑搭售或者附加条件等限定方式，诱导或迫使购房人接受商品或服务价格。依托大丰网上楼市公示新建商品房相关数据，完善商品房买卖合同自助查验功能，为群众的买房提供翔实资料。推进新建商品房系统升级，加强各类自主查询的功能，为群众在购房过程中提供便利。

【白蚁防治监管】 2022年，大丰区住房和城乡建设部门坚持预防为主、防治结合、综合治理的原则，严格执行住房和城乡建设部印发的《城市房屋白蚁防治管理规定》，扎实开展房屋白蚁预防工作。建立白蚁防治工作机制，健全统一的工程质量监督考核制度，进一步完善施工管理、定期回访复查工作制度，形成白蚁蚁情发现、治理、验收、备案、事后保持等闭环程序。在新建房屋白蚁预防过程中，严格按标准施工，结合智能监测设备，实现白蚁防治工程质量实时动态监管，确保新建房屋白蚁预防工程质量。对照房屋白蚁预防技术规程，对新建房屋白蚁预防项目进行现场验收，确保监测控制装置安装规范。定期开展回访复查，对复查中出现蚁害情况的，及时进行有效治理，为工程质量提供后续保障。加强白蚁防治从业人员管理，统一施工器械，规范标准化施工和档案管理，强化工程质量检测，建立工程质量考评制度，建立白蚁防治管理网络系统，大力开展白蚁防治工作。广泛宣传白蚁防治科普知识，进一步拓展新开发住宅小区、工业厂房、新建房屋、园林建筑和老旧房屋等领域的白蚁预防与综合治理工作。从药物的储存、进出库、药物运输、工程施药等每一个环节入手，强化安全责任，落实防控措施，遏制白蚁危害及蔓延，确保房屋居住安全。2022年，区白蚁防治所签订《新建房屋白蚁预防公共服务受理单》162份，出具"盐城市大丰区新（改、翻、扩）建房屋白蚁预防验收合格证明"221份，受理面积100万平方米，新建房屋白蚁预防施药面积70万平方米，蚁害检查面积1000平方米。

【房屋安全鉴定服务】 2022年，大丰区住房和城乡建设局加强对危险房屋的管理工作，实行管理和检测工作分

2022年，大丰区推进自建房安全专项整治，组织人员对自建房安全隐患进行排查
葛顺明　摄

开。通过招投标方式确定第三方中介机构进行危险房屋检测鉴定。对工业园企业房屋、个人住宅房屋等的安全、结构检测鉴定机构加强行业管理，检测鉴定单位必须资质、证照齐全，确保出具的《房屋安全检测鉴定报告》具有真实性、可靠性、操作性。加强对城区危房的巡查工作，确保季度性巡查和节假日前安全巡查工作到位，及时掌握城区危房的最新状况。对于城区D级危房的解危工作，多次发函给相关责任单位，督促立即撤离居住和使用人员，加快D级危房解危进度，制订和完善应急预案，落实专人监管，确保房屋的安全使用。台风等恶劣天气来临前，督促并指导城区C、D级危房责任单位立即转移居住和使用人员，确保人民生命安全，共转移76人。2022年，全区审核房屋安全鉴定报告106份，建筑面积约21万平方米，涉及20余家企事业单位。对送达的鉴定报告，秉承即送即办的原则，现场审核，对报告中的问题及时开取整改单。

【自建房安全专项整治】 2022年，大丰区大力推进自建房安全专项整治。区专项整治领导小组组成4个督查组，对各板块开展经营性等自建房安全隐患排查整治工作进行督查，并组织施工、监理等专业技术人员对房屋安全状况进行核查，对发现的问题及时交办给各板块，限期整治到位。实行“板块吹哨、部门报到”，对鉴定为C级危房的，各板块督促相关主体落实相应资质等级的设计单位和施工单位进行加固设计和施工，加固完成后由鉴定单位出具相关报告；对鉴定为D级危房的，第一时间清人，设立警示标识，限期拆除。全年排查登记自建房20.82万栋，其中经营性自建房6554栋，前期排查出的97栋隐患建筑全部整治到位，新排查出疑似隐患建筑62栋(其中经营性7栋、非经营性55栋)，采取管控措施和工程性措施的自建房40栋(其中经营性5栋、非经营性35栋)，22栋加快推进整治。

【房地产领域风险防范】 2022年，大丰区住房和城乡建设局围绕房地产项目开发建设、工程质量、预售销售、物业管理、农民工工资支付等重点环节，分析研究房地产市场重大风险，加强常态化管理，把超前防范融入房地产工程项目建设全过程。坚持风险早发现、早预警、早处置，在苗头时期、涉众范围较小时化解风险。通过加强日常监管、防范预警、警示教育、限期整理、整顿规范等方式，扎实推进房地产领域社会矛盾治理和问题楼盘化解工作，实地查看重点问题楼盘，落实板块和相关人员，做好维稳工作。强化房地产市场全过程监管，保障购房人合法知情权，梳理分析近年来房地产领域矛盾纠纷发生的根本性原因，抓住商品房交易涉及的各个关键环节，制定完善商品房现售管理办法，从强化销售源头防范治理出发，减少购房矛盾纠纷。对新建商品房预售资金监管坚持“政府主导、专户专存、专款专用、分类监管”的原则，按照工程支付节点指导企业申请资金拨付，严把资金去向，确保拨付资金专款专用，保障工程建设有序推进。推进房屋买卖合同在线签订、备案和交易资金监管全覆盖。健全房屋买卖网签系统，实现房屋买卖合同在线签订和备案全覆盖，杜绝开发商或个人一房多卖、分割销售等违法行为。组织风险排查，加强风险防控。以化解处置“问题楼盘”为工作重点，加大排查处置力度，着力化解房地产领域各类突出矛盾。加强房地产领域非法集资和互联网金融风险排查，督促开发企业和中介机构开展自查自纠。通过日常市场执法检查和受理投诉等方式，超前防范房地产市场非法集资和互联网金融风险，推动全区经济社会持续健康发展。

【房地产领域养老诈骗专项整治行动】 2022年7月，大丰区住房和城乡建设局开展打击整治房地产领域养老诈骗专项行动，严肃查处商品住房销售领域涉及养老名义虚假宣传等涉诈问题，保障老年人合法权益。重点整治商品住房(预)销售中以“养老”名义进行虚假宣传等涉诈问题隐患，抓住宣传发动、打击整治、总结提升等关键环节，形成以目标任务为主线，局相关科室、单位齐抓共管的工作机制。通过滚动播放宣传标语、张贴宣传海报、发放宣传单、微信公众号发布典型案例等方式，向居民群众宣传举报渠道和防范“以房养老”诈骗的注意事项。全区36个售楼中心现场张贴养老诈骗宣传图片、宣传标语等200多张；82个住宅小区悬挂宣传横幅160条，张贴宣传标语400多张。印发《关于大丰区房地产领域打击整治养老诈骗专项行动举报方式的公告》，公布举报电话和电子邮箱。对督查中发现的以“养老”名义虚假宣传等涉诈问题，逐项列出整改清单，建立问题整改台账，明确整改责任和整改时限，确保按时整改到位。

物业管理

【概况】 2022年，大丰区住房和城乡建设局聚焦物业管理现状，全力推进物业服务标准化建设，多举措加强物业行业监管，规范行业行为，及时处理群众反映的突出问题，以点带面有效推动物业服务质量提档升级，实现物业管理与基层治理深度融合。截至2022年年底，全区有物业服务企业65个，其中本地企业39个，外地企业26个。服务住宅项目83个，服务面积1181万平方米，其中物业服务小区78个，业主自治小区5个。

【物业行业管理】 2022年，大丰区住房和城乡建设局全力推进全区物业行业规范化管理。建立健全物业服务行业诚信体系，对大丰行政区域内从事物业服务活动的所有物业服务企业全面建立健全企业信用档案，逐步开展信用评分。深化物业管理法规宣传教育，利用小区公告栏、电子屏、微信群、电视广播等多种媒体平台，全方位开展物业相关法律和知识的宣传，提高广大业主接受物业服务的意识。积极指导业主委员会发挥作用，加强法律指导和日常监督，充分发挥业主委员会的桥梁纽带作用。对全区住宅物业项目逐一进行规范化考核，并对小区的业主满意度进行抽样调查打分。强化对基础服务、设施设备维护、公共秩序维护、保洁服务、绿化养护、配合社区建设等方面的考核，对发现的问题责令物业服务企业限期整改，提高业主满意度。规范物业用房的移交。对物管用房的面积、位置、功能是否符合标准进行审核，办理8个住宅小区物管用房确认。

2022年，大丰区住房和城乡建设局加大住宅小区文明创建工作力度，提升物业服务水平　周古凯　摄

【前期物业招投标】 2022年，大丰区住房和城乡建设部门严格规范物业服务项目招投标。严格按照有关规定，实行企业招标、行业监管、企业投标服务的流程，规范物业服务企业准入的行为。要求所有的住宅项目必须通过招投标方式选聘物业服务企业。完善前期物业招投标，对开发单位的招标行为规范指导，凡建筑面积在10万平方米以上的住宅物业必须进行公开招投标，10万平方米以下、3万平方米以上的住宅物业原则上要求公开招投标。从招标文件、招标公告、招投标程序、前期物业合同签订等程序入手，对前期物业招投标全过程严格进行监管，保证招标投标过程公正、公平、公开。2022年，全区完成花海名邸、雍锦府、小海花园、康馨雅苑、景尚名城5个小区的前期物业招投标工作。

【住宅专项维修资金归集】 2022年，大丰区住房和城乡建设部门进一步扩大住宅专项维修资金归集的覆盖面，完善住宅专项维修资金自动化管理系统，畅通住宅专项维修资金的使用渠道，使住宅专项维修资金的缴存、管理、使用、核算等各个环节更加系统化、规范化、合理化。物业主管部门对新建备案小区楼盘就维修资金业主交存方式、标准及流程等对开发企业进行宣传和指导。及时完善更新小区基础数据信息和备案材料，严格审核开发企业批量交存和业主交存明细，做好专项维修基金收缴工作。强化资金跟踪监管，做好维修基金日常管理和维修基金发票管理。在对交存进度、额度及时公示的基础上，将使用维修资金的实施项目明细、竣工验收结论、审计认定结果等向业主公示，扩大监督覆盖面，确保各项工作阳光运作。2022年收缴维修基金总额6917.57万元，房屋维修基金归集率100%。受理小区居民公共部位维修动用房屋维修基金的申请85起，金额608.81万元。

【物业小区文明创建】 2022年，大丰区住房和城乡建设局加大住宅小区文明创建工作力度，提升物业服务水平。组织对物业小区、自治小区的环境卫生、“创文”氛围、公共秩序等进行全面排查整治、改造提升。全年增加垃圾桶约450个、灭火器约1400个，更换玻璃约440块，更换维修路灯约2800个，维修下水管道约600处，维修其他设备约305处。维修小区道路、广场、商铺等18000平方米，墙面出新23万平方米，施划停车线5万米，整治电线电缆877处。

【物业小区安全管理】 2022年，大丰区住房和城乡建设局切实加强物业小区安全管理。组织物业企业对小区消防、监控设施设备、外墙等公共部位进行安全隐患排查，发现问题立即组织整改维修。落实物业小区防汛期间的值班制度、防汛应急队伍、应急预案，备齐防汛物资，督促物业企业对防汛器材、排水泵等进行检修，确保安全度过汛期。利用第三方力量，组织对城区物业小区的消防设施设备进行专项排查，指导维修。全年排查安全隐患256个，全部闭环整改到位。

【老旧小区加装电梯】 2022年，大丰区把加装电梯作为深化"我为群众办实事"实践活动的重点项目推进。区住房和城乡建设局制定《大丰区既有住宅增设电梯服务指南》，指导业主落实有资质的设计单位、施工单位和监理单位。在施工过程中加强工程质量和安全的监督，保障老旧小区加装电梯的质量，确保群众使用增设电梯安心、放心。全年老旧小区加装电梯40部。

【住宅小区"飞线充电"整治】 2022年，大丰区住房和城乡建设局全力推进小区线杆线缆整治行动，整治消除"飞线充电乱象"。制定小区线杆线缆整治方案，明确整治内容、标准、范围、职责和要求，建立完善工作机制。按照"整齐、规范、美观、安全"的要求，规范老旧小区车库供电线路铺设，能下地的全部下地，可入管的全部入管，确保整治效果。对重点老旧小区车库充电线路统一布设，以满足居民车库安全用电需求。招标确定2家施工单位进行改造施工，全年整改住宅小区"飞线充电"问题152条。

【物业小区防汛应急救援演练】 4月27日，大丰区住房和城乡建设局在城区永泰花园小区开展物业小区防汛应急救援演练活动。本次演练模拟永泰花园小区当日突降大暴雨，周边市政道路管网排水能力不能满足需要，导致道路积水越来越多，涌入小区发生内涝，地下车库进水。物业公司立即启动防汛应急预案，抢险突击队员闻令而动，迅速进行集结，携带沙袋、排水泵等防汛物资到达指定地点，按照预案内容分工明确，快速投入抢险，有条不紊开展救援，用沙袋在地下车库入口等重点部位筑起防汛堤坝，阻止雨水继续浸入。同时，采用排水泵突击抢排积水。整个演练过程程序规范，反应迅速、处置有效，在较短的时间内处置了险情。此次演练进一步提高了物业服务企业应对突发事件的能力和应急组织协调水平，积累了小区防汛实战经验。

【"红色物业"省级示范点】 6月7日，省委组织部、省委非公有制企业和社会组织工委、省住建厅党组、省住房和城乡建设行业党委联合发出通知，大丰区荣润理想城小区被评为第二批党建引领物业管理服务工作省级示范点。

住房制度改革

【概况】 2022年，大丰区住房和城乡建设局把加快推进住房保障体系建设作为满足群众基本住房需求的重要任务，努力为群众安居托底。住房保障体系不断完善，保障性住房建设稳步推进，棚户区改造大力实施，住房保障能力持续增强，实现住房保障门槛逐步降低、覆盖面稳步扩大、保障水平不断提高，切实改善群众居住条件和环境，健全完善多元化保障体系。深化城镇住房制度改革，稳步推进住房商品化、社会化，以大力发展保障性租赁住房为重点，持续完善住房保障体系，进一步规范发展公租房。2022年6月，大丰区住房和城乡建设局为61户公房承租户减免疫情期间3个月房租17.93万元。加强保障性安居工程项目的督促检查，及时发现和解决项目建设中存在的困难和问题，使项目建设按进度和质量要求有序推进。建立保障性住房年审、清退、租金收缴、住房维护、物业管理、定期回访、帮扶服务等管理办法，规范准入、审核、轮候、分配、退出等操作程序，组织保障对象开展资产定期申报，并实施动态核查，联合多部门建立保障性住房清退管理机制，逐步形成保障性住房可持续发展的长效机制。

【住房保障】 2022年，大丰区保障性安居工程质量合格率为100%，全年完成棚改新开工1297套，棚改基本建成2164套，完成保障性租赁住房新开工208套。景尚名城保障性住房小区项目竣工交付使用，康馨雅苑保障性住房小区主体竣工。争取到省棚改专项债5亿元、省补助保障性租赁住房引导资金19.18万元，棚改引导资金93.88万元；争取到中央财政补助基础设施配套费941万元，棚改资金349.79万元，保障性租赁住房建设资金400万元，有力支持保障性安居工程建设。出台《盐城市大丰区保障性租赁实施办法》，进一步完善管理制度、细化操作流程、严格审批权限、规范审批流程，并会同区民政局、人社局、公安局、交通局等多个部门对保障对象的资格认定开展联合审查，切实做到公正、公平、公开。加大住房保障信息公开力度，扩大住房保障信息公布范围，实现住房保障政策、保障房源、保障对象、审批流程和分配结果"五公开"。2022年完成城市低收入家庭租赁补贴41户。

【房改工作】 2022年，大丰区住房和城乡建设局认真执行住房货币化分配政策，做好老职工住房补贴的审核审批工作。组织行政事业单位购房补贴摸底调查，初步整理76个行政事业单位报送的数据，涉及13828人，涉及补贴金额2.89亿元，接待房改业务来访来电412人次。全年办理住房补贴1户，出具房改相关证明3份，审核集资建房24户，核退维修基金3户。

【直管公房、公共租赁房管理】 2022年，大丰区住房和城乡建设局切实加强直管公房、公共租赁房管理。实行安全管理责任制，绿色建筑节能与公房管理服务中心分片包干、任务明确、落实责任，做好安全防范和维修工作，有效防范和控制各类事故的发生。坚持巡查制度，工作人员深入直管公房一线，对所辖直管公房进行排查，重点检查墙体、屋面、承重结构、下水管道、供电线路等，根据巡查情况对存在隐患房屋进行维修处理，对可能造成危险的房屋及时组织房屋安全鉴定。全年开展安全检查24次，向承租户发放防范恶劣天气及节假日安全通知书8500份，维修房屋103户，维修面积1800平方米。按照行政事业单位国有资产公开拍租流程，遵循公平、公开、公正的原则，发布拍租信息，对城区、新丰镇等30间到期的闲置直管公房进行公开拍租，确保国有资产保值增值。对转租、转借的公房进行全面清理，确保年度房租收缴率100%，全年收取直管公房、公共租赁住房租金431万元。

（葛顺明）

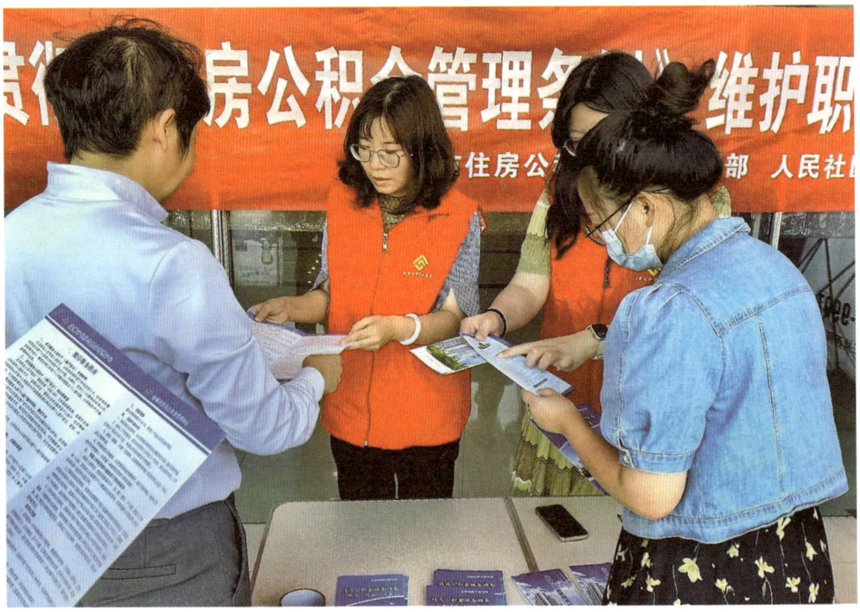

2022年，大丰住房公积金管理部持续扩大非公有制企业覆盖面，组织干部职工进社区、进广场，向群众宣传住房公积金政策法规

（大丰住房公积金管理部 供图）

住房公积金管理

【概况】 2022年，盐城市住房公积金大丰管理部（以下简称大丰住房公积金管理部）以推进住房公积金高质量发展为主线，围绕“住有所居”“美丽宜居”的目标，严格执行各项惠民助企政策，加大政策宣传和归集扩面工作力度，进一步扩大制度覆盖面，发挥住房公积金住房保障功能，更好地支持缴存职工合理住房需求。全区住房公积金运行良好，主要指标均超额完成。大丰住房公积金管理部被评为五一巾帼标兵岗、2022年度目标管理与绩效考核优秀部门、2020—2021年度大丰区文明创建先进集体。

【住房公积金归集扩面】 2022年，大丰住房公积金管理部持续扩大非公企业覆盖面，组织干部职工进社区、进广场，向群众宣传住房公积金政策法规，班子成员带领职工深入重点企业一线，与负责人面对面交流，宣传公积金政策。通过政策保障、执法促动、部门联动、宣传发动等工作举措，送达各类通知书208份。全年新增缴存单位205个，新增缴存职工14484人，完成年度目标任务的164.59%，实缴人数8.4万人。全年归集住房公积金12.68亿元，完成目标任务的118.50%，月均实缴存率97.35%。

【住房公积金使用】 2022年，大丰住房公积金管理部持续通过“大丰新闻”“大丰融媒”等媒体平台，加大政策宣传，重点宣传新政对中低收入家庭和困难群众发挥的保障作用。全年提取住房公积金17.16万人次（含转出）、8.14亿元，其中：住房消费类提取16.63万人次、6.63亿元，非住房消费类（离退休、死亡、离职销户、转出等）提取0.53万人次、1.51亿元。发放住房贷款1344笔、4.59亿元，支持贷款职工购建住房15.92万平方米，其中，享受二次贷政策的有91笔、0.45亿元。持续加大“人才引进”“新市民”等惠民政策的宣传力度，发放驻盐高校毕业生贷款21笔、782.7万元；引进人才贷款18笔、805.8万元；灵活就业人员贷款45笔、1679.6万元。

【住房公积金便民服务】 2022年，大丰住房公积金管理部助力疫情困难企业，做好纾困解难政策宣传解读工作，帮助企业共渡难关，全年为6个企业办理缓缴手续，累计缓缴金额69.24万元。持续升级窗口服务，纵深推进“不见面”审批，建立4个QQ服务群，专人对接单位、职工线上问题；与开发商、受托银行签约，实现贷款受理前移，减少职工排队等候时间；全面启动与大丰农商行的合作交流，实现所有网点STM（超级柜员机）机器自助办理，推动住房公积金业务乡镇全覆盖；推进“跨省通办”和长三角一体化，为企业和职工提供一站式优质服务，全年办理跨省通办业务43笔，长三角平台业务50笔。

【住房公积金资金安全管理】 2022年，大丰住房公积金管理部开展违规提取专项整治行动。设计推出《悔》微动漫，制作宣传海报和宣传单，告知广大缴存职工违规提取的法律风险和责任，营造诚信提取的良好氛围。强化三级审核责任，加强与医疗保障、不动产登记等部门的协调联动。通过上门走访、电话核实、系统查验等方式，定期回查商品房买卖合同注销备案登记或变更等情况，把好前台受理、重点复核、严格审批“三道防线”并定期回查，确保住房公积金资金安全。

（何 颖）

〖编辑 於晨婷〗

交　通

综 述

【交通工程建设】 9月27日，大丰港铁路支线全线开工建设，施工单位进场开展清表清杂、交桩放线、征拆物摸排、项目部组建、实验室建设等工作。10月20日，首根桩孔实现开钻。省道226大丰南段当年工程起点处至方大线段17.1千米建成通车，并完成交工验收；剩余段24.4千米完成路基水稳工程，完成工程投资1.5亿元。完成农村公路大中修49千米，农村危桥改造54座。实施国道204中分带护栏27.8千米、通港大道大中修28.4千米、陈李线环境整治70千米。完成10项整治内容4178个整治任务，国、省干线通行环境得到全面优化，通行安全系数得到全面提升，共完成投资1.4亿元。盐丰快速通道，年末全线涵洞施工完成，通榆河大桥已进行主桥悬浇施工，其余桥梁在进行下部结构施工，路基主线在进行水泥石粉稳定层施工，水泥石粉稳定层累计完成30%。

【交通行业监管】 2022年，区交通运输局出动行政执法人员4172人次，运政稽查车辆970辆次，查处各类行政案件320件，处罚金额47万余元，其中没有经营许可客车4辆次，“网约车”12辆次，非法运输危险化学品3起。受理大件运输“二重三化”（为“重点企业、重点项目”的大件运输许可办理提供“定制化、专业化、系统化”服务）服务企业2721次，审批3826件；审批路线穿越工程6次；组织涉路工程施工方案会商9次。上报维修G228、G204、G343、S226、S331、S351线标志标牌49次，共154处。公路设施赔偿26起，赔偿金额合计32.16万元。年内，区交通运输局落实《行政执法公示制度》《行政执法全过程记录制度》和《重大行政执法决定法制审核制度》，不断推进行政执法透明、规范、合法、公正。取消直接审批事项17项，审批改备案事项1项。予以保留的审批事项，精简审批材料，压缩审批时限，减少审批环节，科学设计流程，提高登记审批效率。推行跨部门“双随机，一公开”（监管过程中随机抽取检查对象，随机选派执法检查人员，抽查情况及查处结果及时向社会公开）联合抽查常态化，推进抽查检查信息统一归集和全面公开，健全跨区域、跨层级、跨部门协同监管机制，放大联合执法效应。开展领导班子述法考评，通过个人自评、述法测评等环节，提升领导干部运用法治思维、法治方式处理事务的能力。结合交通运输综合执法改革实际情况，加强行政执法人员证件管理，组织开展执法资格申报、审查和执法人员培训考试，130名行政执法人员参加换发执法证件考试。全年开展行政执法文书评审4次，评查行政处罚行政许可案卷60份，行政处罚案卷80份。

【交通疫情防控】 2022年，区交通运输局严格实行卡口查验。设置5个高速查验点，10个国道、县道查验点，实行三班三运转，24小时全天候勤务，动态调整查验政策，累计查验车辆65.06万辆、旅客96.06万人，落地检30.01万人。强化行业防控监管。督促运输企业、个体运输业户、工程项目参建单位、运输服务场站落地落实防控措施，配合防疫部门做好消毒、防范工作，加强行业指导，严格人员、车辆转运纪律。加强邮政快递从业人员管理。将邮政快递人员纳入新冠疫情防控信息化系统中进行动态监管，建立从业人员核酸检测管理工作群，通过电话、短信等方式提醒从业人员依规按时进行核酸检测。

【交通安全生产】 2022年，区交通运输局研究制定全年安全生产工作、监督检查执法等计划，将安全生产责任落实到各单位、部门。更新《领导班子成员安全生产责任清单》，逐层逐级签订安全生产责任书，压紧压实安全生产管理责任，完善横向到边、纵向到底的安全生产责任体系。树立安全发展理念。通过党委理论学习中心组、安全生产月度例会等各类会议，组织学习习近平总书记关于安全生产的重要论述和重要讲话精神，学习国务院、省市区关于安全生产的决策部署、会议文件精神。组织观看《生命重于泰山——习近平总书记关于安全生产重要论述》电视专题片，传达学习事故通报。开展“百团进百万企业千万员工”活动。聘请第三方安全专业机构，对全行业安全条线管理人员500余人进行集中培训。单位驻地、企业工区、建筑工地、港口码头、运输场站以及客运车辆常态化张贴或悬挂安全生产宣传标语和条幅，微信、短信不断推送安全生产警示语。在相关场所集中或巡回发放安全材料2000余份。开展专项整治，集中攻坚。围绕春运、全国“两会”、清明和中共二十大等重点时段，开展安全生产大排查、大整治活动。紧盯“两客一危”（从事旅游客运及公路客运的车辆和从事危险化学物品运输的车辆）重点领域，运管部门监管的1个客运企业、6个道路危险化学品运输企业的一级和二级安全标准化率、年检合格率、北斗定位和主动智能防控系统安装率均保持100%；开展道路稽查和企业检查，查处各类道路运输案件262件，停业整顿11家，罚款33.85万元。整治国道、省道通行环境隐患568处，新长铁路、盐通高铁沿线环境安全隐患全部整改完成。港口重大危险源在线监测监控率为100%。从严港口危货作业监管，2次取消一年以上未作业的危险货物品种22个，76只常压储罐按照不低于5%比例完成抽检。强化内河码头监管，全年检查发现和整改一般隐患92处。加强危化品运输管控，危险货物船舶申报537艘次，载运量15.99万吨；检查船舶282艘次，处罚110例（其中，危化品运输2例），罚款12.6万元。完成航道桥梁防碰撞设施建设124处。全年检查发现安全生产隐患554条，完成整改553条。

交通建设

【概况】 2022年，区交通运输局累计完成交通工程投资16.58亿元。通用

2022年11月4日，盐城大丰快速通道连接沪丰大道节点立交桥工程现场，工人将最后一块箱梁架设成功，标志着这个节点工程进入桥面浇筑阶段 周古凯 摄

机场获得军方和民航部门同意的审查意见，完成机场项目建设对鸟类迁徙、噪声、邻避等方面影响的专题研究论证。盐丰快速通道，全线涵洞施工完成，通榆河大桥进行主桥悬浇施工，其余桥梁进行下部结构施工，路基主线进行水稳施工，水稳累计完成30%。配合交投公司办理高铁站配套工程工程规划许可证和施工许可证，保证项目的合法合规；按照国家、省、市、区统一部署，对全区未来三年拟实施项目进行梳理，开展"三区三线"（三区：城镇空间、农业空间、生态空间；三线：城镇开发边界、永久基本农田保护线、生态保护红线）补划调整工作，完成沈海高速大丰互通至大丰港连接线等27个项目的用地红线和矢量图绘制工作，提前做好线位谋划，预留公路建设空间；配合区自然资源和规划局办理省道226大丰南段改扩建工程用地手续，用地组卷材料重新编制完成，报送至省自然资源厅审查；提前谋划长三角一体化产业发展基地未来三年拟实施的部分交通基础设施项目，开展沪丰大道西延、常盐工业园区沈海高速东西向通道（民和路）前期方案研究。

【大丰港铁路支线工程】 2022年4月，大丰港铁路支线工程项目用地获国务院批准。8月下旬，上海铁路局集团南京上铁公司招标确定项目施工、监理单位，并于8月29日发放中标通知书。9月27日，大丰港铁路支线工程项目全线开工建设。项目施工单位进场开展清表清杂、交桩放线、征拆物摸排、项目部组建、实验室建设等工作。截至年底，已取得项目可研、初步设计、环评、立交安评、航评、地震评估、水土保持、洪评、稳评等专项批复，完成房屋拆迁。

【农路工程督查考核】 2022年，大丰区交通运输局执行农村公路建设质量、技术规范标准，全面推行"四项制度"（招标投标、工程监理、合同管理和竣工验收制度），严把"五项关口"（设计、招标、材料、施工、验收关口），建设现场实行"七公开"（建设单位、建设责任人、建设标准、建设工期、施工单位、项目负责人和举报电话公开）制度，每个项目均竖立公示牌，向群众公布建设单位、建设责任人、建设标准、建设工期、施工单位、项目负责人和举报电话，接受群众公开监督，实施全方位、全过程、全视角的质量控制，杜绝擅自降低工程建设标准，人为减少施工质量保障环节、偷工减料、以次充好现象。全区农村公路建设质量实行建设单位全面负责、监理组控制、施工单位保证、政府和第三方检测机构监督相结合的质量保障体制。全年组织工程质量检查4次，发现问题11个，检查中发现的问题及时与建设、施工、监理单位进行交流与对接，以通报的形式发出检查情况和整改要求。

【交通工程污染防治】 2022年，大丰区交通运输局工程质监部门强化渣土运输车辆管理，严密裸土物料覆盖，保证运输途中不出现"跑、冒、滴、漏"现象。督促施工单位加强施工场区日常清扫与冲洗，实行源头管理，并将管控责任落实到人，做到有布置、有检查、有考核。坚持每月20日召开工作例会，总结当月污染防治情况，制定下月污染防治计划。全年开展污染防治巡查4次，发现问题2个，整改问题2个。在马拉松、自行车体育赛事等重大活动时期，推行扬尘日报制度，及时反馈当日扬尘污染情况，发现问题及时治理。

【交通工程验收审计】 2022年，区交通运输局工程质监部门先后组织盐城市大丰全域生态旅游建设工程3号线工程、大丰区观海廊道旅游开发项目道路工程等6个项目的交工验收，委托苏交科集团股份有限公司对上述项目的质量进行全面检测，均满足设计文本和交竣工验收的要求。督促工程施工单位完成省道351（k12+924.8~k43+891.11）竣工前省公路中心检查要求整改的工作。审计方面，在计划审计的30个项目中，年内有14个项目确定审计单位，审计工作相继展开，其中区审计局审计的二审项目2个。

交通运输

【概况】 2022年，区交通运输局积极探索行业党建新模式，赋能货运行业新发展，助力运输企业渡难关，力促交通运输服务提质增效，奋力推进交通各项工作持续健康发展。健全领导体系。4月份，成立区交通运输行业党委，实行“双重领导”，由区交通运输局党委领导和管理，接受区委两新工委指导，确立7项主要职责，承担区交通运输行业党建指导责任。开展专项调查。扎实开展“从货车司机中找党员、从党员中找货车司机、核查数据建立动态信息”的“两找一核”行动，通过“江苏运政在线”系统调取数据，动员各中心交管所和村（社区）对辖区内党员货车司机进行全面摸排，加强与组织、公安、退役军人等部门对接，强化信息核查和筛选比对，截至2022年年末，辖区有在册个体货车党员司机97名，物流企业货车党员司机89名。

【春运及其他重要运输】 2022年春节运输，盐阜公路运输集团大丰有限公司共投入客运车辆80辆4302座；组织加班包车220辆10708座。区公共交通有限公司共投入公交车辆258辆3870座。区的士出租车公司共投入出租客车106辆424座。全社会投入货运车辆7062辆。客运班车发送旅客7.41万人次，公交班车发送旅客8万人次，出租客车发送旅客29万人次，货物运输76.84万吨。春运期间，车站运营正常，发班井然有序，未发生旅客或民工滞留现象，未发生交通安全责任事故。2022年中考、高考及学业水平测试，投入学生运输车辆168辆，运送学生7310人次。2022年9月完成新兵运输保障工作，出动执法人员3人，执法车辆2辆，安全运输新兵。节日期间共发放加班标志牌2块，检查客运车辆444辆，完成大丰荷兰花海旅游节等重大运输服务保障工作。

【快递进村建设】 2022年，区交通运输局持续推进快递进村建设，引导邮政快递企业资源共享、设施共建、成果共享，真正实现交邮融合、快快融合、邮快融合，不断将快递进村工作推上新台阶。打造综合性区级农村物流中心。区政府委托交控集团先后投资约6亿元打造海博智能仓储物流中心，建设了快递分拨中心区、智能仓储物流区（城市快消品仓配和工业仓储）、电商物流商务区（物流信息交易中心）和加油站四个功能区，整合中通、圆通、申通、韵达、极兔等主要品牌快递企业，配置全自动快递分拣线，建成大丰区区级农村物流快递分拨中心。构建多功能镇级农村物流服务站。全区共有13个镇（街道），其中小海镇、新丰镇、南阳镇、草庙镇、三龙镇、白驹镇、刘庄镇、西团镇、大中街道、丰华街道10个镇（街道）整合电商、快递等资源建成镇级农村物流服务站；同时升级改造大桥、草堰、万盈3个镇级客运站，引导邮政、快递企业有序入驻，并增加本地特色农产品展销服务，建成集客运、邮政快递经营、农产品展销等功能于一体的乡镇综合运输服务站，实现公交运邮线路与乡镇客运站的有效衔接。所有镇级农村物流服务站全部投入运营。建成多元化村级农村物流服务点。区委组织部、区民政局、商务局、农业农村局等部门共同努力，综合利用农村党群服务中心、菜鸟驿站、超市等多元化末端场地，建成218个村级农村物流服务点并全部投入运营，以配套增值服务的形式引入邮政快递等农村物流业务，统一标识标牌并配备货架、扫描枪、回收箱等相关设施，有效整合了邮政快递、信息查询、电商服务、农资服务、农产品收储和代购、便民服务等功能，提升了综合服务群众的能力和水平。年内全区建成1个区级农村物流中心、13个镇级农村物流服务站、218个村级农村物流服务点，实现“两个100%覆盖”（镇村农村物流服务站点100%覆盖、主要品牌快递服务建制村直投100%覆盖）。

【营运车辆自动年审】 2022年，区运政管理创新“一站式”服务模式，将服务窗口前移到承担营运车辆技术等级评定的机动车检测机构。从事道路普通货物运输、专用运输以及公交、出租车辆的业户，将年审所需材料提交到“江苏运政在线”系统，机动车检测机构利用已有的公安部门车辆审验信息，实现营运车辆年度审查自检功能，方便道路运输车辆所有人。大丰区第一批符合“一站式”服务模式条件的车辆性能检测企业有3家，分别是盐城市大丰区汇鑫机动车辆综合性能检测有限公司、盐城市大丰幸福汽车检测有限公司、盐城大丰盐阜鑫润机动车技术检测有限公司。

【交通运输服务企业】 2022年，区交通运输局开辟大件运输办理绿色通道，指导企业做好途经路线、匝道、高速出入口、跨线桥梁、标志标牌等勘察工作，并于当天完成审查、分发、补正通知，24小时内完成信息采集与上报。2022年3—12月，核发大件运输许可135件。4月26日，交通运输局职能部门专门召集运输企业和相关企业负责人进行面对面商谈，针对企业诉求和运输需求，协调区内23家物流运输企业100多辆货车，帮助提供点对点运输服务，缓解企业运输难问题。深入贯彻国家、省市助企纾困政策和盐城市二十条政策意见。征调盐阜集团大丰公司停班客运车辆42辆、驾驶员74名，通达公司出租车3辆、驾驶员10名，参与疫情防控隔离人员转运、核酸样本转运等工作，弥补企业损失。对承租行政事业单位国有房屋的2个小微企业，减免租金18.78万元。

交通管理

【概况】 2022年，区交通运输局努力提升企业现代化建设水平，强化运输行业监督治理，着力公路养护和管理，打击公路违规超限，完成辖区四类公路交通量比重和时速调查，推进各项管理工作再上新台阶。

【内河港口管理】 2022年，区交通运输局全年累计开展港口执法检查179次，累计检查345家次，参与检查431人次，其中，分管领导带队检查20次，发现一般隐患275条，发放整改通知书31份，整改274条，整改率99.6%，对重大危险源检查中发现的辉丰石化“现场作业货种有苯，苯毒性程度为2级，但装卸储存苯的罐区、泵房、装车

2022年9月10日，大丰区邮政快递员在送件途中　　周古凯　摄

站等区域场所未安装有毒气体探测器”问题。根据《中华人民共和国安全生产法》第三十六条“安全设备的设计、制造、安装、使用、检测、维修、改造和报废，应当符合国家标准或者行业标准”要求，于11月2日完成执法，处罚5万元。

【邮政市场管理】 2022年，区交通运输局开展邮政普遍服务达标、邮票发行销售、邮政企业机要通信等专项监督检查，共检查邮政支局30家、邮政报刊亭5个，查出的问题都进行了整改，年内辖区邮政普遍服务基本达标。开展邮件快件处理场所的“三项制度”（实名登记、开箱验视、过机安检）、“六个严禁”（严禁无关人员进入处理场所；严禁鞋帽不合规、长发辫不盘起、系围巾围脖；严禁违规下钻跨越践踏传送带；严禁冒险捡拾落件、疏通拥堵件；严禁违规动火作业、冒险检修、疲劳作业、超速驾驶；严禁遮挡消防器材、占用消防通道）和消防安全等重点问题内部常态化检查；会同区公安、烟草、文旅等部门联合检查；配合相关县（市、区）邮管局交叉检查，协同联动，聚焦凝力，切实将事故隐患消灭在萌芽状态。督促企业规范末端网点管理，及时为未备案和备案过期的末端网点办理相关手续。推进末端网点安装监控设施，并接入监控系统远程监控。

【公路常态养护】 2022年，区交通运输局公路养护部门养护小修生产计量总值1804.65万元，其中基价类为876.43万元，单价类为928.22万元。单价类中沥青路面731.33万元，裂缝贴21.12万元，清扫车保洁96.14万元，绿化修剪70.18万元，桥梁台背及伸缩缝9.45万元。完成灯控区车辙处治28处。完成G343大中修工程。受盐城市公路事业发展中心委托，监管大丰境内国省线的桥梁防止船舶碰撞设施专项工程及危桥改造工程，截至年底完成G204丁溪南桥、S226中西桥危桥改造工程，G343大刘桥航道主动预警，G228新斗龙港大桥航道助航标识等工程。在工程施工中加强项目质量、安全、进度和投资管理，应用地聚物注浆、超薄罩面技术，注重路面旧料的回收及再利用，融入集约节约、节能减排的现代理念。

【公路管理】 2022年，区交通运输局公路养护部门完成G228、S351全线通行环境整治。完善普通国道、省道平面交叉处交通安全设施和交通管理设施；实施交通事故多发的交叉处、无安全防护的临水路段、年久失修的桥梁护栏，中分带、侧分带开口不符合规范要求的隐患治理，其中对辖区所有管养国、省干线接养254.18千米，农村公路接养469.07千米。安全检查国道、省道桥梁108座，县道桥梁240座，乡道桥梁39座，对发现的高风险桥梁，结合养护工程进行改造，一时不能整治到位的，设置醒目的提示标志，并采取临时应急措施降低安全风险。完成G204线中央分隔带护栏提升工程，项目总长27.78千米，投资金额2200万元。进行辖区管养线路面坑塘检查统计，并对其实施修补，修补总面积达22000平方米（其中G228约12000平方米、S226约6000平方米、S351约1500平方米、S331约1200平方米）。实施G204、G228、G343、S226线绿化视线遮挡安全隐患处治，共568处，全部验收合格。

【公路超限治理】 2022年，区交通运输局公路管理部门联合公安交警、运政管理等相关部门，推出行政执法检查“双随机、一公开”工作机制。与城区、港区、大桥、新丰、三龙5个交警中队建立常态化轮值巡查和24小时值守驻站制度，保持路面查处高压态势，竭力遏制公路超限行为。对寻衅滋事、堵塞车道、冲卡拒检、破坏治超站点设施或以暴力手段抗法的，纳入扫黑除恶专项行动范畴。对弃证逃逸、弃车避检、不配合路面执法人员检测等行为，现场执法人员收集证据，将有关信息向公安交警、交通运管部门抄告，并依法进行处理。全年检查货运车辆6832辆，其中交警处罚1136辆，罚款17.32万元，记分1135分，交通监督卸驳载货物4939.87吨，教育放行车辆375辆。

水上交通

【概况】 2022年，全区水上交通安全形势稳定，未发生水上亡人责任事故，未发生干线航道8小时堵塞事件，未发生水上风景旅游经营项目安全事故，未发生船舶污染水体事件。完成一般程序行政处罚案件113件并依法信用登录。处理12345政府热线工单15起。

【水上危化品运输安全监管】 2022年，区交通运输局水上管理部门加强对通榆河危化品运输船舶的管控，对船舶载运危险货物进出港口申报情况进行检查，强化对危化品水上运输源头监管，掌握危化品运输船舶动态情况。严格落实危化品运输船舶夜间禁航制度，全年开展3次危化品船舶夜间巡航检查，发现2艘危化品船舶违反夜间禁航规定，依规对其进行处罚。综合运用电子巡查与现场巡查手段，严厉打击船舶承载危险货物瞒报谎报、不适航船舶承载危险货物等违法行为，确保辖区水上运输合法合规、安全畅通。全年进行危险货物船舶申报537艘次，载运量15.99万吨；检查发现危化品船舶违法行为6起，均予处罚并纠正。

【水上游览及运输安全督察】 截至年底，全区有涉水游览经营活动企业4家，分别是盐城市神鹿生态旅游发展有限公司（麋鹿保护区）、盐城市梅缘文化产业有限公司（梅花湾）、盐城市大丰区水韵龙湾森林酒店有限公司（水韵龙湾）、江苏裕丰旅游开发有限公司（荷兰花海），均纳入封闭水域备案管理。年内，区交通运输局水上管理部门对4个涉水企业开展安全检查21次，重点检查水上游览经营活动备案资料及现场设备设施，督促管理人员加强安全管理和值班值守，时刻关注天气变化，恶劣天气禁止营运。检查发现隐患7条，全部整改。全区有航运企业5个，分别是盐城市昌宏运输有限公司、盐城市成功运输有限公司、盐城市通榆运输有限公司、江苏盐城港航运集团有限公司、盐城丰港物流有限公司，均属普通货物运输企业，都已签订《内河船舶不参与海上运输承诺书》，年内未发现航运企业及其他个体内河船舶从事海上运输。水上执法部门督导航运企业全面落实安全生产主体责任，建立健全航运企业全员安全生产责任制，加强全员安全生产责任制的教育培训和考核管理，加大安全硬件投入，符合船舶适航、船员适任、营运规范等硬性规定，确保水上运输安全无事故。全年开展航运企业安全检查15个次。6月1日，检查盐城市昌宏运输有限公司，发现其未制定2022年度安全生产投入计划及5月份安全学习未附照片，予以批评教育并要求补齐资料。

【水运违法行为整治】 2022年，区交通运输局水上管理部门通过现场巡航等方式，排查辖区长期脱管船舶、“三无船舶”（无船名船号、无船舶证书、无船籍港）；督促船舶实施进出港报告、接受船舶安全检查，消除船舶脱管状态。加大对未按规定标识船名船籍港、未按规定开启船舶自动识别系统、未持有有效营运证、超限超载超航区非法运输、非法过驳、非法浮吊作业等违法行为的查处力度。开展船舶、港口码头污染防治现场监督检查和巡航检查。对船舶未按规定配备或未正常使用防污设备和器材、未按规定送交船舶污染物并如实记录等违法行为进行查纠和处罚。全年出动水上执法人员620人次，检查船舶282艘次，处罚违法行为110例，罚款12.60万元。

【船舶生活污染纠治】 2022年，区交通运输局水上管理部门注重检查辖区通榆河、刘大线等干线航道航行的内河船舶垃圾、污水收集和送交，以及岸上接收和转运处置情况，严厉打击各类不按规定收集、违规排放和处置垃圾、污水的行为。结合现场巡查和通榆河视频监控电子巡查，对进入辖区在航运输船舶封舱情况进行检查，重点检查船舶在航时是否通过固定式舱口盖或油布等方式对货舱实施封舱、封舱设施是否处于良好的工作状态等。对货物运输船舶在航时未通过固定式舱口盖或油布等方式对货舱实施封舱的，按照有关规定进行查处。全年开展船舶防污染登船检查649次，查处船舶不能提供污染物接收凭证39例，罚款1.13万元；燃油抽检121艘，检测均合格。对辖区航运企业进行常态化检查，重点检查主要负责人污染防治第一责任落实情况，督促其严格按照有关规定，为所属船舶配齐相应的防污设施设备，做到垃圾分类收集、船舶防污设施正常使用，并如实记录有关情况。督促船检部门把船舶防污设施的安装和使用情况作为船舶营运检验的重点检查项目，凡发现防污设施不能正常使用的，不得通过年检并责令限期整改，逾期整改不到位的，依法收回相关船检证书；发现船舶环保设备达不到规定要求的，建立档案，并责令限期完成改造，逾期不改造的限期淘汰。

【水路非法运输固体废物污染防治】 2022年，区交通运输局在刘大线航道设置“打击水路非法运输固体废物”举报标牌，公布环保、公安、水上执法举报电话，引导社会共同监督、举报水路非法转运固体废物行为。2022年以来，水上执法部门将船舶是否运转固体废物纳入日常检查内容，强化对辖区港口、码头的源头把关，及时制止纠正违法运输行为，督促码头经营人和业主落实主体责任。加大对过往船舶的检查力度，一旦发现可疑船舶实施实船核查。

（陈征涛）

〖编辑　朱晓华　徐荣莉〗

生态环境

综 述

【生态环境优化】 2022年，盐城市大丰区围绕生态环境保护的各项目标任务，深入打好污染防治攻坚战，推进生态环境高质量发展和党的建设各项工作取得新成效。5月初开展了“散乱污”和断面水质专项整治提升行动，7月初开展了环境质量“提质增优”行动。2022年，大丰区PM2.5浓度均值为27.3微克/立方米，排名全省第8位、全市第3位。优良天数比率83.8%，排名江苏省第8位，盐城市第6位。地表水省考以上断面达到或好于Ⅲ类比例100%，同比提高20个百分点。重点建设用地安全利用率达100%。创成江苏省级生态文明建设示范区。川东港获批首批“美丽海湾”省级示范项目并已申报国家级优秀案例。“实施生态修复，绘制花海风光”项目被江苏省生态环境厅、江苏省文明办选树为首批省级生态文明建设典型之一，为盐城市唯一。大丰区已创成省级生态文明建设示范镇（街道）11个、江苏省级生态文明建设示范村（居）7个。

【大丰生态环境局服务发展】 2022年，盐城市大丰生态环境局推行“前中后台”（前台办理、后台办结）一体化收办模式，创新采取容缺预审等举措缩短审批时限，全年完成审批各类建设项目121个。会同区行政审批局、区项目服务中心等部门对119个项目进行联合会审，原则通过113个项目，提高新招引项目的质态效益。落实专人、服务前移、提前介入、全程跟踪服务重大项目，完成正泰年产3吉瓦高效晶硅电池和3吉瓦高晶硅组件（二期）等23个项目环评审批，助力蜂巢能源动力锂离子电池项目等3个省重大项目落户和长三角一体化产业发展基地建设。规范使用省排污总量指标储备和交易管理系统平台，完成7笔排污权交易。积极推进“绿岛”项目建设，3个项目报省厅审核。组织16个涉辐射单位开展安全管理自评，办结辐射安全许可证7张。许可证办理及时率、持证单位基础信息正常率、年度评估报告上传率均为100%。全面推行排污许可管理，办结排污许可证158张、排污许可国家规范性审核171张，审核执行报告187个。推动34个企业参保环境污染责任险，544个企业签订环保信用承诺书，96个被处罚企业开展社会信用修复。

环境质量

【环境空气质量】 2022年，大丰区空气质量指数（AQI）范围：33~182，平均值为72，环境空气质量总体处于良好状态。空气质量优良天数为306天，空气环境质量优良率为83.8%，其中有93天空气质量为优，213天空气质量为良。空气质量超标59天，其中轻度污染51天，中度污染8天，未出现重污染天；超标天中首要污染物为臭氧的有44天，占74.6%，为细颗粒物的有13天，占22.0%，为颗粒物的有2天，占3.4%。

大丰区环境空气二氧化硫年平均浓度为7微克/立方米、日均值第98百分位浓度平均为13微克/立方米；二氧化氮年平均浓度为16微克/立方米、日均值第98百分位浓度为46微克/立方米；可吸入颗粒物年平均浓度为50微克/立方米，日均值第95百分位浓度为106微克/立方米；细颗粒物年平均浓度为27微克/立方米，日均值第95百分位浓度为68微克/立方米；一氧化碳日均值第95百分位浓度为0.8毫克/立方米；臭氧日最大8小时均值第90百分位浓度为166微克/立方米。与2022年相比，二氧化硫年平均浓度上升1微克/立方米，二氧化氮年平均浓度下降15.8%，可吸入颗粒物年平均浓度下降7.4%，细颗粒物年平均浓度下降3.6%，一氧化碳日均值第95百分位浓度下降11.1%，臭氧日最大8小时均值第90百分位浓度上升11.4%。

全年降尘年平均值为1.92吨/平方千米·月，没有超过省参照标准，未出现酸雨。

【地表水环境质量】 2022年，大丰区水环境质量总体状况明显改善，饮用水源水质达标率100%，地表水主要监测断面水质能达到划定的水域功能类别，地下水水质保持稳定。

饮用水源水质。2022年，大丰区饮用水主水源为宝应县里运河氾水水源地，备用水源为通榆河刘庄水源地。根据省环境监测中心公布监测结果，宝应县里运河氾水水源地全年水质均未超出Ⅲ类，水质达标。通榆河刘庄水源地基本项目指标均未超出Ⅲ类标准，5项补充项目和80项特定项目指标均达标。

地表水水质状况。2022年全区地表水国省考断面水质达到或好于Ⅲ类水比例为100%，省级水功能区达标率为100%。全区主要河流中水质状况总体为良好，监测断面水质能达到划定的水域功能类别，水体主要污染指标为化学需氧量、高锰酸盐指数和总磷。与2022年相比，地表水水质达到或好于Ⅲ类水比例明显提升。

地下水环境质量。2022年大丰区地下水水质与2021年相比没有变化，影响大丰区地下水水质的主要污染因子是氨氮和氯化物。

【声环境质量】 2022年，大丰区声环境质量状况总体上稳定，功能区噪声达标率75.0%，城区区域环境噪声污染程度稳定，道路交通噪声污染程度减轻。

区域环境噪声。2022年城区昼间区域环境噪声等效声级平均值50.1分贝，总体水平等级为二级，质量等级属于较好，比2021年上升0.4分贝，污染程度稳定，测量值范围在44.1~55.3分贝。根据对噪声源进行分析，主要声源是社会生活噪声，所占比例为100%。

道路交通噪声。2022年城区昼间交通干线噪声测量值范围在58.6~69.8分贝，等效声级平均值为62.4分贝，总体水平等级为一级，质量等级属于好，比2021年下降3.6分贝，污染程度减轻。

功能区噪声。2022年城区功能

区噪声达标率为75.0%，比2021年下降7.1个百分点。噪声功能区中4类区环境噪声达标率最高为100%，1类区环境噪声达标率最低为43.8%。三季度功能区噪声达标率为100%，四季度功能区噪声达标率为71.4%。一、二季度功能区噪声达标率均为64.3%。

【土壤环境质量】 2022年，全区重点建设用地和污染耕地安全利用率100%，土壤环境质量状况总体保持安全稳定。

生态保护

【概况】 2022年，大丰区制定出台“十四五”生态环境保护规划和8个专项规划、《生态文明建设规划(2022—2025)》《关于深入打好污染防治攻坚战的实施意见》等文件，统筹推进全区生态文明建设和生态环境保护工作。

【自然保护区生态环境统筹监管】 2022年，大丰区加强自然保护地及周边生态环境监管，完成“绿盾”专项行动工作任务，完成港区臣益冷冻厂、草庙镇川竹村大棚虾、温氏二场饲料储罐、三龙镇五祥养殖场、四卯酉闸活动板房和沿海开发集团活动板房等保护区内环境问题整改。对国家级自然保护区遥感监测线索进行现场核查，并上报处理情况。推进川东退养区域生态安全缓冲区建设，5月入市项目库。

【生态文明示范创建】 2022年，大丰区开展市级生态文明示范村、园区创建工作，截至年底上报53个村和1个镇级工业园区。组织开展“6·5”环境日宣传周系列活动，委托移动公司推送主题短信40万条。依法追究生态环境损害赔偿责任，完成8个企业生态环境损害赔偿调查评估鉴定和磋商工作，启动3个企业生态环境损害赔偿调查评估工作。

节能减排

【工业节能】 2022年，大丰区政府出台《2022年度工业节能考核办法》，分解落实年度节能目标任务，全力推进绿色低碳发展。江苏德和绝热科技有限公司、盐城正泰新能源科技有限公司、江苏博汇纸业有限公司建成省级绿色工厂。年内，大丰区单位地区生产总值能耗下降率全市第一。

（吴　洋）

2022年，大丰区推进川东退养区域生态安全缓冲区建设，5月入市项目库　　周古凯　摄

【减煤工作】 2022年，大丰区非电行业用煤企业有3个。年内，联鑫钢铁公司耗煤56.57万吨，金羚纸业公司耗煤3.4万吨，英茂糖业公司耗煤2.16万吨，合计62.13万吨，同比减少11.6%。根据省关于建立重点耗煤企业煤炭消费减量数据核查机制的精神，制定大丰区减煤数据核查机制。2月，大丰区发改委牵头区工信、统计、审计等单位，组织对全区6个耗煤企业直报数据进行核查，加大统计制度的宣传贯彻，保证减煤数据真实准确。

（薛　玮）

污染防治

【大气污染防治】 2022年，大丰区制定实施大气污染防治年度工作计划，120项重点工程项目全部完成。制定实施《国省控站点空气质量提升方案》《国省控站点周边微环境整治方案》，对国省控站点周边污染源全部分解、包干管控。依托专家技术支撑团队，开展臭氧、颗粒物源解析服务和走航监测，推动314个大气环境突出问题完成整改。对排放大户开展“零点驻厂”(夜间驻点检查)，督促实施深度减排，减轻环境高值影响。建立全区涉VOCs工业企业管理台账，督促10个重点企业编制落实“一企一策”综合治理方案，推动18个企业完成清洁原料替代工作。联合推进扬尘污染防治，建成餐饮油烟在线监控平台，交由区城管局管理，完成410辆国三及以下排放标准柴油货车淘汰工作。建立清洁生产审核重点企业动态管理台账，完成11家企业清洁生产审核评估验收。全面落实“点位长”责任制，落实属地责任，每月通报各板块大气质量，及时下发预警，提出解决方案，加强督查督办，推动大气环境质量持续改善。

【水污染防治】 2022年，大丰区制定实施《水环境断面溯源整治工作方案》《水环境整治攻坚方案》，强化对2021年未达Ⅲ类的国省考断面水质的攻坚，加大统筹推进、联合会商、分析研判、协同治理力度。开展断面水质专项整治提升、“对标进位”“保Ⅲ稳Ⅲ增Ⅲ”“增Ⅲ消劣”等专项行动，每月对215个区考断面水质进行监测，定期通报问题，强化责任落实，加强督查督办，累计整改水环境问题309个。加强畜禽和水产养殖污染防治，制定实施《大丰区畜禽养殖污染防治规划》，高标准推进水产养殖尾水生态化改造。强化河道污染防治，开展河道漂浮物打捞和清淤疏浚，增设曝气设施，推进增殖放流。建成5个水污染防治重点工程，推进5个国省考断面上游支流分布式污水治理设施建设。制定实施《大丰区近岸海域水质提升管控方案》，每月对主要入海河流、入海河口开展海水水质监测。建成1座海洋浮标水质监测站，完成近岸海域5项重点减排工程项目和188个入海排污口的整治工作。

【土壤环境防治】 2022年，大丰区完成土壤重点监管单位、污水处理厂及固体废物堆存场所等30个企业周边土壤和地下水监测，完成18个土壤重点监管单位自行监测和隐患排查工作。推动完成千采化工有限公司、雄鹰笔墨有限公司等关闭企业遗留地块土壤污染状况调查。完成全区地下水环境状况调查评估和污染防治分区、“十四五”土壤和地下水污染防治规划编制。加快推进农村生活污水治理工作，完成191个自然村547.7千米主管网建设目标。大丰区将237个年产危险废物10吨及以上的企业和危险废物经营单位纳入“江苏省危险废物全生命周期监控系统”管理，其中将101个产生危险废物单位的关键位置同步纳入视频监控。227个年产危险废物10吨以下的企业纳入“盐城市小量危险废物收集平台系统”管理。完成伟杰环保危险废物经营许可证和好山水小微收集贮存危险废物经营许可证换领，以及国投环境二期危险废物经营许可证申领。制定实施《大丰区农村黑臭水体排查治理工作方案》，依托农村河道生态治理和村庄河道整治等行动，完成8条黑臭水体治理。

【环境问题整治】 2022年，大丰区全面完成2022年第二轮中央生态环境保护督察工作方案起草、台账资料调阅、驻点办公保障和整改方案制定等工作。对中央生态环境保护督察和省市交办问题、挂牌督办项目、治污攻坚年度目标等实行清单化管理，每周调度进展及时汇总上报，定期督查通报，全力推动整改。2022年第二轮中央生态环境保护督察交办的60件信访件已销号59件，反馈的2个问题均按时序推进整改。2021年省环保专项督察反馈的43个问题完成整改39个。省第五专项督查组交办的11个问题完成整改10个，省挂牌督办的6个项目全部完成整改。全力支持、主动配合省委巡视，完成上级巡视巡察涉及大丰生态环境局的问题整改工作“回头看”，完成3批10项调阅资料、1份生态环境事项调研汇报、9份补充汇报及6类33项现场调阅资料工作。全年受理各类环境信访829件次，同比下降35.54%。

环境监管

【生态环境执法监管】 2022年，大丰生态环境局组织开展各类执法专项行动20余项，强化夜间执法、突击执法、联动执法、交叉执法、异地执法。重点开展“散乱污”企业（作坊）整治、港区和开发区大气污染专项执法检查、夏秋秸秆禁烧禁抛巡查等工作，110个“散乱污”企业整治到位，100多个大气突出问题完成整改，连续10年实现“零火点”目标。全年实施现场执法监管11779人次，责令整改环境问题1824个，发放处罚决定书149份，罚款金额1814.92万元。运用环保法配套办法查处案件25件，其中查封扣押9件、限产停产6件、行政拘留8件、涉嫌污染环境犯罪2件。开展各类环境监测700余次，形成各类监测报告900份，出具各类监测数据206万余个。制定实施《关于加强全区环境应急工作实施方案》，成功举办2022年大丰区通榆河饮用水水源地突发环境事件应急演练，提升环境应急实战水平。

【生态环境安全生产监督管理】 2022年，盐城市大丰生态环境局开展“安全生产月”“百团进百万企业千万员工”等活动，对全区135个重点企业主要负责人和环保负责人进行安全生产专题培训。向危险废物产生和经营单位、涉及重点环境治理设施的企业印发典型事故案例通报，加大环境安全问题隐患排查整治力度。对危险废物、重点环境治理设施等领域开展安全专项整治，排查危险废物相关隐患258条，重点环境治理设施相关隐患464条，全部完成整改。组织开展重点行业领域安全生产百日攻坚行动，排查问题304条，全部完成整改。组织开展新兴领域安全防范工作，重点做好废电池回收、农家乐和民宿、海上风电等新兴领域环境安全风险排查工作。强化部门联动监管，检查企业43个，发现环境问题20条、安全问题142条，环境问题已全部完成整改，安全问题已整改141条、剩余1条海力化工危险废物仓库消防手续在办理中。

（张　平）

〖编辑　朱晓华〗

科学技术

综 述

【科技企业】 截至2022年年底，大丰拥有国家级高新技术企业211个；拥有省级以上创新型试点企业6个、省民营科技企业437个。新认定国家科技型中小企业557个。江苏丰东热技术股份有限公司、江苏金风科技有限公司、江苏正大丰海制药有限公司、江苏中车电机有限公司4个企业获得省创新型领军企业的认定，占全市省创新型领军企业的80%。江苏金风科技有限公司入榜2021年度省百强创新型企业，为盐城唯一，榜单排名由2021年的第78位上升至第38位。江中泓鑫海盐城生物技术有限公司、盐城联丰机电有限公司、安道麦辉丰（江苏）有限公司、永辰水产科技（盐城）有限公司、标优美生态工程盐城有限公司5个企业被确认为2022年度市级农业科技型企业。

【科技创新成果】 2022年，大丰区成功开发新产品200余个，其中，高新技术产品96个。全年完成高新技术产业产值429.58亿元，占规模以上工业总产值的37.1%。江苏丰泰流体机械科技有限公司的“同步回转排水采气装置”项目获得2022年度“机械工业科学技术奖”二等奖。全年组织申报江苏省科技进步奖7项，江苏金风科技有限公司的“千万千瓦级海上风电友好并网与消纳关键技术”项目被授予省科学技术奖一等奖；江苏省大丰麋鹿国家级自然保护区管理处参与的“濒危动物高效感知与保育关键技术及应用”项目被授予省科学技术奖二等奖；江苏丰东热技术有限公司主导的“绿色低碳可控气氛热处理设备与工艺关键技术”项目及江苏金风科技有限公司的“大型风电机组结构降本增效关键技术及应用”项目均被授予省科学技术奖三等奖。

科技计划实施

【科技计划项目成果丰硕】 2022年，区科技局组织申报省级以上各类科技计划项目21项，获立项6个，获省级以上项目资金支持4980万元，创历史最佳。其中，江苏正大丰海制药有限公司的非小细胞肺癌靶向新药“9041”、江苏博敏电子有限公司的“面向5G应用的超高密度任意层互连电路板产品的研发和产业化”、江苏中车电机有限公司的“12兆瓦级以上永磁风力发电机研发及产业化”3个项目获省重大科技成果转化和省碳达峰碳中和科技创新专项项目立项，争取省级科技成果转化专项资金支持4500万元，项目获批数量、争取省级资金支持力度在苏中、苏北领先，居全省第三。江苏谷登工程机械装备有限公司的“面向自主无人作业的水平定向钻机关键技术研究”获得2022年省科技重点研发计划产业前瞻与关键核心技术立项；江苏云马农机制造有限公司的“油菜（蔬菜）育苗播种与移栽成套装备研发与示范应用”项目、江苏丰山集团股份有限公司的“新型高效除草剂喹禾糠酯产品的创制与示范推广”项目获得2022年度省创新支撑计划乡村产业振兴立项支持，3个项目获省资金支持480万元，争取省级资金支持额度创历史最高。获省企业科技副总项目立项21个，获省资金支持奖励105万元。

2022年，大丰区江苏谷登机械公司的“面向自主无人作业的水平定向钻机关键技术研究”获得2022年省科技重点研发计划前瞻与关键核心技术立项 周古凯 摄

【科技政策落实稳步推进】 2022年，区委、区政府研究提高科技创新在全区高质量发展考核指标体系中的地位和权重。大丰高质量年度考核中，科技创新权重为8%，评价体系中涉及科技创新的指标数8项。区科技局常态化开展惠企政策宣讲，2022年举办高企所得税减免、研发费用奖补、科技成果转化、技术合同登记等各类宣讲解读会16场，积极推进国家、省、市、区相关科技政策的认真贯彻落实。为407家单位兑现聚力创新政策奖励市区两级奖补资金，帮助市场主体纾困解难资金8552.31万元，知识产权质押融资额超2.34亿元。在区政府政风热线，就聚力创新促发展系列问题作最新科技政策解读。

高新技术产业

【68个企业被认定为国家高新技术企业】 2022年，丰林金属处理自动化设备大丰有限公司、盐城市大丰澳滨铸造有限公司、江苏杰工机电设备有限公司、盐城数智科技有限公司、江苏禹利水利工程有限公司、江苏台

祥自动化科技有限公司、江苏杰源智能制造有限公司、盐城市大丰区海达机械有限公司、盐城大丰建平铝制品有限责任公司、盐城汇百实业有限公司、盐城海瑞食品有限公司、盐城市联鑫钢铁有限公司、江苏壹佰精工机械有限公司、江苏宇豪新材料科技有限公司、江苏鑫佳苑建筑装配科技有限公司、盐城富邦包装有限公司、江苏驷博电气有限公司、盐城市大丰燃气设备有限公司、江苏鸿基金属制品有限公司、江苏盐发机械有限公司、江苏丰迪科技有限公司、江苏华硅新材料科技有限公司、江苏康贝新材料有限公司、德尔迈自动化科技大丰有限公司、法腾电力装备江苏有限公司、江苏维迅纺织实业有限公司、江苏海越铸造机械科技有限公司、盐城宝风机械科技有限公司、盐城大丰远东纸业有限公司、江苏大昌燃气设备有限公司、盐城市大丰永和车业有限公司、盐城恒兴饲料有限公司、江苏迈硕医疗科技有限公司、盐城市大丰三星机械有限公司、江苏汉华热管理科技有限公司、江苏金韦尔机械有限公司、盐城大昌包装科技有限公司、大丰丰佰电气有限公司、优尼可尔压缩机制造江苏有限公司、盐城大丰猛斯特机械有限公司、江苏博汇纸业有限公司、江苏中车电机有限公司、江苏兄弟维生素有限公司、江苏华国安防有限公司、江苏通略金属制品有限公司、江苏佰健环保科技有限公司、江苏好山水环保科技有限公司、江苏杰林环保科技有限公司、盐城高周波热炼有限公司、江苏金色农业股份有限公司、大丰市申达机械制造有限公司、大丰跃龙化学有限公司、江苏龙发铸造除锈设备有限公司、盐城市三友除锈设备有限公司、江苏芳香季纺织科技有限公司、江苏康庭生物科技有限公司、盐城市大丰区金凯机械有限公司、盐城市大丰新中德包装有限公司、江苏双瑞风电叶片有限公司、盐城市大丰区亿然阀门有限公司、江苏伯冠电气有限公司、盐城大丰荣盛除锈设备有限公司、大丰全力机械有限公司、江苏理研科技股份有限公司、江苏爱利达机械有限公司、盐城成越环保设备有限公司、江苏德和绝热科技有限公司、江苏真美包装科技有限公司68个企业被认定为国家高新技术企业。

【557个企业被认定为科技型中小企业】 2022年，中泓鑫海盐城生物技术有限公司、盐城市大丰捷威精锻有限公司、盐城天尔机械有限公司、江苏迈硕医疗科技有限公司、江苏金色工业炉股份有限公司、江苏晶亚汇电子科技有限公司、江苏特思克阀门制造有限公司、江苏汉宜新材料有限公司、盐城丰工机械有限公司、江苏重林除锈设备科技有限公司、大丰力大气动设备有限公司、盐城市丰特铸造机械有限公司、江苏龙发铸造除锈设备有限公司、江苏博戈工业科技有限公司、大丰市申达机械制造有限公司、盐城大丰荣盛除锈设备有限公司、盐城市贝迪塑业有限公司、盐城大丰中信机械制造有限公司、盐城申宇科技服务有限公司、盐城市双龙机械制造有限公司、盐城市大丰海隆塑业有限公司、盐城市永茂机械科技有限公司、盐城市三友除锈设备有限公司、盐城华升环保科技有限公司、盐城市明佳机械有限公司、盐城成越环保设备有限公司、盐城远大金属科技有限公司、江苏海越铸造机械科技有限公司、江苏龙城铸造机械科技有限公司、江苏恒业纺织有限公司、江苏凯嘉橡胶科技股份有限公司、江苏九方机械有限公司、江苏英达机械有限公司、江苏海创微电子有限公司、江苏诺丰科技有限公司、江苏凯铂成机械有限公司、大丰双展电子科技有限公司、江苏乾晋岩棉科技有限公司、盐城市大丰区金凯机械有限公司、盐城市昊芯科技有限公司、盐城大丰爱特克金属制品有限公司、安健信息科技（盐城）有限公司、盐城中理外轮理货有限公司、双一科技盐城有限公司、江苏瑞彩塑料制品有限公司、江苏通略金属制品有限公司、江苏沼禾农业科技有限公司、江苏真美包装科技有限公司、盐城市摩根科技发展有限公司、盐城大丰建平铝制品有限责任公司、大丰富恒建材有限公司、大丰黑贝信息技术有限公司、盐城宝泉运维电气有限公司、盐城市腾辉电子科技有限公司、江苏沪邦建材有限公司、江苏丰锐磨料磨具有限公司、上海沪菲电缆盐城有限公司、标优美生态工程盐城有限公司、江苏天骏机械有限公司、江苏金龙环保设备发展有限公司、江苏缪斯环保科技有限公司、盐城吉凯同科技有限公司、上海光和光学制造大丰有限公司、江苏道融电子科技有限公司、江苏盛锐光电科技有限公司、江苏云马农机制造有限公司、江苏恒富新材料科技有限公司、盐城大丰科锐达机床设备有限公司、上海特瑞机械设备盐城大丰有限公司、江苏佰健环保科技有限公司、大丰园丁纺织有限公司、盐城数智科技有限公司、江苏壹佰精工机械有限公司、盐城奥凯明通阀门有限公司、盐城海纳汽车零部件有限公司、江苏爵格工业集团有限公司、江苏正德源智能制造有限公司、江苏丰东热处理及表面改性工程技术研究有限公司、江苏瑞鑫集成电路设备有限公司、江苏驷博电气有限公司、盐城乐砂抛丸设备有限公司、江苏共维电子科技有限公司、江苏福摩科技有限公司、江苏佳固建筑科技有限公司、江苏久昌机械有限公司、江苏龙源机械科技有限公司、江苏焦点富硒农业有限公司、盐城思隆机电有限公司、江苏鑫佳苑建筑装配科技有限公司、江苏真鹿科技有限公司、盐城市大丰区辉洋农业机械制造有限公司、江苏长润智能燃气设备有限公司、江苏亿达铸造机械有限公司、江苏恒茂嘉诚建材有限公司、盐城市希联服饰有限公司、江苏碧清园食品科技有限公司、盐城大丰鑫浩机械有限公司、盐城市大丰百诚纺织科技有限公司、江苏薇芝泽海洋生物科技有限公司、江苏凡高信息技术有限公司、江苏天赋生物科技有限责任公司、国一新材料江苏有限公司、江苏华硅新材料科技有限公司、大丰万达纺织有限公司、江苏润翔机械科技有限公司、盐城通铭生物科技有限公司、江苏洁雅家居用品有限公司、盐城市大丰中意机械有限公司、盐城势于势汽车配件有限公司、江苏红雷木业有限公司、盐城宝德冶金设备有限公司、江苏东尚诚品

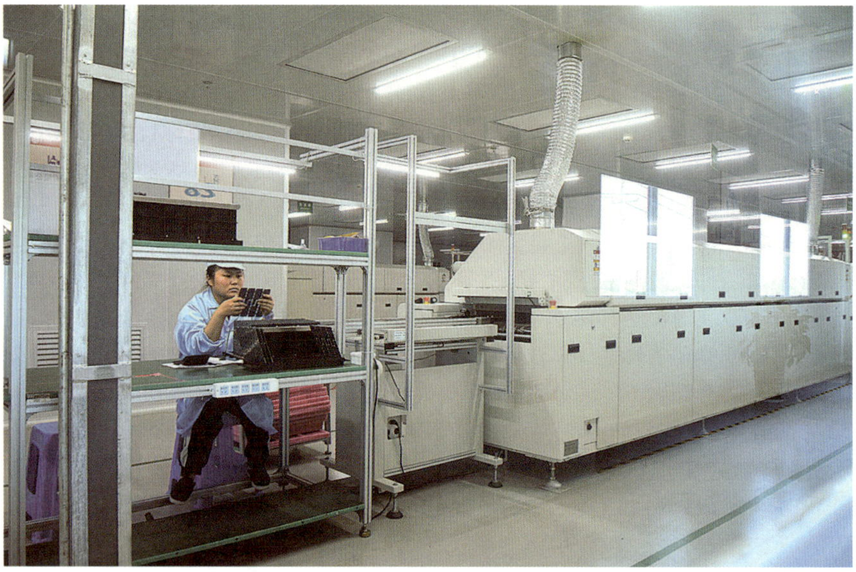

2022年，大丰区有盐城吉凯同科技有限公司等557个企业被认定为国家科技型中小企业 周古凯 摄

有限责任公司、盐城市大丰区静源污水处理有限公司、江苏康庭生物科技有限公司、盐城市龙万机械有限公司、杰士龙新材料科技（江苏）有限公司、江苏杰源智能制造有限公司、盐城市苏瑞思电子有限责任公司、江苏仂广技术有限公司、江苏欧曼压缩机有限公司、大丰市龙胜除锈设备有限公司、江苏盐发机械有限公司、德尔迈自动化科技大丰有限公司、盐城市大丰区比齐密封系统有限公司、盐城成强科技有限公司、江苏兴达净化科技发展有限公司、盐城市大丰燃气设备有限公司、江苏江大金属表面处理技术研究院有限公司、盐城大昌包装科技有限公司、盐城鼎高科技有限公司、大丰鑫源达化工有限公司、盐城盐东速削科技有限公司、江苏银河工贸有限公司、江苏久禾生物科技发展有限公司、盐城市建龙机电设备制造有限公司、盐城富邦包装有限公司、盐城大丰猛斯特机械有限公司、盐城大丰远东纸业有限公司、盐城大丰大龙铸造机械有限公司、盐城市大丰区亿然阀门有限公司、盐城市大丰永和车业有限公司、盐城市大丰鑫海纺织有限公司、江苏旭日泵业制造有限公司、江苏丰海新能源工程技术有限公司、江苏大通精密机械零部件有限公司、江苏固德建筑机械有限公司、江苏飞鹤管业有限公司、盐城市大丰区宏丰米业有限公司、江苏旺丰纺织有限公司、江苏省成越科技有限公司、江苏碧青园海洋生物科技有限公司、江苏伯冠电气有限公司、江苏汇宝不锈钢有限公司、盐城思达德民力阀门有限公司、江苏成越抛丸机械有限公司、盐城市联明机械有限公司、盐城鲜芝贝水产有限公司、江苏美谷塑胶工业有限公司、江苏诚康药业有限公司、江苏杰工机电设备有限公司、盐城康宝消毒剂有限公司、江苏众鑫磁电有限公司、江苏苏港和顺生物科技有限公司、江苏鸿基金属制品有限公司、盐城大丰赛维铸造科技有限公司、江苏大丰华丰种业股份有限公司、大丰格雷特科技有限公司、华创电子材料（盐城）有限公司、江苏禹利水利工程有限公司、盐城卡洛设计有限公司、江苏昊扬微电子有限公司、江苏鑫磊炉业科技有限公司、江苏中亿佳弘实业有限公司、江苏和硅纳米科技有限公司、江苏大昌燃气设备有限公司、盐城宝风机械科技有限公司、盐城丰诺化工有限公司、江苏石川岛丰东真空技术有限公司、盐城磊业机械科技有限公司、江苏省丰乐铸造有限公司、盐城市顺泽工贸有限公司、江苏昇奕精工科技有限公司、江苏锐达科技有限公司、江苏海昇新材料有限公司、江苏聚亿新材料科技有限公司、盐城欢之乐网络科技有限责任公司、盐城泽宇钢结构工程有限公司、盐城大丰斐创科技有限公司、盐城今菱网络科技有限公司、江苏华茂管业有限公司、盐城市晟隆机械有限公司、盐城美哒哒科技有限公司、盐城市大丰区厦兴纺织科技有限公司、江苏荆桥铸造有限公司、江苏德隆抛丸机械有限公司、江苏珍鹿纺织有限公司、盐城市大丰三星机械有限公司、百顺和泰（盐城）能源科技发展有限公司、盐城市大丰恒力机械有限公司、江苏明微电子有限公司、盐城市众凯建材有限公司、江苏台祥自动化科技有限公司、江苏杰森纺织制品有限公司、江苏鑫德龙环保科技有限公司、江苏聚润硅谷新材料科技有限公司、盐城市大丰志军农业机械制造有限公司、盐城南翔食品有限公司、盐城市大丰荣利达机械有限责任公司、盐城浩楠电子有限公司、盐城市天元油品有限公司、盐城市希江纸制品有限公司、盐城市大丰区俊杰塑业有限公司、江苏喻远旨丰产品设计有限公司、江苏伟鑫热处理设备有限公司、江苏杰林环保科技有限公司、盐城法尔机械有限公司、盐城市大丰汇鑫金属磨料制品有限公司、江苏金丰纺织有限公司、盐城市大丰鹏诚麦业有限公司、盐城中德劲博机电有限公司、江苏湃福安全用品有限公司、盐城市旺科电子技术有限公司、盐城中德精锻股份有限公司、盐城大丰志得机械有限公司、江苏维迅纺织实业有限公司、盐城市大丰嘉华机械制造有限公司、江苏邦力金属制品有限公司、江苏伟途力丰科技有限公司、中科鑫洋（江苏）生物技术有限公司、江苏新金达机械制造有限公司、盐城赐百年生物科技有限公司、江苏晨卓建材开发有限公司、江苏瑞邦耐火材料科技有限公司、盐城市万顺汽车配件有限公司、江苏浔丰轨道交通科技有限公司、盐城市大丰强海纺织有限公司、盐城市金固机械有限公司、优尼可尔压缩机制造江苏有限公司、盐城市浩泰环保设备有限公司、盐城大丰汇安车辆配件有限公司、盐城市大丰区锐华机械制造有限公司、盐城市大丰区中大机械有限公司、江苏昊烨新材料科技有限公司、江苏利丰机电有限公司、

江苏志得管业有限公司、盐城领晟科技服务有限公司、盐城市大丰区浩辰电子科技有限公司、盐城锦腾汇德环保科技有限公司、上冷空益科技(江苏)有限公司、盐城优工机械有限公司、盐城云锦昇科技有限公司、盐城力通建材有限公司、江苏神力齿轮冷挤有限公司、盐城奥克阀门有限公司、江苏沛阳环保设备制造有限公司、盐城市大丰澳滨铸造有限公司、盐城海瑞食品有限公司、盐城征顺机械制造有限公司、江苏粤强电子材料有限公司、盐城纳比熊网络科技有限公司、江苏台益纳米科技有限公司、盐城市大丰逸芙针织有限责任公司、盐城市大丰同盛纺织品有限公司、江苏伟轩环保科技有限公司、盐城市丰实金属磨料有限公司、盐城大丰恺悦纺织有限公司、江苏复财空压机实业有限公司、盐城境升环保工程有限公司、盐城乐源包装科技有限公司、江苏民申机械装备有限公司、江苏宇豪新材料科技有限公司、江苏隆兵电气有限公司、盐城奥通特思克铸业有限公司、盐城朗威信息技术有限公司、江苏顿科智能装备有限公司、江苏华国安防有限公司、江苏港丰机械铸造有限公司、江苏龙马精密机械有限公司、盐城市欧特威机械科技有限公司、盐城佰利达环保科技有限公司、依蔼希(江苏)管道控制系统有限公司、大丰市富华铸造机械有限公司、江苏豪臣工业科技有限公司、盐城大丰创一精锻齿轮有限公司、江苏依艾工业设备有限公司、盐城固威铸造有限公司、江苏滋补堂药业有限公司、盐城市大丰区长力橡塑有限公司、盐城市新时代网络科技有限公司、盐城市大丰区祥云水泥构件有限公司、盐城卓尔家纺有限公司、盐城嘉泽耐磨合金有限公司、江苏弘烨精密铸造有限公司、大丰市天天纺织条桶有限责任公司、盐城市金鼎金属制品有限公司、大丰丰佰电气有限公司、江苏双菱重工有限公司、江苏昇晟环保科技有限公司、江苏酝尚味科技有限公司、江苏大昌机电工程有限公司、法腾电力装备江苏有限公司、江苏众城线缆有限公司、江苏宝诚重工科技有限公司、江苏正驰机电有限公司、盐城市大丰创意工艺品有限公司、江苏帅圣建设工程有限公司、江苏广盈纺织科技有限公司、盐城市大丰星达巾被有限责任公司、江苏东方众联工业技术有限公司、江苏飞腾铸造机械有限公司、盐城市大丰高昌蓝翔木业有限公司、盐城市百顺农产品初加工有限公司、盐城市大丰新中德包装有限公司、盐城市大丰区雷屹线业有限公司、江苏德航工程机械装备有限公司、江苏一帆汽车配件有限公司、大丰市万成机械有限公司、江苏南翔涂装环保设备有限公司、丰林金属处理自动化设备大丰有限公司、江苏嘉龙纺织有限公司、大丰全力机械有限公司、盐城市大丰园海物流有限公司、江苏爱利达机械有限公司、大丰科鑫热技术有限公司、盐城市海悦纺织有限公司、盐城金大抛丸机械有限公司、盐城大丰阳光抛丸机械设备有限公司、江苏全成奥马热工科技有限公司、盐城中昌精锻有限公司、江苏海渔饲料有限公司、江苏易洁日用品有限公司、江苏义禾农业发展有限公司、江苏科捷机械制造有限公司、盐城市大丰区天成精密铸造有限公司、江苏杰豪电气有限公司、江苏省浙机铸造有限公司、江苏鸿盛电气工程有限公司、江苏雷金过滤设备有限公司、盐城海博精密机械有限公司、盐城市大丰区众荣机械设备制造有限公司、江苏塞米门窗科技有限公司、江苏长展科技有限公司、大丰市明月轴瓦有限公司、盐城同达纸制品有限公司、盐城聪颖纺织科技有限公司、江苏班德瑞不锈钢有限公司、江苏弘正扬瑞新材料有限公司、盐城市旺恒纸业有限公司、江苏逸洁包装科技有限公司、盐城高周波热炼有限公司、德亚炉业科技江苏有限公司、江苏科尚新能源科技有限公司、盐城市海园污水处理有限公司、江苏巨龙铸造机械有限公司、江苏明宇纺织有限公司、江苏懋扬智能科技有限公司、盐城净空间环境科技有限公司、盐城市大丰区海达机械有限公司、江苏艾匹柯流体设备有限公司、昀嘉纺织器材大丰有限公司、盐城市大丰区龙昇机械制造有限公司、盐城市大丰源顺巨机械有限公司、盐城途遇旅游大数据有限公司、盐城英健科技有限公司、盐城科一物联网科技有限公司、盐城永盛海绵制品有限公司、盐城瑞斯特新材料有限公司、赛力普(大丰)设备有限公司、盐城大丰草庙机械有限公司、盐城讯美信息科技有限公司、盐城腾龙申丰塑业有限公司、江苏省越丰铸造有限公司、盐城吴牧旺农生物科技有限公司、江苏环球海洋生物科技有限公司、盐城市立达条桶有限公司、江苏浩火环保科技有限公司、江苏蓝科减震科技有限公司、兰霍医疗科技(江苏)有限公司、盐城廉威环保科技有限公司、江苏建兴电子有限公司、盐城越日机械制造有限公司、盐城大丰万顺床上用品有限公司、盐城怡童家纺有限公司、盐城大丰力波机械制造有限公司、润丰智能家居(江苏)有限公司、盐城市大丰云林工艺品有限公司、江苏牧王药业有限公司、盐城市大丰百强精铸有限公司、盐城新阳环境科技有限公司、盐城思宇家居用品有限公司、江苏华丽达包装材料有限公司、盐城市大丰区恒盛电力科技有限公司、盐城康威特橡塑有限公司、盐城市大丰信达机械制造有限公司、盐城华尊工艺品制造有限公司、盐城大丰晟泓纺织有限公司、江苏芳香季纺织科技有限公司、盐城盛大科技有限公司、盐城海贝玩具有限公司、盐城市大丰区港丰健身器材有限公司、江苏丰润纺织有限公司、江苏康贝新材料有限公司、盐城华洋电子有限公司、盐城市旺达包装有限公司、盐城大丰超越机械制造有限公司、盐城开乐纺织工艺有限公司、江苏欣茂纺织有限公司、盐城大丰万顺盈润纺织品有限公司、盐城市大丰久盛茧丝绸有限公司、江苏旺星纺织科技有限公司、盐城仁德纺织有限公司、江苏鑫伟丰纺织有限公司、江苏禾晟纺织有限公司、江苏文翰纺织有限公司、江苏美利合兴织造有限公司、江苏民博铸造有限公司、盐城市兴泰织造有限公司、盐城市大丰东南铸造有限公司、盐城杉童玩具有限公司、大丰环球工艺品有限公司、盐城和乐工艺品有限公司、江苏好山水环保科技有限公司、江苏豪杰流体控制有限公司、江苏金丝伟业纺织有限公司、盐城益美工艺品有限公司、盐城迈祥纺织有限公司、盐城大丰万顺宏远绗缝有限公司、盐城鑫仕辰科技股份有限公司、江苏全成机械制造有限公司、盐城市雅霏纺织品有限公司、江苏金烨机械制造有限公司、盐城市大丰丰轩服装有限公司、江苏钰丰麦芽制造有限公司、江苏丰冠纺织有限公司、江苏省常平铸造有限公司、盐城市大丰蓝天自动化科技有限公司、盐城思必恩智能科技有限公司、盐城东源铸造机械有限公司、盐城市震业机械有限公司、富瑞得（盐城）家居科技有限公司、盐城市大丰区鑫越纺织科技有限公司、江苏凯斯达实业有限公司、江苏宏泰织造有限公司、盐城汇百实业有限公司、盐城优希维阀门有限公司、江苏飞翔纺织有限公司、盐城泰和玩具有限公司、盐城市嘉博建材有限公司、江苏德立斯铸造机械有限公司、江苏汉华热管理科技有限公司、江苏海达纺织有限公司、盐城简尼电子有限公司、盐城市大丰翔云纺织品有限公司、盐城大丰金一品纺织有限公司、盐城东皇铸造有限公司、江苏尖兵生态农业科技有限公司、江苏飞扬电子科技有限公司、盐城大丰宏润浆纱有限责任公司、盐城威尔斯玩具有限公司、盐城市大丰区雁金模具有限公司、盐城鸿鼎纺织科技有限公司、众恒翌泰建设集团有限公司、江苏创海电子科技有限公司、盐城慧凡信息技术咨询服务有限公司、盐城市大丰博睿阀门有限公司、大丰市华海电子有限公司、江苏中品晟建设工程有限公司、盐城海盟工贸有限公司、盐城市大丰区天宇复合材料有限公司、江苏冠全食品有限公司、江苏省宏旭铸造有限公司、江苏奥力斯特科技有限公司、江苏美高半导体科技有限公司、盐城市山川金属加工有限公司、盐城赛龙铸造机械有限公司、江苏万宝科技发展有限公司、盐城耀福安全玻璃有限公司、盐城云辉家纺有限公司、江苏天昊新材料科技有限公司、盐城市大丰区丰俊机械工程有限公司、江苏东立超细粉体有限公司、大丰创新设计有限公司、江苏众创空间科技发展有限公司、江苏宝厦建设有限公司、江苏丰能海服科技有限公司、大丰高新软件产业有限公司、江苏吉源装饰材料有限公司、迈杰科输配电设备江苏有限公司、江苏丰迪科技有限公司、江苏工联电力科技有限公司、盐城广兴印染有限公司、盐城广之兴印染科技有限公司、江苏泓顺硅基半导体科技有限公司、盐城海镇模具制造有限公司、盐城市富先达机械有限公司、大丰云涛生物技术有限公司、盐城林泰汽车技术服务有限公司、盐城市大丰力丰压缩机有限公司、盐城市翔鸿玩具有限公司、江苏保源木业有限公司、江苏新佳宝纺织有限公司、江苏丰恒阀门有限公司、江苏丰收大地种业发展有限公司、商灏盐城信息科技有限公司、江苏翊彩高分子材料有限公司、盐城市大丰区海创科技发展有限公司、盐城维盛新材料有限公司、盐城市大丰区宇宁消防科技有限公司、江苏华尚汽车玻璃工业有限公司、盐城明富汽车技术服务有限公司、盐城波美新材料有限公司、江苏省宏展机械有限公司、大丰市恒远机械检测有限公司、盐城大丰盛源机械有限责任公司、艾锑威江苏材料科技有限公司、盐城市大丰真率工艺品有限公司、盐城子辰网络科技有限公司、江苏麦莎实业有限公司、盐城市大丰区兆海服饰有限公司、江苏益科热处理设备有限公司、江苏博实电线电缆有限公司、盐城大丰宏祥空压机有限公司、盐城市瑞辉包装材料有限公司、盐城市大丰区苏伟精锻有限公司、江苏创传水泥预制品有限公司、盐城丰东特种炉业有限公司、盐城市大丰区创达纸箱包装有限公司、盐城明玥婕儿童用品有限公司、盐城欣航高分子材料有限公司、开芯果农业科技（盐城）有限公司、盐城贵圣机械有限公司、盐城市大丰区瑞美生物科技有限公司、盐城市大丰区金舜通汽车科技有限公司、江苏冠云软件科技有限公司、盐城联丰机电有限公司、盐城凯兴达精密铸造有限公司、盐城亿欣工业材料科技有限公司、盐城市圣世杰机械制造有限公司、盐城沃鑫机械有限公司、盐城市大丰中亚机械制造有限公司、盐城市林华机械制造有限公司、松川工业材料（江苏）有限公司、盐城市大丰区中天环保节能工程有限公司、盐城大丰丰旭达科技有限公司、盐城海装海洋工程有限公司、大丰卯酉创客邦科技咨询有限公司、盐城市大丰立志塑业有限公司、盐城市大丰鹏宇科技有限公司、江苏久扬涂装设备有限公司、江苏晶美生物科技有限公司、盐城市大丰华瑞精工机械有限公司、大丰和力纺织有限公司、江苏科思朗科技有限公司、盐城市大丰裕能生源科技有限公司、盐城大丰启航电子科技有限公司、江苏蓝天再生资源有限公司、大丰锦辉风电设备有限公司被认定为国家科技型中小企业。

科技成果

【政产学研合作深化】 2022年，大丰区深化与上海在科技创新、人才资源等方面的有效对接，加强与上海科技交流中心的合作，共建沪丰科技协同创新中心；深度融入长三角科技创新一体化发展，加大与“一带一路”沿线国家及长三角、珠三角等地区的科技合作。全年开展产学研及专题科技招商活动20次。组织企业线上参加江苏省产学研大会、第二十届深圳国际人才交流大会、2022年盐城南京科创合作对接会、上海大学力学所对接会等产学研活动17次，新增产学研合作项目123个。入选省“揭榜挂帅”等产学研合作项目8项，新建“校企联盟”6个。新增省科技副总21名、市科技副总20名，创历史最佳。2022年，2家企业被认定为省级企业工程技术研究中心、1家企业被认定为省级研究生工作站，106家企业被认定为市级工程技术研究中心，金风科技公司被认定为首批市级重点实验室。7个企业通过省工程技术研究中心绩效考评，海嘉诺公司等4个企业考评结果为优秀，占全市一半。积极推动博汇纸业公司与省产业技术研究院合作共建企业联合创新中心。经济开发区与南京大学李爱民教授团队、国家重大人才工程专家青岛大学陈春梅教授团队合作建设江苏沿海低碳产业技术研究院、青岛大学华东海洋风电研究院。

【科技创新生态环境优化】 2022年，大丰区全年发放“科技创新推进年”工作情况通报3期，开展各类科技创新、人才政策宣讲5次，技术合同成交额43.23亿元。新建省级研发机构及人才站点6家、科技企业加速器1个、离岸科创中心1个、“规升高”企业21个，外国高端人才和专业人才在华工作85人。通过省市评估的“瞪羚”、潜在“独角兽”和“独角兽”企业3个，高新技术产业产值占规模以上工业产值比重44.9%，争取省级以上科技经费5042.49万元，各项高质量考核和“科技创新推进年”指标均排名盐城前列。成功举办2022年“才聚沿海 大展丰彩”大丰区创新创业大赛，推荐16个项目参加第三届中国盐城创新创业大赛，获二等奖1项、三等奖3项。

（潘 丰）

2022年，大丰区气象局在盐城市2022年度气象行业职业技能竞赛中取得团体第一的成绩，2人分别获得个人全能一等奖和三等奖

（区气象局 供图）

气象事业

【概况】 2022年，大丰区气象局以提高预报预测准确率、提升服务质量为核心，及时准确做好预测预警服务，筑牢气象防灾减灾第一道防线，各项工作高质量完成。全年地面气象观测、酸雨观测、区域气象站自动观测、农业气象观测、风廓线雷达监测等综合业务质量达标。全国酸雨样品测量抽样考核结果为优秀。风廓线雷达全年业务可用性100%，全省排名第一。农气报表集审无错情。

【气象服务工作】 2022年，大丰区气象局与区融媒体中心合作实现预警信息全媒体发布；与区交警大队联合开展交通气象服务；与大丰海事处合作开展海上气象服务；与紫金保险公司签订“气象+保险”为农服务合作协议。先后组织开展“3·23”气象日、“5·12”防灾减灾日、安全生产月、国际减灾日等一系列宣传活动；开展“百团进百万企业千万员工”学习宣讲2场；防雷技术人员多次应邀上门对企业防雷安全生产宣传、培训指导。

【气象防灾减灾】 2022年，大丰区气象局全年发布各类气象灾害预警信号117条（含变更，不含解除），启动2次全区范围内的气象灾害防御应急响应和8次部门内部应急响应。与区政法委网格办合作，通过网格渠道传播各类气象灾害预警信息及防御指南，面向全区网格员开展“气象+网格”服务专题培训和高质量发展专题培训，实现气象信息员、网格员、灾害信息员多员共建共享。

【气象观测站点建设】 2022年，大丰区气象局完善全区地面观测站点建设，织密气象综合观测网，提升预报预警能力。按照内陆7×7千米、沿海5×5千米组网密度要求，完成31套加密内陆地面气象观测站点建设及验收工作。确定首期5个海上气象观测站点建设的点位，年内完成1套海上气象观测站点建设任务，大丰上海电力海上平台气象观测站安装到位并投入使用。

【科研和学术研究】 2022年，大丰区气象局完成市级1个课题结题，申报市科协软课题1个、立项市级课题1个，发表期刊论文2篇，获得实用新型专利1项。年内，气象科普园被授予“盐城市科普教育基地”称号。大丰区气象局在盐城市2022年度气象行业职业技能竞赛中取得团体第一的好成绩，2人分别获得个人全能一等奖和三等奖。大丰区气象局被区总工会授予“工人先锋号”称号；陈超获得“全省气象部门优秀观测员”、“全区乡村振兴先进个人和全区科技先进工作者”等称号。

（陈 超）

〖编辑 於晨婷〗

教　育

综 述

2022年10月，大丰区城东实验小学举办"让科技融入理想，用创新点缀人生"科技节系列活动。图为"爱科学 学科学 用科学"知识竞赛现场
（区城东实小 供图）

【校园建设】 2022年，大丰区投入约11.5亿元，建设常新路学校，可提供小学学位3600个、初中学位1800个。投入约1500万元，新建常新路幼儿园，可提供学前教育学位360个；金墩、渔业两所幼儿园转制为公办园，可提供学前教育学位360个。投入约1300万元，新建盐垦初级中学、西团初级中学和飞达路初级中学体育馆3座。投入约2700万元，实施基建项目67个，加固改建校舍面积4万平方米。投入147万元，在全区学校新建运动场5个。

【教师队伍】 2022年，大丰区组织教师参加国培项目2个、省培项目22个、区培项目46个，参训率、合格率均为100%；完成5397人次中小学幼儿园教师信息工程2.0培训。依托中国教育干部网络学院平台，培训后备干部449人次。通过校招、社招等渠道，引进985高校和全国一流师范院校优秀人才74名。新增"苏教名家"1名、省教学名师1名、市级名校长5名；考核认定市级名教师3名、学科带头人149名、教学能手258名；遴选产生"四有"（有理想信念、有道德情操、有扎实学识、有仁爱之心）好教师团队市级4个、区级20个。

【教育服务】 2022年，57所学校为义务教育阶段学生提供课后服务，参与课后服务学生38267名，占学生总数的94.4%；参与课后服务教师3720名，占教师总数的93.4%。严格落实"双减"（减轻义务教育阶段学生过重作业负担和校外培训负担）政策，相关工作成果在省级以上媒体报道30余篇，7节示范课入选省级"基础教育精品课"。聘任专职督学16名、兼职督学79名，对督学责任区开展常规督导、专项督导和综合性督导。积极举办"家校共育大讲堂"培训讲座，引导家长改变育人观念、促进儿童健康成长，全年开展培训10期，累计培训教师约5000人，讲座视频线上收看人数超7万人次。

【教育质量】 2022年高考，全区1人进入全省前100名，另有3人进入省前200名，全区640分以上10名、620分以上40名、600分以上104名，实现高分段重大突破。学生李沐阳和沈玲玲被北京大学录取，还有一大批同学被985名校录取。新增全国传统文化传承学校2所、省级智慧校园2所、省级基础教育内涵建设项目1个、省优质园2所，市毒品预防教育示范校3所，城东幼儿园、川东幼儿园等5所幼儿园通过省优质园复审验收，教育扩容提质全面推进。

【教育惠民】 2022年，大丰区发放各类助学资金739.59万元，减免28.33万元。投入260余万元，为24所学校更换课桌椅7445套；投入418万元，为38所中小学836间教室更换护眼照明灯具；投入85万余元，为大丰中学等8家单位，购置电子黑板60套；投入90万余元，为实验初级中学益民路分校添置电子理科考评实验室；投入67万元，对17所实施寄宿制学校浴室进行改造；投入86万元，新改建厕所10个。积极开展学生伙食调研，本年度共实地调研近20次，回收调研问卷5万余份，反馈学生建议10余条。

据2022年教育年报资料反映，大丰区共有各类幼儿园50所，其中由区教育行政部门主办的幼儿园8所，由各镇（街道）主办的幼儿园24所，由社会团体或者个人创办的幼儿园18所；全区幼儿园共有425个班级，在园幼儿共有11601人。全区有小学32所，819个班级，在校学生27433人，入学率和巩固率均为100%。全区有特殊教育学校1所，有14个班级，在校学生316人（其中在普通中小学随班或送教就读的132人）。全区有初级中学29所（其中九年一贯制学校3所），共有354个班级，在校学生12939人，入学率为100%，巩固率为100%，毕业率为100%，升学率为99.79%。全区有普通高级中学3所，共有173个班级，在校学生8022人。全区有中等职业技术教育中心1所，在校学生3114人。全区有学前教育教职员工1645人，其中专任教师885人；小学教职员工2202人，其中专任教师2056人，具备中级职称的964人，具备高级职称的527人；特殊教育学校教职员工46人，其中专任教师34人，具备中级职称的18人，具备高级职称的10人；初级中学教职员工

2021人，其中专任教师1686人，具备中级职称的667人，具备高级职称的718人；普通高中教职员工886人，其中专任教师764人，具备中级职称的296人，具备高级职称的360人；中等职业技术教育中心教职员工282人，其中专任教师256人，具备中级职称的72人，具备高级职称的122人。全区共有苏教名家2名，省特级教师12名；盐城市名校长、模范校长、优秀校长18名，盐城市学科带头人、教学能手310名；大丰区学科带头人、教学能手1422名，区级以上骨干教师占比率达46.4%，高出全省教育现代化要求20个百分点。

【教育经费投入】 2022年，大丰区义务教育保障水平较2021年有所提高。区教育局按小学每生每年840元、初中每生每年1200元的标准安排生均公用经费4295.43万元；对生源少的学校按义务教育学校最低30万元、公办幼儿园最低25万元安排公用经费；按每名住宿生200元的标准补助公用经费97.44万元；按小学每生每年6000元、初中每生每年8000元的标准对随班就读残疾学生安排公用经费78.86万元；安排2677万元用于义务教育校舍维修；安排1000万元用于学校现代教育装备购置；安排930万元用于校车运营。普通高中按每生每年1100元标准安排生均公用经费，收费收入全部用于学校弥补公用经费不足和事业发展。

【扶贫助学】 2022年，区教育局加大资助政策宣传解读力度，并主动与区扶贫办、民政局、残联等部门对接，通过学籍信息与建档立卡、低保、困境儿童、孤儿、残疾等信息进行大数据比对，筛选出各学校（园）建档立卡等家庭经济特殊困难学生名单，由学校主动电话通知家长申请困难资助，确保应助尽助。2022年发放各类助学资金739.59万元，减免28.33万元，其中发放学前教育补助金47.38万元；对义务教育家庭经济困难学生发放生活补助金619.18万元；对普通高中建档立卡学生、低保学生、残疾学生、农村特困学生按每生每年1600元的标准减免学费22.88万元；对普通高中家庭经济困难学生按每生每年平均2000元标准发放助学金69.86万元；全面落实残疾学生全过程免学费教育，2022年，对学前教育残疾学生减免保育教育费4.29万元，对普通高中残疾寄宿学生减免住宿费5200元；对19名贫困大学新生按每人2000元标准一次性发放补助金3.8万元。

【教育装备配置】 2022年，区教育局对学校教育装备采购工作开展常态化监管，完善修改《大丰区教育系统教育装备采购管理办法》，加强较大规模装备采购项目的业务指导和程序监管力度，指导学校制订教育装备年度采购计划，并逐校审核备案，同时对2021年集中采购项目使用情况进行“回头看”，要求学校完善采购、验收等资料的收集整理，根据资产管理要求进行登记造册，入库记账。2022年，全区教育系统采购电子黑板200套、电脑420台，教、考、评理科实验教室3间；组织教育局机关五楼中心机房设备升级的招标采购工作；对照《中小学图书馆（室）馆配图书适宜性评价标准》，开展中小学图书室审查清理专项行动，全区29所小学、23所初级中学、4所九年制学校、3所高中，均已成立三人以上的图书清理小组，每校每月都进行一次图书清理工作，每月上交“图书清理登记表”，未发现非法图书问题；大丰区教师发展中心教育技术研训部每月共组织一次图书飞行检查，每月抽查10所学校，未发现非法图书问题。全面预防有害出版物、有害卡通画册和淫秽“口袋书”等流入校园，确保图书采购和管理进一步规范。根据教育部《关于严禁有害App进入中小学校园的通知》，健全校园App使用审核备案制度，按照“谁选用谁负责、谁主管谁负责”原则，建立“双审查”责任制，进一步明确选用、主管和监管等人员职责。

【学校危化品安全】 截至2022年年底，全区有中小学59所，其中小学科学实验室、中学生化实验室涉及使用化学试剂，化学试剂种类相对较多，数量相对较少，大多属于危化品。所有化学试剂都严格按照其性质（如：易燃、易爆、腐蚀、毒害等）分类分柜隔离存放，对纳入公安系统监管的三类危化品（易制爆、易制毒、剧毒）实现专柜存放，双人双锁保管，并配备技防、物防措施，所有危化品化学试剂全部集中存放到全区29所中学化学实验室。年内，区教育局开展学校实验室安全管理工作专项整治行动，指导各学校成立危化品安全管理小组，组织相关人员对学校危化品安全管理现状进行自查。区教师发展中心制订出台《大丰区学校危化品安全整治行动实施方案》，常态化开展学校危化品安全管理月查月报，学校对照危化品安全管理检查报表逐一认真检查，并做好检查报表的填写记录，及时上报检查情况。区教师发展中心成立督导检查组，采取“四不两直”（不发通知、不打招呼、不听汇报、不用陪同接待，直奔基层、直插现场）、明察暗访、交叉互查等方式，坚持线上线下相结合，强化对学校的指导帮扶力度，定期召开危化品安全管理督查工作例会，及时督查安全隐患整治情况。2022年，共进行8次危化品管理“家家到”现场检查，健全全区学校危化品分布示意图和危化品风险分布档案，统一制订危化品领用申请单。

【学校网络安全】 2022年，区教育局全面加强网络安全监管，常态化开展网络安全工作检查，召开网络信息安全暨网站管理员培训会，开展学校网站等网络信息化应用系统的安全运行和备案检查工作，统一进行网络信息资产的排摸登记，每月进行信息与网络安全自查及上报、重要时期网络安全值班和网络信息系统安全检查，及时处置网络安全隐患。指导学校全面清理学校的信息资产，健全学校信息资产台账，按季度指导学校填报更新“全国教育信息化工作管理信息系统”，完成全区各校“教育行业信息资产管理平台”的全面核查。在组织学校开展用电安全月查月报的基础上，对夏季、冬季用电高峰期进行2次重点检查，保障用电安全无事故。

【教育信息化】 2022年，区教育局以推进智慧校园建设为重点，融入“数字大丰”建设工程。全区100%的中小学建成“省智慧校园”，城东实验小学创成“江苏省智慧校园示范校”。截至2022年年底，投入125万元，更新420台电脑；为提升教室现代化配置水平，投入251.23万元，配备200套班级交互平板；投入90万元在城区建设3个数字化教、考、评实验教室。

学前教育

【概况】 2022年，区教育局按照国家、省市有关学前教育政策要求，以《盐城市人民政府关于加快学前教育改革发展的意见》为指导，以“学前教育发展共同体”建设为载体，突出做好区域课程游戏化整体推进、幼儿园规范管理、幼儿教师素质提高三项重点工作，不断完善管理机制，强化工作措施，促进大丰区学前教育健康发展。严格规范幼儿园办园行为，采取幼儿园自查、共同体牵头园对成员园检查、学前办督查等形式对全区50所幼儿园规范办园行为进行督查。积极开展幼小衔接专题课题研究，区实验幼儿园、区幼儿园等省市级课题获准开题，专题课题研究的开展，提升幼小衔接的有效性。

【优质园建设】 2022年，区教育局学前办公室定期会同基建办、计财科督查指导新建幼儿园建设工作，通过实地考察，对新建公办幼儿园方案进行反复论证，提出修改建议或意见，深入实地检查，督促工程进度，把住质量关口。做好省优质园创建和复审工作，2022年，金色摇篮幼儿园通过省优质幼儿园验收，城东实验幼儿园、川东幼儿园、刘庄镇中心幼儿园、洋心洼幼儿园、金墩幼儿园通过省优质园复审验收。公开择优招录学前教育公办教师，全年新招录公办幼儿教师20人。

【幼教资源供给加大】 按照《中共江苏省委、江苏省人民政府关于学前教育深化改革规范发展的意见》精神，2022年，大丰区推进新丰镇金墩幼儿园、三龙镇渔业幼儿园两所幼儿园完成民办园向公办园的转制，新增公办园学位360个。进一步完善“公益、普惠、均衡、优质”的学前教育公共服务体系。

【课程游戏化建设】 2022年，区教育局全面推进江苏省区域课程游戏化县（市、区）项目建设，全力打造苏北学前教育品牌，截至2022年年底，全区有省级课程游戏化项目园4所，区级课程游戏化项目园49所。围绕提升课程游戏化建设水平开展各项活动：组织幼儿园课程游戏化建设专题培训，邀请省、市专家线上作专题讲座；召开全区幼儿园规范办园工作会议，进一步加强学前教育管理，规范幼儿园招生及办园行为；组织对第四批区级项目园进行“家家到”视导，重点督查资源室建设、户外场地改造、弹性作息安排、种植饲养活动等。

【幼教教学教研】 2022年，区教育局学前教育办公室全面贯彻落实《江苏省学前教育条例》，形成教研文化。组织开展专兼职教研员教研工作经验交流研讨活动，幼儿园努力探索灵活有效的教研工作模式。建立专家指导团队，形成专家库。共同体牵头园、课程游戏化项目园邀请知名专家担任顾问，指导教研活动。组织共同体成员园园长、教师到牵头园跟岗培训。积极支持园长、骨干教师参加省市级培训学习，指导每一位教师制定切合实际的个人专业发展规划。科学开展教研活动，创新活动形式。幼儿园的教研工作帮助教师形成观察意识和兴趣，采用有效方式做科学的观察，分析了解儿童的行为意图和发展水平。在专兼职教研员的引领指导下，深入儿童的生活学习现场，分析研判幼小衔接存在的问题。基本达成幼儿园对做好入学准备教育共识：小班侧重适应集体生活、培养良好生活习惯和自理能力；中班继续培养良好生活习惯和自理能力，开始规则意识、情绪管理、自我保护能力的培养；大班侧重社会交往、专注坚持等关键素质和时间管理、计划能力的培养，引导幼儿培养阅读兴趣与习惯，做好前阅读、前书写准备。各幼儿园带着问题积极探索，大胆实践。各共同体组织开展多形式、有成效的教研活动。积极支持幼儿园课题申报、实验项目申报，教研成果推广；推动培训学习纳入个人专业成长考核，教研工作纳入幼儿园年终考核，成绩显著的进行表彰奖励。组织青年教师优质课交流展示

2022年6月，大丰区幼儿园开展庆“六一”系列活动。图为小班幼儿参加走秀美食节
（区幼儿园　供图）

活动、新入编教师学习研讨活动，快速提升青年教师群体专业水平。发挥专家引领作用，提升教师专业能力，建立课程游戏化建设指导专家库，专家通过多种方式对幼儿园课程建设给予具体指导和培训。各共同体核心园与名园结对，邀请专家现场指导，到结对园跟岗学习。全区园长、骨干积极参加省市各类培训学习，专业素养和能力得到明显提升。组织、指导园长教师参加省市各级评比活动，均取得较好成绩。参加盐城市自制教玩具比赛，获市级一等奖作品5件，获奖作品数量位列全市各区县之首。

2022年5月12—15日，大丰区人民路小学举行春季田径运动会
周古凯 摄

基础教育

【概况】 2022年，大丰区基础教育工作紧紧围绕年初工作目标，坚持以发展为主题，全面推进素质教育，实施课后延时服务，加强课程基地建设和教育内涵建设，2022年，新申报立项省级基础教育内涵建设项目1个、市级课程基地2个（南黄海湿地研学实践课程基地、麋鹿文化嵌入初中德育课程基地），组织3所学校申报市级中小学生品格提升工程，有效提升全区中小学的课程建设水平。年内，认真做好义务教育招生工作，组织了城区小学毕业生基本信息的采集、核查工作，规范招生行为，暑期义务教育阶段招生工作规范有序开展。

【基础教育管理】 2022年，大丰区教育局严格学籍管理，组织全区中小学学籍会审，不断完善学生转学、借读、休学、复学资料台账。巩固保学控辍成果，2022年，全区义务教育阶段适龄儿童均已注册学籍，无辍学现象，义务教育入学率、巩固率保持100%。

【融合教育建设】 2022年，大丰区教育局全面贯彻落实国家《残疾人教育条例》，按照《江苏省第二期特殊教育提升计划》总体要求，做好全区187名在籍特殊需求学生筛查评估工作，提升全区融合教育资源中心运行的规范性和科学性，让每一位有残疾证的随班就读学生都能得到个别化学习和康复锻炼。

【义务教育延时服务】 2022年，大丰区教育局指导辖区内义务教育学校统筹做好人员调配、服务内容安排、经费保障、安全管理等各项工作，做到“5+2”课后服务全覆盖。2022年全区有57所中小学38267名义务教育阶段学生参与课后服务，占学生总人数的94.4%。参与课后服务的教师共计3720人，占教师总人数的93.4%。学校课后服务帮助学生完成家庭作业，提供类型丰富的活动项目，满足学生个性化、多样化需求。

【中小学德育教育】 2022年，大丰区教育局以《中小学德育工作指南》为指导，围绕迎接学习宣传贯彻中共二十大精神时序进度，不断增强德育工作的时代性、科学性和实效性。先后组织开展德育主题活动，培养学生的爱国情怀、责任意识、担当精神。组织各中小学开展“传承红色基因 赓续雷锋精神”“喜迎二十大 筑梦向未来”“喜迎党的二十大 我为爷爷奶奶读一本好书”“童心向党”等系列主题活动。加强中小学师生心理健康教育，严格落实《省教育厅关于加强新时代中小学心理健康教育的意见》，在保证满足心理健康课2周1课时最低要求的基础上，积极开发校本课程，定期联系区青少年活动中心邀请专业人员举办心理健康讲座。定期开展“四特”（特殊家庭、特异体质、特殊心理、特殊行为）学生排查，根据《盐城市中小学心理健康筛查分析和危机干预机制》要求，为特殊心理学生“一人一案”合理分档定级，并加强入学季、考试季、毕业季等特殊时间节点对特殊群体的心理危机排查，做到及时发现、妥善应对、适时转介、措施到位。依托区心理咨询师协会平台，组织中小学生参加公益心理咨询活动。加强中小学生劳动教育，指导各中小学制定本校劳动教育实施方案，开齐劳动教育校本课程，利用校园劳动资源，筹措资金建设校园家政体验馆，并依托乡村少年宫、青少年活动中心等实践基地，联系各社区、社会公共场所开展校外实践活动，举办大丰区首届小学生劳动技能大赛。组织学生在五一期间开展“学党史 敬劳模”主题教育活动，引导学生崇尚劳动、尊重劳动、致敬劳模。加强中小学家庭教育，将家庭教育开展情况纳入2022年教育系统年终量化评估范畴，促使全区各学校家庭教育工作落到实处。全区各学校充分发挥家庭教育指导作用，把家校共育工作作为办好家门口教育的重要内容。利用寒暑假、五一劳动节、国庆节等假期组织教师全面开展“千师进万家”大走访活动，

2022年，开展教师家访9万余人次；贯彻落实《江苏省中小学幼儿园家长学校工作指导意见》，全区中小学家长学校办学率100%，分类梳理家庭教育指导内容，普及教育方针政策和科学育人理念，引导家长改变育人观念、改进教育方式，2022年，累计开展家长专题学习300余场。每月邀请专家到大丰举办“家校共育大讲堂”培训讲座，开展10期培训，培训教师约4800人，讲座视频线上收看人数超7万人次。将典型家庭选树、优良家风故事巡讲、“千师进万家”教师大走访等与宣传贯彻《中华人民共和国家庭教育促进法》有机结合，开展“送法进万家”教师走访活动、全国家庭教育宣传周主题宣传活动，广泛宣传家庭教育理念和知识，回应家长育儿困惑和问题，组织全区5.3万余位家长参与家庭教育“一法一条例”知识答题活动，参与率99%、优秀率78%。认真做好2022年三好学生、优秀学干、新时代好少年的推荐表彰工作，全区表彰省三好学生7名、省优秀学干2名，盐城市三好学生59名、盐城市优秀学干30名、盐城市先进班集体10个，大丰区中小学三好学生195名、优秀学干107名、学生先进集体86个。评出新时代江苏好少年1人、新时代盐城好少年2人、新时代大丰好少年11人。做好2022年优秀班主任的推荐表彰工作，通过个人申报、学校推荐、区教育局评审，共表彰2021—2022学年度盐城市中小学、幼儿园优秀班主任7人。

【学生体育】 2022年，大丰区教育局积极开展2022年校园阳光体育节竞赛活动。举办了全国足球特色学校足球联赛、全区中小学生三棋比赛、区直幼儿园亲子运动会、区直中小学生羽毛球积分赛与总决赛、区中小学生乒乓球积分赛与总决赛、大丰区第十三届田径运动会、区直中小学生排球比赛、全区中小学生篮球比赛、区直中小学生跆拳道比赛，近2000人参赛。组织4409名考生参加初中毕业升学体育考试。建立体育考试领导小组，制定《关于印发2022年盐城市大丰区初中毕业升学体育考试工作实施方案的通知》。举办教练员、裁判员培训班。举办全区足球教练员和裁判员、羽毛球教练员与裁判员、田径教练员与裁判员、乒乓球教练员与裁判员培训班，进一步提高教练员执教与裁判员执裁水平。选拔优秀体育人才。在全区中小学进行两轮次的“体育苗子”选拔工作，通过冬令营、夏令营进行试训，储备高水平体育后备人才，积极向上一级输送优秀体育人才。组织全区中小学生体质健康测试。全面落实《国家学生体质健康标准》，建立学生体质健康监测与上报制度，定期对在校学生进行体质测试，并及时上报数据，学生肥胖率和近视率呈逐年下降趋势。承办2022年江苏省青少年篮球训练营（第二期）、2022年盐城市青少年网球比赛、2022年盐城市青少年篮球总决赛（小学组）比赛、2022年盐城市“市长杯”小学组足球比赛等。组队参加江苏省第二十届运动会田径、网球、国际象棋、体适能等项目比赛，其中陈文静、王璐、徐锦杰获得全能冠军。组队参加江苏省县组体适能、跆拳道、羽毛球比赛，其中体适能获得团体总分第八，苏北县区排名第一。组队参加盐城市青少年羽毛球、“三棋”（围棋、中国象棋、国际象棋）、幼儿快乐体操等比赛。其中田径比赛获得金牌和团体总分三项第一，游泳获得6枚金牌，网球获得6枚金牌，举重获得4枚金牌。完成运动员注册工作。2022年度新增与确认注册运动员合计198名，项目涉及田径、游泳、体适能等，顺利完成所有注册运动员的骨龄拍摄。2022年，市体育局与大丰区体育局联合组建投掷、全能、壁球、体适能四支队伍，实行“市队县办”。大丰区积极做好运动员选拔、教练员配备、资金投入等工作，全力备战江苏省第二十一届运动会。

【艺术科技国防教育】 2022年，大丰区完成初中毕业生艺术素质终期测评工作。组织部分学校申报2022年江苏省高雅艺术进校园拓展项目；规范有序完成2022年普通高中艺术社团招生工作，大丰高级中学艺术生专项测试合格5人、体育专项测试合格4人，新丰中学体育专项测试合格19人；举办2022年大丰区中小学生艺术节活动，在全区范围内开展“班班有歌声”合唱、课本剧、校园集体舞、器乐合奏、“喜迎二十大，笔墨绘未来”中小学生书画等一系列比赛活动。经评委评定，分别评出艺术表演类、艺术作品类奖项。举办中小学生独唱、独奏、独舞比赛，从431名参赛学生中择优选送19名小学组、21名中学组选手参加盐城市“三独”比赛。组织参加筑梦丹青第三届江苏省中小学教师美术作品展，其中大丰区新丰中学老师房新民的油画作品《盛世追梦》被评为优秀作品；实验小学老师乔德际的书法作品《书论数则》也成功入选此次美术作品展。推荐实验初级中学益民路分校、幸福路小学、人民路小学、大丰区幼儿园4所学校申报盐城市科学教育综合示范学校；实验初中申报示范类“小平科技创新实验室”。组织学生参加2022年“全国科普日”系列活动、2022—2023年江苏省全民科学素质大赛等。大丰区实验小学、人民路小学获得“2022—2023年度江苏省全民科学素质大赛网络赛优秀单位”称号。扎实开展国防教育，全区3所高中对所有高一新生进行新生入学前军训。

职业教育

【概况】 2022年，大丰区持续改善职业教育办学条件，转型发展初显成效，教育质量明显提升，平安校园持续巩固，教学资源优化配置，专业建设稳步推进，中职、高职衔接更加牢固，校企合作更加紧密，集团化办学更加成熟，社会化培训更加精准，学校知名度和美誉度不断提升。2022年，全区职业教育专任课教师256人，其中高级职称教师127人，中级职称教师71人，初级职称教师58人，教师培训率100%。江苏省大丰中等专业学校中职部毕业生技能考试合格率达95.6%，综合高中部2019级学生中级

2022年11月，大丰中等专业学校组织学生参加2022年江苏省中等职业学校学生学业水平技能考试（机械装备）（大丰中等专业学校 供图）

工考试过关率为100%。

【职教师资建设】 2022年，江苏省大丰中等专业学校全面提升职业教育教师队伍整体素质和专业化水平。通过名校优生“汇盐行动”招聘工作，引进5名硕士研究生和2名本科毕业生充实到教师队伍。强化师德师风建设，制定了师德师风建设方案，建立健全师德师风建设规章制度，务实开展“510”警示教育系列活动，强化全体教职工的理想信念、纪律意识、担当精神、奉献精神，认真贯彻落实《盐城市中小学教师政治学习制度（试行）》文件精神，强化理论学习。坚持以研立教，2门课程被评为“十四五”江苏省职业教育首批在线精品课程；2022年教师发表论文22篇，江苏省第十四届“行知杯”论文评选中获二等奖3个、三等奖9个。2022年，江苏省大丰中等专业学校被江苏省教学科学研究院表彰为2022年度全省教科研工作先进集体，卞鹏被江苏省教学科学研究院表彰为江苏省教科研先进个人；2022年新增盐城市学科带头人1人、盐城市教学能手6人，老师王萍入选2022年江苏省教学名师。全体教师践行“四有”好老师标准，争做“五导”（思想上引导、学习上辅导、心理上疏导、生活上指导、成长上向导）好老师。

【职教就业培训】 2022年，江苏省大丰中等专业学校和江苏航运职业技术学院港口机械运用与维修、国际货运代理2个专业进行“3+3”现代职教体系项目合作。做强运动训练、新能源汽车维修、西餐烹饪等新专业，进一步加强与常州机电职业技术学院数控技术应用、电子商务、汽车运用与维修3个专业的“3+3”现代职教体系项目深度合作。学校分别和半岛温泉酒店、大丰区餐饮协会签订现代服务业专业群现代学徒制合作协议，共同制定人才培养方案，加强双师建设，推动现代学徒项目落地生根、开花结果。2022年校内技能鉴定1409人，培训考证或验证3247人，各级各类非学历培训和职业技能鉴定5096人次。2022年，江苏省大丰中等专业学校被评为江苏省职业院校就业创业工作先进集体。毕业生就业率98%以上，对口就业率85%以上。

【教育教学质量】 2022年，大丰区职业教育继续实施教师素质提升三年行动计划，加强师德师风建设，推进教师专业成长，培育跨专业、跨领域的科研与教学相结合的教师教学创新团队。江苏省大丰中等专业学校招收全日制学生1102人、成人本专科432人，各级各类非学历培训5096人。2022年五年一贯制“专转本”考试，71人被本科院校录取，录取率60%，比全省平均录取率高出近34.9%，位居全市同类学校之首。综合高中5人达本科线。2022年江苏省职业院校教学大赛中，江苏省大丰中等专业学校获得1个一等奖、6个三等奖，获奖等次和获奖数均居全市第一。在盐城市职业学校教学大赛中，江苏省大丰中等专业学校获一等奖9个、二等奖18个。在2022年度江苏省技能大赛中，江苏省大丰中等专业学校老师朱红梅组织学生参加“建筑CAD”比赛，获二等奖1个，师生共获三等奖6个。在盐城市技能大赛中，获一等奖2个、二等奖12个、三等奖21个。

【实训基地建设】 2022年，学校在已有2个省级高水平示范性实训基地和2个现代化实训基地基础上，加强实训资源的优化组合，实施信息化建设提升工程，加大综合实训平台建设，形成与地方产业相匹配的现代制造技术、现代信息技术、现代服务业、汽车技术服务、建筑工程、财经商贸六大实训基地。学校“智造”职业体验中心和“技翼”汽车维修与保养职业体验中心被认定为省级中小学职业体验中心。2022年江苏大丰中等专业学校被评为江苏省优秀中等专业学校培育建设单位。

【学校管理】 2022年，全区职业教育严格执行国家有关制度和江苏省德育工作标准，加强法制校园建设，全力推进学校管理的规范化、制度化和科学化。聚焦“三全育人”（全员育人、全程育人、全方位育人）体系建设，对基建维修、财务管理、后勤管理、物资采购和资产管理等关键领域进行有效监管，规范公务用车、公务接待、经费报销和设备招投标管理。2022年暑期，江苏省大丰中等专业学校实施文化建设工程，将专业特色、文化特色、办学特色建设与整体形象建设及对外宣传结合起来，全面提升职业教育整体形象，强化德育工作队伍建设，开展“四特”结对帮扶工程，初步形成“三全育人”的格局。

特殊教育

【概况】 2022年，大丰区特殊教育秉承“让每个孩子都焕发生命的精彩”的办学理念，践行环境育人、教书育人、管理育人、服务育人，形成学前教育与义务教育相结合、文化教育与职业教育相结合、行为矫正与缺陷补偿相结合、康复训练与娱乐健体相结合的多层次、多形式的办学格局。大丰区特殊教育学校总占地面积7400平方米，建筑面积14400平方米。学校有班级13个、学生193人，其中送教上门43人。学校教职工总数为33人，专任教师33人，本科达标率为100%，其中副高级教师9人，中级教师18人，助理3人，员级教师3人。

【服务重残疾学生】 2022年，区特殊教育学校主动配合区残联做好“送教上门”服务对象调查、比对工作，在此基础上全区最终确认43名重残少年儿童为“送教上门”服务对象。帮助这些重残少年儿童在江苏省中小学生学籍信息库内注册学籍，与重残少年儿童家人约定，定期、定时、定师资、定教材“送教上门”，年末，这些重残少年儿童与在籍贫困学生享受同等补助待遇。稳步扩大办学规模，确保残疾学生进得来、留得住、学得好，真正成为具有一技之长、自食其力的人。

【注重教学研究】 2022年，区特殊教育学校注重教学研究，深入推进新课程改革，积极推进校本课程的开发，使广大教师自觉运用新课改理念指导教学实践。学校教务处定期组织教师开展业务学习，教研组定期组织教师开展形式多样的教研活动，不断提高课堂教学工作的实效。区特殊教育学校教师坚持在整个教学过程中体现因材施教原则，设计和实施个性化教学方案，特别注重补差补缺工作，做到课前个别引导、课中个别指导、课后个别辅导，教务处定期检查教师的备、教、改工作，发现问题，及时纠正，并评选出优秀备课笔记，使每位教师更好地执行教学工作“五认真”的要求，保证教育教学秩序良好规范运行，教学质量稳步提升。区特殊教育学校充分发挥示范带动作用，定期委派骨干教师深入城区和乡镇部分学校指导融合教育工作，提高全区面上融合教育的工作实效。

【教学质量提升】 2022年，区特殊教育学校重视职业技术教育，让学生能有一技之长。开设烹饪、缝纫、编织、理发、麦秆画等职业技术教育项目。将师资、场地、资金等落实到位，教学中注重技能的传授与实践操作考核相结合，使学生真正掌握谋生本领。特别是麦秆画项目实现“技能培训”与“经济效益”的双丰收。“丰特牌”麦秆画多次应邀参加省内外旅游商品博览会展出，并先后获得盐城市首届旅游商品设计银奖、“百草堂杯”工艺品类“盐城八珍”、盐城市十大绿色环保品牌、盐城市十大畅销品牌、第二届江苏省旅游商品“最佳产品”称号和第五届中国民间工艺品博览会铜奖。

社区教育

【概况】 2022年，大丰区推进社区教育与学习型社会建设，统筹社区教育资源，积极创建社会培训共同体。全区建成省级社区教育中心12个、全国优秀成人继续教育院校1个、全国社区教育示范乡镇1个、全国城乡社区教育特色学校1个、全国老年远程教育先进收视点1个、全国优秀学习型村居1个、中国成人教育协会乡村振兴研学基地1个，江苏省40佳社教单位2个、江苏省社区教育先进集体1个、江苏省百强社教单位2个、省社区教育品牌3个、省级农科教示范基地4个、江苏学习在线夕阳红扶老上网工程省级示范单位1个。开展技能教育、学历教育、市民素质教育、老龄文化体育卫生娱乐教育、青少年校外教育等，为不同年龄、不同文化层次的各类人员提供菜单式教育培训。2022年，全区办班5661期，培训19.9万人次，培训率76.2%。老年教育机构覆盖率100%，通过各级各类培训，城乡居民社区教育活动年参与率分别是60%和40%，老年人参加社区教育活动率为43%，未成年人参加社区教育活动率为65%，从业人员继续教育率达65%，学分银行存入率为29.5%。

【健全社区教育领导机构】 2022年，全区增加3所社区教育中心，分别是盐城市大丰经济开发区社区教育中心、盐城市大丰港经济开发区社区教育中心、盐城市大丰区丰华街道社区教育中心。建立以区社区学院为龙头、镇社区教育中心为骨干、村居民学校为基础的三级社区教育网络。全区各镇(街道)均调整、充实社区教育领导小组，由镇(街道)党委书记或镇长(主任)担任组长，社区劳动模范、老党员、老干部、老教师、专业大户代表为主要成员，共同商议社区教育相关的事项，制定教学计划、规章制度等，同时负责招聘并安排专兼职教师定期、定时到指定地点为学员上课，保证社区教育中心的师资力量。

【社区教育资源融合】 2022年全区社区教育推进资源整合，实行优质配置，实现社区教育中心资源利用最大化。各镇(街道)社区教育中心根据社会需求程度，主动与镇(街道)业余党校、文化站、老龄委、关工委、扶贫分会、老区开发促进分会、居民学校等联手共建，优势互补。各地各部门不断加强联系、注重资源共享整合，有效提高各类教育设施的利用率，全区公办学校资源有序对社会开放；各镇区党建、科普、文明、法治、文化等教育活动设施向居民开放，图书馆、老年大学、文体中心、青少年活动中心、文化广场、市民学校已成为社区教育活动的重要舞台，各类社会培训机构、公益组织利用自身场地、师资等资源参与社区教育活动，丰富市民学习的形式和内容。各类社会资源的共同参与，为市民提供大量优质的学习资源。全区社区教育经费实行政府主导、社会参与的多元投入机制。2022年，大丰区将社区教育经费按照常住人口不低于人均4元的标准，纳入区级财政预算，并按时拨付，实行专款专用，保障各项活动的正常开展。

【社区教育管理】 2022年，大丰区政府与各镇政府签订的责任状中，将社区教育作为其中一项重要内容，纳入对各镇政府教育工作年度考核目标。建立健全社区教育督导评估制度、检查指导制度、年度考核制度、工作月报告制度等各项管理制度，全区社区教育继续加强网络化管理力度，清晰呈现三个管理层面：第一个层面为区教育局分管领导以及专设相关服务机构，第二个层面为各镇（街道）建立的社区教育领导小组以及专设的社区教育中心，第三个层面为各村（居）社区教育领导小组以及专设的居民学校，形成社区教育三级管理网络。

【社区教育师资建设】 2022年，全区15个社区教育中心均按规定配齐专职教师，共190人，另外根据办学需要，聘请了兼职教师396人。各村（居）均配备1~2名社区教育联络员，专门负责社区教育日常工作，根据办学需要聘请兼职教师。兼职教师绝大部分都是本地有一定专业特长的技术型人才。大中街道、新丰镇、草庙镇、万盈镇、草堰镇的社区教育就地取“才”，聘请教师，技术培训效果明显。

【社区教育成果】 2022年，新丰镇社区教育中心的“新丰之‘花’振兴乡村”品牌项目，被评选为2022年省级社区教育品牌项目，草堰镇社区教育中心的“梦幻迷宫寓教于游”被省教育厅评为社区教育品牌。万盈镇社区教育中心的《跨越“数字鸿沟”共享数智生活》在江苏省成人教育协会获得“智慧助老”教学成果微视频大赛二等奖，大中街道社区教育中心的《乐龄手机学堂 智慧助老乐园》在江苏省成人教育协会获得“智慧助老”教学成果微视频大赛一等奖。吴文宏被江苏省成人教育协会评为省“最美社区教师”，周俊华被江苏成人教育协会评为“社区教育优秀志愿者”，宋加正被江苏成人教育协会评为“社区教育先进工作者”，杨喆被江苏成人教育协会评为“百姓学习之星”。草堰镇社区教育中心成为中国成人教育协会第一批“家校社协同育人”项目实验基地。

【民办教育管理】 2022年，全区正式挂牌的民办学校共有16所，其中义务教育学校2所，幼儿园14所，另有校外培训机构体育类27家、文化艺术类88家、科技类6家，总计121家。全区各级各类民办学校均完善法人治理结构，设立学校董事会、理事会，建立健全内部管理机构，分别从资格审批、收费管理、学籍管理、教育教学常规管理、教师队伍管理、财务后勤管理等多渠道多层面进行监管。扎实开展民办教育机构年度检查，持续加强民办学校日常监管，联合相关部门对大丰外国语学校、创新学校开展综合督导。同时，加强对合格类校外培训机构的常态化管理和日常监督，督促民办学校规范、诚信、安全办学，时刻严防违规办学现象发生或反弹。

师资建设

【概况】 2022年，全区教育系统紧紧围绕《国家中长期教育改革和发展规划纲要》中提出的师资建设要求，始终瞄准“造就一支师德高尚、业务精湛、结构合理、充满活力的高素质专业化教师队伍”的目标，针对全区各级各类师资现状，充分挖掘一切可利用的资源，积极创造内外部条件，为教师队伍建设提供支撑。

【优化教师队伍】 2022年，教育系统贯彻落实全区教育高质量发展大会精神，组织人员针对全国一流师范院校开展网上宣讲，宣传大丰区在人才培养等方面的优势和“黄海明珠人才计划”等人才政策，分四批引进优秀毕业生75人（硕士研究生45人、本科30人），其中全国20所985高校毕业生13人、境外世界名校毕业生6人、全国一流师范院校毕业生21人、江苏高水平大学建设高峰计划A类建设高校毕业生35人。分配至教育局机关1人，大丰高级中学8人，新丰中学13人，南阳中学13人，区城东实验初级中学1人，区飞达路初级中学2人，区金丰路初级中学2人，区实验初级中学3人，区实验初级中学常新路分校9人，区实验初级中学益民路分校3人，区实验小学8人，区实验小学常新路分校12人。坚持公开、公平、公正原则，开展社会招聘工作，共招聘新教师87人，接收、录用免费男幼师4人。组织实施城乡教师交流工作，2022年暑期，通过进城考试，交流城乡教师25名；组织教师交流跟岗、走教144人，促进乡镇富余教师向城区流动、富余学科教师向紧缺学科学校流动，进一步优化教育资源与学科结构。从外县（市、区）调进优秀教师6人。配强学校领导班子，提拔任用校级干部28人，异地异校调整校级干部26人。严格落实教师资格审核管理制度，完成两批次490名教师资格申请认定工作，经过网上报名、现场材料审核、体检等程序，共462人审核通过教师资格；完成盐城市政务服务工作平台数据同步和教师资格证发放工作。依照文件规定，科学合理开展岗位聘用，2022年，实施低职高聘工作，对普通高中工作业绩突出、坚持一线工作、符合申报高一级职称评审条件的人员，按60%的比例开展低职高聘，全区合计低职高聘副高83人、中级4人；在城区初中尝试实行“区管校聘”，对大丰区实验初级中学、大丰区实验初中益民路分校、大丰区金丰路初中、大丰区飞达路初中、大丰区城东实验初中实行“区管校聘”，对相关学校的职称评审、岗位晋升试点实行统一管理。壮大骨干队伍，2022年，全区重新考核认定市级名教师3名（任美玲、谭娟、沈泾渭）、市级学科带头人140名、市级教学能手238名。重新考核认定市级名校长1名（奚志宏），已通过考核认定进入公示期优秀校长5名（刘明芳、刘蓉、沈泾渭、陈旭、周俊荣）。申报盐城市“名校长培养工程”培养对象8人；特级教师培养对象6人已推送给盐城市；为应届全日制硕士研究生、“双一流”建设师范院校本科毕业生申报、发放教

2022年6月6日，大丰高级中学高三毕业班教师为即将参加高考的学生上“最后一堂课”　周古凯　摄

育人才奖励经费159.04万元；经个人申报并自评、学校审核测评、第三方考核、考核领导小组审核，向奚志宏、杨剑峰等10人发放2021年度高层次教育人才奖励98.93万元。开展全区教师思政专项培训，丰富教师思政教育内容，引导广大教师特别是新教师群体，自觉承担传授知识、传承思想、传播真理的历史使命。开展“四有”好教师团队专项培训，2022年培育市级“四有”好教师团队4个、区级团队20个。区级层面每季度组织考核，以评促建，强化培训，各团队每月至少开展一次培育活动，形成活动简报，辐射到全体教师。开展暑期读书班专项培训，建设中小学校长、特级教师后备、新教师骨干人员等10个读书团队，促使一批骨干教师成为专业素养不断提升的“四有”好教师。

【教学视导】 2022年，大丰区中小学组全体人员有计划地开展进校听课指导及教学视导活动，完成对58所中小学一个轮回教学视导工作，认真开展个别交流和备课组教研活动，及时向学校领导班子反馈视导情况，帮助学校探究办学瓶颈，制定质量提升方案。根据疫情管理要求，制定“停课不停学”线上教学方案，开展线上教学。教学视导及听课指导活动中，以课堂教学为核心，以学生课堂表现为重点，从学习习惯、自主学习、小组合作、大声课堂等方面关注学生学习状态，评价学习效果，通过交流推动教师提高专业能力和课堂教学组织能力。指导教师在备课、上课、布置作业、批改作业、个别辅导等方面认真负责，熟悉教学内容，确定合适的教学方式，做到因材施教。

【教研活动】 2022年，大丰区各学科、各学段教师参加线上各类中小学研讨培训活动近120次，制定学科“1+10”新课标领学计划与安排，借助公众号平台做好学科新课标解读与领学工作。各学科教研员根据学科特点密集开展学科教研活动。通过举行“半日研”活动、参加学校教研组活动、组织新教师集中培训活动、开展学科“融课堂”专题研讨活动、参加中小学教学研究共同体活动等形式，促进教研和培训互动生成。组织开展“思维魔方”活动，促进学生思维发展。组织参加省高中英语新教材线上公益培训活动；组织“高中政治议题式融课堂教学活动情境创设”研讨会。组织省高中英语新教材培训学习心得交流和“融课堂”建设专题研讨活动，通过线上线下相结合的方式“融教于评”。成立大丰区音乐教师发展共同体，破解大丰区音乐教师学科教研难、教师成长难等成长困境。省级乡村小学体育、小学数学、初中化学等骨干教师培育站常态化开展教学研讨和专业培训活动，2022年度组织线上线下活动近40次，推动区内外骨干教师专业成长。成立24名骨干教师组成的、覆盖39个各学段学科的核心教研组，2022年度开展各级各类教研活动约260场次。

【学科活动拓展】 2022年，大丰区积极组织教师参加省市级培训活动，组织高中教师参加盐城市普通高中高三年级全学科一、二轮复习研讨会。参加基础年级、毕业年级学科中心活动，参加全市各学科中考复习研讨会，参加全市初中“分层走班”教学改革研讨会，参加全市初中毕业升学艺术素质测试培训会。组织高三数学全体教师参加江苏省第十七届中学数学教学高级论坛活动。指导义务教育阶段教师学习2022年义务教育新课标，开展“新课标新理念新中考”专题培训活动、语文新课标心得体会评审活动、思政教师线上新课标研讨，有力推动“学习新课标践行新理念”的教学研究与实践。举办各学段、全学科及中小学班主任暑期教师全员培训活动和暑期教师全员读书班活动，采取论坛、座谈会、分享会、沙龙、书面等形式，检查和巩固读书效果。制定《2022年中学新入职教师全员培训计划》，统筹新教师全员培训的月度安排，有计划开展中小学新入职教师轮训工作。组织语文、英语学科老师到城区学校进行假期学生阅读调查及总结，研究制定2022年大阅读交流计划。

【教学质量监测】 2022年，区教师发展中心开展全区高三模拟考试和初三模拟考试分析会，各学科教研员进行分学科数据分析、试卷分析及复习指导。组织各校备课组交流研讨，指导落后的备课组和老师。组织省高中英语口语测试工作，市艺体测试工作等。学科研训员参加市高三模考和高一、高二期末命题工作。组织全区义务教育教师参加学科素养大赛，鼓励教师学习和钻研学科知识，形成良好学习氛围。活动共吸引2300名教师参加区级竞赛，经过激烈角逐，近800名教师分获小学、初中各学科优胜奖，并予以通报表彰，促进全区义务教育教师的专业素养的提升。制定《2022年大丰区义务教育学校年终质量考核方案》，从教学视导和学业评估两个方面入手，通过考核达到以评促改的目标，推动学校教学管理和教学方式的转变。

【教学竞赛】 2022年，区教师发展中心结合省、市各项教学基本功、优质课竞赛，选拔骨干教师参赛，以竞赛促成长。各学科有计划地组织学科教师区级选拔比赛，做好学科课堂教学竞赛、基本功比赛的选拔、磨课、集训工作。组织大丰区初中地理、高中历史、高中英语、高中思想政治、高中物理、小学初高中班主任青年教师基本功比赛；组织大丰区初中物理、初高中语文、初高中心理健康教育等学科教师参加信息化优质课比赛，金丰路初中房伟、益民路分校姜磊均获得盐城市初中物理优质课一等奖，徐曙、江兴林获盐城市初中语文优质课一等奖。截至2022年年底，26人获盐城市各类优质课、基本功大赛一等奖。在教育部2022年“基础教育精品课”遴选工作中，大丰区教育局推荐上传258节精品课。

【教学成效】 2022年，在省市论文课题推荐评选活动中，区教师发展中心采用外聘专家、匿名评审的办法，客观公正地推荐优秀论文或课题参加高一级评选，取得良好成效。2022年，大丰区获市级教育规划课题立项21个，占全市近半数；盐城市教科研优秀论文获奖94篇，全市领先；省教科研先进个人3名、市教科研先进集体3个、先进个人6名，位居全市前列；教海探航论文申报210篇、盐城市教学成果奖申报9个，均创历史新高。小学语数外等学科及时更新，维护学科公众号，利用公众号推送学科资源，展示优秀学生学习成果和教师教科研成果。小学语数外教研员及部分骨干教师参与了盐城市空中课堂视频课录制，语数外学科共提交优秀课例10个。突出作业设计管理，开展全区作业设计及课后服务优秀案例征集评选活动，有5名教师课后服务案例在省级比赛中获奖。“融课堂”建设走深走实，全学科深入开展融课堂建设实践，全体学科教研员每学期执教一次融课堂示范课，认真组织骨干教师融课堂展示活动。各学科均重视融学单编写工作，形成数据资源库，开展融课堂课题研究，组织全学科融课堂优秀视频征集评比及专题研讨活动，鼓励教研员和骨干教师积极投入“融课堂”研讨。

【中小学教师培训】 2022年，区教师发展中心组织参加国培项目2个，参加22个省级培训项目1243人次，参加46个区级培训项目25587人次，完成省级中小学幼儿园教师信息工程2.0培训5297人次。2022年度，制定印发《盐城市大丰区中小学、幼儿园教师专业发展校本研修工作指南》，落实全区中小学、幼儿园专任教师96学时达标工程。积极争取初中历史、生物、地理三门学科60名教师的省级提优培训，把握三科教学的新要求、新举措，有效提升教育教学与科研能力。以特色培训项目促进教师队伍内涵发展，深入推进学校校本研训，规范研修过程管理，立足教研组、备课组建设，破解教学难题，形成可推广、能复制、易操作的教学经验和成果，助力学校各学科教育教学质量取得新进阶。2022年，实施市级校本培训项目1个，区级校本培训项目10个。实施新入职教师规范化培训。根据新入职教师群体特点，制定详细培训规划。创建“大丰师训”微信公众号，刊登新教师优秀作业和教育叙事文章。加强学校管理后备人才培训，依托中国教育干部网络学院的网络平台，组织校（园）长和后备人才专题培训班6期449人次，提升履行岗位职责必备的思想政治素养、品德修养、专业知识和管理技能。

【教育装备】 2022年，区教师发展中心组织“基础教育精品课遴选”活动，规范进行选课、磨课及技术解读，为录课提供技术支持。全区有6节课被盐城市推荐参加省优评比。遴选小学语文和道德与法治、初中数学和生物4科信息化优质课市赛选手，坚持“以赛促训”原则，培养更多骨干教师。坚持把省市区校联动的信息化公共服务平台任务作为大丰区“三通二平台”（宽带网络校校通、优质资源班班通、网络学习空间人人通，教育资源公共服务平台和教育管理公共服务平台）应用的重点，管理人员在学期初、中、末三个时段抓好应用督查，定期开展全区信息化公共服务平台和教育信息化工作进展信息系统专项督查。做好智慧校园平台的创建工作，2022年推荐7所学校申报智慧校园，为申报学校（城东实验小学、大丰区第一小学、大丰区实验初级中学）申请60万元资金，建成机房1间，广播系统2套等。制定《教育信息化年度工作要点》，丰富教育装备活动，组织教育装备信息化管理、竞赛和研讨活动。先后组织中小学电脑制作作品评比、网站等信息系统安全自查、教育技术应用作品大赛、优秀实验室和图书室以及优秀实验员和图书管理员评选、优质实验教学课评选、自制实验教具和教育装备论文评选、中小学实验操作大赛等活动。全面做好学校功能室管理，加强中小学功能室“建、配、管、用”工作，各中学和中心学校仪器台账完整。全面启动教育装备管理信息化工作，完成各学校的资产登记、审核工作，完成各初高中物理、化学、生物学科和小学科学学科实验教学仪器设备，以及各类学校信息技术设备、图书资料等教育装备数据初始化工作。做好教育装备相关工作统计和督导评估，坚持用统计结果指导工作方向、用督导结果评定工作情况。2022年度，全面加强招标采购过程管理，规范审批和采购程序，严守验收标准，统一采购的5个项目均成功实施。开展网络安全周活动，加强日常网络与信息安全月报工作，定期检查网络安全，定期上报检查结果。加强节假日与重大时间节点安全值班值守工作，及时、彻底处置网络安全事件，保证全区网络与信息安全。定期排查公众号、电子大屏等媒体内容，做到发布有专人审核、内容有专人负责，出现问题可溯。

（徐言林）

〖编辑 朱晓华 徐荣莉〗

文　化

文化场馆

【博物馆新馆】 8月11日，大丰区博物馆新馆对外开放。博物馆馆址位于江苏省盐城市大丰区城东环湖南路6号，集收藏、研究、陈列、教育、文物信息共享等功能于一体，建筑面积7983.8平方米，占地13773平方米，内部建有三层。馆藏各类文物443件，其中国家一级文物1件（套）、二级文物7件（套）、三级文物41件（套），包括青铜器、陶瓷器、书法绘画、玉器、化石、明清家具、钱币、绣品和古建筑石雕等。楚币郢爰、郑板桥十二条屏、明蟠螭兽面纹白玉佩、施氏家簿谱等珍贵文物为镇馆之宝。

【美术馆】 大丰区美术馆（书画院）位于大丰区飞达东路88号，由博物馆老馆改建而成。该项目2021年5月启动，截至2022年，区美术馆建设已完成事业单位法人设立登记（备案）、馆长任命、人员招聘、概念设计和改造经费测算等前期工作。

（仇文倩）

【新华书店】 2022年，江苏凤凰新华书店集团有限公司大丰分公司（大丰新华书店）全年实现营业收入4480万元，利润316万元。2022年，发行《习近平谈治国理政（第四卷）》9699册，二十大文件及学习辅导读物10.82万册，《习近平关于坚持和完善党和国家监督体系论述摘编》《中国共产党宣传工作简史》《江苏历代贤吏为官之道》等党政学习书籍4461册，确保全区人民政治理论学习的需要。与盐城市斗龙港生态旅游度假集团有限公司合作联营的π书局2022年年底正式对外营业。

（束冬梅）

公共文化活动

【“双千计划”新成果】 “双千计划”指千个全省最美公共文化空间打造和千支优秀群众文化团队培育。2022年，大丰区在原有的3家最美公共文化空间和2支省优秀群众文化团队基础上，新增加卯酉书局、白驹镇狮子口综合文化服务中心2家最美公共文化空间，以及大中街道人民社区芳韵舞蹈队、大丰区海棠旗袍艺术团、大丰锡梅协会3支省优秀群众文化团队。

2022年10月1日，大丰新华书店举办“亲子共同手绘包包”活动

（大丰新华书店 供图）

【“艺”起防疫】 3月17日，大丰区发布《“艺”起防疫 大丰文化工作者在行动》的工作通知，大丰文化工作者积极响应，共收到各类文艺作品95件。其中，区级作品43件，镇（街道）作品52件；语言类作品17件，书画类作品78件。

【优秀群众文艺节目展演】 6月6—30日，区文化广电和旅游局在荷兰花海景区大舞台举办“我们的中国梦——文化进万家”“喜迎二十大·一起向未来”大丰区优秀群众文艺节目展演活动，共计演出22场，观演人数1.3万余人。活动表演形式多样，除歌舞、器乐、戏曲外，还加入具有大丰地域特色的方言韵白剧和小品。

【百姓星光大舞台“周周演”公益文艺演出】 9月17日，由中共大丰区委宣传部、大丰区总工会、大丰区文化广电和旅游局联合主办的“喜迎二十大 奋进向未来”百姓星光大舞台“周周演”公益文艺演出活动正式实施。活动共演出7场，丰富了广大人民群众精神文化生活。

【优秀群众文艺作品巡演】 11月23日，由中共大丰区委宣传部、大丰区文化广电和旅游局主办，大丰区文化馆、大丰区锡剧团、各镇（街道）文广中心承办的大丰区“喜庆二十大 幸福连万家”优秀群众文艺作品巡演在三龙镇文化广场正式启动。该巡演于11月、12月在全区范围内各镇（街道）文化广场、学校等开展，以丰富多彩的文艺作品不断满足人民群众对文化生活的新需求、新期待，不断提升人民群众的文化获得感、幸福感。

【“红动大丰”革命先烈传】 2022年6—12月，区文广旅局围绕学习宣传贯彻中共二十大精神主线，举办“红动大丰”革命先烈传——云故事会活动。通过深挖红色文化内涵，梳理革命先烈英雄事迹，打磨“方强事迹”“李增援事迹”“顾文达事迹”等一批红色经典故事，发布15期微信公众号文章，进行红色文化宣传，揭示红色文化的崇高精神，引起人们的思想共鸣和心灵震撼。

【青年歌手大奖赛】 2月4—5日，由区文广旅局主办，区文化馆、区歌舞团、大丰剧院和区音乐家协会承办的“我们的中国梦 文化进万家”“黄海风·鹿乡歌”2022年大丰区第五届青年歌手大奖赛举办。本次大赛采用线上评审方式，评出“十佳歌手”10名、“十优歌手”10名、“演唱奖”10名。

【2022年群众文艺调演暨元宵节文艺演出】 2月14日，由中共大丰区委宣传部、区文化广电和旅游局主办，区文化馆、区锡剧团、大丰剧院承办，各镇（街道）文广服务中心协办的“奋进新时代·欢度幸福年”大丰区2022年元宵节新春群众文艺调演于大丰剧院（百姓星光大舞台）落幕。全区各文化主体单位创作35个节目参加调演。

文学艺术

【美术】 2022年，书法作品《文心雕龙数则》入选江苏省第十三届新人书法、篆刻作品展；瓷刻《翁丁佤族——老寨主夫人》获得第二届“百鹤杯”工艺美术设计创新大赛百鹤奖；《春暖花开》在2022年度江苏省新的社会阶层人士献礼中共二十大“苏新 非遗传承”作品展中获“苏新·创意奖”；《共筑中国梦》荣获第十三届“艺博杯”工艺美术精品大奖赛金奖；美术作品《晴岚浮翠》入展第二届盐城美术奖作品展；瓷刻《越洋电话》、国画《祥》获盐城市政府文艺奖三等奖；在“喜迎二十大·笔墨绘未来”2022年盐城市庆六一青少年书画摄影大赛中获一等奖2名、二等奖8名、三等奖5名。

【摄影】 年内，《海涂精灵——湿地乐章》组照在《人民日报》新媒体第二届“鸟瞰视界”全国航拍大赛中被精选发表；《家园》《湿地之秋》入选《中国国家地理》主办的“2022中国野生生物影像年赛”；《世遗湿地麋鹿》组照入选第十三届中国艺术节全国优秀摄影作品展；《新时代的婚礼》《新时代幸福感》《潮间鹿影》《“一带一路”驼铃声》入选2022年中国老年摄影展；《劈波踏浪》获第二届华鼎杯全国艺术摄影大赛优秀奖；《夏日河谷》入选中国第十八届国际摄影艺术展、获盐城市政府文艺奖一等奖；《梦幻湿地》《海上风电》《春天的旋律》入选省委宣传部、省文旅厅、省文联组织的“新时代颂江苏美术摄影主题展”；《殷殷期盼》入选第24届江苏省摄影艺术展览；《蒸蒸日上》《中国梦劳动美》在第九届全国职工摄影展中获优秀奖。

【戏剧文学】 年内，在“喜迎党的二十大”长三角地区小戏小品剧本征集暨首届长三角戏剧发展联盟小戏小品展演中，锡剧《柿子红了》获二等奖，淮剧《两兄弟》获三等奖；在盐城市新剧本评奖中，话剧《冬日阳光》获大戏类特等奖，话剧《我叫方朵花》获大戏类一等奖，话剧《毕业生》获得大戏类二等奖，小锡剧《时鲜货》、小戏《游湖借伞》《拉着野鸡飞梧桐》《一束鲜花》获小戏类二等奖，小戏《乡村新曲》《新书记换岗》获小戏类三等奖；在盐城市政府文艺奖中，《寓言体微小说》获二等奖，剧本《天下乡亲》《送鞋》获三等奖。

【音乐舞蹈】 年内，区文化馆创排的少儿舞蹈《你们告诉我》获得江苏省群众文艺政府奖——第十五届江苏省“五星工程奖”、“江苏省第七届社会舞蹈暨第九届少儿舞蹈展演”十佳作品（少儿组），男女声小组唱《梅花湾》获第十五届江苏省“五星工程奖”网络最佳人气奖；锡剧《大先生》、舞蹈《星火》、舞蹈《最美的歌儿献给妈妈》、歌曲《梅花湾》获盐城市政府文艺奖三等奖。

文化遗产保护

【文物展览与活动】 2022年，大丰区举办展览6场：“传承历史，保护家园”——大丰区文化遗产保护展，中国民族企业家的楷模张謇——实业报国、教育兴邦特展，博物馆的力量——曹凯砵国画展，苏皖边区革命史陈列展，大丰区革命烈士事迹展，“荷乡廉韵，清风有痕”——宝应博物馆馆藏廉政文物展。举办活动16场：大丰博物馆+世界自然遗产麋鹿自然营地+野鹿荡北川竹港闸路段研学系列活动，了解家乡历史，感受大丰文化系列活动，“金秋十月迎国庆，赤心向党迎盛会”青少年爱国主义教育活动。

【文物保护】 2022年，区文广旅局以不可移动文物点位所在乡镇镇长为直接安全责任人，各主体文广中心主任为安全管理员，对文物责任人进行挂牌公示。定期组织专家对不可移动文物点进行安全巡查。八路军新四军白驹狮子口会师旧址经过区有关单位多轮研究，在江苏省有关专家的指导下，修改并重新确定其保护范围和建设控制地带。对大丰区2处省级文物保护单位（草堰石闸、八路军新四军白驹狮子口会师旧址）、1处市级文物保护单位（高鹤年故居）落实保养维护工程。

【非物质文化遗产保护】 截至2022年年底，大丰区共有国家级非遗项目1个、省级非遗项目3个、市级非遗项目9个、区级非遗项目46个。大丰区面向未成年人群体、特殊教育学校学生、乡村振兴人才等开展非遗传承工作，普及大丰瓷刻、大丰麦秆剪贴等非遗项目。小海香肚、万盈根雕、白驹桂森果子等多次被中央电视台、央视频等主流媒体宣传报道。

（仇文倩）

史志工作

【“红色书柜”活动】 2022年10月，大丰区委党史工作办公室在卯酉书局设立“红色文化书柜”，陈列党史、革命史、革命人物传记等主题图书700余册供读者阅读，引导市民传承红色基因、坚定文化自信。该活动先后被大丰电视台、《大丰日报》、盐城电视台、江苏电视台公共频道宣传报道。

【“新党员 读党史”活动】 2022年9—10月，大丰区委党史工作办公室与区委区级机关工委、区融媒体中心合作，打造面向社会的“新党员 读党史”电台栏目。选出部分新转正党员代表作为朗读者，诵读具有大丰特色的地方党史，带领市民一起追寻红色记忆、了解地方党史，致敬革命先辈，呈现既有文字、也有声音的大丰党史。

【镇村志编纂】 2022年，盐城市大丰区地方志编纂委员会办公室深化地方志、年鉴研究，致力打造精品志鉴。认真贯彻落实上级对镇村志编纂工作的要求，通过“出台相关文件、召开专门会议、上门督促指导”等举措，大力推进编纂工作。截至2022年年底，全区13个镇（街道）中10个镇（街道）完成镇志编纂工作，全区范围内先行确定26个试点村村志进入验收阶段。

【《大丰政协志》出版】 2022年12月，大丰政协志编纂委员会编纂的《大丰政协志》由江苏人民出版社出版，徐韡主编。该志上限起于1957年1月，下限至2020年1月，全方位记载政协盐城市大丰区委员会63年的发展历程。该志卷设组织机构、重要会议、经常性工作、领导讲话、社会团体、人物、政协表彰7章，卷末设后记。全书71万字。

【《大丰年鉴（2022）》出版】 2022年11月，盐城市大丰区地方志编纂委员会办公室编纂的《大丰年鉴（2022）》由方志出版社出版。该卷年鉴设36个类目，下设265个分目、1336个条目，收录200余幅图片、67张表格。该卷年鉴听取职能部门对篇目调整的建议，调新调优框架结构。将原“交通·邮电·供电”类目调整为“交通”类目；新设“信息服务业”类目，围绕“信息化建设”“邮政服务业”“通信服务业”等方面，体现“数字大丰”建设；将原“建筑业·房地产业”类目拆分为“建筑业”和“房地产业”两个类目，分类更加科学。《大丰年鉴（2022）》封面设计有所创新，以墨绿色为底色，荷兰风情街以黑白线稿的方式从封面延伸至封底，书名由竖版转为横版，整体氛围端庄大气。创新采用辑封作为类目分隔形式，更便于读者快速查阅。全书81.1万字。

【镇村志终审“1234”工作法推广运用】 2022年，大丰区地方志办针对镇村志编纂工作实际情况，摸索总结出一套以评审会为载体，全力提升志稿质量“1234”工作法。“1”指“一要”，评审必以提质为要，重实效，不走形式、不走过场。“2”指“二用”，开会人员比较集中，借此了解情况，查看编纂工作情况，开展编纂业务辅导，即终审会要同时起到业务辅导、工作检查的效用。“3”指“三讲”，讲述最新相关会议精神、盐城市地方志办反馈的相关工作意见与编纂要求；讲授当前各镇（街道）工作中共性问题的解决方法；讲解村志编辑会上提出的问题。“4”指“四到”，除终审村志的全体编纂人员必须参加会议外，镇（街道）分管领导到会讲话提要求；村志指导员到会观摩，参与辅导；其他启动村志工作的村志主编到会学习业务。年内，大丰区地方志办在三分之二的镇（街道）较好地推广运用了该工作法，基本完成阶段性质量控制目标任务。《同德村志》等4部村志纳入2022年盐城市镇村志丛书出版计划，数量位居盐城市各县（市、区）前列。

（谢竹青）

档案工作

【馆藏档案资源拓展】 2022年，大丰区档案馆开展全区2020年之前档案的进馆接收工作，广泛征集大丰区重要事件、重大活动、重点建设的档案资料、革命历史档案、名人档案等，逐步形成齐全完整、丰富多元的馆藏资源。制定《关于开展大丰参战老兵影像资料抢救性采集整理的方案》，通过登门走访、捐赠搜集、整理汇编、集中展示等方式，采集到17名大丰籍参战老兵红色影像档案资料。全年接收文书档案3182件，会计档案22本，专业档案44474件。

【档案管理】 2022年，大丰区档案馆开展馆藏档案目录及全文数据校核工作。截至2022年年底，完成67个全宗、771131条目录的数据校核，提高档案数据查全率、查准率，为创建数字示范档案馆创造条件。对馆藏档案进行重新鉴定，完善开放档案目录，健全档案目录检索中心功能。扎实开展档案安全风险隐患排查治理，严格履行馆藏档案资料外借和涉密档案调阅审批手续。定期维护档案机房，投入10万元更换老化备用电池，为档案数据安全管理提供保障。严抓档案人防、物防、技防三位一体的档案安全防范体系不放松，严防档案损毁和失泄密事件发生，确保全区进馆档案实体和信息的绝对安全。

【档案业务水平提升】 2022年，大丰区档案馆的2篇档案业务文章刊登在国家级期刊《档案与建设》上。组成档案业务课题研究小组，“机关单位社交媒体档案的归档与管理研究——以大丰微信公众平台为试点”项目入选“2022年度江苏省档案局科技项目”，是大丰档案馆首次获得省档案局科技项目立项。协助市馆与苏州大学合作举办档案业务培训，组织100名档案员参加，提升全区档案员的业务水平。深入企业开展工程项目档案业务培训，并参与重大工程竣工档案专项验收工作，助力全区企业档案管理工作健康发展。

【查档服务提升】 2022年，大丰区档案馆接待社会各界档案利用者7226人次，接待破产改制企业档案查阅利用107人次，接待异地查档70例，提供档案2712卷、4983件，复印85115页，受到普遍好评。建立长三角民生档案异地查档、跨馆出证“零”跑制，通过"长三角区域一体化查档平台"及"江苏智慧人社"App，实现民生档案资源共享及高效利用，为群众提供更便捷、更高效、更智慧的档案服务。

【档案宣传工作】 2022年，大丰区档案馆举办"喜迎二十大·档案颂辉煌"主题宣传活动，开展"档案就在我们身边"主题家庭档案亲子活动、"喜迎二十大·阅读向未来"档案诵读活动，进一步扩大大丰档案工作的社会影响，增强全区广大群众爱档护档意识。与退役军人事务局联合举办"挖掘红色资源、抢救红色档案"活动，开发利用红色档案，赓续红色血脉。立足馆藏档案基础，举办"档案文化进学校、进社区、进企业"循环展。升级"中国共产党在大丰"主题展厅，探索"展厅参观+现场教学"的新模式，成为全区党史教育的重要阵地。

（张敏弛）

大众传媒

【《大丰日报》】 2022年，《大丰日报》充分发挥主流媒体正面宣传、舆论推动、精神激励的重要作用，认真做好主题成就展宣传报道，策划"奋进新征程 建功新时代""党的二十大特别报道""新时代新征程新伟业"等专题专栏，多层次、多角度报道大丰各地各部门持续深入学习贯彻中共二十大精神的新思路、新举措、新成效，连续推出来自基层一线的报道。及时转载上级主流媒体平台关于中共二十大报告的深度系列解读稿件，全力做好全区传达学习贯彻中共二十大精神重要会议和各地各部门学习传达情况的综合报道，先后推出《守正创新担使命 踔厉奋发向未来》《全面学习全面把握全面落实上下功夫 推动党的二十大精神入脑入心落地见效》《用新思想武装头脑 用新作为开创未来》等一批优质稿件，受到社会广泛关注。

【大丰电视】 2022年，电视《大丰新闻》严格按照内宣、外宣一体化工作要求，紧紧围绕区委区政府重大决策、重要部署、重大活动以及全区经济社会发展特色亮点，创新报道形式，不断强化精品意识，着力做好主题宣传策划。电视新闻作品《全省首笔湿地修复蓝色碳汇贷投放我区》被评为2022年度盐城市优秀新闻作品；高清新闻《大丰新闻》、高清片头《新闻综合频道呼号》分别获盐城市电视节目录制技术质量奖二等奖；高清短片《广陵印象》获盐城市电视节目录制技术质量奖三等奖。

【大丰广播】 2022年，大丰区融媒体中心新闻综合广播频率制作《早高峰》《上午时间》《下午时间》《晚高峰》《悦读书房》《云听世界》《七彩时光》《周末新动力》8档广播原创节目，重点关注社会民生热点，深入挖掘大丰本土的特色民俗和文化内涵，不断提高广播内容的贴近性、创新性和影响力。特别策划"八达杯"中小学生诵读大赛，创新党史学习教育形式，为中小学生提供展现自我的舞台，受到学生和家长的好评，实现经济效益和社会效益双丰收。《政风行风热线》广播栏目全年做到安全零差错播出，情况落实回馈率100%。

【新媒体矩阵】 2022年，大丰区融媒体中心深化媒体改革，加速媒体深度融合，构建以"智慧大丰"App、"大丰融媒"微信公众号、视频号、抖音号为代表的新媒体传播矩阵。统筹各媒体平台稿件资源，明确新闻采编人员每人每月新媒体稿件发稿任务，提升新媒体稿件占比，不断强化新媒体平台管理，提高各平台信息发布的及时性和权威性。推出《早安大丰》系列短视频作品，完成"大丰融媒"微信公众号主体变更及一日多推申请，完成"大丰融媒"抖音账号、今日头条账号名称变更及"大丰融媒"视频号认证，逐步形成"大丰融媒"传播品牌，"大丰融媒"公众号粉丝突破10万人，"大丰融媒"抖音号粉丝突破24万人。积极与新华社、我苏网等主流媒体开展合作，108部微信短视频阅读量突破1万人，234部抖音短视频浏览量突破1万人。持续整合媒体服务、民生服务和政务服务，与地产公司联办"建发杯"少儿春晚活动，与上海农发集团联合组织"主播带你看三夏"直播活动，获得广泛好评。

【融媒运营】 2022年，大丰区融媒体中心加速经营性国有资产集中统一监管改革步伐，明确经营创收目标责任，不断优化经营创收服务水平。开展经营性国有资产调研摸底，完成经营性国有资产集中统一监管改革任务。强化产业运营，与沪苏产业联动集聚区签订"立足长三角娓娓道来好声音 助力集聚区久久为功新征程"战略合作协议，为长三角一体化产业发展基地建设宣传造势；与上海农发集团共同组织"开耕节"大型现场直播等大型活动，得到沪丰两地数万粉丝的关注；认真完成"全区重大项目建设汇报片"和"全区重大项目开工汇报片"，以及上级部门交办的其他各类宣传片、汇报片制作任务，不断提高服务质量。

（丁 旺）

文化产业

【概况】 2022年，大丰区文化产业单位实现营业收入139.1亿元，新增规模以上文化企业6个。举办大丰(扬州)文旅推介会，组织文化企业参加长三角文博会、深圳文博会等线上线下产业展会。开展郁金香文化月、"盐城好秋色"文化旅游季暨荷兰花海百合花文化月、欢乐一夏"街"有你、"爱上夜花海"盛夏欢乐季、920街坊夜游、"鹿王争霸"直播活动和各类文艺活动、展览、培训讲座等，提高区域文化影响力。

【文化产业项目建设】 2022年，大丰区实施重点文化产业项目8个，完成投资7.85亿元，天沐温泉酒店、920街坊一期、麋鹿度假村一期、黄海湿地公园川东闸小街竣工运营；希尔顿国际会议中心、大龙岛度假村、"月下爱河"旅游综合体、只有爱大酒店、黄

2022年，大丰区实施重点文化产业项目8个，完成投资7.85亿元，天沐温泉酒店、黄海湿地公园川东闸小街竣工运营　　周古凯　摄

海野鹿荡、大丰郁金香健康文化养生中心等项目加快实施。冰雪世界、水韵龙湾森鹿欢乐园等一批文旅项目签约、落户大丰。

【乘着高铁游盐城——2022大丰(扬州)文旅推介会】 8月18日，由盐城市文化广电和旅游局主办，大丰区文化广电和旅游局承办的“乘着高铁游盐城——2022大丰(扬州)文旅推介会”在扬州东关街举行。国家级非物质文化遗产大丰瓷刻、宜君农民画，江苏省非物质文化遗产大丰麦秆剪贴以及斗龙港、荷兰花海、麋鹿等各类文创展出，吸引众多市民游客打卡互动。

（郭　璐）

文化市场管理

【概况】 2022年，大丰区文化旅游综合行政执法大队巡查经营单位1300家次，出动执法人员5200人次，办结案件15起，罚款18200元，没收违法所得818.1元。在2022年全市文化市场综合执法案件评查中，区文化旅游综合行政执法大队获“优秀办案团队”称号，两起案卷被评为“十佳案卷”。

【文化市场疫情防控】 2022年，区文化旅游综合行政执法大队根据省、市、区疫情防控工作要求，推动大丰区文化市场常态化疫情防控工作规范开展。通过线下巡查与线上宣传相结合的方式广泛开展防疫宣传，提高业主的防疫意识，压实防疫主体责任，确保重点人群核酸应检尽检、“一戴一测三查一扫”等防疫措施落实到位。复工后，执法大队强化常态化疫情防控工作，联合区公安局对网吧等经营单位疫情防控工作落实情况进行突击检查，约谈落实不力业主，督促监督整改，同时力促市场主体纾困解难，帮助企业申报防疫支出、贷款贴息补贴。

【文化市场安全督查】 2022年，区文化旅游综合行政执法大队扎实开展文化市场安全生产宣传和督查工作，在日常巡查和专项检查中，发现经营场所各类问题隐患141处，隐患整改率达100%。开展安全生产宣传和学习工作，向经营单位负责人、从业人员普及安全生产知识。在“安全生产月”等重要节点，组织全体执法人员、业主、从业人员参加安全生产专题展览和专题讲座，接受系统的消防基础知识学习和应急救援技能培训。严格落实文化市场经营单位安全生产主体责任，发放经营管理安全须知，指导经营单位负责人建立健全安全生产责任制和各类安全管理制度及应急、灭火演练方案，引导经营者有效开展“消防四个能力建设”。

【文化市场整治】 2022年，区文化旅游综合行政执法大队根据全国文化市场演出审批系统备案，事先约谈11家演出方负责人，分别就演出规范、安全生产、疫情防控等内容展开详细说明，要求演出方严格按照相关规定举办现场演出。召开区酒吧业主大会，就酒吧内涉营业性演出管理、KTV经营办证事宜做出要求，强调有证经营、规范演出的重要性，并告知具体审批流程。开展艺术品、旅游领域养老诈骗专项行动，召开艺术品、旅游市场从业人员养老诈骗专项整治暨诚信经营培训会，科普防诈贴示。开展未经许可经营旅行社业务及“不合理低价游”专项整治工作，对辖区内旅行社从业人员开展法律法规培训，办结未经许可经营旅行社案件1起。加强剧本娱乐场所管理，联合区消防大队、住建局等部门召开剧本娱乐场所联席会议，辖区剧本娱乐场所负责人参加，各职能部门分别对剧本娱乐场所管理做出具体工作指导。联合区公安局对全区互联网上网服务营业场所开展部门联合“双随机、一公开”（随机抽取检查对象、随机选派执法检查人员，抽查情况及查处结果向社会公开）监管，进一步营造公平竞争的市场环境和法治化、便利化的营商环境。密切关注出版物市场，配合区委宣传部开展“护苗2022”、“护苗绿书签”、“问题图书”清查等专项行动6次，检查出版物经营单位70家次，办结出版物市场案件12起，收缴549册违法违规刊物。

（仇文倩）

〖编辑　於晨婷〗

卫生健康

2022年2月18日，复旦大学附属中山医院苏北健康管理中心项目在大丰区签约
（区卫健委　供图）

综　述

【公共卫生体系建设】 2022年，大丰区有一级及以上公立医疗卫生机构24个，其中：三级综合医院、二甲中医医院、二级精神病专科医院、二级妇幼保健专科医院各1个，二级综合医院2个，疾控中心、卫生监督所、急救医疗中心（站）各1个，其他镇（中心）卫生院11个，社区卫生服务中心3个，防保所1个。另有镇卫生院一体化管理的村卫生室219个，民营医院15个，门诊、诊所、医务室96个，开放病床3832张。卫生行业有在职职工5619人，其中卫生技术人员4615人，占职工总数的82.13%，执业（助理）医师1968人，注册护士1805人。城乡居民主要健康指标处于较高水平，人均期望寿命80.9岁，婴儿死亡率2.64‰（省定标准为小于8‰）。当年出生人口1878人，出生人口性别比107.59，人口自然增长率为-11.22‰。大丰区被评为江苏省健康促进县（区），区卫健委被评为节约型机关、江苏省公共机构节能低碳示范单位。

【常态化疫情防控】 2022年，大丰区建成疫情防控信息化指挥中心、设置健康小屋57个。2022年，大丰累计接种新冠病毒疫苗38.3万剂次，接种人数达37.5万人，当年完成全程接种1.62万人、加强免疫接种33.87万人。调派214人次支援上海、苏州等地疫情防控。

【卫生人才科教】 2022年，大丰区加强高层次人才引进，当年全职引进高级职称硕士生1名，柔性引进博士生2名，招引名校优生17名。加强适用型人才引进，招聘在编医疗卫生技术人员53名，其中校园招聘8名、社会公开招聘39名、改制民营医院选调6名；定向招聘医学类定向生44名，其中30名进事业编制；招聘编外卫生技术人员137名，其中核酸检测基地紧缺人员36名。加强基层紧缺人才培养，订单定向生免费培养本科生5名；安排2019年南通卫校农村医学25名委培生到大丰人民医院跟班学习。加强科研教育，1个项目获盐城市医学新技术引进奖一等奖，3个项目获盐城市医学新技术引进奖二等奖。

卫生改革

【公立医院改革】 2022年，大丰人民医院引进新生儿科博士组建新生儿救治中心，建成互联网医院；大丰妇幼保健院建成二级妇幼保健专科医院，并与上海红房子妇产科医院合作共建宫颈疾病诊疗中心，成立隋龙教授专家团队工作室。大丰第三人民医院异地新建项目建成并投入使用。小海中心卫生院创成全区首家农村二级综合医院，并建成省农村区域性医疗卫生中心。

【医共体建设】 2022年，大丰人民医院、大丰中医院两个紧密型医共体牵头单位定期派出专家团队赴成员单位开展大型义诊、送医下乡等活动，促进优质医疗资源下沉；远程会诊、影像诊断、心电诊断、集中消毒供应、临床检验（病理）五大中心常态化运转，医共体内检验结果互认。大丰人民医院支持丰华社区卫生服务中心开展血液透析，打造基层特色；支持万盈镇卫生院建成农村医疗急救站点。大丰中医院实施精准帮扶，派出肛肠、骨伤、内分泌、儿科等专家到基层定期坐诊。

【基层卫生工作】 2022年，区卫健委持续开展"优质服务基层行"活动，白驹中心卫生院通过优质服务基层行推荐标准验收，全区共有6家基层医疗机构达推荐标准，10家基层医疗机构达基本标准。推进省社区医院建设，草堰镇卫生院、万盈镇卫生院建成省社区医院。开展基层特色科室创建工作，大中社区卫生服务中心消化内科和骨科、草堰镇卫生院内分泌科（糖尿病专科）、南阳镇卫生院消化内科、大桥中心卫生院消化内科建成盐城市级特色科室。

公共卫生管理

【公共卫生服务项目】 2022年，大丰区基本公共卫生服务项目人均经费提高到98元。开展城乡妇女"两癌"（宫颈癌、乳腺癌）筛查，当年宫颈癌筛查25594人、乳腺癌筛查26320人，确诊宫颈癌6例、乳腺癌20例。

【综合执法监督】 2022年，大丰区制发健康培训合格证34000本，办理老年优待卡1920件，婚育情况证明105件，引产证明49件，医护人员注册450件，医疗机构新证变更校验117件，中医诊所备案2件、注销2件。强化执法法制审核，处罚金额2万元及以上的案件一律上案审会集体讨论。全年行政处罚立案查处34件，其中当场处罚14件、一般程序20件，罚没款金额14.01万元，“张某非医师行医案”被评为全省打击非法医疗美容优秀案例。

【妇幼保健质效指标】 2022年，大丰区无孕产妇死亡，孕产妇保健管理率为99.00%，早孕建卡率为96.16%，产后访视率为99.00%，出生缺陷发生率为8.13‰，婴儿死亡率为2.64‰，5岁以下儿童死亡率为4.75‰。全面实施新生儿先天性心脏病免费筛查工作，全年免费筛查1717例，筛查率为100%，其中筛查阳性21例，确诊8例。加强儿童近视防控工作，建立儿童视力健康电子档案13082例。艾滋病筛查率、梅毒筛查率、乙肝表面抗原检测率均为100%。

【家庭医生签约服务】 2022年，区卫健委将家庭医生签约服务阵地延伸至居民小区、功能社区，不断完善“15分钟健康服务圈”。城西社区卫生服务中心探索开展慢病运动干预试点项目，草庙镇仙鹤社区家庭医生工作室被评为省星级家庭医生工作室。

【精神卫生管理】 2022年，区卫健委落实“以奖代补”政策，对新增上报的易肇事肇祸严重精神障碍患者进行核定。会同公安、民政、残联对各镇（街道、区）上报的拟奖补人员信息进行核查确认，对3340名严重精神障碍患者监护人发放奖补金额219.73万元。对六大类严重精神障碍患者实施免费住院治疗，全年免费住院治疗1695人次，免费金额309.07万元。联合区残联，完成1940名残疾贫困精神障碍患者的免费服药和体检工作，减免药费89.7万元、体检费33.67万元。

医（药）政管理

【医疗质量管理】 2022年，大丰区调整医疗质量控制管理中心及检验、病案、药事、麻醉、护理、急诊急救、影像超声、医院感染8个专业质控中心，明确工作职责，落实18项医疗质量安全核心制度。加强医疗文书质量管理，对全区一级以上医疗机构在架病历、门诊处方、护理文书、辅助检查申请单等进行现场点评和指导，及时纠正医疗文书书写不规范等现象；组织大丰人民医院临床药师对各医疗机构门诊处方、毒麻药品专用处方进行专题培训，进一步规范医疗文书的书写。规范开展出院患者满意度调查，大丰人民医院、大丰中医院、大丰第二人民医院3家区级医疗机构出院患者满意度均在90%以上。

【药品管理】 2022年，大丰区强化基本药物配备使用监管，基层医疗机构基本药物配备比例达71.8%、使用比例达68.3%，超过省市规定。加强短缺药品日常储备，制定临床必需且有短缺风险药品短缺供应预案，设立库存预警，保证合理的储备量。组织开展基本药物现场核查、抗菌药物临床应用、医疗机构合理用药专项督查，提高基本药物临床应用管理水平。

疾病预防控制

【重点传染病防治】 2022年，大丰区无甲类传染病报告，未出现传染病多发、疫情暴发，未发生重大、不明原因疫情。报告乙类传染病9种815例、报告发病率116.36/10万，报告丙类传染病5种438例、报告发病率62.54/10万。结核病、艾滋病、麻风病等传染病防治成效显著。

【慢性病防治】 2022年，大丰区加强癌症、心脑血管等重点慢性病的早诊、早治，提高死因监测、肿瘤登记和心脑血管监测的质量和水平。全年报告心脑血管事件2998例、死亡795例，报告各类死亡人数7334例，肿瘤新发病例3008例、肿瘤死亡病例2119例。

【预防接种】 2022年，大丰区全区所有预防接种门诊疫苗储存冷藏箱均安装自动测温报警系统，实行实时监控，发现异常及时处置。按照新冠疫苗接种要求，对所有预防接种门诊进行督导，对设置不合理的提出整改意见。全区各产房均开展乙肝疫苗产房接种，产房新生儿建卡建档率为100%，乙肝接种及时率、知情同意签核率均为100%。全年报告疑似预防接种异常反应病例155例，一般反应149例、异常反应4例、偶合症2例，均得到规范报告和处置，未发生预防接种纠纷。

【职业健康】 2022年，区卫健委强化职业卫生宣传，联合人社部门开展职业健康（工伤预防）专项行动，邀请市级专家面向用人单位和劳动者普及职业健康和工伤预防知识，印发宣传大礼包1000份，受众5000余人次。推进职业病危害专项治理工作，对有职业健康风险隐患的54家用人单位开展联合检查，督促企业落实主体责任，化解风险隐患。开展“健康达人”创建活动，15人获大丰区“职业健康达人”称号，2人获盐城市“职业健康达人”称号，1人获江苏省“职业健康达人”称号。

中医药事业

【中医药服务能力】 2022年，大丰区加强中医重点专科建设，大丰中医院骨伤科获评省中医重点专科，脾胃病科成为省中医重点专科建设单位，肿瘤科、肛肠科、脾胃科、针灸科通过市级重点专科复审。基层医疗卫生机构三级中医馆实现全覆盖，小海中心卫生院中医馆被省卫健委确认为五级中医馆，三龙中心卫生院、丰华社区卫生服务中心、白驹中心卫生院、大丰第三人民医院4家中医馆被盐城市卫健委确认为四级中医馆。村级中医阁全覆盖，并配备针灸针、火罐、刮痧板、艾灸和神灯等中医医疗设备，基本满足基层患者就医需求。

【中医药文化宣传】 2022年，区卫健委组织开展《中华人民共和国中医药法》实施五周年和《江苏省中医药条例》实施二周年宣传活动，通过发放宣传折页、举办健康知识讲座、开展义诊咨询等多种形式，宣传中医药养生、保健、防病知识，累计发放宣传资料7000余份，受益群众5000人次。组织开展"端午艾草香 关注眼健康"——2022年中医文化进校园主题活动，覆盖城乡29所学校，参与师生7775名。

爱国卫生

【健康大丰建设】 2022年，大丰区持续推进健康大丰建设25项行动，加强相关部门完成情况数据调度，强化对各镇（区、街道）相关工作考核，被评为江苏省健康促进县（市、区）。

【卫生创建】 2022年，大丰区制定各镇（街道、区）爱国卫生考核办法和考核细则，将卫生镇村长效管理工作纳入区政府年度综合考核内容。印发《关于进一步做好国家卫生镇长效管理工作的通知》，对全区11个国家卫生镇常态化开展督导检查。

【健康教育与健康促进】 2022年，区卫健委利用微信公众号、网站、宣传栏开展常态化科普宣传，组建专门队伍到基层开展"五进"（进机关、进企业、进学校、进社区、进乡村）活动，倡导文明健康、绿色环保的生活方式，居民健康素养水平提高到34.88%。大丰第二人民医院建成江苏省健康促进医院，刘庄镇建成江苏省健康镇，草堰镇三渣村等11个村（社区）建成江苏省健康村（社区）。

血吸虫病地方病防治

【查螺灭螺】 2022年，区卫健委组织对5个流行镇49个流行村及与疫区镇毗邻的9458个环境进行螺情调查，查螺面积约2953.54万平方米，大桥镇洋南村查出有螺环境1处，万盈镇天池村、殷灶村查出有螺环境2处，共查出有螺环境3处，有螺面积约1.78万平方米。大桥镇、万盈镇对查出的有螺环境进行药物灭螺，草庙镇、林场继续对近5年发现的有螺环境进行巩固药物灭螺，全区药物灭螺面积46.7万平方米。

【查病治病】 2022年，区卫健委全年完成2274人血清学查病、253人粪检查病和270名流动及水上作业人员查病任务，检出血清阳性1人，粪检查病无阳性者。

【晚血病人管理】 2022年，区卫健委继续开展晚血病人家庭医生签约服务和晚血病人关爱治疗救助工作，发挥区、镇、村三级医疗网作用，进一步改善现存晚血病人临床症状，提升晚血病人的生存质量。全年对36名晚血病人进行医疗救助，救助金额17.86万元。

老年健康

【健康教育】 2022年，区卫健委抓住老年健康宣传周、敬老月等重要时间节点，广泛宣传老年健康科普知识，普及新冠疫苗接种、老年营养膳食、运动健身、心理健康、合理用药、康复护理、疾病预防、中医养生保健等内容，提高老年人健康素养。整合健康体检资源和基本公共卫生项目内容，扎实推进65岁以上老年人家庭医生签约服务，全年签约100527人，签约率为67.88%。

【智慧助老】 2022年，区卫健委开展老年人运用智能手机培训，发动团员、少先队员、返乡大学生、青年志愿者教老年人使用智能手机，全年完成老年人智能手机运用培训3815人次，完成率达119.21%。11月22日，在江苏省第二届"老年达人"运用智能技术大赛总决赛中，大丰区代表队代表盐城获一等奖。"开展'指尖上的关爱'助力智慧生活"获评2021年度全省老龄工作优秀案例。优化老年人就医环境，开设老年人挂号就医绿色通道，为老年人就医提供便利。全区24家基层医疗机构全部建成省老年友善医疗机构。

【孝亲敬老】 2022年"敬老月"活动期间，区卫健委开展主题宣传、老年人法律宣传、"智慧助老"、文化体育、孝老爱亲公益志愿服务等活动约300场次，发放尊老金、慰问金500余万元。开展"安康关爱行动"，为辖区内60周岁以上户籍老人购买人身意外伤害险，承保人数104631人，参保经费593.32万元。南阳镇广丰村被国家卫生健康委、全国老龄办命名为全国示范性老年友好型社区。

（王国生　陈伟琴）

〖编辑　於晨婷〗

体 育

群众体育

【概况】 2022年，大丰区体育局积极发展群众体育。全年举办"喜迎二十大，奋进新征程，幸福舞起来"广场舞视频赛、大丰区网球邀请赛、"辉丰股份杯"大丰区业余足球联赛暨足球杯赛等多场赛事，直接参与群众10万余人。积极参加省、市体育活动，全区获各类奖项500余人次。组织市民参加省八段锦网络比赛及盐城市八段锦、太极拳线上视频比赛，参赛居民300余人。先后选派300余名优秀社会体育指导员参加省、市级乒乓球、羽毛球、广场舞、排舞、健身健美、太极拳等项目培训。区老年人体育协会举办柔力球社会体育指导员技能培训班，参训人数100人。根据《2022年全省县级体育重点工作督查办法》的要求，组织区各中小学在职专业体育老师310人参加国家体育锻炼标准达标测试赛，对合格人员颁发证书。

【广场健身舞培训】 7月24日，由江苏省体育局主办，江苏省社体中心、盐城市体育局、江苏省指导员协会、江苏省广场舞协会承办，大丰区万盈镇人民政府、大丰区体育局、盐城市指导员协会、盐城市广场舞协会协办的"喜迎二十大，幸福舞起来"2022年省广场舞公益培训进社区进乡村活动在大丰区万盈镇益民村举行。培训由省广场舞协会副会长兼秘书长刘荣主教，盐城市广场舞协会理事、"江苏省最美舞者"、大丰区芳韵舞蹈队队长王芳助教。7月25日，2022年大丰区"全民动起来，喜迎二十大"广场舞培训班在大丰区城东实验小学开班，全区200名广场健身舞爱好者参加。

【"梅花湾杯"新年长跑活动】 1月1日，大丰区举办2022年"梅花湾杯"新年长跑活动。长跑路线为沿梅花湾内部健身步道至梅花湾虹蝶广场，全长约5千米。副区长梁呈元宣布活动开始，并为新年长跑鸣枪发令。

【全民健身月线上跑活动】 5月15日，由大丰长跑协会举办的"阳光五月·美丽大丰"大丰区全民健身月线上跑活动，在大丰湿地公园启动。参加人员需每日在大丰区梅花湾公园、东方湿地公园、银杏湖公园三个地点的任一个场所单次跑满5千米，并按时间要求在微信公众号中打卡。活动为期10天，全区113名跑友报名参加，35人获得奖项。

【"全民健身日"盐城市大丰区分会场启动仪式】 8月6日，江苏省2022年"全民健身日"活动盐城市大丰区分会场启动仪式在大丰区银杏湖公园举行。启动仪式上，各体育团队代表展示彩带龙、抖空竹、街舞、跆拳道、瑜伽等表演，充分展示了全区群众健康、快乐、积极向上的精神面貌。

2022年8月6日，江苏省2022年"全民健身日"活动大丰区分会场启动仪式在银杏湖公园举行　　周古凯　摄

【2022年武术交流大会】 11月13日，大丰区2022年武术交流大会在大丰区五环体育中心体育馆举办。该交流大会由大丰区文明办、大丰区教育局主办，大丰区武术运动协会承办。16支代表队的190余名武术爱好者参加了26项个人和集体节目表演。

【第二十八届"乒协杯"乒乓球赛】 11月19日，第二十八届"乒协杯"乒乓球比赛在大丰区奥林匹克体育中心举行。比赛设少儿组、男女团体、男女单打3个项目，采取小组循环赛，每局五局三胜制。全区61支代表队、近200名乒乓球爱好者参加比赛。

【首届中国象棋大丰棋王赛】 11月19—20日，由大丰区老年人体育协会主办，大中街道和青少年活动中心协办的"梦苏名酒"杯首届中国象棋大丰棋王赛举行。比赛执行中国象棋协会审定的《象棋竞赛规则（2020版）》，采用电脑积分编排制，电子计时器计时，每方基本用时20分钟，每走一步加5秒。全区60余名象棋爱好者参加比赛。

【全民健身工作联席会议全体会议】 6月24日，大丰区全民健身工作联席会议全体会议在区行政中心召开。会议会办研究《盐城市大丰区全民健身实施计划（2021—2025年）》，部署2022年下半年大丰区全民健身重点工作。会议强调，各部门要严格履行各自职能，加快构建更高水平的全民健身公共服务体系。要加强组织领导，建立部门联动、分工合理、责任明确、齐抓共管的全民健身工作机制。要加强政策保障，完善全民健身监管机制，依法治体，确保全民健身工作全面、协调、可持续发展。

竞技体育

【概况】 2022年，大丰区体育局承办2022年江苏省青少年篮球训练营（第二期），参培人数92人；承办2022年盐城市青少年网球比赛，参赛人数近100人；承办2022年盐城市青少年篮球总决赛（小学组）比赛，参赛人数241人；承办2022年盐城市“市长杯”小学组足球比赛。完成运动员注册工作，全年新增与确认注册运动员198名，项目涉及田径、游泳、体适能、网球、足球、篮球、跆拳道、散打、壁球等。

【2022年盐城市青少年网球锦标赛】 6月17—19日，由盐城市体育局、盐城市教育局、盐城市文明办、共青团盐城市委员会、盐城市妇联共同主办，大丰区体育局和大丰区教育局承办的2022年盐城市青少年网球锦标赛在大丰区奥体中心网球场举行。来自东台、阜宁、大丰等6支代表队的75名运动员参赛。比赛设14岁组、13岁组、12岁组、11岁组、10岁组、9岁组和8岁及以下组7个组别，各组别均设单打、双打项目。经过4个竞赛单元153轮的比赛，亭湖、盐都、大丰代表队分获团体总分前三名，东台、阜宁代表队获体育道德风尚奖。

【2022中国足球协会乙级联赛开幕】 7月2日，2022中国足球协会乙级联赛在大丰区奥体中心开幕。本次联赛共有18支球队参赛，中国职业足球俱乐部联合会筹备组组长史强，江苏省体育局副局长刘彤，盐城市政协副主席唐伯平，盐城市体育局局长、党委书记方仕德，大丰区区长戴勇出席开幕式。

2022年6月17—19日，2022年盐城市青少年网球锦标赛在大丰区奥体中心网球场举行　（区体育局　供图）

【江苏省青少年篮球训练营开营】 8月24日，由江苏省体育局主办，江苏省体育局篮球运动管理中心协办，盐城市体育局、大丰区体育局共同承办的江苏省青少年篮球训练营第二期在盐城大丰奥体中心正式开营。来自江苏省13个设区市的140余名篮球少年与教练员参加。江苏省体育局篮球运动管理中心副总教练胡卫东担任本次训练营总教练。训练营旨在提高江苏青少年篮球水平，为青少年搭建更好的篮球运动平台，为培养体育项目后备人才打下坚实基础。

体育设施

【概况】 2022年，大丰区争取中央专项彩票公益金支持地方社会公益事业发展资金680万元，启动大丰区室外全民健身设施建设专项提升工程。整治室外公共体育设施场地10500平方米；采购安装全民健身路径159套、篮球架41副，盐城市体育局配发27套全民健身路径同步实施建设；与大丰区交投集团协作，在花溪公园（盐城大丰站东沪丰大道南侧）建设5千米骑行步行综合健身步道；改造3个村（社区）级公共健身房。与区退役军人事务局、城管局、丰华街道协商在施耐庵公园、银杏湖公园、团结河风光带、廉政公园等群众经常健身活动场所安装4套二代智能全民健身路径。

【全省最美跑步线路】 10月19日，“魅力江苏 最美体育”2022全省最美跑步线路专家评审会在南京举行。荷兰花海跑步线路获评“魅力江苏最美体育”2022全省最美跑步线路。荷兰花海跑步线路为公园环形道路，全长10千米，沥青路面，辅助一定数量的塑胶跑道，路面宽度为4.5~8米。跑道沿线配套设施齐全，4.5万平方米的主广场完全满足跑者热身需求，日常长跑团队有100人以上。

（季明姝）

〖编辑　於晨婷〗

社会生活

人民生活及收入消费

【城镇居民生活】 2022年，全年城镇常住居民人均可支配收入46523元，比2021年增长4.8%；其中工资性收入24665元，经营净收入7555元。城镇居民人均生活消费支出24653元，比2021年增加990.3元，增长4.2%。其中：人均食品烟酒消费支出7161元，比2021年增加341元，增长5%，占生活消费支出的比重为29%，比2021年增加0.2个百分点；医疗保健消费支出1877元，比2021年增加79元，增长4.4%，占生活消费支出的比重为7.6%，与2021年持平；交通通信消费支出4271元，比2021年增加368元，增长9.4%，占生活消费支出的比重为17.3%，比2021年增加0.8个百分点；居住类消费支出3833元，比2021年增加331元，增长9.5%，占生活消费支出的比重为15.5%，比2021年增加0.7个百分点。年末，城镇居民人均住房建筑面积56.3平方米，比2021年增加0.7平方米，增长1.3%。

【农村居民生活】 2022年，全年农村常住居民人均可支配收入31297元，比2021年增长6.5%；其中工资性收入15857元，经营净收入10169元。农村居民人均生活消费支出21426元，比2021年增加1209.7元，增长6%。其中：食品烟酒支出6239元，增长8.1%，占生活消费支出的比重为29.1%，比2021年增加0.6个百分点；医疗保健消费支出1761元，增长14.4%，占生活消费支出的比重为8.2%，比2021年增加0.6个百分点；交通通信消费支出2986元，增长6%，占生活消费支出的比重为13.9%，与2021年持平；居住类消费支出4478元，增长9.9%，占生活消费支出的比重为20.9%，比2021年增加0.8个百分点。年末，农村居民人均居住房屋面积为67.7平方米，比2021年增加0.8平方米，增长1.2%。

（唐　凯）

民政事务

【概况】 2022年，大丰区民政局认真学习贯彻中共二十大精神，深入贯彻国家和省市区决策部署，坚持以人民为中心的发展思想，以推进乡村振兴、实现共同富裕为目标，不断兜牢民生保障底线，提升养老服务水平，推动社区治理创新，全区民政事业发展取得明显成效，高质量考核位居全市第一。“聚焦四小四弱小切口，做实乡村治理大文章”获得全省基层社会治理创新成果提名奖，为全市唯一；区婚姻登记处制定的《户外集体颁证服务标准化示范》被省民政厅确定为全省婚姻登记系统唯一一家民政标准化建设示范类项目。

【特殊困难群体救助帮扶专项排查整治行动】 2022年，根据省市决策部署，大丰区深入开展特殊困难群体救助帮扶专项排查整治行动。成立由区政府负责人任组长，区政府办负责人、区民政局主要负责人任副组长的区工作专班，下设办公室和妇女儿童组、困难群众组、残疾人组、老年人组4个专项工作小组，集中办公人员16人，制定印发专项排查整治行动实施方案。15个镇（区、街道）均成立镇级摸排工作专班，村级成立摸排工作小组268个，组织村（居）民政主任、网格员、志愿者等1515名工作人员参与。按照“全面排查、全部见面、全部留痕”的要求，排查梳理A类、B类困难群众1.99万人，跟踪帮扶重点户1116户。出台《大丰区关于进一步改革完善社会救助制度的实施方案（试行）》，为低保边缘家庭、支出型困难家庭、政策外困境儿童等六类特殊困难群体提供资金帮扶、政策帮扶等七类帮扶措施，先后帮扶低保边缘家庭、支出型困难家庭515人，发放一次性救助资金112.79万元。

【社会救助】 2022年，大丰区不断健全社会救助联席会议制度，调整优化职责和任务清单，建立特殊困难群体走访日报制度，通过赋权乡镇，形成衔接有序有效的救助服务网络，全面保障救助制度常态化运行。保障各类困难群众6830人，其中低保对象3215户4729人，特困人员1441人，困境儿童（含孤儿）660人，发放保障资金7685.39万元。健全分层分类的社会救助体系，将低保边缘家庭259户455人、支出型困难家庭27户61人纳入动态监测范围。率先在盐城建立长期安置制度，为长期滞留的23名无名氏流浪乞讨人员完成安置落户，并纳入城市特困人员救助供养范围。在全市率先为低保户、分散供养农村特困人员等困难群众一次性补贴用电30千瓦时，有效减少高温天气对困难群众生活的影响。在全省率先实施“幸

2022年，大丰区组织养老服务业职业技能培训596人，岗前培训率100%
（区民政局　供图）

福家园”村社互助工程项目，实现村（居）全覆盖。区慈善总会作为全省唯一县（市、区）代表参加全国“幸福家园”村社互助工程现场观摩暨总结推进会，并作经验介绍。殷凤山获得第六届江苏慈善奖“最具爱心慈善捐赠个人”称号，为全市唯一。全年销售福利彩票3911.91万元，筹集公益金391万元，同比增长10.8%。

【养老服务】 2022年，全区60周岁以上户籍老年人219447人，老龄化率为31.93%。其中，80~89周岁老年人28503人，90~99周岁3283人，100周岁及以上74人。出台《大丰区推进养老服务高质量发展的实施意见（2022—2025年）》《大丰区创建省级居家和社区养老服务创新示范区行动方案》《大丰区促进养老服务业发展的激励意见》等文件，健全养老服务政策体系。为全区老年人提供上门服务38.5万人次。经济困难的孤寡、失能、高龄、失独等重点老年群体和80周岁以上老年人综合能力评估实现全覆盖。搭建“1+10+N”三级助餐网络，建成1个中央厨房和10个长者幸福食堂。为1000户困难和高龄老人家庭进行适老化改造，提高老人生活品质。全区有养老机构17家，其中公办养老机构13家，民办养老机构4家。新丰镇、西团镇和大中街道敬老院改造升级为区域性养老服务中心，向周边乡镇社会老人提供养老服务。万盈镇被评为省级智慧健康养老领域示范乡镇，南阳镇城乡村获评全国示范性老年友好型社区，区社会福利院“妙趣智胜、乐享其中”入选全省“益智乐老”优秀案例。组织养老服务业职业技能培训596人，岗前培训率100%。

【社区治理】 2022年，大丰区民政局积极推动建立健全村（居）民民主协商议事决策机制，健全村（居）务公开、监督领导和工作机制，实施村（居）务“阳光工程”。大中街道恒北村“八议”（田头议、室内议、工地议、视频议、扫码议、庭院议、茶馆议、广场议）工作法被《中国政协报》、江苏政协网推广。开展全区“十佳”村规民约（居民公约）评选活动，恒北、友谊等村入选，进一步提升乡风文明水平。对照社区“十有”（有诊疗器材、有休闲场所、有广场舞设备、有按摩座椅、有康养看护区域、有村邮站点、有便民超市、有法律援助服务、有特色文体活动、有党员志愿服务）微服务清单，全面提升基层社区综合服务能力水平，完成丰华街道海棠社区、小海镇小海社区、刘庄镇三圩社区3个省级社区为民办实事工程。川东社区党建引领产业发展经验入选全省共同富裕示范村十佳案例。所有镇级社工站全部实质化运营，长安社工站入选全省党建引领社会工作服务示范点。开展证明事项专项清理行动，明确《不应由基层群众性自治组织出具证明事项清单（第一批）》所列20项内容，确定保留清单17项。对81家社会组织开展“双随机一公开”检查，清理注销长期不年检、不换届的“僵尸型”社会组织56家。

【社会福利】 2022年，全区未成年人73918人，困境儿童1246人，其中按月发放基本生活费补贴的儿童（孤儿、重病重残儿童、监护人无力监护的儿童、监护人缺失的儿童4类对象）660人。全区有儿童关爱之家19家，其中达省级标准的5家。全区享受残疾人“两项补贴”（困难残疾人生活补贴、重度残疾人护理补贴）11988人，发放补贴7713.5万元。

【婚姻登记】 2022年，大丰区围绕省级婚俗改革实验区试点建设，出台《盐城市大丰区婚俗改革实验试点工作方案》。建成“9·20街坊”，打造具有婚俗文化元素“一条街”。全年结婚登记3869对（涉外6对），补领婚姻登记证1927对，离婚申请1250对，其中离婚登记829对（涉外1对）；全年实现跨区域通办149对；个人档案查询利用2318人次，公检法等部门档案查阅129件；提供涉外、涉港澳台咨询解答29次；接待12345群众咨询工单共22件，群众诉求解决率100%。积极开展户外集体颁证活动，依托荷兰花海，利用情人节、“520”、七夕等登记高峰日举办形式多样的户外集体颁证仪式，全年举办集体颁证仪式2次、大型公益集体婚礼活动1次。

【殡葬管理服务】 2022年，投入6300万元的殡仪馆改扩建工程顺利竣工。全区有农村公益性公墓11个，小海、白驹、刘庄等镇3个农村公益性公墓完成提升改造。区民政局配合区纪委开展公墓领域突出问题专项整治，扎实抓好纪委监委监察建议书反馈问题整改，开展打击违规殡葬设施建设、“不乱撒纸钱”、散坟整治等专项行动，在“我的盐城”App上开展“云祭扫”，为广大群众提供文明低碳绿色祭祀服务。落实惠民殡葬政策，全年火化遗体6731具，发放惠民补贴692.47万元。

【区划地名】 2022年，全区审批小区名1个，审批道路名2个。全力做好国家地名信息库的数据质量建设专项行动，对所有地名的来历、含义、历史沿革进行查缺补漏、核实修改、补充完善，2022年以来增补地名信息12条，完善地名信息2422条，采集照片281张。完成《国家标准地名志》《江苏省标准地名词典》《江苏省地名志》大丰部分词条和释文的编纂工作。积极组织参加盐城市文明办、市级机关工委、盐城市民政局联合举办的“喜迎二十大 永远跟党走 奋进新征程——盐城红色地名故事我来讲”活动，并顺利进入决赛。以古城、古镇、古村落为评定范围，深挖大丰区地名文化，开展地名文化遗产评定工作。草堰镇草堰村、草堰镇丁溪村被列入市级首批地名文化遗产保护名录，草堰村入选省级地名文化遗产名单。

（吉同敌）

人口与家庭

【计生基层基础管理】 2022年，大丰区开展集中整治“两非”（非医学需要的胎儿性别鉴定行为、非医学需要的人工终止妊娠行为）专项行动，对全区整治“两非”相关机构、人员、设备、药品进行全面调查摸底和登记造册，签订不实行“两非”承诺。对全区符合生育政策怀孕的对象引产情况进行核查，对孕情异常消失的孕妇组织专门调查，核实医院引产手术记录。全面排找“两非”线索，全区出生人口性别比保持稳定。

【计生政策服务】 2022年，区卫健委依法实施三孩政策，利用宣传栏、微信公众号、广播等多种载体，宣传解读现行生育政策，营造良好舆论氛围。完善生育服务登记制度，由家庭自主安排生育。当年共办理生育登记1830对，其中一孩生育登记1218对、二孩生育登记578对、三孩生育登记34对，网上办理182对。全面深化三孩配套服务，推进母婴设施建设，公共场所累计建成母婴室55个；加强0~3岁托幼机构监管，落实托育机构信息管理系统登记制度，全区28家托育机构均在省托育平台注册，其中8家托育机构备案成功，每千人口拥有3岁以下婴幼儿托位数3.08个，大丰博雅托育公司被确定为2022年省示范性托育机构和省普惠托育民生实事项目，未来之星托育机构被确认为2022年市普惠托育机构。

【计生民生改善】 按照规定条件、程序和时限要求，区卫健委对2022年新增奖扶、特扶对象进行资格确认，当期全区有农村部分计划生育家庭奖励扶助对象77849人，计划生育手术并发症特扶对象3315人。关怀关爱计划生育特殊家庭，为1879名计划生育特殊家庭人员购买200元的人身意外伤害综合保险，为当年新增的独生子女意外死亡家庭和独生子女意外死亡家庭发生重大疾病的父母分别发放3000元/户的补助金和2000元/户的慰问金，共向104人发放25.6万元。

（陈伟琴）

民族事务

【概况】 2022年，大丰区民族工作认真贯彻落实中央和省委民族工作会议精神，以铸牢中华民族共同体意识为主线，不断推进民族工作高质量发展。2022年，大丰区境内居民以汉族为主，少数民族人口主要由婚进少数民族妇女及其子女构成，有36个少数民族，总人数3131人。

【民族团结进步教育工作】 2022年11月，大丰区民族宗教局召开全区民族宗教领域学习贯彻中共二十大精神宣讲会，组织少数民族群众代表和宗教界人士代表共同学习中共二十大精神，并参观烈士纪念馆，凝聚团结奋斗的力量。

【省级“红石榴家园”创建】 2022年，区委统战部、区民宗局指导三龙镇创建省级“红石榴家园”，以阵地创建为载体，开展民族团结进步宣传活动，共建共创共享各族群众共有的精神家园。三龙镇坚持以铸牢中华民族共同体意识为主线，用心打造“红石榴家园”阵地。三龙镇“红石榴家园”主阵地560平方米，寓意56个民族团结一心，建有民族特色展厅，设置同心议事室、书画室、宣讲室、文体活动室等，开展民俗展演、座谈交流、议事解难、文体娱乐等活动，架起民族团结进步“连心桥”。

（吉中旭）

宗教事务

【概况】 2022年，大丰区宗教工作认真贯彻落实全国和全省宗教工作会议精神，坚持宗教中国化方向，引导宗教与社会主义社会相适应，维护宗教领域和谐稳定。年内，区民宗局组织召开全区民族宗教工作会议，研究部署大丰区民族宗教领域重点工作，提升民族宗教事务法治化管理水平。

【爱国宗教团体自身建设】 2022年8月，大丰区民宗局指导区基督教三自会举办宗教界人士教育培训班，组织各基督教活动场所管理小组成员集中学习全国和省、市、区宗教工作会议精神，不断增进宗教界人士和信教群众“五个认同”（对伟大祖国、中华民族、中华文化、中国共产党、中国特色社会主义的认同）。

【宗教活动场所安全水平提升】 2022年，大丰区民宗局持续巩固拓展安全专项整治成效，制定宗教活动场所安全隐患检查细则清单，明确6个方面55条安全检查细则，为宗教活动场所开展安全自查提供具体可操作的工作标准。

（吉中旭）

退役军人事务

【概况】 2022年，大丰区退役军人事务系统坚持“政治建局、服务立局、人才兴局、创新强局、依法治局”总体工作思路，锚定“全区争先进、全市站排头、全省有影响”的工作目标，以“让退役军人获得感成色更足”为工作主线，坚持尊崇导向，注重工作创新，各项工作取得明显成效，创新创优工作做法获省厅主要领导批示肯定。

【优待抚恤】 2022年，大丰区拓展大丰“精准优抚、精致荣军”品牌影响力，出台《大丰区享受抚恤补助优抚对象每月增减、变更通报制度》等文件，得到盐城市退役军人事务局的肯定并转发。全面落实优待抚恤政策，按月按标准及时将抚恤补助金通过“一卡通”发放到人，年内，发放抚恤补助金、价格临时补贴。建立“物质、精神、服务”三位一体关爱帮扶新模式，帮扶困难退役军人，发放关爱资金。推进“戎耀大丰”退役军人志愿者队伍建设，成立戎耀益站志愿者协会，策划组织“抗日老兵暖冬行”“八一敬老兵盛夏送清凉”“金秋送爱心”等活动。开展优抚对象年度确认和数据核查，在全市首家实现全国优抚信息管理数据库内人员信息完整度100%。年内，做好建档立卡、优待证申请受理、证件制发。在全市首家设立慈善拥军“关爱老兵保险”项目，为享受国家抚恤补助对象购买意外伤害保险、重点优抚对象购买“盐阜荣军医疗保险”。

【安置就业】 2022年，大丰区推进退役军人“军旅荣归”一件事办理，为退役军人提供“一站式”服务。推进“阳光安置”，创新开展转业军官“直通车”式安置，转业军官、政府安排工作退役士兵全部安置到位，实现安置率、安置满意率100%。设立退役军人创业孵化基地，与昆山市退役军人事务局、海澜集团、苏州高博软件技术职业学院、江苏科大开展就业创业合作。组织“戎归大丰 乐业鹿乡”“戎创未来 就业启航”等4场退役军人（军属）招聘会，178家用人单位提供7621个就业岗位，多人达成就业意向，助力退役军人高质量就业。

【退役军人服务体系建设】 2022年，大丰区开展“基层服务保障效能提升年”活动。区服务中心、15个镇级服务站全部创成全国示范型服务中心（站），4个服务对象300人以上的村级服务站达到全国示范型服务站标准。白驹镇狮子口村发挥红色资源优势，提高建设标准，获“省级百家红色精品服务站”称号。创成省级优秀“戎耀之家”2家、市级优秀“戎耀之家”5家。

（周　军）

老龄事业

【概况】 2022年，大丰区召开老龄工作推进会，认真学习贯彻习近平总书记关于老龄工作的重要指示，全国老龄工作会议精神和中共二十大精神，新时代老龄工作政治站位进一步提升。年内，区老龄协会组织大丰区代表队代表盐城市参加“同步新时代，智享夕阳红”江苏省第二届“老年达人”运用智能技术大赛，获得一等奖；老年摄影分会在“阳光的记忆——2022首届中国老年摄影展”上有3人4幅作品入展并获得“单位组织奖”；老年武术运动分会参加“2022年江苏省老年太极健身展演”获得“最佳编排奖”和“优秀组织奖”；老年文艺分会南山艺术团参加“迈向新征程放歌向未来——第三届江苏省老年合唱节”获得“最佳组织奖”和“最佳编排奖”；老年文艺分会艺缘空竹队空竹表演项目获得国家体育总局2022年新春网络大联欢活动一等奖，南阳镇广丰村获得“全国示范性老年友好型社区”称号，介绍大丰区老龄工作经验和做法的文章《用心用情托起幸福美满晚年》，分别在《中国老年报》《新华日报》《盐阜大众报》《大丰日报》等新闻媒体刊用。

2022年7月，大丰区老龄协会在区图书馆举行“盐城市大丰区老年文化活动基地”授牌仪式

（区老龄协会　供图）

【为老服务实事项目实施】 2022年，区老龄协会主动对接老年健康支撑体系和养老服务体系建设政府实事工程，充分发挥各级老龄组织在涉老民生实事项目建设中的积极推动作用。关注老年健康服务支撑体系建设。组织召开医疗卫生机构座谈会，听取和了解全区老年健康支撑体系建设情况，先后走访调研区养老院、大中街道养老院、小海镇广济护理院、三龙镇东红村卫生室和中山医院苏北健康管理中心。积极推动养老服务体系建设。围绕区委区政府组织实施的“星光工程”“幸福工程”“霞光工程”“颐养工程”四大养老服务工程，协会通过开展座谈了解、现场观摩、参与协调、建言献策、政策宣传，推进养老服务体系建设。

【老年文化活动阵地建设】 2022年，区老龄协会积极实施全方位多层次的老年文化活动载体建设，为老年人开展文化体育活动创造必要条件。基层分会老年文化活动中心（之家）建设得到有效推进。全区新建、改扩建老年活动中心（之家）7个，总面积3000平方米，总投资60多万元。整合公共文旅资源，创建老年文旅活动基地。协会会同区文广旅局积极探索整合公共文旅资源为老年人提供文化旅游服务。在区博物馆、文化馆、图书馆、美术馆、荷兰花海、梅花湾、知青纪念馆、施耐庵纪念馆、大中街道恒北村等文化场馆、旅游景区增挂“盐城市大丰区老年文化活动基地”标牌；在全区各镇（街道）文化站增挂“盐城市大丰区老年文化活动中心”标牌。7月在区图书馆举行“盐城市大丰区老年文化活动基地”授牌仪式。整合社会文化资源，协调民企和民间资本非营利文化项目向老年人开放。在白驹皎皎书苑创建“老年文化活动之家”，让社会资源更好地服务老年人的精神文化生活。

【“敬老月”系列活动开展】 2022年，区老龄协会组织开展“敬老月”各项活动。9月28日，协会在《大丰日报》以“喜迎二十大，欢度夕阳红”为主题刊登专版，庆祝全国第十个“老年节”。10月15日，区老龄协会、卫健委、司法局、老龄办在施耐庵公园举办“敬老月”系列活动，组织开展健康义诊、法律咨询、智能手机培训、展板宣传、文艺表演等活动。白驹镇分会召开2022年“老年节”庆祝大会暨庆国庆艺术节文艺会演，大桥镇分会举办“桥韵”文化月活动，大中街道、新丰镇、草堰镇分会举办“情暖金秋，乐在重阳”系列文艺演出65场次。做好事办实事，从2022年10月1日开始，大丰区政府主办的旅游景点对全区60岁以上老年人免费开放，增强老年人的获得感和幸福感。推进“安康关爱行动”。6月，协会和人寿保险大丰公司联合召开2022年“安康关爱行动部署会”，2022年区直单位老年人意外伤害保险参保率达100%。

【老年人应用智能技术普及提升】 2022年，区老龄协会组织开展“指尖上的关爱，助老智慧生活”活动，推动全区老年人应用智能技术普及提升。举办“大丰区首届‘老年达人’智能手机运用大赛”。9月，协会会同区卫健委、民政局、老干部局、发改委、老龄办、融媒体中心等单位举办“融入智能时代，畅享智慧生活——大丰区首届‘老年达人’智能手机运用大赛”。各基层分会广泛宣传发动，积极组队培训，广大老年朋友积极报名参与，全区有29个基层分会组队报名、91名老干部参赛。市场监管局分会获得特等奖，大中街道、丰华街道、邮政公司分会获得一等奖。11月在江苏省举办的第二届“老年达人”运用智能技术大赛上，大丰区代表队获得一等奖。大丰区开展老年人智能技术普及培训的经验和做法被省老龄办联合《新华日报》进行专题宣传报道，老年人智能技术运用培训获评省老龄工作案例。新冠肺炎疫情期间，会议、讲座、节日慰问等许多活动都在线上进行。2022年度协会总结交流活动因疫情影响，由线下改为线上进行，在“晚晴”微信公众平台上进行交流学习。

【老年人健康教育和疫情防控工作】 2022年，区老龄协会按照疫情防控要求，发挥老龄协会的自身优势和作用，做好老年人健康教育和疫情防控工作。开展老年人卫生健康知识科普活动。充分利用老年文化活动阵地、“晚晴”微信公众平台等多种方式，面向广大老年人开展健康教育，2022年“晚晴”刊播老年健康卫生视频讲座24期，各基层分会利用老年人集中活动日，组织开展疫情防控、保健卫生等方面的健康教育68场次，印发老年健康和疫情防控宣传资料1万多份。10月“敬老月”活动期间，在施耐庵公园开展“改善老年营养，促进老年健康”宣传周活动，现场还进行老年营养知识有奖竞答，近千名老年朋友参加活动。全力推进老年人疫苗接种工作。协会向各基层分会印发《关于加强老年人新冠病毒疫苗接种工作的通知》，并和区卫健委联合发出《关于接种新冠病毒疫苗给全区广大老年朋友的倡议书》，推动老年人疫苗接种工作。大中街道成立60岁以上老年人新冠疫苗接种工作领导小组，统筹协调老年人新冠疫苗接种工作。大桥镇分会协助做好60岁以上人员接种摸排工作。税务局分会发挥“银税向阳”志愿服务队作用，老年志愿者们走上街头、走进小区开展防疫抗疫宣传。农业农村局、公安局、自然资源和规划局、小海镇、丰华街道等分会配合单位和社区参与宣传动员和防控工作。老年摄影分会发挥文化引领作用，用有温度、正能量的摄影作品鼓励士气、助力抗疫。《大丰日报》分别以《退休不退岗，疫线显担当》《战“疫”一线党旗红》《能量不减，初心不变》等报道呈现大丰老年人对疫情防控工作做出的贡献。

【“晚晴”平台建设】 “晚晴”作为大丰区老年人自己的微信公众号，成为全区老年组织和老年朋友学习、交流、展示的平台。2022年“晚晴”刊发24期，编发192篇专题。税务局和文广旅局分会分别建立“银税向阳”和“文广旅银龄”微信公众号平台，及时转发“晚晴”期刊。“晚晴”微信公众平台成为全区广大老年朋友的掌上之家、生活益友、展示平台。

【养老诈骗专项整治行动】 2022年，区老龄协会认真贯彻落实全国打击整治养老诈骗专项行动工作要求，密切配合相关部门积极开展专项整治行动，维护好老年人合法权益。广泛开展防诈骗宣传，提升老年人防范意识。在组织老年人开展文体活动时加入防诈骗宣传内容，发放宣传资料，邀请法律工作者现场宣讲。“晚晴”开设老年人防诈骗宣传专栏，向老年人介绍养老诈骗的惯用手法、作案方式等内容，提醒老年人提高警惕，增强风险识别能力。多部门联动，拓展老年人防诈宣传覆盖面。主动协同区司法、公安、卫健、民政、金融、电信、融媒体等部门，加强法治宣传，提升老年人法治意识和识骗、防骗能力。司法部门组织开展“打击养老诈骗，保护老年人权益”主题宣传活动。卫健、民政部门在全区养老机构及医养结合机构内开展打击整治养老服务领域诈骗专项行动。区退休人员社会化管理服务中心联合大丰农商银行，向6.2万名退休人员发送全区打击整治养老诈骗专项行动相关信息。

【老年文化体育活动开展】 2022年，为更好适应老年人的精神文化需求，区老龄协会以开拓创新为动力，推动全区老年文化体育活动融合发展。搭建平台，组建老龄协会专业分会。根据老年人的兴趣爱好、专业特长组建老年文化专业分会，主动引导各专业分会共同学习提高，全力推动各老年文化团体更好融合发展。组建老年武术运动分会、老年摄影分会、老年萨克斯管分会。老年文体活动多元化。老年武术运动分会参与承办2022年区武术交流大会，9月，举办一期杨氏28式太极拳老年人培训班，老年武术运动分会参加“2022年江苏省老年太极健身展演”获得“最佳编排奖”和“优秀组织奖”。2022年老年摄影分会会员有30多人、40余幅作品在国内外多种影赛中入选、展示、获奖。在“阳光记忆——2022首届中国老年摄影展”上大丰区有3人4幅作品入展，并获得“单位组织奖”。老年萨克斯管分会满足老年人对高品质文化生活的追求，举办萨克斯管公益教学活动，培训老年萨克斯管爱好者60多人，帮助老年朋友提升萨克斯管演奏水平，组织参加公益演出活动。

（任　嵘）

2022年大丰区百岁以上老人名录

表14

序　号	姓　名	户籍所在地	性　别	出生年月
1	肖同珍	白驹镇	女	1920年10月
2	梁洪满	白驹镇	男	1922年10月
3	肖德付	白驹镇	男	1922年11月
4	陈美莲	白驹镇	女	1923年5月
5	施伟娥	草庙镇	女	1914年11月
6	沈鞋女	草庙镇	女	1921年7月
7	冯正英	草庙镇	女	1921年12月
8	王存英	草堰镇	女	1914年5月
9	杨德高	草堰镇	女	1919年12月
10	冯守娣	草堰镇	女	1921年2月
11	陆桂英	草堰镇	女	1920年12月
12	杨吉英	草堰镇	女	1921年6月
13	冯凤晓	草堰镇	女	1921年10月
14	顾宝龙	草堰镇	男	1921年11月
15	许如宝	草堰镇	女	1923年1月
16	沈存根	草堰镇	男	1922年11月
17	袁凤小	草堰镇	女	1923年11月
18	吴义芳	大桥镇	女	1920年3月
19	储凤英	大桥镇	女	1921年12月
20	陈桂英	大桥镇	女	1922年5月
21	储井和	大桥镇	男	1923年1月
22	顾吉娣	大桥镇	女	1923年7月
23	施卫明	大中街道	女	1916年1月
24	施品先	大中街道	女	1920年1月
25	候秀英	大中街道	女	1920年8月
26	倪秀英	大中街道	女	1920年12月
27	朱广法	大中街道	男	1921年3月
28	王锡华	大中街道	男	1921年4月
29	王元英	大中街道	女	1921年10月
30	夏正修	大中街道	男	1922年1月
31	施亚兰	大中街道	女	1922年2月
32	王明英	大中街道	女	1922年10月
33	卢巧云	大中街道	女	1922年11月
34	朱德英	大中街道	女	1922年11月
35	沈林才	大中街道	男	1921年11月
36	吴跃云	大中街道	女	1923年2月
37	姜存英	大中街道	女	1923年2月
38	王忠孝	大中街道	男	1923年4月
39	周兰英	大中街道	女	1922年6月
40	黄月琴	大中街道	女	1923年9月
41	吴学文	大中街道	男	1923年10月
42	朱继兰	大中街道	女	1923年12月
43	邓俊保	大中街道	男	1923年12月
44	申翠兰	大中农场	女	1921年5月
45	朱星楼	丰华街道	男	1920年9月
46	黄兆文	丰华街道	男	1922年1月

续表14

序　号	姓　名	户籍所在地	性　别	出生年月
47	顾雅琴	丰华街道	女	1922年11月
48	杭保安	丰华街道	男	1922年12月
49	葛汉章	丰华街道	女	1923年2月
50	徐翠英	开发区	女	1921年5月
51	韦秀红	开发区	女	1921年11月
52	王巧銮	刘庄镇	女	1910年3月
53	骆昌英	刘庄镇	女	1921年2月
54	杨德维	刘庄镇	男	1922年1月
55	陈秀云	刘庄镇	女	1923年10月
56	李昌法	刘庄镇	男	1923年11月
57	徐兆英	南阳镇	女	1917年1月
58	顾兰英	南阳镇	女	1920年4月
59	唐金娣	南阳镇	女	1920年12月
60	徐凤英	南阳镇	女	1921年3月
61	陈淑贞	南阳镇	女	1921年11月
62	王志忠	南阳镇	男	1922年7月
63	蔡汉英	三龙镇	女	1919年1月
64	陈月祥	三龙镇	男	1922年1月
65	王汉芝	三龙镇	女	1923年7月
66	秦秀珍	三龙镇	女	1923年10月
67	单红英	三龙镇	女	1923年10月
68	施秀兰	万盈镇	女	1920年10月
69	李桂英	万盈镇	女	1921年2月
70	彭参娣	万盈镇	女	1921年5月
71	赵玉和	万盈镇	男	1921年9月
72	王大珍	万盈镇	女	1922年2月
73	刘保珍	万盈镇	女	1923年2月
74	夏明珠	万盈镇	女	1923年8月
75	姜吉小	万盈镇	女	1923年12月
76	王凤英	西团镇	女	1921年4月
77	董桂英	西团镇	女	1921年4月
78	刘书珍	西团镇	女	1922年1月
79	杨荣英	西团镇	女	1923年1月
80	杨永红	小海镇	女	1919年7月
81	刘大林	小海镇	女	1920年3月
82	顾东英	小海镇	女	1921年1月
83	王锦凤	小海镇	女	1921年6月
84	沈红英	小海镇	女	1921年10月
85	沈凤英	小海镇	女	1921年11月
86	蒋彩付	小海镇	男	1921年11月
87	罗秀英	小海镇	女	1922年1月
88	单粉英	小海镇	女	1922年4月
89	杨荣珍	小海镇	女	1922年10月
90	吴俊余	小海镇	男	1923年7月
91	卢天银	小海镇	男	1923年9月
92	吴永贤	小海镇	男	1923年10月

续表14

序　号	姓　名	户籍所在地	性　别	出生年月
93	茅兰女	小海镇	女	1923年11月
94	宗文英	小海镇	女	1923年12月
95	朱巧英	小海镇	女	1923年12月
96	丁翠英	新丰镇	女	1918年12月
97	陈玉佩	新丰镇	女	1920年10月
98	张亚芳	新丰镇	女	1921年2月
99	施惠琴	新丰镇	女	1921年5月
100	蔡芝英	新丰镇	女	1921年8月
101	郭希舜	新丰镇	男	1921年5月
102	季自选	新丰镇	男	1922年7月
103	徐仲英	新丰镇	女	1922年1月
104	黄静娴	新丰镇	女	1922年9月
105	顾守芳	新丰镇	女	1923年4月
106	钱亚芳	新丰镇	女	1923年8月
107	张长如	新丰镇	男	1923年11月

说明：表内统计人员为2022年12月健在的100岁以上老人

（乔晶晶）

消费者权益保护

【概况】 2022年，盐城市大丰区市场监督管理局开展放心消费创建工作，5家单位获评省级放心消费示范单位，宣传消费维权知识，恢复设立消费者协会人民调解委员会工作室。全年受理各类消费咨询投诉举报2834件，为消费者挽回经济损失103万元，满意率为99.8%。

【放心消费示范创建】 2022年，大丰区市场监督管理局制定2022年放心消费创建及示范单位发展计划，并全面启动放心消费创建工作。5家单位创成省级放心消费示范单位，将线下实体店开展无理由退货承诺纳入放心满意消费示范单位评选认定标准，鼓励参创线下实体店积极开展无理由退货承诺，在2021年的基础上发展了300多家线下实体店参与无理由退货承诺。

【消费纠纷多元化解】 2022年，在盐城市大丰区市场监督管理局城西分局恢复设立消费者协会人民调解委员会工作室，充分发挥人民调解在消费纠纷多元化化解机制中的主动调解作用，探索将消费纠纷委托移交给消费者协会人民调解委员会处理，同时借助并依托“一会两站”的消费纠纷调解职能，实现消费纠纷处理在一线、解决在基层、化解在源头。

【“3·15”国际消费者权益日】 2022年，大丰区市场监督管理局结合行业特点，推出“3·15”系列线上、线下活动，在吾悦广场举办宣传咨询活动，公布2021年十大消费维权典型案例，引导公用服务业、个体经营户作出七日无理由退货承诺，在“大丰市场监管”微信公众号发布消费警示，引导消费者科学、健康消费，理性适度维权。

（方振宇）

关心下一代工作

【概况】 2022年，大丰区各级关工委和广大“五老”（老干部、老专家、老军人、老教师、老模范），认真学习领会、贯彻落实中共二十大精神，深入学习贯彻中办、国办《关于加强新时代关心下一代工作委员会工作的意见》（以下简称《意见》）和省委办公室、省政府办公室《关于加强新时代关心下一代工作委员会工作的实施意见》（以下简称《实施意见》），提高政治站位，践行初心使命，忠诚履职奉献，积极主动作为，在教育、引导、关爱、保护青少年健康成长工作中取得新成绩。中共二十大胜利召开后，全区各级关工委迅速掀起学习宣传中共二十大精神热潮，区关工委通过线上向基层关工委发出认真学习宣传中共二十大精神的通知，镇（街道、区）和区直单位关工委组织村（居）、校、企关工委专职人员和广大“五老”志愿者学，通过不同层次50多个班次的学习活动，全区7000多名“五老”参加学习。在市委、市政府召开的市关工委成立30周年纪念会议上，区关工委等9个集体、17名个人受到表扬，区关工委朱达丰作为全市“五老”代表在会上作了典型发言。

【学习贯彻《意见》和《实施意见》】 2022年，各级党政领导对关心下一代工作更加重视支持。4月3日，区委书记李志军主持召开区委常委会会议，专题学习《意见》精神，提出贯彻落实要求。李志军还多次对关工委工作作出批示。10月1日，区长戴勇对区关工委工作作出批示。区委分管领导多次参加上级关工委和大丰区召开的工作会议，听取工作汇报，参加关工委相关活动，指导关工委工作。大桥镇党委、西团镇党委组织学习贯彻《意见》。草堰、白驹、刘庄等镇和开发区党委书记，农业农村、水利等单位主要负责人兼任关工委名誉主任，区教育局局长、公安局政委任局关工委主任。区文明办主动牵头部署2022年主题教育活动，区教育局领导专门对全区中小学组织开展主题教育活动提出要求。区政法委关工委牵头，5月30日组建由区公安、法院、检察、司法部门老政法工作者组成的大丰区第一支法治教育报告团。11月10日，区关工委与区农业农村局召开农业农村系统关工委工作协商会。区市场监管局加强民营经济关工委建设，分局基层关工委组织领导更加健全。区文旅局、民政局、人社局、财政局、自然资源和规划局、住建局、交通局等部门配合、支持关心下一代工作的力度加大。1月10日，区关工委举办传达学习《意见》培训班，各地、各单位关工委随后普遍举办基层关工委专职主任学习培训班。省关工委《薪火》第1期刊载区关工委主任朱达丰学习《意见》的体会文章《在学懂弄通上下功夫》。全区各级关工委认真组织学习贯彻《实施意见》。小海、大桥、万盈等镇关工委以会代训，并采取书面测试形式，巩固学习效果。通过学习培训，全区各级关工委和广大“五老”进一步增强做好关心下一代的使命感和责任感。

【青少年主题教育活动】 2022年，“老少心向党、喜迎二十大”主题教育活动开展。3月24日，区文明办、关工委、教育局联合对2022年青少年主题教育活动作出部署。基层“五老”宣讲报告员编写党史宣讲材料《红色革命老区——西渣》《裕华攻坚战》《大中集解放战》《方强烈士》《郭守贞烈士》《抗疫英雄许鹏》等375份。住建局关工委主任王宣德用三年时间编写8个专题50多万字的宣讲材料，系统地向青年职工讲述党百年征程百年奋斗百年辉煌史。大桥镇关工委编写18万字的《大桥红色记忆》，作为本土特色宣讲教材。全年全区各级关工委组织主题教育活动860多场，参与的青少年10.2万人次；各中小学利用重要节庆日，组织相关专题教育活动1242场次，6万多人次的中小学生参与其中。中共二十大召开后，在青少年中学习宣传中共二十大精神成为主旋律，“五老”报告团宣讲二十大精神74场，聆听的青少年1万多人次。省关工委办公室、省教育系统关工委、关心下一代周报社联合举办的“党的光辉照我心、童心喜迎二十大”主题征文活动，区关工委、区教育局关工委和9所学校获得“优秀组织奖”，124份征文作品获“优秀作品”奖。市关工委向全市各镇（街道、区）关工委转发区关工委编写的《盛世中华，强国有我》主题教育宣讲提纲。

2022年，大丰区教育局、关工委在全区中小学校开展“在国旗下庄严宣誓”活动 （区关工委 供图）

【校外教育辅导工作】 2022年，大丰区14家中心辅导站、232家村（居）辅导站、188个家庭辅导点组织活动7000多场次；62所中小学举办延时班135个，暑期，54所学校办起394个托管班，学校当主体、担主责，关工委积极主动、协同配合。草堰镇、白驹镇、小海镇、大桥镇、草庙镇、万盈镇、新丰镇和开发区8家中心辅导站被市关工委授予“全市优秀校外教育辅导站”奖牌；在全市校外教育辅导站工作推进会上，万盈镇中心站作书面典型交流；草堰镇中心站《颂建党百年，做时代新人》主题活动视频，获全省校外教育辅导站优秀活动视频特等奖。

【“四助”关爱帮扶行动】 2022年，区关工委开展“四助”关爱行动（春节前“助困送温暖行动”、春学期和暑期“助学圆梦行动”、春季返乡青年和秋季大学高中毕业生“创业帮扶助就业行动”、关爱大龄青年“助成家行动”）。全年，全区村（居）关工委排查登记孤儿和事实孤儿、单亲子女、留守儿童等困境青少年计3337人。全区关工系统通过多条渠道，全年让贫困青少年接收到慰问财物47.29万元，获得助学资金181.047万元，为800多名待业、回乡、外出务工青年找到就业岗位，解决35对大龄青年婚姻问题。7月9日，《扬子晚报》负责“阳光助学”工作的编辑部两名主任率记者和江苏希诺实业公司、碧桂园公司等企业赞助商一行20人，对随机抽取的大丰区12名申报同学逐一家访、核查，称赞大丰区调查深入、情况真实、材料可靠、公平公正，全部现场确认赞助。区关工委争取到《扬子晚报》“阳光助学行动” 30

个名额，每个贫困大学新生获助5000元，获助学生数列盐城市各县（市、区）第一，其中7名学生还被希诺集团董事长确定为大学期间全程资助对象，可连续4年每学年获助5000元。

【预防和减少青少年违法犯罪工作】2022年，全区各级关工委切实履行法定职责，积极参与社会治理。全年35岁以下青少年犯罪人数下降，全区未成年人"零犯罪"村（居）创建率96%。5月，区政法委、关工委牵头，组建一支由6名老政法工作者组成的区老政法法治报告团。9月20日，区政法委牵头启动全区第五届青少年普法教育工作。经调整充实，全区有"五老"法治副校长和法治报告员两支法治教育队伍723人。全年学校、村（居）开展法治教育1143场，青少年听报告13万人次。扎实开展结对帮教工作。各地全年排查出问题青少年209名，配合政法部门和村（居）党政组织，落实430名"五老"和210名在职干部一道，与问题青少年结成帮教对子，问题青少年转化率达96%。全区199名"五老"在节假日和晚间，协同区文旅局、公安局，巡查全区城乡91所网吧和文化娱乐场所。全区16个基层派出所关爱工作站，在设站点、配班子、添设施、立制度、建台账、结对子、维权益、送关爱等方面扎实开展工作。区公安局关工委和新丰、三龙、西团等派出所被市关工委、市公安局关工委联合评为全市公安派出所关爱工作站建设工作先进集体。

【"三扶两创"工作】2022年，全区各级关工委积极开展"三扶两创"（扶志、扶技、扶创业，创建创业示范基地、评选创业之星）工作，助力青年农民致富。小海镇宗玉成、区农业农村局王凤良被评选为全市"三扶两创"工作"最美老科技"，大桥镇蔡明敏、丰华街道李兴被评选为全市"三扶两创"工作"青年农民创业之星"，草堰镇三元晓成家庭农场、小海镇义禾农业发展有限公司获得"青年农民创业示范基地"称号。3月和7月，区关工委、区农业农村局关工委两次对各镇（街道、区）推荐的帮扶青年农民创业典型，深入现场逐一调研。11月10日，区关工委、区农业农村局专题召开"三扶两创"工作会商会，进一步明确加强农业农村系统关工委组织建设、健全组织领导体制、完善条块协同配合的运行机制、调整壮大农业科技服务队伍、大力帮扶创业青年农民等措施。各村（居）政治科技学校，全年举办培训班次2000多场。区农业农村部门的24名老科技人员到相关挂钩服务点结对提供技术帮扶。"五老"们积极化解青年农民创业中遇到的项目审批、土地流转、资金借贷、邻里纠纷等实际问题上百个。

【企业关工委建设】2022年，区关工委推进企业关工委工作，关爱青年职工成长。坚持党建带关建，加强领导、归口管理，条块结合、齐抓共管的工作格局进一步完善。局民营经济关工委新组建企业关工委122家，其中，规模以上企业80家。2022年，全区设有企业关工委573家。白驹、刘庄等镇企业关工委组建工作均有新进展，配备班子，搭建机构，开辟阵地，挂出牌子，制度上墙，关工委工作逐步启动。区住建局关工委对下属企事业关工委加强领导，全系统青少年无一失学、无一失业、无一失足。2022年暑期助学圆梦行动中，全区37个民营企业，向30名大学生、3名中学生、25名小学生，共捐款10.2万元。刘庄创意公司董事长、关工委主任王加森创办"爱心驿站"，每天为全镇16名环卫工人供应鱼汤面加荷包蛋的免费早餐。

【关工委宣传】2022年，大丰区关工委重视宣传工作。各基层关工委向《大丰关工》投稿586篇，全年刊发12期共采用207篇。推介万盈镇中心辅导站、新丰派出所关爱工作站、"三扶两创"青年农民蔡明敏和李兴等一批先进典型。全年向各级主流媒体和关工系统上级媒体报送通讯、消息等332篇，采用254篇，其中，中国关工委"中国火炬"公众号采用177篇，省关工委《薪火》和《江苏少年网》采用91篇，市关工委《简讯》采用12篇，《盐阜大众报》《大丰日报》、大丰电视台等主流媒体采用典型材料、通讯、报道66篇。大丰区《坚持不懈开展"四助"，关爱帮扶困境青少年》在市关工委成立30周年纪念大会上作典型发言，并载于11月26日《盐阜大众报》；《"凤还巢"创业有成，帮乡邻共同致富》入编省关工委《全省"三扶两创"工作典型案例100篇汇编》；《大丰日报》用三个专版报道全区关工委重点工作。

【基层关工委建设】2022年，大丰区关工委加强自身建设，组织力战斗力进一步增强。全年，全区有150多个村（居）、校、企等基层关工委进行调整，配齐配强因人事变动的领导班子，"五老"志愿者队伍有序调出、充实。全区有镇（街道、区）关工委15个、区直单位关工委23个、村（居、社区）关工委265个，教育、政法、农口、市场监管等系统有基层关工组织708个，共有"五老"志愿者7357人。刘庄、草庙两镇在各村（居）创建"五老关爱工作站"，整合"一校一站一室"，成立由村（居）关工委专职主任任站长的"五老"关爱小组，均已挂牌，启动运行。西团镇关工委组建"黄祝明工作室"。全区有12所中小学通过上级教育系统关工委优质化建设合格单位考核。区和镇（街道、区）、区直单位关工委微信工作群有52个，村（居）和系统下属单位关工委有微信工作群186个，在线"五老"2800多人。

（康东升）

革命老区开发促进工作

【概况】2022年，大丰区革命老区开发促进会（以下简称老促会）按照习近平总书记"用好红色资源，赓续红色血脉"重要讲话精神和省市区委政府关于推进老区全面振兴发展的部署要求，紧扣省市老促会工作要点，突出重点，扎实推进，助推老区全面发展，助推老区乡村振兴。

【红色资源调查】2022年9月底，区

老促会完成全区红色资源调查，形成调查报告，提出四个方面建议。区委书记李志军在区老促会提交的《弘扬老区精神 传承红色基因》的调查报告上批示："老促会的调研报告很好，保护好我区的红色资源责任重大、意义重大，要宣传好大丰的红色资源，赓续红色血脉；提出的建议很好"。7月29日，区委宣传部部长卫爱军召集政府办、党史办、军人事务局、民政局、文旅局、国资办等部门举行工作座谈会，听取区老促会的调研情况和建议，相关部门提出富有力度的推进举措。会议要求各部门认真学习贯彻党中央、国务院的通知精神，落实区委书记批示要求，对于老促会所提建议，采取积极的态度，发挥各自的职能，拿出推进意见加以落实，同时建立红色资源保护、跨地区部门红色文化研究、红色资源普及等机制，形成全社会共同关注红色资源的保护推进氛围。

【编撰出版《红色印记》书籍】 2022年，大丰区老促会在完成调查的基础上，编撰出版《红色印记》书籍。《红色印记》分为革命历史事件和活动遗址、遗迹，红色纪念设施，部分革命故事，以烈士命名的乡镇、村四个部分，设有前言和后记，12万多字、109幅摄影图片。《红色印记》书籍出版后，召开发布会，将书籍赠送给各镇(区)、部门、相关单位，以及区人大代表、政协委员。

【"一行三比"活动】 2022年，大丰区老促会结合红色资源调查，深化"一行三比"（红色镇村盐阜行，比告慰先烈、比红色传承、比村民致富）活动，重点在红色遗址遗迹的保护上下功夫，取得明显效果。白驹镇投入600万元，对位于国道西侧的烈士陵园整体改造提升，拆除旧围墙，填平废沟渠，修缮碑墓林，结合扩建毗邻的红色文化主题公园，陵园公园融为一体，烈士陵园面积也从原有的2000多平方米扩大到包括主题公园在内的近30000平方米，成为与国道东侧八路军新四军狮子口会师纪念地相呼应的红色文化景区。新丰镇2022年在省、市有关部门支持下投资近100万元，改造提升曙光烈士陵园。区高新技术投资公司投资25万元对陈朝荣烈士陵园及烈士被害地进行修缮提升。加大对红色资源和宣传力度，利用"两会"刊物《会员通讯》和"大丰老区"微信公众号报道红色资源调查的最新动态。开展慰问军烈属、退役军人活动，在建军节、春节前区老促会和镇（区）分会深入基层村组，对军烈属、伤残军人、退伍老兵情况进行全面调查摸底，在此基础上组织走访慰问烈属、伤残军人、退伍老兵。

【"赛三事"活动】 2022年，区老促会组织开展"赛三事"（热心公益做好事、推进发展办实事、促进和谐解难事）活动。各镇、街道分会普遍设立会员奉献余热登记簿，凡会员办成的好事、实事以及解决的难事，登记在册，及时宣传报道突出的典型，弘扬正能量，奉献爱心。组织开展捐资助学活动。各分会通过多种渠道募集资金，资助贫困学生，据不完全统计，全区秋学期资助贫困学生300多名，受助金额80多万元。新丰镇分会在秋学期资助贫困学生33名，发放助学金9.5万元。西团分会在秋学期资助贫困学生31名，发放助学金9.74万元。开展对红色村(居)结对服务工作。区老促会积极争取相关部门支持，帮助6个红色资源村(居)改善基础设施，截至年底，每个村修建一座农桥，单桥投资15万元。

【"两带"基地建设】 2022年，区老促会不断创新"两带"（会员带头致富、带领群众致富）思路，丰富"两带"内涵。督促区、镇两级共同培植产业项目典型，各分会分别联系1~2个典型，进行培植、示范、宣传，取得较好的成效。草堰镇晓成家庭农场以种、养、加一体化为特色，成立稻虾种养专业合作社，带动本村5户农户加入专业合作社，组织就近80多户水稻种养户，免费进行稻虾养殖技术培训，带动1000多人就业，拉动种植、养殖、运输、餐饮产业发展。南阳镇"两带"采用结对帮扶的办法，组织镇村组干部、专业大户、农技人员开展一对一或多对一帮助，解决低收入农户增收难题。

【市老促会红色资源调研交流会在大丰区召开】 6月14日，盐城市老区开发促进会红色资源调研交流会在大丰区召开。与会人员上午先后参观了白驹镇红色文化主题公园和八路军新四军白驹狮子口会师纪念地。下午召开会议。会议首先听取大丰、东台、阜宁3位理事长的交流发言，盐城市老促会副理事长周广展就红色资源调研普查工作提出具体要求，最后盐城市老促会理事长王锦胜进行工作部署。

【老区宣传调研】 2022年，大丰区老促会制订年度工作计划，明确调研重点和要求，出台宣传调研奖励办法，4月作为调研月，10月进行成果交流。区老促会撰写的《弘扬老区精神传承红色基因》调研报告，区委书记李志军作出批示，给予充分肯定。《精准帮扶适时可及，助力增进民生福祉》受到区委领导好评。镇(区)分会调研材料硕果累累，小海镇分会每年调研报告都在5篇以上。区老促会获得中国老促会宣传工作二等奖。区"两会"系统有30多篇宣传报道被中国老区网、《中国老区建设》、《江苏老区》杂志、盐城"两会"刊物采用。区老促会加强上级精神和基层动态的宣传报道，编发"大丰老区"微信公众号18期，《会员通讯》编发6期，扶贫"两会"微信工作群年发布各类信息100条以上。

（陈俊春）

慈善事业

【概况】 2022年，区慈善总会认真学习习近平总书记关于慈善工作的重要论述，深入贯彻《中华人民共和国慈善法》和《江苏省慈善条例》，大力践行"慈行鹿乡·善美大丰"慈善理念，全面推进"大众慈善、文化慈善、开放慈善、创新慈善"四大品牌建设，努

2022年6月22日，大丰区慈善总会举行志愿者服务队成立仪式（区慈善总会 供图）

力打造“学习型、服务型、创新型、健康型”慈善工作队伍，全年募集善款2198.12万元，支出救助金1784.97万元，救助各类困难群众1.98万人次。大丰教育房地产有限公司负责人向区慈善总会捐款5万元，助力疫情防控。盐城市劳动模范、区实验初级中学办公室主任江兴林，盐城市劳动模范、区交通工程质量监督站站长陈晨将各自应得的市劳模1万元奖励金捐给区慈善总会，助力困境大学生。2022年，区慈善总会围绕区委、区政府中心工作，聚焦特殊群体，聚焦群众关切，实施助学、助医、助老、助困等7大系列19个项目，慈善工作取得显著成效。年内，区慈善总会作为全省唯一县（市、区）代表赴济南参加全国“幸福家园”村社互助工程现场观摩暨总结推进会，中华慈善总会会长宫蒲光对大丰慈善工作成绩给予肯定，并对此后工作提出殷切希望。省慈善总会会长蒋宏坤在省慈善总会第四次会员代表大会上代表省慈善总会第三届理事会作的工作报告中，三次提到大丰，对大丰“幸福家园”工程建设、慈善文化宣传、慈善文化进校园等慈善工作给予充分肯定。

【全区“幸福家园”村社互助工程推进会召开】 4月25日，2022年全区“幸福家园”村社互助工程推进会在区行政中心会议室召开。大丰区副区长朱梅芳、区慈善总会会长韦新、区慈善总会副会长宗兴荣出席会议并讲话。会议指出，要提高站位，深刻认识开展“幸福家园”村社互助工程的重要意义。把慈善摆到促进共同富裕的政治高度、战略高度、全局高度，坚持高起点谋划、高标准定位、高质量推进，不断增强慈善服务大局、为民解困、促进共同富裕的能力。要突出重点，落细落实推进“幸福家园”村社互助工程的关键举措。在资金募集上出实招，在项目建设上求实效，在基层治理上下功夫。

【全区“幸福家园”村社互助工程暨“六有”慈善工作站建设推进会召开】 7月7日上午，全区“幸福家园”村社互助工程暨“六有”（有组织、有人员、有场所、有规章制度、有基金、有档案管理）慈善工作站建设推进会在刘庄召开，区政府副区长朱梅芳出席会议并讲话，区慈善总会会长韦新主持会议。韦新就贯彻落实会议精神暨下一阶段重点工作提出要求。朱梅芳就推进“幸福家园”村社互助工程暨“六有”慈善工作站强调：要高度重视，从全省唯一“幸福家园”村社互助工程示范点的高度，持续推动“幸福家园”工程在乡村振兴中更好发挥作用。要突出重点，不断加大资金募集力度和项目组织实施进度，落实“六有”工作要求，提升村（居）慈善工作站能力和水平。要夯实责任，加强组织领导，营造舆论氛围，严格监督管理，提高公众对“幸福家园”村社互助工程的知晓率和参与率，着力打造高质量“幸福家园”村社互助工程，以实际行动迎接中共二十大胜利召开。

【区慈善总会（基金会）三届五次理事大会召开】 12月22日，大丰区慈善总会（基金会）三届五次理事代表大会召开，回顾总结2022年度工作情况，部署落实2023年度工作重点。区政府副区长、区慈善总会名誉会长朱梅芳出席并讲话，区慈善总会会长韦新主持会议并作大会工作报告，副会长张丰宣读表彰决定，副会长宗兴荣作2022年度财务收支报告，区慈善总会副秘书长吴淳作人事安排说明。韦新作了《认真学习贯彻党的二十大精神在中国式现代化建设大丰实践中扛起慈善新使命》的工作报告，报告首先对2022年工作进行回顾，并对2023年慈善工作提出六点思路。朱梅芳就如何做好慈善工作强调了三点意见：（1）提高政治站位，努力践行慈善组织使命担当；（2）突出工作重点，全力推动慈善事业创新发展；（3）加强工作管理，切实提升慈善队伍工作水平。会议邀请盐城市委党校副校长盛海丰作中共二十大专题讲座，审议通过人事安排、2022年度财务收支报告，并对江苏大丰农村商业银行股份有限公司、江苏丰山集团股份有限公司等14家最美爱心企业，大中街道等9个慈善工作综合先进集体，大中街道等2个慈善宣传工作先进集体，陈正坤、张逸悠2名慈善宣传工作先进个人予以表彰。

【区慈善总会(基金会)三届七次会长办公会召开】 12月16日,区慈善总会(基金会)召开三届七次会长办公会。区人大常委会副主任、区慈善总会名誉会长韦国,区政府副区长朱梅芳,区慈善总会会长韦新出席会议。韦新就下一步工作提出三点希望。朱梅芳就抓好慈善工作讲了四点意见:(1)肯定成绩、坚定信心,慈善工作取得显著成效。(2)提高站位、把牢方向,践行慈善事业使命担当。(3)围绕中心、服务大局,推动慈善事业蓬勃发展。(4)强化保障、依法依规,促进慈善工作有序规范。韦国强调:2022年的慈善工作瞄准"全市站排头,全省进前列"目标,各项慈善工作都取得显著成效,全区慈善事业取得新进展。成绩取得主要有四个特点:(1)注重学习,政治站位高;(2)精心组织,救助效果好;(3)工作突出,参会获奖多;(4)不断创新,特色亮点彰显。会上,组织学习中共二十大精神,区慈善总会副秘书长吴淳作人事安排说明;副会长宗兴荣对2022年度慈善总会(基金会)财务收支报告及企业会长单位捐赠情况进行通报,并对2023年度慈善项目情况进行说明;副会长张丰介绍三届五次理事大会工作报告要点。

【串场河沿线"共同富裕示范带、幸福家园样板村(居)"推进会召开】 6月9日上午,区慈善总会召开串场河沿线"共同富裕示范带、幸福家园样板村(居)"推进会。韦新对各镇前一阶段"幸福家园"村社互助工程推进情况给予肯定,尤其是4月25日全区"幸福家园"村社互助工程推进会后,各慈善会迅速贯彻落实会议精神,并进行动员部署、编排项目、项目上线、资金募集等一系列工作,有序有力有效地推进"幸福家园"村社互助工程建设。

【区慈善总会志愿者服务队成立仪式】 6月22日,大丰区慈善志愿者服务队成立仪式在区图书馆三楼多功能厅举行。此次慈善志愿者服务队由1个总队和15个分队组成,共84人。区慈善总会将以此次仪式为契机,大力弘扬"奉献、友爱、互助、进步"的慈善志愿精神,做慈善事业的践行者和传播者,以实际行动传递爱心和温暖,展示新时代大丰人民的良好道德素质和精神风貌,为大丰慈善事业高质量发展贡献力量。

【"慈善拥军 关爱老兵"简易综合保险签约仪式】 4月28日,区慈善总会、区退役军人事务局、太平洋财产保险股份有限公司大丰支公司举行"慈善拥军 关爱老兵"简易综合保险签约仪式。"慈善拥军 关爱老兵"项目是大丰区慈善总会会同太平洋财产保险保险公司、退役军人事务局联合开展的项目,其目的是为全区登记在册的享受国家抚恤补助的优抚对象购买意外伤害保险,让他们的晚年生活多一份保障。

【实施慈善幸福长者食堂项目】 大丰区将"长者幸福食堂"列为2022年为民办实事项目,坚持"政府主导、多元参与、共建共享、老人受益"的基本原则,通过搭建"1+10+N"三级助餐网络,即建设中央厨房1个、示范性长者幸福食堂10个,采取"五个一点"(政府补一点、企业让一点、慈善捐一点、老人出一点、志愿做一点)筹措运行模式,每餐5~10元不等,对在长者幸福食堂就餐的老人可享受区慈善总会2元/餐的餐补,经济困难老人额外给予2元/餐的餐补,困难老人只需花1元钱就可以吃到一荤一素一汤,确保老人吃上新鲜健康、营养均衡、价格亲民的餐食,相关工作经验在《学习强国》《江苏民政》刊登,被评为2022年度全区十大新闻。

【慰问疫情防控一线人员捐赠仪式】 4月1日,区慈善总会在丰华大厦举行慰问疫情防控一线人员捐赠仪式。此次慰问防疫一线人员活动,区慈善总会捐赠区相关部门和单位防疫专班71.43万元,慰问3500余人次。

【2022年度往届大学生爱心助学金发放仪式】 8月29日,区慈善总会举行2022年度往届大学生爱心助学金发放仪式。对2021年度资助的8名大丰籍低保在册家庭大学生,上学期考试成绩必修课无不及格科目,区慈善总会对上述大学生进行滚动救助、持续救助,每学年发放慈善资助金6000元/人,持续发放至毕业。发放仪式上,区慈善总会副会长张丰向受助8名贫困大学生发放慰问金,随后,受助学生和家长交流发言。

【政策外困境儿童慈善救助项目实施】 2022年区慈善总会通过走访调研,在2021年救助基础上,加大该项目的精准救助力度,慈善救助金由原来1000元/人·年增加到2000元/人·年,扩大慈善救助的受益面和影响面,让更多的政策外困境儿童得到救助,有效缓解政策外困境儿童家庭的经济压力。在"六一"儿童节期间,区慈善总会为大丰区233名政策外困境儿童每人发放2000元慈善救助金,合计发放慈善救助金46.6万元。

【"重阳节敬老"慰问活动】 区慈善总会开展2022年度区"重阳节敬老"慰问活动,2022年重阳节慰问金发放对象共601人,其中特困人员451人,社会寄养150人,慰问标准从2021年每人200元增加到300元,区慈善总会共发放慰问款180300元。

【"百岁老人慰问"活动】 2022年,区慈善总会联合区民政局开展"百岁老人慰问"项目,全区百岁老人生日当天可在原先区民政局发放3000元慰问金基础上再获得区慈善总会发放的2000元慰问金。春节前夕,对全区10多名百岁老人进行慰问。

【成人大病救助暨春节慰问】 2022年,区慈善总会开展的2022年度成人大病救助暨春节慰问项目,改进完善救助慰问方式,在往年20万元善款用于区政府春节慰问困难群众的基础上,再下拨30万元慈善救助、慰问金,根据各镇(街道、区)人口比例分配至各镇(街道、区)慈善会,并就此发放通知,要求各镇(街道、区)慈善会认真调查摸底,规范确定救助、慰问对象，按照每户1000~2000元的标准进行精准救助、慰问。

【慈善总会“五个一”活动】 2022年9月5日是第七个“中华慈善日”，中华慈善日所在星期被定为江苏慈善周。区慈善总会突出“助力乡村振兴 促进共同富裕”活动主题，超前筹划、精心组织“五个一”活动，造浓慈善氛围。开展一次喜迎二十大、幸福连万家“慈行鹿乡·善美大丰”慈善文艺演出活动。9月5日借助百姓星光大舞台，在大丰剧院上演一台以弘扬慈善文化为主题的慈善公益文艺演出。开展一次全区中小学生慈善征文活动。联合区教育局、融媒体中心，组织开展全区中小学生慈善征文比赛，9月2日在《大丰日报》专版公布获奖名单并选登部分获奖作品。开展一次腾讯“9·9”公益日活动。倡议全区各机关团体、企事业单位、社会各界爱心人士，在“中华慈善日”、江苏慈善周、腾讯“9·9”公益日前后，捐出一天的工资或收入，向社会奉献一份爱心。开展一次慈善助学、助教活动。9月6日联合区教育局，对全区困难学生、患重特大疾病的高中教师开展一次慰问活动。慈善文化“五进”活动。要求各镇（街道、区）慈善会、各村（居）慈善工作站加强与镇（街道、区）文化站和社会组织的联系与合作，开展慈善文化进企业、进农村、进社区、进学校、进家庭活动。

（张丰　高伟伟）

农村扶贫开发

【概况】 2022年，区扶贫开发协会以中共十九大、十九届六中全会、二十大精神和习近平总书记关于巩固脱贫攻坚成果与乡村振兴工作讲话精神为指引，按照省市扶贫“三会”和区委区政府的部署要求，秉承“为党和政府分忧，为困难群众解难”的理念，坚持“拾遗补缺，量力而行”的务实基调，针对新冠疫情实际，切实履行协会职能，助力乡村振兴和农业农村现代化，着力提升产业帮扶、助学帮扶、社会关爱、建言献策水平。区扶贫协会撰写的《建好农旅示范基地，提升强镇富民水平》《精准帮扶适时可及，助力增进民生福祉》两篇调研文章被盐城市乡村发展协会列为2022年调研成果刊发。

【产业项目】 2022年，区扶贫协会争取到省产业扶贫项目4个，资金110万元。分别是：裕兴荠菜生产加工销售，万明家庭农场种植，金色农业种植、加工，高平生猪养殖。裕华裕兴荠菜项目连续四年获得省每年30万元的支持，企业由当年的简单加工，发展到种植、加工、销售一条龙，带动近100名年纪偏大的低收入人员就业。草庙分会主动帮助种植企业化解难题、协调矛盾，万明家庭农场种植喜获丰收，企业稳步发展。金色农业公司等企业通过自身发展，带动产业发展，帮助困难人员就业，发挥社会效应。万盈现代化农业园区、西团“绿野新中”、草堰三元晓成家庭农场、三龙丰盈家庭农场、白驹锦绣大地等基地，通过现场交流、典型带动，推动镇（区）产业项目的实施。

【助学助困】 2022年，区扶贫协会连续第五年开展以“暖冬行动”为主题的助困活动。会同浙江商会、中华保险公司在全面调查的基础上，对困难人员进行走访慰问。多渠道开展助学活动，争取到碧桂园“一对一”帮扶基金资助17名困难学生。与农村商业银行合作，资助20名学生，与众心联合会合作开展“爱心助学，众扶圆梦”活动，对100名高中学生给予资助。万盈镇分会建立“六本台账”，动态掌握困难人员、资源现状，加强对接，及时给予资助。西团镇“两会”会员陈绕林常年资助大学生。8月，区扶贫协会会同镇区分会开展“走基层、访百户、实行精准帮扶”活动，对100多名困难家庭及学生逐一进行走访，分析困难原因，提出社会帮扶意见，有计划、分类型进行精准帮扶。为了发动社会力量参与公益事业，大丰区扶贫协会发起“携手助老区，助学助困，情暖大丰”公募捐赠慈善活动，参与人数10960人次，年募集资金150101元，受到省“三会”（老区开发促进会、扶贫基金会、扶贫开发协会）的表扬。教育局分会在师生中建立“爱心群”，参与人数超1000人，募集金额超10000元。协调社会资源，积极奉献爱心，正大丰海公司捐助10万元设立“正大丰海社会帮扶”基金。

【村企结对】 2022年年初，区扶贫协会明确挂钩联系草堰镇双垛村和裕华荠菜专业合作社。协会一班人多次深入村企进行调研，引导其因地制宜，大力发展集体经济，加大土地流转力度。双垛村有7个村民小组、1424个农户、3800多人口，所辖

2022年8月，大丰扶贫“两会”助学金发放暨“携手乡村振兴大丰行”启动仪式举行

（区扶贫协会　供图）

8.6平方千米，其中集体耕地面积为733.33公顷。全村常年种植主要以小麦、水稻为主，养殖主要以母猪为龙头，水面螃蟹养殖有近53.33公顷。现有家庭农场一户，私营企业8个，个体工商户55户，吸纳从业人员120人，年转移劳动力均在1250人以上。2022年，集体经营性收入51.4万元。挂钩的裕华荠菜企业发展势头良好，新拓展蔬菜种植基地30.87公顷，水肥一体配套。完善“公司+基地+农户”模式，当年收购荠菜原料1800吨，加工荠菜成品1300吨，加工盐蒿420吨、玉米185吨，实现销售1200万元。正常吸纳农民工180多人就业，带动农民增收。

【区扶贫协会自身建设】 2022年，区扶贫协会组织网络不断完善，镇（区）人员不断增强，丰华分会调整会长，村组都明确负责人，真正做到上下贯通、网络完善。志愿者队伍不断扩大，全区有志愿者3000多人，积极参与相关活动，区众心联合会是扶贫协会理事单位，有志愿者800多人，常态化组织活动。

（陈桂官）

社会矛盾纠纷大调解

【概况】 2022年，大丰区社会矛盾调处服务中心紧紧围绕全区经济社会发展大局，坚持以习近平新时代中国特色社会主义思想为指导，以维护二十大、“两节、两会”、国庆节及重要时期社会稳定为重点，坚持“预防为主、教育疏导、依法调处、防止激化”的原则，深入组织开展各类矛盾纠纷排查调处工作，充分发挥调解在维护社会和谐稳定工作中的重要作用，处置化解大量的社会矛盾纠纷。全年全区各级各类调解组织共调解矛盾纠纷6359件。大丰区非诉讼服务中心受理并参与调处各类矛盾纠纷2796件，其中“公调对接”工作室调解652件，“诉调对接”工作室调解677件，金融调解工作室调解183件，劳动争议调解工作室调解835件。

【人民调解组织全覆盖推进】 2022年，大丰区社会矛盾调处服务中心按照调解组织全覆盖的要求，不断健全人民调解组织体系。2022年全区有区级调委会1个、乡镇（街道）调委会15个、村（社区）调解组织264个、派驻式“公调对接”工作室6个、“诉调对接”工作室6个、“访调对接”“检调对接”工作室各1个。截至2022年年底，大丰区11个300人以上私营企业成立人民调解委员会并全部挂牌运行。在矛盾纠纷高发的部门和行业设立自规、消协、道交、金融4个调委会（工作室）。全区配备专职调解员258人，兼职调解员431人，其中非诉讼服务中心、专业行业调解工作室有调解员55人，构建横向到边、纵向到底、上下贯通、左右协调、多方参与的人民调解网络，确保矛盾纠纷“发现在早、防范在先、处置在小”，社会矛盾纠纷发展动态“有数、可控、到位”。

【矛盾纠纷多元化解机制完善】 2022年，大丰区社会矛盾调处服务中心积极探索矛盾纠纷多元化解新模式，与大丰区纪委、政法委、信访局联合设立“纪法信”联动矛盾化解中心，共同打造集联合接访、联合研判、联合交办、联合督导、联合处置于一体的信访矛盾纠纷化解实体综合服务平台，推动实现群众诉求“一窗受理、一单通办、一体会商、一督到底”，形成多元解纷工作合力。大力推进新型调解组织建设，深化“3NN1”调解体系建设，依托行业协会、商会和“两新”组织，推动行业性专业性调解组织向涉及民生、群众关注领域拓展。指导上海农场推进农场人民调解委员会规范化建设，促进人民调解服务农场经济社会发展，推动矛盾纠纷化解向各领域延伸。

【人民调解工作信息化水平提升】 2022年，大丰区社会矛盾调处服务中心采用“线上”+“线下”宣传方式，多层次、多视角、全方位宣传“苏解纷”非诉服务平台的功能、优势和操作方法，通过发放宣传单、电子屏播放等形式，向社会推介“苏解纷”小程序，提升人民群众的知晓率。全年“苏解纷”平台注册人数为64870人。强化“苏解纷”平台PC端业务系统建设，2022年有27家行政调委会入驻该平台，安排专人负责维护“苏解纷”平台，实现新纠纷平台3个工作日内指派完成。提高人民调解小助手平台上案件录入的规范化水平，实现数据传送的及时性。利用“苏解纷”平台、人民调解小助手等信息化手段，加强风险隐患信息收集研判，提升矛盾风险前瞻预判能力和预防响应能力。

【人民调解队伍优化】 2022年，大丰区社会矛盾调处服务中心以严格选任、多元培训、规范管理为着力点，不断强化人民调解组织规范化建设，选聘具有法律知识的年轻人才充实到调解员队伍中。定期召开案件研讨会，围绕所调解的矛盾纠纷，交流心得体会，总结经验教训，达到取长补短、共同提高的目的。定期举办培训班、召开交流会，以专业培训和常态交流相结合的形式，交流调解技巧，提升调解员队伍业务能力和专业水平。

（袁康勇）

〖编辑　朱晓华　徐荣莉〗

人力资源 · 社会保障

综　述

【人社工作改革创新】 2022年，大丰区人力资源和社会保障局（以下简称大丰区人社局）推进综合柜员制改革。制定《大丰区人社政务服务中心功能区域和岗位设置实施方案》，统一规划布局服务大厅，建成根据功能区域相应设置咨询引导、网上代办、自助服务、业务受办（综窗服务和专窗业务）、审核审批、现场管理六类岗位，设置咨询引导、资料填写、网上代办、自助服务、等候休闲、窗口受办、审核审批七大功能模块的大厅布局。建设与现有的实体大厅功能对应的线上人社政务大厅，建立网上大厅282个，其中1个政务大厅、1个人社服务大厅、280个乡村综合大厅。"大综合"设置综合柜员窗口15个、服务专窗27个，较改革前减少26个，减少37.1%。制定《人社政务服务大厅值班长管理运行意见》，推行人社政务服务中心"值班长"带班制度，形成现场协调、兜底服务、顶格交办、限期办结、问责问效等工作闭环。综合柜员制改革的推进办法被省人社厅在全省推广。大力推进"网上办""不见面"经办，全区用人单位在人社系统网办大厅注册4650户，覆盖率85%。开展"减证便民"行动，推行证明事项承诺告知制，强化数据智能比对，探索"免申即办""容缺办理"，推进免填表、免申报的"政策找企、政策找人"服务。与区委编办联合下发《关于进一步加强镇（街道）基层人力资源和社会保障基本公共服务能力建设的意见》，完善基层人社基本公共服务清单，实现区域内人社基层公共服务事项统一名称、统一编码、统一流程、统一管理。打造企业群众15分钟内办事"网格圈"，60分钟内诉求受理"综合窗"，在各镇（街道、区园）为民服务中心和280个村（居、社区）便民服务中心设立人社综合服务专窗，下沉经办业务96项。

【民生改善】 2022年，大丰区人社局树牢以人民为中心的发展思想，全面完成提升社会保障能力、大力促进就业创业2项"区政府民生实事项目"。认真贯彻落实国家和省、市、区"稳就业""保居民就业"系列政策，落细落实《江苏省就业促进条例》，全年城镇新增就业2.24万人，城镇登记失业率控制在3%以内，就业的规模、结构、质量不断优化提升。持续把社保体系建设融入经济社会发展和改善民生福祉的大势大局，企业退休人员养老金"16连调"，城乡居民基础养老金实现"12连涨"，城乡群众幸福指数显著提升。

【法治人社建设】 2022年，大丰区人社局着力健全行政权力运行制约和行政监督机制，促进人社领域各项工作法制化、规范化。制定《2023年度大丰区人社局法治工作计划》，全年组织开展各类法治宣教活动20场次。依据区政府规范性文件制定流程制定出台《大丰区被征地农民社会保障实施办法》。根据《江苏省行政执法公示办法》《江苏省行政执法全过程记录办法》等要求，建立行政执法公示制度、行政执法全过程记录制度、重大执法决定法制审核制度，执法行为过程信息全程记载、执法全过程可回溯管理、重大执法决定法制审核全覆盖，全面实现执法信息公开透明、执法全过程留痕、执法决定合法有效，行政执法能力和水平整体大幅提升。强化行政复议与应诉工作，严格落实行政机关负责人出庭应诉制度，2022年处理行政案件28宗，出庭应诉24次，胜诉率100%。全面推进政务公开，建立健全群众举报投诉制度，自觉接受新闻舆论监督，及时、准确公开依法应当主动公开的政府信息。

人才工作

【概况】 2022年，大丰区人社局紧紧围绕全区经济社会发展大局，坚持"人才优先"发展战略，深入实施"黄海明珠人才计划"，创新人才招引举措，持续开展"黄海明珠·惠企助才"系列活动，为全区经济高质量发展提供强有力的人才支撑。全年引进创新创业领军人才414人，新增大学生就业4497人，发放"黄海明珠人才绿卡"1344张、发放各项人才补贴6859万元，新开发青年就业见习岗位2661个，组织411名未就业高校毕业生及失业青年参加就业见习，发放见习补贴203万元。

【人才政策宣传】 2022年，大丰区人社局扎实开展"人才政策直通车"专项行动，深入高校、园区、企业宣传推介人才政策，讲解政策申报流程，促进人才政策一看就懂、一听就明、一学就会，不断扩大"黄海明珠人才计划"的影响力。全年在兰州大学、南京农业大学、南京工业大学、商洛学院等高校开展线上线下人才政策宣传推介活动45次，向全区607个企业宣传解读"黄海明珠人才计划"，实现合作高校、规模以上企业全覆盖。对接上海大学、上海海事大学等驻上海高校，发布盐城市"千企百校"高校毕业生网络招聘活动。5月23日，大丰区人社局举办"沪丰携手 职等你来"直播带岗宣讲会，面向上海高校学子宣传推介大丰创新创业环境，提升上海高校学子对大丰的关注度和认同感，发布就业岗位449个、人才需求2068个，累计吸引1.13万人次观看直播。

【长三角高校院所产学研合作】 2022年，大丰区人社局围绕企业"急难愁盼"问题和产业链"卡脖子"难题，高频率举办"校地校企对接洽谈会""专家学者大丰行"活动，推动丰山集团、菌钥生命科技公司2个企业与商洛学院签订校企合作协议，共建大学生就业创业基地。与常州大学、蜂巢能源科技签订政校企人才开发培养合作协议。举办中国海洋大学——江苏大丰校地、校企合作座谈会，推动大丰海洋产业重点企业与中国海洋大学广泛开展产学研合作。

【人才工作区场一体化】 2022年，大丰区强化上海驻丰企业人才服务。组

2022年1月，大丰区人社局利用广大务工人员返乡之际，在大中街道维罗纳广场开展社会保险扩面征缴街头宣传活动　（区人社局　供图）

织申牛牧业公司、东尚诚品公司等上海农场企业参加夏季人才交流大会，提供就业岗位19个，达成就业意向5人。深入贯彻落实"黄海明珠人才计划"，将上海驻丰农场企业引进的符合条件的人才全部纳入黄海明珠人才计划实施范围内，以人才政策的互融互通实现区场共建共赢，全年为43名农场引进人才发放黄海明珠人才补贴84.4万元。

【高校招才引智活动】　2022年，大丰区人社局围绕全区产业发展人才需求，创新招才引智模式，打造现场招聘、网络招聘、直播带岗"三位一体"招聘体系，先后对接兰州大学、南京工业大学、南京工程学院、常州大学等高校，持续开展"黄海明珠 惠企助才"线上线下招聘活动48场，设立引才工作站11家，聘任引才大使20名。全年引进高校毕业生4497人，引进人数位列全市第一。

【夏季人才网络招聘会】　2022年7月，大丰区人社局举办大丰区2022年高校毕业生就业暨夏季人才交流、用工招聘大会，组织近200家用人单位参会，为高校毕业生提供生产制造、人事、行政、财务、经营管理、服务、贸易等各类岗位3900余个，5400余人次进场应聘，达成就业意向1600多人。举办现场招聘活动当天，同步举办为期一个月的夏季人才交流网络招聘会。

【名校优生招引】　2022年，大丰区人社局贯彻落实盐城市名校优生"汇盐行动"部署，开展4批次名校优生招聘工作，在全国144所高校发布人才政策和招聘信息，提供优质就业岗位562个，吸引2758名优秀毕业生报名，全年招引名校优生303名，全年发放名校优生人才补贴1468.9万元。大力实施百名菁英"强村行动"，赴苏州经贸职业技术学院等苏州地区10所高职院校开展专场宣讲活动，累计吸引330人报名。

【高层次人才载体建设】　2022年，大丰区人社局认真组织博士后工作站设站单位的人才项目需求服务，对已经建成的博士后工作站给予指导，帮助其将工作重心转向人才平台建设，制定完善博士后管理细则和考评制度，征集博士后需求信息。全年帮助盐城市联鑫钢铁有限公司、江苏金色农业科技发展有限公司各引进博士后1名。11月23日，大丰区人社局举办"百名海外博士江苏行大丰站"活动，来自美国普林斯顿大学、日本大阪大学、澳大利亚新南威尔士大学等世界知名高校的23名海外博士走进盐城大丰，实地了解大丰经济社会发展状况，与丰山集团等8家博士后设站企业交流，在人才培养、产品研发等方面达成多项合作意向。

【技能人才队伍建设】　2022年，大丰区人社局充分发挥好企业在技能人才培养、评价方面中的主体作用，鼓励龙头企业、大型规模企业积极申报自主职业技能等级认定资质，对本单位职工进行自主评价，将技能人才评价工作真正联系到企业生产实际中去，让企业能够实现人才培养与使用的高度统一。大丰区人社局创新线上服务新模式，通过"云平台"帮助江苏丰山集团完成自主评价的备案评估工作。加强企业职工岗位技能提升培训，积极组织开展各类补贴性职业技能培训，围绕全区新兴产业和特色产业，重点开展职工岗位技能提升培训和企业新型学徒制培训。2022年，数智科技公司、丰山集团、江苏兄弟维生素有限公司等6个企业分别与职业院校签约新型学徒制培训，培养员工450名；江苏中车电机有限公司开展高级工培训26人次，海力化工公司、博敏电子公司、海聆梦家居公司等多个企业开设培训班次36次，培训员工3600余人次。

【职业技能大赛】　2022年10月，由大丰区政府联合盐城市人社局主办，大丰区人社局承办的市级一类综合性职业技能大赛举行。本次比赛累计报名参赛1545人，比赛共分职工组和学生组2个大项，养老护理员、车工、电工等19个小项。通过技能竞赛，全区新增高技能人才1002人，产生"大丰区五一劳动奖章"获得者13名。

【乡土人才培养】　2022年，大丰区人社局充分挖掘分散在乡镇、农村的致富能人、技术能手，分门别类建立乡土人才信息库，实行动态管理，并对先进典型予以宣传推介，贯彻落实江

2022年3月5日，大丰区劳动保险管理处组织人员走上街头、走进公园宣传社保政策 （区劳动保险管理处 供图）

苏省高技能人才评价机制改革，畅通高技能人才、乡土人才职称申报渠道，激励优秀乡土人才更好地发挥技艺传承、产业发展，群众致富的作用，积极推进乡土人才大师工作室建设。2022年，帮助尼可大师工作室成功申报省级乡土人才大师工作室，帮助杨应忠、陈飞等4名乡土技能人才申报乡村振兴中级职称，帮助许世昌、朱玲玲2名乡土人才申报乡村振兴高级职称。2022年9月，陈银付入选第六批国家级非物质文化遗产代表性传承人拟推荐名单。

【人事代理业务】 2022年，大丰区人才服务中心以"为人才服务，为用人单位服务"宗旨，按照国家有关人事政策要求，为部分单位及人才提供人事档案管理、职称评定、社保费收缴等服务。全年为22个改制事业单位175人进行2021年度考核，其中24人优秀、151人合格。

【人才档案管理】 2022年，大丰区人才服务中心接收人事档案3013份，转出档案997份。截至2022年年底，中心累计保管人事档案62868份，50126份档案录入盐城市流动人员档案信息管理系统。

【流动党员管理】 2022年，大丰区人才服务中心创新流动党员教育管理方式，搭建"指尖课堂"，充分利用流动党员QQ群、微信群、微信公众号、"学习强国" 等平台，通过资料分享、线上对话等开展网上党课学习，确保流动党员"流动不失学"。强化流动人员党组织关系管理，按照应转尽转的原则转出流动党员16名。

人事管理

【概况】 2022年，大丰区人社局坚持激励约束保障并举，规范高效推进人事制度改革。不断提升事业单位人员招录考录制度的科学性，持续加强事业单位岗位设置和人员聘用管理，扎实推进事业单位综合管理，强化公职人员履职尽职能力，事业单位干部队伍的素质能力、专业水平和干事创业活力得到全面提升。截至2022年年底，全区事业单位工作人员总数10240人，其中管理人员641人、专业技术人员9356人（含在管理岗位"双肩挑" 311人）、工勤技能人员554人。全年为280名事业单位工作人员办理退休审批手续。全区事业单位人员较2021年减少165人，人员类别分布更加合理，人员队伍的整体结构更加优化。

【工资福利政策】 2022年，大丰区人社局审核事业单位工作人员1年1次正常晋升薪级工资1万余人；为符合条件的1000余名事业单位工作人员办理跨年度变动工作津贴、岗位津贴审批手续；完成2022年新招考录用事业单位工作人员以及试用期满转正人员的相关工龄审核、工资核定工作；对2014年10月后已领取退休待遇人员中存在提高比例的对象的一次性退休补贴进行审核；完成2022年遗属生活困难补助和死亡抚恤金的审批工作。积极配合区卫健委做好新冠肺炎疫情防控医护人员工资福利待遇的落实工作，指导区卫健委做好临时性工作补助统计发放以及对于防控任务重、风险程度高的医疗卫生机构等事业单位核增一次性绩效工资总量工作。落实保障义务教育教师工资待遇相关工作，配合区教育局做好课后延时服务补助核增绩效工资总量的相关工作。

【事业单位工资年统】 2022年，大丰区事业单位工资年统对象为全区事业单位的在职人员、离休人员及机关工人，统计项目为国标工资、省标工资、上下班交通补贴、改革性公车补贴、乡镇补贴、误餐及医疗补贴、其他各类津贴补贴、住房公积金和住房补贴、事业单位奖励性绩效、应休未休年休假报酬、增量绩效、目标任务考核奖。经统计，截至2022年年底，全区执行事业工资在职人员10324人、比2021年减少2人，人均年工资收入181939元、比2021年增加7706元。事业离休人员10人、比2021年减少11人，人均年工资收入为211437元、比2021年增加30316元。执行机关工人工资在职人员197人、比2021年减少14人，人均年工资收入237011元、比2021年减少15587元。执行事业工资人员最低年工资收入53760元，最高年工资收入466678元（名校优生包含购房补贴30万元）；执行机关工人工资人员最低年工资收入84948

元，最高年工资收入279867元。

【专业技术人员职称评聘】 2022年，大丰区人社局组织好全区初级职称评定以及中、高级职称审核上报工作，全年申报初级职称658人、中级职称364人、高级职称294人。做好事业单位专业技术人员聘任确认，重点审核专业技术人员的职称、继续教育情况，以此为契机，宣传和推进专业技术人员全员继续教育，努力提升专业技术人员的素质和自身修养。

【事业单位公开招聘考试】 2022年，大丰区人社局组织4场事业单位招聘考试，其中卫生系统校园招聘1场，22人报名；卫生系统社会公开招聘1场，551人报名；教育系统社会公开招聘1场，4499人报名；全区部分事业单位公开招聘1场，3462人报名。全年事业单位招录工作人员172名，其中教育系统87名，卫生系统47名。

【事业单位工作人员档案专项审核】 2022年，大丰区人社局以"三龄两历一身份"（年龄、工龄、党龄；学历、工作经历；干部身份）等信息为重点，组织开展全区各镇（街道）、各主管局下属事业单位管理岗、专技岗的事业人员档案审核工作，对档案内容涉嫌涂改造假、重要材料缺失、档案记载信息相互矛盾等情况进行重点查核。2022年2月，完成全区全部事业人员专项审核全覆盖工作，补充完善全区事业人员档案材料，并对事业干部档案存在问题进行整改，确保干部人事档案真实、准确、完整、规范。对于审核过程中发现档案材料不齐全、不规范的，根据材料内容和性质的不同，分别帮助各单位采取补充收集、原件复制、完善手续等方式进行补充和规范。通过专项审核接收事业档案1445份，收集归档材料17000余份，接待事业单位184家，审核完成事业档案1784份，专项审核过程中，发现出生日期不一致、工作时间不一致、党员材料、学历材料不齐全等问题存疑档案332份，均已及时整改到位。

就业创业

【概况】 2022年，大丰区人社局积极落实"稳就业""保居民就业"决策部署，围绕保障群众就业创业需求和服务企业用工需求，大力实施就业优先政策，扩大就业容量，提高就业质量，兜稳民生底线。全年城镇新增就业省核定数8195人，城镇登记失业率控制在3%以内，城镇失业人员再就业5071人，城乡就业困难人员再就业2458人，全区就业形势稳中向好。支持成功自主创业4655人，其中扶持农村劳动力自主创业3717人、引领大学生创业316人。

【线上线下劳企对接】 2022年，大丰区人社局着力打造"互联网+就业"用工招引服务新模式，启用"规上企业用工情况调查"微信小程序，动态了解企业在疫情下最新用工清单。全力推广"就在江苏"智慧就业服务平台、"苏心聘"小程序、"大丰就业创业"微信公众号、"大丰就业"抖音号等服务平台，力争规模以上企业服务全覆盖，全区已有451个企业注册使用省智慧就业服务平台。按照"专场化、特色化、小规模、多频次"的方式组织"直播带岗云互动"等一系列用工招聘活动，促进供需对接；组织开展"重点企业招工乡镇行""走进企业观摩岗位"等系列活动，保障企业招工需要。全年组织各类招聘活动55场次，服务企业新增录用职工2.4万人次。

【人社专员服务行动】 2022年，大丰区人社局成立用工服务专班，深入开展"百名党员服务百企"活动，为企业提供员工招聘、人才引进、疫情防控、政策落实等服务。完善"一对一"联系服务机制，对反馈缺工的企业，安排专人点对点联系，详细了解企业用工需求、用工模式，即日制定用工服务举措，确保企业快速缓解用工难题。将缺工20人以上的企业纳入重点用工留工监测系统，实施"一企一策"，量身提供专属服务，提升精准服务效率，同时加大对企业员工流失情况的监控和分析，提出针对性留工措施。

【劳务协作】 2022年，大丰区人社局扩大劳务协作范围，与贵州省安顺市、黔南州等地建立地区间劳务协作联盟，通过设立招工服务站、共建劳务合作基地等形式引进外来劳动力，全年新建区外劳务基地3个。积极争取用工激励政策，起草《盐城市大丰区工业企业用工招引激励奖励办法》报区政府审批，努力营造良好的用工环境，帮助企业解决用工问题；加强优质人力资源中介机构招引，先后邀请河南濮阳、河南驻马店、苏州等地8家规模大、信用度好的人力资源服务机构到大丰区进行企业服务。

【援企稳岗】 2022年，大丰区人社局积极推行符合标准企业"免申即享"服务模式。通过后台大数据精准比对，主动筛选符合申报的企业，让参保企业免填报、免申报、免跑腿，即可领取助企纾困资金。贯彻执行普惠性稳岗返还政策，全年向2941家企业发放稳岗返还补贴3023.17万元；大力推广"苏岗贷"，缓解企业融资难问题，向41家企业发放"苏岗贷"1.34亿元；落实一次性扩岗补助，鼓励企业吸纳高校毕业生就业，向220家企业发放一次性扩岗补助113.4万元；落实失业保险技能提升补贴，促进职工提升技能，向1004名企业职工发放技能提升补贴资金166.63万元。

【创业活动】 2022年，大丰区人社局组织"学子归巢 筑梦大丰"大学生创业经验分享会、创业精英宣讲、创业政策宣传等活动7场。树立典型榜样示范，组织拍摄以创业补贴为主题的就业小剧场小视频1个，以微视频的方式宣传创业政策。安排业务骨干到各板块进行上门培训，动态掌握创业者、初创实体相关情况，切实做好跟踪帮扶和服务。强化宣传攻势，通过新华报业网、《扬子晚报》、《现代快报》、《盐阜大众报》等媒体宣传推广大丰就业创业政策、典型经验做法。

【创业载体建设】 2022年，大丰区人社局加快建设孵化平台，围绕新建一批创业载体，重点打造创业孵化基地，建成恒北文创街、白驹镇玩具创业园等创业平台和基地。举办大丰区返乡创业大赛，遴选20个优秀返乡创业项目参赛；积极参加第五届"中国创翼"创业创新大赛江苏省选拔赛暨"创响江苏"创业创新大赛盐城市初赛，"新型特色风味预制菜品的研发及产业化""肥马小店""水蛭养殖"项目分别获得主体赛制造业组、服务业组第二名以及专项赛乡村振兴组第二名；推送的"全平台影视制作""海子牛生态养殖"2个项目获评省级大学生优秀创业项目。

【创业帮扶】 2022年，大丰区人社局强化创业资金扶持，简化借贷手续、优化服务流程、压缩发放时限，全年发放富民创业贷款9995.21万元，支持成功自主创业4655人。聘请历年创业大赛获奖者、创业成功人士、大学生创业代表等15人担任创业导师，为创业者提供精准服务。创新帮扶方式，实施创业帮扶"3+1"行动，由区人社部门1名党员干部、街道（乡镇）基层平台1名工作人员、1名创业成功者，共同协议结对帮扶1名有创业愿望的人员。扎实推进创建充分就业社区，把充分就业社区作为引导全民创业的引路方式，全面提升各级公共就业服务机构就业创业服务能力，大中街道滨河社区被认定为第五批国家级充分就业社区，全市仅2家入选。

【重点群体创业帮扶】 2022年，大丰区人社局全面摸清全区就业困难重点群体清单，采取"点对点"结对帮扶，切实解决重点群体就业创业问题。联合区网格中心开展大丰籍劳动力资源调查，采集在外劳动力资源信息1.9万条和在大丰未就业劳动力资源信息2100条。加强政府购买服务岗位开发，在全区范围内对各政府部门2022年度内派遣用工需求开展摸底调查，进一步拓宽基层就业空间，扩大高校毕业生就业规模。实名核查省内学籍离校未就业高校毕业生817名，就业率95%以上，重点关注就业困难毕业生，实施"一人一策"专项帮扶计划，促进其尽快就业。持续开展定向宣传，正确劝导就业困难人员就近、就地就业，全年发放短信约15万条，微信朋友圈广告推送曝光量28万人次。

【就业困难帮扶】 2022年，大丰区人社局大力推进就业工作信息化建设，建立完善个人就业数字化档案，实行动态管理，全面掌握就业困难人员的就业状态和信息，针对性开展"131"服务，促进和鼓励就业困难人员自主就业、灵活就业。免费为登记失业人员、低收入农村家庭子女、农村转移就业劳动者、残疾人等重点群体开展培训，开办各类培训班125期，培训就业重点群体人员3050名。积极落实社保补贴政策，促进和鼓励就业困难人员灵活就业，发放灵活就业社保补贴16077人次3788.91万元。对难以通过市场渠道实现就业的，深入开发适合就业困难人员的就业岗位，全年累计新开发公益性岗位503个，其中城乡管理岗位26个，临时性卫生防疫岗位477个。坚持实行失业保险待遇与缴费基数和缴费年限相挂钩，失业金保险标准逐年提高，2022年失业保险金人均达1776.81元/月，比2021年同期月人均增加5.3个百分点，全年发放失业保险金3561.79万元，代缴医疗保险费853.12万元。积极落实失业补助金政策，发放失业补助金197.88万元，惠及失业人员2197人。发放临时价格补贴52.81万元，惠及失业职工8653人次。

【劳务品牌】 2022年，大丰区人社局围绕家务服务、母婴护理、养老护理、育婴、健康照护等家政服务业态，推进"丰彩家政"劳务品牌建设。成立家政服务劳务品牌建设工作领导小组，印发家政服务劳务品牌建设工作方案，统筹推进全区家政服务劳务品牌建设工作。召开重点家政企业劳务品牌建设座谈会，筹备建立盐城市大丰区家庭服务业协会。开展"543"示范企业创建行动，对标盐城市家政服务示范企业评选办法，鼓励卯西臻爱公司等家政企业争创盐城市家政示范企业；建立卯西臻爱家政服务实训基地，推荐"臻爱理享家"项目参加"创响江苏"劳务品牌专项赛盐城市初赛，获第三名。选送8名家政服务能手参加盐城市首届家政服务劳务品牌建设职业技能大赛，其中3人分获保育师组、育婴员组和家政服务员组1个一等奖和2个三等奖。开展家政服务社区公益体验活动，联合社区配备专人打造具备托幼、养老护理等功能的"丰彩社区服务站"，让居民在家门口享受高质量的家政服务，已在东宁、海棠等社区试点推行。联合抛丸机商会、江苏中等专科学校和大丰康安培训学校开设抛丸机定向班，培养"大龙抛丸机师傅"，重点推广打造"大龙抛丸机师傅"特色劳务品牌。指导推荐配套创业项目"抛丸机智造"项目参加"创响江苏"创业创新大赛江苏省复赛，获提名奖。对照省市劳务品牌认定标准，推荐指导"大龙抛丸机师傅"成功创建省级劳务品牌。利用新闻媒体和网络传媒平台，宣传劳务品牌项目、典型人物，拍摄制作大龙抛丸机师傅劳务品牌代言人形象宣传片，极大地提升"大龙抛丸机师傅"劳务品牌社会影响力和知名度。

劳动关系

【概况】 2022年，大丰区人社局严格执行《中华人民共和国劳动法》《中华人民共和国劳动合同法》等人力资源社会保障法律法规，积极创新"双维护"（维护劳动者合法权益、维护用人单位合法权益）手段，统筹推进法律法规宣传、劳动关系协调、劳动违法案件查处、劳动用工管理长效机制等工作，有效保障劳动者的合法权益，促进用人单位和劳动者劳动关系的和谐稳定。

【人力资源社会保障政策法规宣传】 2022年，大丰区人社局依托报刊、网络、手机App等媒介，利用各类公共服务窗口等平台，宣传劳动保障法律法规和政策。深入了解劳动关系运行过程中劳资双方的利益诉求，以解答用工咨询等形式，全方位开展《中华人民共和国劳动合同法》《中华人民共和国社会保险法》等法律法规的宣传工作。结合“百名党员 服务百企”专项行动、劳动保障监察日常巡查，开展人社干部送法进园区、进企业、进镇村活动，加强企业的劳动用工指导和服务，进一步宣传劳动合同解除、依法依规支付职工劳动报酬、合理安排职工休息休假等方面的法律法规知识，保障职工合法权益。开展“省、市级优秀劳动关系和谐企业”创建工作，推动建立规范有序、公正合理、互利共赢、和谐稳定的劳动关系。编写《企业劳动用工问答》，以解答用工咨询等形式，宣传劳动保障法律法规和政策，编制群发规范用工提醒短信15000条。4月22日，组织开展“劳动仲裁开庭了！——朱某诉某安防公司劳动争议案”线上公开审理活动，庭审以腾讯会议的形式公开审理，以案释法，促进企业更加注重用工的规范性。

【特殊工时工作制审批】 2022年，大丰区人社局根据《中华人民共和国劳动法》和《中华人民共和国劳动合同法》等规定，严格执行综合计算工时和不定时工作制度审批，并指导相关用人单位合理确定劳动定额，规范用人单位的规章制度。2022年，对全区59家单位的特殊工时工作制申请进行合法性审查，涉及劳动者9800余人。全区申请实行综合计算工时工作制的岗位主要包括生产一线岗位、生产辅助岗位等，申请实行不定时工作制的岗位包括高级管理人员及其他年薪制人员、销售人员及驾驶员等。实行综合计算工时工作制的，其综合计算周期均为一年。

【企业薪酬调查】 2022年4—6月，大丰区人社局组织开展企业薪酬调查工作。全年调查企业91个，其中人社部抽取调查单位36家、省人社厅调查单位抽取50家、市人社局抽取调查单位5家。大丰区人社局召开企业薪酬调查工作培训会议，对企业薪酬调查工作进行动员部署和业务培训，各企业按照要求填报企业薪酬调查和最低工资政策实施效果评估数据，经大丰区人社局审核后通过网上直报的方式上报人社部。

【劳动保障监察】 2022年，大丰区劳动监察大队认真贯彻执行《中华人民共和国劳动法》《劳动保障监察条例》等法律法规，以查处违反人力资源和社会保障法律、法规的行为为重点，充分发挥劳动保障监察的职能作用，有效保障劳动者的合法权益。全年受理举报、投诉、根治欠薪平台线索1128起，立案78起，按时结案率100%，为2535名劳动者追发工资报酬2228万余元。接待各类来访咨询3000余人次，处理人民来信1300件，案前调处的案件278件。主动检查各类用人单位200余户，涉及劳动者8000人，督促补签劳动合同2200余份。作出行政处罚12件，行政处理12件，移交公安6件。

【劳动保障监察专项检查】 2022年，大丰区劳动监察大队会同区住建局对全区在建项目工程开展“四项制度”（农民工工资实名制、银行专户、委托银行按月足额代发、工资保证金）落实情况专项检查，重点检查在建工程项目实名制管理、农民工工资专用账户、总包代发、按月足额支付工资、工资保证金等制度运行情况。对未按《保障农民工工资支付条例》规定执行的，采取责令限期改正、责令项目停工并处罚款、给予施工单位限制承接新工程、降低资质等级、吊销资质证书等方式进行处罚。与市场监督管理局联合开展清理整顿人力资源市场秩序“春雷行动”，对全区人力资源服务机构、劳务派遣机构、从事职业中介的组织和个人、各类招工用人单位全面开展专项整治行动，规范全区人力资源市场。开展“制度全覆盖”夏季专项行动，推动工程建设领域保障工资支付制度全覆盖，维护农民工劳动报酬权益，专项行动期间，区人社局、住建局联合检查在建工程项目20个，各镇（街道、区园）排查工程项目近70个。结合“双随机”（随机抽取检查对象、随机选派执法检查人员）抽查，指导检查工程建设领域、加工制造业等企业劳动合同签订、高温津贴支付、工时休假、特殊劳动保护及相关规章制度制定等情况。对发现的劳动合同订立不规范、劳动合同内容不完整、未依法发放高温津贴、超时加班等问题隐患，通过教育指导和执法惩戒相结合的方式，督促企业立行立改，保障劳动者合法权益。开展根治欠薪百日攻坚战专项行动，最大限度“去存量、降增量、防变量”，确保集中整治拖欠农民工工资问题专项行动取得实效，确保社会安全稳定大局。认真开展书面审查，规范用工行为，全区劳动保障年度书面审查用人单位1972户，涉及劳动者人数8.5万人。

【劳动保障监察预警预测】 2022年，大丰区人社局充分发挥劳动关系应急指挥系统作用，综合运用网络技术，借助电子地图等各种信息化手段，采取网页与手机App共用，实现劳动关系预警预测的网格化、网络化智慧管理，将全区划分成3个片区，划分一级网格16个、二级网格263个，与社保系统、就业系统之间“一体化”，达到数据共享和业务联动的目的。通过内外部数据交换和数据比对，实时动态监控劳动关系运行状况，发现因违反劳动保障法律法规而引发群访、集访的，启动应急预案，迅速组成工作组，第一时间稳定局面，妥善化解矛盾。通过定期分析住建部门盐城市建筑工人管理平台工资情况，对工资发放异常的建筑单位及时提醒，督促按照规定拨付人工费用，发放农民工工资。对不按时足额拨付人工费用或者发放工资的，及时提醒约谈，对拒不整改的，依法查处。全年实地走访建筑工地110家，通过定期分析住建部门盐城市建筑工人管理平台，发放农民工工资8.8亿元。

【劳动人事争议仲裁】 2022年，大丰区劳动人事争议仲裁工作以提高争议案件办理质量为中心，推进劳动人事争议仲裁实体化建设，加大调解力度，创新办案模式，着力构建和谐劳动关系。全年大丰区劳动人事争议仲裁院处理各类案件877件。其中，立案受理案件823件，不予受理54件。立案受理中已结案807件，仲裁结案率98.06%。已结束案件中仲裁调解501件，调解撤诉217件，仲裁裁决89件。

【劳动人事争议调解】 2022年，大丰区劳动人事争议仲裁院充分发挥多元调解机制作用，强化政策宣传，将劳动纠纷预防在事前。结合“百名党员 服务百企”专项行动，定期深入挂钩企业，对用人单位进行法律解读，剖析劳动用工中常见的违法现象和认识误区，指导用人单位规范用工。强化金牌调解组织创建，大中街道劳动人事争议调解中心争创金牌调解组织工作不断深入。依托大丰区非诉讼中心集成办公优势，对于到窗口咨询、投诉及请求帮助人员，如果涉及标的额较小、案情较为简单的矛盾纠纷，窗口接待人员引导求助者填写调解申请书，由调解员主动帮助调解。组织案前调解，对于申请劳动人事争议仲裁的，每一件仲裁案件明确一名仲裁员对接调解工作室，共同组织进行调解，在仲裁员、调解员的共同努力下，全年成功调解劳动争议案件824件。组织开展“调解员来了！”普法活动，通过调解员“三进”企业。充分发挥互联网+调解的作用，主动联系双方当事人，积极开展网络、电话调解，将问题解决在萌芽状态。组织网络调解，针对群众12345、12333、门户网站、微信、微博咨询投诉的案件，主动联系双方当事人，通过电话、网络等进行调解，将问题解决在萌芽状态，全年调解成功27件。

【“要素式”仲裁办案】 2022年，大丰区劳动人事争议仲裁院以“要素式”仲裁办案模式，强化庭前引导、优化庭审程序，为案件调查处理提能增效。强化庭前引导，归纳提炼案件涉及基本要素，改进传统劳动人事争议申请书，将入职时间、工作岗位、离职情况等要素以填空的方式由申请人逐项填写，有助于仲裁员快速全面了解案情。强化庭前准备，优化庭审程序，梳理归纳争议焦点，将传统庭审中相对独立的调查和辩论环节进行融合，庭审过程聚焦案件要素，围绕双方存在争议直奔主题，快速有序推进裁决，提高庭审效率，缩短结案周期。健全巡回仲裁庭机制，延伸服务一线，强化调解员、兼职仲裁员业务培训，通过案件探讨等活动，加强专业化建设，提升仲裁员、调解员的专业思维、素养和能力。

【仲裁援助】 2022年，大丰区劳动人事争议仲裁院全力服务群众对仲裁诉讼的法律需求，提升法律援助服务质量。与区法律援助中心联合打造区劳动人事仲裁法律援助工作站，8名律师团成员提供免费劳动法律咨询、诉状及劳动仲裁申请书写指导等法律援助服务。针对农民工劳动维权、工伤等案件，开辟法律援助绿色通道，做到应援尽援，援助率达100%。2022年为困难群众提供法律援助601起，解答法律咨询2300余人次。

社会保险

【概况】 2022年，大丰区人社局坚持以制度建设为引领，持续加大扩面征缴力度，切实落实待遇保障提升，社会保障体系机制更全、底线更牢、密度更细。充实社会保障基金，确保各项待遇按时足额发放；提升管理精细化程度和优质服务水平，为群众和参保单位提供更加方便快捷的服务。截至2022年年底，全区参加社会保险用人单位5564户，其中新增开户969户。基本养老、工伤、失业保险参保人数分别达到19.6万人、13.7万人、10.8万人，城乡居民养老保险覆盖34.4万人，人均缴费水平1011元。2022年，企业养老保险基金收入14.5亿元、失业保险基金收入5963万元、工伤保险基金收入5477万元，城乡居民养老保险基金收入6.45亿元，机关事业社会保险基金收入8.3亿元，机关事业职业年金收入3.67亿元；企业养老保险基金支出35.14亿元、失业保险基金支出9656万元、工伤保险基金支出8230万元，城乡居民养老保险基金支出5.6亿元，机关事业社会保险基金支出8.3亿元，机关事业职业年金支付待遇1022万元。

【企业社会保险扩面征缴】 2022年，全区新增参加企业职工基本养老保险9351人，新增参加工伤保险9001人，新增参加失业保险8162人，大丰区人社局为94家企业1067名超龄人员、27家企业689名实习生人员办理工伤保险，建筑业新开工项目工伤保险参保率100%。协同区市场监督管理局、税务局等部门，建立扩面征缴联合工作机制，全年新增企业办理社保登记手续969户。通过进企入户宣讲、短信推送等形式，集中开展社保微课堂和社会保险政策法规宣传，重点宣传灵活就业人员参保缴费政策。协同区劳动监察大队，发送41份应缴尽缴建议函、26份劳动保障监察限期改正指令书。推进基层快递网点参加工伤保险工作，召开基层快递网点参加工伤保险促进会。利用“百名党员服务百企”专项行动，挂钩服务人员宣传提醒应保未保用人单位依法参保。比对税务部门纳税单位信息，市场监督管理局、行政审批局用人单位注册登记信息，民政局登记注册的民办非企业、社会团体信息，对未参保的单位依法下发限期参保通知书，逾期不参保的与税务部门协商启动强制核征程序。

【城乡居民养老保险扩面征缴】 2022年，大丰区人社局把城乡居民养老保险扩面征缴工作列为服务乡村振兴的重要支撑，成立由业务骨干组成的宣传工作队，定期深入15个镇（街道、区园）、26个社区开展集中宣传。重点围绕中断缴费人员进行系列宣传。在各镇、街道为民服务中心及8个自助示范村布置门型宣传展架，开展城乡居民养老保险政策宣传；编印2000册可随身携带的《政策手册》发至全区所有村组干部及人社协理员手中；印制160条横幅到各镇（区、街道）主要路口、聚集点悬挂；制作城乡居保标识的宣传品，发放至镇级平台和村级协理员；在乡村集市派发《城乡居保助您养老》宣传彩页1.5万份，全力营造参保缴费浓烈氛围，确保应保尽保，动员新参保居民实现首次缴费，重点动员45周岁以上且未参加企业职工养老保险的人员及时参保缴费，征缴扩面全面超额完成。

【社会保险经办服务优化】 2022年，大丰区人社系统推行“工伤一件事”服务，将工伤保险待遇支付事项提速办、打包办、简便办，推进“一窗办、网上办、掌上办”，采用事前承诺、事中事后审核的告知承诺制，按照业务要求签订《工亡供养承诺书》。线上线下全面核查实行承诺制的工亡供养人员的领取资格，均未发现虚假承诺件。依托省人社一体化信息平台，分两批下沉12项人社业务至各镇（街道）、社区服务中心，群众可以就近办理灵活就业人员参保、停保、缴费证明打印等高频率业务事项，全区各镇（街道）、社区服务中心建立15个服务站点，打通服务群众“最后一公里”，让群众真正在“家门口”享受便捷优质的“一站式”经办服务。定期前往各镇（街道）、社区服务中心，组织基层工作人员社保业务培训，开展日常业务指导、咨询答疑等工作，同时创建基层工作人员微信交流群，加大沟通指导力度，线上发布相关政策知识和业务办理流程等，供基层工作人员随时学习，切实提升基层工作人员业务水平。推行“社银合作”服务模式，与大丰农商行对接合作，采取“窗口办”“自助办”方式开展，共同推进“社银”合作，群众可在基层银行网点完成选档缴费。利用银行网点多、服务规范的优势，在大丰农商行设置自助设备，参保群众可以办理查询、打印权益单证明等业务，让办事群众实现高频社保业务“就近办”“随时办”，缓解办事群众“路漫漫”的烦恼。开展“互联网+社保”模式，引导参保群众通过国家社会保险公共服务平台门户或“掌上12333”、手机App等方式办理社保转移业务。全年接收异地社保机构转移接受联系函1139份，办理养老保险关系转入917人，养老保险关系转出766人；受理各类单位参保业务28042笔，受理各类停保业务28309笔，参保人员基本信息变更518笔。

【社会化养老服务工作】 2022年，大丰区人社局确保企业退休人员养老金按时足额发放，全年发放基本养老金16.4亿元。对429名特困企业退休人员开展春节慰问。充分利用数据比对手段开展无感认证，顺利完成47985名退休人员的资格认证工作。有序引导常住外地的企业退休人员在“江苏智慧人社”App自助认证，完成率100%。开展企业退休人员“喜迎二十大”社保诗词征集活动，经市专家评审，获得二等奖一名、三等奖三名的好成绩，获奖作品数量居全市前列。主动开展反诈宣传，联合大丰农商银行，进社区、进乡村，帮助老年人提高识骗防骗能力。

【工伤预防】 2022年，大丰区人社局认真贯彻落实盐城市工伤预防五年行动计划，稳步推进各项工伤保险工作，制定工伤预防项目实施方案，对危险化学品和尘肺职业病等重点领域企业、建筑施工企业及全区25户相关企业持续开展工伤预防专题培训，超额完成年度工伤预防专题培训任务，被市人社局通报表扬。通过企业用工服务等微信群每天发布工伤预防宣传短视频，《大丰日报》开设工伤保险案例分析专栏，大丰就业创业等公众号推送《工伤预防知识100问》，对事故超过3起的企业主要负责人发送警示提醒短信。通过“百名党员服务百企”专项行动、专题培训等活动发放各类宣传资料1万份。引入第三方培训机制，从工伤风险因素评估、现场授课、跟进回访，形成闭环培训。通过情景演练、小组讨论、角色体验等授课，利用案例分析、现场互动等教学方式，提升预防效果。开设专场培训40场，培训6000人，发放学习资料2万份。联合应急局制定《实施方案》，分三期对17家危化企业和3家仓储企业的安全人员439人进行专题培训；联合住建局举办在建工程300名一线工人“工伤保险进工地”培训；联合卫健委印发《实施方案》，对尘肺病较集中的西团镇、南阳镇及安道麦辉丰公司3家化工、铸造企业600人开展技能培训。采取日常和年度考核相结合的方式，不定期组织专家抽查风险评估现场，观摩培训现场，由评估机构出具专题评估报告。与应急局、卫健委共同邀请专家核查培训效果评价，对存在问题督促企业整改，确保工伤预防培训实效性。

【社保待遇水平提升】 2022年7月，大丰区连续第18次按国家、省规定增加企业退休人员基本养老金，6万名企业退休统筹人员人均养老金提高至2278.6元/月，继续保持各县（市、区）第一，足额发放率和社会化发放率始终保持100%。城乡居民基础养老金年内实现两次上调，惠及全区16.11万名城乡居民，年末基础养老金最低标准达245元/月，继续保持盐城地区领先水平。对65周岁以上的城乡老年参保居民予以适当倾斜，基础养老金每人每月高于最低基础养老金标准5元。对于连续缴费超过15年的参保人员，每超过1年，基础养老金增发1%。12月末大丰区城乡居民人均月养老金287元，比2021年增长14%，基金全年支出55790万元。2022年6月，全区完成机关事业单位退休人员的养老金调整工作，共调整养老金10584人，补发1488.69万元，人均月增资额202.03元。

【被征地农民社会保障】 2022年，大丰区认真贯彻落实《江苏省被征地农民社会保障办法》，制定出台《盐城市大丰区被征地农民社会保障实施办法》，进一步规范和完善被征地农民社会保障工作。大丰区人社局日常加强与区自然资源和规划局、农业农村局、财政局等部门配合，联手共推、协同落实，确保征地保障审核报批工作平稳、有序、顺畅运行。新政实施以来，大丰区征地农民社会保障服务中心共审核18个征地项目，并在省一体化征地保障系统里上传审批项目。截至2022年年底，全区有13572名征地人员纳入社会保障，筹集社会保障资金10.7亿元，资金运行规范有序。2022年办理被征地农民代缴城乡居保3671人，代缴保费7808万元；被征地农民参加企业职工养老保险个人分账户资金退返1861人，退返金额1093万元；被征地农民人员注销491人，注销金额3678万元；被征地农民累计发放养老补助金3158人，累计发放金额为2304万元。

【机关事业单位养老保险制度改革】2022年，大丰区人社局持续深化机关事业单位养老保险制度改革，全面做好基金安全工作，"多点发力、严防冒领"，持续强化内控建设工作。分步实施、分类推进符合条件的退休"中人"按新办法计发待遇，2021年度机关事业单位退休"中人"按新政策核定待遇275人；2022年度退休"中人"待遇申领复审完成382人。2022年对接人社部2.0版转移接续平台后，全区实现机关事业单位养老保险关系跨统筹区跨险种转移的常态化办理。以"应归尽归"为核心，推进机关事业单位职业年金归集工作，2022年共归集1.54亿元。

【社会保险费降费缓缴政策】根据国家和省部署，2022年延续实施阶段性降低失业保险费率政策，失业保险缴费费率1%，其中单位和个人分别为0.5%，全年减征5564户参保单位失业保险费3619万元。符合条件的困难企业可申请缓缴企业职工基本养老保险单位缴费部分、失业保险单位缴费部分和工伤保险费。一次申请缓缴的时段不超过6个月，申请缓缴的各月份所对应的缓缴期最长可达6个月，缓缴期间免收滞纳金，全年为28户困难企业办理缓缴手续，缓缴社保733.07万元。

（相国文）

医疗保障

【概况】2022年，盐城市医疗保障局大丰分局（以下简称大丰分局）践行以人民为中心的发展思想，统筹疫情防控和医疗保障高质量发展，不断优化医保服务、强化基金监管、狠抓工作落实，各项工作取得新成效。区医保部门连续4年被区委、区政府评为综合先进集体。

【医保参保扩面】2022年，大丰分局坚持全民医保覆盖全民，提升全民参保质量。加强与人社、税务、公积金等部门联动，全面排查掌握单位职工未参加职工医保基本情况，深入相关企业做好督促参保工作。开展信息比对筛查，对未参保缴费人员名单再梳理、再排查，发动村组干部进村入户针对性做好动员参保缴费工作。拓展参保缴费渠道，进一步推广基本医疗保险银行代扣代缴，与税务部门沟通协调，在盐城市首家开辟虚拟户客户端申报功能，方便学校、幼托机构代收学生保费后，统一申报解缴。推动多层次医疗保障体系建设，把"江苏医惠保1号"推广工作和城乡居民医保、照护保险征缴工作同宣传、同部署，持续扩大参保覆盖面。截至2022年年底，基本医疗保险参保人数65.05万人，其中：职工医保参保人数19.13万人，比2021年增加0.69万人，占基本医疗保险参保人数的29.4%；居民医保参保人数45.92万人，累计清理重复参保5300多人。2023年"江苏医惠保1号"投保人数96842人，参保覆盖率在盐城市各县（市、区）位列第一。

【医保基金监管】2022年，大丰分局保持打击欺诈骗保的高压态势。选优配强专业监管队伍，从各科室抽调医疗、价格、财务、法律等业务骨干成立6个稽查小组，分别负责6个片区定点医疗机构的专项稽查，新招录3名医药专业人员，充实基金监管队伍。开展以"织密基金监管网，共筑医保防护线"为主题的宣传月活动，利用定点医药机构、医保经办窗口、"大丰医保微信"渠道，广泛宣传医保相关政策、案例等内容。全面开展内控管理风险排查，组织定点医药机构对2021年发生的医药服务行为和医药费用开展自查自纠，79家定点医药机构排查出存在违规行为，主动退回医保基金113.17万元。开展专项稽查，通过医保智能监控系统，实时监测医保基金使用情况，加大对定点医药机构现场检查力度，坚决打击各种违法违规行为。截至12月底，共追回医保基金

2022年7月4日，省人大常委会副主任、党组副书记王燕文率调研组到大丰区考察医疗保障工作情况 （市医保局大丰分局　供图）

224.91万元，处违约金29.34万元，暂停联网结算医药机构2家，暂停参保人员联网结算3人次，暂停责任医师医保处方权2例，主动曝光违规案例34例，行政处罚2例，认定失信行为1例，移送纪检机关线索7例，移送司法机关线索15例。

【医保待遇落实】 2022年，大丰分局进一步推进“两病”（高血压和糖尿病）门诊用药保障工作，助力乡村振兴。加强“两病”政策的宣传，对已认定“两病”但未发生结算数据的人员精准推送短信，提醒其享受待遇；将“两病”认定下放扩大至镇级民营医院，方便参保人员选择就近办理；加大培训督查力度，排查分析“两病”政策落地存在问题，对镇、村医疗机构开展“两病”信息系统操作演示线上培训。开展国家医保谈判药品落地专项整治行动，对国谈药定点医药机构、责任医师组织政策解读和业务培训，明确职责义务。建立国谈药进医院监测评估和定期通报机制，推动国谈药在院内落地。

【支付方式改革】 2022年，大丰区医疗总费用下降9.7%，住院次均费用下降11.9%，住院次均个人支出下降7.4%，医疗费用不合理增长状况得到遏制，参保群众的医疗费用负担稳步降低；DRG付费医保基金覆盖率82.4%，住院基金支出较2021年减少3622.2万元，同比下降10%，职工和居民次均住院费用分别下降11.6%、12.2%。第二批一级医疗机构试点医院DRG付费有序推进。试运行期间按照盐城市统一的DRG付费项目操作流程，在规定时间内做好病案数据的填报和上传等工作。

【医保公共服务】 2022年，大丰分局持续提升医保公共服务水平。完善经办服务网络，实现区、镇（街道）、村（社区）三级医保经办服务网络全覆盖，构建以区医保服务大厅为中心，3个区域医保服务点为副中心，10个镇（街道）医保服务窗口为节点，N个村（社区）医保服务窗口为网点的“1+3+10+N”医保公共服务网络，实现群众在“家门口”即可办理医保服务事项。各镇（街道）服务点（窗口）依托镇（街道）便民服务中心打造。其中，万盈、白驹、三龙3个区域医保服务点与所在镇便民服务中心比邻而建，经办全部32项医保服务事项清单。其他10个镇（街道）在便民服务中心内设1~2个医保服务窗口，经办15项医保服务事项清单。村（社区）级医保服务窗口主要依托村（社区）便民服务中心建设，设1个医保服务窗口。村（社区）便民服务中心不具备条件的，结合实际情况，医保服务窗口设在村卫生室（社区卫生服务站）。遴选22家“医保便民药店”，按“五统一”（统一挂牌管理、统一专区专柜、统一价格公示、统一制度上墙、统一监督监管）标准建设，实现“15分钟医保服务圈示范点”区域全覆盖。2022年，“医保便民药店”采购73批次，采购药品139种，采购金额9116.51元，实行零差价销售。上线“OCR医保智能审核系统”，提高医疗费用手工零星报销效率，提升医保经办审核精准度。

【照护保险】 2022年7月，大丰区实施照护保险制度。照护保险是指为长期失能人员基本生活照料和与基本生活密切相关的医疗护理提供保障的制度。参保对象为职工医保和城乡居民医保，随着制度的建立完善，逐步扩展到医疗保险参保人员。筹资缴费通过个人缴费、政府财政补助和基本医疗保险统筹基金划入途径按3:4:3的比例年度筹集，筹资标准暂定为100元/人·年。大丰区照护保险由中国太平洋人寿保险股份有限公司承办，泰康人寿保险有限责任公司协办。截至2022年年底，有定点评估机构1家，定点照护机构25家，其中定点上门照护机构19家、定点养老机构2家、定点医疗机构4家；1126人已开始享受照护保险待遇，其中505人签约亲情照护服务，569人签约居家上门照护，52人入住机构照护。

【医药价格和药品（医用耗材）招标采购】 2022年，大丰分局推动药品和医用耗材集中带量采购，全面落实带量采购配套政策，累计拨付带量采购预付金660余万元。落实医保资金结余留用政策，鼓励医疗机构任务完成后继续优先采购使用中选品种，确保签约品种采购完成率100%。推进省招采子系统与公立医疗机构采购管理系统数据对接，在江苏省17家试点医疗机构中，大丰人民医院9月份率先完成系统联调对接任务。严格贯彻落实省、市医疗服务价格政策，及时调整部分医疗服务项目收费价格，开展医疗服务价格项目调查，不断规范医疗服务价格行为。

【疫情防控医疗保障】 2022年，大丰分局服务疫情防控需要，进一步加强新冠肺炎疫情防控医疗保障工作。配合卫健部门，做好定点医药机构接口改造工作，将“四类药品”购买情况及人员信息及时上传疫情120防控平台；及时调整降低核酸检测价格，全力保障新冠疫苗免费接种经费。对参加职工医保的中小微企业、以单位方式参保的个体工商户，缓缴3个月职工医保单位缴费（含生育保险费），共有592家参保企业缓缴医保费2283.56万元，助力企业纾困解难。及时对定点医疗机构提前拨付医保资金5065.66万元，切实减轻医疗机构资金垫付负担。

（王军勇）

〖编辑　於晨婷　徐荣莉〗

公共安全

安全生产监督管理

【概况】 2022年，大丰区应急管理局深入贯彻落实习近平总书记关于安全生产重要论述和视察江苏重要讲话指示精神，统筹发展和安全，有力有序推动应急管理、安全生产、防灾减灾救灾各项工作稳步开展，切实保障全区安全形势持续平稳。全区各类生产安全事故起数、死亡人数同比双下降，安全生产形势总体平稳。

【安全生产隐患排查】 2022年，大丰区应急管理局印发《关于深化提升安全生产专项整治三年行动的实施方案》，持续加大专项整治"三年大灶"推进力度，排查治理隐患48064条。开展全区安全生产大检查，累计派出3473个检查组，检查各类生产经营单位21746家次，排查安全隐患42333条，行政处罚582.8万元，停产整顿67家，警示约谈123人次。大丰区人民政府安全生产委员会印发《大丰区安全生产"三违"行为治理年行动工作方案》《习惯性违章行为解析》，开展企业专题教育培训3371个，监督检查纠正的"三违"（违章指挥、违章作业、违反劳动纪律）行为数6103条，处罚174.33万元。围绕危化品、钢铁、铝加工（深井铸造）、粉尘涉爆等重点行业领域，深入排查治理重大事故隐患，发现的11条重大事故隐患全部立案查处，行政处罚41.79万元。区9个安全生产督导组每月下沉开展督导，全年累计督导179天，召开调研座谈会113次，检查单位237家，发现问题隐患739条。

【"百日攻坚"行动】 2022年，大丰区应急管理局印发《关于开展重点行业领域安全生产百日攻坚行动的通知》，"百日攻坚"行动从7月3日至11月10日，聚焦危化品企业、自建房、燃气、"两客一危一货"、消防、钢铁企业、粉尘涉爆企业、港口8个领域，围绕64项检查内容，深入排查整治重大风险隐患。7月底前各类生产经营单位完成对照自查自纠，各监管部门8月中旬完成首轮全覆盖专项检查，对整改难度大、安全风险大的隐患，全部纳入区安委会挂牌督办。开展有限空间专项整治行动，围绕冶金、粉尘涉爆等21项重点整治事项，深入开展"百日清零行动"（7月14日—9月30日），对1个钢铁企业、1个深井铸造企业、44个粉尘涉爆企业开展"家家到"专项核查，排查隐患373项，其中重大事故隐患5项，立案5起，罚款9.3万元。

【危化品集中治理】 2022年，大丰区应急管理局编制《盐城市大丰区化工行业安全发展规划（2021—2025）》。在化工企业开展自查自纠的基础上组织重大隐患见底、市际交叉、类比检查等5次专项检查。配合省应急管理厅对江苏海力化工有限公司、江苏丰山集团股份有限公司、安道麦辉丰（江苏）有限公司3个企业开展重大危险源抽查，对37条问题隐患进行交办。配合省应急管理厅完成对石化园区的安全风险等级复核，对反馈问题逐一整改。13个重大危险源企业数字化双重预防机制系统全面上线运行，17个化工企业及6个带储存经营危化品企业完成新版危化品登记系统信息填报。

【重点行业领域监管】 2022年，大丰区应急管理局与行政审批局建立信息共享机制，定期通报金属冶炼、危化品使用等项目批复信息；与各板块建立工作联动机制，每月对工贸行业项目进行梳理并及时反馈属地安监机构，建立从项目批复、工程建设、设备安装到正式投产的全流程跟踪服务。梳理反馈工贸企业立项信息211条，查处未落实安全设施"三同时"（建设项目的安全设施，必须与主体工程同时设计、同时施工、同时投入生产和使用）制度企业6个。完成危化品经营、烟花爆竹经营、安全评价报告、应急预案、重大危险源等换证备案133家次。全面落实工业企业安全风险报告制度，全区2455个工业企业完成安全风险报告，2424个企业报告较大以上安全风险8201条，较大以上风险企业占企业总数的98.73%。举办风险报告质量提升培训班，组织各板块监管人员及82个重点企业安全管理人员参加培训，强化安全风险管控能力建设。常态化开展安全风险报告专项执法，推动企业强化安全风险分级管控，依法查处不落实风险管控措施的违法行为8起。印发《盐城市大丰区新兴领域安全风险隐患防范处置责任清单》《关于印发大丰区醇基燃料安全生产工作职责清单的通知》，明晰各行业领域监管职责。扎实推进安全标准化创建，380个规模以上工贸企业完成标准化自评，12个企业主动创建二级标准化，200个企业创建三级标准化。

（鲁丰鸣）

防震减灾

【概况】 2022年，大丰区住房和城乡建设局（地震局）牢固树立"抗震防灾，责任重于泰山"的责任意识，不断强化防震减灾公共服务与社会管理职能，提升基层减灾能力，确保全区抗震设防质量。制定并实施震情监视和短临跟踪工作方案，合理布局和调整地震监测手段，加密重点地区观测，加强台站巡检维护，密切监视震情发展和前兆变化，加强群测群防工作。严格执行24小时震情值班制度和宏微观异常零报告制度，做好重要节日和重大社会活动的地震安全保障服务工作。组织开展全区建设工程地震安全监管检查，做好重点地区、重要建筑和基础设施地震风险隐患检查，全面加强隐患治理。结合农村危房改造和抗震安居工程建设，大力推进防震减灾示范区、防震减灾科普示范学校的创建和巩固工作。开展防灾减灾宣传活动、防震减灾应急演练，切实提高人民群众防震减灾意识。进一步加强建设工程抗震设防质量及施工图审查管理工作，加强工程各方责任主体抗震意识。大丰区住房和城乡建设局（地震局）被省地震局表彰为防震减灾工作县级先进单位。

【地震监测预报】 2022年，大丰区地震主管部门强化地震监测预报工作，对区地震台、联丰台开展仪器检查、标定、维修工作，地震监测台站运行正常，区地震台、联丰台监测运行正常，资料连续可靠。在全省地震观测资料质量评比中，大丰区地震台电磁波观测获得省评比第一名，强震动观测获全省第二名。优化完善防震减灾“三网一员”（地震宏观测报网、地震灾情速报网、地震知识宣传网、防震减灾助理员）体系，对“三网一员”人员开展业务培训，在省、市地震系统组织开展的“12322”平台测试中，回复率与正确率均达到相关要求。

【防震减灾体系建设】 2022年，大丰区地震主管部门将震害防御作为防震减灾整体工作的重中之重，组织开展地震区划、抗震设防、抗震加固等工程性防御措施。强化抗震设防事中、事后监管，及时掌握应当开展地震安全性评价的建设工程项目信息并依法有效监管，积极提供地震动参数等技术服务。区住房和城乡建设局（地震局）牵头全区房屋设施抗震设防信息采集工作，指导督促区卫健委、教育局、交通局、水利局、应急局分别牵头各自主管行业的具体采集任务。年内，大丰区房屋设施抗震设防信息采集工作全部完成。

【地震科普宣传】 2022年，大丰区住房和城乡建设局（地震局）加强防震减灾知识宣传，提高群众应急避险和自救互救技能。引导区图书馆在创成省级防震减灾科普教育示范基地的基础上，做好国家级防震减灾科普教育示范基地的创建。在《大丰日报》开设“防震减灾，责任重于泰山”专版宣传，介绍区住房和城乡建设局推进防震减灾工作情况和相关地震知识科普。落实相关企业制作防震减灾知识宣传展板，要求各镇、街道落实村（居、社区）开展防震减灾知识宣传活动，在人员流动量较大的道路和公共场所悬挂宣传标语。组织学校开展应急疏散避险演练和科普宣传活动，全区113所学校、约4万名师生参演。开展“地震科普携手同行”主题作品征集活动，全区各中小学报送各类作品152件，营造良好的防震减灾科普宣传氛围。

【防震减灾机制】 2022年，大丰区组织区防震减灾工作联席会议，与镇区和相关职能部门签订《防震减灾责任书》，形成“党委统一领导、党政齐抓共管、部门各司其职、地震部门统筹协调”的防震减灾工作格局。按照《大丰区城市抗震防灾规划（2012—2035）修编》，明确区相关部门和属地板块的责任，切实履行相关职责，将工作任务落到实处。依据《盐城市大丰区防震减灾“三网一员”队伍建设管理办法》，完善防震减灾工作目标管理机制、经费投入机制和督查考核机制，健全“三网一员”工作队伍、管理制度和绩效考核办法，实行分级管理、分块负责、绩效考核，区管镇、镇管村的“三网一员”管理体系形成。定期召开防震减灾“三网一员”培训会议，组织“三网一员”学习防震减灾法律法规和地震知识，为做好防震减灾工作夯实组织基础和技术基础。

【地震应急准备】 2022年，大丰区地震主管部门常态化开展地震应急工作巡查检查。对全区地震应急预案的制定与更新、地震应急演练、地震应急物资配备、应急队伍和志愿者队伍建设情况进行全面检查，分季度常态化开展学校、医院、重点企业的地震应急演练。开展全国第一次自然灾害风险普查工作，房屋建筑和市政设施自然灾害风险普查按要求通过江苏省和盐城市级数据核检。

（葛顺明）

防汛抗旱

【概况】 2022年5月以来，大丰区干旱少雨，全区出现中等程度气象干旱，雨水量较2021年同期偏少3~4成。其中，梅雨期（6月下旬至7月中旬共19天）降雨量63.5毫米，比常年同期偏少7成左右。6月以来全区高温日数和平均气温创50年来同期最高，主要出现3轮大范围连续高温天气（6月16—18日、7月8—14日、8月4—12日），累计高温日数18天。进入8月后，持续高温晴热天气，区防汛抗旱指挥部启动抗旱Ⅳ级应急响应。9月上旬第11号台风“轩岚诺”、9月中旬第12号台风“梅花”对全区人民群众的生产生活造成一定影响，但均未造成人员伤亡和较大经济损失。

【水情雨情灾情】 2022年，大丰区总

受12号台风“梅花”外围影响，2022年9月12—15日，大丰区普遍出现7~10级大风，全区普降大到暴雨 周古凯 摄

降雨量766.4毫米，其中汛期降雨量437.3毫米，单日最大降雨量102.5毫米（9月15日，城市站）。汛期通过对沿海、城区、农村闸站的科学调度，未有河道超警戒水位，城区极少数地段出现短时间积水，没有造成人员伤亡和大的经济损失。

【台风】 2022年，大丰区主要受第11号台风"轩岚诺"和第12号台风"梅花"影响较大，两次台风均未造成经济损失和人员伤亡。第11号台风"轩岚诺"影响期间，9月4—6日，大丰区出现内陆5~8级、海区9~12级偏北大风，受台风外围环流影响，同时伴有分散性阵雨或雷雨。受12号台风"梅花"外围影响，9月12—15日，全区普遍出现7~10级大风，全区普降大到暴雨。27个雨量监测站中，累计降雨量超过100毫米的有11个，最大为南阳镇138.7毫米。

【防汛责任制】 2022年，大丰区防汛抗旱指挥部印发《2022年大丰区流域性工程防汛责任人名单》《关于明确城区易淹区域防汛责任的通知》，将防汛抗旱责任落实到具体单位、具体人员，明确区、镇、村三级行政和技术防汛责任人558名、流域性工程防汛责任人98名、城区易淹区域防汛责任人8名。4月29日，大丰区召开全区防汛抗旱会议，对全年防汛抗旱各项工作进行部署，印发《2022年防汛抗旱工作任务清单》，将防汛抗旱任务细化分解到位。

【防汛物资储备】 2022年，大丰区防汛抗旱指挥部办公室在汛前认真盘点库存物资，潜水泵、抢排泵4月底全部维修保养到位，对部分超过保存年限的编织袋进行销毁并及时补充库存，储备土工布5.53万平方米、编织袋95.78万条、块石1.2万吨以及抢排泵、潜水泵等设备523台（套）。严格物资储备管理制度，合理确定仓储地点，对抢险物资实行专库储存、专人负责，确保防汛物资满足供应、应急调用快速到位。

【防汛抢险队伍】 2022年，大丰区按区域防汛抢险要求，组建沿海堤防及港区、内地、城区等抢险队263个、11514人。组织84名新任防汛责任人集中培训学习防汛抗旱知识，提升防汛决策和应急处置能力。开展全区防汛防台抢险演练活动，分设7个演练现场点，在实战演练中检验预案、堵住漏洞、磨合机制、锻炼队伍，增强防汛防台抢险应急能力。

【防洪排涝工程】 2022年，大丰区在沿海实施新王竹海岸带综合整治工程，加固围堤5.27千米。在城区实施重点河道整治、道路雨污分流以及老旧小区综合整治等工程，打通城市排水网络。在农村实施农村河道生态治理整镇推进、县乡河道生态治理、村庄河塘整治等项目。利用区级财政防汛抗旱专项经费450万元，在16个单位安排防汛抗旱专项资金项目42个，有效解决防汛隐患。

（黄启明）

消　防

【概况】 2022年，大丰区消防救援大队坚持"两严两准"（严肃的纪律，严密的组织，准现役、准军事化）建队标准，以火灾防控和队伍管理"两个稳定"为总目标，强化消防监督和队伍管理正规化、规范化建设，确保各项工作任务圆满完成。大丰区消防救援大队被评为2021年项目服务先进单位、盐城市大丰区三八红旗集体、消防安全专项整治先进大队、2021年度全市消防宣传工作先进单位。

【消防队伍建设】 2022年，大丰区投入800万元购置62米曲臂高喷消防车1辆，投入1200余万元加强政府专职队车辆装备建设，在金风科技海上培训中心建立全市水上消防救援培训基地，并常态化开展实训工作。围绕化工灭火救援、高层建筑救援、水域救援等救援需求，开展专项操法训练。在重大节日、重大活动举办期间，对人员密集区域、高危场所等落实前置备勤制度，确保一旦发生险情，能够迅速处置。深入开展作战训练安全活动，定期召开安全形势分析会和专题授课，制作《作战训练安全100问》口袋书，确保作战训练安全入脑入心。

【火灾防控能力强化】 2022年，大丰区推动党委政府领导、部门监管、属地管理、企业主体"四个责任"落地落实，全力构建立体化火灾防控体系。成立火灾防控督导工作专班，定期召开成员单位联席会议，推动学校、医

2022年11月9日，大丰区消防救援大队举办"119"消防宣传月活动
（大丰消防大队　供图）

疗、养老机构、高层公共建筑、公共娱乐“五类场所”消防安全标准化创建工作。强化基层消防安全监管，每月向各镇区、消委会成员单位、消防安全重点单位下发任务清单，与18个镇区签订委托执法协议，招录镇级消委会工作人员，全部实现考核上岗。利用融媒体平台、微信工作群、手机短信等渠道及时发布火灾防范提醒。部署开展“119”消防宣传月活动，推广“消防安全码”扫码活动，广泛张贴“九小场所”（小学校或幼儿园、小医院、小商场、小餐饮场所、小旅馆、小歌舞娱乐场所、小网吧、小美容洗浴场所、小生产加工企业）信息公示牌。

（蒋志华）

2022年9月22日，大丰区应急管理综合行政执法大队揭牌

（区应急管理局　供图）

应急管理

【应急救援体系建设】　2022年，大丰区应急指挥中心建成并投入使用。大丰区应急管理局健全应急救援体系，完成区级总体应急预案和42个专项应急预案的修编，其余5个专项应急预案正在加快完成。督促镇（街道、区园）完成“1+X+Y+13”的预案体系。进一步完善指挥融合通信，增购应急指挥箱，提高在断路、断电、断网等极端情况下的应急保障能力。

【应急救援演练】　2022年，大丰区应急管理局承办全市“5·12”地震应急救援演练，燃气、供水、供电、消防等政府应急救援队伍和红十字会、企业专职应急救援队伍等社会救援队参与演练，取得良好效果。积极参加指导发改委、生态环境局、住建局等部门组织的专项演练，随机抽查8个镇（街道、区园）16个企业应急救援预案及演练情况，提升企业重视程度。

【防灾减灾救灾】　2022年，大丰区应急管理局完善“区、镇、村、网格”四级灾害信息员队伍体系，充实调整区、镇、村三级AB岗灾害信息员566名，组（网格）灾害信息员1200名。组织各镇（街道、区园）AB岗灾害信息员学习北斗报灾终端的使用方法，举办全区村级以上280名A岗灾害信息员业务培训班，提升业务能力。加强自然灾害综合风险会商研判，组织区水利局、气象局、住建局等重点涉灾部门汇总分析自然灾害趋势预测信息，每季度分析研判全区自然灾害形势，下发各类自然灾害提示单26份。会同区发改委研究制定《大丰区区级通用物资储备管理暂行办法》，大丰区应急物资储备库完成24类2899件物资和装备的采购入库，签订1000份的生活日用品和方便食品协议储备。完善救灾物资社会化储备制度，通过协议储备、动员企事业单位和居民家庭储备等方式，推动救灾物资准备前置，构建多元完整的救灾物资储备体系。

【应急管理行政执法】　2022年，大丰区应急管理局制定应急管理综合行政执法改革实施方案，盐城市大丰区应急管理综合行政执法大队揭牌。开展专项执法行动，检查各类生产经营单位525家，事前立案193件，处罚428.28万元。开展打击假冒政府网站和制售假冒安全生产证书专项行动，排查生产经营单位87家，发现无证、假证、假冒特种作业证书10人，立案7起，处罚13.45万元。开展安全评价机构专项检查，抽查3家评价机构、5份评价报告，对相关问题责令整改，对1家评价机构进行约谈。对全区危险化学品、建筑施工、消防、特种设备、燃气、自建房等重点行业领域进行检查，制作事故隐患曝光片，设置典型案例在全区曝光，督促企业和主要负责人落实安全生产主体责任。

【安全生产宣传教育培训】　2022年，大丰区应急管理局扎实推进“百团进百万企业千万员工”宣讲活动，全年宣讲314场次，覆盖企业3655个、员工17185人。组织开展“学重要论述促安全发展”网络学习，全区2929人参加学习。组织开展“安全生产月”系列活动，13家部门和单位在吾悦广场举办“6·16”安全生产集中咨询日活动，在全区10万户有线电视投放安全月宣传主题海报。组织开展有限空间安全宣传周活动，向全区所有企业发放有限空间作业宣传海报1万张、《有限空间作业安全指导手册》2500本。举办机械铸造企业主要负责人、安全管理人员专题培训班，发放《中频炉使用安全及监管指导手册》300本。常态化做好危化品生产、经营企业主要负责人、安全管理人员、烟花爆竹从业人员、工贸企业主要负责人、安全管理人员培训以及特种作业人员培训。

（鲁丰鸣）

〖编辑　於晨婷〗

镇·街道

草堰镇

【概况】 草堰镇地处大丰区西南，南与东台市毗邻，西与兴化市接壤，是江苏省唯一的古盐运集散地保护区。草堰镇总面积95.86平方千米，集镇建成区面积3平方千米，辖12个村、1个居委会、78个村民小组，总人口36666人，总户数12638户。2022年实现财政收入1.22亿元，一般公共预算收入7352万元。全镇形成机械、铸造、汽车零配件、玩具、建材等支柱产业和花卉、水产品等富民产业。

【工业】 2022年，草堰镇实现全口径工业开票销售收入22亿元，规模以上工业企业开票销售收入19亿元，注册外资实际到账200万美元。草堰镇全面盘活闲置地块5处、4.64公顷，闲置低效厂房4处、24000平方米，签约落户风翰汽车零配件、谦测锂电池等1亿元以上项目6个、5000万元以上项目1个。积极融入西部招商组团，总投资3亿元的中船风电法兰项目落户开发区。全年开工1亿元以上项目7个、5000万元以上项目3个，无等电子（盐城）有限公司等4个重点项目竣工投产。

【农业】 2022年，草堰镇高效率推进双垛、竹园片区1526.67公顷高标准农田建设，全年粮食生产面积7726.67公顷、产量5.84万吨。扎实推进农业适度规模经营，新培植家庭农场9家、专业合作社3个。因村制宜发展特色产业，全镇12个村集体经营性收入平均达到56.46万元，超50万元村9个，其中超70万元村1个，超100万元村1个。三元村党总支被盐城市委、市政府评为盐城市乡村振兴先进集体，双河、草堰、双垛、丁溪等4个村获评区级乡村振兴示范村。

【第三产业】 2022年，草堰镇服务业营业收入12.28亿元，规模以上服务业营业收入40156.3万元，同比增长58.2%，限额以上批零住宿餐饮企业零售额1.04亿元，同比增长52%；新增培植规模以上服务业企业1个，限额以上批零住宿餐饮企业8个，年底，申报2个2023年一季度入库的企业。

【镇村建设】 2022年，草堰镇三元新型农村社区一期108户、二期84户建成交付，苏州名邸二期两幢132套保障性住房工程在实施中。草堰智慧型农贸市场投入使用。草堰翻水站更新改造工程开工建设。募捐38.99万元扎实推进13个幸福家园村社互助项目。全镇完成4千米主干道亮化工程，竹成线（竹园村至成文村农村公路）南段大中维修工程竣工通行，新建农村污水管网9.8千米。推进农村“厕所革命”，高标准完成上级下达的改厕任务。扎实推进农村人居环境整治提升行动，三渣村获评区农村人居环境“红榜村”。

【生态环境】 2022年，草堰镇扎实开展生态环境专项整治提升“四大行动”，金彩塑料、草堰水泥厂得到有效整改，8个散乱污企业整治提升完成，PM2.5浓度均值27微克/立方米、空气质量优良天数比例85.2%，国考、省考断面水质优Ⅲ比例达100%。统筹推进水环境综合整治，疏浚农村河道12条，土方13万立方米，建设高标准生态河道3条12千米，达到“一河一景”的要求。

【社会治理】 2022年，草堰镇全力推进安全生产三年专项整治行动收官工作，检查企业1739个次，排查安全隐患2717条，整改率为100%。不断提升网格服务管理水平，1名网格员被评为盐城市疫情防控工作表现突出网格员，12名网格员被评为区“最美网格员”。进一步畅通信访渠道，严格落实镇三套领导班子成员接访约访制度，有效化解来信来访及各类矛盾纠纷166件，竹园村被市委平安建设领导小组办公室表彰为盐城市平安民主法治示范村。

【社会事业】 2022年，草堰镇扎实开展特殊困难群体救助帮扶专项排查整治行动，临时救助困难群众129人次，为61户特殊困难老年人进行适老化改造，为80户老人安装一键呼叫装置。持续提高全民健康素质，镇工业园区、三元新型社区5千米健身步道建成投入使用，三渣村、三元村获评省级健康村。

草堰镇丁溪村 周古凯 摄

2022年草堰镇主要经济社会指标一览表

表15

项　目	数　量	项　目	数　量	项　目	数　量
地区生产总值	23.49亿元	固定资产投资	10.43亿元	小汽车拥有量	6981辆
用电总量	1.08亿千瓦时	工业技改投入	812万元	医院病床数	75张
农林牧渔业总产值	10.72亿元	进出口总额	1300万美元	自来水普及率	100%
粮食总产量	5.84万吨	学校	4所	参加养老保险	11179人
肉类总产量	3641吨	在校学生	1180人	参加合作医疗	29287人
水产品总产量	5137吨	在职教师	153人	农民人均纯收入	30942元
工业总产值	22.1亿元	有线电视用户	12892户	农民人均住房面积	35平方米
规模以上工业企业	19个	互联网用户	7551户	—	—
工业销售收入	22.06亿元	固定电话	7235部	—	—

2022年草堰镇各村、居委会基本情况表

表16

名　称	党总支（党支部）书记	主　任	户数（户）	人口（人）	总面积（公顷）
丁溪村	袁　艳	袁　艳	1179	3409	581.12
界中村	冯玉军	冯玉军	885	2477	685.80
双河村	刘俊峰	刘俊峰	794	2186	527.40
双垛村	景步国	景步国	884	3463	1177.00
合新村	陈桂红	陈桂红	1296	3806	1202.28
草堰村	陶春宏	陶春宏	1266	3413	760.62
三元村	钱　军	钱　军	924	2739	696.36
西渣村	许永明	许永明	791	2359	612.84
成文村	王亚君	王亚君	898	2686	965.16
竹园村	单庆勇	单庆勇	809	2328	682.91
三新村	曹兴奇	曹兴奇	786	2258	701.16
三渣村	邢俊青	邢俊青	1124	2723	667.15
竹溪居委会	李桂生	李桂生	1002	2819	316.20

说明：竹溪居委会为党支部

2022年草堰镇骨干企业基本情况表

表17

单位：万元

企业名称	销售收入	税收总额	法人代表
盐城市大丰区林华制造有限公司	2431	64.71	秦金华
江苏鑫国机械铸造有限公司	9486	262.18	侯卫国
盐城市金鼎金属制品有限公司	2677	44.34	陶　珂
江苏高昌机械制造有限公司	1553	422.73	蔡怀付
盐城市大丰区丰盛环保建材有限公司	1424	23.87	李长韬
盐城市大丰真率工艺品有限公司	6607	1050.56	赵咏湖
江苏弘烨精密铸造有限公司	4029	43.32	王金栋
盐城市大丰区长荣建材公司	6294	288.34	周　扬
盐城市大丰区比齐密封系统有限公司	2629	34.18	黄家辉
盐城市龙万机械有限公司	4915	95.42	宗德宝
江苏禾丰粮油工业有限公司	134103	493.6	蔡兆海
盐城大丰丰宇屠宰场	4363	5.16	冯小锋
江苏晨卓建材开发有限公司	2953	31.92	张昌养
江苏翊彩高分子材料有限公司	3053	45.44	胡育华
江苏豪杰流体控制有限公司	2346	24.22	李　品
盐城市大丰区天宇复合材料有限公司	1665	85.48	唐秀东

（周汉明）

白驹镇

【概况】 白驹镇地处盐城市大丰区西南部，南与草堰镇接壤，是海盐古镇、施公故里、会师胜地、玩具之乡，总面积约113.27平方千米，下辖16个村、1个社区居委会，总户数1.36万户，总人口3.7万人。2022年，白驹镇实现财政总收入1.08亿元，一般公共预算收入6804万元，地区生产总值27.39亿元。

【工业】 2022年，白驹镇完成全口径工业开票销售15.27亿元，规模以上工业企业开票销售8.33亿元；完成固定资产投资9.08亿元；完成高技术产业投资2.15亿元；完成工业产值9.03亿元。新培植规模以上工业企业5个、成功申报盐城市高新技术企业3个。全年赴上海、深圳等地参加各类招商活动6次。新签约1亿元以上项目9个，新开工项目13个，竣工项目3个，跟踪洽谈1亿元以上项目9个。烨恒汽车零部件、华尔琪智能科技、中建"零碳"农业产业园、宁波盐锻液压智能装备等一批项目相继落户开工。

【农业】 2022年，白驹镇投入3000万元实施建设高标准农田666.67公顷，苏合农批屠宰项目完成建设并投产调试，中杰康恩水蛭项目推进实施。创新推进盐通高铁沿线农业结构调整，与江苏银宝大地禾公司达成546.67公顷现代连锁农场合作协议，增加村集体收入120余万元。全镇建成高效农业4666.67公顷、设施农业500公顷、联耕联种2333.33公顷，建成家庭农场9个、农业合作社19个，申报农产品"三品"（无公害农产品、绿色食品、有机农产品）11个。

【第三产业】 2022年，白驹镇规模以上服务业企业营业收入3.76亿元，限额以上批零住宿餐饮企业销售额11.53亿元。新培植规模以上服务业企业2个、限额以上批零住宿餐饮企业7个。不断推进"旅游兴镇"，中华水浒园、八路军新四军会师文化景区累计接待游客20余万人次。不断强化古镇风貌保护，省沿海特色风貌塑创项目竣工。以水韵文化为主题，串场河边工业遗迹打造成白驹水文化展示馆。串场河水利风景区创建国家级水利风景区通过国家专家组验收。水美古镇水浒街创成盐城市特色夜市街区。

2022年6月，白驹镇举办广场舞大赛　　董汝涛　摄

【镇村建设】 2022年，白驹镇按照"一路一河一庄带"推动全镇人居环境整体提升。改造升级三里树、洋心两处垃圾中转站，规范处置垃圾渗滤液。实施沟塘疏浚16条，打造生态河道4条。全镇48个自然村铺设生活污水管网，覆盖率达52%。洋心新型农村社区新建设住宅125套，盛世名城小区403套商品房竣工交付。

【生态环境】 2022年，白驹镇实施"两高"（高污染、高耗能）行业产能淘汰1家，实施重点行业挥发性有机物综合治理3家，实施餐饮油烟治理1家，实施重点行业重点设施深度减排2家，实施落后铝壳中频炉淘汰17家34台。在村级河道安装曝气增氧设施50台，投放螺蛳、白鲢等，改善水体净化能力。实施成片造林8.85公顷、森林抚育45.58公顷、四旁植树5万株、农田林网166.67公顷，森林覆盖率38%。

【社会治理】 2022年，白驹镇一体推进安全生产大检查、重点行业领域百日攻坚行动，扎实开展农村道路交通、建筑施工、燃气安全专项整治行动，开展执法检查49家次，排查隐患519条。专职安全员对全镇工业企业进行安全覆盖巡查2轮，排查隐患659条。持续夯实专职消防救援力量，投入270余万元建设镇级专职消防站点，配备7名专职消防员，实行24小时准军事化管理。受理"12345"平台工单900余件，办结率100%，回访满意度99.8%。组织特殊困难群体救助帮扶和妇女儿童权益保障问题专项排查整治行动，全面走访1008名保障对象，编密织牢社会救助兜底保障安全网。

【社会事业】 2022年，白驹镇实施农贸市场改造提升、二级消防站迁址提升、敬老院提升、医保便民服务中心建设等一批民生实事项目。白驹镇医保服务点建成省级"15分钟医保服务圈"示范点，实现医保32项服务事项全覆盖。完成全民参保扩面征缴，新增社保参保缴费204人，纳入被征地农民社会保障128人。分层分类做好社会救助工作，实施困难救助533人次、大病救助35人次。

2022年白驹镇主要经济社会指标一览表

表18

项　目	数　量	项　目	数　量	项　目	数　量
地区生产总值	27.39亿元	肉类总产量	3065吨	在校学生	1006人
财政总收入	1.08亿元	水产品总产量	3882吨	在职教师	163人
一般预算收入	6804万元	规模以上工业企业	21个	医院病床数	60张
用电总量	9952万千瓦时	规模以上工业总产值	8.97亿元	自来水普及率	100%
工业用电量	6837万千瓦时	规模以上工业利税总额	3248万元	参加农村社会养老保险	8545人
定报企业用电量	1428万千瓦时	固定资产投资	9.08亿元	参加农村新型合作医疗	22245人
农林牧渔业总产值	11.74亿元	进出口总额	3100万美元	农村居民人均可支配收入	32212元
粮食总产量	73272吨	学校	4所	农民人均住房面积	49平方米

2022年白驹镇各村、居委会基本情况表

表19

名　称	党总支书记	主　任	户数（户）	人口（人）	总面积（公顷）
沿堤村	刘东荣	刘东荣（2022.12— ）	1023	2975	1096.47
马家村	陈华玺	陈华玺	846	2296	847.83
民窑村	肖生存	肖生存（2022.12— ）	1061	3022	1136.62
七里桥村	陈纪存（2022.1—2022.4） 王文峰（2022.4— ）	陈纪存	617	1675	544.56
团结村	顾益平	顾益平	710	1912	735.48
三里树村	陈　伟（2022.1—2022.10）	陈　伟（2022.1—2022.10）	574	1750	597.46
狮子口村	曹　映	曹　映	1125	2824	661.46
汤舍村	单长虹（2022.1—2022.10）	单长虹（2022.1—2022.10）	588	1745	626.90
唐西村	肖洪伟	肖洪伟	540	1603	580.62
肖坳村	肖桂存	肖桂存	669	2104	724.60
进步村	刘庆平	刘庆平	615	1819	570.00
新垛村	朱保美	朱保美	936	2723	1011.57
朱舍村	陈维仁	陈维仁	391	1096	325.63
东窑村	周浦江	周浦江	437	1301	445.06
窑港村	杨金艳	杨金艳	970	2789	900.63
洋心村	唐亚武（2022.1—2022.10） 单长虹（2022.10— ）	唐亚武（2022.1—2022.10）	1049	2519	465.71
海宁社区	陈卫华	陈卫华	1486	2682	55.98

2022年白驹镇骨干企业基本情况表

表20　　单位：万元

企业名称	销售收入	利税总额	法人代表
盐城怡童家纺有限公司	54201	1445	李生华
盐城市良丰源电子有限公司	43465	2399	常建礼
盐城市大丰天昊机械有限公司	18824	1186	赵国祥
盐城杉童玩具有限公司	46691	2879	李生祥
盐城神龙玩具有限公司	36929	1870	卞九龙
大丰鸿达玩具有限公司	22088	994	葛中东
盐城市大丰区宏丰米业有限公司	23037	618	徐美英
盐城开乐纺织工艺有限公司	56347	2638	宗胜旺
盐城杉童纺织品有限公司	22864	681	陈付传

续表20

企业名称	销售收入	利税总额	法人代表
江苏邦力金属制品有限公司	25541	75	王晋枫
盐城中昌精锻有限公司	53226	936	肖　建
江苏大凡生态建材科技有限公司	20163	613	赵　荣
江苏华硅新材料科技有限公司	65739	1908	罗　芸
江苏华丽达包装材料有限公司	65711	913	冯银花
江苏百力事新材料科技有限公司	91634	5256	朱　钧
江苏台益纳米科技有限公司	35484	1239	高道峰
润丰智能家居（江苏）有限公司	64685	444	邹亦农

（吕　阳）

刘庄镇

【概况】 刘庄镇是全国重点镇、江苏省重点中心镇，与兴化市、亭湖区、盐都区接壤，区位优势明显。全镇总面积96.39平方千米。下辖13个行政村、2个社区、81个村民小组。2022年年末户籍总数14183户，户籍人口39417人。全年财政总收入1.37亿元，实现一般公共预算收入8099万元，农民人均可支配收入32100元。

【工业】 2022年，刘庄镇全口径工业开票销售18.4亿元，规模以上工业企业开票销售11.02亿元，固定资产投资7.5亿元。新签约亿元项目7个，新开工5000万元以上项目4个，新投产5000万元以上项目5个，培植规模以上工业企业5个。

【农业】 2022年，刘庄镇杂交水稻制种全程机械化关键技术集成基地133.33公顷，制种面积1200公顷。以“龙头企业+合作社+农户”的土地流转模式，新流转土地333.33公顷。13个村集体收入均超过40万元，村平均收入达到59万元，友谊、东联2个村超过100万元，光荣、新桥等6个村达50万元以上。

【第三产业】 2022年，刘庄镇第三产业持续发展，规模以上服务业企业营业收入3.72亿元、限额以上批零住宿餐饮企业零售额1.44亿元。培植规模以上服务业3个，新增限额以上批零住宿餐饮企业7个。

2022年，大丰区刘庄镇高标准整治农田栽植的水稻获得丰收

（刘庄镇　供图）

【镇村建设】 2022年，刘庄镇按照“一年出形象”要求，加快物流组团建设。完成《盐城南（刘庄）物流产业园发展规划》编制，“三区三线”调整到位，完成一期项目征地7.33公顷，物流大厦改造提升、物流标仓建设地块等重点项目实质性开工建设。成功召开物流产业（常州）招商会。实行污水管网建设，新铺设18个村庄点41千米污水管网，巩固提升生态河道70.17千米，实施农村改厕395户。全年完成农房改善145户，其中进城76户，入镇45户，进新型社区21户，低收入人群修缮加固3户。良好新型农村社区198户全面竣工，紫林名邸二期72套商品房封顶交付。

【生态环境】 2022年，刘庄镇环境品质持续提升，持续抓好秸秆“全域全时段全面”禁烧，PM2.5年平均浓度下降到27.8微克/立方米；常态化做好国考、省考断面水质保护，水质全部达标；新实施土地复垦234.8公顷，新增成片造林33.33公顷。深入推进“三项清理”，新盘活闲置厂房1.75万平方米，完成资源高效利用项目3个，中央环保督察交办问题均已整改完成，形成闭环。深入推进“散乱污”企业、作坊整治工作。

【社会治理】 2022年，刘庄镇组织全镇企业自查自纠2轮，开展自查企业212个次，自查隐患492条。各村（社区）、各部门排查隐患2690条，整治隐患2609条，行政处罚3起。严格监管生产危险废物企业14个。扎实开展矛盾纠纷排查工作，加强信访研判，制定应急预案，接待来访155批287人，处理“12345”工单1257件，满意率99.98%。

【社会事业】 2022年，刘庄镇坚持以人民为中心，切实解决好群众普遍关心的突出问题。认真落实新冠肺炎疫情“外防输入、内防反弹”总策略和“动态清零”总方针，开展快速转运等实战演练，守牢疫情防线。设置健康小屋2个，常态化开展全员核酸演练71次。常态化开展特殊群体临时救助慰问工作，扎实做好“一老一小”工作，排查空巢老人、监护留守儿童。

2022年刘庄镇主要经济社会指标一览表

表21

项　目	数　量	项　目	数　量	项　目	数　量
地区生产总值	33.41亿元	家禽当年出栏数	910610羽	有线电视用户	4589户
财政收入	1.37亿元	羊当年出栏数	10399只	互联网用户	8597户
用电总量	10873万千瓦时	规模以上工业企业	19个	医院病床数	52张
农林牧渔业总产值	117981万元	规模以上工业总产值	14.1亿元	自来水普及率	100%
粮食总产量	58315吨	规模以上工业利税总额	3032万元	燃气普及率	100%
肉类总产量	2763吨	固定资产投资	7.5亿元	参加合作医疗	35314人
油料作物总产量	1117吨	出口总额	4137万美元	农村居民人均可支配收入	32100元
蚕茧产量	3.7吨	学校	4所	农民人均住房面积	42.5平方米
水产品总量	4405吨	在校学生	856人	—	—
猪当年出栏数	38259头	在职教师	190人	—	—

2022年刘庄镇各村、居委会基本情况表

表22

名　称	党总支书记	主　任	户数（户）	人口（人）	总面积（公顷）
光荣村	王元军	王元军	1483	2905	120
龙心村	杨　卫	杨　卫	767	1424	30
竞赛村	朱成斌	朱成斌	486	1190	171
新桥村	夏建华	夏建华	1106	3164	1131
友谊村	束长明	束长明	649	1894	655
东联村	严华标	严华标	817	2377	622
东方村	束　伟	束　伟	1166	3345	857
良好村	黄　勇	黄　勇	1147	3303	937
民主村	赵建华	赵建华	854	2646	741
建成村	卞汗秀	卞汗秀	691	2159	564
润民村	季顺高	季顺高	989	2987	800
胜利村	王元军	王元军	1157	3516	965
云溪居委会	朱小燕	朱小燕	820	2439	642
紫林社区	管国华	管国华	1127	3282	728
三圩社区	黄　芳	黄　芳	924	2786	676

2022年刘庄镇骨干企业基本情况表

表23　　单位：万元

企业名称	销售收入	利税总额	法人代表
昫嘉纺织器材大丰有限公司	3131	154	校丽君
江苏源源山富数码喷绘科技有限公司	33937	614	牛卫平
盐城市大丰三川麦业有限公司	2509	63	朱　存
盐城市大丰龙虎经纬科技有限公司	2780	99	纪汉美

续表23

企业名称	销售收入	利税总额	法人代表
江苏盐发机械有限公司	3404	422	黄军龙
江苏澳太斯纺织品实业有限公司	4510	246	LINBO
盐城市大丰创意工艺品有限公司	12400	383	王加森
江苏大昌燃气设备有限公司	3150	267	杨金平
大丰市天天纺织条桶有限责任公司	1704	79	智　萍
盐城恒兴饲料有限公司	29199	-488	陈　丹
盐城市大丰区刘庄混凝土有限公司	8313	223	宋大伟
江苏森月坊纺织制品有限公司	8459	-79	陆建军
江苏瑞鑫集成电路设备有限公司	2742	108	商富彬
盐城大昌包装科技有限公司	1727	64	杨志远
江苏昊烨新材料科技有限公司	7903	38	陈智慧
江苏杰森纺织制品有限公司	12101	575	王加平
国一新材料江苏有限公司	3367	264	蔡春晓

（杨开轩）

西团镇

【概况】 西团镇位于大丰区中南部，总面积86.38平方千米。2022年，下辖11个村、2个居委会、69个村民小组，户籍总户数10487户，总人口27558人。全年实现财政收入3.08亿元，地区生产总值34.26亿元，一般公共预算收入1.67亿元，固定资产投资14.4亿元。西团镇党委被中共江苏省委、江苏省人民政府表彰为江苏省乡村振兴先进集体。

【工业】 2022年，西团镇全口径工业开票销售46.2亿元，其中规模以上工业开票销售31.8亿元，新培植规模以上工业企业7个。扎实开展“企业大走访，项目大推进、产业大招商”活动，落实各类税费优惠近2000万元。海昕风电、优乐嘉汽配、阿尔玛电子等12个亿元项目签约落户，成越抛丸机展示中心、德润电梯等12个亿元项目开工建设，迈硕二期、智通包装、优工机械等7个亿元项目投产达效。出台《关于促进企业高质量发展的扶持办法》，建成国家高新技术企业21个，新增省级“两化融合”贯标企业4个、省星级上云企业2个、市级企业技术中心1个，规模以上企业中的研发企业占比超90%。

西团镇新貌　　周古凯　摄

【农业】 2022年，西团镇粮食播种面积保持6760公顷。“绿野新中”现代农业园区建成智慧园区大数据中心，新农人之家对外开放。新建新中驿站、农趣园、新中村乡村振兴示范点，接受盐城市“家家到”观摩活动检阅，小成本、小投入、小样板的“新中经验”获全市推广，新中村2号庄点创成市级特色田园乡村。西团、北团、西灵、黄浦4个村建成区级乡村振兴示范村。深入实施经济强村三年行动计划，村集体经营性收入均超40万元，其中超50万元8个、超100万元3个。

【第三产业】 2022年，西团镇实现规模以上服务业企业营业收入2.23亿元，限额以上批零住宿餐饮企业销售额19.01亿元，新培植限额以上批零住宿餐饮企业8个、规模以上服务业企业3个。

【镇村建设】 2022年，西团镇改善农

房232户，永泰翡翠城二期9幢274户住房竣工，龙窑新型农村社区170户住房交付。建成微动力污水处理站7座、泵站6座、污水管网25.05千米。全域推进中华慈善"幸福家园"村社互助项目，制定实施农村环境整治、便民服务中心改造、道路亮化、扶老敬老等民生实事项目15个，筹集资金近160万元。

【生态环境】 2022年，西团镇高质量完成"三区三线"划定工作，全面完成中央生态环境保护督察反馈问题整改，铸造落后产能清理到位，扬尘污染、"散乱污"企业、断面水质专项整治提升行动纵深推进。1—12月，西团镇空气质量优良天数比例87.4%，和万盈镇并列第一。高水平推进国土绿化，新增成片造林2.66公顷，龙窑村—中沟庄点建成省级绿美村庄。

【社会治理】 2022年，西团镇扎实推进安全生产专项整治三年行动、重点行业领域安全生产百日攻坚行动，组织安全生产履职宣誓、政企联合应急救援演练等活动，全面提升安全水平。积极开展违规担保代偿资金清收专项行动，政府性债务得到有效化解，融资成本控降明显。持续推进"人民满意窗口"建设，被省信访局表彰为"人民满意窗口创建"建设工程提升先进单位。扎实开展"村村到、户户进、人人访"行动、"书记工程"大走访活动，解决群众"急难愁盼"问题226件。

【社会事业】 2022年，西团镇持续兴办民生实事。新增就业726人，支持自主创业398人。深入实施"名师名校"工程，西团中学中考四星级高中达线率40%，被评为"盐城市新优质初中"。新中村建成市级平安民主法治示范村。高标准完成城乡居保扩面征缴，社会保险覆盖率超98%，"15分钟医保服务圈"通过市、区医保局验收，80周岁以上老人居家养老服务"全覆盖"。

2022年西团镇主要经济社会指标一览表

表24

项　目	数　量	项　目	数　量	项　目	数　量
地区生产总值	34.26亿元	规模以上工业利税总额	5.76亿元	移动电话	23139部
全口径财政收入	3.08亿元	固定资产净值	19.46亿元	小汽车拥有量	6232辆
定报企业用电量	8086万千瓦时	规模固定资产净值	9.34亿元	医院病床数	40张
农林牧渔业总产值	8.83亿元	工业技改投入	10783万元	互联网用户	6883户
粮食总产量	4.77万吨	当年到账外资	25.5万美元	自来水普及率	100%
肉类总产量	3850吨	学校	2所	参加养老保险	13303人
水产品总产量	4950吨	在校学生	313人	参加城乡居民医疗保险	17464人
规模以上工业企业	37个	在职教师	108人	农村居民人均可支配收入	32038元
规模以上工业总产值	39.04亿元	有线电视用户	8005户	农民人均住房面积	45平方米

2022年西团镇各村、居委会基本情况表

表25

名　称	党总支（党委）书记	主　任	户数（户）	人口（人）	总面积（公顷）
西团村	董尔平	董尔平	1030	2590	640.50
北团村	季通芳	季通芳	1122	3005	1097.60
描花村	杨玉权（—2022.6） 袁增军（2022.6—）	杨玉权	609	1734	625.99
新中村	吴跃军	吴跃军	578	1586	590.19
西灵村	吴根红（—2022.6） 董　波（2022.6—）	吴根红	698	1836	584.39
赵场村	赵长锋	赵长锋	653	1910	737.36
九一村	袁丽丽	袁丽丽（2022.12—）	616	1801	713.93
黄浦村	施国林	施国林	891	2473	881.98
马港村	韦　建（2022.2—）	韦　建（2022.2—）	464	1306	415.21
众心村	葛晓萍	葛晓萍	863	2362	1201.99
龙窑村	邱信凤	邱信凤	790	2284	890.39

续表25

名 称	党总支（党委）书记	主 任	户数（户）	人口（人）	总面积（公顷）
建设居委会	祁爱凤	祁爱凤	1172	2251	87.06
大龙居委会	陈相涛	陈相涛	1001	2420	171.41

说明：西团村为党委

2022年西团镇骨干企业基本情况表

表26 单位：万元

企业名称	销售收入	利税总额	法人代表
中再生盐城资源开发有限公司	225615	42212	朱荫诚
江苏腾龙建材有限公司	13495	1022	吴章荣
盐城市群耀金属制品有限公司	6926	1052	王必莉
盐城益鑫铸业有限公司	14557	1287	蔡 蕾
江苏南康钢结构有限公司	6125	598	陈秀琴
江苏乾晋岩棉科技有限公司	10225	927	李永发
江苏成越金属材料有限公司	4592	365	陈汉兵
江苏台祥自动化科技有限公司	10956	1880	阳新坚
金山东新铸造江苏有限公司	2086	123	曹大贵
盐城市众美物流装备制造有限公司	5712	594	朱 虎
江苏龙发铸造除锈设备有限公司	4764	411	姜 蕾
大丰腾龙祥顺纺织品有限公司	5164	163	左 军
盐城华升环保科技有限公司	5102	505	肖爱华
江苏鑫德龙环保科技有限公司	4533	409	姜伯云
盐城市丰特铸造机械有限公司	3960	523	乔圣兵
江苏智通包装科技有限公司	3760	344	朱月梅
盐城东皇铸造有限公司	2125	230	朱碧波
江苏久昌机械有限公司	3806	452	陈九昌
江苏迈硕医疗科技有限公司	2594	110	杨 磊
盐城势于势汽车配件有限公司	3991	12	付方贤
江苏洲达铸造机械有限公司	3389	336	杨华高
盐城市畅盛建材有限公司	3888	354	吴俊泽
盐城优工机械有限公司	3718	281	翟留云
江苏一帆汽车配件有限公司	2910	315	唐国弟
江苏龙城铸造机械科技有限公司	2413	314	江兴平
盐城市大丰富裕园麦业有限公司	2443	137	陈 伟
江苏成越抛丸机械有限公司	3494	1102	陈汉兵
江苏锐达机械制造有限公司	3649	497	赵爱兵
江苏鑫桥环保科技有限公司	1856	188	蔡杰凯
盐城海峰电机制造有限公司	1411	119	杨仁国
江苏省华天机电设备有限公司	2150	233	陈 鑫
江苏新金达机械制造有限公司	2016	187	周 杨
江苏英达机械有限公司	2062	168	陈仕军
江苏天星岗石建材科技有限公司	2288	153	薛明法
江苏虹卓木业有限公司	2272	128	吴振俊

（张冲 吴耀庭）

小海镇

【概况】 小海镇位于大丰区中南部，全镇总面积123.81平方千米，耕地面积6505公顷，总户数14049户，总人口36772人，下辖13个行政村、2个居委会、97个村民小组。2022年，小海镇实现地区生产总值24.87亿元，财政总收入1.09亿元，一般公共预算收入7074万元。

【工业】 2022年，小海镇全口径工业开票销售19.6亿元，规模以上工业开票销售13亿元，固定资产投资8.01亿元。全年签约1亿元以上项目4.5个，开工1亿元以上项目5个，投产1亿元以上项目2.5个。先后召开"企业大走访、项目大推进、产业大招商"工作例会6次、专题会办会12次。45名机关干部结对服务63个工业企业，开展3轮全覆盖走访，收集用工紧张、资金短缺、排污许可证办理3大类7个方面48个问题。安排38名机关干部挂钩服务项目，协调解决基础设施建设、施工许可证办理、用水用电等问题。

【农业】 2022年，小海镇实施土地流转，全镇二轮承包面积5666.67公顷，截至年底已流转4333.33公顷。南团居委会和新窑村国土空间全域综合整治项目入选全省20个示范项目，项目实施方案和永久基本农田调整方案通过省级专家评审。截至年底，1020公顷高标准农田项目完成工程量的85%。落实粮食播种面积17万亩次，完成9600公顷油菜扩种任务和114.07公顷大豆玉米带状复合种植。全年出栏生猪4.2万头，生猪圈存量3.1万头。芦笋基地构建农产品质量安全追溯体系，销售区域拓展到上海、广州，上海市外蔬菜主供应基地效应日益凸显。全镇所有村(居)集体经营性收入均超40万元，其中10个村突破50万元，新村村、北虹村首次突破100万元。

【第三产业】 2022年，小海镇第三产业持续发展，规模以上服务业企业营业收入2.08亿元，限额以上批零住宿餐饮企业零售额1.81亿元。全年培植规模以上服务业企业3个，分别是盐城鼎福科技有限公司、盐城大丰新润通物流有限公司和盐城大丰瑞鑫医院；限额以上批零住宿餐饮企业5个，分别是江苏致和乐农贸易有限公司、盐城市大丰麦禾粮食贸易有限公司、江苏禾顺农业发展有限公司、江苏立新粮食加工有限公司和盐城市大丰区康宁平价大药房有限公司。

【镇村建设】 2022年，小海镇农房改善工作持续推进，小海花园70套住房建成开售。加大1980年前房屋、CD级危房、既有房屋的排查、改善力度，保障群众居住环境安全。修建农路2.07千米，投资近60万元维修破损路面、养护道路及桥梁。结合美丽宜居村庄、全国文明城市创建等工作，积极实施四季村庄清洁行动，新建户厕400座，增设分类垃圾桶5030组。突

小海镇南团全景　　周古凯　摄

出整治背街小巷、主次干道等薄弱环节，累计刷白出新9.1万平方米、新增绿化约1.5万株。完善污水处理管网，铺设主管网38千米、支管网27千米。

【生态环境】 2022年，小海镇人居环境取得新提升，建设生态河道6条、18.04千米，四总河通过市级幸福河湖验收。开展生态环境专项整治提升"四大行动"，先后听取专项工作汇报3次，累计发现问题48个，整改销号46个。持续关注扬尘污染、"散乱污"企业、化工企业、断面水质等重点领域，努力打赢蓝天、碧水、净土保卫战。打造66.67公顷农田退水循环利用改造试点，开展农田排灌系统生态改造。新申报省级绿色优质水稻基地1426.67公顷、绿色大米126.67公顷，完成1000公顷农药统防统治、化肥统购统施，大力推进测土配方施肥，不断提升绿优占比。

【社会治理】 2022年，小海镇推进"精网微格"工作，排查化解各类矛盾纠纷893起，化解率、结案率100%。推进"八五"普法工作，提供法律咨询15件、矛盾化解13件。扎实开展安全生产三年专项行动，健全风险分级管控和隐患排查治理双重预防机制，85个生产企业全部完成省工业企业风险报告，57个小微企业均按序时完成达标提升。常态化开展安全生产大检查，对11个重点行业领域累计开展安全检查5133个次，发现问题隐患2004条，整改1923条，立案处罚4家，罚款3.9万元。

【社会事业】 2022年，小海镇推进"融课堂"教育，督促制定"一校一案"作业管理办法，细化课后服务工作方案和管理流程，全面提升教育服务水平。吸收高校毕业生57人，城镇新增就业376人、失业再就业281人，支持成功自主创业142人，扶持农民自主创业81人。确保弱有所扶，为低保户、五保户、残疾人、困境儿童和80岁以上老人发放各类补贴金1150.69万元。开展"奉献爱心、传递温暖"慈善募捐活动，募集善款50万元，悉数用于村级幸福家园项目建设、困难户和家庭帮扶等方面。居家养老服务站、退役军人服务站实现村村覆盖，为2196名老人提供服务，为434名重点优抚对象发放定补530余万元，帮助退役军人复学、就业。新建5间梦想小屋。开展"优质服务基层行"活动，小海镇中心卫生院创成二级综合医院，系全区唯一。按省示范卫生室标准建成唐中村、新村村、小海居委会卫生室，北虹村、海团村卫生室通过省甲级卫生室验收。小海镇全面筑牢疫情防控防线，全年核查外地回大丰人员9184人次，落实健康管理措施8201人次。

2022年小海镇主要经济社会指标一览表

表27

项　目	数　量	项　目	数　量	项　目	数　量
地区生产总值	24.87亿元	规模以上工业企业	27个	在职教师	150人
财政总收入	1.09亿元	工业销售收入	19.6亿元	数字电视用户	6100户
工业用电总量	4亿千瓦时	工业利税	5630万元	互联网用户	8200户
农林牧渔业总产值	12.53亿元	固定资产净值	19.05亿元	固定电话	2800部
农业生产总值	7.13亿元	固定资产投资	8.01亿元	医院病床数	226张
粮食总产量	65773吨	工业技改投入	2.17亿元	参加养老保险	11500人
皮棉总产量	0.1吨	进出口总额	510万美元	参加合作医疗	23400人
肉类总产量	9679吨	学校	3所	农民人均纯收入	31239元
水产品总产量	4449吨	在校学生	667人	农民人均住房面积	53平方米

2022年小海镇各村、居委会基本情况表

表28

名　称	党总支书记	主　任	户数（户）	人口（人）	总面积（公顷）
温泉村	康红兵	康红兵	1278	3686	1311.78
无泊村	朱兴华	朱兴华	857	2373	903.03
小洋村	沈爱华	沈爱华	575	1540	603.87
徐南村	陈　华	陈　华	583	1494	687.03
海团村	茅正国	茅正国	822	2261	921.65
江北村	吴玉标	吴玉标	1294	3643	1510.31
新圩村	顾　明	顾　明	611	1668	577.56
新村村	唐添资	唐添资	608	1754	734.65

续表28

名　称	党总支书记	主　任	户数（户）	人口（人）	总面积（公顷）
新窑村	施　丰	施　丰	583	1754	697.63
北虹村	单井安	单井安	1147	3226	1230.94
海西村	徐　尉	徐　尉	521	1396	372.20
唐中村	宗　进	宗　进	768	2123	655.81
杨树村	吴俊高	吴俊高	778	2055	582.14
小海居委会	袁天荣	袁天荣	2487	5094	683.50
南团居委会	朱加根	朱加根	1137	2705	908.74

2022年小海镇骨干企业基本情况表

表29　　单位：万元

企业名称	销售收入	利税总额	法人代表
江苏银河工贸有限公司	2908	37	花英俊
天力电力金具制造江苏有限公司	451	33	周保存
盐城市大丰嘉华机械制造有限公司	2070	50	高树海
江苏维迅纺织实业有限公司	10811	58	仲美妮
江苏宏垒化纤有限公司	4618	104	潘云龙
大丰区园丁纺织有限公司	7312	147	沈正华
盐城市天元油品有限公司	1151	30	袁学尹
江苏今达纺织实业有限公司	26295	671	沈根发
江苏新丝路纺织科技有限公司	16760	241	杨永和
江苏恒业纺织有限公司	7598	160	郁春明
盐城市大丰区瑞升纺织有限公司	1847	34	计伟芳
江苏鑫伟丰纺织有限公司	7126	72	汝雄伟
江苏新佳宝纺织有限公司	4224	4	陆田宝
江苏明宇纺织有限公司	6317	36	杨兴明
江苏文翰纺织有限公司	2198	29	王建新
江苏丰冠纺织有限公司	10963	244	王　掌
江苏禾晟纺织有限公司	4253	33	胡菊明
江苏尧弘纺织有限公司	6889	66	夏金根
江苏成鑫纺织科技有限公司	3470	61	张亭亭
江苏广盈纺织有限公司	2932	22	袁卫强
江苏金丝伟业纺织有限公司	2578	19	张永加
盐城市震业机械有限公司	6593	385	刘国平
江苏安鑫汇金属制品有限公司	3636	784	徐国旺
盐城市大丰百诚纺织科技有限公司	2725	62	沈正慧
江苏美利合兴纺织有限公司	4925	40	孙　利
盐城盛冠纺织有限公司	3662	83	王　掌
盐城市大丰米瑞玩具有限公司	3209	41	顾雷雷

（丁荣喜）

大桥镇

【概况】 大桥镇地处大丰区东南部，是江苏省重点中心集镇之一。全镇总面积102.54平方千米，辖13个行政村、74个村民小组，总户数11995户、总人口29832人。2022年实现财政总收入1.56亿元，一般公共预算收入8861万元，高技术产业投资额1.47亿元，技术合同成交额1.2亿元，外贸进出口额65万美元；新增“四上企业”（规模以上工业企业、资质等级建筑业企业、限额以上批零住宿餐饮企业、国家重点服务业企业）12个。

大桥镇公园　　周古凯　摄

【工业】 2022年，大桥镇全口径工业开票销售16.16亿元，规模以上工业开票销售4.93亿元。招引亿元项目4个，即海燕重工项目、重组杰士龙新能源汽车零配件及旅游星空房制造项目、晟泓纺织项目和美谷二期新能源汽车配件制造项目；5000万元以上项目3个，即群畅白坯布及高档床上用品加工项目、富瑞得家居工艺品制造项目、朋美实机械制造项目。持续推进工业企业技改扩能，盐城海通新材料有限公司投资2000万元，新购印刷机、复合机、改性材料设备、可降解材料设备透气流延膜、包装流延膜设备、高端流延膜设备等设备15台，提高生产效率及产品档次，增强竞争力。园区形成以机械制造、高分子新材料和农产品深加工为主导的特色产业，机械制造产业实现从粗加工向精加工、整机装配的突破。

【农业】 2022年，大桥镇创建上海农产品直销窗口2个。江东农业和伟景农业种植大葱、西兰花、土豆、西芹、黄百仙芥菜、芦笋等蔬菜，以点带面，辐射带动周边建成总面积1073.33公顷，20多个大葱、设施果蔬生产基地。形成种植+加工+保鲜+仓储的长链条优势，带动就业岗位8万个。总投资3180万元的亿佰尔稻米深加工项目厂房主体竣工，悦旭农业发展有限公司秸秆收储加工项目初步运行。全年新办家庭农场3家，新办专业合作社7家，实施高标准农田项目706.67公顷，建设灌溉泵站46座、排涝站4座、排灌结合站5座、渠道86771米、管道34706米。

【第三产业】 2022年，大桥镇实现规模以上服务业企业营业收入2.38亿元，限额以上批零住宿餐饮企业营业收入19.89亿元，限额以上批零住宿餐饮企业零售额1.24亿元，其他营利性服务业营业收入2.38亿元。新培植规模以上服务业企业2个（盐城大丰周晓东技术服务有限公司、盐城市九州工程服务有限公司），新培植限额以上批零住宿餐饮企业6个（江苏诚合粮食贸易有限公司、盐城市德广粮油有限责任公司、江苏申农生物资源科技发展有限公司、盐城大丰迪羽科技服务有限公司、盐城大丰桥韵大酒店有限公司、盐城市大丰区桥芝桃生态农家乐有限公司），新增大个体培植3个（盐城市大丰区大顺发百货超市、盐城市大丰区大桥家乐美购物中心、大丰区大桥镇晓平餐饮服务中心）。

【镇村建设】 2022年，大桥镇农房改善工作位列全区第2名，全年完成进城入镇农房改善202户，占区级农房改善目标任务的155%，其中规划发展庄点新建2户，进老政府经济适用房126户，进洋南村新型社区63户，进城购房11户。洋南新型农村社区144户新农房建设开工，完成危房改造28户，退宅还耕63户。投资250万元，新建3座交通桥梁，做到安保到位，路桥同宽；投资25万元，修复破损路面近1700平方米；整治陈李线环境大桥段14.2千米，拆除经营性乱搭乱建132处、面积5498.49平方米；拆除老旧空散房屋12处、面积477.8平方米；整治河道沟塘16条、46千米；清理生活垃圾72吨，清理乱堆乱放152处；整治乱搭畜禽棚舍10处，拆除旱厕1座，清理广告标识356条。新增污水管网9.5千米，自然村生活污水治理覆盖率56.88%。

【生态环境】 2022年，大桥镇顺利完成生态环境专项整治提升“四大行动”，疏浚村庄河道21条，总长43.06千米，土方22.12万立方米；疏浚县乡级河道12条，总长39.35千米，土方25.85万立方米；投资226万元，建设双丰村二中沟生态河道2.2千米；完成潘堡河闸站建设工程等河道治理项目，严格落实畜禽控减措施。大桥镇成功创建省级生态文明建设示范镇，东塔村创建成省级绿美乡村，联丰村创建成省级健康村，大桥村通过省级生态宜居美丽乡村示范村初审，川南、中港、潘南、联丰4个村获“盐城市生态文明建设示范村”称号。

【社会治理】 2022年，大桥镇突出重点行业领域隐患排查整改，开展安全生产大排查大整治，全年检查企业291个次，排查隐患1276条；执法检查33个，排查隐患180条，行政处罚2个；对全镇工业企业、单位开展夜间检查780个次，对发现的各类隐患现场立即整改。全镇65个企业完成工业企业风险报告，上报较大风险141条，风险报告填报完成率100%。开展小微企业安全管理达标专项检查47个次，达标优秀企业17个。提升综治工作水平，网格员开展每日巡查走访，及时发现问题、上报问题、解决问题，形成管理闭环，办结案件1984起，办结率100%。对21名易肇事肇祸严重精神障碍患者落实管理服务，对17名易肇事肇祸严重精神障碍患者落实监护人"以奖代补"帮扶工作。全年化解矛盾纠纷189件、214人次，化解信访积案1起，初信初访现场答复201人次，"12345"公共服务平台交办工单818件，做到件件有回音；阳光信访办理初件16件。

【社会事业】 2022年，大桥镇新增就业396人，城镇失业人员再就业269人，支持成功自主创业139人，扶持农民自主创业73人，引领大学生自主创业19人，开发疫情防控临时性公益性岗位21个。开展城乡劳动力职业技能培训，55名就业困难人员参加，其中30名顺利获得育婴师中级证书。全面完成2023年城乡居民基本医疗征缴任务，完成全民参保扩面征缴任务，城乡居民养老保险新增参保72人，合作医疗缴费人数18518人。创建镇便民服务中心医保服务窗口，人社、医保窗口全年接待群众11000余人次，为1420余位本地退休人员办理首次转入社区管理，为332位参保人员办理丧葬费，为146名人员进行就业困难认定，为133名下岗再就业人员办理"4050"补贴。办理农保待遇领取656人，农保现场资格认证1363人，全年缴费人数7521人。教育事业持续健康发展，大桥小学被评为全区2022年度教育工作综合先进单位，大桥镇中心幼儿园连续六年被评为全区教育工作综合先进单位。巩固农村低保专项整治成果，全年清退低保对象6户16人，新增低保户11户14人。优化居家养老服务，服务18811人次。加强社会救助，认定低保边缘家庭27户57人，认定支出型困难家庭3户，合计发放救助金19.17万元。救助各类困难群众609人，发放救助金33.72万余元；村镇慈善募集善款43.3万元。大力推进老龄事业，发放尊老金212.62万元。深入推进殡葬改革，规划新建中港村2.27公顷公益性公墓点。

2022年大桥镇主要经济社会指标一览表

表30

项　目	数　量	项　目	数　量	项　目	数　量
一般公共预算收入	8861万元	规模以上服务业营业收入	2.38亿元	水果总产量	37260吨
农林牧渔业总产值	10.85亿元	限额以上批零住宿餐饮企业营业收入	19.89亿元	蚕茧总产量	20吨
粮食总产量	82395吨	进出口总额	65万美元	高标准农田面积	5555公顷
蔬菜总产量	56254吨	固定资产投资	6.76亿元	蔬菜种植面积	1358公顷
肉类总产量	11687吨	学校	4所	当年造林面积	11公顷
水产品产量	1800吨	在校学生	297人	农民人均纯收入	31613元
规模以上工业企业	15个	在职老师	101人	医疗卫生机构	15个
规模以上工业开票销售	4.93亿元	油料总产量	934吨	医院病床数	92张

2022年大桥镇各村基本情况表

表31

名　称	党总支书记	主　任	户数（户）	人口（人）	总面积（公顷）
大桥村	陈生龙	陈生龙	2650	5784	1514.50
双丰村	景步乐	景步乐	998	2594	853.30
联丰村	吕永成	吕永成	912	2365	996.80
中港村	黄　茂	黄　茂	928	2412	874.00
中业村	奚正进	奚正进	658	1702	934.70
方向村	仇保军	仇保军	619	1672	607.10
中合村	张　勇	张　勇	422	1046	427.90
潘南村	吴宇峰	吴宇峰	693	1832	574.90
潘镦村	钱叶飞	钱叶飞	1196	2496	404.20
江岸村	顾晓春（ —2022.5） 周晓燕（2022.5—2022.10）	冯　军（2022.10— ） 顾晓春（ —2022.5）	848	2259	875.70
东塔村	杨　勇	杨　勇	840	2223	860.60

续表31

名称	党总支书记	主任	户数（户）	人口（人）	总面积（公顷）
洋南村	施雨华	施雨华	556	1554	625
川南村	王志勇	王志勇	675	1893	705.50

2022年大桥镇骨干企业基本情况表

表32 单位：万元

企业名称	销售收入	利税总额	法人代表
江苏美谷塑胶工业有限公司	7901	130	吕锦锋
盐城海盟工贸有限公司	6871	186	李晓兵
江苏荆桥铸造有限公司	4304	140	蒋慧明
江苏民博铸造有限公司	3187	115	王素定
盐城市大丰澳滨铸造有限公司	3177	99	邵晨宇

（李元祥）

草庙镇

【概况】 草庙镇位于大丰区东南，北邻大丰港，南接东台市，是世界自然遗产黄(渤)海候鸟栖息地入口处。草庙镇总面积123.4平方千米，耕地面积6800公顷，下辖14个行政村、2个居民委员会、103个村民小组，户籍总户数8559户，常住人口2.18万人。镇内有静脉产业园和农产品加工园区两个工业产业园，川鹿现代农业园、圩东梨园和四灶果蔬园3个农业产业园。2022年，草庙镇实现财政总收入1.5亿元，地区生产总值19.28亿元，一般公共预算收入8210万元。

【工业】 2022年，草庙镇实现全口径工业开票销售15.52亿元，规模以上工业现价产值15.89亿元，规模以上工业销售收入13.92亿元，固定资产投资6.47亿元。大力推进网络招商、线上招商，全年成功签约亿元项目7个，开工亿元项目4.5个，投产亿元项目2个。

【农业】 2022年，草庙镇全年粮食种植面积11866.67公顷，实现粮食总产量9.16万吨。都市农业项目、名芯农业项目2个现代农业项目先后落地投产。竹港片区333.33公顷高标准农田项目通过验收。圩东梨园建成省级绿色防控示范基地，川鹿农业园建成市级智能农业示范基地，天佑家庭农场、爱根家庭农场绿色大米获得中国绿色食品证书。大力推进数字农业，新增区级大数据入网2个，推行物联网应用、电子商务和益农信息社网点建设，完成网上销售9380万元。积极培育新型农业经营主体，新增家庭农场3家，创建区级示范合作社4个，省、市级合作社各1个，创塑绿色农产品1个。全镇村集体经营性收入平均为66.56万元，其中，50万元以上的村7个、100万元以上的村3个。

2022年2月14日，大丰区草庙镇文化惠民千万家巡演活动举行
石春燕 摄

【第三产业】 2022年，草庙镇实现规模以上服务业营业收入1.99亿元，限额以上批零住宿餐饮销售额10.08亿元。先后完成姜尚公园、希望的田野现代农业观光示范园、麋鹿生态度假村等重点旅游项目建设。成功举办首届“与梨相约”圩东翠梨采摘节活动。

【镇村建设】 2022年，草庙镇加大村镇建设力度。镇区黄海路提升改造项目完工通车。投资27万元对集镇零星破损路面进行维修，对草庙影剧院、菜市场等外立面出新，对“川东幸福里”附近自来水管网进行提升改造。新建圩东、庆生、新场等6个村污水管网43千米，微动力站9座，全镇16个村居污水管网实现行政村100%覆盖、自然村覆盖率50%。重点实施户厕改造，全年完成改厕1002户。农村住房不断改善，全年农房改善108户，其中进城入镇58户，进社区4户，留乡改善46户。持续推进水利工程建设，全年完成县乡河道疏浚2条，村庄河道20条，总长度37.4千米，累计完成土方21.84万立方米。

【生态环境】 2022年，草庙镇新建成片造林4.7公顷，更新造林20.45公顷，森林抚育面积47.96公顷，新建完善农田林网面积200公顷。全民义务植树1.5万株，四旁植树6万株。深入推进水环境治理，规范生活污水处理厂和静源污水处理厂的运营，严禁秸秆等农业废弃物入河，组织力量清理各类河道。落实各级河长责任，督促河长常态化管河治河，确保河道水质稳步提升。

【社会治理】 2022年，草庙镇加强监管队伍建设，在镇安全生产委员会的基础上设立11个安全专业委员会，明确责任清单，常态化开展安全巡查检查和督促整改。累计排查各类隐患1722条，整改完成1703条。严密防控食品安全，餐饮、家宴行业厨师持证率100%。全年未发生重大安全事故，安全生产形势总体平稳可控。深入开展党员干部"户户访"活动，全镇各级党员干部先后实地走访农户9846户，接受群众反映诉求177条，已全面对接解决或解释到位。

【社会事业】 2022年，草庙镇有序推进疫苗接种，先后对7630名60岁以上人员完成新冠疫苗加强针接种，基本达到应种尽种。持续加强防疫物资保障和老年人医疗救治等应急处置能力建设，设置健康小屋1个。继续发展文化体育事业，村村建有图书室，有线电视广播入户率98%，网络光纤入户率80%。每村成立农民健身舞蹈队，镇业余文化宣传队经常性下乡开展各种文化宣传活动。

2022年草庙镇主要经济社会指标一览表

表33

项　目	数　量	项　目	数　量	项　目	数　量
地区生产总值	19.28亿元	其中：工业技术投入	0.48亿元	医院病房数	30间
财政总收入	1.50亿元	互联网用户	6402户	农村居民人均可支配收入	31805元
其中：一般公共预算收入	8210万元	小汽车拥有量	5082辆	城乡居民基本养老保险参保人数	13589人
工业定报企业数	3个	农林牧渔业总产值	10.59亿元	城乡居民基本医疗保险参保人数	23980人
规模以上工业企业数	11个	粮食总产量	9.16万吨	学校	2所
规模以上工业销售收入	13.92亿元	油料总产量	951.81吨	在校学生	216人
规模以上工业现价产值	15.89亿元	肉类总产量	15604.53吨	其中：中学	98人
规模以上工业利润	3.46亿元	其中：猪肉产量	7669.56吨	小学	118人
固定资产投资	6.47亿元	水产品产量	3830.1吨	在职教师	75人

2022年草庙镇各村、居委会基本情况表

表34

名　称	党总支书记	主　任	户数（户）	人口（人）	总面积（公顷）
庆生村	沈　俊	沈　俊	532	1154	580
圩东村	王伟明	王伟明	410	1180	520
沿河村	唐殿宏	唐殿宏	331	937	610
新场村	邹冠亚	邹冠亚	566	1541	880
新东村	陈正付	陈正付	387	982	770
川竹村	陈　兵	陈　兵	590	1738	1050
东灶村	杨欢欢	杨欢欢	532	1536	1560
川洋村	冯　军	冯　军	550	1376	630
竹港村	朱荣贵	朱荣贵	596	1316	550
北灶村	朱保华	朱保华	613	1567	800
丁东村	成爱兵	成爱兵	265	612	490
四灶村	石　佳	石　佳	531	1543	730
五总村	单　祥	单　祥	478	1368	670
新海村	奚建斌	奚建斌	553	1349	670

续表34

名　称	党总支书记	主　任	户数（户）	人口（人）	总面积（公顷）
草庙居委会	杨海斌	杨海斌	716	1554	440
川东居委会	杨应忠	杨应忠	909	2056	1390

2022年草庙镇骨干企业基本情况表

表35　　单位：万元

企业名称	销售收入	利税总额	法人代表
都市环保新能源开发大丰有限公司	8151	413	胡文杰
江苏大吉环保能源大丰有限公司	7495	325	戴　华
华能盐城大丰新能源发电有限公司	74219	2075	李来龙

（龚杰　王文江）

万盈镇

【概况】 万盈镇地处盐城市大丰区东南部，东邻大丰港和国家级麋鹿保护区，西邻沈海高速和204国道，351省道、226省道穿境而过，是盐城首批、大丰首家国家卫生镇。全镇总面积142.65平方千米，辖18个行政村、109个村民小组，总户数16757户，户籍人口4.5万人。2022年，万盈镇实现财政总收入1.77亿元，地区生产总值28.12亿元，一般性公共预算收入9763万元。

【工业】 2022年，万盈镇完成全口径工业开票销售21.88亿元，规模以上工业开票销售13.68亿元，工业总产值15亿元，固定资产投资6.32亿元。全镇新增规模以上工业企业5个、省级上云企业2个、省股权交易中心挂牌3个。全年签约亿元项目7.5个，落地7.5个。做好助企纾困政策宣传服务，发放各类惠企政策资料756份，发送各类信息2130余条，张贴各类宣传资料4500余份。成功申报市级技改项目2个、区级技改项目6个。扶持小微企业转型升级，全年兑现各类奖补资金200余万元。

【农业】 2022年，万盈镇积极参加粮食高产创建，种植粮食1200公顷。积极推广"农业龙头企业(家庭农场)+合作社+农户"的合作经营模式，成功申报新增家庭农场24家，申报省级示范家庭农场1家、区级示范家庭农场5家。通过流转土地、成立股份经济合作社、物业服务公司等多途径增加村集体经营性收入，全年村集体经营性收入1020.38万元，其中超50万元的村为50%以上，其余村均超40万元。农产品加工企业千万元级项目建设取得较大突破。总投资1200万元的丁辉家庭农场烘干项目、总投资1200万元的金豆农业项目一期工程已投产，总投资5000万元的铭鼎绿色食品项目设备已进场安装调试，总投资1000万元的伽华农业秸秆纤维项目有序推进落实。

万盈镇骨干企业——万达纺织有限公司外景　　周古凯　摄

【第三产业】 2022年，万盈镇实现规模以上服务业企业营业收入5.13亿元，限额以上批零住宿餐饮企业销售额4.43亿元，新增规模以上服务业企业4个、限额以上批零住宿餐饮企业7个。依托万丰绿茵现代农业园区，举办水果采摘休闲节，吸引游客3万余人次，其中5月的樱桃、桑葚采摘节和10月的猕猴桃采摘节吸引游客约1.5万人次，进一步集聚人气，提高园区的知名度。

【镇村建设】 2022年，万盈镇超额完成农房改善任务，实现进城62户、新型农村社区111户、规划发展庄点4户、低收入农户2户。益民新型农村社区交付使用283户，2022年建设的90户已竣工；沈灶新型农村社区交付使用142户，2022年建设的21户已竣工。投资近1000万元启动陈李线综合整治提升工程，协议拆除违章建筑

96户，安装路灯106盏，道路绿化6千米，立面出新超5000平方米，清运沿线杂物500余吨，清理河道15条。持续推进美丽乡村建设，文达村建成二星级乡村振兴示范村；污水管网建设覆盖10个村31个自然组，主管网建设总长52022米、支管网总长47400米，安装微动力处理设备23台、提升泵22座。

【生态环境】 2022年，万盈镇扎实推进"一片林"工程，新增成片林8.13公顷，创成沈灶绿美村庄，万盈镇实施林长制经验做法被国家林业和草原局点赞，入选二季度十佳新闻并予以宣传推广。加大水环境、生活垃圾、畜禽废弃物等治理力度，疏浚村庄河道22条，建成生态河道3条。加大中央第二轮环保督察和"四大行动"交办件的处置力度，先后关停取缔"散乱污"点位2个、整治提升2个，万盈镇获评"第四批江苏省生态文明建设示范乡镇"称号。1—12月，万盈镇优良天数比例87.4%，与西团镇并列第一。

【社会治理】 2022年，万盈镇加强安全体系建设，明确责任清单，推进安全生产大排查大整治、"百日攻坚"等行动，全年排查发现问题隐患876条，已整改786条，开展执法检查35家次，完成行政处罚案件4件，处罚金额8.5万元，在全区率先完成江苏省工业企业安全风险报告系统四个100%上报，全镇安全生产形势平稳。扎实开展"信访突出问题攻坚化解年"活动，有效化解信访积案3件；办理"12345"工单921件，按期办结率、群众满意率均为100%。创新基层社会治理，完善网格治理体系，扎实开展"敲门行动"和"四项排查"专项行动，构建网格全域覆盖、多方联动的治理体系，被市委政法委表彰为盐城网格化工作优秀镇。

【社会事业】 2022年，万盈镇常态化开展特殊群体临时救助慰问工作，涉及五保户、困境留守儿童、百岁老人等836人，救助金额32.1万元。扎实做好"一老一小"工作，对全镇56名困境儿童开展精准排查，建立一人一档台账，精准落实保障，做好动态管理，积极开展道诚助学、益民助学、双福助学、双星助学等系列助学活动；提升养老服务，特殊困难老年人月探访率100%，获"江苏省第四批智慧健康养老领域示范乡镇"称号。

2022年万盈镇主要经济社会指标一览表

表36

项　目	数　量	项　目	数　量	项　目	数　量
地区生产总值	28.12亿元	工业技改投入	8669万元	自来水普及率	100%
一般公共预算收入	9763万元	进出口总额	225万美元	参加养老保险	13459人
用电总量	2.97亿千瓦时	学校	6所	参加合作医疗	27879人
农林牧渔业生产总值	13.44亿元	在校学生	882人	农村居民人均可支配收入	31487元
粮食总产量	75219吨	在职教师	222人	农民人均住房面积	60.95平方米
肉类总产量	7792吨	有线数字电视用户	4900户	工业利税	1.29亿元
水产品产量	2838吨	互联网用户	16500户	固定资产投资	6.32亿元
规模以上工业企业	24个	工业销售收入	21.88亿元	医院病床数	40张

2022年万盈镇各村基本情况表

表37

名　称	党总支书记	主　任	户数（户）	人口（人）	总面积（公顷）
康宁村	丁建军	丁建军	672	1749	578
双灶村	骆冰冰	骆冰冰	830	2337	925
六川村	安汉卿	安汉卿	1113	3016	996
双星村	骆　军	骆　军	998	2549	838
殷灶村	丁长江	丁长江	683	1930	675
顾灶村	顾益群	顾益群	693	2043	615
西灶村	刘小勇	刘小勇	766	2118	719
沈灶村	朱凯源	朱凯源	1565	3321	512
金龙村	吴定波	吴定波	792	2240	622
双福村	张国军	张国军	681	1981	610
苗丰村	王晓峰	王晓峰	669	1945	661
兆丰村	蒋小东	蒋小东	1145	3003	1238
万盈村	葛永洪	葛永洪	712	2022	728
益民村	陈　勇	陈　勇	1074	3360	1190

续表37

名　称	党总支书记	主　任	户数（户）	人口（人）	总面积（公顷）
三合村	朱荣宇	朱荣宇	786	2079	732
文达村	谢俊堂	谢俊堂	1078	2955	976
六里村	单爱明	单爱明	1137	3099	950
天池村	唐根生	唐根生	1363	3423	700

2022年万盈镇骨干企业基本情况表

表38　　单位：万元

企业名称	销售收入	利税总额	法人代表
大丰万达纺织有限公司	20253	1651	石　松
江苏海达纺织有限公司	10057	609	葛永红
大丰万盈纺织有限公司	10237	618	石　松
江苏旺星纺织科技有限公司	14974	1146	周国林
江苏新元素纺织科技有限公司	2871	186	凌卫华
江苏丰润纺织有限公司	2416	132	方　进
江苏禾丰纺织科技有限公司	3710	256	莫金荣
盐城大丰恺悦纺织有限公司	2180	145	冷长华
盐城市兴泰织造有限公司	3374	179	骆　进
盐城市大丰区志杰制造厂	3162	167	吴进军
盐城市大丰佳达织造厂	3330	186	王晓红
江苏中亿佳弘实业有限公司	931	64	任树峰
盐城大丰天池布厂	2533	151	潘永全

（张　晨）

南阳镇

【概况】 南阳镇位于盐城市大丰区中东部，全镇总面积94.29平方千米，下辖12个行政村、1个居委会，83个村民小组，总户数13920户，总人口3.4万人。先后创成阀门特色产业镇、农业特色经济镇、国家生态镇、国家卫生镇、省文明镇、省卫生镇、省首批生态文明建设示范镇、省创新型试点镇、省质量强市示范镇、省级和谐社区建设示范镇。2022年，南阳镇完成财政总收入2.45亿元，地区生产总值27.04亿元，一般公共预算收入1.36亿元，农民人均可支配收入34103元。

南阳镇工业园　　周古凯　摄

【工业】 2022年，南阳镇实现全口径工业开票销售22.04亿元，规模以上工业开票销售12.23亿元，工业企业应税销售收入22.04亿元。全年签约君雁科技、丰久机械、烨炜阀门等项目9个，开工建设瑟克塞斯新材料、莱安科技、闵烁阀门等项目6个，竣工戎安科技、万诱机械、佳成机械等项目3个。新培植规模以上工业企业6个。新签约1亿元以上项目9个，新开工1亿元以上项目5.5个，竣工1亿元以上项目2个。

【农业】 2022年，南阳镇坚持以高标准农田建设为重点，以现代农业园区为支撑，全面实施乡村振兴战略，完成通商村、民心村1360公顷高标准农田建设，通过市级验收，"南阳辣根"获批国家农产品地理标志，诚心村创成全国一村一品示范村（辣根），创建市级示范家庭农场1个、区级示范家庭农场8个。广丰村建成33.33公顷葱蒜生产基地，东旺村建成40公顷甘蓝种植基地，祥南村建成33.33公顷地膜大蒜种植基地。各村（社区）探索集体参与规模经营，取得良好成效，全年各村集体经营性收入均超50万元、总和突破1000万元。

【第三产业】 2022年，南阳镇实现规模以上服务业企业营业收入5.77亿元。新培植规模以上服务业企业3个、限额以上批零住宿餐饮企业7个。

【镇村建设】 2022年，南阳镇持续整治提升农村人居环境，栽种绿化苗木2万余株，整治村庄河塘14条，建设休憩游园广场28个，打造绿美村庄1个。扎实推进农村住房条件改善工作，完成农房改善220户，改善1980年以前房屋214户，改造D级危房6户、C级危房8户。投入420万元，开展村庄清洁行动，清理乱堆乱放1100处、生活垃圾1.8万吨、农业生产废弃物1800吨。

【生态环境】 2022年，南阳镇新成片造林25.33公顷，更新造林19.33公顷，森林抚育44公顷，四旁植树5.3万株，新建农田林网450公顷、更新完善农田林网133.33公顷。排查整治环境污染隐患21个。

【社会治理】 2022年，南阳镇扎实推进"精网微格"工程，将81个综合网格细化调整为170个微网格，实现社区工作和群众的无缝对接，全年收集社情民意8661条，走访特殊人群2940人次，协调解决矛盾纠纷311起。深入开展"信访突出问题攻坚化解年"行动，接待群众来访152起，及时受理率、按期答复率和办结率均为100%，群众满意率超98%。

【社会事业】 2022年，南阳镇组织开展春节文化会演、国庆文艺演出、学习宣传贯彻中共二十大精神图片巡展等系列活动，丰富群众精神文化生活。推进全民健身普及行动，新建村民健身广场5个，对12个村民健身广场体育器材进行翻新维护。投资21.6万元，完善幼儿园教育设施，提升智慧校园安防工程。发放各类帮扶资金785万元，帮助各类困难人员1200人。免费为80岁以上老人提供理发、修剪指甲等服务，帮助54户老年人家庭进行适老化改造，为41户空巢独居老人安装"一键呼叫"设备，建成全国示范性老年友好型社区1个。

2022年南阳镇主要经济社会指标一览表

表39

项　目	数　量	项　目	数　量	项　目	数　量
地区生产总值	27.04亿元	水产品总产量	2185吨	在职教师	84人
财政总收入	2.45亿元	规模以上工业企业	22个	有线电视用户	10076户
公共财政预算收入	1.36亿元	规模以上工业主营业务收入	12.02亿元	小汽车保有量	4384辆
工业用电总量	1.1亿千瓦时	规模以上工业增加值	3.88亿元	医院病床数	75张
农林牧渔业总产值	11.40亿元	工业投资	9.7亿元	参加农村社会养老保险	6890人
粮食总产量	28444吨	学校	3所	农村居民人均可支配收入	34103元
肉类总产量	3337吨	在校学生	215人	农民人均住房面积	52平方米

2022年南阳镇各村、居委会基本情况表

表40

名　称	党总支书记	主　任	户籍（户）	人口（人）	总面积（公顷）
沿海村	高俊华	刘　剑	703	1878	655.47
裕海村	李丽丽	石万泉	1002	2569	783.47
通商村	石红兵	陈　洲	1859	3746	665.07
民心村	杨桢桢	单育林	817	2130	625.00
东旺村	袁卫国	宗海军	996	2538	777.13
吉兴村	刘　静	冒昌平	925	2254	832.07
城乡村	陈跃辉	柏　静	1272	3277	934.33
诚心村	徐　峰	李志进	791	2074	563.00
广丰村	丁　辉	吴　飞	1111	2719	802.40
祥北村	顾　标	张小虬	966	2427	700.67
祥南村	俞建荣	王　俊	811	2012	750.67
祥西村	宗文斌	陈巧兰	1207	3213	990.40
南阳居委会	丁新红	丁新红	1460	2915	349.60

2022年南阳镇骨干企业基本情况表

表41

单位：万元

企业名称	销售收入	利税总额	法人代表
盐城奥通特思克铸业有限公司	7238	367	吴卫明
盐城市大丰区亿然阀门有限公司	6893	64	王亚军
盐城市大丰永和车业有限公司	2146	274	夏永和
江苏绿州米业有限公司	5156	312	鞠军华
盐城市大丰区长力橡塑有限公司	2580	234	陆谦华
盐城丰工机械有限公司	4864	445	宋大帅
盐城市大丰中意机械有限公司	2765	201	朱建兵
盐城通商阀门有限公司	2296	162	龚正林
盐城奥克阀门有限公司	5067	627	张　斌
盐城法尔机械有限公司	5026	204	董春景
盐城固威铸造有限公司	6138	305	顾海军
盐城市鹏飞铸钢厂	1700	97	吴跃宽
江苏国信大中风力发电有限公司	12313	10541	顾祥和
埃克美迅（江苏）流体控制系统有限公司	3866	69	周　峰
盐城大丰创一精锻齿轮有限公司	1961	30	吴玉平
江苏万诱引力不锈钢科技有限公司	3917	179	桑运德
盐城泰扶新能源有限公司	41530	2018	曹建鸿
江苏依艾工业设备有限公司	4774	375	周　峰

（陶志涛）

三龙镇

【概况】 三龙镇地处大丰区东北部，是江苏省沿海开发中心节点镇，拥有斗龙国家一级渔港，总面积152.79平方千米，辖19个行政村、4个社区，115个村民小组。2022年年末，总户数17750户，总人口51229人。三龙镇有工业企业66个，其中规模以上工业企业14个；国家农产品地理标志4个。2022年实现财政总收入9269万元，地区生产总值29.3亿元，固定资产投资7.7亿元，一般公共预算收入7739万元，农村居民人均可支配收入31689元。年内，三龙镇获评江苏省五星级农产品质量安全监管机构、2022年省级耕地保护激励单位、江苏省第三批“红石榴家园”，被表彰为2021—2022年度盐城市基层党员冬训工作先进集体，大丰区生态文明建设、信访稳定、乡村振兴、招商引资项目建设、财税、养老服务工作先进集体。

【工业】 2022年，三龙镇规模以上工业产值8.7亿元，全口径工业开票销售11.35亿元，其中，规模以上工业开票销售8.84亿元。新培植国家高新技术企业2个、规模以上工业企业2个。新签约1亿元以上项目5个，分别是礼盛新能源汽车玻璃加工制造、林睿新材料、恩龙汽车连接线、博恒汽车配件、浚嵩光伏组件；开工1亿元以上项目8个，即创海电子、昆龙电子元器件、礼盛新能源汽车玻璃加工制造、满分汽车刹车片、力恩智能设备制造、博极电子元器件、汉易设备制造、恩龙电子元器件；投产项目7个，即省沿海农发粮食科技产业园一期、和合家纺二期、盐阜庄园新型农业主体、迪威圣铝制品加工、特汇机械设备、溢仁食品加工、诺金真空泵。

【农业】 2022年，三龙镇完成农产品稳产保供粮食生产面积13266.7公顷，出栏生猪4万头、肉禽260万羽。高标准农田建成面积9566.7公顷。农村集体土地流转面积7440公顷，占二轮承包面积的90.07%。海丰米业万亩优质稻米基地农耕文化园投入使用。新增农民专业合作社2家、家庭农场10家。成功申报绿色优质农产品商标9个。村集体经营性收入全部稳定达到40万元以上，其中超50万元的12个，超100万元的1个。

【第三产业】 2022年，三龙镇规模以上服务业企业营业收入17835.5万元，限额以上批零住宿餐饮企业零售额1.53亿元，其他营利性服务业营业收入3057.8万元。总投资2500万元的渔港整治维护工程，建成高标准码头300米，完成水电、消防、监控等配套设施，疏浚港池航道22.78万立方米。总投资5142万元的盐城智慧渔港仓储一期11座渔业用房及配套竣工，总建筑面积15995平方米。

【镇村建设】 2022年，三龙镇投资970万元，打造渔村特色民宿，改造提升渔村公园，渔文化旅游体验广场建成对外开放。农房改善完成进城入镇164户，留乡改善18户，改造C级危房8户、D级危房101户、1980年前老

斗龙国家一级渔港码头及渔业用房　　周古凯　摄

旧房屋802户。开展村庄清洁行动，清除积存垃圾5000余吨，淘汰垃圾池2100座，更换垃圾桶2880只。新铺设农村污水管网87.295千米。农业废弃物回收率达95.8%。实施陈李线环境整治，改善农房11户，立面出新50户，对三龙、丰富集镇环境进行提升。投资2122.43万元，完成省计划危桥改建21座、农村公路提档升级1.8千米、临水道路安全生命防护工程26千米，落实农村公路养护450千米、桥梁214座，维修农村公路破损路面4831.5平方米及危险涵洞1座。

【生态环境】 2022年，三龙镇严格落实属地主体责任，实施生态环境专项整治提升“四大行动”，整改销号第二轮中央生态环境保护督察交办件3件，关停取缔散乱污企业（作坊）3个，有效处置污染防治监管交办问题95件。总投资7000万元的工业污水处理厂建成使用，出水水质达一级A标准。全镇32家生猪、22家蛋鸡规模养殖场均签订第三方粪污处置合同。开展巡河、管河、治河行动，落实物业化保洁，国控省管河道水环境不断改善提升。投资120万元，疏浚整治乡级河道2条4.27千米，整治村庄河塘17条14.63千米，完成土方16.14万立方米。扎实推进绿化造林，完成成片造林5.68公顷，修复退化林17.4公顷，落实森林抚育60公顷。新建高标准农田林网43.33公顷，完善农田林网200公顷。富强村、新丰村、洋桥村入选全区农村人居环境整治提升“红榜村”，新丰村创成盐城市农村人居环境整治提升示范村。

【社会治理】 2022年，三龙镇制定重点工作清单，层层签订安全生产责任状，压紧压实“三个责任”（党政领导责任、部门监管责任、企业主体责任）。11个专业委员会主动履职担当，深化安全生产专项整治三年提升行动，扎实开展安全生产百日攻坚、安全大检查大整治大落实等专项行动，排查安全隐患1353条，全部落实整改销号。严厉打击非法违法生产经营行为，自主立案5起，处罚金额3.78万元。举办应急救援综合演练、防汛防台专项演练各1次。

【社会事业】 2022年，三龙镇统筹疫情防控和经济社会发展，最大限度保护人民生命安全和身体健康。扎实做好就业和社会保障工作，扶持创业341人，招聘疫情防控公益性岗位人员91人，征收城乡居民养老保险12661人，医保完成率98%。三龙片区医保服务窗口建成使用。积极落实生育支持和计生奖扶政策，新增奖励扶助747人、特别扶助22人，发放各类计生扶助金704.96万元。加大社会救助力度，新增农村低保25户43人、特困“三无”对象10人、困境儿童14人，新申请低保边缘户28户55人、临时救助36户70人，新增评残持证116人，新增残疾两项补贴122人，落实各类救助金18万元，开展低保残疾人家庭需求居家托养上门服务40人。实施“幸福家园”村社互助项目21个，众筹资金28万元。积极落实优抚政策，办理退役军人和优扶对象优待证1525份，发放抚恤补助金428.55万元。推进实施“乡村教育振兴工程”，中考成绩位列大丰区初中前列。持续开展村医签约服务，续签率98%以上。深化“龙吟文化”品牌内涵，组织各类文体活动30余场次。蒋桂琴被中央文明办、国家卫健委评为“中国好医生、中国好护士”2022年2月月度人物。

2022年三龙镇主要经济社会指标一览表

表42

项　目	数　量	项　目	数　量	项　目	数　量
地区生产总值	29.3亿元	规模以上工业企业	16个	固定电话	1658户
财政总收入	9269万元	规模以上工业总产值	8.7亿元	互联网用户	15346户
一般公共预算收入	7739万元	规模以上工业主营业务收入	8.84亿元	移动电话	31467户
工业用电总量	3542万千瓦时	规模以上工业增加值	2.5亿元	有线电视用户	6524户
农牧渔业总产值	23.04亿元	固定资产投资	7.70亿元	医院病床数	110张
农林牧渔业增加值	13.84亿元	工业投资	5.31亿元	参加农村社会养老保险	28092人
粮食总产量	75811吨	学校	5个	农村居民人均可支配收入	31689元

续表42

项　目	数　量	项　目	数　量	项　目	数　量
肉类总产量	11500吨	在校学生	1224人	—	—
水产品总产量	9795吨	在职教师	201人	—	—

2022年三龙镇各村、居委会基本情况表

表43

名　称	党总支（党委、党支部）书记	主　任	户数（户）	人口（人）	总面积（公顷）
龙西村	刘　军	刘　军	675	1872	413
前进村	马克轩	马克轩	1110	3423	1134
丰余村	陈寿堂	陈寿堂	1057	3105	1127
龙南村	卞志钊（2022.1—2022.8） 黄海胜（2022.9—）	—	1167	3531	1194
龙东村	朱爱华	朱爱华	972	2851	693
斗龙村	周　忠	周　忠	538	1485	433
东红村	季红旗	季红旗	837	2519	765
开明村	黄　峰	黄　峰	640	1914	638
丰富村	刘仲山	刘仲山	1154	3421	780
新丰村	王忠元	王忠元	960	2917	996
和平村	丁朝波	丁朝波	667	2146	736
洋桥村	李开奇	李开奇	820	2500	749
持久村	杨立忠（2022.1—2022.8） 蔡宏城（2022.9—）	蔡宏城（2022.12—）	571	1912	628
久丰村	浦亚平	浦亚平	664	2148	708
增产村	祁云标	祁云标	623	1923	726
新坍村	李桂桐（2022.1—2022.10） 周　静（2022.11—2022.12）	李桂桐（2022.1—2022.10）	653	1957	693
富强村	唐春平	唐春平	726	2226	776
下坝村	束荣荣	束荣荣	483	1552	697
斗龙港村	葛　斌（2022.1—2022.8） 周　鹏（2022.9—）	周　鹏（2022.12—）	1249	3611	910
龙王庙居委会	杨春生	杨春生	916	1500	106
丰富居委会	周安新	周安新	485	689	302
斗龙居委会	葛　斌（2022.1—2022.8） 周　鹏（2022.9—）	周　鹏（2022.12—）	783	2027	75

说明：龙东村、斗龙港村是党委，丰富居委会、斗龙居委会是党支部

2022年三龙镇骨干企业基本情况表

表44　单位：万元

企业名称	销售收入	利税总额	法人代表
盐城市大丰二良纺织有限责任公司	2097	141	卞玉良
大丰和合家纺有限公司	4706	213	彭广明
盐城市丰富铝制品厂	10262	257	王爱华
盐城市百顺农产品初加工有限公司	6785	18	季　丹
世贸天阶制药（江苏）有限责任公司	2967	-1182	张慧君
江苏鹤鸣谷米业有限公司	8928	412	陈　伟
江苏嘉龙纺织有限公司	2429	52	王爱荣

续表44

企业名称	销售收入	利税总额	法人代表
盐城大丰建平铝制品有限责任公司	3308	159	张建平
大唐大丰风电开发有限公司	15866	5563	管　毅
盐城市大丰区鑫越纺织科技有限公司	3464	119	杨丽娟
盐城市大丰区厦兴纺织科技有限公司	5514	194	陈建伟
江苏鑫惠丰铝业有限公司	18015	349	夏　伟
大丰市华海电子有限公司	2562	389	薛庆阳
盐城鲜芝贝水产有限公司	1458	109	黄　军

（陈　迁）

新丰镇

【概况】 新丰镇位于大丰城区以北，东与上海市上海农场接壤，北与盐城经济开发区相连。国道204、省道226、新长铁路穿境而过，面积300平方千米。2022年年末户籍总户数37405户，总人口99509人，辖29个村委会、9个居委会、1个街道办事处，218个村民小组。以纺织、机械、建材、电子、汽配产业、健康养老、旅游为支柱产业，有200多个工业企业，其中规模以上工业企业33个。2022年，新丰镇实现地区生产总值84.84亿元，财政总收入1.89亿元，其中一般预算收入1.27亿元。

【工业】 2022年，新丰镇实现规模以上工业销售收入31.65亿元，签约项目8个，开工建设亿元项目6.5个，竣工投产5个，跟踪洽谈重点项目5个。大洋精锻有限公司创成国家级专精特新“小巨人”企业。全镇高新技术企业5个，完成“智转数改”企业2个，入库培育企业4个。高度重视工业互联网标识解析体系建设与推广，镇域企业全部完成注册标识解析。

【农业】 2022年，新丰镇高品质推进星级示范村的培植，村集体经营性收入均超40万元。全年新增高标准农田3080公顷，新造成片林26公顷，森林抚育60公顷。全镇美丽宜居庄点57个，大团村建成绿美村庄，太兴村获评省级生态宜居美丽示范村。

【第三产业】 2022年，新丰镇完成规模以上服务业营业收入12.44亿元，其中其他营利性服务业营业收入11.71亿元；限额以上批零住宿餐饮销售额13.23亿元，其中零售额4.05亿元；新增限额以上批零住宿餐饮企业12个。

【镇村建设】 2022年，新丰镇完成农房改善任务381户，施家湾新型社区一期、二期均分房到户，方强新型社区正在有序发证。实施污水管网建设160千米，完成户厕改造任务2577户，新建农村公厕3座，8个村实施垃圾分类。全力推进智慧广电示范镇建设，全心、太兴等6个村完成光纤双向网络改造。投入800万元完成大中修新草线龙堤段2.2千米，投入400万元完成危桥改造8座，投入50万元完成镇村连接线0.8千米，投入400万元完成道路板块维修4.2万平方米。疏浚县乡河道11条29千米，整治村庄河塘27条，建成区镇级生态河道3条16.3千米，建设幸福河湖1条。

【生态环境】 2022年，新丰镇以区生态环境专项整治提升“四大行动”为抓手，中央环保督察交办件8件已办结，省督察交办问题已按要求进行整改，11个“散乱污”企业全部整治到位。指导全镇610户养殖户按照“四到位”要求推进畜禽粪污整治。对后街小巷卫生死角多次进行拉网式整治，清理各类垃圾4200余吨。全面推进河长制工作，有序整治河道“两违三乱”，拆除违章搭建103处，清理砂石场5处，清除码头3个。

【社会治理】 2022年，新丰镇60岁以上老年人首针接种率91.1%，设置

新丰镇920街坊　　周古凯　摄

健康小屋6个，形成15分钟核酸采样服务圈。深化安全生产专项整治三年行动，全年排查问题隐患2158条，整改到位2035条，整改率94.5%。制定《小微企业安全管理达标提升专项工作实施方案》，组织开展小微企业监督管理培训1次、企业主要负责人和安全管理人员培训2次。对全镇203个小微企业开展安全管理"家家到"工作，排查整改隐患829条。对全镇11个危化品经营企业、3个涉氨制冷企业、1个使用管道天然气企业、8个铸造企业、26个有限空间作业企业、6个粉尘涉爆企业、43个烟花爆竹零售点完成专项检查，发放各类宣传单页近10万余份，意识形态风险防控和管控能力进一步提升。

【社会事业】 2022年，新丰镇全年发放低保金643.7万元、供养经费273.8万元、残疾人两项补贴1111万元，"幸福家园"线上募捐72.1万元。盐垦初级中学、金墩公办幼儿园投入使用。城镇新增就业560人，城镇失业人员实现再就业460人，创业带动就业133人，开发乡村公益性岗位42个，城乡公益性岗位2个。职工养老保险新增参保450人，城乡居民社会养老保险参保缴费2.2万人次。在全区率先实现建档立卡和优待证申领比例"双过百"，退役军人服务站被盐城市退役军人事务局评为"盐城市优秀退役军人服务站"。镇敬老院集中供养五保老人、"三无"人员及残疾困难人员74人，镇派出所获评省级枫桥式公安派出所。完成"12345"工单3519件，办理人大建议30件，满意率均为100%。

【大丰郁金香】 大丰郁金香花茎笔直生长，条状披针形至卵状披针状，花单朵顶生，花型众多，色彩艳丽，花期为每年3~5月。具有花期长、花色艳丽、气味清香、种球扩繁力强的独特品质。

2020年，荷兰花海景区通过国家AAAAA级景区景观质量评审，获"中国郁金香第一花海""全国休闲农业与乡村旅游五星级单位""文旅融合标杆项目"等荣誉。

2022年，建成占地80公顷按照欧盟标准建设的花芯基地。带动周边8个村3000多户农户户均增收6000元。

2022年新丰镇主要经济社会指标一览表

表45

项　目	数　量	项　目	数　量	项　目	数　量
地区生产总值	84.84亿元	水产品产量	12951吨	自来水普及率	100%
财政总收入	1.89亿元	规模以上工业企业	30个	居民储蓄存款	69.40亿元
一般预算收入	1.27亿元	规模以上工业销售收入	31.65亿元	学校	7所
农林牧渔业总产值	30.38亿元	规模以上工业增加值	6.48亿元	在职教师	327人
农林牧渔业增加值	18.30亿元	固定资产投资	22.04亿元	在校学生	2461人
粮食总产量	102371吨	城乡居民基本养老保险参保人数	65121人	农村居民人均可支配收入	34350元
肉类总产量	27245吨	参加合作医疗	61058人	—	—

2022年新丰镇各村、居委会、街道基本情况表

表46

名　称	党总支（党委、党支部）书记	主　任	户数（户）	人口（人）	总面积（公顷）
鼎丰村	施亚平	施亚平	2118	5586	1895.80
群乐村	朱兆祥	朱兆祥	957	2633	1389.30
时丰村	唐翠平	唐翠平	1795	5029	822.20
裕南村	丁世祥	丁世祥	978	2453	661.00
裕北村	崔亚兵	崔亚兵	1791	4102	1147.00
仁南村	王　欣	王　欣	769	2032	532.00
仁北村	殷　鑫（—2022.7） 顾加龙（2022.7—）	殷　鑫（—2022.7）	1318	3523	983.50
金东村	顾云杰	顾云杰	1071	3012	957.90
金西村	王亚芹	王亚芹	1329	3824	1423.00
同丰村	施永康	施永康	1556	3970	925.00
全心村	施锦涛	施锦涛	2088	5296	930.70
沙港村	陈　培	陈　培	429	1226	521.70

续表46

名 称	党总支（党委、党支部）书记	主 任	户数（户）	人口（人）	总面积（公顷）
太兴村	王友宏	王友宏	886	2637	1176.40
赤旗村	洪以壮（—2022.7） 奚圣军（2022.7—）	洪以壮（—2022.7）	1147	3330	1091.10
车滩村	韦斌和	韦斌和	858	2418	890.10
永跃村	阮 彬	阮 彬	892	2675	844.30
万众村	明昌安	明昌安	995	2846	910.20
小团村	韦兴吾（—2022.3） 王建武（2022.3—）	韦兴吾	531	1418	545.70
大团村	王荣海	王荣海	939	2782	883.40
引水村	严亚军	严亚军	738	2228	724.50
圩中村	刘 进	刘 进	814	2550	776.00
五丰村	蔡忠江（—2022.3） 宋银生（2022.3—）	蔡忠江	706	2230	682.20
长坍村	赵新全	赵新全	1029	3112	896.00
腰港村	夏德海	夏德海	750	2207	644.70
老墩村	王桂华	王桂华	1222	3650	1239.40
安龙村	柏丽华	柏丽华	666	1917	598.10
三总村	李 芳	李 芳	1471	4714	1407.40
齐贤村	柏松淦	柏松淦	700	2159	592.30
大明村	朱学军	朱学军	611	1896	471.00
方强居委会	张卫东	张卫东	1124	1998	129.70
民主居委会	黄 美	黄 美	999	2245	—
团结居委会	徐中龙	徐中龙	845	1578	—
和平居委会	刘 娟	刘 娟	494	968	—
新淮居委会	袁杨梅	袁杨梅	1043	2215	—
新北居委会	卞小霞	卞小霞	384	842	—
金墩居委会	申 兵	申 兵	664	1023	—
四岔河居委会	沈建标	沈建标	223	394	—
龙堤居委会	韩志才	韩志才	475	791	—

说明：裕北村为党委，民主居委会、团结居委会、和平居委会、新淮居委会、新北居委会、四岔河居委会、龙堤居委会为党支部

2022年新丰镇骨干企业基本情况表

表47 单位：万元

企业名称	销售收入	利税总额	法人代表
盐城市大丰强海纺织有限公司	3617	61	姜正华
盐城市大丰区水泥制造有限公司	15611	1254	吴 林
盐城市大丰区可馨家纺有限公司	1932	76	季雪峰
江苏天骏机械有限公司	1861	76	吕红军
大丰洋鼎电子有限公司	2777	132	温书贤
江苏真美包装科技有限公司	2420	316	李永青
江苏大洋精锻有限公司	38488	2488	宋银生
盐城力通建材有限公司	3390	332	黄万明
江苏伟鑫热处理设备有限公司	3019	122	鲍永平
盐城市大丰区强丰建材有限公司	8659	95	陈庆瑞

续表47

企业名称	销售收入	利税总额	法人代表
盐城市大丰区丰润砼业有限公司	4461	42	陈海俊
盐城丽居坊家纺有限公司	88	30	施海容
盐城市冠宇建材有限公司	1140	78	王金涛
盐城温氏畜牧有限公司	164243	19643	汪育祥
盐城稳达桥梁构件有限公司	4110	211	王晓稳
大丰恒丰家纺有限公司	3680	44	谢俊海
盐城市兴谷米业有限公司	2901	27	李兴中
江苏珍鹿纺织有限公司	8934	212	赵　勇
盐城市大丰致远印染有限责任公司	3490	180	曹锦忠
盐城市大丰区华虹纺织有限公司	3561	11	姜正华
大丰市强丰纺织有限公司	3162	205	吴小强
江苏九德科技有限责任公司	6459	217	刘永秀
盐城市都成纺织品有限公司	2043	19	柏正西
盐城大丰仁北铸造厂	2941	28	冯露雨
盐城市大丰荣嘉电子有限公司	864	17	严长兵
江苏海创微电子有限公司	1926	104	黄春城
盐城市联明机械有限公司	2346	300	吕鹏毅
盐城市大丰区创维纺织有限公司	4990	70	严根贤
盐城市全盛纺织科技有限公司	3020	169	吴　君
盐城市卓艺纺织品有限公司	921	53	鞠爱梅
盐城市大丰区丽瑞服装有限公司	1679	78	黄爱玲
江苏旺丰纺织有限公司	7810	21	聂荣桂

（束秋莲　宣小芹）

大中街道

【概况】 大中街道位于大丰区主城区，辖区面积133.46平方千米，总人口14.4万人，下辖20个行政村、26个社区居委会，以及大中工业园区、丰收大地现代农业示范园、专业市场集聚区3个特色园区，拥有恒北村农旅融合乡村旅游点，形成智能家纺、电子信息、食品加工等特色产业，建成全国最大的早酥梨生产基地，是国家级生态镇、国家新型城镇化综合试点镇、江苏省文明乡镇标兵、江苏省社会治安安全镇、江苏省环境优美乡镇、江苏省生态文明建设示范乡镇(街道)。2022年，大中街道实现财政总收入11.13亿元，地区生产总值168.82亿元，一般公共预算收入7.91亿元，农村、城镇常住居民人均可支配收入分别为3.65万元、4.65万元。

【工业】 2022年，大中街道新签约滋补堂灵芝深加工、润富小型城市综合体、欧特威高端掘进设备、林木食品、弘正扬瑞无纺新材料等12个1亿元以上项目，新开工依丰智能电气、谦禾智能装备、丰佰电气、法乐绮智能电气等10个1亿元以上项目，新投产吉顺新材料、乐源智能包装、沿海冷链物流智慧城等10个1亿元以上项目。全年新增规模以上工业企业8个，实现规模以上工业开票销售54亿元；新增国家高新技术企业7个、省星级上云企业8个、科技创新平台3家，完成高技术产业投资10.86亿元。江苏金色工业炉股份有限公司实现新三板创新层提升，欧特威机械有限公司、希联服饰有限公司等7个企业在省股权交易中心成功挂牌，海聆梦家居股份有限公司入选省上市培育计划库。

【农业】 2022年，大中街道流转土地114.27公顷，新增高效农业项目1个，创建省级水稻优质农产品基地800公顷，建成国家级玉米原料基地、省级水稻绿色原料基地，全年粮食总产量51538吨。江苏大丰现代农业产业示范园获“市AAAAA级现代农业园区”称号，丰收大地种业公司、久禾生物公司被评为省最美绿色食品企业，泰西村入选全国农村集体产权制度改革村级典型案例，恒北早酥梨入选国家级地理标志农产品保护工程实施名单，创成省级绿色食品标志家庭农场6家。

【第三产业】 2022年，大中街道新增限额以上批零住宿餐饮企业36个、规模以上服务业企业5个，实现限额以上批零住宿餐饮销售额78.5亿元、限额以上批零住宿餐饮零售额17.49亿元。深入推进农旅融合，恒北村入选中国乡村文化产业创新·影响力典型案例，获“2022水韵江苏·网红打卡地”称号。

【城乡建设】 2022年，大中街道开展长三角一体化产业发展基地征迁和多个重点地段的拆迁扫尾，完成搬迁619户，拆除违章62处。完成人民北路改造工程，沈方路、春柳路沿线环境全面提升。持续改善农村基础设施，提升农路3.22千米、改造农桥3座，新建农村生活污水管网87千米，农村污水管网行政村覆盖率100%，改造户厕493户。启动新一轮农村住房条件改善五年专项行动，改善农房387户。

【生态环境】 2022年，大中街道深入开展生态环境专项整治提升“四大行动”，整治砂石货场、建筑施工扬尘52处，整治散乱污企业33个、涉气企业49个，拆除规模畜禽养殖35户，主城区500平方米以上餐饮企业油烟在线监控实现全覆盖。做好美丽乡村建设，建成农村生态河道6.1千米，渔业生态化改造80公顷，整治黑臭水体190处、村庄河塘20处，恒泰河、团结河、新德中心河、恒北三排河建成省级幸福河湖，恒丰村创成省传统村落，红花村建成省级特色田园乡村。

【社会治理】 2022年，大中街道全面落实安全生产责任，深入开展安全生产专项整治三年行动、消防弱势群体安全大排查、自建房安全等专项行动，安全生产态势保持平稳。开展“信访突出问题攻坚化解年”专项行动，常态推进“平安网格”建设，常态化开展扫黑除恶斗争，开展特殊困难群体救助帮扶和妇女儿童权益保障问题专项排查整治、防范养老诈骗等各类风险防范行动。大中街道劳动人事争议调解中心获“省金牌劳动人事争议调解组织”称号，阜北村、建西社区获“省民主法治示范村（社区）”称号，恒北村等6个村（社区）获“市平安民主法治示范村（社区）”称号，群众获得感、安全感不断增强。

大中街道春柳路沿线景观　周古凯　摄

【社会事业】 2022年，大中街道推进稳就业稳增收，滨河社区被认定为国家级充分就业社区。进一步提高社会保障水平，城乡居民养老保险参保、待遇发放全覆盖，4个居家养老服务站建成长者幸福食堂，红花村建成省规范化标准儿童关爱之家、美丽家园省级示范点，恒南村、新团村、元丰村、新团社区、朝阳社区5个村（社区）获“省健康村（社区）”称号。推进文化惠民，大中街道办事处建成全国工会职工书屋示范点，艺缘关爱志愿队空竹表演项目获国家体育总局2022新春网络大联欢活动一等奖。高标准推进全国文明典范城市创建工作，大中街道获“盐城市文明创建工作先进集体”称号，恒北村、大华社区、滨河社区通过省文明村、社区复审，新德社区获“省文明社区”称号。

2022年大中街道主要经济社会指标一览表

表48

项目	数量	项目	数量	项目	数量
地区生产总值	168.82亿元	规模以上工业企业	49个	在校学生	4671人
财政收入	11.13亿元	规模以上工业销售收入	46.93亿元	在职教师	442人
工业用电总量	582575万千瓦时	规模以上工业现价产值	48.70亿元	医院病床数	250张
农林牧渔业总产值	18.44亿元	固定资产投资	44.78亿元	自来水普及率	100%
农林牧渔业增加值	11.16亿元	服务业定报单位营业收入	95.40亿元	城乡居民基本养老保险参保人数	11728人
粮食总产量	51538吨	社会消费品零售总额	74.79亿元	城乡居民医疗保险参保人数	75600人
肉类总产量	1336吨	居民储蓄存款	264.12亿元	城镇居民人均可支配收入	46523元
水产品产量	7268吨	学校	7所	农村居民人均可支配收入	36532元

2022年大中街道各村基本情况表

表49

名　称	党总支（党委）书记	主　任	户数（户）	人口（人）	总面积（公顷）
恒南村	吴红云	吴红云	577	1607	507.62
恒丰村	刘南翔	刘南翔	536	1460	464.92
恒北村	李晓霞	李晓霞	682	2143	483.03
利民村	杨晓翠	杨晓翠	638	1797	533.63
双喜村	卢军昌	卢军昌	788	2347	514.96
泰西村	顾旭华	顾旭华	1171	3236	525.32
泰丰村	吴　进	吴　进	999	2931	522.22
红花村	顾希良	顾希良	1221	3456	685.50
阜北村	陈安芹	陈安芹	779	2253	563.28
同德村	陈祥林	陈祥林	1445	3977	466.03
德丰村	蔡晓平	蔡晓平	1203	3824	803.76
大新村	彭怀龙	彭怀龙	701	1664	278.39
老坝村	陈进和	陈进和	919	2819	1024.63
新团村	凌志刚	凌志刚	674	2186	636.17
光明村	王呈玉	王呈玉	866	2560	725.53
八灶村	吴晓明	吴晓明	691	2117	630.90
福丰村	顾广兵	顾广兵	1256	3472	972.09
元丰村	吴宏庆	吴宏庆	812	2245	841.49
晋北村	鲍宏伟	鲍宏伟	762	2132	651.90
晋丰村	花诗君	花诗君	1076	2727	840.76

说明：恒北村、同德村为党委

2022年大中街道社区居委会基本情况表

表50

中心社区管理办公室及居委会名称	党总支书记	主　任	中心社区管理办公室及居委会名称	党总支书记	主　任
老街居委会	戴海燕	戴海燕	育红居委会	吴玲玲	吴玲玲
新街居委会	李晓平	李晓平	新村居委会	陈　鹏	陈　鹏
大华居委会	陈毅梅	陈毅梅	沿河居委会	柏晓蕾	柏晓蕾
东宁居委会	张　伟	张　伟	建西居委会	刘新平	刘新平
康平居委会	郑文彬	郑文彬	建业居委会	翟文吉	翟文吉
健东居委会	陈　琦	陈　琦	西河口居委会	胡金林	胡金林
城中居委会	王　玲	王　玲	新团居委会	周旭阜	周旭阜
人民居委会	王秀琴	王秀琴	新德居委会	张　波	张　波
飞达居委会	张红霞	张红霞	滨河居委会	陈洪亮	陈洪亮
大新居委会	李　玲	李　玲	建丰居委会	龚秀兰	龚秀兰
朝阳居委会	丁　惠	丁　惠	浦江居委会	张　丽	张　丽
城南居委会	钱海霞	钱海霞	北兴居委会	张玉娟	张玉娟
大刘居委会	韦静和	韦静和	德润居委会	黄小燕	黄小燕

2022年大中街道骨干企业基本情况表

表51　　单位：万元

企业名称	销售收入	利税总额	法人代表
海聆梦家居股份有限公司	126936	12694	邱建林
通威（大丰）饲料有限公司	95812	767	贾光文
上海电力大丰海上风电有限公司	61293	27302	戴苏峰
盐城大丰自来水有限公司	17969	772	陈春平
盐城乐源包装科技有限公司	16574	782	陈树俊
盐城市舒润床上用品有限公司	15406	996	陈　昊
江苏弘正扬瑞新材料有限公司	14655	1132	杨力源
江苏金色工业炉股份有限公司	13220	1267	朱　斌
江苏鼎立建材有限公司	13013	205	葛长琪
盐城市乐丰纸业有限公司	12201	430	陈镇初
江苏寰宇天成轻纺科技有限公司	11306	500	陈　晨
盐城中德精锻股份有限公司	8431	1006	周国平
盐城市大丰三爱家纺有限公司	8019	737	余兰琴
大丰丰佰电气有限公司	7375	1268	管　勇

（黄　蕾）

丰华街道

【概况】 丰华街道成立于2018年6月，行政区域面积65.82平方千米，下辖9个涉农村居、4个居委会，45个村民小组，有总户数26153户，常住人口59835人。2022年完成财政收入4.48亿元，一般公共预算收入3.16亿元，地区生产总值65.23亿元，农村积累收入2.82亿元。

丰华街道希望小镇　　周古凯　摄

【工业】 2022年，丰华街道完成规模以上工业企业开票销售12.91亿元，新培植规模以上工业企业3个。围绕新能源、智能终端、现代服务业三大产业方向，精准招引产业链项目、关联性服务企业，全年新签约纬景储能、优之联等1亿元以上项目14个。围绕"早竣工、早交付、早投产"目标，落实包联机制，推动金信诺、领创星通、行云集团等1亿元以上项目建成投产。100亿元蜂巢能源一期量产下线，二期土建封顶，机电安装加速推进。纬景储能、110千伏电力走廊、供热项目抢工会战，为高质量发展注入强劲动能。

【农业】 2022年，丰华街道充分利用"裕华大蒜"国家地理商标，稳步推动脱毒大蒜基地建设，建成大蒜品种改良项目、尾菜等废弃物资源再利用中心、大丰区青蒜产品绿色生产及物联网管理平台，建立健全大蒜贷等农业金融服务体系，不断稳健大蒜产业链条。深入实施经济强村三年行动计划，稳步提升村（居）集体经营性收入，所有村（居）集体经营性收入均超40万元，其中50万元以上的村6个、100万元以上的村4个。

【第三产业】 2022年，丰华街道新培植规模以上服务业企业3个，限额以上批零住宿餐饮企业15个，实现规模以上服务业企业营业收入10.8亿元，限额以上批零住宿餐饮企业销售额25亿元。紧扣"双碳"要求，坚持绿色发展，与中研绿色金融研究院合作建设"中研绿谷"绿色示范基地，先后吸引南京绿色金融研究院、江苏省股权交易中心等企业入驻。

【城乡建设】 2022年，丰华街道积极

推动通港大道沿线示范带工程建设，朝荣村获批江苏省特色田园乡村，阜南村获批盐城市乡村振兴先进集体，朝荣新型农村社区二期基本建成，海防村庄点规划完成，示范带建设成效初显。消防站、博物馆、为民服务中心建成开放，大丰外国语学校、关爱之家全面运行；卯西书局获评省级“最美公共文化空间”，创成省级“职工书屋示范点”；未来科技馆获评“省级科普教育基地”；城东农贸市场创成五星市场。

【生态环境】 2022年，丰华街道着力构筑绿色低碳空间发展体系，系统谋划城市更新，完善城市功能布局，统筹抓好水体整治，加快节点景观提升，北兴路、新北路绿化提升工程完成，通港大道、陈李线整治工作完成。高标准建设口袋公园，整治老旧小区2个，区街绿化覆盖率32%。持续推进美丽乡村建设，新造成片林9.78公顷，建成幸福河湖2条、生态河道3条、村级生态示范河道1条，疏浚村庄河塘8个，整治农村黑臭水体4条，全面推进城乡垃圾分类，打造绿水长流宜居生态环境。深入开展生态环境专项整治提升“四大行动”，全年排查整改问题24个，整改率100%。

【社会治理】 2022年，丰华街道创新基层社会治理，完善网格治理体系，扎实开展“敲门行动”和“四项排查”专项行动，构建网格全域覆盖、多方联动的治理体系。扎实开展“信访突出问题攻坚化解年”行动，信访事项化解率和群众满意率全区领先。持续排查工贸、危化品、建筑施工、城镇燃气、交通运输、城乡住房等领域风险隐患，全年检查生产经营单位2719家，排查整改安全生产隐患4317条。专职消防站在全区率先建成并投入使用，5分钟消防救援圈初步形成，应急救援力量持续提升。

【社会事业】 2022年，丰华街道坚持科学精准防控疫情，最大限度减少疫情对经济社会发展的影响。开展社会救助帮扶工作，2022年救助困难群众1145户，救助金额552.77万元，走访慰问困难对象1224名，发放慰问金64.77万元。完成289名优抚对象信息录入，发放优抚补助资金39.98万元。

2022年丰华街道主要经济社会指标一览表

表52

项 目	数 量	项 目	数 量	项 目	数 量
地区生产总值	65.23亿元	农林牧渔业总产值	7.95亿元	参加养老保险	18645人
财政总收入	4.48亿元	粮食总产量	19716吨	参加合作医疗	16787人
规模以上工业企业	20个	水产品总量	135吨	农村居民人均可支配收入	44975元
规模以上工业销售收入	12.91亿元	肉类总产量	248吨	自来水普及率	100%
规模以上工业增加值	19.19%	学校	12所	规上工业企业用电总量	5342.04万千瓦时
固定资产投资	44.15亿元	在校学生	9489人	—	—
限上批零售总额	6.91亿元	在职教师	701人	—	—

2022年丰华街道各村、居委会基本情况表

表53

名 称	党总支书记	主 任	户数（户）	人口（人）	总面积（公顷）
阜南村	焦红霞	焦红霞	1077	2498	100.20
阜丰村	何 文	何 文	1327	3390	450.00
丰裕村	袁忠东	袁忠东	1423	4292	791.00
万丰村	冯小进	冯小进	701	1989	469.00
朝荣村	王远玲	王远玲	1282	3588	9.40
海丰村	卞俊富	卞俊富	1176	3342	1066.00
天祥村	黄 鑫	黄 鑫	527	1804	5.25
海防村	卢日锋	卢日锋	714	2330	624.90
裕华居委会	陈金霞	陈金霞	1999	4504	527.00
新东苑社区	刘文庆	刘文庆	5066	9081	114.00
高新社区	邹 娜	邹 娜	2161	6140	300.00
香榭丽社区	严 红	严 红	5126	11823	300.00
海棠社区	周 禅	周 禅	3574	8643	350.00

2022年丰华街道骨干企业基本情况表

表54 单位：万元

企业名称	销售收入	利税总额	法人代表
盐城大丰裕华加捻厂	2082	57	顾忠新
盐城市大丰燃气设备有限公司	4982	566	徐　辉
盐城市大丰苏鹿织染有限公司	2026	80	施海容
盐城市大丰盛鑫汇嘉公路桥梁构件有限公司	3218	134	陈严超
江苏东方众联工业技术有限公司	2918	127	王日东
盐城大丰恒盛商品混凝土有限公司	15249	1141	卞忠国
盐城吉凯同科技有限公司	20470	667	郭望望
江苏杰源智能制造有限公司	3413	331	王朋朋
盐城市昊芯科技有限公司	4769	2100	刘　军
江苏郎克斯智能工业科技有限公司	23394	4618	朱建国
江苏宇豪新材料科技有限公司	4428	299	季正东
江苏金信诺安泰诺高新技术有限公司	2113	39	付宝金

（周　霖）

〖编辑　朱晓华　於晨婷〗

大丰常新路秋色　　周古凯　摄

驻丰农场

上海农场

【概况】 2022年，上海农场占地307平方千米，其中耕地1.47万公顷、林地4000公顷、鱼塘5333.33公顷。下属有上海正阳禽业有限公司、上海正阳定食科技有限公司、光明渔业有限公司等多个二级单位。全年实现营业收入15.98亿元，完成全年预算的120.04%。

【农场产业结构调整】 2022年，上海农场调整产业结构，积极构筑“一体两翼”产业体系和“一业特强”的主体产业。上海正阳禽业有限公司实现全产业链建设，配套蛋鸡养殖场、蛋液加工厂及饲料、有机肥加工厂，打造国内领先的现代化蛋鸡产业园，光明鲜鸡蛋实现上海市场“入门品牌蛋”第一品牌的目标。上海正阳定食科技有限公司面向学校、政府机关、部队、大中型企业、商超、新零售企业等提供标准生鲜半成品及冷热膳食的中央厨房，为连锁餐饮、大型团膳等提供全方位的食材采购综合解决方案。光明渔业有限公司加速推进万亩现代渔业智能养殖技术集成示范区建设，实现水产养殖的数字化、自动化、精准化和生态化，淡水产品实现“从塘口到餐桌”全程可追溯。

【农场安全管理】 2022年，上海农场开展各类安全检查1025次，1905条安全隐患均得到有效整改，累计安全投入347.35万元。在食品安全方面，上海农场着力完善食品安全全过程监管机制，全面提升食品安全管理能力，全年食品安全零事故。

【农场社区服务】 2022年，上海农场社区通过建立“首问责任制”、“一口受理”、智慧便民等举措，开展综合帮扶、医疗保险、帮困救助等基础性服务。成立“屋里厢”居家服务项目，确立助洁、助医、助餐、助浴、助行、精神慰藉六类服务项目，让社区居民享受全面快捷的居家服务。

（席璐璐）

上海农场河滨公园　　周古凯　摄

江苏省大中农场

【概况】 2022年，江苏省大中农场（江苏省盐城监狱）紧紧围绕高质量建设“新时代全国一流的现代监狱”总目标，监狱保持持续安全稳定，连续24年10个月实现“四无”（无罪犯逃脱、无重大狱内案件、无重大疫情、无重大安全生产事故）目标，连续17年未发生安全生产责任事故。年内，监狱党委被评为全省监狱系统先进党委，大中农场被评为“作风建设攻坚年”先进单位、狱内侦查工作先进单位、全省监狱系统监狱财务管理工作先进单位、全省监狱系统“三供一业”分离移交专项工作先进单位等。

【监狱改造】 年内，大中农场创新推出“天天升国旗”仪式，着力提升罪犯改造仪式感。依托罪犯融媒体、监狱小报、监区宣传栏等平台，通过举办主题快闪、书画创作评比、建立监区讲师团等形式，着力提升教育改造质效。充分运用“云信”“云帮教”等帮教平台，拍摄专题短视频，切实强化亲情帮教效果，教育改造特色做法被《江苏法治报》、新华网等多家媒体报道。与方强戒毒所共建“监所戒毒矫治蓝丝带共进行动”机制，形成监所联动、资源共享、开放共治的工作格局。充分依托监地共建共治共享机制和刑罚执行一体化平台，邀请地方专家和高校讲师开展视频讲座7场次，大丰区法援中心律师开展法律援助，深化社会帮教效果。

【监狱执法】 年内，大中农场对照法律法规及部门规章，编制监管安全权力清单、责任清单、制度清单、标准清单和监督考评清单，完善监狱工作制度。编印《监管改造工作指引指南》，拍摄《盐城监狱执法医院》系列规范执法短视频，推动常规工作手册化、日常工作程式化、关键流程标准化。根据《江苏监狱有关执法事项集体审议规范》，修订完成盐城监狱监管安全工作议事清单，明确监区14项、监狱11项集体评议事项。突出纠建并举，针对性出台《盐城监狱计分考核若干问题的解释》《省盐城监狱关于进一步规范撤销罪犯减刑、假释案件呈报的通知》等系列制度性文件，进一步统一全监执法度量衡，实现依法办案“零差错”。深入推进全时空网格化执法勤务督查清单，细化各级监控分工，构建同时段、全方位视频检查监督体系。

【农场生产经营】 年内，大中农场持续深化企业改革创新。推进种粮一

2022年，大中农场实现全境"棋盘式"高标准农田首轮建设

（大中农场 供图）

体化，全面优化稻麦品种布局，发挥智慧农业优势，推进农业生产自动化、智能化、智慧化管理，实现小麦亩产700.04千克、水稻亩产586.88千克，亩产、总产均创历史新高。培育塑造"碧绿"大米品牌形象，米业公司被评为"2022年度上海高校疫情防控保供突出贡献企业"。加强与省内外知名种子企业合作，种业公司全年繁种稻麦品种31个。

【地场联动发展】 年内，大中农场联合盐城致新矫正服务中心创新打造"2+X"罪犯职业技能培训新模式，推动RNR智慧矫正平台运用。与盐城师范学院建立"234"矫治模式，促进罪犯教育改造质量稳步提升。开展"普法进校园"活动，选派民警担任大丰中学初中部和三渣中学法治副校长，积极承担政法机关的社会责任。深化"一站式"综合业务窗口建设，与仙鹤社区党群服务中心联署办公，协调地方政府引进便民服务专席6个，提供政策咨询和业务办理约1.1万人次。将服务对象由民警职工拓展至社区居民，社保等6项民生业务、异地安置办理等10个零散性工作纳入8大服务板块，动态完善30个服务项目，制订具体的服务指标体系。

（仇 勇）

江苏省方强农场

【概况】 2022年，江苏省方强农场（江苏省方强强制隔离戒毒所）严格目标管理，强化责任举措，全力推进发展，戒治场所连续26年保持安全稳定，实现主营收入2.62亿元，全场（所）各项事业实现高质量发展。

【场所管理】 2022年，方强农场坚持"高于平时、严于地方"疫情防控要求，严格落实非必须不流动、凡进出必审批、外来人员及车辆闭环管理等防疫措施，有效应对疫情风险。坚持全面安全理念，深入开展"严执法、强管理、清隐患、保安全""赢百天决战、保百分安全"等专项行动，深入推进"百日攻坚、安全生产月、消防安全月"等系列活动，组织安全宣讲40余场次，制定安全制度14项，整治局部较大隐患项目9个，有效化解各类风险。

【戒毒矫治】 2022年，方强农场深化"一体两翼"融合戒毒，扎实推进国家级戒毒矫治标准化试点，优化个别教育、精品作业季度评选等戒治机制，拓展音乐戒治、绘画投射等特色项目。深化禁毒戒毒所地融合发展，建成禁毒戒毒融合发展展馆；组建6个专业戒治团队，成立专业戒毒大队，积极推进融合戒毒"六进"（进社区、进学校、进单位、进家庭、进场所、进农村）工程。

【实事工程】 2022年，方强农场完成一、二分场食堂改造，建成农村公路6.3千米，修缮老旧停车位95个，初步建成樱花大道、海棠大道，社区环境持续改善。年内"小规模疫情应急演练""四排楼危房整治"等6项经验做法，得到省司法厅领导的批示肯定。

（杨 宇）

方强农场文化广场 周古凯 摄

江苏省东坝头农场

【概况】 2022年，江苏省东坝头农场占地面积1300公顷，其中有898公顷无公害农产品生产基地，全年实现营业收入5324.2万元、利润1342.7万元，被评为先进基层党组织、“三夏”工作优胜单位和2021年度先进企业。

【现代农业】 2022年，东坝头农场围绕“三高一控”（高效、高质、高产，控本）农业发展理念，建立以“亩效益”“斤成本”为核心的东坝头农业模式，积极落实抗逆栽培技术措施，创新良种良法相配合、农机农艺相结合、基建装备相整合、肥水运筹相组合、抗逆应变相融合、高产高效相契合、竞赛考核相联合等特色，继续固化东坝头麦稻周年（超）高产水平，实现小麦平均单产686.8千克，水稻平均单产650.5千克。

【社会化服务】 2022年，东坝头农场深入推进全农社会化服务链式发展，实现订单式、全保姆式网格服务平台。全力建立农服分公司大户资源共享机制，年内服务农业种植大户160户，农资服务面积18000公顷，农技服务面积33466.67公顷，组织召开农业社会化服务技术培训会4次，农业社会化服务实现营收6130万元。

【农产品质量安全】 2022年，东坝头农场围绕“全年系统录入零错误，全年农产品质量安全零事故，质控、财务数出同源、量值一致，党委巡察落实整改到位”四大目标任务，进一步加强组织领导，细化责任分工，量化考核细则，加大考核力度，抓牢质控体系管理控制点，实现农产品质量追溯体系全覆盖，被评为农产品质量安全管理工作先进单位。

2022年1月，东坝头农场加强小麦冬前管理，及时做好化除和化控工作，控旺促蘖，培育壮苗越冬 （东坝头农场 供图）

【民生工程】 2022年，东坝头农场投资1584万元，持续开展小城镇提升工程。完成第一期生态河道驳岸建设、沐春路文化广场更新改造、新时代文明实践所建设等项目，开展垃圾清运工作，保持场域空气、水质持续向好，生活环境稳步改善，整洁面貌焕然一新。制定《江苏省东坝头农场有限公司大病医疗互助基金管理办法》，成立农场公司大病医疗互助基金管理委员会，全年入会489人，发放互助金3.94万元，涉及会员28人。为19名困难职工居民购买2023年江苏医惠保1号补充医疗保险，并定期上门走访慰问。

【产业发展】 2022年，东坝头农场坚持稳中求进工作总基调，依规落实场域所有女贞苗木资产处置和林地更新栽植雄性意杨等事项，打通林业产业转型瓶颈，加快环境美化和效益产出，主业发展稳中有进。开展场域国有资产资源全面清查清理工作，重点解决账内资产信息不全、账外资产无登记等问题，盘查出无偿占用房屋1万平方米，土地7468.42平方米，并对土地房屋资产明确产权，对应画出小斑图，对应卫星图标记并登记成册。对农场发包资源进行重新测量，规范国有资产土地出租，完善并重签租赁合同，按新的租金要求规范收缴。规范场域21个企业租赁合同42份，增加收益8.15万元。

（朱红军）

〖编辑 於晨婷〗

人　物

王珂琪

大丰之声网络信息服务有限公司运营专员，盐城市大丰区青年志愿者协会会长、义工联合会副会长兼秘书长。江苏大丰人。男。1992年12月生。本科学历。中共党员。

王珂琪是90后公益带头人，他自2014年大学毕业后，坚持参加志愿服务活动，累计志愿服务时长超过2900小时，先后开展"补爱行动""陪伴行动""保护母亲河"等10余个公益项目，服务"事实孤儿""留守儿童""社会矫正对象"十余个群体、受助对象14306人次。他传播文明理念，参与各类宣讲活动60场左右，培训青年志愿者1000人次。运用微信群、自媒体等网络公益的方式帮助乡村因病致贫的弱势群体解决农忙用工难、农产品滞销等问题，改善了困难家庭的生活条件。

王珂琪推进青年志愿服务项目品牌化建设。2015年，他参与组织策划发起了"补爱行动"，针对大丰境内的"事实孤儿"注重经济上的援助，也注重情感上的慰藉和能力素质的提升。2018年，他联合大中街道司法所，针对社会帮教青年，开展"新岸之旅"专项行动。通过道德讲堂、青年大学习、参与公益活动等形式，使社会帮教青年在学习中提升道德品质，在公益活动中感受帮助别人的快乐和融入社会的参与感。长期帮助社会帮教青年76名，引导社会帮教青年重新融入社会、回报社会。他组织开展"保护母亲河活动"，带领身边的青年志愿者，不断推动青少年参与环境保护和生态文明实践，形成青年组织、青年宣传、青年参与、青年关心的良好氛围。

王珂琪关注青年义工的发展，研究青年志愿服务发展方向，组织各类青年志愿者培训60场左右，撰写青年志愿服务调查报告36篇，组织青年志愿者参与"暖冬行动"，关爱民工返乡过年，组织青年志愿者参与"新岸之旅"帮助社会帮教青年，组织青年志愿者开展"ctrl 青春无毒"，受益学生达到4万余人，受到盐城团市委和大丰团区委的肯定。相关事迹被新华网、《现代快报》、《扬子晚报》等多个平台报道。

王珂琪曾获江苏省十大河湖卫士、江苏省青少年事务社工榜样、江苏省优秀青年志愿者等荣誉。2021年10月，王珂琪被共青团中央、农业农村部授予"全国乡村振兴青年先锋"称号。2021年11月，王柯琪被共青团中央授予"第十三届青年志愿者优秀个人奖"。

（团区委供）

陈仁杰

盐城市昕荟传媒有限公司总经理。江苏大丰人。男。2001年3月生。大学专科学历。

陈仁杰2021年参加工作，在两年的工作实践中，得到同事的肯定。作为一名中国共产主义青年团团员，陈仁杰始终把提高政治素质放在第一位。能自觉履行团员义务，执行团的决议，模范遵守团的纪律，积极参加团支部组织的各类活动，认真完成团组织交办的各项工作任务，两年来，参加团支部培训15次，累计18个学时，参加主题活动5次。

2020年12月，陈仁杰成立盐城市昕荟传媒有限公司，经过他的不断努力，仅一年的时间，公司共接舞蹈演出100多场，话剧演出30场左右，婚庆礼仪7场，后期制作演出大屏20场左右，快闪演出1场，与大丰歌舞团合作演出30场左右，创造了良好的经济效益。作为公司总经理，他常常加班加点。工作中，发挥组织、协调才能，牢记服务之本，恪守服务之责，办好服务之事，得到客户的一致好评。

在工作中，陈仁杰充分发扬团队精神，与其他同事一起，通力协作，互相支持，不分事情大小，不计工作得失，积极配合团区委开展好各项工作。并且能以一个共青团员的身份严格要求自己，认真履行工作职责，成绩突出，团结意识较强，自身素质过硬，能主动发挥模范带头作用。日常工作中，主动引导员工加强责任感和爱国意识，积极完善员工思想政治建设，坚持党建带动团建的思路，调动员工的积极性。坚持管理和教育相结合，在不断的实践活动之中了解员工的思想动态，逐步实现员工思想政治工作的科学化、制度化、规范化。组织召开员工思想状况分析座谈会，倾听群众呼声，及时解决员工思想、工作和生活中出现的问题。

2022年5月，陈仁杰被共青团中央授予"全国优秀共青团员"称号。

（团区委供）

沈　淦

盐城市大丰区草庙镇敬老院院长。江苏大丰人。男。1968年10月生。本科学历。中共党员。

2003年3月，沈淦到草庙敬老院工作，担起这个特殊大家庭的担子。20年来，沈淦把关爱送到老人心坎上，让近100位孤寡老人享受到舒适贴心的服务和亲人般的悉心照料。沈淦把老人的生活摆在第一位，与其他工作人员每天给老人提供可口的饭菜，配发四季服装；为过生日的老人们定制蛋糕，买鞭炮；为老人导尿，为大小便失禁的老人清洗擦身，为腿部溃烂的老人换药，帮助患有结肠病的老人排便。老人们说："沈院长就是我们的特级护理师。"沈淦先后为60多位老人养老送终，把28位老人从死亡线上救回来。

在当地党委、政府、上级民政部门的支持和沈淦的争取下，投资700多万元改扩建成总占地1公顷，建筑面积3000多平方米，集生活、娱乐、健身、保健于一体的生态型、宾馆式老龄公寓，使敬老院具备了环境优雅、设备齐全、服务周到、保障有力的区域性养老服务中心。沈淦先后参加人大组织的养老调研视察活动5次，走访选民近1000人次，征集建议10多件。结合农村养老难、老年人就医难等问题先后提出鼓励社会力量大力兴办养老机构、加强养老护理员队伍建设，实行医养融合必须解决4个方面问题等9项建议。

沈淦先后获得"江苏省五保供养先进个人""江苏省百家孝星""江苏

好人”“全国养老服务先进个人”等称号。2022年12月，沈淦被民政部表彰为全国养老服务先进个人。

（区民政局供）

蒋桂琴

盐城市大丰区三龙镇东红村卫生室室长。江苏大丰人。女。1979年12月生。本科学历。中共党员。

蒋桂琴1998年8月到斗龙港村成为一名乡村医生，扎根乡村一线，在最基层的医疗卫生工作岗位上，守护着家乡群众的健康。2013年9月，大丰率先开展乡村医生签约服务试点工作。蒋桂琴主动请缨，成为参加第一批试点的医生。蒋桂琴根据群众就医需求，设计11种类型的个性化服务包，从自己的邻居、亲戚、朋友开始，面对面宣传签约服务的好处。村医签约服务得到了村民的认同，签约后的群众得到更加贴心的服务，村民身体素质提高，斗龙港村居民健康管理规范有序。2015年4月，蒋桂琴代表全国130多万名村医，在全国卫生工作会议上交流发言。国家卫计委专家当时评价：大丰区三龙镇的做法将是农村医疗卫生改革的一座里程碑。

2016年4月，蒋桂琴被调到三龙镇东红村卫生室工作，开始推行村医签约与居家养老服务相结合的试验。蒋桂琴在村里建立4个健康监测点，就近服务高血压、高血糖等重点人群。监测点配有基本药物、血糖血压测试仪，方便了村民就近检查身体。蒋桂琴为村民们提供的“私人订制”式医疗服务，被群众誉为最贴心的“健康守护人”。

截至2022年年底，蒋桂琴先后为6672名村民建立完善的健康档案，基本公共卫生服务项目实施率100%。在新冠肺炎疫情防控期间，蒋桂琴坚守疫情防控第一线，宣传防疫知识，协助核酸采样，为行动不便的村民上门服务。中央电视台《焦点访谈》《走遍中国》以及《新华日报》《健康报》等媒体先后对她的事迹予以宣传。2017年，蒋桂琴被人力资源和社会保障部、国家卫生和计划生育委员会、国家中医药管理局授予“全国卫生计生系统劳动模范”称号，2019年获得“江苏好人”和“中国好人”称号，2021年当选为江苏省第十四次党代会代表。2022年3月，蒋桂琴入选“中国好医生、中国好护士”2月月度人物。

（陈 迁）

韦桂和

盐城市大丰区农业农村局局长、乡村振兴局局长、区委农办主任。江苏大丰人。男。1969年1月生。本科学历。中共党员。

韦桂和自2020年3月担任盐城市大丰区农业农村局局长、乡村振兴局局长、区委农办主任以来，坚持以习近平新时代中国特色社会主义思想为指导，始终牢记“粮食安全”这一国之大任，坚决抓牢“稳产保供”头等大事。在韦桂和的带领下，大丰区高标准农田建设获省政府办公厅有关重大政策措施真抓实干、成效明显督查激励，实现杂交水稻制种面积、新三板挂牌种业企业数量全省最多，杂交水稻制种机械化水平全国领先的成果。他始终紧扣“土”“特”“产”三篇文章，着力提升乡村产业发展质效，全力推进农业全产业链，培育大蒜、大葱两大特色产业，与光明农发集团共建“沪丰优粮”产业生态联盟，订单种植粮食2万公顷。以农促旅，以旅兴农，乡村旅游成为全域旅游“吸睛”点，年接待游客突破1000万人次。在他的带领下，大丰区始终聚焦富民强村一体推进，加快建设宜居宜业和美乡村，在全市率先开展农村人居环境“红黑榜”评比活动，建成省生态宜居美丽示范村7个，培植乡村振兴示范村70个。深入实施经济强村三年行动，村集体经营性收入平均72万元，农村常住居民人均可支配收入3.13万元。

在韦桂和的带领下，2021年10月，盐城市大丰区农业农村局（盐城市大丰政府扶贫工作办公室）被省委省政府表彰为全省脱贫攻坚暨对口帮扶支援合作先进集体。2022年1月，韦桂和被省委、省政府表彰为江苏省乡村振兴先进个人。

（刘晓生）

束长明

盐城市大丰区刘庄镇友谊村党总支书记、村委会主任。江苏大丰人。男。1964年3月生。大学专科学历。

束长明，1984年4月参加工作，扎根农村基层近四十年，曾先后在云溪、竞赛、友谊三个村任职。2015年担任友谊村党总支书记以来，团结带领支部一班人，打造“红色邻里”党建特色品牌，构建“村党总支+网格党支部+党员中心”组织架构，推出“666服务帮”（6名红管家、6支服务队、6项服务内容）5分钟便民服务圈，乡村治理服务队。建成近3000平方米村党群服务中心、便民服务中心、善邻中心，倡导“您的事我来办”的服务理念，真正做到“小事不出村，大事不出镇，矛盾不上交”，受到全体村民一致好评。

在束长明的带领下，友谊村容村貌焕然一新。新建水泥路21千米，农桥10座，电灌站4座，疏浚河道15条，打造生态河道2条，安装路灯370盏，全村道路全部硬质化，绿化覆盖率近30%，化解债务318.35万元，全村54户86人四类人群如期脱贫；建成友谊新型社区，通过省级考核验收，成为盐城市典范。束长明做好党建引领强村富民工作。“紫云”牌红皮洋葱种植面积突破66.67公顷，全村7家麦仁、麦片农产品加工企业年销售突破1亿元，建成高标准农田200公顷，完成土地复垦133公顷，为农民持续增收打下基础，通过土地流转、资产出租、租赁土地、成立物业公司，2022年实现村级收入135.9万元，集体积累1833.24万元，农民人均纯收入近3.2万元。乡村治理方面，束长明坚持“四治”（自治、法治、德治、智治）融合，利用老书记工作室、村民调解室、有事好商量工作室、警网融合中心，创新基层治理新模式，推动村民精神面貌和社会文明程度实现新的提升。

在束长明的带领下，友谊村先后被表彰为全国乡村治理示范村、江苏省文明村、江苏省特色田园乡村、江苏省水美乡村、江苏省生态文明示范村、江苏省民主法治示范村、江苏省健康村。2022年1月，束长明被省委、省政府表彰为江苏省乡村振兴先进个人。

（刘庄镇供）

马 飞

大丰区公安局新丰派出所教导员。四川广元人。男。1985年9月生。本科学历。中共党员。

马飞自2007年参加公安工作以来，先后在大丰区公安局草堰派出所、白驹派出所、网络安全监察大队、指挥中心、新丰派出所工作。他坚守在打防管控一线，积极主动创新，围绕数据、网络、模型等关键要素，从海量的数据中发现蛛丝马迹，打击犯罪，服务稳定。凭着对大数据、信息化技术的兴趣，通过自学，逐渐从一名“门外汉”成长为行家里手，先后编写20余个侦查办案的知识点，为基层民警提供多方位的数据研判服务。随着大数据警务工作的到来，马飞在工作中不断汲取、总结经验战法，运用大数据思维，不断“向外借力”扩大数据来源，采集整合各类数据15亿条，并搭建本地“数据共享联盟”，有效赋能实战。综合利用公安网、互联网等各类数据资源，充分挖掘数据背后的价值线索。2022年，马飞以涉疫数据为基础，综合本地各类信息资源，配合治安部门二次分析，摸排核实大丰实有人口64万余人，比对碰撞出未被登记的暂住人员8700余人，使数据资源的利用效率达到最大化。马飞借鉴外省市先进工作经验，学以致用并改进创新，搭建各类应用模型在本地平台进行落地，赋能接处警、案件打处、疫情防控等各个环节，先后协助基层单位破获案件290余起、抓获网上逃犯、各类嫌疑人120余人，维护暂住人口数据12000余人次，出租房屋200余户。马飞参与设计的本地情指平台，先后获得盐城市公安局科技进步一等奖，大丰区科技进步二等奖，2017年设计的应用模型，获得江苏省首届建模大赛一等奖。

马飞获得个人二等功一次，三等功五次，并先后获得全省公安机关警务大数据建模大赛一等奖、“全省大练兵活动业务标兵”、“江苏省五一创新能手”等称号。2022年7月，马飞被江苏省人力资源和保障厅、江苏省公安厅授予“江苏省优秀人民警察”称号。

（区公安局供）

缪亚鑫

大丰区公安局交通警察大队大队长。江苏大丰人。男。1982年11月生。本科学历。中共党员。

缪亚鑫始终坚持“人民至上，生命至上”，聚焦交管领域，时刻以防范化解交通安全风险，预防减少道路交通事故，维护群众生命财产安全为工作目标。积极研发应用智慧交通管控平台，率先在全市建成启用智慧交通指挥中心，智慧交通管控平台建设和应用，先后被省公安厅评为“智慧技防应用典型”、被市委政法委评为“十大创新项目”，中重型货车右侧通行机制建设被《人民日报》《新华日报》先后宣传报道。以创建数字化交警中队为引领，积极创新打造数字化交通管理新模式，推动全省农村交警中队长培训班在大丰举办并在多个现场点进行观摩学习。大力实施智慧交通项目建设，提升现代交通管理水平，在健全路面安全设施，夯实“基础底座”、致力打造货车通行管理样板树立“大丰规矩”，紧盯过境危化品车辆管控解决“普遍难题”，不断充实基层交通管理力量实现“平安共治”，努力以扎实有效的措施，全面提升道路交通安全水平和群众交通出行体验。

缪亚鑫先后获得“盐城市十佳公务员标兵”“盐城市奥运安保先进个人”“盐城市文明创建工作先进个人”等称号。2022年7月，缪亚鑫被江苏省人力资源和保障厅、江苏省公安厅授予“江苏省优秀人民警察”称号。

（蔡 凌）

〖编辑 朱晓华〗

荣誉栏

先 进 集 体

国家级和国家条线表彰

单位	荣誉称号	授予单位
大丰区	2021—2022年度畜牧业统计监测工作综合评估优秀生产监测县	农业农村部畜牧兽医局
大丰区人民法院	节约型机关	国家机关事务管理局、中共中央直属机关事务管理局、国家发展改革委、财政部
大丰区人民检察院	节约型机关	国家机关事务管理局、中共中央直属机关事务管理局、国家发展改革委、财政部
大丰区委党校	节约型机关	国家机关事务管理局、中共中央直属机关事务管理局、国家发展改革委、财政部
大丰区档案馆	节约型机关	国家机关事务管理局、中共中央直属机关事务管理局、国家发展改革委、财政部
大丰区教育局	节约型机关	国家机关事务管理局、中共中央直属机关事务管理局、国家发展改革委、财政部
大丰区公安局	节约型机关	国家机关事务管理局、中共中央直属机关事务管理局、国家发展改革委、财政部
大丰区财政局	节约型机关	国家机关事务管理局、中共中央直属机关事务管理局、国家发展改革委、财政部
大丰区自然资源和规划局	节约型机关	国家机关事务管理局、中共中央直属机关事务管理局、国家发展改革委、财政部
大丰区住房和城乡建设局	节约型机关	国家机关事务管理局、中共中央直属机关事务管理局、国家发展改革委、财政部
大丰区城市管理局	节约型机关	国家机关事务管理局、中共中央直属机关事务管理局、国家发展改革委、财政部
大丰区交通运输局	节约型机关	国家机关事务管理局、中共中央直属机关事务管理局、国家发展改革委、财政部
大丰区水利局	节约型机关	国家机关事务管理局、中共中央直属机关事务管理局、国家发展改革委、财政部
大丰区农业农村局	节约型机关	国家机关事务管理局、中共中央直属机关事务管理局、国家发展改革委、财政部
大丰区卫生健康委员会	节约型机关	国家机关事务管理局、中共中央直属机关事务管理局、国家发展改革委、财政部
大丰区审计局	节约型机关	国家机关事务管理局、中共中央直属机关事务管理局、国家发展改革委、财政部
大丰区残联	节约型机关	国家机关事务管理局、中共中央直属机关事务管理局、国家发展改革委、财政部
大丰生态环境局	节约型机关	国家机关事务管理局、中共中央直属机关事务管理局、国家发展改革委、财政部
大丰区气象局	节约型机关	国家机关事务管理局、中共中央直属机关事务管理局、国家发展改革委、财政部
江苏省盐城市海聆梦家居股份有限公司团支部	全国五四红旗团支部	共青团中央
江苏大丰农村商业银行团委	全国五四红旗团委	共青团中央

单　　位	荣誉称号	授予单位
大丰区大中街道办事处	2022年全国工会职工书屋示范点	全国工会职工书屋建设领导小组办公室、全国总工会宣传教育部
大丰区大中街道滨河社区	第五批国家级充分就业社区	人力资源和社会保障部办公厅
大丰区大中街道空竹队	2022年新春网络健身大联欢活动其他项目一等奖	国家体育总局群众体育司
大丰区审计局	2022年度审计通联宣传工作先进单位	中国时代经济出版社、《中国审计》编辑部

省级和省条线表彰

单　　位	荣誉称号	授予单位
大丰区	江苏省第十二届双拥模范区	中共江苏省委、江苏省人民政府、江苏省军区
大丰区	2022年度全省信访工作示范县（市、区）	江苏省信访工作联席会议
大丰区	2022年省级耕地保护激励单位	江苏省自然资源厅
大丰区西团镇党委	全省乡村振兴先进集体	中共江苏省委、江苏省人民政府
大丰区司法局	全省“七五”普法工作先进单位	江苏省人民政府
大丰区委办公室	全省党委办公室（厅）、研究室系统先进集体	江苏省委办公厅、江苏省委研究室、江苏省人力资源和社会保障厅
大丰区人大常委会机关	全省人大系统先进集体	江苏省人大常委会办公厅、江苏省人力资源和社会保障厅
大丰区发展和改革委员会	全省发展改革系统先进集体	江苏省人力资源和社会保障厅、江苏省发展和改革委员会
大丰区侨联	全省侨联系统先进集体	江苏省人力资源和社会保障厅、江苏省归国华侨联合会、江苏省人民政府侨务办公室
大丰区信访局	全省信访系统先进集体	江苏省人力资源和社会保障厅、江苏省政府信访局
大丰区国家海域动态监管中心	江苏省自然资源系统先进集体	江苏省人力资源和社会保障厅、江苏省自然资源厅
大丰区三龙镇下坝村	江苏省民主法治示范村	中共江苏省委全面依法治省委员会办公室、江苏省司法厅、江苏省民政厅
大丰区大中街道阜北村	江苏省民主法治示范村	中共江苏省委全面依法治省委员会办公室、江苏省司法厅、江苏省民政厅
大丰区新丰镇	全省推进基层整合审批服务执法力量工作先进单位	中共江苏省委机构编制委员会办公室
大丰区三龙镇	2022年省级耕地保护激励单位	江苏省自然资源厅
大丰区万盈镇人民政府	江苏省第四批智慧健康养老领域示范街道（乡镇）	江苏省工业和信息化厅、江苏省民政厅、江苏省卫生健康委员会

单位	荣誉称号	授予单位
大丰区司法局	2021年度高质量发展先进司法局	江苏省司法厅
大丰区司法局公共法律服务管理科	全省公共法律服务工作成绩突出集体	江苏省司法厅
大丰区农业农村局	夏粮生产贡献突出单位	江苏省农业农村厅
大丰区农业农村局	夏油生产贡献突出单位	江苏省农业农村厅
大丰区农业农村局	2021年高标准农田建设成效显著单位	江苏省农业农村厅
大丰区草庙镇	第四批江苏省生态文明建设示范乡镇（街道）	江苏省生态环境厅
大丰区万盈镇	第四批江苏省生态文明建设示范乡镇（街道）	江苏省生态环境厅
大丰区西团镇	第四批江苏省生态文明建设示范乡镇（街道）	江苏省生态环境厅
大丰区大桥镇	第四批江苏省生态文明建设示范乡镇（街道）	江苏省生态环境厅
大丰区新丰镇	第四批江苏省生态文明建设示范乡镇（街道）	江苏省生态环境厅
大丰区小海镇	第四批江苏省生态文明建设示范乡镇（街道）	江苏省生态环境厅
大丰区大中街道	第四批江苏省生态文明建设示范乡镇（街道）	江苏省生态环境厅
大丰区审计局	全省审计机关“党建强审”先进单位	江苏省审计厅
大丰荷兰花海景区	2022年省级文明旅游示范单位	江苏省文化和旅游厅
大丰区大中街道恒北村	2022水韵江苏·网红打卡地网红美丽乡村	江苏省文化和旅游厅、江苏省广播电视总台
大丰区草庙镇团委	江苏省五四红旗团委	共青团江苏省委
大丰区万盈初级中学团支部	江苏省五四红旗团支部	共青团江苏省委
团盐城市大丰区委	2022年度全省共青团工作综合先进单位	共青团江苏省委
大丰区西团镇团委	2022年度全省团属报刊宣传工作先进单位	共青团江苏省委
大丰区三龙镇斗龙港村	2022年度江苏省放心消费创建示范区域	江苏省放心消费创建活动办公室、江苏省市场监督管理局
大丰区三龙镇龙西村	2022年度江苏省放心消费创建示范区域	江苏省放心消费创建活动办公室、江苏省市场监督管理局
大丰区大中街道恒北村	2022年度江苏省放心消费创建示范区域	江苏省放心消费创建活动办公室、江苏省市场监督管理局
大丰区欣荣文化产业发展有限公司·卯酉书局	2022年江苏省工会职工书屋示范点	江苏省总工会、江苏省全民阅读办
江苏大丰农村商业银行股份有限公司工会办公室	“双争”活动成绩突出集体	江苏省总工会

单　　位	荣誉称号	授予单位
江苏大丰农村商业银行股份有限公司营业部	江苏省工人先锋号	江苏省总工会
大丰区公安局法制大队	全省优秀公安基层单位	江苏省公安厅
大丰区公安局党的二十大安保维稳工作专班	集体二等功	江苏省公安厅
大丰区万盈镇	2022年全省“扫黄打非”进基层示范点	江苏省“扫黄打非”工作领导小组办公室
大丰区档案馆	全省档案宣传工作先进单位特等奖	江苏省档案馆
盐城市住房公积金管理中心大丰管理部	2022年江苏省住房城乡建设系统五一巾帼标兵岗	江苏省建设工会工作委员会
大丰区市场监督管理局	江苏省食品安全工作先进集体	江苏省食品安全委员会
大丰区三龙镇	江苏省第三批“红石榴家园”	江苏省民族宗教事务委员会
大丰区科学技术协会	2021年度江苏省省级科级工作者状况优秀调查站点	江苏省科学技术协会
大丰区科学技术协会	2022年度江苏省“全国科普日”优秀单位	江苏省科学技术协会
大丰区科学技术协会	2022—2023年度江苏省全民科学素质大赛网络赛优秀单位	江苏省科学技术协会
大丰区实验小学	2022—2023年度江苏省全民科学素质大赛网络赛优秀单位	江苏省科学技术协会
大丰区人民路小学	2022—2023年度江苏省全民科学素质大赛网络赛优秀单位	江苏省科学技术协会
团盐城市大丰区委	2021年度江苏省青年志愿服务新闻宣传奖	江苏省青年志愿者协会
江苏大学生志愿服务苏北计划盐城市大丰区项目办	2021年度江苏大学生志愿服务苏北计划优秀项目办	江苏省青年志愿者协会、江苏大学生志愿服务苏北计划省项目办管理办公室
大丰区大中街道红花新型农村社区	第九批次江苏省特色田园乡村	江苏省农村住房条件改善和特色田园乡村建设工作联席会议
大丰区丰华街道朝荣新型农村社区	第九批次江苏省特色田园乡村	江苏省农村住房条件改善和特色田园乡村建设工作联席会议
大丰区南阳镇诚心新型农村社区	第九批次江苏省特色田园乡村	江苏省农村住房条件改善和特色田园乡村建设工作联席会议
大丰区草堰镇双河新型农村社区（二期）	第九批次江苏省特色田园乡村	江苏省农村住房条件改善和特色田园乡村建设工作联席会议
大丰区草庙镇	2021年省健康镇	江苏省爱国卫生运动委员会办公室
大丰区大中街道恒南村	2021年省健康村	江苏省爱国卫生运动委员会办公室
大丰区大中街道新团村	2021年省健康村	江苏省爱国卫生运动委员会办公室
大丰区大中街道元丰村	2021年省健康村	江苏省爱国卫生运动委员会办公室
大丰区草堰镇双河村	2021年省健康村	江苏省爱国卫生运动委员会办公室

单　　位	荣誉称号	授予单位
大丰区白驹镇汤舍村	2021年省健康村	江苏省爱国卫生运动委员会办公室
大丰区小海镇温泉村	2021年省健康村	江苏省爱国卫生运动委员会办公室
大丰区小海镇小洋村	2021年省健康村	江苏省爱国卫生运动委员会办公室
大丰区大桥镇中业村	2021年省健康村	江苏省爱国卫生运动委员会办公室
大丰区万盈镇双星村	2021年省健康村	江苏省爱国卫生运动委员会办公室
大丰区万盈镇顾灶村	2021年省健康村	江苏省爱国卫生运动委员会办公室
大丰区草庙镇圩东村	2021年省健康村	江苏省爱国卫生运动委员会办公室
大丰区新丰镇时丰村	2021年省健康村	江苏省爱国卫生运动委员会办公室
大丰区新丰镇金西村	2021年省健康村	江苏省爱国卫生运动委员会办公室
大丰区新丰镇五丰村	2021年省健康村	江苏省爱国卫生运动委员会办公室
大丰区大中街道新团社区	2021年省健康社区	江苏省爱国卫生运动委员会办公室
大丰区大中街道朝阳社区	2021年省健康社区	江苏省爱国卫生运动委员会办公室
大丰区大中街道阜北村村民委员会	江苏省新农村建设示范单位	江苏省广播电视总台（集团）
大丰区大中街道红花村村民委员会	江苏省新农村建设示范单位	江苏省广播电视总台（集团）
大丰区公安局新丰派出所	全省公安基层所队示范“训练角”	江苏省公安厅政治部
江苏大丰农村商业银行股份有限公司	2022年度全省非公有制企业党建带工建“三争创两提升”活动省级示范单位	中共江苏省委组织部办公室、江苏省总工会办公室
大丰区教育局	2022年度全省教育信息工作表扬单位	江苏省教育厅办公室
大丰区蚕桑技术指导站	2022年度全省蚕桑工作先进单位	江苏省蚕种所

盐城市级表彰

单　　位	荣誉称号	授予单位
大丰区农业农村局	盐城市乡村振兴先进集体	中共盐城市委、盐城市人民政府
大丰区财政局	盐城市乡村振兴先进集体	中共盐城市委、盐城市人民政府
国家统计局大丰调查队	盐城市乡村振兴先进集体	中共盐城市委、盐城市人民政府

单　　位	荣誉称号	授予单位
大丰区大中街道党工委	盐城市乡村振兴先进集体	中共盐城市委、盐城市人民政府
大丰区大桥镇党委	盐城市乡村振兴先进集体	中共盐城市委、盐城市人民政府
大丰区新丰镇党委	盐城市乡村振兴先进集体	中共盐城市委、盐城市人民政府
大丰区刘庄镇党委	盐城市乡村振兴先进集体	中共盐城市委、盐城市人民政府
大丰区万盈镇益民居党总支	盐城市乡村振兴先进集体	中共盐城市委、盐城市人民政府
大丰区草庙镇东灶村党总支	盐城市乡村振兴先进集体	中共盐城市委、盐城市人民政府
大丰区小海镇徐南村党总支	盐城市乡村振兴先进集体	中共盐城市委、盐城市人民政府
大丰区丰华街道阜南村党总支	盐城市乡村振兴先进集体	中共盐城市委、盐城市人民政府
大丰区草堰镇三元村党总支	盐城市乡村振兴先进集体	中共盐城市委、盐城市人民政府
大丰区司法局普法与依法治理科	全市扫黑除恶专项斗争先进集体	中共盐城市委、盐城市人民政府
大丰区关工委	全市关心下一代工作优秀集体	中共盐城市委、盐城市人民政府
大丰区大桥镇关工委	全市关心下一代工作优秀集体	中共盐城市委、盐城市人民政府
大丰区万盈镇关工委	全市关心下一代工作优秀集体	中共盐城市委、盐城市人民政府
大丰区新丰镇关工委	全市关心下一代工作优秀集体	中共盐城市委、盐城市人民政府
大丰区丰华街道关工委	全市关心下一代工作优秀集体	中共盐城市委、盐城市人民政府
大丰区教育局关工委	全市关心下一代工作优秀集体	中共盐城市委、盐城市人民政府
大丰区公安局关工委	全市关心下一代工作优秀集体	中共盐城市委、盐城市人民政府
大丰区民营经济关工委	全市关心下一代工作优秀集体	中共盐城市委、盐城市人民政府
大丰区文化广电和旅游局关工委	全市关心下一代工作优秀集体	中共盐城市委、盐城市人民政府
大丰区大中街道办事处	2021年度盐城市文明创建工作先进集体	中共盐城市委、盐城市人民政府
大丰区公安局	2021年度盐城市文明创建工作先进集体	中共盐城市委、盐城市人民政府
大丰区城市管理局	2021年度盐城市文明创建工作先进集体	中共盐城市委、盐城市人民政府
大丰区市场监督管理局	2021年度盐城市文明创建工作先进集体	中共盐城市委、盐城市人民政府
大丰区教育局	2021年度盐城市文明创建工作先进集体	中共盐城市委、盐城市人民政府

先 进 个 人

国家级和国家条线表彰

姓 名	单位职务	荣誉称号	授予单位
王珂琪	大丰之声网络信息服务有限公司运营专员，区青年志愿者协会会长、义工联合会副会长兼秘书长	全国乡村振兴青年先锋	共青团中央、农业农村部
陈仁杰	盐城市昕荟传媒有限公司总经理	全国优秀共青团员	共青团中央
王珂琪	大丰之声网络信息服务有限公司运营专员，区青年志愿者协会会长、义工联合会副会长兼秘书长	第十三届青年志愿者优秀个人奖	共青团中央
沈 淦	大丰区草庙镇敬老院院长	全国养老服务先进个人	民政部
蒋桂琴	大丰区三龙镇东红村卫生室室长	“中国好医生·中国好护士”2月月度人物	中央文明办、国家卫健委
陈清园	大丰区人民检察院办事员	档案工作表扬	最高人民检察院

省级和省条线表彰

姓 名	单位职务	荣誉称号	授予单位
韦桂和	大丰区委农办主任，区农业农村局局长	全省乡村振兴先进个人	中共江苏省委、江苏省人民政府
束长明	大丰区刘庄镇友谊村党总支书记、村委会主任	全省乡村振兴先进个人	中共江苏省委、江苏省人民政府
马 飞	大丰区公安局新丰派出所教导员	全省优秀人民警察	江苏省人力资源和社会保障厅、江苏省公安厅
缪亚鑫	大丰区公安局交警大队大队长	全省优秀人民警察	江苏省人力资源和社会保障厅、江苏省公安厅
陈 俊	大丰人民医院司法鉴定所工作人员	全省公共法律服务工作成绩突出个人	江苏省司法厅
刘进林	江苏道远律师事务所律师	全省公共法律服务工作成绩突出个人	江苏省司法厅
茆 昊	团盐城市大丰区委书记	2022年度全省共青团工作先进工作者	共青团江苏省委
卞云凯	大丰区大中街道东宁社区新文艺群体从业者	江苏省优秀共青团员	共青团江苏省委
杨金鑫	大丰区公安局指挥中心民警	江苏省优秀共青团员	共青团江苏省委
张 燕	大丰区义工联合会团委副书记	江苏省优秀共青团干部	共青团江苏省委

姓　名	单位职务	荣誉称号	授予单位
张爱敏	大丰区大中街道团工委副书记	2022年度全省团属报刊宣传工作先进个人	共青团江苏省委
马　飞	大丰区公安局指挥中心情报信息研判中队中队长	江苏省五一创新能手	江苏省总工会
邓宏如	大丰区公安局指挥中心情报信息研判中队中队长	个人二等功	江苏省公安厅
黄景鹏	大丰区公安局刑警大队重案中队四级警长	个人三等功	江苏省公安厅
王炳皓	大丰区公安局刑警大队警务技术四级主管	个人嘉奖	江苏省公安厅
陈清园	大丰区人民检察院办事员	机要工作表扬	江苏省人民检察院
樊小凤	大丰区档案馆业务指导科科长	全省档案宣传工作先进个人	江苏省档案馆
陈月华	盐城市住房公积金大丰管理部主任	2022年度江苏省住房城乡建设系统重点工程和城乡运行保障劳动竞赛先进个人	江苏省住房和城乡建设系统职工劳动竞赛活动领导小组
徐绍辉	大丰区红色驿站党员志愿者协会理事长	2021年度江苏省青年志愿服务事业贡献奖	江苏省青年志愿者协会
殷　楠	大丰区人民检察院第四检察部主任	江苏省妇女儿童工作先进个人	江苏省人民政府妇女儿童工作委员会

盐城市级表彰

姓　名	单位职务	荣誉称号	授予单位
郭海涛	盐城市联鑫钢铁有限公司焊工	盐城市劳动模范	中共盐城市委、盐城市人民政府
单　毅	江苏金风科技有限公司实验主任工程师	盐城市劳动模范	中共盐城市委、盐城市人民政府
吴旭君	盐城市大丰嘉华机械制造有限公司工人	盐城市劳动模范	中共盐城市委、盐城市人民政府
彭进东	大丰万达纺织有限公司电气副主任	盐城市劳动模范	中共盐城市委、盐城市人民政府
朱文琦	盐城市大丰区文化旅游集团有限公司市场运营部副经理	盐城市劳动模范	中共盐城市委、盐城市人民政府
朱成君	大丰新词大酒店有限公司厨师	盐城市劳动模范	中共盐城市委、盐城市人民政府
曾祥征	盐城市大丰区交通控股集团有限公司投资管理部副经理	盐城市劳动模范	中共盐城市委、盐城市人民政府
张银柳	中国邮政集团有限公司盐城市大丰区分公司金墩邮政支局投递员	盐城市劳动模范	中共盐城市委、盐城市人民政府
张　波	大丰区大中街道新德社区党总支书记、主任	盐城市劳动模范	中共盐城市委、盐城市人民政府
柏栋梁	江苏大丰农村商业银行股份有限公司党委委员、副行长	盐城市劳动模范	中共盐城市委、盐城市人民政府
胡存华	江苏今达纺织实业有限公司党支部书记、副总经理	盐城市劳动模范	中共盐城市委、盐城市人民政府

姓名	单位职务	荣誉称号	授予单位
张　运	国网江苏省电力有限公司盐城市大丰区供电分公司总经理、党委副书记	盐城市劳动模范	中共盐城市委、盐城市人民政府
施卫兵	江苏森威精锻有限公司总经理	盐城市劳动模范	中共盐城市委、盐城市人民政府
季红进	安道麦辉丰（江苏）有限公司产品开发经理	盐城市劳动模范	中共盐城市委、盐城市人民政府
陈永平	盐城市大丰二良纺织有限责任公司纺织工	盐城市劳动模范	中共盐城市委、盐城市人民政府
陈生龙	大丰区大桥镇大桥村党总支书记、村民委员会主任	盐城市劳动模范	中共盐城市委、盐城市人民政府
陈中元	大丰区草堰镇陈中元家庭农场法人代表	盐城市劳动模范	中共盐城市委、盐城市人民政府
董　帅	盐城市大丰帅哥家庭农场场长	盐城市劳动模范	中共盐城市委、盐城市人民政府
李勇明	盐城大丰明旺农机合作社理事长	盐城市劳动模范	中共盐城市委、盐城市人民政府
邢荔荔	大丰区人民检察院第一检察部主任、一级检察官	盐城市劳动模范	中共盐城市委、盐城市人民政府
吕建荣	国家税务总局盐城市大丰区税务局社保费和非税收入股股长	盐城市劳动模范	中共盐城市委、盐城市人民政府
王　敏	大丰区财政局国库科科长	盐城市劳动模范	中共盐城市委、盐城市人民政府
王大勇	大丰中医院大内科副主任、感染性疾病科主任	盐城市劳动模范	中共盐城市委、盐城市人民政府
江兴林	大丰区实验初级中学办公室主任	盐城市劳动模范	中共盐城市委、盐城市人民政府
陈　晨	大丰区交通工程质量监督站站长	盐城市劳动模范	中共盐城市委、盐城市人民政府
马　飞	大丰区公安局指挥中心情报信息研判中队中队长	盐城市劳动模范	中共盐城市委、盐城市人民政府
杭　斌	大丰区社会治安综合治理中心副主任	盐城市劳动模范	中共盐城市委、盐城市人民政府
张建忠	大丰区公安局党委副书记、副局长	全市综合先进个人	中共盐城市委、盐城市人民政府
韦　国	大丰区人大常委会副主任	盐城市乡村振兴先进个人	中共盐城市委、盐城市人民政府
朱　艳	大丰区高新区党政办公室副主任，丰华街道农业农村局党支部书记	盐城市乡村振兴先进个人	中共盐城市委、盐城市人民政府
朱文勇	大丰区新丰镇党委副书记	盐城市乡村振兴先进个人	中共盐城市委、盐城市人民政府
刘桂荣	大丰区草堰镇社会治理局副局长、农办主任	盐城市乡村振兴先进个人	中共盐城市委、盐城市人民政府
肖洪伟	大丰区白驹镇唐西村党总支书记、村委会主任	盐城市乡村振兴先进个人	中共盐城市委、盐城市人民政府
吴俊高	大丰区小海镇杨树村党总支书记、村委会主任	盐城市乡村振兴先进个人	中共盐城市委、盐城市人民政府

姓　名	单位职务	荣誉称号	授予单位
陈　勇	大丰区万盈镇益民居党总支书记、居委会主任	盐城市乡村振兴先进个人	中共盐城市委、盐城市人民政府
陈小龙	大丰区委办公室副主任、区档案馆馆长	盐城市乡村振兴先进个人	中共盐城市委、盐城市人民政府
陈正东	大丰区南阳镇农业农村局党支部书记、副局长	盐城市乡村振兴先进个人	中共盐城市委、盐城市人民政府
孟　宇	大丰区农业农村局副局长	盐城市乡村振兴先进个人	中共盐城市委、盐城市人民政府
施雨华	大丰区大桥镇洋南村党总支书记、村委会主任	盐城市乡村振兴先进个人	中共盐城市委、盐城市人民政府
殷桂荣	大丰区草庙镇四级主任科员	盐城市乡村振兴先进个人	中共盐城市委、盐城市人民政府
席　刚	大丰区大中街道党工委书记	盐城市乡村振兴先进个人	中共盐城市委、盐城市人民政府
黄　磊	大丰区刘庄镇党委书记	盐城市乡村振兴先进个人	中共盐城市委、盐城市人民政府
曹成祥	大丰区农业农村局党委委员、办公室主任、人事科科长	盐城市乡村振兴先进个人	中共盐城市委、盐城市人民政府
韩雪梅	大丰区住房和城乡建设局开发区分局局长	盐城市乡村振兴先进个人	中共盐城市委、盐城市人民政府
吴　阳	大丰区公安局新丰派出所所长	盐城市乡村振兴先进个人	中共盐城市委、盐城市人民政府
蔡　蔚	大丰区人民检察院第一检察部副主任	全市扫黑除恶专项斗争先进个人	中共盐城市委、盐城市人民政府
李　想	大丰区市场监督管理局综合行政执法大队工作人员	全市扫黑除恶专项斗争先进个人	中共盐城市委、盐城市人民政府
卞文乐	大丰区大中街道关工委主任	全市关心下一代工作优秀个人	中共盐城市委、盐城市人民政府
王　芳	大丰区经济开发区关工委副主任	全市关心下一代工作优秀个人	中共盐城市委、盐城市人民政府
王福东	大丰区三龙镇关工委常务主任	全市关心下一代工作优秀个人	中共盐城市委、盐城市人民政府
朱达丰	大丰区关工委主任	全市关心下一代工作优秀个人	中共盐城市委、盐城市人民政府
何朝平	大丰区南阳镇关工委副主任	全市关心下一代工作优秀个人	中共盐城市委、盐城市人民政府
刘汉英	大丰区关工委办公室主任	全市关心下一代工作优秀个人	中共盐城市委、盐城市人民政府
杨青香	大丰区白驹镇关工委常务主任	全市关心下一代工作优秀个人	中共盐城市委、盐城市人民政府
杨永安	大丰区草庙镇关工委主任	全市关心下一代工作优秀个人	中共盐城市委、盐城市人民政府
陈保付	大丰区西团镇关工委主任	全市关心下一代工作优秀个人	中共盐城市委、盐城市人民政府
陈锦才	大丰区小海镇关工委主任	全市关心下一代工作优秀个人	中共盐城市委、盐城市人民政府
陈建丰	大丰港经济开发区关工委主任	全市关心下一代工作优秀个人	中共盐城市委、盐城市人民政府

姓　名	单位职务	荣誉称号	授予单位
汪群旺	大丰区自然资源和规划局关工委主任	全市关心下一代工作优秀个人	中共盐城市委、盐城市人民政府
单金德	大丰区草堰镇关工委主任	全市关心下一代工作优秀个人	中共盐城市委、盐城市人民政府
姜　海	大丰区农业农村局关工委主任	全市关心下一代工作优秀个人	中共盐城市委、盐城市人民政府
赵　玲	大丰区教育局关工委常务主任	全市关心下一代工作优秀个人	中共盐城市委、盐城市人民政府
黄道平	大丰区刘庄镇关工委主任	全市关心下一代工作优秀个人	中共盐城市委、盐城市人民政府
康东升	大丰区关工委办公室主任	全市关心下一代工作优秀个人	中共盐城市委、盐城市人民政府
沈　文	大丰区文明办副主任	2021年度盐城市文明创建工作先进个人	中共盐城市委、盐城市人民政府
陈　卫	大丰区市政管理所所长	2021年度盐城市文明创建工作先进个人	中共盐城市委、盐城市人民政府
杭玲玲	大丰区文广旅局科员	2021年度盐城市文明创建工作先进个人	中共盐城市委、盐城市人民政府
唐国安	大丰区商务局办公室主任	2021年度盐城市文明创建工作先进个人	中共盐城市委、盐城市人民政府
缪亚鑫	大丰区公安局交警大队大队长	2021年度盐城市文明创建工作先进个人	中共盐城市委、盐城市人民政府

〖编辑　於晨婷〗

荡秋千　　　　周古凯　摄

附　录

组织机构及负责人

中共盐城市大丰区委员会

书　记　李志军
副书记　戴　勇
　　　　陈允春（　—2022.6）
常　委　李志军
　　　　戴　勇
　　　　陈允春（　—2022.6）
　　　　何为志（挂）
　　　　陈　刚（　—2022.11）
　　　　刘海峰（2022.11—　）
　　　　张林海（　—2022.9）
　　　　陈　华（女）
　　　　房其勇
　　　　王　卫
　　　　卫爱军
　　　　朱晓春
　　　　黄同城
　　　　陆友江
　　　　何昊宇（2022.11—　）

中共盐城市大丰区委办公室

主　任　顾　斌
副主任　陈小龙（　—2022.3）
　　　　倪怀东
　　　　朱荣虎
　　　　陈　堃
　　　　郭永民（2022.3—　）
派驻纪检组组长
　　　　何　菊（女，　—2022.3）
　　　　刘龙梅（女，2022.3—　）

中共盐城市大丰区委全面深化改革委员会办公室

副主任　杨　波（2022.3—　）

中共盐城市大丰区纪律检查委员会

书　记　陈　刚（　—2022.11）
　　　　刘海峰（2022.11—　）
副书记　朱　薇
　　　　周云冲
常　委　徐　俊
　　　　郁　峰
　　　　杨　尉
　　　　陶冬林

盐城市大丰区监察委员会

主　任　陈　刚（　—2022.11）
　　　　刘海峰（2022.11—　）
副主任　朱　薇
　　　　周云冲
委　员　杨　尉
　　　　陶冬林
　　　　朱　闽（女）
　　　　臧　锋

中共盐城市大丰区委组织部

部　长　陈　华（女）
常务副部长　高新东
副部长　吴建卫
　　　　刘兴宏
　　　　吴　兵
派驻纪检组组长　朱　燕（女）

中共盐城市大丰区委党建工作领导小组办公室

主　任　吴建卫

中共盐城市大丰区委区级机关工作委员会

书　记　陈新江

中共盐城市大丰区委宣传部

部　长　卫爱军
常务副部长　姚保平（　—2022.3）
　　　　周　昕（2022.3—　）
副部长　袁金荣（　—2022.3）
　　　　周　昕（　—2022.3）
　　　　郭治中（挂，　—2022.3）
　　　　冯永义（2022.3—　）
派驻纪检组组长　单　婧（女）

盐城市大丰区精神文明建设指导委员会办公室

主　任　袁金荣（　—2022.3）
副主任　沈　文（女）

盐城市大丰区政府新闻办公室

主　任　周　昕

盐城市大丰区互联网信息办公室

副主任　韦　伟

中共盐城市大丰区委通讯站

站　长　李拥钧

中共盐城市大丰区委统一战线工作部

部　长　陈　华（女）
常务副部长　茅晓峰（　—2022.3）
　　　　徐　辉（2022.3—　）
副部长　周　兵

盐城市大丰区民族宗教事务局

局　长　茅晓峰（　—2022.3）
　　　　徐　辉（2022.3—　）
副局长　吴海丰

中共盐城市大丰区委政法委员会

书　记　朱晓春
常务副书记　束必怀

副书记 骆 荣
政治处主任 戚立国

中共盐城市大丰区委巡察工作办公室

主 任 徐 俊
副主任 张 银

中共盐城市大丰区委老干部局

局 长 吴 兵
副局长 纪 丽(女)
区委离退休干部党工委书记
吴 兵

盐城市大丰区机构编制委员会办公室

主 任 刘兴宏
副主任 王 波
周雪梅(女)

盐城市大丰区事业单位登记中心

主 任 朱继军

中共盐城市大丰区委党校

校 长 陈允春(—2022.10)
常务副校长 郁兴忠
副校长 王晓华(女, —2022.3)
王武驷(—2022.3)
王文昕(2022.3—)
卢 娴(女,2022.3—)

盐城市大丰区行政学校

校 长 张林海(—2022.8)
房其勇(2022.8—)

中共盐城市大丰区委党史工作办公室

主 任 钱锡军
副主任 周剑飞
奚 俊

盐城市大丰区地方志编纂委员会办公室

主 任 钱锡军

盐城市大丰区档案馆

馆 长 陈小龙(—2022.3)
倪怀东(2022.3—)
副馆长 刘文萍(女, —2022.3)
徐 玲(女)
王成蓉(女)

盐城市大丰区融媒体中心

主 任 郭治中(—2022.3)
陈 明(2022.3—)
副主任 陆益新(—2022.3)
王志文(—2022.3)
申晓芸(女, —2022.9)
孙耀武
俞红军
李丁非
马苏南(女)

盐城市大丰区人大常委会

主 任 范大玉
副主任 江 波(女, —2022.1)
朱国新(—2022.1)
韦 国(2022.1—)
钱 江
李实业
季明珍

盐城市大丰区人大常委会办公室

主 任 陈爱华
副主任 黄永新
姜 玲(女)

盐城市大丰区人大常委会人事代表联络工作委员会

主 任 黄 艳(女)
副主任 董均玲(女)

盐城市大丰区人大常委会监察和司法工作委员会

主 任 王晓聪
副主任 朱 政

盐城市大丰区人大常委会财政经济工作委员会

主 任 杨海慧(女)
副主任 张 娴(女)

盐城市大丰区人大常委会教科文卫工作委员会

主 任 李 勇
副主任 金福华

盐城市大丰区人大常委会农村工作委员会

主 任 顾仲荣
副主任 黄冬霞(女)

盐城市大丰区人大常委会环境资源城乡建设工作委员会

主 任 夏萍娟(女)
副主任 徐文忠

盐城市大丰区人民政府

区 长 戴 勇
副区长 张林海
房其勇
韦 国
杨云峰
何昊宇
梁呈元(挂, —2022.8)
薛文杰
朱梅芳(女,2022.1—)
夏文锦(2022.1—)
潘 伟(2022.11—)

盐城市大丰区人民政府办公室

主 任 沈旭峰
党组书记 沈旭峰
副主任 朱海东(—2022.3)
唐成钢
薛飞平
马沈春
葛玉贵(挂)
张才志(2022.3—)

派驻纪检组组长　张　利

中共盐城市大丰区委外事工作委员会办公室

副主任　朱爱军（　—2022.11）

盐城市大丰区机关事务服务中心

主　任　陈　明（　—2022.3）
　　　　陆怀军（2022.3—　）
副主任　陆怀军（　—2022.3）
　　　　李　峰
　　　　郭永民（　—2022.3）

盐城市大丰区发展和改革委员会

主任、党委书记
　　　　夏文锦（　—2022.3）
副主任　陈雨晴（　—2022.3）
　　　　谢世平
　　　　陈　伟
　　　　殷桂祥
　　　　汤习飞
能源发展中心主任　骆保国

盐城市大丰区教育局

局长、党委书记　王国平
副局长　何　钢（　—2022.3）
　　　　蒋美萍（女，　—2022.3）
　　　　高智华
　　　　王晓华（女，2022.3—　）
　　　　彭兴俊（2022.12—　）
派驻纪检组组长　顾　勇
区委教育工委书记　王国平
区委教育工委副书记　陈　林

盐城市大丰区体育局

局　长　王国平

盐城市大丰区科学技术局

局长、党组书记　柏传卫
副局长　陈　静
　　　　董　慧
　　　　殷蓓蓓（女）
　　　　吴金星

国家可持续发展实验区办公室

主　任　王　莹（女，2022.3—　）

盐城市大丰区工业和信息化局

局长、党委书记
　　　　潘　伟（　—2022.3）
　　　　茅曙峰（2022.3—　）
副局长　孔晓荣
　　　　朱红斌
　　　　李生鹏
　　　　徐佳庆

盐城市大丰区公安局

局长、党委书记　杨云峰
政委、党委副书记　张　辉
党委副书记　张建忠
副局长　张建忠
　　　　赵建荣
　　　　顾建忠
　　　　张正辉
　　　　霍金蓉（女，挂）
政治处主任　陈一岭
派驻纪检组组长　智　勇

盐城市大丰区民政局

局长、党委书记　朱晓扣
副局长　吴　淳

盐城市大丰区司法局

局　长　朱梅芳（女，　—2022.3）
　　　　陈月华（2022.3—　）
党组书记、副局长
　　　　陈月华（　—2022.3）
副局长　种修环
　　　　张旭飞
　　　　徐　荣
政治处主任　高　岭

盐城市大丰区财政局

局长、党组书记　黄海峰
副局长　黄　浩
　　　　曹锦平
　　　　吴育青（女）
　　　　曹　冰
派驻纪检组组长　谢　颖（女）

盐城市大丰区人民政府国有资产监督管理办公室

主　任　黄海峰

盐城市大丰区投资公司

副经理　史　涛（挂）

盐城市大丰区人力资源和社会保障局

局长、党委书记
　　　　王亚东（　—2022.3）
　　　　张　强（2022.3—　）
副局长　高金荣
　　　　吴　卫
　　　　王永新（　—2022.12）
　　　　徐安桂（　—2022.3）
　　　　刘加东（2022.12—　）
派驻纪检组组长　卢逢祥

盐城市大丰区自然资源和规划局

局长、党委书记　纪建军
副局长　景　曙
　　　　李城静
　　　　吴桂宏
　　　　徐永跃
　　　　许　锋
　　　　朱佩文
　　　　徐金林
　　　　张　钧
　　　　徐　慧（女）
　　　　王培正

盐城市大丰区住房和城乡建设局

局长、党委书记　陈国军
副局长　王　政
　　　　管宏贵（　—2022.12）
　　　　陆一川
　　　　刘　宾（　—2022.3）
　　　　蔡惠民（　—2022.3）
　　　　王永根（2022.12—　）
　　　　周瑞祺（挂，　—2022.3）

派驻纪检组组长　陈干荣

盐城市大丰区城市管理局

局长、党委书记
　　商明华（　—2022.3）
　　朱海东（2022.3—　）
副局长　王良宇（挂）
　　潘春海
　　杨　毅
　　陈卫东
　　陈　飞
　　袁同锁

盐城市大丰区综合行政执法局

局　长　商明华（　—2022.3）
　　朱海东（2022.3—　）

盐城市大丰区交通运输局

局长、党委书记　骆　顺
副局长　刘中海
　　仲海波
　　束方平
派驻纪检组组长　朱轶竹（女）

盐城市大丰区水利局

局长、党委书记　陈良忠
副局长　季祥华
　　徐海峰
　　陈志兵
派驻纪检组组长　吴育宇

盐城市大丰区农业农村局

局长、党委书记　韦桂和
副主任　孟　宇
　　周兴权
　　陈　彤
　　房金钺

盐城市大丰区商务局

局长、党委书记　杨国峰
副局长　沈　倩（女）
　　俞兴敏（　—2022.7）
　　陈　海（2022.7—　）

盐城市大丰区文化广电和旅游局

局长、党委书记　邢　程
副局长　倪　红
　　周立新
　　周正华（　—2022.3）
　　孙　平
　　沈彬彬（女）
　　李　萍（女）

盐城市大丰区卫生健康委员会

主任、党委书记　沈邵霞（女）
副主任　沙文彪（　—2022.3）
　　叶海涛
　　常春贵
　　孙从亮
　　杨维平（2022.4—　）
　　王文宜（2022.12—　）
派驻纪检组组长　郁　刚

盐城市大丰区退役军人事务局

局长、党组书记　吴汉钧
副局长　潘正忠
　　许荣军
　　张国庆（挂）

盐城市大丰区应急管理局

局长、党组书记　朱庆祝
副局长　王兴珍（　—2022.12）
　　汤洪源（　—2022.12）
　　张　红（女）
　　陈桂俊
　　刘咏枫
　　李晟浩（2022.12—　）

盐城市大丰区审计局

局长、党组书记　王志建
副局长　张明安
　　吕金生
　　计晓红（女）

盐城市大丰区行政审批局

局长、党委书记
　　茅曙峰（　—2022.3）
　　陈小龙（2022.3—　）
副局长　蔡春雷
　　晁心华（　—2022.3）
　　沈　峰
　　吴　健（2022.12—　）

盐城市大丰区市场监督管理局

局长、党组书记　张锦存
副局长　陈曙翔（　—2022.3）
　　汤建明
　　包红杰（　—2022.3）
　　肖　袁（　—2022.3）
　　王建华
　　冯永进
　　金　军
　　冯钧生
　　张秀松
派驻纪检组组长　陈　鑫

盐城市大丰区统计局

局长、党组书记
　　张　强（　—2022.3）
　　李桂荣（2022.3—　）
副局长　顾大华
　　李桂荣（　—2022.3）

盐城市大丰区信访局

局　长　葛玉贵
副局长　葛余波
督查专员　吴少卿

盐城市大丰区地方金融监督管理局

局长、党组书记
　　沈明智（　—2022.3）
　　韩志勇（2022.3—　）
副局长　蔡　宁（　—2022.12）
　　王　曦（女，2022.3—　）
　　张冠华（2022.12—　）

盐城市大丰区供销合作总社

主任、党委书记　杨正锋
副主任　周雪梅（女，　—2022.3）
　　季明春
　　陆晓熹
　　施　伟（女，2022.3—　）

监事会主任　叶泽海

盐城市大丰区服务业发展中心

主任、党委书记
　　杨国峰（　—2022.3）
副主任　陈　海（　—2022.3）
　　李晓平（　—2022.3）

盐城市大丰区港口口岸发展中心

主任、党委书记　施晓钟
副主任　施剑峰
　　杨照兵
　　袁建祥

盐城市大丰区接轨上海工作部

主　任　周锐进

政协盐城市大丰区委员会

主　席　石根美
副主席　汤小山（　—2022.1）
　　李志阳
　　汤云庆
　　沈旭峰（2022.1—　）
　　季晓路（女，2022.1—　）
　　徐　韡（女，2022.1—　）
秘书长　徐金宏

办公室

主　任　徐金宏
副主任　张雷磊

提案委员会

主　任　朱　刚
副主任　胡　勇

农业和农村委员会

主　任　丁　宇（女）

科教文卫体委员会

主　任　刘国钧

经济委员会

主　任　单德勇
副主任　丁　皓

港澳台侨委员会

主　任　李晓霞（女）

盐城市大丰区人民法院

院长、党组书记　王如平
副书记　徐远峰（　—2022.7）
　　郑　刚（2022.12—　）
副院长　徐远峰（　—2022.7）
　　郑　刚
　　秦　钢
　　臧全思
　　吴　丹（女，2022.12—　）
政治部主任　尹　健
审判管理办公室主任　唐鑫邦
派驻纪检组组长　张淞明

盐城市大丰区人民检察院

检察长、党组书记　王　冰
副书记　李智祥
副检察长　李智祥
　　顾兴俊
　　苏学峰
派驻纪检组组长　陈干荣

群众团体

盐城市大丰区总工会

主　席　汤云庆
党组书记　王海涛
副主席　王海涛
　　杨爱斌
　　陈惠娟（女）
　　王德轩（挂）

共青团盐城市大丰区委员会

书　记　张静思（女，　—2022.10）
　　茆　昊（2022.10—　）
副书记　束　瑞（女，2022.1—　）

盐城市大丰区妇女联合会

主　席　蔡　雪
副主席　施春香（女）

盐城市大丰区科学技术协会

党组书记、主席　鲁丽霞（女）
副主席　吴永健
　　周淑兰（女）

盐城市大丰区文学艺术界联合会

主　席　冯永义（　—2022.3）
　　奚晓平（女，2022.9—　）
副主席　张冠华

盐城市大丰区归侨侨眷联合会

主　席　季晓路（女）

盐城市大丰区工商业联合会

主　席　汤小山（　—2022.1）
　　季晓路（女，2022.1—　）
党组书记　茅晓峰（　—2022.3）
　　徐　辉（2022.3—　）

盐城市大丰区总商会

会　长　汤小山（　—2022.1）
　　季晓路（女，2022.1—　）

盐城市大丰区残疾人联合会

理事长、党组书记　刘亚和
副理事长　刘正和（　—2022.12）
　　董晓剑（2022.12—　）

盐城市大丰区红十字会

会　长　何昊宇（2022.3—　）
常务副会长　孙　杰（　—2022.12）
　　袁　军（2022.12—　）
党组书记　孙　杰（　—2022.12）
　　袁　军（2022.12—　）
副会长　陶正明
秘书长　陶正明

园、区、专业招商局

沪苏大丰产业联动集聚区

党工委书记　董　坤
管委会主任　董　坤（　—2022.11）
副主任　陈苏萍（女）
　　　　杨荣富
纪工委书记　陆　斌

江苏大丰经济开发区

党工委书记　仇兆华
主　任　沈　刚
党工委副书记　周善余
副主任　赵维海
　　　　徐　鞾（女，　—2022.1）
　　　　马　琳（女）
　　　　张亚华（　—2022.3）
　　　　周瑞祺（2022.3—　）
纪工委书记　王亚军

江苏大丰风电产业园管理办公室

主　任　陈雨晴（　—2022.3）

大丰电子信息产业园管理办公室

主　任　顾海荣
副主任　季　晔

大丰轻工机械产业管理办公室

副主任　黄　霞（女）

大丰汽配高端装备产业园管委会

主　任　顾德根
副主任　卞洪生（　—2022.3）
　　　　季海峰（2022.3—　）

江苏大丰经济开发区管理委员会项目服务中心

主　任　蒋　峥（　—2022.7）
　　　　吕文斌（2022.9—　）
副主任　张　莉（女）

盐城市大丰区人民政府装备制造产业招商局

局　长　康　红
副局长　吕文斌（　—2022.9）
　　　　陈　亮

盐城市大丰区人民政府汽配及热处理产业招商局

局　长　王　前
副局长　武　尚
　　　　金钟宏

盐城市大丰区人民政府泵阀及不锈钢产业招商局

局　长　何银忠
副局长　宗江亚
　　　　葛爱华

盐城市大丰区人民政府境外招商一局

副局长　唐　军
　　　　陈　勇
　　　　朱金瑜

江苏大丰港经济开发区

党工委书记　黄同城
党工委副书记
　　　　密　云（女，2022.12—　）
　　　　吴光辉
主　任　黄同城（　—2022.12）
　　　　密　云（女，2022.12—　）
副主任　林　雁
　　　　杜卫国
　　　　刘忠明
　　　　施晓钟（挂）
　　　　陈玉凡（挂）
纪工委书记　徐忠良

大丰港经济区造纸产业园管理办公室

副主任　史中军

大丰港石化新材料产业园管理办公室

主　任　夏　伟
副主任　高　翔
安全总监　王　辉（2022.3—　）

盐城海洋生物产业园管理办公室

副主任　郁　峰

盐城新能源淡化海水产业园管理办公室

副主任　郝圣响

大丰港特钢新材料产业园管理办公室

主　任　顾洪林
副主任　金海涛

大丰港物流中心管理办公室

主　任　吴慧露
副主任　聂青松

大丰港城管理办公室

主　任　杨建生
副主任　李　军

大丰港经济开发区管委会安监局

局　长　王继锋

大丰港经济开发区管委会生态环境局

局　长　柏建荣

盐城市大丰区人民政府新能源与新材料产业招商局

局　长　曹海忠
副局长　李　锋

盐城市大丰区人民政府境外招商二局

局　长　单激文（女）
副局长　陈丰来
　　　　唐春银

盐城市大丰区荷兰花海旅游度假区

党工委书记　李实业
主　任、党工委副书记　缪勇峰
副书记　徐月婷（女，2022.3—　）

纪工委书记　徐永毅（女）
副主任　徐月婷（女，　—2022.3）
　　岳银华
　　陶　蕾（女）

盐城市大丰高新区

党工委书记
　　密　云（女，—2022.12）
　　陈　华（女，2022.12—　）
主　任　黄　斌
党工委副书记　蒋真雅
纪工委书记　李小武
副主任　陆进红
　　袁海兵

盐城市大丰区项目服务中心

主　任　夏文锦（　—2022.3）
　　刘广金（2022.3—　）
副主任　周传邦
　　骆文喜

区属国有企业

城建集团

董事长　仇宏伟
总经理　桂伯祥
副总经理　季明根
　　钱刘留
　　陈辉文
　　张　鑫

交通控股集团

董事长　蔡永兴
总经理　潘世博
副总经理　沈翠华
　　常元柏

文旅集团

董事长　奚晓平（　—2022.9）
总经理　李　波（　—2022.9）
副总经理　朱瀚威（　—2022.9）
　　孙令贵（　—2022.9）
　　徐耀之（　—2022.9）

斗龙港旅游度假区集团公司

董事长　周　俊
总经理　张建华
副书记　李　波（2022.9—　）
副总经理　王　伟
　　赵海雯
　　王　华
　　葛　剑

大丰仓农业集团

总经理　崔恒骏
副总经理　杨　晨
　　徐　刚

各镇（街道）

草堰镇

党委书记　王　路
副书记　陈晶晶（女）
　　陈长青
人大主席　朱　高
镇　长　陈晶晶（女）
副镇长　李　萍（女）
　　曹　蓉（女）
　　陆卫林
　　李鸿翔
纪委书记　宗亚芹（女）
组织委员　王　雷
宣传委员　袁　元
统战委员　陈姗姗（女）
政法委员　朱海卫
人武部部长　马　驰

白驹镇

党委书记　姜华新
副书记　陶　琳（女）
　　黄爱华（女）
人大主席　朱爱军
镇　长　陶　琳（女）
副镇长　宗圣勇
　　丁　峰（挂）
　　陈小平
　　金祎臣
　　单春芳（女）
　　杨安波
　　周　航
纪委书记　李霁洲
组织委员　杜　荧（女）
宣传委员　宋　蔚（女）
统战委员　张南睿（　—2022.3）
　　于同庆（2022.12—　）
政法委员　卞旭辉
人武部部长　周浦江

刘庄镇

党委书记　黄　磊
副书记　申友益
　　黄晓东
　　陆　杰
人大主席　黄永健
镇　长　申友益
副镇长　杨丽华（女）
　　季顺吉
　　王　婧（女）
　　顾兴东
　　陈春霖
纪委书记　戴文健
组织委员　李　莉（女）
宣传委员　杨骐菲（女）
统战委员　何裕明
政法委员　朱兴军
人武部部长　束正华

西团镇

党委书记　郁　冰
副书记　丁卫伟
　　殷亚萍
　　董　汇（科挂）
人大主席　张浩东
镇　长　丁卫伟
副镇长　管卫兵
　　沈海涛
　　任　伟
　　李蓉蓉（女）
　　高子冬
　　唐金鑫
纪委书记　蔡　良
组织委员　李志伟
宣传委员　张　冲
统战委员　储　悦
政法委员　韩旻晋

人武部部长　吴仁桃

小海镇

党委书记　韩志勇
副书记　吴守祥
　　黄　翊
人大主席　沈　辉
镇　长　吴守祥
副镇长　邹　杰
　　翟东芳(女)
　　许小华(女)
　　仇　露
纪委书记　许文杰
组织委员　陈　白(女)
宣传委员　严雪芹(女)
统战委员　朱国华
政法委员　高　娟(女)
人武部部长　陆　韬(　—2022.12)
　　吕小勇(2022.12—　)

大桥镇

党委书记　袁　伟(　—2022.3)
　　韦　峰(2022.3—　)
副书记　朱一鸣
　　吴恒圣
人大主席　金干生
镇　长　朱一鸣
副镇长　管佩均(女)
　　冷亚妍(女)
　　李宏斌
　　王晓东
纪委书记　孙　骏
组织委员　吴　乐
宣传委员　卞　婧(女)
统战委员　陆佳佳(女,　—2022.5)
政法委员　仇保军
人武部部长　王文委

草庙镇

党委书记　徐中健
副书记　袁　军(　—2022.12)
　　董识君(2022.12—　)
　　陈　慧(女)
人大主席　单金华
镇　长　袁　军(　—2022.12)
　　董识君(2022.12—　)
副镇长　邹小燕(女)
　　胡业飞
　　王卫东
　　金　玫(女)
　　薛友龙
纪委书记　王智祥
组织委员　吉荣春(女)
宣传委员　龚　杰(女)
统战委员　顾　益
政法委员　李　鹏
人武部部长　王庆松

万盈镇

党委书记　郭大海
副书记　杨晓虎
　　吕秀凤(女)
人大主席　周　瑾(女)
镇　长　杨晓虎
副镇长　黄晓梅(女)
　　王学武
　　许秀平(女)
　　肖　华
纪委书记　张建祥
组织委员　沈苏珍(女, 2022.3—　)
宣传委员　吕银舟
统战委员　金文存
政法委员　沈苏珍(女,　—2022.3)
　　张南睿(2022.3—　)
人武部部长　李兴祥

南阳镇

党委书记　葛余柏
副书记　陈　锋
　　夏一涛
　　顾津仲
人大主席　周红霞(女)
镇　长　陈　锋
副镇长　刘永杰
　　陈　敏(女)
　　王一平
　　潘克红(女)
　　王　斌
纪委书记　黄韶杰(女)
组织委员　陈育栋
宣传委员　施　君(女)
统战委员　石　昕(女)
政法委员　刘　亭
人武部部长　杨国栋

三龙镇

党委书记　陈纪忠
副书记　韦　峰(　—2022.3)
　　刘　宾(2022.3—　)
　　董汉忠
人大主席　陆　锋
镇　长　韦　峰(　—2022.3)
　　刘　宾(2022.3—　)
副镇长　陈　刚
　　蔡　枫(女)
　　成宝明
　　陈　烨(女,　—2022.10)
　　王海同
　　张　晨(2022.10—　)
纪委书记　丁旭明
组织委员　杨学良
宣传委员　刘　成
统战委员　沈超超(女)
政法委员　柏　瑶(女)
人武部部长　周　锐

新丰镇

党委书记　徐　辉(　—2022.3)
　　袁　伟(2022.3—　)
副书记　赵长春
　　朱文勇
　　葛　栋
人大主席　褚小慧(女)
人大副主席　顾晓东
镇　长　赵长春
副镇长　沈　娟(女)
　　沈　辉
　　梅海江
　　李晓娟(女)
　　宗云保
纪委书记　朱瑞丰
组织委员　陈　浩(　—2022.3)
　　邢明程(2022.3—　)
宣传委员　刘静訸(女,　—2022.3)
统战委员　吴海燕(　—2022.12)
　　郭　韬(2022.12—　)
政法委员　王友根
人武部部长　朱　江

大中街道

党工委书记　席　刚
副书记　殷　昊

邓颖峰
陈　炜
人大工委主任　许益龙
主　任　殷　昊
副主任　李凤玲（女）
王小华（女）
刘卫东
周瑞祺（　—2022.3）
李惠娟（女）
曹永新
彭　漩（科挂）
纪工委书记　鲁　浩
组织委员　吴洪汛
宣传委员　舒　明
统战委员　程少寒
政法委员　沙丽丽（女）
人武部部长　管晓军

丰华街道

党工委书记　密　云（女，　—2022.12）
陈　华（女，2022.12—　）
副书记　黄　斌
金　晖
主　任　黄　斌
人大工委主　刘广金（2022.3—　）
张静思（女，2022.10—　）
副主任　王　丹（女）
袁晓聪
杨　波
纪工委书记　朱少波
组织委员　陈忠斌
宣传委员　李　颖（女）
政法委员　徐　俊
人武部部长　丁　成
统战委员　王婷华（女）

（区委组织部）

垂直单位

国网江苏省电力有限公司
盐城市大丰区供电分公司

总经理、党委副书记　张　运
党委书记、副总经理　周　伟
副总经理　丁　峰
姜　望
张　超
黄晓巍
纪委书记、工会主席　刘　勇

中国电信股份有限公司大丰分公司

党委书记、总经理
程文娟（女，　—2022.10）
孙　洁（女，2022.10—　）
纪委书记、副总经理
花长兵（　—2022.4）
奚圣蓬（2022.4—　）
副总经理　唐小晨（　—2022.10）
陈占科（2022.11—　）
工会主席、副总经理　丁宇杰

中国移动通信集团江苏有限公司
大丰分公司

总经理　朱海军（　—2022.8）
王方亮（2022.8—　）
副总经理　吴　骏
夏　哲（　—2022.4）
王志成（2022.4—　）

中国邮政集团有限公司
盐城市大丰区分公司

党委书记、总经理　梁克冬
副总经理　杨卫东
邢德龙（2022.7—　）
纪委书记、工会主席、副总经理
封　军（　—2022.7）
滕建祥

大丰区邮政管理局

副局长　顾建祥

中国人民银行大丰支行

党组书记、行长
刘爱民（　—2022.5）
党组副书记、副行长（主持工作）
顾加宽（2022.5—　）
副行长、纪检组组长　韦斌元
副行长　陈　衡

中国工商银行股份有限公司
盐城大丰支行

行长、党总支书记　唐昆蓓（女）
副行长　何　亮（　—2022.8）
葛　梅（女）
纪检委员　李玉生（　—2022.7）
夏　炜（2022.7—　）

中国农业银行股份有限公司
盐城大丰支行

党委书记、行长　崔建晖
党委副书记、副行长　张忠杰
纪委书记　管东平
副行长　唐　乐
吴海兵（2022.7—　）

中国银行股份有限公司盐城大丰支行

党总支书记、行长
刘小璇（女，　—2022.10）
虞　浩（2022.10—　）
副行长　沈浴波
叶　俊
席　强
刘建民
戴登来（2022.4—　）

中国建设银行股份有限公司
盐城大丰支行

行　长　于万红（女）
纪检员　王腾飞（2022.5—　）
副行长　陈　娟（女）
孙沐楠

江苏银行股份有限公司盐城大丰支行

行　长　刘　娣（女，—2022.7）
王　林（2022.7—　）
副行长　马清华

交通银行股份有限公司盐城大丰支行

行　长　梅　军
副行长　丁耀东（2022.10—　）
王　凯（2022.3—　）

江苏大丰农村商业银行股份有限公司

董事长、党委书记　卞玉叶
行长、党委副书记　章　勇
监事长、纪委书记　袁　涛（女）

副行长 柏 寅
柏栋梁
罗海娟(女)
杜爱华(女)
王 淏

中国农业发展银行盐城市大丰区支行

行 长 郑 彦
副行长 严金梅(女)
曹 莹(女)

中国邮政储蓄银行股份有限公司
盐城市大丰支行

行 长 李正杰
副行长 颜 艳(女)
陈苏坤

江苏大丰江南村镇银行股份有限公司

董事长 夏晓冬(—2022.7)
周志俊(2022.7—)
行 长 袁宝城
支部书记、监事长 王玉冰
副行长 秦晓刚(2022.9—)
李雪海(2022.9—)

上海浦东发展银行股份有限公司
盐城大丰支行

行 长 时森林(—2022.8)
韦志勇(2022.8—)
副行长 蔡 昊(—2022.12)
梅素娟(女,2022.12—)

江苏太仓农村商业银行股份有限公司
大丰支行

行 长 曹静波
副行长 丁 力
金 燕(女, —2022.7)
薛洪益(2022.7—)

苏州银行股份有限公司大丰支行

行 长 毛剑峰
副行长 王 娟(女, —2022.8)
丁 炜(2022.8—)

中国人民财产保险股份有限公司
盐城市大丰支公司

经 理 杨金余
副经理 陈林华
陈 强
景文天

中国人寿保险股份有限公司
大丰支公司

经 理 庄 雨
副经理 冯金房
陈 樱(女)

中国太平洋财产保险股份有限公司
大丰支公司

经 理 施乐波
副经理 王春友(—2022.1)
伍 燕(女,2022.1—)
殷 鸿

中国太平洋人寿保险股份有限公司
大丰支公司

经 理 周小燕(女, —2022.2)
周 祥(2022.2—)

国家税务总局盐城市大丰区税务局

党委书记、局长
蔡茂康(—2022.5)
刘春阳(2022.5—)
副局长 卞松建(—2022.10)
顾 宏
刘海涛
张尊华(2022.3—)
陈 斌(2022.8—)
纪检组组长
张子东(—2022.3)
徐俊峰(2022.3—2022.9)
周飞亚(2022.9—)

盐城市大丰生态环境局

局长、党组书记 石永明(—2022.6)
顾雷广(2022.6—)
副局长 周啸尘
胡 俊
周 斌
骆雪生(女)

盐城市医疗保障局大丰分局

局长、党总支书记 王秋枫
副局长 孙卫东
贾桂芬(女)

盐城市大丰区气象局

局长、党组书记 蒋 伟
副局长 杨国峰
纪检组组长 朱 毅(—2022.8)

盐城市大丰区烟草专卖局

局长、党组书记 骆银海
副局长 孙 逊(—2022.5)
张晓东(2022.10—)

盐城市烟草公司大丰分公司

经 理 骆银海
副经理 朱建华

盐城海关驻大丰港办事处

主 任 钱 成
副主任 崔克劲

盐城大丰海事处

处 长 万仁英(女)

盐城市住房公积金大丰管理部

主 任 陈月华(女)
副主任 秦 隽
施 波(女)

国家统计局大丰调查队

队长、党组书记 王亚男(女)
纪检组长 陈卫莉
副队长 赵 旭

(各单位)
〖编辑 於晨婷〗

重要会议报告

在新征程上全面推进中国式现代化大丰新实践

——在区委经济工作会议上的讲话（摘要）

区委书记　李志军

（2022年12月30日）

2023年是全面贯彻落实党的二十大精神的开局之年，做好经济工作意义重大。中央经济工作会议指出，必须围绕“六个坚持”做好经济工作，省委、市委经济工作会议都对明年经济工作进行了部署，我们要认真学习领会、坚决抓好落实。一要把握发展大势，坚定信心、沉着应对。当前需求收缩、供给冲击、预期转弱三重压力仍然较大，但要看到，我国经济韧性强、潜力大、活力足，各项政策效果持续显现，明年经济运行有望总体回升，经济长期向好的基本面不会改变。我们既要准确识变、科学应变、主动求变，改善社会心理预期、提振发展信心，更要把握全局，聚焦长三角一体化产业发展基地这一最大载体，集中精力办好自己的事，确保经济发展始终保持在合理区间。二要抓牢第一要务，稳字当头、稳中求进。大丰正处于工业化加速期，存在发展不充分、不平衡的问题，不充分表现在经济体量不足、能耗排放较高，不平衡表现在城乡之间、板块之间有差距。我们必须完整准确全面贯彻新发展理念，把“稳”的重点放在稳住经济运行上，确保增长、就业、物价不出现大的波动，有效防范化解各类风险；把“进”的重点放在调优调轻经济结构和深化改革开放上，确保大丰在高质量发展的道路上行稳致远。三要用好叠加机遇，放大优势、增创特色。长三角一体化、江苏沿海开发等多重战略机遇叠加，省委、省政府专门出台意见，支持盐城建设绿色低碳发展示范区，大丰作为盐城副中心，发展空间大、产业基础实、生态环境好，竞逐绿色低碳发展新赛道优势明显。我们要抢抓机遇，创造性开展工作，把最大变量变成最大增量，把发展优势变为发展胜势，勇当沿海地区高质量发展排头兵。

一、实施扩大内需战略，在加快释放投资和消费潜能上实现新突破。扩大内需是实现我国经济中高速增长的战略基点，要充分发挥投资与消费在需求侧的“双轮驱动”作用，推动供需实现更高水平良性循环，增强经济发展韧性。一要发挥投资关键作用。通过政府投资和政策激励有效带动社会投资，认真编制实施交通、能源、水利、教育、医疗、信息等重点工程项目，鼓励和吸引民间资本参与，在更多领域让民间投资进得来、能发展、有作为。树牢人民城市理念，把改善群众住房条件、改善城市面貌与城市开发建设有机融合，正确处理好城市更新开发和历史传承保护的关系，厚实城市底蕴，留住城市记忆。二要强化消费基础性作用。把恢复和扩大消费摆在优先位置，围绕家电、汽车等传统消费，策划系列消费促进活动，推动商业零售、住宿、餐饮等接触性消费加快恢复，使消费恢复成为经济主拉动力。积极培育消费新增长点，大力发展养老托育、医疗健康、家政服务等服务消费，培育首店经济、夜间经济、网红经济等新兴消费，促进农村消费扩容提质，把老百姓的消费意愿激发出来。实施“互联网+农产品”出村进城工程，做好“土特产”文章，将更多“大丰优品”卖向全国。坚持“房住不炒”定位，落实“丰八条”政策，支持刚性和改善性住房需求，加快消化现有房地产库存，促进房地产市场平稳健康发展。三要提升旅游效益。加强景区市场化经营，既要带动群众致富，更要形成“吸金”业态，推动旅游开发资金平衡，实现可持续发展。要引进社会资本开发运营文旅康养项目，加快建设郁金香健康养生文化中心、“月下爱河”旅游综合体，荷兰花海通过国家AAAAA级景区评审验收，斗龙港旅游度假区进入省级旅游度假区前10强。大力拓展长三角消费市场，精心组织专题推介和市场对接活动，全年接待游客重回1000万人次以上。

二、抓牢实体经济着力点，在建设现代化产业体系上实现新突破。把稳增长摆在更加突出位置，坚持实体为本、项目为王，推动实体经济向价值链中高端攀升，实现更高质量发展。一要打造先进制造集群。壮大新兴产业、升级基础产业、布局风口产业，新能源及装备制造要以百亿级重大项目为牵引，集聚产业链供应链上下游配套项目；新能源汽车零部件依托中汽试验场，发力感知、决策、执行、通信四大系统精密制造；新一代电子信息着力突破汽车电子项目。钢铁、化工、造纸等基础产业要加快绿色转型、向下游延伸，大力招引印刷、包装等项目。规划建设氢能产业。结合我区现有产业基础发展特色应急产业，打造长三角应急产业高地。“项目为零一切为零”，我们要坚持把招商引资、项目建设作为稳增长最直接、最有效的抓手，把创新能力作为招商选资的重要标准，建强招商队伍，建立项目从跟踪洽谈到竣工达产的全流程管理体系，全年新签约项目落户率达70%以上。深入开展工业企业资源集约利用综合评价，持续开展“三项清理”，创建省级自然资源节约集约示范县(市、区)。二要做强现代服务业。主攻海上风电运维、汽车研发测试、粮食仓储物流、大数据服务四大生产性服务业，全年新增规上服务业企业30家，全年培育省级现代服务业高质量发展领军企业1家、省级现代服务业高质量发展集聚示范区2家。三要大力发展数字经济。聚焦数字产业化、产业数字化，加快培育电子商务、大数据、人工智能等新兴产业，建立企业智能化和数字化顾问制，拓展企业数据应用场景，年内新增省级星级上云企业70家以上，创建省级智能车间2~3个，数字经济规模突破400亿元。四要更大力度支持民营经济。在“扶、放、降、搭、帮”上下功夫，扶持壮大创业主体、放开创业门槛、降低创业成本、搭建创业平台、帮助解决困难，让广大企业特别是民营企业增强长远发展的信心，争创全省民营经济高质量发展示范县(市、区)。要超前研究谋划各类支持性政策，推动土地、用能等资源向大项目、好企业精准供给，让国企敢干、民企敢闯、外企敢投。

三、厚植区域开放优势，在深度融入长三角一体化上实现新突破。坚定不移推动更高水平开放，以长三角一体化产业发展基地建设为重要抓手，以更加开放的理念和包容的胸襟，充分展现大丰这座开放之城的发展活力。一要全域联动建好产业基地。瞄准“三年大变样”，抓牢产业项目这个“牛鼻子”，强化与沪苏、常盐、苏盐等合作园区联动招商，产业基地全年新签约亿元以上项目160个。适度超前做好标准厂房、污水处理、水电气热供应等生产性配套设施，以及邻里中心、小型综合体等生活性配套设施建设，盐丰快速通道、226省道大丰南段等道路全部建成通车，大丰港铁路支线年底前完成总投资的50%。加强与长三角城市的对接交流，有效承接优质资源外溢。二要持续优化对外贸易结构。依托现有外贸企业，融入共建“一带一路”，主动参与实施RCEP，支持和组织企业抱团出海，抢订单、拓市场。扩大汽车零部件、风电装备、光伏组件、家纺等优势产品出口，发展服务贸易、数字贸易、跨境电商，推动外贸转型升级、结构优化。持续提升通关便利化水平，做大做强盐城港跨境电商园，打造韩国商品进口中国集散地和江苏特色商品出口新通道。三要促进外资稳存量扩增量。支持开发园区引进跨国公司设立地区总部、研发、采购、物流等机构，在城市建设中融入更多国际标识和符号，打造更具“国际范”的开放环境。深入推进中韩(盐城)产业园临港产业配套区建设，高标准规划建设外资产业园，打造国际合作产业项目承载区、绿电绿证交易先行区。实质化运行区级外资招商中心，全年新开工1000万美元以上外资项目10个，制造业实际使用外资占比达68%。落实外资企业国民待遇，加大知识产权和外商投资合法权益保护力度，有针对性地做好外资企业服务工作，引导利用留存利润扩大投资规模，增强外资企业根植性。

四、大力推进乡村振兴，在加快农业农村现代化上实现新突破。坚持农业农村优先发展，一方面当好“一线总指挥”，区镇村三级书记要共同抓；另一方面，持续加大人力投入、物力配置、财力保障，以“112233”工程为总抓手，全面推进产业、人才、生态、文化、组织振兴。一要守牢粮食安全“国之大者”。抓住标准农田、种子芯片、农机装备“三个要素”，藏粮于地、藏粮于技，加快建设12万亩“吨粮田”，实现高标准农田全覆盖，逐步把永久基本农田全部建成高标准农田。深入实施种业振兴行动，争创国家现代农业(种业)产业园，把当家品种牢牢攥在自己手里。实施农业机械化“智改数转”工程，高水平建成省农业生产全程全面机械化示范县。二要推动农业接二连三。坚持强龙头、补链条、兴业态、树品牌，依托国家农业科技园区和光明食品产业园，深入实施农业产业化龙头企业提升行动，年内招引亿元农产品精深加工企业6个以上。培大育强粮食加工物流、油料加工、肉制品预制、葱蒜4条特色产业链，高水平建设港区粮食(食品)加工物流产业园，提升大蒜、大葱两个特色产业生产基地，在全国率先建立葱蒜生产标准，力争葱蒜产业产值突破30亿元。三要促进农民增收致富。坚持把增加农民收入作为“三农”工作的中心任务，深入实施经济强村三年行动和农民收入十年倍增计划，持续开展村企结对和富民强村帮促行动，培育壮大新型经营主体和社会化服务，大力发展设施农业，利用农村富余劳动力，引进社会资本，兴办富民项目，与企业开展接单加工等劳务合作，增加农民工资性收入。发展新型农村集体经济，鼓励村集体成立土地股份合作社领办合作农场，年内所有村集体经营性收入超50万元，其中100万元以上的村达20%以上。四要建设宜居宜业和美乡村。抓住示范镇村、农房改善、一路一河“三个重点”，突出351省道、226省道、通港大道等重要干道沿线，新培植乡村振兴示范村50个，刘庄镇、西团镇、新丰镇建成乡村振兴示范镇。充分尊重农民意愿，以1980年及以前老旧房屋为重点，改善农房2100户，创成省级特色田园乡村2个。以沈方线、四卯西河“一路一河”整治为重点，打造景观道路、清水走廊。瞄准“农村基本具备现代生活条件”的目标，加快防疫、养老、教育、医疗等方面的公共服务设施建设，促进发展要素、各类服务更多下乡，着力破除城乡二元结构，逐步让农民就地过上现代文明生活。

五、增强创新第一动力，在塑造发展新动能新优势上实现新突破。坚持创新在现代化建设中的核心地位，推动创新链、产业链、资金链、人才链深度融合。一要提高科技第一生产力。实施“科技创新提升年”行动，建立科技创新双月例会制度，经营好现有创新平台、国家级孵化器，高标准建设G343产业创新带，争创省创新型示范区、省农高区，打造新能源、智能网联汽车、智能终端“三大产业科创中心”，构建“一带两区三中心”科创发展新格局。突出企业创新主体地位，引导企业加大研发投入，完善创新型企业梯度培育机制，打造以创新型领军企业为龙头、专精特新企业为骨干、高新技术企业为主体的创新型企业集群，全年新认定高新技术企业40家、培育省级以上专精特新“小巨人”企业20家。二要集聚人才第一资源。坚持企业需求导向，深入实施黄海明珠人才计划，全面培养、引进、用好各类人才特别是中尖人才，新引进高层次人才30名以上、高校毕业生4500名以上。深挖乡贤资源，设立乡贤人才名录库，实行动态化管理，建立乡贤返乡建设激励机制，鼓励和引导乡贤建设家乡、回报桑梓。落实更加开放、更具吸引力的人才政策，加快建设人才公寓，支持大丰在外务工人员、创业有成人士、大学生等群体“凤还巢”，让大丰成为集聚人才的“强磁场”。三要强化金融创新支撑。引导金融机构加大低成本信贷资金投放力度，构建覆盖科创企业生命全周期、成果转化全过程、产业发展全链条的科技金融体系，为创新创业、实体经济注入“金融活水”。统筹推进“规改股”“股上市”，全年新增提交上市申请企业2家，上市辅导和新三板挂牌企业各1家。四要深化园区国企等改革。坚定不移推进“一区多园”改革，加强区镇共建，支持各镇利用闲置土地、闲置厂房，招引战略性新兴产业配套项目，打造镇级产业小集群。加快国有企业市场化转型、国有平台公司实体化运作，斗龙港旅游集团创成AA+信用等级。五要打造一流营商环境。优质的营商环境，对企业来说是最稳定的预期，对城市来讲也是最核心的竞争力。要一体推进政策、政务、市场、法治、人文环境建设，巩固“零审批开工”“一网通办”等改革成果，推动各类市场主体在大丰运营成本最低、办事效率最高、贸易投资最便利、发展预期最稳定。充分激发全社会干事创业活力，让干部敢为、地方敢闯、企业敢干、群众敢首创蔚然成风。

六、聚力绿色低碳发展，在促进人与自然和谐共生上实现新突破。坚定贯彻习近平生态文明思想，站位全市建设绿色低碳发展示范区，协同推进降碳、减污、扩绿、增长，建设美丽大丰。一要打造生态“绿心”。以2023全球滨海论坛在盐城举办为动力，加强沿海湿地保护和修复，开展省级生态产品价值实现机制试点，争创国家级生态文明建设示范区、“两山”实践创新基地，川东港区域创成国家级美丽海湾。深入开展国土绿化行动，着力建好海堤防护林林带、盐碱地造林试点示范，实现造林总量、质量“双提升”。二要强化污染防治。坚持精准治污、科学治污、依法治污，举一反三、高质量完成上级生态环保督察交办问题整改，确保过得硬、不反弹。深入打好蓝天、碧水、净土保卫战，深化落实河长制，加强工业点源、农业面源、生活污染源等多源同治，确保PM2.5浓度均值、空气质量优良天数比率、国省考断面水质优Ⅲ类比例等指标达标率100%。三要推动低碳转型。严格实施能耗“双控”，支持企业加大技改投入，引入专业科研机构、高校院所参与企业能耗管理、节能降耗，完成省市下达的能耗下降目标任务。大力发展海上风电、光伏等清洁能源，推广“新能源+交通”“新能源+工业”等应用模式，全面提升新能源发电消纳水平。开展大丰港经济开发区和常盐工业园区低碳产业园试点建设，打造绿色循环经济示范园区和节水型工业园区。四要共建绿色家园。倡导简约适度、绿色低碳的生活方式，开展节约型机关、绿色家庭、绿色学校、绿色社区等创建行动，支持发展节能低碳建筑，推行垃圾分类和资源化利用，让绿色低碳理念深入人心，成为自觉行动。

七、把握共同富裕本质要求，在创造美好幸福生活上实现新突破。坚持以人民为中心，既要牢固树立政府“过紧日子”的思想，全力保障民生投入，又要量力而行、尽力而为，用心用情办好民生实事。一要把稳就业摆在优先位置。就业是群众的生计大事，突出抓好大学生、农民工等重点群体就业，用足用好减负、纾困、稳岗、扩就业支持政策，提高岗位适配性，重点就业群体帮扶率要达到100%。大力实施青年群体专项职业技能培训计划，完善就业技能服务体系，打造一批特色就业培训基地。加速推进公益性岗位开发安置，确保零就业家庭动态清零。二要继续办好人民满意教育。坚持把师德师风建设摆在首位，深入推进“双减”工作，提升课后服务能力。扩大优质教育资源供给，常新路中小学、幼儿园正式启用，通过省义务教育优质均衡发展县（市、区）评估验收。借助“沪丰”“通丰”联盟，深化与区外名校对接，引入优质教育资源。三要提升卫生健康服务能力。深化医药卫生体制改革，加强紧密型医共体和省社会心理服务体系试点建设，上海中山医院苏北健康管理中心投入使用，人民医院建成市域医学中心，中医院争创三级中医医院。积极建设农村区域医疗中心、社区医院、甲级卫生室，提升基层卫生服务能力，高质量建设一批省级健康镇、健康村。四要提升养老事业和养老产业。围绕多层次、多样化的养老服务需求，加快推进“物业+养老”“时间银行”等新型养老服务模式，构建完善15分钟社区居家养老服务圈，形成可复制可推广的“大丰模式”。深化医养协作，建设全省首家中西医结合认知症康复老年医院。加大农村养老服务设施建设，开展“公建民营”改革，推动农村敬老院提档升级为区域性养老服务中心。五要丰富群众精神文化生活。充分用好文化产业集聚区，组织大丰民俗文化展，加快建设小剧场、美术馆，新丰里文创园建成特色文化园区标杆。设立文化艺术精品生产艺术基金，扶持奖励重点文艺作品和人才，推动“文化+旅游+影视”融合发展，打造长三角独具魅力的“演艺”之城。六要提高社会保障水平。持续推进社会保险扩面三年提升行动计划，提升全民参保水平。加大政府购买服务力度，推动救助服务信息向移动端延伸，方便困难群众申办，提升救助精准率。加快建立多主体供给、多渠道保障的住房供应体系，广泛开展“一小一残”、退役军人等群体关爱帮扶活动，让群众的获得感幸福感安全感更加充实、更有保障、更可持续。

八、树牢总体国家安全观，在提升社会治理水平上实现新突破。更加高效统筹发展和安全，加快形成与新发展理念、新发展格局相适应的大安全格局。一要捍卫政治安全。加强政治安全风险隐患排查、预警分析和整治化解工作，严格落实意识形态工作责任制，加快建设区网络安全应急指挥中心，发挥网信、网安、网格“三网融合”工作体系优势，持续清朗网络空间。二要守护人民健康。坚持人民至上、生命至上，认真贯彻落实《关于对新型冠状病毒感染实施“乙类乙管”的总体方案》，切实提高医疗救治水平。要根据群众就诊需求，动态调整开放诊室，保障发热门诊（诊室）平稳运行，保障群众就医购药需求，强化重点人群健康管理服务，持续推进老年人新冠疫苗接种，全力守护人民群众生命安全和身体健康。三要守牢经济安全。积极稳妥化解地方政府债务，严格控管规模，优化融资结构，降低融资成本，保证资金链安全，坚决杜绝违规担保和出借行为，严厉打击非法金融活动，牢牢守住不发生系统性风险底线。认真落实国家、省市稳经济一揽子政策，为企业争取各类专项资金支持，保障要素供给，稳定经济运行。四要严实安全生产。坚决落实“两个不放松”“务必整出成效”重大要求，时刻绷紧安全生产这根弦，深化安全生产风险专项整治，加强危化品、冶金工贸、特种设备、消防等重点行业领域安全监管，巩固安全生产专项整治成效，提升本质安全水平。建立“全灾种、大应急”框架，发挥应急指挥中心“大脑”效用，提高防灾减灾救灾和应急救援能力水平。五要维护社会稳定。常态化推进扫黑除恶斗争，实施智慧技防、社会联防升级工程，依法严惩电信网络诈骗、养老诈骗、食品药品安全等违法犯罪，提高人民安全感和满意度。坚持和发展新时代“枫桥经验”，完善常态化矛盾纠纷排查化解机制，最大限度把各类矛盾纠纷化解在基层、解决在基层，争创全国信访工作示范县（市、区）。

（转载于2022年《大丰通讯》第4期）

政府工作报告

——2023年1月2日在盐城市大丰区第十六届人民代表大会第二次会议上

区长 戴 勇

各位代表：

现在，我代表区人民政府向大会作工作报告，请予审议，并请各位政协委员和其他列席人员提出宝贵意见。

一、2022年工作回顾

过去的一年，我们坚持以习近平新时代中国特色社会主义思想为指导，全面落实“疫情要防住、经济要稳住、发展要安全”的重大要求，高效统筹疫情防控和经济社会发展，统筹发展和安全，较好地完成了全年各项目标任务。让我们倍感振奋的是，党的二十大胜利召开，大会擘画了全面建设社会主义现代化国家、以中国式现代化全面推进中华民族伟大复兴的宏伟蓝图，为我们指明了前进方向、增添了澎湃动力。我们坚持把学习宣传贯彻党的二十大精神作为首要政治任务，坚决贯彻习近平总书记“五个牢牢把握”和“全面学习、全面把握、全面落实”的重要指示，迅速掀起学习宣传贯彻热潮，扎实开展多种形式宣讲活动，引领全区政府系统深刻领悟“两个确立”的决定性意义，进一步增强“四个意识”、坚定“四个自信”、做到“两个维护”，更加坚定地忠诚核心、信赖核心、紧跟核心、维护核心。让我们倍受感动的是，面对复杂严峻的外部环境影响和多重超预期的困难挑战，全区人民众志成城、共克时艰，广大党员干部敢于担当、冲锋在前，凝聚起团结奋斗的磅礴力量，推动大丰高质量发展取得了新成效。预计全年实现地区生产总值超810亿元，增长5%左右；一般公共预算收入58.16亿元，扣除留抵退税因素后增长12.2%；全口径工业开票销售1610亿元，增长20%；固定资产投资增长10%；注册外资实际到账1.3亿美元，外贸进出口总额46亿美元，分别增长5.1%、9.5%。让我们倍增信心的是，长三角一体化产业发展基地“一年出形象”目标如期实现，“企业大走访、项目大推进、产业大招商”活动取得实实在在的成果。蜂巢动力电池、阿特斯储能、天合储能等百亿级重大项目捷报频传，全年开票销售超10亿元企业23家、超50亿元企业6家、超百亿元企业3家，纳税超亿元工业企业6家、其中博汇纸业纳税突破10亿元，大丰在竞逐绿色低碳发展新赛道、勇当沿海地区高质量发展排头兵的进程中积蓄了强劲动能。

一年来，我们齐心协力战疫情，全力守护群众生命健康。完整准确全面贯彻落实党中央决策部署，坚决执行国家第九版防控方案和优化防控工作的二十条、新十条措施，加强组织、预案、保障，不断提升防控的科学性、精准性，切实增强“信息化+网格化”服务水平，最大程度保护人民生命安全和身体健康，最大限度减少疫情对经济社会发展的影响。坚持守土有责、守土尽责，区疫情防控各级指挥体系保持24小时高效运转，成立区疫情防控信息化指挥平台，及时研判形势，加密工作调度，所有风险均得到快速有效处置。全区4300多名医务人员奋战在疫情防控一线，各方面力量、志愿者积极参加，广泛动员群众打人民战争，守底线、强能力，赢得阶段性胜利。全力支援上海、苏州等地疫情防控，精心做好外地来丰隔离人员服务保障工作，为全国、全省、全市抗疫大局做出积极贡献。

一年来，我们综合施策稳增长，努力实现经济回升向好。有效运用中央和省市稳经济一揽子政策工具，出台惠企纾困"双八条"，全力稳住经济基本盘。工业经济稳健运行。成立区企业发展服务中心，强化要素保障协调，预计全年新增制造业贷款30亿元，落实各类税费优惠48.2亿元、其中留抵退税17.8亿元。战略性新兴产业开票销售突破550亿元，增长32%，占全区规上工业开票销售比重超40%。工业税收总量、增幅、占比均列全市首位。中汽股份成功上市，海聆梦入选工信部重点培育纺织服装消费品百强品牌。现代农业稳产增效。全年播种粮食202.22万亩，粮食总产9.16亿公斤，实现"十九连丰"。杂交水稻制种面积全省第一、全程机械化率全国第一。绿色优质农产品比重达84.71%，"大丰麦仁"荣获麦仁全国首个国家地理标志证明商标，"沪丰优粮"产业生态联盟揭牌成立。建成省级示范家庭农场5家，高标准农田建设获得省真抓实干督查激励，草堰翻水站更新改造工程开工建设。服务业稳步复苏。开展促销活动200余场，发放消费券25.6万张，社会消费品零售总额增幅全市领先。新增省级现代服务业高质量发展领军企业、省先进制造业和现代服务业深度融合试点企业各1家。克服疫情影响，举办"爱上夜花海"、百合花文化月等各类活动，荷兰花海获评省级文明旅游示范单位、省"十佳夜演"项目，全年全区接待游客700万人次，实现景区综合收入2.2亿元。

一年来，我们铆足干劲拼项目，奋力加速产业基地建设。紧扣"一体化"和"高质量"，升温加压推进长三角一体化产业发展基地建设。重大项目持续突破。举行专题招商活动14次，新签约项目190个、其中10亿元以上项目19个，签约项目中重点产业链项目117个、来自长三角地区项目162个。坚持项目"月月看、家家到"，新开工亿元以上项目93个、新投产亿元以上项目56个。基础配套持续完善。产业基地45项基础设施工程全部启动建设，大丰港铁路支线正式开工，盐丰快速通道加快推进，通港大道大中修、大刘路（人民路至金海路段）改造完工，江苏沿海地区首个自动化集装箱堆场在大丰港区建成启用，天沐温泉酒店投入运营。开放合作持续深化。聚焦打造长三角一体化产业发展基地，将沪苏集聚区建成上海先进制造业域外产能基地、新兴产业创新成果产业化生产基地纳入沪苏两地政府合作备忘录。常盐工业园在常州设立盐城"科创飞地"，苏盐园区新开竣工亿元以上项目16个。正大丰海获评江苏省跨国公司功能性机构。创新动能持续释放。新增国家高新技术企业36家，新获认定国家科技型中小企业561家，新培育国家专精特新"小巨人"企业2家、省创新型领军企业4家，3家企业获得省重大科技成果转化、省碳达峰碳中和科技创新项目立项。新入选市"黄海明珠人才计划"领军人才项目23个。新增4项国家标准、9项行业标准，获评国家知识产权强县建设试点县。

一年来，我们坚定不移优生态，致力推动绿色低碳发展。协同推进降碳、减污、扩绿、增长，积极探索"两山"转化路径。绿色生态不断厚植。坚决彻底整改中央环保督察反馈问题和交办信访件，系统开展生态环境专项整治提升"四大行动"，PM2.5年均浓度、空气质量优良天数比率均居全省前列，国省考断面水质优Ⅲ比例达100%。高质量完成"三区三线"划定、第三次全国土壤普查外业调查工作，耕地保护再获省级激励表彰。新造成片林4384亩，"实施生态修复、绘制花海风光"获评首批省级生态文明建设典型，川东港区域建成美丽海湾省级示范项目。绿色制造全面发力。实施"智改数转"项目275个，数字产品制造业开票销售超320亿元，新增省级智能制造示范工厂1家、"江苏精品"认证企业2家、市长质量奖获奖企业1家，通过国家两化融合管理体系贯标评定企业24家。大丰港国际合作绿色低碳产业园启动规划建设。绿色能源有序开发。新能源发电装机规模突破370万千瓦，约占全市30%，全年新能源发电量90亿千瓦时，超过全区全社会用电量。高比例新能源电力系统示范工程通过验收。绿色宜居充分彰显。持续深化全国文明城市创建，扎实推进省生态宜居美丽乡村示范县培育建设，新增省级特色田园乡村4个，建成幸福河湖16条，农村河道长效管护工作连续8年列全省第一等次，城区居民小区生活垃圾"四分类"基本实现全覆盖。白驹串场河水利风景区建成国家级水利风景区。

一年来，我们用心用情惠民生，竭力增进百姓幸福指数。坚决贯彻以人民为中心的发展思想，让发展成果更多更公平惠及全区人民。民生实事扎实推进。财政压力再大不降民生支出，省、市、区三级民生实事工程完成年度投资任务。新改善农民住房2454户，改造老旧小区10个，加装老旧小区电梯40部，景尚名城、康馨雅苑保障房竣工。新增口袋公园15个、交通道口遮阳挡雨棚16座。新建191个自然村生活污水治理设施，完成农村户厕改造1.18万户。建成"15分钟医保服务圈"13个，其中省级、市级示范点各2个。富民增收加快推进。预计居民人均可支配收入40619元，增长6.5%，城乡居民收入比缩小至1.49:1。城镇新增就业8000人，城镇登记失业率控制在3%以内，大中街道滨河社区被认定为国家级充分就业社区。全年两次上调城乡居民养老保险基础养老金，企业退休人员养老金待遇保持全市各县（市、区）第一。所有村集体经营性收入全部达到40万元，其中超50万元的村130个、超100万元的村33个。公共服务均衡推进。盐垦初级中学挂牌开学，省级智慧校园覆盖率达100%，高考本科率、本一率领跑全市，高分段和尖优生人数取得历史性突破。上海中山医院苏北健康管理中心加快建设，三院新院区建成使用，妇幼保健院创成二级妇幼保健专科医院，小海中心卫生院创成二级综合医院。建成长者幸福食堂10个，完成家庭适老化改造1000户，南阳镇广丰村入选全国示范性老年友好型社区。建成省级最美公共文化空间5个、优秀群众文艺团队3个，各类文艺精品获得国家级奖项14个、省级奖项11个，舞蹈《你们告诉我》获得第十五届省"五星工程奖"。在全市首家设立慈善拥军"关爱老兵保险"项目，为6549名享受国家抚恤补助的对象购买意外伤害保险，创成省级双拥模范区。

一年来，我们毫不松懈保安全，有力维护社会和谐稳定。始终保持"时时放心不下"的责任感，牢牢守住安全稳定底线。安全生产形势平稳。一体推进安全生产大检查和重点行业领域百日攻坚行动，扎实开展农村道路交通安全集中整治行动，"三年大灶"专项整治圆满收官。建成区应急指挥中心，水上消防救援培训基地、政府专职消防队站投入运行，"人货分行、数字化交警队"等特色做法被《人民日报》等主流媒体宣传报道。社会治理能力提升。深入开展"信访突出问题攻坚化解年"行动，高标准建成区一站式矛盾调解"非诉服务中心"，信访事项一次性化解率和群众满意率全市领先，创成全省信访工作示范县（市、区）。认真组织特殊困难群体救助帮扶和妇女儿童权益保障问题专项排查整治行动，乡村治理工作获得全省基层社会治理提名奖。建成"智慧安防小区"58个，群众安全感达99.58%。金融风险防范有力。持续建成省金融生态优秀县，金融生态环境连续三年列全省前五、苏北第一。坚持政府债务、隐性债务、经营性债务"三债"统管，债务化解扎实有效，镇级隐性债务全面清零。国有企业改革三年行动任务基本完成，国有资本布局不断优化，现代企业制度体系逐步建立。

一年来，我们驰而不息转作风，着力营造真抓实干氛围。扎实开展区政府系统"切实转作风、提高执行力"活动，持续营造"比干劲赛状态、比项目赛速度、比服务赛贡献、比指标赛进位、比担当赛作为"的浓厚氛围，有力促进落实效能、精神状态、能力本领、纪律规矩大提升。坚持"一周一调度"，重点指标、重大项目、重要事项挂图上墙，逐一跟踪、逐一过堂、逐一推进。创新实施项目"零审批开工"，在全省首家公布275个县级行政许可事项清单，率先实现许可事项"一照通办"，"放管服"改革和数字政府建设获得省真抓实干督查激励，我区服务市场主体的经验做法被国务院"放管服"简报刊登并向全国介绍推广。认真执行区政府常务会议学法制度，严格落实重大项目建设决策审查、财政支出事项议事规则等制度，"三重一大"事项一律集体讨论决定。依法接受人大工作监督、法律监督，自觉接受政协民主监督，人大代表议案建议和政协委员提案全部办结，满意率和基本满意率达100%。

与此同时，人武、审计、统计、气象、民族宗教、供销社、住房公积金、外事、侨务、对台、档案、科协、地方志、老区开发、对口协作、妇女、儿童、青少年、关心下一代、老龄、慈善、工会、残疾人、红十字等工作坚持围绕中心、服务大局，取得新成绩。

各位代表，奋斗凝聚艰辛，成绩来之不易。这些成绩的取得，根本在于习近平总书记作为党中央的核心、全党的核心掌舵领航，根本在于习近平新时代中国特色社会主义思想科学指引，是区委团结带领全区人民共同奋斗的结果。在此，我代表区人民政府，向全区干部群众，向全体人大代表、政协委员，向离退休老同志，向驻丰部队、单位，以及所有关心支持大丰发展的各界人士，致以崇高的敬意和衷心的感谢！

在总结成绩的同时，我们也清醒认识到存在的不足，主要是：经济稳中求进的压力依然较大，企业运行还面临不少困难；产业结构和层次有待优化提升，重大项目支撑度和产业链集聚度还不高；教育、医疗、养老等优质公共服务供给还不充分，民生保障、社会治理等领域仍有短板；绿色低碳发展水平与高质量发展要求还有差距，防范化解重大风险的任务较重，等等。对此，我们将高度重视，加大工作力度，采取一系列措施加以解决。

二、2023年工作安排

2023年是全面贯彻落实党的二十大精神的开局之年。我们将按照中央和省、市、区委全会部署要求，深入学、反复学，读原文、悟原理，更加深刻领悟"两个确立"的决定性意义，切实用党的二十大精神统一思想、统一意志、统一行动，深刻把握习近平新时代中国特色社会主义思想的世界观和方法论，自觉用党的创新理论武装头脑、指导实践、推动工作，牢牢把握中国式现代化的战略部署，以绿色低碳发展为破题之钥，以长三角一体化产业发展基地建设为重要抓手，高水平展现中国式现代化大丰图景。

今年政府工作的总体要求是：坚持以习近平新时代中国特色社会主义思想为指导，全面贯彻落实党的二十大精神，认真落实中央和省、市、区委经济工作会议精神，坚持稳中求进工作总基调，完整准确全面贯彻新发展理念，服务构建新发展格局，着力推动高质量发展，更好统筹疫情防控和经济社会发展，更好统筹发展和安全，把实施扩大内需战略同深化供给侧结构性改革有机结合起来，突出做好稳增长、稳就业、稳物价工作，有效防范化解重大风险，持续巩固经济向好势头，实现质的有效提升和量的合理增长，为全面推进中国式现代化大丰新实践开好局起好步。

今年全区经济社会发展的主要预期目标是：地区生产总值增长6.5%以上；一般公共预算收入增长10%；固定资产投资增长10%以上；规上工业增加值增长9.5%；全口径工业开票销售增长12%；服务业增加值增长7.5%；社会消费品零售总额增长7%；全社会研发投入占GDP比重达到2.6%；城镇和农村常住居民人均可支配收入分别增长6.8%、7.5%；单位GDP能耗、二氧化碳排放量降低率完成市定任务。

（一）聚焦稳字当头，在推动经济提质增量上展现新作为。坚决扛起稳增长的重大责任，增强“勇挑大梁”的使命感，全面落实扩大内需战略，大力提振市场信心，保持经济运行在合理区间。

*释放消费潜力。*深入开展春夏秋冬四季消费促进活动，精心举办系列购物节，利用平台经济、直播电商等新模式促消费。加强商业体系建设，引进更多网红品牌、知名品牌，提升消费者购物体验。发展夜间经济，创建特色夜市街区。支持住房改善、新能源汽车、养老服务等消费，扩大农村消费、绿色消费、文旅消费，推动住宿餐饮、批发零售、休闲娱乐等消费回暖，让市场“旺起来”。

*扩大有效投资。*围绕“开工率、投资率、投产率、入统率”，升温加压推进重大项目建设，全年亿元以上项目新开工100个、新投产60个，其中10亿元以上项目新开工15个、新投产6个。紧扣国家部署的基础设施投资方向，用好政策性开发性金融工具，加快交通、能源、水利、民生等领域基础设施建设。调动民间投资积极性，增强投资增长内生动力，民间投资占固定资产投资比重达68%以上。

*拓展外资外贸。*更大力度吸引和利用外资，主攻韩国前50强、欧美重点企业、港台头部企业，新开工1000万美元以上外资项目不少于10个，实际利用外资力争2亿美元。更大范围组织和帮助企业走出去，抢订单、拓市场，推动对外贸易优化升级，发展服务贸易、数字贸易、跨境电商，扩大光伏组件、风电装备、汽车零部件等优势产品出口，外贸进出口总额突破50亿美元。

*稳定工业运行。*持续深化为企服务，精准高效落实各项惠企纾困政策，以“留得青山、赢得未来”的定力培育壮大市场主体。认真落实“一企一策”服务方案，推动企业稳定运行，形成以百亿企业为龙头、10亿元企业为主体、亿元企业为基础的企业群，年内开票销售超亿元企业突破160家。深入开展“争星创优”活动，提升企业运行质效，市级工业星级企业、五星级工业企业数量保持全市前列。

（二）聚焦链式发展，在建设现代化产业体系上迈出新步伐。坚持把发展经济的着力点放在实体经济上，突出制造业主体地位，重抓集群培育和产业强链，着力提升产业链供应链韧性和安全水平。

*培育壮大战略性新兴产业。*紧扣“链式、集群、生态”发展方向，聚焦新能源及装备制造、新能源汽车零部件、新一代电子信息等战略性新兴产业，重点培植风电装备、晶硅光伏、动力及储能电池、印制电路板等特色产业链，加快蜂巢动力电池二期、阿特斯储能、天合储能、望江风电齿轮箱、通行芯片模块及光伏接线盒、理研新能源汽车零部件等项目建设，全年战略性新兴产业开票销售突破660亿元。规划和布局应急、氢能等风口产业，找准切入点和主攻方向，围绕新型安全材料、装备制造、智慧安防等，构建安全应急产业生态圈。

*转型升级基础产业。*制定“干货政策”，围绕钢铁、造纸、化工等基础产业，以“智改数转”赋能转型升级，让基础产业焕发新活力，在存量优化中催生增量。支持联鑫钢铁向绿色精品钢、优特钢转型，努力打造沿海低碳钢铁示范基地。加快博汇80万吨特种纸项目建设，下大力气招引印刷包装等项目，向产业链下游延伸。深入开展大丰港石化新材料产业园转型升级三年行动，鼓励化工企业挂大靠强、兼并重组，深化与央企、世界500强等合作，推动化工产业向新能源、电子信息等战略性新兴产业配套转型。

*优化提升现代服务业。*构建优质高效的服务业新体系，主攻海上风电运维、汽车研发测试、粮食仓储物流、大数据服务等生产性服务业，努力向专业化和价值链高端攀升。推动现代服务业同先进制造业、现代农业深度融合，争创省级现代服务业高质量发展集聚示范区2家、省级现代服务业高质量发展领军企业1家，支持丰东热技术创建省级两业融合发展标杆引领典型企业，推进互联网+农产品“出村进城”工程，积极发展休闲农业、创意农业等新业态。

*大力发展数字经济。*实施数字经济三年行动计划，促进数字经济和实体经济深度融合。推动数字产业化，新培育数字产品制造业开票销售超10亿元企业1家，数字经济核心产业增加值占GDP比重达6.5%。促进产业数字化，新创建省工业互联网示范企业和智能制造示范工厂3家以上，培育省星级上云企业70家以上。扎实推进政府数字化转型，扩大公共服务数字化供给，加快数字基础设施建设，年内5G基站总数超1500个，城市驾驶舱启动建设。

（三）聚焦开放融合，在建好长三角一体化产业发展基地上实现新突破。围绕产业基地“三年大变样”“五年见成效”，抢抓机遇，乘势而上，朝着长三角高质量发展产业集聚区、产城融合发展示范区的目标砥砺前行。

*更高层次主攻优质项目。*始终把“产业项目”作为产业基地建设的头版头条，更加注重项目质量和效益，坚决杜绝“捡到篮子里都是菜”。精准开展驻点招商、以商引商、存量招商、市场化招商，按图索骥开展全产业链招商，形成顶天立地和铺天盖地的生动格局。全年新签约亿元以上项目160个，其中10~50亿元项目30个，50~100亿元项目5个，100亿元以上项目2个，新签约项目中盘活资源资产占比40%以上、战略性新兴产业占比60%以上。

*更高标准完善基础配套。*统筹产业基地生产生活配套设施布局，重点推进西河口片区、新民河产城融合启动区基础设施建设，精心打造城市会客厅，建好人才公寓、安置房等工程。抓紧实施标准厂房、工业水厂、污水处理厂等项目，增强园区综合承载能力。加快推进大丰港铁路支线、盐城南（刘庄）物流产业园建设，盐丰快速通道、S226大丰南段、春柳路南延以及常盐工业园拓展区5条道路全部建成通车，构建内联外通、便捷顺畅的立体交通网络。

*更高水平深化对外合作。*加强与沪苏、常盐、苏盐合作园区联动协作，

加密与以上海为龙头的长三角城市群对接交流，拓展科技金融、教育卫生、文化体育、旅游康养等全方位合作。高标准建设沪苏集聚区航空产业园、长三角首家沪丰协同创新中心、长三角技能人才培训基地，打造长三角知名的中小学社会实践基地。深入推进中韩（盐城）产业园临港产业配套区建设，支持大丰港依托上海港建设长三角北翼集装箱分拨中心，打造韩国商品进口我国集散地和江苏特色商品出口新通道。

（四）聚焦绿色低碳，在促进人与自然和谐共生上绘就新画卷。主动策应全市绿色低碳发展示范区建设，做好绿色制造、绿色能源、绿色生态、绿色宜居文章，推进生态优先、节约集约、绿色低碳发展。

*加快推动绿色化、低碳化发展。*高起点打造大丰港国际合作绿色低碳产业园，推动绿电认证、碳足迹认证与国际认证接轨，突破外资项目、有绿电绿证需求项目，争创绿色循环经济示范园区，创建绿色工厂。开发利用海上风电、光伏等绿色能源，加快国信85万千瓦、三峡80万千瓦海上风电项目建设，推进分布式光伏发电。深入开展工业企业资源集约利用综合评价，深化"三项清理"，提高资源利用效率和产出效益。支持发展绿色建筑，逐步扩大新能源和清洁能源车辆应用，全面推行垃圾分类和资源化利用，让绿色低碳生活成为新风尚。

*持续深入打好蓝天、碧水、净土保卫战。*举一反三抓好中央环保督察整改工作。强化大气污染源头治理，扎实推进重点大气污染防治项目，有效整治餐饮油烟、建筑扬尘等污染源，PM2.5年均浓度、空气质量优良天数比率继续走在全省前列。强化水污染系统治理，统筹溯源整治、区域治水、截污控源和污水治理设施建设，治理县乡河道25条，大丰港生活污水处理厂投入运行，国省考断面水质优III比例达100%。强化土壤污染精准治理，严格危险废物全链条全过程管理，危险废物规范化环境考核达标率、固体危废安全处置率均达100%。

*切实加强生态系统保护和修复。*加大沿海湿地保护修复力度，推广湿地修复蓝色碳汇贷，打造全省沿海生态修复与生物多样性保护的典范区域，精心呵护"世界自然遗产""国际湿地城市"珍贵名片。依托通榆河、斗龙港、老斗龙港和新团河–刘大线等重要河道，着力构建生态廊道。科学开展国土绿化行动，探索符合大丰实际的森林碳汇路径。积极开展省级生态产品价值实现机制试点，争创国家生态文明建设示范区、"两山"实践创新基地，打造人与自然和谐共生的大丰样板。

*不断提升生态旅游品质。*持续擦亮国家全域旅游示范区"金字招牌"，发力旅游"双创"工作，荷兰花海通过国家AAAAA级景区评审验收，斗龙港旅游度假区进入省级旅游度假区前10强。以2023全球滨海论坛会议举办为契机，全力打造"世界遗产地大丰野鹿荡"文旅IP，有机串联麋鹿博物馆、麋鹿度假村、自然营地、观海廊道等景点，推动川东港区域创成国家级美丽海湾。强化市场导向，精准宣传推介，提升运营质效，年内全区游客接待量超1000万人次，景区综合收入突破4亿元。

（五）聚焦创新驱动，在塑造发展新动能新优势上取得新进展。坚持科技是第一生产力、人才是第一资源、创新是第一动力，推动创新链产业链资金链人才链深度融合，不断增强基础性、战略性支撑。

*壮大创新主体。*扎实开展科技创新提升年活动，充分激发企业创新内生动力，全年申报国家和省市科技计划项目40项以上，规上工业企业中有研发活动企业占比达70%以上，新增有效发明专利150件以上。统筹推进高新技术企业、专精特新企业、股改上市企业培育，着力打造科技企业成长梯队，新培育国家高新技术企业40家、省级以上专精特新企业20家，完成股改、提交上市申请企业各2家，新增上市辅导、新三板挂牌企业各1家。

*建好创新平台。*以战略思维构建科技创新"一带两区三中心"，加强与长三角G60科创走廊高质量发展要素对接，高水平建设G343产业创新带；推进创新与产业嵌套融合，争创省创新型示范区、省农高区；依托中汽股份、悦达汽车科创园、领创星通卫星研究院、江苏沿海低碳产业技术研究院等，打造新能源、智能网联汽车、智能终端"产业科创中心"。年内创成省级以上研发机构不少于10家，支持金风科技创建全市首家省级重点实验室。

*打造创新生态。*全面落实"黄海明珠人才计划"，持续开展"人才强链"系列招才引智活动，努力创造人尽其才、才尽其用的一流环境，新引进高层次人才30人以上、大学生4500人以上，新增省级科技副总12人以上，外国高端人才和专业人才在丰工作超百人。引进或设立科创孵化基金，拓展科技金融内涵，扎实开展科技金融进孵化器加速器活动。每月举办产学研专场活动，全年实施产学研合作项目100项以上。创响"大丰区创新创业大赛"品牌，提升创新创业活跃度。

（六）聚焦改革攻坚，在激发高质量发展动力活力上打开新局面。突出重点领域和关键环节，加强系统集成，注重精准施策，以更大的决心、更强的力度、更实的措施推动改革落地见效。

*深化国有企业改革，增强造血功能。*紧扣"生存回归利润、机制回归市场、发展回归产业"的要求，推动国有企业突出实业、聚焦主业、做精一业，加快实体化、产业化转型，做好"两非""两资"等清理处置，提高信用等级，促进发展质量和盈利能力"双提升"。健全现代企业制度，完善法人治理结构，推行区属国有企业财务总监委派制，深化干部人事、劳动用工、收入分配三项制度改革。强化国资国企监管，注重企业内部监督、出资人监督、外部协同监管有机结合，推行全面预算管理，严格国有企业债务增量和增速管控，实现持续健康发展。

*深化"一区多园"改革，提升园区能级。*优化"一区多园"总体布局，统筹全区开发园区和镇（街道）工业功能园区发展，按照"区位相邻、产业相近"原则，实行"开发园区+功能园区"

的发展模式，联动合作园区发展，形成园区布局合理、产业集群集聚的新格局。明晰“一区多园”产业定位，立足开发园区和功能园区现有产业基础、资源禀赋特色，科学精准确定产业发展方向，力促开发园区主导产业加快发展、功能园区配套项目协同推进。健全“一区多园”运行机制，优化招商、投入、分配、考评机制，推动分区协作、统一运营、功能互补、收益共享。

深化“放管服”改革，优化营商环境。围绕“政策更优、办事更快、成本更低、服务更好”的目标，切实加强政策、市场、政务、法治、人文“五个环境”建设，努力营造市场化、法治化、国际化一流营商环境。坚决落实“两个毫不动摇”，依法保护民营企业产权和企业家权益，促进民营经济发展壮大。优化“拿地即开工”改革措施，变项目“帮办代办”为“全程包办”，打响“丰速办”服务品牌。推进政务服务均等普惠，打造“15分钟便民服务圈”。引导金融机构加大对小微企业、科技创新、绿色发展等领域支持力度，创建省绿色金融创新改革试验区。

（七）聚焦乡村振兴，在加快城乡融合发展上创塑新标杆。坚持农业农村优先发展，持续抓好农业农村“112233”工程，扎实推进以人为核心的新型城镇化，让城乡居民同步过上现代化生活。

扛起粮食安全政治责任。重抓粮食、生猪、蔬菜等重要农产品稳产保供，全年粮食产量18亿斤以上，争创国家粮食现代物流产业示范园，为全市打造东部沿海大粮仓建好“大丰仓”。新建高标准农田7.8万亩、改造提升4.2万亩，提前两年实现高标准农田全覆盖。以丰收大地为龙头，以金色农业、华丰种业为两翼，深入实施种业振兴行动，种业总产值突破45亿元，争创国家现代农业（种业）产业园。高质量创建省农业生产全程全面机械化示范县，建设智慧化、无人化示范农场。

做强现代特色农业。实施品牌强农战略，加强地理标志产品培育，打造上海及长三角优质农副产品供应及加工基地。围绕粮食加工物流、油料加工、肉制品预制、葱蒜等产业链，加大农业招商引资力度，新招引亿元以上农业产业化项目6个。推进农业龙头企业提升行动，新增销售超20亿元农业企业、市农业产业化星级企业各1家，农产品加工产值达550亿元。培育新型农业经营主体，新增国家级农民专业合作示范社1家。发展花卉观光、果品采摘等业态，高标准打造S351果蔬农旅经济带。

建设宜居宜业和美乡村。全面实施乡村建设行动，坚持示范带动，新培植乡村振兴示范村50个，西团镇、新丰镇、刘庄镇实现乡村振兴示范村全覆盖。重抓5条交通干道沿线人居环境整治提升，持续推进1980年及以前建的农房改善、农村户厕改造、生态河道建设、“三线”整治，着力提升集镇及撤并镇人居环境。加强供销系统基层组织体系建设，提升为农服务能力。深入实施村级集体经济增收三年行动，年内所有村集体经营性收入超50万元，超100万元的村达20%以上。

实施城市更新行动。主动策应大市区向南与大丰融合发展，提升城市能级品质，打造宜居、韧性、智慧城市。开展省级生态园林城市创建，建设城市绿地特色活力空间8处，全面治理二里半复河、长乐河、富民河等城市河道水环境。实施恒生商城、四中教师公寓等8个老旧小区综合整治，继续推进老旧小区加装电梯，高标准开展线杆线缆整治。增加停车泊位有效供给，改造消除城区易涝点，建成运行建筑垃圾处理厂。对照创建全国文明典范城市要求，提升城市精细化管理水平，打造人民路、新丰里等精细化管理样板。

（八）聚焦共同富裕，在提高人民生活品质上增添新内涵。坚持在发展中保障和改善民生，下大力气解决好人民群众急难愁盼问题，增强公共服务均衡性和可及性，扎实推进共同富裕。

着力促进就业增收。落细落实就业优先政策，做好高校毕业生、农民工等重点群体就业工作。扎实开展就业富民助力乡村振兴行动，推动劳务品牌集聚产业、带动就业，打造家政服务、花卉栽培实训基地。积极构建就业培训、创业培训、职工培训“三合一”大培训格局，鼓励企业与职业院校签约开展新型学徒制培训，造就更多能工巧匠。健全完善人力资源市场体系，支持国有人力资源服务机构做优做强，强化公共服务机构的基础性兜底性作用。

着力提高教育质量。全力办好人民满意的教育，一体推进全学段办学质量显著提升，确保省市优质幼儿园占比达98%，通过“江苏省义务教育优质均衡发展县（市、区）”验收，高考本科率、本一率保持全市领先，拔尖人才培养取得新突破。优化教育资源配置，常新路中小学、幼儿园正式启用，新增义务教育学位5400个、学前教育学位360个。加强校园安全管理，呵护学生健康成长。大力实施“名校优才”聚集计划，打造高素质教师队伍。

着力建设健康大丰。把保障人民健康放在优先发展的战略位置，认真落实新阶段疫情防控各项举措，着力保健康、防重症。加强公共卫生事件应急处置能力建设，促进医防融合。推动优质医疗资源扩容和均衡布局，提升院前医疗急救服务能力，港区卫生服务站建成使用，大桥中心卫生院完成改造提升，上海中山医院苏北健康管理中心一期投入运营。深化医药卫生体制改革，重抓公立医院高质量发展，推动医院“晋级升等”，打造紧密型医共体样板。

着力优化养老服务。积极应对人口老龄化，系统谋划养老事业和养老产业发展，加快完善养老服务体系。兜牢养老基本服务底线，提升机构养老服务水平，优化社区养老服务环境，扎实开展居家养老上门服务，为1100户空巢独居老人安装一键呼叫装置。推进医养融合发展，招引康养项目，建设老年医院，让群众老有所养、老有所医。强化养老服务队伍建设，合理布局居家养老服务中心、长者幸福食堂，开展“社区+物业+养老”、农村互助式养老等试点。

着力繁荣文化发展。健全现代公共文化服务体系，建好区美术馆、小剧场，建强全民阅读新空间，持续做好"百姓星光大舞台周周演"和文化惠民"三送"工作。打造以"社会主义核心价值观""伟大建党精神""中华传统美德"等为主题的群众文化活动品牌，弘扬时代主旋律。推出更多增强人民精神力量的优秀作品，争创省"五个一工程奖""五星工程奖"。坚持以文塑旅、以旅彰文，挖掘麋鹿、红色、施耐庵、古盐运等文化内涵，推进文化和旅游深度融合发展。

着力强化社会保障。深入推进社会保险扩面征缴三年提升行动，覆盖农民工、灵活就业人员、新业态从业人员等群体，实现应保尽保。坚决落实《保障农民工工资支付条例》，切实维护农民工权益。持续实施医保扩面参保，推动"江苏医惠保1号"等普惠型商业医疗保险与基本医疗保险融合发展。健全分层分类的社会救助体系，聚焦存在特殊困难和风险的对象，建立台账、动态跟踪、综合研判、主动救助，构建综合救助"一张网"，兜牢基本民生保障底线。

在广泛征求意见建议的基础上，今年编排了11类22项民生实事候选项目。区政府将按照本次人代会公布的票决结果，实行清单化管理、项目化推进，把好事办好、实事办实。

（九）聚焦风险防范，在统筹发展和安全上务求新成效。坚决打好防范化解重大风险主动仗，不断提高公共安全治理水平，努力实现高质量发展和高水平安全的良性互动。

扎实推进安全生产风险专项整治。坚持安全第一、预防为主、综合治理，压紧压实党政领导、部门监管和企业主体责任，高质量推进企业安全生产标准化创建和安全风险报告。加强危化品、冶金工贸、消防、自建房、城镇燃气、建筑施工、道路交通、海洋渔业、供水等重点行业领域安全监管，持续深入开展隐患大排查大整治，巩固"三年大灶"专项整治成效。建立"全灾种、大应急"框架，加强实战演练，提升防灾减灾救灾水平。

坚决守住不发生区域性系统性金融风险底线。切实加强金融风险监测预警，严厉打击非法金融机构和非法金融活动。扎实做好保交楼、保民生、保稳定各项工作，促进房地产业健康发展。紧扣"控总量、减数量、调结构、降成本、促转型、建机制、压责任"的要求，严格落实全口径政府性债务监测机制、债务风险预警处置机制和问责追责机制，坚决遏制债务增长，大力压降融资成本，有序化解存量债务。

全面提升社会治理效能。坚持和发展新时代"枫桥经验"，完善非诉纠纷综合化解体系，建设"人民满意窗口"，初信初访一次性化解率90%以上，争创全国信访工作示范县（市、区）。强化食品药品安全监管，巩固省级食品安全示范城市创建成果。全面推进区域社会治理现代化建设，深入实施"精网微格"工程，扎实推进社会治安防控体系示范城市建设。常态化开展扫黑除恶，严厉打击突出违法犯罪活动，建设更高水平的平安大丰。

三、加强政府自身建设

面对新形势新任务，政府工作在新的一年要有新气象新作为。我们将牢记"三个务必"，把政府自身建设摆在更加突出的位置，知重负重、敢为善为，扛起新使命、谱写新篇章，努力建设人民满意政府。

（一）始终做到忠诚为政。全面学习、全面把握、全面落实党的二十大精神，坚定拥护"两个确立"，坚决做到"两个维护"，始终在思想上政治上行动上同以习近平同志为核心的党中央保持高度一致。坚持不懈用习近平新时代中国特色社会主义思想凝心铸魂，坚持学思用贯通、知信行统一，在学懂、弄通、做实上下更大功夫。坚持把党的全面领导贯穿政府工作全过程，严明政治纪律和政治规矩，提高政治判断力、政治领悟力、政治执行力，对上级党委、政府和区委的决策部署，闻令而动、令行禁止，坚决落实、不打折扣。

（二）始终做到为民施政。深刻认识"江山就是人民、人民就是江山"的根本立场，更加自觉践行以人民为中心的发展思想，把为民造福作为最大的政绩，不断实现人民对美好生活的向往。牢记"人民政府为人民"，深入群众、深入基层，用脚步丈量民情，尽力而为、量力而行，竭尽所能让群众感受到每年都有新变化、生活一年更比一年好，用更有力度的工作实绩书写更有温度的民生答卷。始终同人民站在一起、想在一起、干在一起，紧紧依靠全区人民奋进新征程、创造新辉煌，以每个人的"精彩一笔"成就大丰的"华彩一章"。

（三）始终做到依法行政。深入贯彻习近平法治思想，持续推进省级法治政府建设示范创建，依法全面履行政府职能，把政府工作全面纳入法治轨道。坚持科学决策、民主决策、依法决策，全面落实重大决策程序制度。深化行政执法体制改革，全面推进严格规范公正文明执法。主动接受区人大、区政协和社会各方面监督，高质量办好议案建议和提案，把代表、委员的"金点子"转化为政府工作的"金钥匙"。深化政务公开，让权力在阳光下运行。扎实开展"八五"普法，努力使尊法学法守法用法在全社会蔚然成风。

（四）始终做到务实勤政。大力发扬高目标追求、高效率推进、高质量发展的工作精神，坚持工作项目化、项目节点化、节点责任化，强化跟踪推进、督查问效、闭环管理，推动落细落实落到位。突出"干"字当头，真抓实干、埋头苦干、紧张快干，努力干出实打实的新业绩，干出老百姓的好口碑，干出争先进位、竞相发展的生动局面。秉持"功成不必在我"的襟怀和"功成必定有我"的担当，切实增强"等不起、坐不住、慢不得"的危机感，重点纠治形式主义、官僚主义，营造"干就干最好、争就争一流"的浓厚氛围。

（五）始终做到廉洁从政。坚定不移贯彻全面从严治党要求，锲而不舍抓好区政府系统党风廉政建设，严格执行中央八项规定，长期坚持"严"的主基调，以零容忍态度惩治群众身边的不正之风和腐败问题。坚决整改省委巡视反馈问题，即知即改、立行立改，不折不扣落实到位。聚焦重点领域，强化审计监督，用制度管权管事管人。在政商交往中严守底线，构建“亲”上加“清”的新型政商关系。大力压降一般性支出，厉行节约、反对浪费，把有限的财力用在推动发展、改善民生上，以政府的“紧日子”换取群众和企业的“好日子”。

各位代表，时代眷顾奋斗者，星光不负赶路人。让我们更加紧密地团结在以习近平同志为核心的党中央周围，在上级党委、政府和区委的坚强领导下，坚定信心、同心同德，踔厉奋发、勇毅前行，为在新征程上全面推进中国式现代化大丰新实践而团结奋斗！

媒体聚焦

大丰全力聚焦长三角一体化产业发展基地建设

海上“丰”起，唱响“春天的故事”

3月28日，盐城市长三角一体化产业发展基地建设工作领导小组例会在大丰区召开。会前，发展基地重大项目“云”签约，25个项目计划总投资258.4亿元，涉及晶硅光伏、风电装备、新能源汽车零部件、工业互联网等多个重点领域。

“在更广范围融入‘双循环’新发展格局，顺应‘双碳’趋势，加快RCEP运用，坚持全市域思维，迅速行动、提高认识、开阔视野，在新赛道上赢得发展先机。”盐城市市长周斌说，要抓牢重大项目这个“牛鼻子”，为长三角一体化产业发展基地建设注入新动能、增添新活力。

推动长三角一体化发展，是习近平总书记亲自谋划、亲自部署、亲自推动的重大战略。如何更好地融入和服务国家战略？去年底，盐城开始破题，在盐城主城和大丰副城之间建设长三角一体化产业发展基地。

省第十四次党代会寄予盐城“勇当沿海地区高质量发展排头兵”的殷切希望，作为全省沿海经济带的重要节点和盐城经济发展的重要板块，大丰在推动沿海地区高质量发展中，如何扛起使命担当？

“大丰全域皆沿海，我们将重点打造全省绿色产业集聚区、向海经济先行区、生态风光示范区、民生幸福样板区，为盐城在全省沿海发展中做大总量、率先崛起作出大丰贡献。”大丰区委书记李志军说。高质量产业项目是推动长三角一体化产业发展基地建设的重要支撑，更是盐城勇当沿海地区高质量发展排头兵的强劲引擎。作为产业基地的主战场，大丰将举全区之力，参与支持服务产业基地建设。

“我们将平移中山医院先进的医疗技术和管理理念，立足大丰、服务苏北、辐射长三角，努力建设国内一流、国际知名的健康管理中心。”2月18日，在大丰与复旦大学附属中山医院合作共建的苏北健康管理中心项目签约仪式上，中科院院士、复旦大学附属中山医院院长樊嘉表示。该项目落子大丰，是对长三角一体化发展和健康中国战略的积极响应。

以一体化融合发展的思路，大丰建机制搭班子、做规划明方向、聚产业优生态，举全区之力推动基地建设快出形象、早出成果。

蜂巢能源动力电池项目是首批开工的2022年度全省重大项目之一，也是首个落地盐城长三角一体化发展基地的重大项目。“盐城项目是蜂巢能源长三角区域大基地产能布局的关键一步，项目建成后，将成为苏北PHEV及刀片电池核心产业基地。”董事长杨红新介绍。

全力聚焦政策、聚集资源、聚合力量，对落户基地的重大项目实行“零审批开工”，用最优质的服务促进项目早开工、早建成、早投产；全力促进产业链式发展，在风电装备、晶硅光伏、车联网等特色优势产业领域，延链强链补链，服务全市构建产业生态；全力突破重大项目，瞄准上海、苏州、常州等长三角城市，协同合作园区精准招商，拼抢更多产业链项目落户……围绕“一体化”和“高质量”两个关键词，大丰全力以赴，基地项目建设不断突破。

“十四五”期间，盐城将加快建设千亿风光产业基地，全力打造世界级新能源产业基地。盐城沿海的无限“风光”，吸引着新能源企业纷纷抢滩。

天合光能，是较早落户盐城的新能源企业。去年3月，天合再次追加投资，建设天合大丰工厂。“我们的生产线在自动检测AI技术、数据传输5G技术、设备升级自动化等方面全面规划，着眼‘双碳’目标搭建行业领先的制造基础平台。”天合光能（盐城大丰）有限公司负责人徐西全说。

在光伏企业盐城正泰新能源科技有限公司，车间里8条现代化生产线开足马力。生产负责人王磊介绍，正泰项目一期年产3GW光伏电池和3GW光伏组件，今年二期建成产能翻倍。一二期满产，年销售可达120亿元。

依托“链主”企业，大丰集聚产业链重大项目，重抓新能源及装备制造、新能源汽车零部件、新一代电子信息三大战略性新兴产业，打造江苏沿海中部绿色产业组团。

3月8日，中汽研汽车试验场股份有限公司在创业板上市，成为国内资本市场汽车试验场第一股、盐城市首家创业板上市公司，面向长三角地区提供世界领先的第三方汽车测试平台。

走进中汽股份，一期项目试验道路总长超60公里，服务的汽车行业客户覆盖华东乃至全国。中汽股份党支部书记、总经理欧阳涛说，2015年底，由中国汽车技术研究中心有限公司投资控股的中汽研汽车试验场股份有限公司建设的第三方汽车试验场投运，测试功能齐全、技术指标先进。“我们将抢抓传统汽车向智能网联汽车转型的发展机遇，投资建设国际一流水平的长三角（盐城）智能网联汽车试验场，满足智能网联汽车各类封闭测试场景需求。”

进入新赛道，大丰将在构建现代产业体系上勇当排头兵，紧扣盐城23条重点产业链，重抓9条特色优势产业链，利用3年左右时间，打造新能源及装备制造1个千亿级全产业链生态圈，新能源汽车零部件、新一代电子信息2个百亿级战略性新兴产业集群，同时通过挂大靠强、战略重组、技术改造，实现钢铁、造纸、化工3个基础产业绿色转型。

项目质量更好、产业结构更优，作为盐城东向出海桥头堡和长三角一体化产业发展基地的主战场，在长三角一体化的大坐标中，大丰这座沿海城市不断生发的绿色发展动能，让这个春天更加生动。

（摘自2022年6月6日《新华日报》头版）

盐城长三角一体化产业发展基地建设战鼓紧擂

借梯登高，打造长三角的“金大丰”

“支持盐城建设长三角一体化产业发展基地”被写进今年的省政府工作报告。蜂巢能源动力电池项目开工、苏北健康管理中心项目签约、博敏电子二期项目进入设备调试阶段，大丰作为盐城建设长三角一体化产业发展基地的主战场，建设进程令人鼓舞。

关键处落子，建设沿海重要板块

盐城建设长三角一体化产业发展基地，大丰的分量有多重？

长三角一体化产业发展基地重点布局“一轴、两核、三组团、四园区”，总面积596平方公里，其中大丰465平方公里，所占面积最大，达78%。基地总体规划共涉及9大板块，大丰规划范围包括常州盐城工业园区、大丰经济开发区等7个板块。

由于与上海深厚的历史渊源，大丰“飞地效应”不断放大，沪苏大丰产业联动集聚区的打造，与上海临港集团、光明集团等上海国企开展的长期合作，让沪丰两地合作互动更为紧密。大丰还与苏州、常州共建合作园区。而今，沪苏大丰产业联动集聚区建设列入国家长三角一体化发展“十四五”规划和江苏、上海实施方案，常盐园区在全省共建园区中处于“第一方阵”，苏盐园区正全力创建省级特色园区。

成为盐城沿海发展的重要门户、接轨上海的桥头堡，大丰被寄予厚望。盐城市大丰区委书记李志军说：“大丰树立‘全域皆沿海’的理念，将重点打造全省绿色产业集聚区、向海经济先行区、生态风光示范区、民生幸福样板区，以长三角一体化产业基地建设为统揽，为盐城在全省沿海发展中做大总量、率先崛起作出贡献。”

谋定而后动，夯实产业发展基石

紧扣“一体化”和“高质量”两个关键词，产业基地排出“一年出形象”建设任务清单，目前共编排项目91项，其中产业项目42项、科创平台4项、重点工程45项。

建设长三角一体化产业发展基地，不是简单的园区整合和政策平移，而要致力于体制机制创新、打破行政藩篱的制度性约束、提高区域资源整体配置效率和资源吸纳能力。

“大丰成立区一级招商公司，协同沪苏、常盐、苏盐园区开展联合招商，推动产业错位布局、协同发展。”大丰区发改委副主任殷桂祥说。

破行政隶属、破行政边界，园区同镇区“牵手”，招商考核指标“双算”，既提高了招商人员的积极性，也为今后更多协同合作提供可能。大丰高新区招商团队招引的太阳能光伏产业项目即将落户在常州盐城工业园，常盐园区副主任王庆坦言，这是全新的尝试，让资源要素在更大范围内流动，真正发挥“1+1>2”的作用。

从地图上看，长三角一体化产业发展基地呈“L”形，“L”轴西起盐城主城南海未来城，东至大丰副城大丰经济开发区，刘庄物流园地正处产业基地“L”轴拐点处，建成后将为全基地生产制造企业、商贸企业提供一体化智慧供应链物流服务，告别园区企业仓库自建、物流分管模式，推动物流业制造业深度融合。

快节奏推进，项目建设热潮澎湃

“施工图”画在纸上，更要落实到行动上。

新能源及装备制造、新能源汽车零部件、新一代电子信息是大丰三大战略性新兴产业。大丰深化与以上海为龙头的长三角城市群的产业链供应链融合联动发展，围绕汽车、电子信息等产业强链补链，计划利用3年左右时间，打造新能源及装备制造一个千亿级全产业链生态圈，新能源汽车零部件、新一代电子信息两个百亿级战略性新兴产业集群。

蜂巢能源动力电池项目是首批开工的2022年度全省重大项目之一，也是首个落地盐城长三角一体化发展基地的重大项目，利用高新区原有的落后产能车间，蜂巢能源“腾笼换鸟”，仅用半年时间，一期项目就开工运行。该项目一期完全投产后年产值约为25亿元，二期完全投产后年总产值将超百亿元。届时，蜂巢能源将成为苏北地区重要的PHEV及短刀电池核心产业基地。

5月17日下午，在长三角一体化产业发展基地重大项目“云开工”仪式上，天合（大丰）储能系列项目正式开工。5月26日，长三角一体化产业发展基地基础设施项目开工仪式举行，15个基础设施项目破土动工，掀起新一轮建设热潮。截至目前，45项产业基地基础设施工程已开工建设40项，今年新开工亿元以上项目达45个、签约亿元以上项目88个。

满格状态、顶格标准、真格措施，大丰抢抓长三角一体化产业发展基地建设重大机遇，努力把盐城的“金大丰”变成长三角的“金大丰”。

（摘自2022年6月28日《新华日报》头版）

江苏大丰日供六万份农副产品援沪抗疫保供

仓库内，工作人员和志愿者有序打包装箱；仓库外，运输车辆进出繁忙。记者日前在江苏省盐城市大丰区“丰收大地”“梦幻迷宫”等多个农产品生产基地看到，一批批新鲜蔬菜、大米、鸡蛋等主要农副产品源源不断运往上海，助力抗疫保供。据悉，3月27日以来，大丰已向上海输出蔬菜5000吨、大米8000吨。其中，蔬菜供应量从最初日供1万份增加到日供最高6万份。

大丰素有“北上海”美誉。70年前，十多万上海青年响应号召，来到大丰开垦沪属上海农场，铸就了大丰与上海的深厚情谊。近年来，依托长三角一体化、沪丰一体化等重大战略机遇，大丰与上海农场共同创建农产品区域共用品牌“大丰仓”，共同打造华东地区农产品供应的“大基地”“大厨房”。目前，大丰共有11个上海市外蔬菜主供应基地，辐射带动10万亩蔬菜销往上海，成为上海域外最大的农副产品生产加工和产能合作基地。

上海农场党委副书记陆赛红介绍，当前上海市农产品保障压力持续增大，农场与大丰区委、区政府积极行动，为缓解群众生活物资保障压力贡献力量。按照供货量增加，品质不变，价格不变的“一增两不变”原则，农场鲜鸡蛋供货量同比增加了3倍，水产捕捞次数日增加了2倍，日均供应上海鲜活鱼100余吨、蔬菜100余吨、肉类40吨以上，彰显了“飞地”能量，传递了“飞地”温暖。

为提高运转效率，保证各类农产品以最快速度运往上海，大丰区委、区政府抽调120多人，成立农副产品保供专班，负责货源组织、分拣包装、车辆联系等，构建起区、镇、村三级运行机制。在高速卡口开辟快速通道，设置上海农产品装运车辆专场专用交接区和装卸区，全区15个乡镇、街道、省属农场和上海农场均明确责任人日常驻点，做好进沪农产品运输闭环管理工作。

大丰区农业农村局局长韦桂和说，小小菜篮子，装着大民生。在抗击新冠肺炎疫情的特殊时期，全区将开足马力，进一步做好车辆消杀、核酸报告验证等疫情防控措施，全力支援上海农产品保供稳价，做上海市民可信赖、可依靠的“米袋子”“菜篮子”“奶罐子”。

（摘自2022年4月8日《农民日报》4版）

家乡这片海

我的家乡江苏盐城，东临黄海，除了三千多平方公里广袤的陆地，还有美丽富饶的滩涂湿地、神奇迷人的辐射沙洲东沙岛以及浩瀚辽阔的海域。

看见家乡这片海，是在大丰港码头全面开工建设之后。走过长长的引堤，来到延伸出去的栈桥上，面前就是一片大海了：淡黄色的海水，波涛汹涌，海浪“哗、哗”拍打着桥桩；远方水天相连、无边无际。这片海不似人们惯常描述的“蔚蓝的大海”，可她气势磅礴、雄浑壮阔，令人自然而然想到了“海纳百川，有容乃大”。如今的盐城港“一港四区”产业集聚，港口繁华，已跻身全国亿吨大港行列。

盐城有“东方湿地之都”的美誉，境内先后诞生了两个国家级自然保护区：中华麋鹿园江苏大丰麋鹿国家级自然保护区、沿海滩涂珍禽国家级自然保护区。两个保护区的“主角”麋鹿和丹顶鹤都是国家一级保护动物，但它们的生活习性尤其是爱情观却大相径庭。每年六至八月份，处于发情期的雄性麋鹿在鹿群中经过一轮又一轮争霸，最终胜者勇夺桂冠成为鹿王，鹿王拥有本群全体雌性麋鹿的交配权。丹顶鹤的爱情则是坚贞不渝的，一旦选中配偶就一生一世不离不弃。

2019年7月，盐城申遗成功，中国黄（渤）海候鸟栖息地（第一期）被列入世界自然遗产，填补了我国滨海湿地类型世界自然遗产的空白。

提名地之一辐射沙洲东沙岛，被誉为海上的“天然牧场”，岛上海洋生物链十分丰富，有各类动、植物千余种。东沙岛最大的自然奇观在于涨潮时是一片汪洋，落潮时则成茫茫海滩。

世界自然保护联盟（IUCN）的专家们实地考察评估盐城申遗提名地时，有几个现场我有幸陪同。那天，当专家们离开乘坐的快艇，蹚过浅水滩踏上东沙岛时，立刻被眼前的景色迷住了。“哇！沙漠，恰似沙漠，这是大海中的沙漠！”这是男专家浑厚的声音；“分明像梯田，从脚下往前看过去，多像大片、大片的梯田啊！”一位女专家大声赞叹；“跟瀑布一样，从远处一层层飞奔而来。”应邀来助力申遗的贵州女专家发表了自己的看法。

2020年10月，世界自然保护联盟发布消息，《世界暗夜保护地名录》新收录了江苏黄海湿地大丰野鹿荡为中国暗夜星空保护地新成员。美丽中国需要美丽星空，这是我国沿海地区首个暗夜星空保护地，不仅促进了星空资源的探索研究，也向世界展示了黄海湿地独特的迷人风情和原生态文化。

说家乡这片海，不能不介绍海上风电。站在海堤远眺，绵延的滩涂上一座座风电机组似长龙列阵，高高耸立在蓝天白云下面，风车旋转飞舞间，绿色能源源源不断地输送出来。走在道路上，看到运输车辆装载着巨大的圆柱形装备，不要误以为是导弹，那是风电塔筒，而长长的“飞机翅膀”一定是风电叶片。

“中国风电看海上，海上风电看盐城”已经成为风电行业领域内的共识。面朝大海，向海发展，赋“能”未来，盐城在“双碳”目标下竞逐新赛道，推动经济社会发展全面绿色转型，着力打造“两山”理论实践典范，一定能够续写新的传奇。

（摘自2022年7月9日《农民日报》8版）

梨园深处，乡村生活甜滋滋

——访党的十九大代表、盐城市大丰区恒北村党委书记李晓霞

晴空碧，新蝉鸣。初夏时节，盐城市大丰区大中街道恒北村，“三匡五排六百六十条田”满目葱茏，7200多亩梨树上挂满婴儿拳头大小般青绿色的梨果。

“现在正是梨的幼果期，这个阶段特别关键，要防病防虫、抢抓疏果。”梨园里，党的十九大代表、恒北村党委书记李晓霞一边跟村民曹满进聊着梨果长势、梨园管理，一边动作娴熟地帮他疏果。“梨子结得不错，看来今年又是个丰收年！”一阵阵欢笑，从梨园深处飞出。

家前屋后是梨树

恒北村原本主要种植棉花和粮食。上世纪60年代，恒北村所属的大道公社高级农艺师杨进保从辽宁兴城引进早酥梨穗条，进行嫁接试种并逐步推广，自此，恒北村村民生活因为梨得到改善，种梨卖梨成为他们主要的经济来源。“家前屋后是梨树，沟边田头是梨树，道路风景也是梨树”，成了恒北村的标识。

2012年，李晓霞接过接力棒，成为恒北村新一任村书记。“我刚来恒北村的时候，村民大多靠单一的梨果树种植，年人均纯收入在2万元左右。”李晓霞告诉记者，“过去恒北村村民大多只种早酥梨，单果价格每斤在0.8元到1.5元之间，单一的品种越来越不能适应市场多样化需求。”为此，李晓霞多方奔走，与省农科院形成横向科研合作，推广梨新品种、新技术、新模式。

现在，恒北村近98%的村民都种植梨树，有近30个品种的梨子。“咱们的‘恒北早酥梨’，是国家地理标志商标和国家地理标志农产品。新品种‘恒北苏翠1号’精品单果，一斤卖十块钱，‘翠冠梨’单果一斤也卖五块钱，在上海、南京这些大城市很抢手，亩收入最高接近1万元。”跟梨有关的事，李晓霞记得特别清楚。

有了好果子，销路还得拓宽。为此，这两年李晓霞研究新兴电商销售模式，带头变身“带货主播”，开拓网络、微信、抖音电商销售模式，通过网络直播扩大梨果销售渠道，在疫情期间全力帮助村民扩大销售。

梨花有期产业无边

2017年，李晓霞作为基层党员代表当选党的十九大代表。正是在党的十九大上，乡村振兴战略被首次提出。

“‘产业兴旺、生态宜居、乡风文明、治理有效、生活富裕’，乡村振兴这二十字总要求，敲响在我们基层党代表的心中，让我久久不能平静。”谈及作为党代表参加十九大的感受，李晓霞感到光荣自豪，更深感重任在肩，“无论是向党汇报，还是和村民们交代，自己都要拿出更好的成绩。”

“借助‘梨’的特色，通过‘梨’品牌的不断影响，这几年我们坚持一二三产业融合发展，走出一条生态富农、以农富农的道路。”李晓霞告诉记者，除了梨果种植，十年来村里注册40个“恒北”系列、175个品牌商标，通过贴牌生产、加工等模式开发、延伸梨子的梯级产品，比如梨种苗、酵素、米酒、饮料等，纵深发展果品产业化，不断延长产业链，增加果农收入。目前，梨树种植和梨产品加工产业覆盖周边6个乡镇、两个农场，面积达4万多亩。

去年春天，伴随恒北梨花文化节开幕，面积约2000平方米，拥有多家本地特色店铺，涵盖美食、零售、手作、艺术传承等业态的恒北文创街正式开街营业，吸引不少游客前来体验。

“结合麦秆画、大丰瓷刻等国家级非物质文化遗产，以梨文化为核心立足点，我们的梨文创集开发设计、定制生产、营销零售于一体，深入挖掘我们恒北村乡村特色文化符号，打造出独特的梨文化产业，挖掘梨文化印记。”李晓霞说，村里还通过招商引资，建设恒北原乡温泉度假村，培育

"春有花、夏有绿、秋有果、冬有泉"的乡村旅游产业，年接待游客30万人，实现旅游收入1500万元。

幸福"铺"到家门口

从梨果到深加工产品、从梨园风光到旅游产业、从梨缘到梨文化，一条条因梨而延伸的产业带，绘出恒北村在乡村振兴道路上的幸福画卷。

"如果用一个词作为这十年的关键词，我想在恒北村我感受最深的是'幸福'。"李晓霞说，过去十年，让她感受最深的是村里的人居环境和收入有了明显的变化。

"按照'绿色、生态、宜居'的新村庄发展理念，结合省特色田园乡村建设，我们建设物业、卫生室、超市等基础设施配套齐全的恒北新村新农居，300多户村民住进青瓦白墙的新农房。"说起村里变化，李晓霞特别开心：农村公路村村到，铺进村民家门口，他们出行很方便，而且在家门口就能就业创业，采摘、包装、运输，开网店、办农家乐，日子越过越有滋味。

去年，恒北村人均纯收入3.66万元。这个数字，比当年江苏省农民人均纯收入高出9809元，比盐城市农民人均纯收入高出1万元出头。

"村集体收入增长的同时，我们要让村发展成果人人共享，让发展成果真正惠及村民，共同富裕路上人人受益。"李晓霞告诉记者，恒北村每年从集体经营收入中拿出资金，用于60岁以上老人生活补助、新入学大学生奖励、村民养老医疗补贴，以及残疾人、困难户等群体生活补助。

对未来，李晓霞信心满满，"我们将继续围绕乡村振兴、绿色发展，坚持把'产学研销'的路子走下去，带领村民发展梨系列延伸产业，带领大家鼓起口袋，打造更为宜居宜业的乡村环境，创造更加幸福的乡村生活!"

（摘自2022年6月21日《新华日报》头版）

江苏盐城大丰区

"客货分道"让出行更安全

中重型货车靠右通行，路上安装监控，交叉路口换成了灯带式红绿灯、地面多了货车右转危险警示区……近来，江苏省盐城市大丰区白驹镇村民欣喜地发现，家门口的204国道客货车分道而行，事故明显少了。

204国道是东部沿海地区南北走向的国家主要公路干线，是贯穿大丰区境内交通流量最大的道路。盐城市大丰区公安局副局长张正辉介绍，204国道大丰段全长34.9公里，穿越3个集镇、15个行政村，日均交通流量达2万辆次，过境货车占70%。

"因货车多、穿越集镇村庄多、交叉路口多，2020年该路段货车事故占总量的66.7%，主要原因就是货车随意变道、穿插行驶、并排通行、超速超载。"张正辉说，道路周边居民出行需要横穿国道，货车在超车道行驶时因观察不及时、制动距离较长，来不及避让电动自行车和行人，也容易引发伤亡事故。

为减少道路交通事故，2020年8月起，大丰区公安局经过大量调研分析，充分考虑群众出行需求、货车流量流向、路况特点等因素，借鉴吸收外地成功经验，率先在江苏省内实施国省道全线货车靠右通行交通管控措施。

在国省道路段，同方向有两条以上车道的道路，中重型货车要在右侧车道行驶，在允许超车路段可以借用左侧车道超车，但应遵守超车相关规定；遇有前方出现紧急情况造成交通中断或拥堵时，中重型货车必须靠右侧车道依次停车等候通行，严禁穿插、并行。

大丰境内6条国省道全线推行货车右侧通行以来，涉及货车的事故数和亡人数下降明显，其中204国道大丰段涉货车交通事故同比下降47.5%。

货车右行，事故减少了，是否影响货车通行效率？据介绍，国省道客货分道、快慢分离，能有效缓解前面压车、后面排队、通行不畅的问题。"推行货车右侧通行，不代表大货车不可以超车，只要在借道超车后迅速回到右侧车道即可。大货车行经路口或穿越集镇时，交通标志会指示可以驶入左侧车道，减少拥堵。"盐城市大丰区公安局交警大队相关负责人表示。

经常跑204国道的大货车司机武海军说，货车右行不仅不影响通行效率，"反而车多的时候，与小车减少交会，干扰少堵得就少，也更安全了。"

（摘自2022年11月3日《人民日报》18版）

江苏省盐城市大丰区图书馆

一道美景　一抹书香

行走在江苏省盐城市大丰区各乡镇的村子里，阅报电子屏、图书借阅点不时映入眼帘；进入大丰中小学校园，各种特色阅读活动迎面而来；徜徉于4A级景区大丰荷兰花海，游客们边赏花边翻阅从遍布景点的"阅读角"借阅的图书，好一道亮丽风景……在江苏大丰，书香社会雏形初现，江苏省盐城市大丰区图书馆（以下简称大丰图书馆）则是当地书香社会建设的默默推手。

"阅读彰显市民品格素养，文化提升城市文明质量。"大丰图书馆馆长沙广萍说。近年来大丰图书馆以普惠阅读为使命，深耕阅读推广责任田，抓好文化服务主修课，让阅读的种子在全区各个角落生根开花，持续提升全民阅读的覆盖面和影响力。

为扩大阅读服务的覆盖范围，大丰图书馆建立了以本级图书馆为中心、分馆为纽带、农家书屋为基础，企业、学校等行业图书馆为补充，城乡一体、功能完善、资源共享、管理规范的总分馆三级网络体系。目前，大丰图书馆拥有1个中心馆、1个24小时自助图书馆、15个分馆、14个阅读新空间、22个便民服务设施、15个流通服务点、54个社区图书室、231个农家书屋，建成了点面结合、辐射全区的阅读服务新格局，年服务读者120万人次。

为延伸服务触角，大丰图书馆广泛发动社会力量参与阅读服务体系建设，在偏远地区的学校、社区、景区等搭建了各种阅读服务平台。比如，在大丰荷兰花海景区设立分馆阅读点，并与景区建立常年对口服务，让图书在景区内触手可及。

在织就图书服务网络的同时，大丰图书馆也在持续提升服务效能。沙广萍介绍，大丰图书馆不仅实现了中心馆与各分馆、图书流通服务点、农家书屋等之间图书的通借通还，还加快图书在分馆与中心馆之间的流通速度，图书已由过去三个月一轮换缩减到如今一个月一“漂流”。

面对基层群众尤其是农村群众旺盛的阅读需求，多年来，大丰图书馆持续开展送文化下基层活动。听说沿海几个村镇在养殖对虾，但缺乏技术指导，大丰图书馆立即为养虾户送去400多份跟养虾有关的图书资料。为助力大丰恒北村早酥梨特色产业发展，大丰图书馆不仅与该村结成帮扶对子，还送去2000多册(份)梨树种植等方面的图书资料。同时，为丰富基层群众的阅读活动，大丰图书馆已连续8年举办全区性的阅读知识竞赛，连续12年开展“文化科技下乡送图书”活动，形成了“名家阅读讲座进校园”“麋鹿讲坛”“新年诗歌朗诵会”等一批惠及全民、影响力大、带动力强的阅读活动品牌。

（摘自2022年4月19日《光明日报》9版）

爱上阅读　　朱兆平　摄

文 件 目 录

中共盐城市大丰区委员会文件目录（摘要）

01–17 关于印发《盐城市大丰区卫生健康事业高质量发展实施意见》的通知
01–21 关于做好党的十九届六中全会精神学习宣传的通知
01–25 关于表扬2021年度杰出企业家和星级企业的决定
02–07 关于表彰2021年度全区综合考核先进集体和先进个人的决定
02–16 关于表扬2021年度招商引资项目推进先进集体先进个人的决定
02–19 关于表扬2021年度“十佳政法单位”“十佳政法干警”的决定
02–24 关于表彰2021年度乡村振兴先进集体和先进个人的决定
02–27 关于印发《关于贯彻〈中国共产党政法工作条例〉的实施意见》的通知
03–31 关于深入打好污染防治攻坚战的实施意见
04–01 关于印发《中共盐城市大丰区委常委会议事决策规则》的通知
06–20 关于印发《中共盐城市大丰区委2022年度全面从严治党主体责任清单》的通知
07–02 关于新时代坚持和完善人民代表大会制度加强和改进人大工作的实施意见
07–02 关于印发《关于加强对“一把手”和领导班子监督的具体要求》的通知
07–22 关于印发《关于开展全区镇（街道、区）党（工）委书记工程的实施意见》的通知
09–05 关于表扬大丰区“优秀教育工作者”“教育精英”“师德标兵”“优秀班主任”“优秀校长”“功勋教师”的决定
09–30 关于印发《盐城市大丰区法治社会建设实施方案（2021—2025年）》的通知
09–30 关于印发《法治大丰建设规划（2021—2025年）》的通知
09–30 关于印发《盐城市大丰区法治政府建设工作规划（2021—2025年）》的通知
11–13 关于认真学习宣传贯彻党的二十大精神的通知

盐城市大丰区人大常委会文件目录（摘要）

03–01 关于区人大常委会领导挂钩联系镇级人大工作的通知
03–31 关于任命盐城市大丰区人大常委会大中、丰华街道工作委员会委员的通知
04–01 关于推动长三角一体化产业发展基地建设的决定
04–01 盐城市大丰区人民代表大会常务委员会议事规则
04–01 盐城市大丰区人民代表大会常务委员会规范性文件备案审查实施办法
06–02 关于我区粮食安全保障工作情况报告的审议意见
06–02 关于长三角一体化产业发展基地基础设施建设情况的审议意见
06–02 盐城市大丰区人民代表大会常务委员会监督司法工作办法
08–26 关于2022年上半年国民经济和社会发展计划执行情况报告的审议意见
08–26 关于2021年区本级财政决算、审计工作报告及2022年上半年预算执行情况的审议意见
08–26 关于加强国有资产管理情况监督的决定
08–29 关于部门接受专项工作评议情况报告的审议意见
08–30 关于批准2021年区本级财政决算的决议
09–30 关于中医药法执法检查报告的审议意见
09–30 关于检查《中华人民共和国种子法》《江苏省种子条例》实施情况报告的审议意见
11–28 关于表彰区十六届人大一次会议人大代表优秀议案和建议的决定
11–29 关于全区医共体建设情况报告的审议意见
12–29 关于批准2022年盐城市大丰区本级财政预算调整方案的决议

盐城市大丰区人民政府文件目录（摘要）

01–11　关于印发《长三角产业一体化发展基地社会投资建设项目“零审批开工”改革创新实施方案（试行）》的通知

01–14　关于成立盐城市大丰区产业招商发展有限公司的通知

01–17　关于印发《全区招商引资项目共建共享实施细则》的通知

01–19　关于表扬2021年度信访维稳工作先进集体和先进个人的决定

01–20　关于表扬2021年度全区食品安全工作先进集体和先进个人的决定

01–26　关于表扬2021年度全区安全生产工作先进集体和先进个人的决定

01–29　关于下达2022年区民生实事项目任务的通知

02–11　关于表扬2021年度城建工作先进集体和先进个人的决定

03–09　关于下达2022年度财政收入预算的通知

03–11　关于表扬2021年度财税暨国资国企工作先进集体和先进个人的决定

04–11　关于表扬2021年度全区养老服务工作先进集体和先进个人的决定

04–11　关于表扬2021年度全区金融工作先进集体和先进个人的决定

04–29　关于支持工业企业纾困解难稳增长的实施细则

04–29　关于帮助服务业市场主体纾困解难稳定经济增长的实施细则

05–09　关于表扬2021年度全区科技工作先进集体和先进个人的决定

05–11　关于表扬2021年度人力资源和社会保障工作先进集体和先进个人的决定

06–15　关于公布第四批区级非物质文化遗产代表性项目名录和代表性传承人的通知

06–25　关于表扬2021年度全区卫生健康工作先进集体和先进个人的决定

06–30　关于印发《盐城市大丰区全民健身实施计划（2021—2025）》的通知

07–05　关于印发《盐城市大丰区妇女发展规划（2021—2025年）》和《盐城市大丰区儿童发展规划（2021—2025年）》的通知

07–05　关于表扬2021年度政务服务“十佳红旗窗口”等优秀政务服务工作者的决定

07–23　关于印发《大丰区2022年度民兵力量结构和建设布局工作方案》的通知

08–16　关于表扬全区“十三五”妇女儿童工作先进集体和先进个人的决定

08–23　关于授予2020年度盐城市大丰区区长质量奖及提名奖的决定

09–23　关于印发《2022年盐城市大丰区职业技能大赛实施方案》的通知

09–26　关于印发《盐城市大丰区生态文明建设规划（2022—2025）》的通知

09–28　关于表扬2021年度服务业发展工作先进集体和先进个人的决定

11–29　关于公布2022年大丰区职业技能大赛优秀选手名单的通知

12–01　关于印发《盐城市大丰区国家知识产权强县建设试点县工作方案（2022—2025年）》的通知

12–13　关于印发《大丰区政府数字化转型实施方案》的通知

12–26　关于加快推进政务服务标准化规范化便利化的实施方案

政协盐城市大丰区委员会文件目录（摘要）

01–14　关于表彰2021年度全区政协工作先进集体、先进个人的决定

01–18　关于主席会议成员工作分工的通知

05–06　关于印发《主席会议工作规则》《各专门委员会界别履职党支部工作制度》的通知

05–06　关于印发《委员履职工作规则（试行）》《委员履职量化考核评分细则》的通知

05–30　关于印发《政协盐城市大丰区委员会协商工作规则》的通知

06–06　关于成立区政协委员读书活动指导组的通知

06–09　关于“高质量建设长三角一体化产业发展基地”的建议案

11–04　关于推进我区“两山”转化工作的建议案

〖编辑　朱晓华　於晨婷〗

统 计 资 料

分行业地区生产总值

表55 单位：亿元

指 标	2022年	2021年	以上年为100的可比价速度（%）
地区生产总值	816.63	758.41	4.6
农林牧渔业	128.89	117.48	4.5
工业	254.29	229.41	5.6
建筑业	25.71	22.08	14.4
批发和零售业	76.75	71.51	7.7
#批发业	44.76	40.27	11.2
零售业	31.99	31.24	3.0
交通运输、仓储和邮政业	38.25	39.01	-4.6
住宿和餐饮业	12.75	12.49	0.6
#住宿业	0.81	0.78	8.6
餐饮业	11.94	11.71	-0.1
金融业	70.47	64.36	6.2
房地产业	56.13	57.29	-2.0
其他服务业	153.40	144.79	4.6
第一产业	121.22	111.06	4.1
第二产业	279.94	251.43	6.4
第三产业	415.48	395.92	3.5
人均地区生产总值（元）	126727	117437	4.8

国民经济与社会发展总量与速度指标

表56

指 标	总量指标					环比速度指标%				
	2018年	2019年	2020年	2021年	2022年	2018年	2019年	2020年	2021年	2022年
一、人口（万人）										
年末总人口	71.09	70.66	70.10	69.38	68.73	−0.5	−0.6	−0.8	−1.0	−0.9
常住人口	64.20	64.40	64.57	64.59	64.29	0.3	0.3	0.3	0.03	−0.46
二、就业（万人）										
单位从业人数	5.20	4.25	4.46	6.47	5.95	0.5	−18.2	4.9	45.1	−7.9
国有经济	2.00	2.15	2.59	3.29	2.75	−7.4	7.5	20.4	27.0	−16.4
城镇集体	0.11	0.11	0.15	0.08	0.08	6.3	−1.0	32.5	−46.7	0.8
其他经济	3.09	1.99	1.73	3.10	3.12	6.2	−35.5	−13.2	79.2	0.8
三、国民经济核算（亿元）										
地区生产总值	621.52	650.36	685.28	758.41	816.63	5.2	5.1	4.0	6.6	4.6
第一产业增加值	84.75	88.72	98.64	111.06	121.22	3.4	3.0	2.7	3.4	4.1
第二产业增加值	225.08	223.65	223.11	251.43	279.94	2.3	1.4	3.0	6.4	6.4
工业	198.66	195.66	198.09	229.41	254.29	1.2	1.1	3.6	9.8	5.6
第三产业增加值	311.70	337.99	363.54	395.92	415.48	7.9	8.3	4.9	7.0	3.5
人均地区生产总值（元）	96961	101145	106270	117593	126727	4.9	4.8	3.7	6.7	4.8
四、工业（亿元）										
规模以上工业总产值	865.45	812.53	884.24	1109.06	1280.28	—	—	—	—	—
规模以上工业主营业务收入	841.23	835.04	938.62	1193.32	1396.77	—	—	—	—	—
工业用电量（亿千瓦时）	52.06	48.45	56.80	65.13	71.38	16.1	−6.9	17.2	14.7	9.6
五、固定资产投资（亿元）										
固定资产投资	341.54（新口径）	362.01（新口径）	392.7（新口径）	312.13	353.00	8.6（按新口径）	5.7（按新口径）	4.2（按新口径）	−17.3	15.2
工业投资	240.05（新口径）	254.66（新口径）	218.73（新口径）	197.46	222.20	15.3（按新口径）	6.1（按新口径）	−14.1（按新口径）	−9.7	14.9

续表56

指　　标	总量指标						环比速度指标%					
	2017年	2018年	2019年	2020年	2021年	2022年	2017年	2018年	2019年	2020年	2021年	2022年
六、农业（亿元）												
农林牧渔业总产值	173.23	152.07	160.46	182.22	199.81	214.7	1.3	0.5	3.2	2.7	4.4	4.5
农业	83.61	71.14	72.78	83.88	103.25	119.8	2.2	0.3	4.1	2.1	13.6	9.0
林业	4.14	3.32	3.49	4.39	3.22	2.9	−0.3	4.3	3.8	5.2	−26.5	−5.7
牧业	36.52	27.98	30.51	36.83	34.32	33.8	−1.2	0.6	−1.8	3.3	−0.6	0.5
渔业	37.70	39.14	42.20	45.30	46.64	44.6	2.7	0.5	5.1	2.9	−5.9	−3.3
农林牧渔业服务业	11.36	10.49	11.48	11.82	12.38	13.5	—	−0.7	2.9	3.3	5.5	10.5
七、主要农产品产量												
粮食（万吨）	92.71	86.99	90.94	91.34	91.28	91.60	7.7	−6.2	4.5	0.4	−0.07	0.35
棉花（万吨）	0.23	0.00	0.00	0.00	0.00	0.0	−54.4	−100.0	—	—	—	—
油料（万吨）	4.99	2.91	2.42	2.51	2.56	2.67	−2.4	−41.7	−16.7	3.7	1.9	4.3
生猪年末存栏数（万头）	51.76	50.85	27.99	48.18	49.45	50.84	22.4	−1.8	−45.0	72.1	2.7	2.8
水产品（万吨）	17.70	17.52	17.37	17.36	16.69	16.59	—	−1.1	−0.8	−0.1	−3.9	−0.6
肉类总产量（万吨）	10.77	10.48	11.17	8.32	9.94	9.64	−4.0	−2.7	6.6	−25.5	19.5	3.0
蚕茧（吨）	713	669	760	624	446	450	—	−6.2	13.6	−17.9	−28.5	0.9
禽蛋（万吨）	3.82	5.68	6.06	7.34	8.18	8.30	−21.2	48.7	6.7	21.1	11.4	1.5
八、运输和邮电												
客运量（万人）	828	912	934	589	175	181.0	−12.7	10.1	2.4	−37.0	−70.3	3.8
货运量（万吨）	1100	1113	1133	1038	1105	1262.0	5.9	1.2	1.8	−8.4	6.5	14.2
旅客周转量（万人公里）	43585	43203	45370	52100	53400	52700.0	−18.6	−0.9	5.0	14.8	2.5	−1.3
货物周转量（万吨公里）	255284	243410	268450	251500	269100	253200.0	3.5	−4.7	10.3	−6.3	7.0	−5.9
邮政业务总量（万元）	10363.33	12734.65	21148.40	19811.03	13192.31	14221.0	20.0	22.9	66.1	−6.3	−33.4	7.8
出口计费函件（万件）	21.72	15.75	11.22	8.87	13.14	6.0	−62.6	−27.5	−28.8	−20.9	48.1	−54.2
订销报纸累计份数（万份）	1271.84	1223.25	1222.84	1659.21	1033.84	1079.9	4.6	−3.8	0.0	35.7	−37.7	4.5
九、贸易												
社会消费品零售总额(亿元)	189.36	187.89	202.74	205.85	245.79	253.9	9.6	6.8	7.9	1.4	19.4	3.3
自营出口额（万美元）	110513	115544	113087	143000	177500	281700.0	26.4	4.5	−2.1	26.5	24.1	58.7
实际利用外资（万美元）	11357	15003	5139	11184	12366	12017.0	−21.4	32.1	−65.7	117.6	10.6	−2.8

续表56

指 标	总量指标					环比速度指标%				
	2018年	2019年	2020年	2021年	2022年	2018年	2019年	2020年	2021年	2022年
十、财政（亿元）										
财政收入	85.19	80.41	81.71	92.35	88.81	10.9	-5.5	1.6	13.0	-3.8
一般公共预算收入	55.13	51.01	53.57	58.05	58.16	5.0	-7.5	5.0	8.4	0.2
一般公共预算支出	91.06	96.07	112.60	115.06	113.82	7.6	5.5	17.2	2.2	-1.1
十一、金融（亿元）										
银行年末存款余额（本外币）	676.78	835.16	1017.99	1085.35	1199.87	6.0	23.4	21.9	6.6	10.6
银行年末贷款余额（本外币）	561.58	709.59	856.46	982.92	1146.56	19.7	26.4	20.7	14.8	16.6
住户存款余额（本外币）	360.94	400.57	462.74	615.56	625.27	3.0	11.0	15.5	33.0	1.6
十二、物价（%）										
零售物价总指数	102.8	103.8	101.5	102.4	103.9	2.8	3.8	1.5	2.4	3.9
居民消费价格总指数	102.8	103.9	103.6	102.0	102.6	2.8	3.9	3.6	2.0	2.6
十三、教育（万人）										
各类在校学生	6.56	6.56	6.55	6.50	6.33	-0.5	0.1	-0.3	-0.8	-2.6
普通中学	2.16	2.16	2.15	2.12	2.10	-1.0	-0.1	-0.5	-1.4	-1.3
小 学	2.76	2.78	2.78	2.77	2.74	1.4	0.9	0.0	-0.4	-0.8
十四、卫生										
卫生机构数（个）	350（卫生部口径）	364（卫生部口径）	363（卫生部口径）	362（卫生部口径）	364（卫生部口径）	—	4.0	-0.3	-0.3	0.6
床位（张）	3482	3725	3893	3824	3832	1.5	7.0	4.5	-1.8	0.2
卫生技术人员（人）	3955	4120	4540	4593	4615	29.0	4.2	10.2	1.2	4.8
十五、人民生活										
全体居民人均可支配收入（元）	30590	33279	34973	38139	40245	8.8	8.8	5.1	9.1	5.5
城镇常住居民人均可支配收入（元）	36462	39437	40975	44392	46523	8.1	8.2	3.9	8.3	4.8
农村常住居民人均可支配收入（元）	23055	25121	26754	29387	31297	8.7	9.0	6.5	9.8	6.5

说明：1.规模以上工业总产值、主营业务收入数据来源于各年度工业年报。

2.单位从业人数、国有经济从业人数、城镇集体从业人数、其他经济从业人数来源于各年度劳动工资年报

人口、户数及构成

表57

指　　标	2018年	2019年	2020年	2021年	2022年
全区总人口（万人）	71.09	70.66	70.10	69.38	68.73
按性别分：					
男（万人）	35.51	35.30	35.01	34.65	34.33
比重（%）	49.95	49.96	49.94	49.94	49.95
女（万人）	35.58	35.36	35.09	34.73	34.40
比重（%）	50.05	50.04	50.06	50.06	50.05
按城镇和乡村分：					
城镇人口（万人）	42.36	42.87	43.38	43.41	45.77
比重（%）	59.58	60.67	61.88	62.57	66.59
乡村人口（万人）	28.73	27.79	26.72	25.97	22.95
比重（%）	40.42	39.33	38.12	37.43	33.39
全区总户数（万户）	26.87	26.72	26.47	26.27	26.06
平均每户人口（人）	2.65	2.64	2.65	2.64	2.64
年平均人口（万人）	71.27	70.88	70.38	70.02	69.42
人口密度（人/平方公里）	236.34	234.91	233.05	230.65	228.49
出生人数（人）	4999	4015	4072	2813	2390
#男	2579	2060	2157	1434	1250
女	2420	1955	1915	1379	1140
出生率（‰）	7.01	5.66	5.79	4.03	3.43
死亡人数（人）	5925	5221	6573	6576	6895
#男	3190	2809	3483	3458	3596
女	2735	2412	3090	3118	3299
死亡率（‰）	8.31	7.37	9.34	9.43	9.89
自然增长（人）	−926	−1206	−2501	−3763	−4505
自然增长率（‰）	−1.30	−1.71	−3.55	−5.40	−6.46

规模以上工业企业主要经济指标

表58

单位：万元

指　　标	2021年	2022年
企业单位数（个）	513	557
#亏损企业（个）	118	149
工业总产值（当年价）	11090626	12450722
营业收入	12561514	14128398
其中：主营业务收入	11933181	13582446
利税总额	1036173	795461
利润总额	761600	514009
亏损企业亏损额	114521	153856
年平均用工人数（人）	70574	72152

数据来源：联网直报工业年报

规模以上工业企业单位数

表59 单位：个

分　类	2021年	2022年
总　计	513	557
总计中：乡镇工业	282	310
区直工业	231	247
总计中：国有企业	5	7
外商及港澳台投资	52	56
大型企业	12	12
中型企业	30	26
小型企业	—	470
微型企业	419	49
总计中：轻工业	188	202
重工业	325	355
丰华街道	23	20
大中街道	43	49
草堰镇	17	19
白驹镇	20	21
刘庄镇	17	19
西团镇	33	37
小海镇	22	27
大桥镇	12	15
草庙镇	9	11
万盈镇	21	24
南阳镇	18	22
新丰镇	31	30
三龙镇	16	16
苏盐合作区	2	4
沪苏集聚区	9	9
经济开发区	119	133
大丰港经济区	72	73
常盐工业园	29	28

说明：大中农场企业调整南阳镇统计，方强农场企业列入三龙镇统计

对外经济基本情况

表60

指　　标	2021年	2022年
外贸		
自营进出口总额(万美元)	420200	454600
自营出口(万美元)	177500	281700
自营进口(万美元)	242700	172900
外资		
新签协议(合同)数(个)	24	15
协议(合同)外资金额(万美元)	41659	44769
实际利用外资金额(含境外借款)(万美元)	12366	12017

固定资产投资

表61　　单位：万元

指标及分类	2019年	2020年	2021	2022
规模以上固定资产投资	3216340	3384672	3121359	3587437
其中:规模工业投资	2546641	2187290	1974563	2344261
房地产开发投资	403808	542431	452174	406443

城镇常住居民家庭就业与收支情况

表62 （2022年）

指　　标	大丰区	指　　标	大丰区
平均每户家庭常住人口（人）	2.5	人均生活消费支出	24653
平均每户就业人口（人）	2.0	食品烟酒	7161
平均每一就业人口负担人数（人）	1.2	衣着	1451
平均每户就业面（%）	81.5	居住	3833
人均可支配收入	46523	生活用品及服务	1359
工资性收入	24665	交通通信	4271
经营净收入	7555	教育文化娱乐	4107
财产净收入	2935	医疗保健	1877
转移净收入	11368	其他用品及服务	594

各镇（区）农村居民人均可支配收入

表63 单位：元

镇（区）	2021年	2022年	比上年（±%）	镇（区）	2021年	2022年	比上年（±%）
大　中	34302	36532	6.5	万　盈	29510	31487	6.7
草　堰	29081	30942	6.4	南　阳	32082	34103	6.3
白　驹	30274	32212	6.4	新　丰	32224	34350	6.6
刘　庄	30197	32100	6.3	三　龙	29755	31689	6.5
西　团	30139	32038	6.3	经济开发区	30145	32104	6.5
小　海	29278	31239	6.7	大丰港经济区	29882	31854	6.6
大　桥	29628	31613	6.7	高新技术区（丰华街道）	33452	35526	6.2
草　庙	29948	31805	6.2				

农村基本情况

表64

指　　标	2021年	2022年	比上年（±%）
一、农村基层组织情况			
镇个数（个）	11	11	0.0
村民委员会（个）	208	208	0.0
村民小组（个）	1296	1296	0.0
二、乡村户数、人口、从业人员			
乡村总户数（万户）	20.04	19.98	-0.3
乡村总人口（万人）	52.00	51.87	-0.3
乡村实有从业人员数（万人）	29.76	29.72	-0.1
#农林牧渔业从业人员数（万人）	8.58	8.51	-0.8
三、农村基础设施			
1、垃圾集中处理的村（个）	208	208	0.0
2、建立集中居住点的村（个）	208	208	0.0
四、附报：			
1、涉农街道个数（个）	2	2	0.0
2、涉农居委会（个）	10	10	0.0

各镇（区、街道）居委会和村委会名称

表65　（2022年）

镇/区/街道	居、村委会数（个）	居委会数（个）	居委会名称	村委会数（个）	村委会名称
合计	268	60		208	
大中	46	26	大华、大新、康平、人民、沿河、大刘、老街、新街、城中、健东、建业、育红、东宁、建西、飞达、新村、新团、西河口、滨河、新德、朝阳、建丰、浦江、城南、北兴、德润	20	红花、泰西、德丰、同德、新团、光明、老坝、八灶、泰丰、双喜、利民、恒北、恒丰、恒南、阜北、大新、福丰、元丰、晋丰、晋北
丰华	13	5	新东苑、高新、裕华、海棠、香榭丽	8	阜南、阜丰、丰裕、万丰、朝荣、海防、天祥、海丰
草堰	13	1	竹溪	12	丁溪、双河、双垛、合新、草堰、三元、西渣、成文、竹园、三新、三渣、界中
白驹	17	1	海宁	16	洋心、沿堤、马家、民窑、团结、狮子口、汤舍、肖坳、进步、新垛、窑港、七里桥、三里树、唐西、朱舍、东窑
刘庄	15	3	紫林、三圩、云溪	12	光荣、新桥、友谊、民主、良好、建成、润民、胜利、竞赛、龙心、东联、东方
西团	13	2	大龙、建设	11	北团、西团、西灵、龙窑、众心、黄浦、九一、新中、赵场、马港、描花
小海	15			15	温泉、无泊、海团、江北、新圩、北虹、唐中、杨树、新村、小洋、徐南、海西、新窑、小海、南团
大桥	13			13	大桥、潘鳅、潘南、方向、中业、中港、联丰、双丰、东塔、江岸、川南、洋南、中合
草庙	16	2	草庙、川东	14	东灶、川洋、竹港、北灶、川竹、庆生、圩东、新海、五总、四灶、新场、新东、丁东、沿河
万盈	18			18	兆丰、益民、文达、六里、苗丰、万盈、三合、天池、沈灶、双灶、六川、西灶、金龙、双福、双星、康宁、殷灶、顾灶
南阳	13	1	南阳	12	城乡、广丰、祥北、祥南、祥西、诚心、裕海、民心、东旺、吉兴、沿海、通商
新丰	38	9	民主、团结、新淮、和平、新北、金墩、四岔河、龙堤、方强	29	鼎丰、时丰、裕南、裕北、仁北、金西、同丰、全心、群乐、仁南、金东、大团、沙港、太兴、赤旗、车滩、永跃、万众、小团、长坍、腰港、老墩、三总、引水、圩中、五丰、安龙、齐贤、大明
三龙	22	3	龙王庙、丰富、斗龙	19	龙西、龙东、丰余、龙南、丰富、下坝、斗龙港、前进、斗龙、东红、开明、新丰、洋桥、持久、久丰、增产、新坍、富强、和平
开发区	12	4	新民、新城、上海花园、蝴蝶湾	8	和瑞、七灶河、灶圩、同圣、建设、龙福、长安、河口
港区	4	3	王港、海湾、海港	1	南新

（区统计局）

〖编辑　朱晓华　於晨婷〗

索　引

说　　明

1. 本索引采用内容分析法编制，按汉语拼音顺序排列。
2. 标引词后的数字表示内容所在页码，数字后的字母 a、b、c 分别表示左、中、右栏。
3. 卷首、特载、大事记、荣誉栏、附录等栏目内容未作索引。
4. 本索引编有附见系统和参见系统。主款目下行空一格排列者为附见条目，标引词后的第二个页码起为参见页码。
5. 栏目、分目标题用黑体字标示。表格均注明“（表）”字样。
6. 索引标引词一般采用中心词或简称。“省”即江苏省，“市”即盐城市，“区”即大丰区。

D

M

N

X

〖编辑　於晨婷〗